Paul Lendvai

Die Ungarn

Paul Lendvai

Die Ungarn

Ein Jahrtausend Sieger in Niederlagen

C. Bertelsmann

Dem Andenken meines Vaters, Dr. Andor Lendvai (geb. in Kassa, damals Ungarn, heute Slowakei), und meiner Mutter, Edith Lendvai (geb. in Alsósófalva, damals Siebenbürgen, Ungarn; heute Rumänien)

Umwelthinweis:
Dieses Buch und der Schutzumschlag wurden auf chlorfrei gebleichtem Papier gedruckt.
Die Einschrumpffolie (zum Schutz vor Verschmutzung) ist aus umweltschonender und recyclingfähiger PE-Folie.

1. Auflage

Umschlaggestaltung: Design Team München
Karten: Adolf Böhm
Satz: Uhl+Massopust, Aalen
Druck und Bindung: Graphischer Großbetrieb Pößneck
Printed in Germany
ISBN 3-570-00218-7

Inhalt

Einleitung

Die Existenz, ja das Überleben des ungarischen Volkes und seines Nationalstaates im Karpatenbecken ist ein Wunder der europäischen Geschichte. Es gibt kaum eine Nation, deren Bild im Lauf der Jahrhunderte und Epochen von so vielen und einander dermaßen widersprechenden Klischees umwoben ist wie das der Magyaren. Wie wurden aus »kinderfressenden Kannibalen« und »blutrünstigen Hunnen« die Verteidiger des christlichen Abendlandes und heldenhafte Freiheitskämpfer gegen Mongolen, Türken und Russen? Wer waren die »asiatischen Barbaren«, die auf ihren Raubzügen von der Schweiz bis Frankreich, von Deutschland bis Italien Angst und Schrecken verbreitet hatten und doch als die Letzten der Völkerwellen aus Asien nicht in der Versenkung verschwunden sind?

Ihre Urheimat, ihr Ursprung und die Wurzeln ihrer Sprache, die Gründe ihrer Migration und Ansiedlung sind bis heute umstritten. Daß die Magyaren aber – abgesehen von den Albanern – das einsamste Volk in Europa bilden, mit einer einzigartigen Sprache und Geschichte, kann kaum bezweifelt werden. Arthur Koestler, der ungarisch träumte, aber seine Bücher auf deutsch, später auf englisch schrieb, sagte einmal: »Vielleicht erklärt sich aus dieser exzeptionellen Einsamkeit die seltsame Intensität seiner Existenz. Ungar zu sein ist eine kollektive Neurose.«

Seit der Landnahme um 896 ist diese Einsamkeit mit ihren vielen Facetten der bestimmende Faktor in der ungarischen Geschichte geblieben. Die Angst um den langsamen Tod einer kleinen Nation, um das Aussterben des Ungartums und um die Folgen der durch verlorene Kriege erzwungenen Amputation ganzer Volksgruppen (jeder dritte Ungarstämmige lebt im Ausland) bildet den Hintergrund zur Dominanz der Todesbilder in Dichtung und Prosa.

Sagen, Legenden und Volksüberlieferungen verdeckten oder verzerrten die Realitäten. Zugleich schufen diese Mythen aber die Geschichte in diesem Raum und prägten das Konzept der Nation. Unter der Stephanskrone als Symbol der sogenannten »politischen Nation« bahnte sich ein wechselvolles, zuweilen von glanzvollen Erfolgen gekrröntes, manchmal von tragischen Konflikten geprägtes Verhältnis zwischen Ansässigen und Eroberern, Zugereisten und Ausgegrenzten an. Die Wechselwirkung zwischen Öffnung und Abkapselung, zwischen Kosmopolitismus und Nationalismus, zwischen Einsamkeitsgefühl und Sendungsbewußtsein, zwischen Todesangst und Aufbegehren gegen die Stärkeren fand eine eindrucksvolle Widerspiegelung in den sich wandelnden Zeiten der Kultur und Geschichte Ungarns. Eine lange Kette von schicksalhaften Niederlagen verstärkte das Gefühl des Ausgeliefertseins (»Wir sind das verlassenste von allen Völkern der Erde«, so der Nationaldichter Petőfi) und erfüllte fast alle Generationen des Magyarentums mit einem tiefverwurzelten Lebenspessimismus. Die Verwüstungen des vom Westen wiederholt im Stich gelassenen Landes während des Mongolensturms 1241, die Katastrophe von Mohács 1526 mit der daraus folgenden anderthalb Jahrhunderte andauernden Türkenbesetzung, die Niederwerfung des Freiheitskampfes 1848/49 durch die vereinten Streitkräfte der Habsburger und des russischen Zaren, die Zerstörung des historischen Ungarn durch das Diktat von Trianon 1920, die vier Jahrzehnte der Sowjetherrschaft und des Kommunismus nach dem Zweiten Weltkrieg samt der blutigen Niederschlagung des Oktoberaufstandes von 1956 waren Katastrophen, die das Bewußtsein der Verlassenheit immer wieder verschärften. Wer könnte aber je die unglaubliche Widerstandskraft und die schöpferische Überlebenskunst dieses Volkes bestreiten?

Trotz der Dreiteilung des Landes und der Jahrhunderte der Fremdherrschaft vermochten die Ungarn ihre nationale Identität zu bewahren. Es war die leidenschaftliche Heimatliebe, die ihnen die Kraft gab, zwischen Deutschen und Slawen, ohne Verwandte und durch die »Chinesische Mauer« ihrer Sprache getrennt, zu überleben und die Katastrophen zu überstehen. Einen der Schlüssel zum Verständnis des Aufstiegs und des Zusammenbruchs Ungarns, von der Landnahme bis zum Ende des Ersten Weltkriegs, aber auch der sich in schneller Reihenfolge ablösenden Umwälzungen zwischen 1920 und 1990 liefern die um 1030 (wahrscheinlich von einem deutschen Geistlichen) verfaßten Mahnungen des ersten christlichen Königs aus dem Hause Árpád, Stephans des Heiligen, an seinen Sohn:

> Das Römische Reich hat besonders deshalb so an Bedeutung gewonnen, und seine Fürsten sind dadurch so ruhmreich und so mächtig geworden, weil zahlreiche Edle und Weise aus verschiedenen Ländern sich dort zusammenfanden… So wie die Ansiedler aus ver-

schiedenen Ländern und Provinzen kommen, bringen sie auch verschiedene Sprachen und Sitten, verschiedene lehrreiche Dinge und Waffen mit, welche den königlichen Hof zieren und verherrlichen, die auswärtigen Mächte aber erschrecken. Ein Land, das nur einerlei Sprache und einerlei Sitten hat, ist schwach und gebrechlich. Darum, mein Sohn, trage ich Dir auf, begegne ihnen und behandle sie anständig, damit sie mit und bei Dir lieber verweilen als anderswo, denn wenn Du das, was ich erbaute, zerstören, was ich ansammelte, auseinanderstreuen wolltest, dann würde Dein Reich ohne Zweifel erheblichen Schaden leiden.

So kamen bereits im 11. Jahrhundert auf Einladung der Dynastie Deutsche nach Oberungarn und Siebenbürgen. Im Laufe der Jahrhunderte wurden nicht nur die besiegten Nomadenvölker, wie etwa die Petschenegen und Kumanen, sondern auch Deutsche und Slowaken, Rumänen und Kroaten, Serben und Juden vom Ungartum sozusagen aufgesogen. Es gehört zu den verblüffendsten und von nationalistischen Chronisten später verdrängten oder glatt verschwiegenen Zügen der ungarischen Geschichte, daß die Schöpfer des nationalen Mythos, die vielbesungenen Helden der Türkenkriege, die politischen und militärischen Führer des Freiheitskampfes gegen die Habsburger, herausragende Figuren der Literatur und Wissenschaft, gänzlich oder zum Teil deutscher oder kroatischer, slowakischer, rumänischer oder serbischer Herkunft waren. Wenn man bedenkt, daß zur Zeit Kaiser Josephs II. die Magyaren nur knapp ein Drittel der damaligen Bevölkerung Ungarns ausmachten, sie ihren Anteil bis 1910 aber auf 54,5 Prozent steigerten, können wir zweifellos von einer geradezu sensationellen Dynamik der sprachlichen und politischen Assimilation im alten Ungarn sprechen. Laut statistischen Schätzungen ging die Zahl der sich neu zum Ungartum bekennenden Deutschen über 600 000 hinaus, während die der assimilierten Slowaken über eine halbe Million und die der zu Magyaren gewordenen Juden rund 700 000 betragen haben dürfte. Insgesamt schätzte man, daß bereits vor dem Ersten Weltkrieg der Anteil der assimilierten Deutschen, Slawen und Juden mehr als ein Viertel des statistisch festgestellten Magyarentums ausmachte.

Die ungarische Staatsidee, einschließlich der Unterdrückung der Nationalitäten im Zeichen einer völlig unrealistischen Zukunftsvision von der Rolle eines großen Reiches der Stephanskrone im Donauraum, war nicht rassistisch, sondern ausschließlich kulturell bedingt. Ein jeder, der sich zum Ungartum bekannte, hatte die gleichen Aufstiegschancen. Darin lag freilich auch die Chance für jene Juden, die sich als jüdische Ungarn bereits zur Zeit der Revolution von 1848 mit der ungarischen Nationalbewegung und in den darauffolgenden Jahrzehnten mit der ungarischen Sprache und Kultur identifizierten. Andererseits brauchte Ungarn loyale Menschen, die das ungarische Gewicht innerhalb der Länder der Stephanskrone stärkten und zugleich (zusammen mit den Deutschen und Griechen) bereit waren, die vom ungarischen Mittel- und Kleinadel stets abgelehnte Arbeit in den Bereichen Wirtschaft und Finanz sowie in den intellektuellen Berufen zu übernehmen. Das einzigartige Verhältnis zwischen Juden und Magyaren prägte den wirtschaftlichen und kulturellen Umbruch in den Jahrzehnten nach dem Ausgleich mit Österreich.

Das Schicksal des assimilationswilligen Judentums gehört zu den glänzendsten und dann in der Zwischenkriegszeit, vor allem nach dem deutschen Einmarsch 1944/45, zu den düstersten Kapiteln der ungarischen Geschichte. Es war eine der absurden und doch logischen Folgen der staatlich geförderten antijüdischen Gesetzgebung, daß viele der großen Begabungen, darunter acht Nobelpreisträger, ihre bahnbrechenden Erfolge in Wissenschaft und Kunst, Finanzen und Industrie nicht in ihrer Heimat, sondern vor allem in Großbritannien oder in den Vereinigten Staaten erreicht haben.

Auch das Verhältnis zwischen Ungarn und Deutschen war in mancher Hinsicht seit der Vermählung Stephans des Heiligen mit der bayerischen Fürstin Gisela, der Schwester des späteren Kaisers Heinrich II., im Jahr 996 einmalig. Am Hof des ersten Ungarnkönigs spielten die im Gefolge von Gisela eingewanderten deutschen Priester, Ritter und Adligen eine führende Rolle, und dem König schwebten germanische Institutionen als Vorbilder vor. Auch seine Nachfolger aus dem Haus der Arpaden förderten planmäßig die Bildung größerer deutscher Kolonien – in den Worten eines ungarischen Historikers des 19. Jahrhunderts: »Die Ungarn schufen den Staat; die Deutschen die Städte.« Das Gemüt der herrschenden Schicht der Magyaren schwankte zwischen vorbehaltloser Bewunderung und tiefverwurzeltem Mißtrauen.

Was die Deutschen betrifft, so blieben die von dem deutschen Bürgertum dominierten königlichen Freistädte von den Türkenkriegen verschont. Während die ersten großen Gruppen von den ungarischen Königen in den nördlichen Landesteilen und die Sachsen in Siebenbürgen angesiedelt wurden, ließen die Habsburger im 18. Jahrhundert vor allem in Südungarn die Regionen Batschka und Banat besiedeln. Es waren die den deutschen Bürgern zugestandenen Privilegien, die zum Teil Argwohn bei den benachteiligten Ungarn erweckten. Politisch wichtiger war aber die zu Anfang des 19. Jahrhunderts von national gesinnten Adligen und Literaten geführte Bewegung zur Erhaltung und zur Erneuerung der von der Germanisierung gefährdeten ungarischen Sprache. In vielen ungarischen Familien hielt man es damals für nicht mit dem guten Ton vereinbar, sich miteinander in der Muttersprache zu unterhalten oder ungarische Gedichte und Romane zu erwähnen. Der Dichter Károly Kisfaludy, der anfänglich selbst mit seinem Bruder deutsch korrespondierte und die Muttersprache sozusagen wieder erlernen mußte, warnte: »Das Volk, das keine Muttersprache besitzt, hat auch keine Heimat.« Am Vorabend der Revolution im Jahre 1848 hielt der Schriftsteller József (Joseph) Bajza eine flammende Rede an der Akademie der Wissenschaften in Budapest:

> Die deutsche Sprache und Kultur ist eine Gefahr für unsere Nation. Wir sollten endlich zur Besinnung kommen und einsehen, daß uns diese Mode ins Verderben führt und daß uns besonders die eingedrungene deutsche Sprache das Ende bereitet… Nicht hassen sollen wir den Deutschen, sondern uns vor ihm hüten… Ich bin kein Barbar und will nicht gegen die Bildung eifern… Ich halte es aber doch für eine Sünde, wenn ein Volk die Bildung mit seinem eigenen Dasein bezahlt.

Als nach dem Ausgleich mit Österreich (1867) die Österreichisch-Ungarische Monarchie entstand und Ungarn im Rahmen des damals Möglichen weitgehende Eigenständigkeit errang, ging man schnell und verblendet den Weg einer immer zügelloser werdenden Magyarisierung. Darauf schleuderte Franz von Löher in einer äußerst aggressiven Streitschrift den Ungarn entgegen, sie seien »ein Volk ohne Kultur«, denn »welche gähnende Öde bedeckt die ganze tausendjährige Geschichte der Magyaren. Helfen kann nur das Deutschtum in Ungarn mit seinem Fleiß und seiner Kultur.«

Dieser Zwiespalt zwischen Kooperation und Konflikt, zwischen Bündnis und Zusammenbruch, zwischen Interessengemeinschaft und dem Streben nach einem eigenen Weg prägte fortan das gegenseitige Verhältnis. Die über eine halbe Million starke deutsche Minderheit Rumpf-Ungarns wurde im Dritten Reich zuerst ein scheinbar privilegiertes Werkzeug des NS-Regimes und dann auf dem Weg in die Katastrophe der Mutternation und des Staatsvolkes zu einem Opfer durch Vertreibung der Hälfte des Ungardeutschtums und durch jahrzehntelange ungerechte Diskriminierung der in Ungarn verbliebenen Minderheit.

Kein Wunder also, daß in der tausendjährigen Geschichte der Magyaren die ewigen Fragen »Wer ist ein Ungar?« oder »Was ist ein Ungar?« immer wieder auftauchen. Die Antworten waren nie eindeutig, und es geschah auch, daß ein und derselbe, vor allem im deutschen Sprachraum oft zitierte Literaturhistoriker je nach der politischen Großwetterlage große ungarische Schriftsteller und Wissenschaftler einmal in den höchsten Tönen lobte, um sie nur einige Jahre später wegen ihrer »fremdartigen Rasse« und ihres »schädlichen Einflusses« auf die Nation aus dem Ungartum auszugrenzen. Daß dabei die ausgegrenzten oder als »antiungarisch« verdammten Literaten oft ein besseres Ungarisch geschrieben haben als ihre tendenziösen Kritiker, gehört ebenso zu den skurrilen Zügen der ungarischen Geschichte wie die Tatsache, daß in Ungarn der Rassismus in der Literatur und Politik fast immer durch gänzlich oder zum Teil »fremdrassige Figuren« vertreten wurde.

Darauf wies bereits Antal Szerb hin, der Verfasser der bis heute unübertroffenen *Geschichte der ungarischen Literatur*. Er nahm den berühmten General und Dichter Miklós (Nikolaus) Graf Zrinyi als Beispiel. Von Geburt aus Kroate, bekannte sich Zrinyi (im Gegensatz zu seinem jüngeren Bruder Péter, der seine großen Gedichte ins Kroatische übersetzte) zum Ungartum. So bewies einer der größten Helden der ungarischen Geschichte, daß die Nationalität Folge einer Haltung, eines Willens sei, betonte Szerb. Er selber fiel dem Holocaust zum Opfer...

Wer weiß heute, daß es ohne die ungarischen Bahnbrecher der Moderne möglicherweise keine Atombombe, keinen Computer, kein Hollywood gäbe, daß der ungarische Genius, welch ethnischer oder religiöser Herkunft auch immer, Wissenschaft und Kunst, die Ökonomie und Industrie weltweit, oft maßgeblich, mitgeprägt hat? Der Widerspruch zwischen genialen individuellen Leistungen und dem wiederholten kollektiven Scheitern der Nation bleibt in der Tat einer der faszinierendsten Züge der turbulenten Geschichte des einstigen Nomadenvolkes. Sind also die Ungarn als ewige Verlierer heute ohne Hoffnung auf eine friedliche Vereinigung der Mutternation mit dem versprengten Drittel des Volkes unter fremder Herrschaft? Oder entpuppen sie sich doch immer wieder als Sieger in der Niederlage, als Opfer und Lebenskünstler, Romantiker und Realisten? Der Schriftsteller Tibor Déry sagte nach der niedergeschlagenen Revolution von 1956 einmal: »Was ist das Ungarische? Ein Witz, der über Katastrophen tanzt.«

In einer Mischung von geschichtlichem Überblick, biographischen Skizzen und Milieugeschichten versuche ich, die Ungarn und ihr wechselvolles Schicksal ausländischen, der ungarischen Sprache nicht mächtigen Lesern näherzubringen. Als ein nach vierzig Jahren in Wien zum Österreicher gewandelter gebürtiger Ungar jüdischer Herkunft hoffe ich, keine Tabus beachten zu müssen und die Magyaren aus freundlicher, aber auch kritischer Distanz beschreiben zu können.

I »Heidnische Barbaren« überrennen Europa: Die Zeugnisse von Sankt Gallen

Während eines halben Jahrhunderts, zwischen 898 und 955, galten die Magyaren als Geißel Europas. Auf etwa fünfzig Raub- und Beutezügen überrannten sie alles, was sich ihnen in den Weg stellte. Plündernd, brennend und mordend überfielen die Reiterscharen die deutschen Länder, aber auch Oberitalien und große Gebiete Frankreichs. Sie plünderten und brandschatzten unter anderem Bremen und Basel, Orléans und Otranto. Die überwiegend als Söldner im Dienste irgendwelcher miteinander streitenden europäischen Fürsten unternommenen Streifzüge führten sie bis zum Nordmeer und an die atlantische Küste. Sie ritten einmal gegen und dann für den italienischen König Berengar, gegen und dann für Arnulf von Bayern, gegen und für die Interessen von Byzanz.

Als »Teufelsgeschlecht« bezeichnet sie das altfranzösische *Rolandslied*. Es erwähnt die Magyaren zusammen mit Hunnen und Sarazenen, die eine Blutspur hinterließen, wo immer sie auftauchten. Von unerhörten Grausamkeiten wissen die Chronisten zu berichten, wobei sie freilich häufig Magyaren – oder Ungarn, wie man sie dann nannte – und Hunnen verwechselten. Die meisten dieser Schriftkundigen hatten schließlich nie einen Ungarn gesehen, sondern gaben mündliche Erzählungen wieder, die mit der räumlichen und zeitlichen Distanz an Grauen eher noch zunahmen und sich mit pauschalen Schuldzuweisungen begnügten. So entstand das Gesamtbild eines »schaudererregenden, grausamen Stammes« und von »blutsaufenden, menschenfressenden Ungeheuern aus Skythien«, die überall nur Angst und Schrecken verbreiteten.

Gut belegt und aufgrund von Detailschilderungen für die Nachfahren der Eindringlinge von höchstem Interesse ist allerdings ein Raubzug von 926. Gleich drei Chronisten berichteten in unterschiedlichen Fassungen, die zwischen 970 und 1075 niedergeschrieben wurden, von einem Überfall auf das Kloster Sankt Gallen und seine Umgebung. Blitzschnell waren »die heidnischen Barbaren« durch Bayern und Schwaben an den Bodensee vorgestoßen. Im Kloster richteten sie schwere Schäden an und erschlugen dabei eine alemannische Adlige, die sich zehn Jahre zuvor in eine Zelle hatte einschließen lassen: Die fromme Wiborada wurde mit mehreren Axthieben getötet und ging als Märtyrerin in die Kirchengeschichte ein. Papst Clemens II. sprach die mystisch begabte und wegen ihrer gottesfürchtigen Askese gerühmte »Inklusin« 1047 als erste Frau heilig.

Sie hatte dem Abt von Sankt Gallen bereits im Frühjahr den genauen Zeitpunkt des Einfalls der kriegerischen Scharen aus dem Osten vorausgesagt und ihn gedrängt, sich, die Mönche und den Kirchenschatz mitsamt der kostbaren Klosterbibliothek rechtzeitig in Sicherheit zu bringen. »Das Gerücht über den Einbruch der Feinde verdichtete sich von Tag zu Tag. Trotzdem schenkte man ihm erst Aufmerksamkeit, als das Barbarenvolk auch die Gegend am Bodensee mit gezücktem Schwert an den Rand des Abgrunds brachte, zahllose Menschen erschlug und alle Dörfer und Häuser im Feuer zerstörte«, heißt es in der *Vita Sanctae Wiboradae.*[1] Dann erst hörte man auf die Seherin. Immerhin konnten dadurch viele Menschen und unersetzliche Bücher gerettet werden. Wiborada selbst ließ sich aber nicht zur Flucht bewegen. Sie starb am 2. Mai 926.

Das Leben und Sterben der heiligen Wiborada, die auch als Schutzpatronin der Bibliotheken verehrt wird, sowie die Chroniken der Mönche Ekkehart I., Ekkehart IV. und Herimannus haben die Phantasie späterer Generationen immer wieder angeregt. Bis in die unmittelbare Gegenwart hat sie Dichter und Schriftsteller inspiriert: So hat eine Schweizer Schriftstellerin, Doris Schifferli, erst 1998 einen Wiborada-Roman veröffentlicht. Und 1992 gab ein nach der Revolution von 1956 in die Schweiz geflüchteter und in Sankt Gallen seßhaft gewordener ungarischer Arzt eine zweisprachige Publikation über die Geschichte des Ungarneinfalls im 10. Jahrhundert heraus, die auf die »uralte, anfänglich noch kriegerische, heute friedlich-freundschaftliche Beziehung zwischen Ungarn und Sankt Gallen« eingeht.

Bis heute wird an Wiboradas Todestag alljährlich in der Liturgie an sie erinnert. So war es zutiefst symbolträchtig, als der ungarische Kardinal József Mindszenty 1972 die Stiftsbibliothek ausgerechnet an diesem Gedenktag besuchte und sich als Primas Hungariae in das goldene Gästebuch eintrug.

Das Interesse der Ungarn im allgemeinen und der Historiker im besonderen gilt freilich weniger dem Leben der Schutzheiligen des Klosters und heutigen Bistums Sankt Gallen als vielmehr der Tatsache, daß in der Bibliothek wichtige Quellen zur frühen Geschichte des ungarischen Volkes aufbewahrt werden. Die Aufzeichnungen in den

Jahrbüchern und die »im neuen, unterhaltsamen Stil« verfaßten Geschichten des Chronisten Ekkehart IV. bringen nämlich Licht ins Dunkel jener Zeit. In den Alemannischen Annalen, im 9. und 10. Jahrhundert von mehreren Händen niedergeschrieben, werden die Ungarn neunmal und in den größeren Sankt Gallener Jahrbüchern des 10. Jahrhunderts sogar fünfzehnmal erwähnt.

In Ekkeharts Chronik finden sich zudem Details zu den Ereignissen vom 1. und 2. Mai 926, die bis heute zur Pflichtlektüre ungarischer Schulkinder gehören. Es ist die einzige Schilderung, in der die Magyaren nicht nur als Unmenschen erscheinen. Zum erstenmal lieferte hier ein Augenzeuge eine ausführliche, lebensnahe Beschreibung der Sitten und Gewohnheiten der Ungarn. Urheber war ein eher »einfältiger und beschränkter Bruder namens Heribald, dessen Sprüche und Streiche oft belächelt wurden«. Die anderen Mönche hatten ihm gesagt, er solle mit ihnen fliehen. Doch Heribald weigerte sich: »Fürwahr, fliehe, wer will! Ich werde niemals fliehen, weil mir der Kämmerer für dieses Jahr mein Schuhleder noch nicht gegeben hat.«

Die köcherbewehrten Feinde, die in das nicht befestigte Kloster einbrachen, seien mit ihren drohenden Wurfspeeren und spitzen Pfeilen entsetzlich anzuschauen gewesen, gestand Heribald hinterher. Trotz des furchterregenden Gehabes wurde ihm kein Haar gekrümmt. Die Ungarn hatten nämlich einen Dolmetscher bei sich, einen verschleppten Geistlichen, der ihnen übersetzte, was Heribald von sich gab. Und als sie begriffen, daß sie es mit einem Narren zu tun hatten, ließen sie ihn laufen. Er durfte sogar an einer Schlemmerei im inneren Klosterhof teilnehmen. Wie er später erzählte, verzehrten die Magyaren die halbrohen Fleischstücke nicht mit Messern, sondern indem sie sie mit den Zähnen »rissen«. Auch dem Klosterwein wurde heftig zugesprochen. Und zum Zeitvertreib warfen die Magyaren sich abgenagte Knochen zu. Dann hätten sie den Gesängen der beiden gefangenen Mönche gelauscht.

Zu Heribalds nachdrücklichem Mißfallen trieben sie ihre derben Späße aber nicht nur im Klosterhof und auf dem freien Feld, sondern ebenso in der Kirche und auf heiligem Boden. Zwei der ausgelassenen jungen Männer kletterten auf den Glockenturm, da sie meinten, der Hahn an der Spitze sei aus Gold. Der eine, der den Wetterhahn mit der Lanze loszureißen versuchte, verlor das Gleichgewicht und stürzte in den Tod. Der andere wollte bei der höchsten Ostzinne seine Notdurft verrichten. Dabei fiel er rücklings in die Tiefe und blieb zerschmettert liegen. Wie Heribald später erzählte, verbrannten die Krieger beide

Leichen zwischen den Torpfosten. Zwei bis zu den Siegeln angefüllte Weinfässer wurden auf Heribalds Flehen verschont. Wahrscheinlich befanden sich auf den Beutekarren ohnehin schon genügend Vorräte.

»Gott schützte gerade die Geistesschwachen inmitten feindlicher Schwerter und Speere«, bemerkte der Chronist. Als dann die zurückkehrenden Ordensbrüder Heribald, den Augenzeugen, fragten, wie ihm die so zahlreichen Gäste des heiligen Gallus gefallen hätten, gab er die überraschende Antwort: »Ei, ganz ausgezeichnet! Ich erinnere mich nicht, jemals fröhlichere Leute in unserem Kloster gesehen zu haben, denn sie verschenkten Speise und Trank in Hülle und Fülle.«

Während infolge der zahllosen Verwirrungen und Verwechslungen im Zusammenhang mit den Erzählungen über das Martyrium der heiligen Wiborada der Volksmund in der Schweiz noch heute fast ausnahmslos von der Schreckenszeit der »Hunneneinfälle« spricht, welche dem Goldenen Zeitalter der Abtei Sankt Gallen ein jähes Ende setzten, gilt für ungarische Schriftsteller und Wissenschaftler die im 11. Jahrhundert niedergeschriebene Geschichte über Bruder Heribald als ein schlagender Beweis für die Kontinuität des »magyarischen Nationalcharakters«. In dem von Kronprinz Rudolf initiierten 24bändigen Sammelwerk *Die österreichisch-ungarische Monarchie in Wort und Bild*, dessen letzte Folge 1902 erschien, berief sich zum Beispiel der Historiker Karl Szabó ausdrücklich auf die damals in Sankt Gallen aufgezeichnete »lebensnahe Beschreibung eines ungarischen Reiters«: »Es ist unmöglich, in diesen interessanten Schilderungen … der urwüchsigen, zügellosen, rasch auflodernden, aber auch rasch wieder sich versöhnenden, heiteren, lebensfrohen, unverdorbenen Magyaren-Jünglinge die auch heute noch in die Augen fallenden Züge des magyarischen Nationalcharakters zu verkennen.«[2] Jahrzehnte später hat auch der offiziöse Historiker und langjährige Kulturminister der Zwischenkriegszeit, Bálint Hóman, in der gemeinsam mit Gyula Szekfü verfaßten fünfbändigen *Geschichte Ungarns* Bruder Heribald als Kronzeugen für die Tradition der heiteren, trinkenden, singenden, offenherzigen und jovialen Ungarn präsentiert. In diesen Geschichten erkenne man die Vorfahren des ungarischen Bauern …

Moderne ungarische Historiker verweisen allerdings auf die Bedeutung der bis dahin ausführlichsten Beschreibung der strikten Disziplin der Reiterkrieger. Die Erzählungen des Bruders Heribald lassen jedenfalls auf eine bestens trainierte Truppe schließen, die in Minuten Schlachtordnung einzunehmen vermochte, sich bei der Rast oder für die Nacht in eine sorgfältig bewachte Wagenburg zurückzog und sich beim Abmarsch durch eine Vor- und Nachhut schützte. Die Truppenteile verständigten sich durch Kuriere sowie durch Horn- und Feuersignale. Im Falle von Gefahr schwangen sich alle auf Kommando in den Sattel und gehorchten blitzschnell allen Befehlen. Nur dank dieser ausgezeichneten Disziplin waren die im Grunde phantastischen Leistungen der hervorragenden Reiter möglich, die, über tausend Kilometer von ihrer Heimat entfernt, in alle Richtungen Streifzüge unternahmen.

Das technische Geheimnis der verheerenden militärischen Durchschlagskraft der berittenen ungarischen Bogenschützen war schlicht und einfach der Steigbügel. Mit seiner Hilfe konnten sich die Ungarn mühelos im Sattel abstützen, was die blitzschnelle Wendigkeit ihrer in Hundertschaften formierten Abteilungen und die vielfach überlegene Treffsicherheit ihrer Waffen erklärt. Ihre berüchtigte bewegliche Kampfweise und vor allem die Taktik der vorgetäuschten Flucht stürzten die schwerfälligen feindlichen Heere in Verwirrung. Das gellende, grausig klingende Schlachtgeheul der wilden, fast kahlgeschorenen Reiter ließ das Blut der Überfallenen in den Adern erstarren. Es war dann ein leichtes, die flüchtenden Ritter, die rasch die Orientierung verloren, mit Pfeil und Krummsäbel niederzumachen.

Wie im Falle der Episode von Sankt Gallen hielten sich die ungarischen Historiker und Schriftsteller – und erst recht die Schulbücher – nicht lange bei den Grausamkeiten auf, welche die verwegenen Reiternomaden auf ihren Beutezügen begangen hatten. Die ungarischen Chronisten nannten die Streifzüge elegant »Abenteuerfahrten«. Generationen von jungen Magyaren wurden im Geiste eines unbändigen Stolzes auf die ungarischen Kriegserfolge erzogen. Sie alle lernten, daß man in den deutschen und italienischen, französischen und spanischen Klöstern betete: »De sagittis Hungarorum libera nos, Domine!« (Vor den Pfeilen der Ungarn errette uns, o Herr!)

Die diametral entgegengesetzte Wertung der Sankt Gallener Episode und der furchtbaren Verheerungen durch magyarische Krieger in der westlichen und in der ungarischen Geschichtsschreibung liefert einen kleinen, aber äußerst interessanten Hinweis darauf, wie es zur Herausbildung von Stereotypen kommt, die sich im Laufe der Zeit zu einer Nationalcharakterologie verdichten. Es gibt mehrere Gründe dafür, daß das Feindbild im Westen und das Selbstbild der Ungarn, von immer neuen Generationen erlernt und vor allem kulturell übermittelt, als unbewußte Charakterisierungen, oft aber auch als bewußt gepflegte Vorurteile bis in unsere Tage bewahrt und weitergegeben werden. Unkritisch übernommene und hart aufeinanderprallende Herkunftsmythen sind wichtige Komponenten von emotional aufgeladener Fremdenfeindlichkeit und so schnell und oft so verhängnisvoll aufbrechenden ethnischen Konflikten. Gerade im Fall Ungarns prägten die auf die »anderen« Volksgruppen, aber auch auf die eigene bezogenen Stereotypen seit eh und je besonders stark das Verhältnis zu den Nachbarnationen wie zu den ethnischen Minderheiten im einstigen Großungarn.[3]

Wie wir noch sehen werden, läßt sich eine Grenze zwischen Geschichtsschreibung, historischen Stereotypen und nationalen Mythen in Mitteleuropa kaum mehr ziehen. Die bildhaften Vorstellungen reichen bisweilen tief ins frühe Mittelalter zurück. Der große französische Historiker Fernand Braudel warnte vor Pauschalurteilen: »Bis zur Renaissance behaupteten sich sämtliche Staaten als raubgierige Bestien... Niemals hat die Karte Europas so viele und so ausgedehnte weiße Flecken aufgewiesen wie vor dem Jahr 1000.«[4] In einem späteren Werk kommt Georges Duby zu einer ähnlichen Schlußfolgerung. Er meint, daß im Europa des Mittelalters Spuren bestenfalls als »Grundlage vager Vermutungen« gewertet werden können. »So bleibt die Vorstellung vom Europa des Jahres 1000 mehr oder weniger unserer Phantasie überlassen.«[5] Das galt erst recht für den Karpatenraum.

II Landnahme oder Eroberung? Zur Frage der ungarischen Identität

Auf die natürliche Einheit des Donauraumes, den die Karpaten wie ein Schutzwall umschließen, haben Historiker immer wieder hingewiesen. Während die westliche Hälfte – von den Ungarn Dunántul, Land jenseits der Donau, genannt – unter den Römern vier Jahrhunderte lang zusammen mit dem östlichen Niederösterreich (Noricum und Pannonien) eine Verwaltungseinheit bildete, war die große Ebene, das Alföld, zwischen dem linken Donauufer und den Vorgebirgen Siebenbürgens gelegen, die eigentliche Drehscheibe der Völkerwanderungszeit. Skythen, Sarmaten, Hunnen (unter Attila), Goten und Langobarden, Gepiden und schließlich für 200 Jahre die Awaren versuchten sich auf Dauer hier niederzulassen. Gegen Ende des 9. Jahrhunderts gehörte Pannonien als Grenzprovinz zum Ostfränkischen Reich. Großmähren unter Fürst Swatopluk kontrollierte das Gebiet nördlich der Donau, während die große Ebene östlich der Donau und Siebenbürgen zum Einflußbereich bulgarischer Fürsten gehörte. Großmähren und Ostfranken haben einander im Zuge ihrer Reichsbildungsversuche erbittert bekämpft. Die Bewohner waren überwiegend slawische Bauern, einschließlich der teilweise slawisierten Awarensippe. Die Existenz einer verschiedene slawische Idiome sprechenden Bevölkerung gilt als gesichert.

Dagegen ist der Streit über die ethnische Zugehörigkeit der Bewohner Siebenbürgens bis heute ein Zankapfel zwischen ungarischen und rumänischen Historikern. Die ungarischen Vor- und Frühgeschichtler verneinen vehement die Stichhaltigkeit der nicht minder nachdrücklich vertretenen rumänischen Behauptung, daß in den Hochtälern und Wäldern eine romanisierte dakische Bevölkerung überlebt habe. Fest steht jedenfalls, daß alle Gebiete im Donaubecken dünn besiedelt und die Berge der Karpaten praktisch unbewohnt waren, als Ende des 9. Jahrhunderts Reiterhirten eines ungarischen Stammesverbandes, aus den Steppen des heutigen Südrußland kommend, am Einfallstor der Karpaten erschienen. Was deutsche und österreichische Historiker als Ungarnsturm oder Magyareneinbruch beschreiben, gilt den Ungarn selbst als Landnahme (Honfoglalás). Was zunächst nur wie ein Wellenschlag der Völkerwanderung aussah, gewann bald eine neue geschichtliche Dimension mit entscheidenden Folgen auch für die Deutschen und Slawen im Donaubecken.

Die Eindringlinge stellten für ihre Opfer und Gegner »das mongolische Schreckgespenst eines asiatischen Nomadenvolkes« dar. Bereits 863 berichten die alemannischen Annalen, »ein Volk der Hunnen« habe die Christenheit angegriffen, wobei der Chronist – wie später auch die eigene nationale Überlieferung – die Ungarn mit den Hunnen gleichsetzte. Neben den Skythen wurde alles, was die Hunnen belastete, auch den Ungarn in die Schuhe geschoben. Byzantinische und arabische Reisende sprachen von ihnen als einem »Turkvolk«: eine These übrigens, die noch im 19. Jahrhundert in den berühmten Reiseberichten des Orientalisten Ármin Vámbéry ihren Niederschlag fand.

Heute sind sich alle ernstzunehmenden ungarischen und ausländischen Historiker, Anthropologen und Ethnologen einig, daß diese Theorie falsch ist. Mangels schriftlicher und archäologischer Quellen bleibt die Sprache der einzige wissenschaftlich zuverlässige Beweis für die Herkunft der Ungarn. Ihre in Europa einzigartige Sprache ging aus der finnisch-ugrischen Sprachenfamilie hervor. Die Vorfahren der Ungarn gehörten zur ugrischen Gruppe, wobei die Wissenschaftler noch immer darüber streiten, ob die Ur-Ungarn am westlichen oder östlichen Abhang des Ural (Europa versus Asien!) gelebt haben. Die nächsten Sprachverwandten der Ungarn sind die heute kaum 30 000 Köpfe zählenden Ostjaken und Wogulen, die noch bis in die Neuzeit Jäger und Fischer geblieben sind.

Die Ungarn trennten sich im ersten Jahrtausend vor unserer Zeitrechnung von der ugrischen Völkergruppe und zogen zusammen mit anderen Sippen südwestwärts. Später übernahmen sie unter dem Einfluß von türkischen und iranischen Volksstämmen die Lebensweise nomadisierender Hirten. Das ursprünglich von Fischerei und Jagd lebende Volk stellte sich im Rahmen von schnell entstandenen und ebenso schnell verschwundenen Nomadenreichen auf Ackerbau und Viehzucht um. Wann ihre späteren Wanderungen begannen, wie lange sie gedauert haben, welche Wege sie nahmen und mit welchen Völkerschaften sie engere Kontakte pflegten, ist unbekannt. Über die Frühgeschichte der Altungarn und sogar über die Landnahme selbst sind die einzigen Quellen Mythen und Sagen, die erst zwei- bis dreihundert Jahre später entstanden sind.

Die meisten Geschichtsforscher billigen dem reichen Sagenschatz der Ungarn einen historischen Wahrheitskern zu oder betrachten die mythischen Berichte zumindest als Hilfsquelle für die Erschließung des wirklichen Geschehens. Darüber hinaus dienten sie später zusammen mit Heldengesängen und Sagen als Grundlage für eine neue Legitimation, zur Bekräftigung des »historischen Rechts«: nicht auf ein besetztes Pannonien, sondern auf die rechtmäßige Wiedereroberung der alten Heimat.

So berichtet eine nur mündlich überlieferte Sage, daß die Brüder Hunor und Magor, die Söhne der Skythenkönige Gog und Magog, auf der Jagd einem wunderbaren weißen Hirsch gefolgt seien und so das Gebiet nördlich des Asowschen Meeres erreicht hätten. Nachdem sie das Wundertier aus den Augen verloren hätten, erblickten sie bei dem nächsten Ausflug die wunderschönen Töchter des Alanenkönigs Dula. Die Geschwister hätten die Töchter entführt und geheiratet. Dieser Ehe seien die Ahnen der Hunnen und Ungarn entsprungen, namentlich »der berühmte allmächtige König Attila und später der Fürst Álmos, von dem die Könige und Fürsten Ungarns abstammten«.

Die moderne Sagenforschung und die Sprachwissenschaft gestehen der beliebten Sage jedenfalls einen geschichtlichen Kern zu: eine enge Verbindung mit einem bulgaro-türkischen Volk und den Alanen. Während die Selbstbenennung der Ungarn, »Magyar«, in die ugrische Zeit zurückreicht, geht der Name »Ungar«, »Hungarus«, »hongrois« auf die türkische Stammesorganisation der Onoguren zurück, der die Magyaren lange angehört haben. Onogur bedeutet »zehn Pfeile«, das heißt Stämme. Es ist aber auch möglich, daß die im Westen seit dem frühen 9. Jahrhundert üblich gewordene Bezeichnung an den Zusammenschluß der sieben ursprünglichen, lose miteinander verbundenen altungarischen Stämme mit den drei abtrünnigen Chasarenstämmen, den Kawaren, erinnert. Fest steht jedenfalls, daß die Ungarn längere Zeit dem türkischen Chasarenreich zwischen der mittleren Wolga und dem Unterlauf der Donau angehört haben. Die Altungarn sind aber nie ein »mongolisches Volk« gewesen, wie häufig behauptet wurde. Die Magyaren lebten seit 830 im Etelköz, dem Zwischenstromland, in einem riesigen Gebiet zwischen Don, Donau und Schwarzem Meer mit verschiedenen nomadischen Turkvölkern, mit Alanen und mit Slawen zusammen. In byzantinischen und orientalischen Quellen wurden sie überwiegend als »Türken« bezeichnet. Rund 200 Wörter bulgaro-türkischen Ursprungs lassen bis heute sehr bedeutende türkische Komponenten bei der Entstehung des altungarischen Stammesverbandes erkennen.

Erstaunlicherweise konnte trotz der Völkermischung im Siedlungsgebiet die ugrische, also ungarische Sprache obsiegen, und der Name »Magyar« gewann die Oberhand in der ganzen Gemeinschaft. Das ist um so verblüffender, als nach dem Bericht des byzantinischen Kaisers Konstantin VII., dieser ersten und fast einzigen vertrauenswürdigen Quelle, nur zwei der sieben altungarischen Stämme ugrische Namen (Megyer und Nyek) trugen, während die Namen der übrigen fünf meist türkisch waren. Allerdings berichtete der Kaiser auch, daß die später angeschlossenen Kawarenstämme noch um die Mitte des 10. Jahrhunderts zweisprachig waren.

Gerade im Hinblick auf die historisch und politisch bis in unsere Tage so brisanten Auswirkungen der national-romantisch geprägten Legendenbildung in der ungarischen Geschichtsschreibung und Literatur ist es wichtig, darauf hinzuweisen, daß vor und zu der Zeit der Landnahme der ungarische Stammesverband alles andere als homogen, ja eher ein wahres »Völkergemisch« war. In der von nationaler Engstirnigkeit völlig freien Untersuchung des deutsch-ungarischen Frühhistorikers Thomas von Bogyay heißt es zur Herkunft und Volkswerdung, das anthropologische und archäologische Material spreche dafür, daß das ungarische Volksindividuum im Schmelztiegel der südrussischen Steppe entstanden sei.

Auch der ungarische Geschichtswissenschaftler Jenö Szücs hat in mehreren grundlegenden Werken betont, daß die finno-ugrischen Volksgruppen und verschiedene Stämme türkischen Ursprungs wahrscheinlich bereits im 8. Jahrhundert unter Führung eines chasarischen Würdenträgers aus dem Verband des Chasarenreiches ausschieden und daß das grundlegende Element der ungarischen Herrschaftsbildung vor dem 9. Jahrhundert die ethnisch heterogene und sozial gegliederte Gefolgschaft war. Er wies überdies auf die durch »massenhaftes neues Fundmaterial« bewiesene Tatsache hin, daß sich die Symbiose der heidnischen Ungarn und christlich-slawischer Bevölkerungsteile bereits im Laufe des 10. Jahrhunderts vollzog. Die landnehmende ungarische Gesellschaft sei also keineswegs eine homogene nomadische Kriegerschicht gewesen. Die spätere ungarische Überlieferung verschwieg jedoch sowohl die engen Beziehungen zu den Chasaren, deren Führungsschicht sich im 8. Jahrhundert zum Judentum bekannte, wie auch die wirklichen Gründe für die Wanderung, die die Stämme samt ihren Verbündeten chasarischen oder türkischen Ursprungs bis an die Hänge der Karpaten führte.[1]

Laut dem zitierten Bericht Kaiser Konstantins VII. hätten die Stammeshäuptlinge den Sohn des alten Álmos, Árpád, als den Anführer des stärksten Stammes »nach chasarischem Brauch und Gesetz« auf den Schild gehoben und nach Reiternomadenart ihre Abmachung mit einem »Blutsvertrag« besiegelt. Die spätere Überlieferung ließ jedenfalls Álmos und Árpád bereits als die vom Himmel erwählten ersten Führer des Volkes erscheinen. »Die Legende ist nicht etwa eine der Formen, sondern die einzige Form, in der wir Geschichte überhaupt denken, vorstellen, nacherleben können. Alle Geschichte ist Sage, Mythos und als solcher das Produkt unserer geistigen Potenzen: unseres Auffassungsvermögens, unserer Gestaltungskraft, unseres Weltgefühls«, schrieb Egon Friedell in seiner *Kulturgeschichte der Neuzeit*.[2]

Zwei begnadete ungarische Chronisten, nämlich »Anonymus«, der unbekannte Notar König Bélas III. (1173–1196), und Simon Kézai, Hofprediger König Ladislaus' IV. (1272–1290), sorgten durch ihre phantasievollen Überlieferungen und ihre Fabulierkunst dafür, daß die Frühgeschichte der Magyaren »im Schimmer und Duft eines magischen Geschehens« erscheint und daß so viele Generationen Erdichtetes für Geschichte gehalten haben. Die Ungarn, wie übrigens auch die von ihnen bekämpften Nachbarvölker, zeichneten ihr eigenes Geschichtsbild, indem sie es – bewußt oder unbewußt – immer wieder umwerteten und den Bedürfnissen der Zeit anpaßten.

Das Streben nach historischer Legitimierung der Volkswerdung und der Landnahme spielt bis in unsere Zeit bei allen Völkern des Donauraums eine Schlüsselrolle. Und ganz besonders gilt das für die seit eh und je von einem tiefverwurzelten Einsamkeitsgefühl geplagten Ungarn. Deshalb sind bei der Darstellung der dramatischen Schicksale von Völkern und Einzelpersönlichkeiten die Mythen und die Schilderung, wie ein Mythos zur geistig-politischen Macht geworden ist, oft wichtiger als trockene Daten und Namen oder die Stammbäume der diversen Könige.

Die schicksalhafte Landnahme wurde »Anonymus« zufolge in einem legendären Traum vorweggenommen. Das Charisma des Fürsten und Stammesführers gründet auf der überirdischen Fähigkeit, die ihm durch göttliche Fügung von einem heiligen Totemtier verliehen wurde. Fürstin Emese, die Frau eines skythischen Königs, träumte, daß sie auf göttliches Geheiß von einem Turul-Vogel – je nach den verschiedenen Versionen ein Habicht oder Adler, jedenfalls ein Greifvogel – geschwängert worden sei und daß dieser ihr die historische Sendung ihres noch ungeborenen Sohnes verkündet habe: Wie ein Feuerstrom werde ihr Sprößling sein und über weite Länder herrschen. Deshalb erhielt der Sohn nach seiner Geburt den Namen Álmos (*álom* = Traum). Álmos machte sich dann mit seinem ganzen Volk auf, um das neue Vaterland als ein von seinen Ahnen aus dem Geschlecht des Hunnenkönigs Attila ihm hinterlassenes Erbe zurückzuerobern. Der Turul-Vogel wies ihm den Weg bis ans Ziel, an die Karpaten. Álmos starb auf der Wanderung und verschwand sang- und klanglos aus der Weltgeschichte.

Die Stammesführer hoben seinen Sohn Árpád auf den Schild und machten ihn zum Oberhaupt ihres Stammesverbandes. Sie schworen ihm Treue, indem sie sich in die Arme schnitten, ihr Blut in den gemeinsamen Opferkelch fließen ließen, davon tranken und gelobten, ihren Fürsten stets aus dem Stamme Árpáds zu wählen. Die Nation verpflichtete Fürst Árpád, das zu erobernde Vaterland gerecht auf die 108 Sippen zu verteilen und den Nachkommen der Stammesführer das Recht auf freie Beratung vor dem Fürsten einzuräumen. Damit war, wenn man den ungarischen Geschichtsschreibern glauben will, sogar »der Grund zur ersten Verfassung« gelegt.

Die von »Anonymus« geschaffene Mär einer Verfassung zur damaligen Zeit und die damit verbundenen anderen Sagen sollten das Seßhaftwerden der ungarischen Stämme als einen bewußt herbeigeführten historischen Akt erscheinen lassen. Der Schriftsteller György Dalos stellte in einem anregenden Essay zum Katalog einer Berliner Ausstellung (1998) über *Mythen der Nationen* charakteristische Zitate aus alten ungarischen Schulbüchern zusammen.[3] Diese zeigten mit aller wünschenswerten Deutlichkeit, wie die uralten Sagen zu einem »historischen Recht« hochstilisiert wurden.

Dazu ein Beispiel von vielen. Es suggeriert die historische Legitimierung der Landnahme und ist in Ungarns Geschichte mit besonderem *Blick auf die Entwicklung der Bildung und das Volksleben* von 1864 nachzulesen:

> Gegenüber dem Spott und der Verleumdung durch fremde Gelehrte, die unsere Ahnen als Blutsauger oder barbarische Meute darstellen und aus Voreingenommenheit, Unwissenheit oder nationaler Antipathie die Herabwürdigung unserer Nation zu ihrem Ziel machen, kann jeder Ungar mit stolzem Selbstwertgefühl auf eine natürliche und von nüchternem Verstand diktierte Verfassung verweisen, dies zudem bereits im 9. Jahrhundert, als sich gebildetere und glücklichere Völker Europas einer ähnlichen Einheit und bürgerlichen Verfassung nicht rühmen konnten … Man kann der ungarischen Nation nicht vorwerfen, sie hätte durch die Eroberung dieses Landes irgendeine lebensfähige Nationalität oder tatsächlich existierende Staats-

> rechte beeinträchtigt. Man kann der ungarischen Nation auch nicht den Vorwurf machen, sie hätte die Kultur in den von ihr eroberten Ländern vernichtet oder auch nur geschmälert... Unsere Vorfahren fanden in den eroberten Ländern keinerlei Gesellschaftsordnung oder historisches Recht vor. Und wenn diese Umstände nicht allein gereicht hätten, den Instinkt der Heimatsuche zu rechtfertigen, dann hätte die tausendjährige Geschichte bewiesen, daß der Ungar von Gott selbst zum richtigen Zeitpunkt in seine Heimat geführt worden ist.

Allerdings bedarf das Wort »Gott« einer Präzisierung, zumal da es in Wirklichkeit der bayerische König Arnulf war, der im Jahr 892 ungarische Stämme einlud, an einer Strafexpedition gegen seinen rebellischen Vasallen, den Mährerfürsten Swatopluk, teilzunehmen. Nach den unheimlichen Folgen und angesichts der späteren Verheerungen durch die Ungarn in ganz Pannonien haben Ostfranken und Mährer, auch in Briefen an den Papst, einander gegenseitig beschuldigt, diesem gefährlichen Feind als Verbündetem den Weg nach dem Karpatenbecken gewiesen zu haben. Die Verwüstungen müssen gewaltige Ausmaße angenommen haben, da sich Bayern und Mährer zwei Jahre danach zu einem Friedensschluß und noch etwas später sogar zu gemeinsamen Kampfhandlungen gegen die »blutrünstigen, heidnischen Hunnen« bereitfanden. Daß übrigens die »zivilisierten« Westler in bestimmten Situationen genauso barbarisch handelten, wie sie es den Ungarn unterstellten, zeigt ein 902 (oder 904) erfolgter Meuchelmord. Die Bayern luden den obersten Herrscher der Ungarn, den »Kündü« genannten sakralen Führer ihres Stammesverbandes, zu einem Gastmahl an die Fischa östlich von Wien ein. Als man sich zu Tisch setzte, wurde der damalige »Kündü« Fürst Kurszán mitsamt seiner Begleitung heimtückisch umgebracht. Damit wurde übrigens paradoxerweise die Position des Vizeherrschers (Gyula), der tatsächlich die militärische Führung ausübte, also die Stellung Fürst Árpáds, gefestigt. Die Ermordung Kurszáns ebnete unabsichtlich den Weg zur Alleinherrschaft Árpáds; aus seinem Geschlecht entstand eine heidnisch-sakrale Dynastie, die Ungarn bis zum Jahr 1301 regierte. Während der Kämpfe gegen Swatopluk erkannten die Ungarn, wie schwach dieses Land Pannonien war, und deshalb unternahmen sie zwei Jahre später, 894, einen eigenen Eroberungszug im Donaubecken und richteten ungeheuren Schaden an.

Die Altungarn kamen also zuerst als Verbündete der Mährer, dann der Ostfranken über die Karpaten. Die großen Ebenen, die letzten Ausläufer der eurasischen Steppenzone, erschienen ihnen, wie schon vorher den Hunnen oder den Awaren, als »das Gelobte Land«. Die Bedeutung der Ungarn für das spätere Schicksal der Deutschen und Österreicher in diesem Raum zeigte sich bereits im Jahre 881, als es zunächst bei Wien einen Zusammenstoß mit fränkischen Truppen und danach bei Pöchlarn einen Kampf mit den kawarischen Verbündeten der Magyaren gab. Diese Nachricht der Salzburger Annalen enthält nicht bloß (nach vielhundertjähriger Pause) erstmalig die Nennung Wiens, sondern auch die früheste Erwähnung der Ungarn durch einen bayerischen Beobachter. Zu Recht betont der Frühgeschichtsforscher Österreichs Herwig Wolfram die Symbolträchtigkeit des gemeinsamen Eintritts Wiens und der Ungarn in die Geschichte, einer Verbindung, die alle Wirbelstürme der gemeinsamen Geschichte überlebte.[4]

Daß sich aber der Beginn der tausendjährigen Pendelschläge zwischen Gegnerschaft und Partnerschaft alles andere als freundschaftlich gestaltete, zeigt bereits ein tragischer Zwischenfall in der Nähe von Stockerau in Niederösterreich. Infolge der argwöhnischen Einstellung der Einheimischen allem Fremden gegenüber kam es bald nach dem Jahre 1000 zu einem Mord. Der irische Pilger Koloman, Sohn eines keltischen Kleinfürsten, wurde für einen ungarischen Kundschafter gehalten und umgebracht. Als sich – zu spät – Kolomans Unschuld erwies, brachte man den Leichnam nach Melk, wo sich bald so etwas wie ein Koloman-Kult entwickelte.

Den entscheidenden Anstoß zur Landnahme, zur endgültigen Überquerung der Karpaten, gab weder die Suche nach Weidegründen für die Herde noch ein zunehmender Bevölkerungsdruck, noch bloß die Aussicht auf Beutezüge, sondern – im Gegensatz zu den Heldengesängen – in erster Linie eine verhängnisvolle, schwere Niederlage gegen die Petschenegen, ein Turk sprechendes Nomadenvolk. Das Unglück begann mit einer Kriegshilfe, die die Magyaren den Byzantinern gegen die Bulgaren leisteten. Diesen gelang es schließlich nicht nur, einen Friedensschluß mit Byzanz zu erreichen, sondern auch das von Árpáds Sohn geführte Ungarnheer zu besiegen und aus dem Osten die Petschenegen gegen die Ungarn einzusetzen. Da die meisten Krieger der Ungarn im Süden oder in Mähren kämpften, konnten die Petschenegen von Osten her die kaum verteidigten, ja größtenteils wehrlosen ungarischen Siedlungen überfallen und verwüsten. Die geschlagenen Truppen und das schwer in Mitleidenschaft gezogene, geplünderte Volk retteten sich über die Karpaten in das ihnen schon bekannte Pannonien. Es war also »eine Flucht nach vorn«.

Die meisten Historiker sind sich darin einig, daß die ungarischen Stämme im Herbst 895 in äußerster Bedrängnis zu ihrem Marsch ins Donaubecken aufgebrochen sind. Sie rückten von Nordosten über den Vereckepaß, von Osten und Südosten durch die Siebenbürger Karpaten und entlang der Donau vor.

Die Vorgeschichte und der Ablauf dieser Westbewegung wurden in der Geschichtsschreibung, vor allem aber in der Überlieferung durch die Chronisten und in den literarischen Schilderungen der betroffenen Völker und ihrer später entstandenen Nationalstaaten, jeweils anders dargestellt. Wenn auch das Land, wie schon erwähnt, in dieser Zeit keineswegs menschenleer oder verlassen war, gab es dort offenbar keine umfassende politische Organisationsform. Eher herrschte ein politisches Vakuum, und die ansässige Bevölkerung, die ein Gemisch aus verschiedenen slawischen Idiomen sprach, schien den anrückenden Ungarn mehr oder weniger wehrlos ausgeliefert.

Die Zahl der ins Land eingedrungenen Magyaren kann natürlich nur geschätzt werden. Tschechische, rumänische und russische Historiker nehmen an, daß es zwischen 200 000 und 500 000 gewesen seien, wobei manche selbst die untere Grenze für »maßlos übertrieben« halten. Moderne und ausgewogen urteilende ungarische Historiker schätzen die Gesamtzahl der landnehmenden Ungarn auf rund eine halbe Million und die der eingesessenen Einwohner auf etwa 100 000. Sie scheinen sicher zu sein, daß die Slawisch sprechende Bevölkerung den Ungarn zahlenmäßig weit unterlegen war. Sonst hätte die Sprache der Eroberer nicht relativ leicht die Oberhand gewinnen bzw. die Vermischung mit den Einheimischen nicht so problemlos vonstatten gehen können. Jedenfalls waren die Ungarn mit ihren kawarischen und anderen Verbündeten zahlenmäßig stark genug, um in etwa fünf bis zehn Jahren alle bewohnbaren Teile des neuen Heimatlandes unter ihre Kontrolle zu bringen. Ödland und Sumpfgebiete mit natürlichen Hindernissen ließ man als ein einzigartiges Grenzsicherungssystem, »gyepü« genannt, bewußt unangetastet.[5]

Als erstes Steppenvolk konnten die ungarischen Stämme sich später zu einer starken Nation mit Assimilationskraft und Eigenbewußtsein, samt einem historischem Selbstverständnis, entwickeln. Die Einzelheiten der Besetzung des Landes sind ebensowenig bekannt wie das Schicksal der Einheimischen. Die örtliche Führungsschicht wurde vermutlich vernichtet, die Massen in zwei bis drei Jahrhunderten assimiliert, meint Jenö Szücs in seinen Studien über *Nation und Geschichte*, und in ihren jeweiligen Gesellschaftsschichten verschmolzen: also Sklaven mit Sklaven, Krieger mit Kriegern usw. Ausschlaggebend war die Lebens- und Interessengemeinschaft.

Daß die Eroberung des Karpatenbeckens durch die Ungarn ein entscheidender Faktor in der Herausbildung des mittelalterlichen Europa gewesen sei, darin stimmen die Historiker, unabhängig von ihrer nationalen oder ideologischen Warte, im Grunde überein. Doch bleibt bis in unsere Tage das, was die Ungarn als Heldenepos ihrer siegreichen Vorfahren bejubeln, für die Deutschen, Slawen und Rumänen eine »Tragödie«, ein »Unglück«, ein »Schicksalsschlag«. So bezeichnete der deutsche Historiker Georg Stadtmüller den Einfall der Magyaren als »eine Katastrophe... Die Magyaren haben die Vormachtstellung des deutschen Reiches im Donauraum endgültig vernichtet, das deutsche Kolonisationswerk in Westungarn zerstört und die Fortsetzung der großartigen bayerischen Südostkolonisation auf mehr als anderthalb Jahrhunderte hinaus unmöglich gemacht.«[6] Manche ungarische Historiker, wie zum Beispiel Szabolcs de Vajay in seinem kontroversen Werk *Eintritt des ungarischen Stämmebundes in die europäische Geschichte*, reklamieren allerdings eine doppelte Funktion für die frühen Ungarn: Einerseits dienten sie im Karpatenraum als Bollwerk gegen den frühen »Drang des deutschen Reiches nach Osten«; andererseits hätten sie durch den Abschluß eines neunjährigen Waffenstillstandes im Jahr 926 in hohem Maße zur Einheit der Deutschen beigetragen, die sich erst in der Abwehr einer Bedrohung aller zu verständigen vermochten.

Als noch bedeutsamer für die europäische Geschichte erwies sich die mit der Landnahme erfolgte Spaltung der slawischen Welt: Durch die Niederlassung im Donaubecken trieben die Ungarn für immer einen Keil zwischen Nord- und Südslawen. Ende des 19. Jahrhunderts gelangte der herausragende tschechische Historiker František Palacký zu der bitteren Schlußfolgerung: »Der Einfall und die Ansiedlung der ungarischen Nation in Ungarn gehören zu den wichtigsten Fakten der gesamten Geschichte; im Laufe der Jahrhunderte ist die slawische Welt von keinem unheilvolleren Schlag getroffen worden.« In den Augen Palackýs scheinen die Ungarn fast soviel Unheil gegen die Tschechen angerichtet zu haben wie die Deutschen. Jedenfalls bleibt für die tschechischen, slowakischen und polnischen Historiker bzw. in den von ihnen verfaßten oder geprüften Schulbüchern die ewige Spaltung der

Slawen das weitaus folgenschwerste Ergebnis der Landnahme und der Herausbildung des ungarischen Staates.[7]

Die tiefverwurzelten Ressentiments zwischen Ungarn einerseits und Tschechen und vor allem Slowaken andererseits haben ihren Ursprung also bereits in der Frühgeschichte, und sie wurden auf beiden Seiten auch durch die jeweiligen Sagen oder Entstellungen ins Bewußtsein der folgenden Generationen einzementiert. So behaupten Tschechen und Slowaken gern, daß die landnehmenden Ungarn größtenteils Slawen gewesen seien, daß sogar Staatsgründer Árpád und König Stephan der Heilige dem slawischen Volk angehört hätten. Unter Hinweis auf die noch zur Zeit des Großfürsten Géza verbreiteten Gerüchte über »zwei Ungarn«, ein »weißes« und ein »schwarzes« Ungarn, reklamierte man in der Slowakei die Bewohner des sogenannten »weißen« Landesteils (West- und Mittelungarn) als Slawen; im sogenannten »schwarzen« Ungarn hätten hingegen die der Magyarenwanderung folgenden Turkstämme der Kawaren und Petschenegen sowie der Stamm der Székler (Székelyek) gelebt, deren Herkunft übrigens bis heute ungeklärt ist.[8]

Die Ungarn wiederum erweckten in manchen Sagen und in den danach entstandenen Epen und Bildkunstwerken den Eindruck, als hätten die Bewohner des Karpatenbeckens die Eroberer unter Fürst Árpád geradezu mit einhelliger Begeisterung empfangen. Dieses Bild vermittelt vor allem das monumentale Gemälde des berühmten Malers Mihály Munkácsy, *Landnahme der Ungarn*, das im Budapester Parlament den nicht zuletzt für ausländische Würdenträger bestimmten repräsentativen Empfangssalon ziert. Das Kunstwerk zeigt den majestätisch auf seinem Schimmel sitzenden Árpád mit seinem berittenen Gefolge im Moment der triumphalen Ankunft in der neuen Heimat. Die Bewohner, größtenteils zu Fuß, empfangen ihren neuen Herrscher jubelnd und bringen ihm Geschenke dar.

Das weiße Pferd ist in den ungarischen Sagen ein besonders wichtiges Element. Fürst Árpád besiegt Swatopluk in der Schlacht, aber ehe es dazu kommt, fordert er den Fürsten Mährens zur Unterwerfung auf: Árpád schickt ihm ein weißes Pferd als Geschenk und wünscht von ihm als Gegengabe Erde, Gras und Wasser. Dies war bei den alten Skythen das Symbol einer freiwilligen Unterwerfung. Nachdem Árpád das Geforderte erhalten hat, nimmt er mit voller Sicherheit und bestem Gewissen das ganze Land in Besitz, heißt es in der Legende. In Wirklichkeit gehörten diese Riten zu den üblichen Abmachungen oder Verträgen zwischen Nomadenstämmen.

Über gegenseitige Vorwürfe zwischen Bayern und Mährern, daß sie nach heidnischer Sitte mit den Ungarn Frieden geschlossen und über einem Wolf und einem Hund als Totems Eide geschworen hätten, erfährt man aus einem Brief, den Bischof Theotmar von Salzburg im Jahr 900 dem Papst geschrieben hat. Theotmar fiel am 4. Juli 907 bei einem großangelegten Feldzug der Bayern, mit dem sie Pannonien zurückerobern wollten. Der Angriff endete bei Preßburg mit einer vernichtenden Niederlage und dem Tod des Markgrafen Luitpold sowie eines Großteils des bayerischen Adels. Die Sage vom weißen Pferd wurde mit einem erfundenen Bericht über den Tod Swatopluks weitergesponnen, der nach einer späteren Schlacht vor den siegreichen Magyaren geflohen und in der Donau ertrunken sein soll. Tatsächlich erfolgte die Vernichtung des kurzlebigen Staates aber erst nach dem Tode Swatopluks, der nach nomadischer Sitte den Vertrag mit den Ungarn nur zur Besiegelung des gemeinsamen Vorgehens gegen die Bayern (894) und keinesfalls als Abmachung zur Aufgabe seines Landes geschlossen hatte.

Das weiße Pferd als Symbol des siegreichen Ungartums unter Fürst Árpád war – neben anderen Motiven wie etwa dem angeblichen »Blutvertrag« von Pusztaszer und der Taufe Stephans des Heiligen – das große Thema der Monumentalmalerei des 19. Jahrhunderts, vor allem im Zusammenhang mit der Millenniumsfeier der Landnahme im Jahr 1896. Als nach dem Zusammenbruch der kommunistischen Räterepublik im November 1919 der Admiral und spätere Reichsverweser Miklós Horthy an der Spitze der Truppen der Gegenrevolution auf einem Schimmel in Budapest (»der sündhaften Stadt«) einritt, wurde diese wohlüberlegte Geste weithin verstanden: Es war das sichtbare Signal für eine scharfe Rechtswendung, zum extremen Nationalismus hin. Nach mehr als zwei Jahrzehnten schwang sich übrigens der greise Staatsmann noch einmal in den Sattel, um an der Spitze ungarischer Truppen auf einem Schimmel in die mit Hilfe der Achsenmächte durch den Wiener Schiedsspruch zeitweilig zurückgewonnenen Städte Kassa (Kaschau/Košice) und Kolozsvár (Klausenburg/Cluj) einzuziehen. Die dort lebenden Magyaren empfanden dies als symbolhaft und empfingen ihn mit frenetischem Jubel.

So führt eine gerade Linie von der Überlieferung zu den widerspruchsvollen und sich letztlich als Bumerang erweisenden politischen Heldentaten unserer Zeit. Und stets hatte der Mythos des weißen Pferdes in bestimmten Situationen scharf umrissene nationale Funktionen zu erfüllen.

Nationale Mythen prallen bis heute vorwiegend im rumänisch-ungarischen Verhältnis, insbesondere bezüglich des von beiden Nationen beanspruchten historischen Rechts auf Siebenbürgen, aufeinander. Der Streit darüber, ob Rumänen oder Ungarn nach der Landnahme als geschlossene oder zumindest zahlenmäßig bedeutende Gruppe die ersten Siedler und sodann die bestimmende politische Kraft in Siebenbürgen gewesen seien, hat Generationen von Historikern, und keineswegs nur zwischen Budapest und Bukarest, entzweit. So setzte sich zum Beispiel der britische Historiker R.W. Seton-Watson vor dem Ersten Weltkrieg wortgewaltig für die historischen und politischen Interessen der Rumänen (auch aller Slawen) im Kampf gegen die ungarisch-österreichische Vorherrschaft ein, während sein Kollege A.C. Macartney eine wesentlich ausgewogenere Auffassung hinsichtlich der brisanten Frage der Minderheiten in Großungarn vertrat.[9]

Derlei historische und politische Kontroversen zwischen mehreren Generationen von rumänischen und ungarischen Wissenschaftlern und Schriftstellern überdauerten alle Systeme und Regierungen. Und Aussichten auf eine Entschärfung der Schulbücher oder auf einen Grundkonsens der Historiker sind auch im Zeitalter eines vereinten Europa gleich Null.

Gerade deshalb ist die Wirkung der in Volksliedern und -bräuchen sowie in Gedichten und in der Jugendliteratur überlieferten Sagen über die rätselhafte Herkunft der Siebenbürger Székler (ungar. Székelyek) bis heute psychologisch nicht unerheblich. Sie gehören zum Sagenkreis um Attila und Árpád, den Turul-Vogel und das weiße Pferd, um die angeblich uralte Identität von Hunnen und Magyaren.

Im Mittelpunkt steht die mythische Gestalt Csaba, der jüngste Sohn des Hunnenkönigs Attila. Als er das Verderben der hunnischen Nation seinen Gang nehmen sah, schoß Csaba aus seinem Köcher einen Zauberpfeil ab, um damit seine Mutter, die Zauberfee, zu Hilfe zu rufen. Wo der Pfeil mit der Spitze steckenblieb, fand er das wunderwirkende Kraut, dessen Saft Wunden heilte. Mit diesem Wundermittel erweckte er seine gefallenen Krieger wieder, stellte sie in Schlachtordnung auf und führte sie gegen den Feind. Angesichts dieses Totenheeres erfaßte die Gepiden blankes Entsetzen, so daß sie die Überbleibsel von Csabas Volk in Frieden abziehen ließen. Csaba geleitete dann mit seinem inzwischen berittenen Totenheer die Reste des Hunnenvolkes bis an die Grenze Siebenbürgens, wo er sie im heutigen Széklerland ansässig werden hieß. Dann aber führte er die toten Krieger in ihr altes Vaterland, ins Land Attilas, heim. Den im Széklerland zurückgelassenen Sippen versprach er, daß, sooft ihnen eine große Gefahr drohte, er und seine Kämpfer dem Grabe entsteigen und zurückkehren würden, um sie zu retten. So entstand die magyarisch-széklerische Volkssage vom *Warten auf Csaba*. Oft hat sich die kleine Széklernation in großer Gefahr befunden, und jedesmal ist sie gerettet worden: nicht durch aufopfernde Tapferkeit allein, heißt es in der Legende weiter, sondern auch durch wahre Gotteswunder. Csaba und seine Hunnenkrieger seien unter großem Getöse mitten durch den Himmel herbeigeeilt, um die Feinde zu zerstreuen. Aus den Hufspuren ihrer Rosse sei am Himmel jene glänzende Bahn entstanden, die im allgemeinen Milchstraße, von den Ungarn aber bis heute »Straße der Heere« genannt wird.

In dem erwähnten Sammelband, den Kronprinz Rudolf herausgab, gelangte der seinerzeit äußerst populäre und höchst produktive Schriftsteller Mór Jókai zu der Schlußfolgerung, überlieferte Sage und Geschichte seien so miteinander verwoben, daß man entweder, wie die öffentliche Meinung es tue, das Ganze hinnehmen oder es insgesamt ablehnen müsse. Da hat er wohl recht. Nur mit seiner These einer Identität von Hunnen und Magyaren ging der temperamentvolle und bis ins hohe Alter launige Romancier wohl zu weit.

Auch wenn es Mór Jókai noch so gern gehabt hätte: Die Székler sind nicht mit den Hunnen verwandt, vielmehr bleiben ihre Herkunft und ihr Werdegang bis zum heutigen Tag eine offene Frage. Neuerdings wird angenommen, daß die Székler ursprünglich als ein bulgaro-türkischer Stamm zusammen mit den Kawaren oder vor den Magyaren ins Karpatenbecken eingewandert seien und bereits in den Kämpfen vor der Landnahme auf seiten der Ungarn gestanden hätten. Wie dem auch gewesen sein mag, sicher ist, daß die Székler noch bis in die frühe Neuzeit hinein eine Variante der türkischen Schrift verwendet haben. Sie sprachen zwar schon früh Ungarisch, behielten aber jahrhundertelang ihre unterschiedliche Gesellschaftsstruktur und ihre Sonderstellung. Bereits Anfang des 13. Jahrhunderts haben die Könige sie zur Grenzsicherung in Siebenbürgen eingesetzt, und ihr Siedlungsgebiet heißt bis zum heutigen Tag Széklerland.[10]

Was Jókai vor fast einem Jahrhundert über das Bewußtsein der engen hunnisch-ungarischen Verwandtschaft, über den Glauben an die urgeschichtliche Identität schrieb, ist in der Tat ein im Weltmaßstab einzigartiges psychologisch-literarisches Phänomen. Es waren die schon erwähnten verheerenden Raub- und Beutezüge nach der Landnahme, die den schlimmen Ruf der Magyaren begründeten. Als 1939 eine Essaysammlung mit dem Titel *Was ist der Ungar?* erschien, beschäftigten sich die herausragenden Vertreter des ungarischen Geisteslebens, wie so oft vorher und nachher, mit der Frage der nationalen Identität. In diesem Zusammenhang legte der Historiker Sándor Eckhardt seine auch für spätere Generationen ungemein nützliche, mit profunder Quellenkenntnis verfaßte Studie *Das Ungarnbild in Europa*[11] vor. Darin stellte er verblüfft fest, daß das negative, ja zuweilen grausige und schreckenerregende Bild, das westliche Chronisten von den Ungarn zeichneten, so auch die Mär vom »ungarischen Kannibalismus«, von den frühen Chronisten »Anonymus« und Kézai als äußerst positive Züge der Altungarn wiedergegeben wurden. Regino, der Abt von Prüm, hatte Anfang des 10. Jahrhunderts als erster berichtet, daß dem »Gerücht« zufolge die Ungarn Menschenfleisch essen und Menschenblut trinken und das Herz des Feindes aus dessen Brust reißen, um dadurch die eigene Tapferkeit zu steigern. Dieses Märchen war in Wirklichkeit der Rest eines antiken, noch auf Herodot zurückgehenden Stereotyps.

Die Magyaren seien die Nachfahren der sagenhaften asiatischen Skythen, wurde behauptet, furchtbar anzusehen, halb Mensch, halb Affe, eine von Teufeln gezeugte Hexenbrut. Die Quellen, Chroniken und Jahrbücher, waren alle voneinander abgeschrieben, aber nicht aufgrund der Aussagen von Augenzeugen, sondern nach den Charakterisierungen älterer Chronisten. Reginos Bild wurde unzählige Male wiederholt und sogar erweitert. Bald identifizierte man die »neuen Barbaren« mit den Hunnen, an die man sich in Europa nur zu genau erinnerte. Attila war ja in den Augen des Westens zum Inbegriff des Barbarentums, zum Antichrist, geworden. Zur Zeit der Renaissance tritt Attila in italienischen Sagen schon als ungarischer König auf. Er ist hier die blutschänderische Frucht einer in einem Turm eingesperrten Königstochter und eines Windhundes, hat Hundeohren und sinnt immer auf Ränke.[12]

All das war damals schon und die nachfolgenden Jahrhunderte hindurch nicht gerade geeignet, das Ansehen der Ungarn in der Welt zu heben. Trotzdem gelangte die Gleichsetzung mit Skythen und Hunnen, vom Westen kommend, in die ungarische Geschichtsschreibung. Die Dynastie der Arpaden ließen bereits die ersten Chronisten vom Schreckgespenst Attila abstammen. Als Import haben sich diese Hunnensagen dann tief und unverwüstlich in das ungarische Bewußtsein eingeprägt. Die Gleichsetzung von Hunnen und Ungarn wurde zum

Volksglauben. Und allmählich bekannte sich das Ungartum – keineswegs nur im Mittelalter, sondern noch im 19. und zum Teil im 20. Jahrhundert – stolz zu diesem Erbe, um die eigene Ursprungsgeschichte mit dem prachtvollen Epos von der welterobernden Geißel Gottes identifizieren zu können. Die Geschichtsphantasien der ersten Chronisten lieferten eine Rechtsgrundlage für die Landnahme – ein außerordentlich wichtiger Faktor im Geschichtsbewußtsein der Ungarn insgesamt. Man könnte noch viele Einzelheiten über die Streifzüge der Ungarn nach der Landnahme, über die kollektive Wahrnehmung und Erinnerung sowie die Rezeption durch Chronisten und Historiker erwähnen. Wesentlich daran ist für unseren Zusammenhang nur, daß die angebliche hunnisch-ungarische Verwandtschaft im Verein mit dem »mongolenhaften Nomadengesicht der Magyaren« bis in unsere Tage die Dialektik zwischen dem westlichen Bild von außen und dem Selbstbild der Ungarn prägt.

III | Vom Magyarensturm zum christlichen Königtum der Arpaden

Vajays These, daß es sich bei den Eroberungszügen nicht um bedenkenlose Verwüstungen, sondern um »im voraus durchdachte strategische Unternehmungen, oft von europäischer Bedeutung und großer Tragweite« handelte, ist zumindest umstritten. Sicher ist hingegen, daß die erfolgreichen Beutezüge auch den Keim künftiger Niederlagen in sich bargen. Die Gegner, vor allem die Bayern, merkten bald, daß die mit Beute beladenen, Gefangene mitschleppenden, ermüdet nach Hause ziehenden Reiterscharen mit einiger Aussicht auf Erfolg überwältigt werden konnten. Zugleich ließen die Disziplin und die Wendigkeit der alten Nomadenreitertaktik bei den zunehmend saturierten Ungarn merklich nach.

Für Gold und Silber waren die ungarischen Heerführer jederzeit bereit, Gebiete zu schonen oder gegen andere Strafexpeditionen zu unternehmen. Italien war das erste Land, das den Magyaren regelmäßig Tribut zahlte. 899 hatte eine an der Brenta eingekreiste Truppe von 5000 ungarischen Reitern das dreimal stärkere italienische Heer von König Berengar I. geschlagen. Nach neuerlichen ungarischen Streifzügen beschloß der König, sich und sein Volk freizukaufen. Der ungarische Historiker György Györffy fand heraus, daß es sich um etwa 30 Kilogramm Gold gehandelt haben muß.

Nur die Deutschen haben durch die Aufstellung eines disziplinierten, schwerbewaffneten, geschlossen auftretenden Reiterheeres und durch das Ausnutzen gegnerischer Schwächen den Ungarn 917 und 933 schwere Niederlagen beibringen können.

Am 10. August 955 errangen sie dann auf dem Lechfeld bei Augsburg den entscheidenden Sieg. Horka Bulcsu, der dritthöchste Würdenträger des Stammesbundes, und Prinz Lél (Lehel) endeten in Regensburg am Galgen.

Der Triumph Ottos I., der ihm später den Beinamen »der Große« eintrug, wurde von deutschen Historikern als »eine weltgeschichtliche Wende«, als die Rettung der christlichen Kultur vor den asiatischen Barbaren gefeiert. Der Legende nach sollen vom gesamten ungarischen Heer nur sieben Männer am Leben geblieben sein, die sich dann, für das ganze Leben entehrt, als »Trauerungarn« (Gyászmagyarok) durch die Heimat wandernd, ihren Unterhalt zusammenbetteln mußten. Übrigens gibt es auch über Lél eine berühmte Sage. Lél wird nach der verlorenen Schlacht zum Tode verurteilt, stößt noch ein letztes Mal in sein geliebtes Horn und erschlägt dann mit dem Horn den siegreichen König: »Und doch wirst du mir im Jenseits dienen!« Das angebliche Elfenbeinhorn Léls wurde noch neunhundert Jahre später in der kleinen Stadt Jászberény gezeigt.

Ungarischen Chronisten zufolge war Bulcsu jedenfalls ein sehr machtbewußter und kriegstüchtiger Führer, der sich und sein Volk dem Kaiser gegenüber als »Rache und Geißel Gottes« präsentierte. Was nun die tatsächliche Tragweite des Sieges auf dem Lechfeld betrifft, so sind die Urteile sehr unterschiedlich. Moderne ungarische Historiker behaupten, die Niederlage sei nicht schwerer gewesen als die zwei früheren. Daß 26 000 Deutsche 100 000 oder gar 128 000 Ungarn besiegt hätten, war jedenfalls eine glatte Erfindung. Die Stärke des ungarischen Heeres bei Augsburg schätzt man heute auf nicht einmal 20 000 Mann. Die Hinrichtung Bulcsus, dieser starken Führungspersönlichkeit, und vor allem die psychologischen Auswirkungen der Niederlagen waren dennoch entscheidend. Vor allem hatte das abendländische Christentum nun eine Gelegenheit, die Seelen der heidnischen Ungarn zu gewinnen.

Wir wissen nicht, wie das Volk mit den Folgen der Niederlage fertig wurde. Jedenfalls öffnete die schicksalhafte Schlacht auf dem Lechfeld den Weg zu einem epochalen Ereignis. Die Ungarn verschwanden nicht, wie andere geschlagene Reiter, von der Weltbühne. Sie übernahmen vielmehr die westliche Kultur und wählten zwischen Rom und Byzanz die katholische Kirche. Unter Großfürst Géza, einem Urenkel Árpáds, wurden die reitenden Räuber sozusagen von einer Generation zur anderen seßhafte Bauern und Hirten, ohne ihre Sprache oder politische Identität zu verlieren, wie dies ihren Vorgängern ausnahmslos widerfahren war.

»Die Magyaren wurden als erstes Steppenvolk von den vorgefundenen Wirtschafts- und Siedlungsbedingungen und von den gesellschaftlichen, kulturellen Verhältnissen der Durchbruchszeit christlicher Herrschaftsbildungen erfaßt«, meinte der deutsche Historiker Zernack. Doch lag der Schlüssel zum Umbruch in Ungarn selbst, im politischen Willen Gézas und seines Sohnes, Stephans des Heiligen, den Weg vom Stammesbund zur Schaffung eines christlichen Staates der Arpadendynastie bis zum Ende zu gehen. Daß, wie Thietmar von Merseburg be-

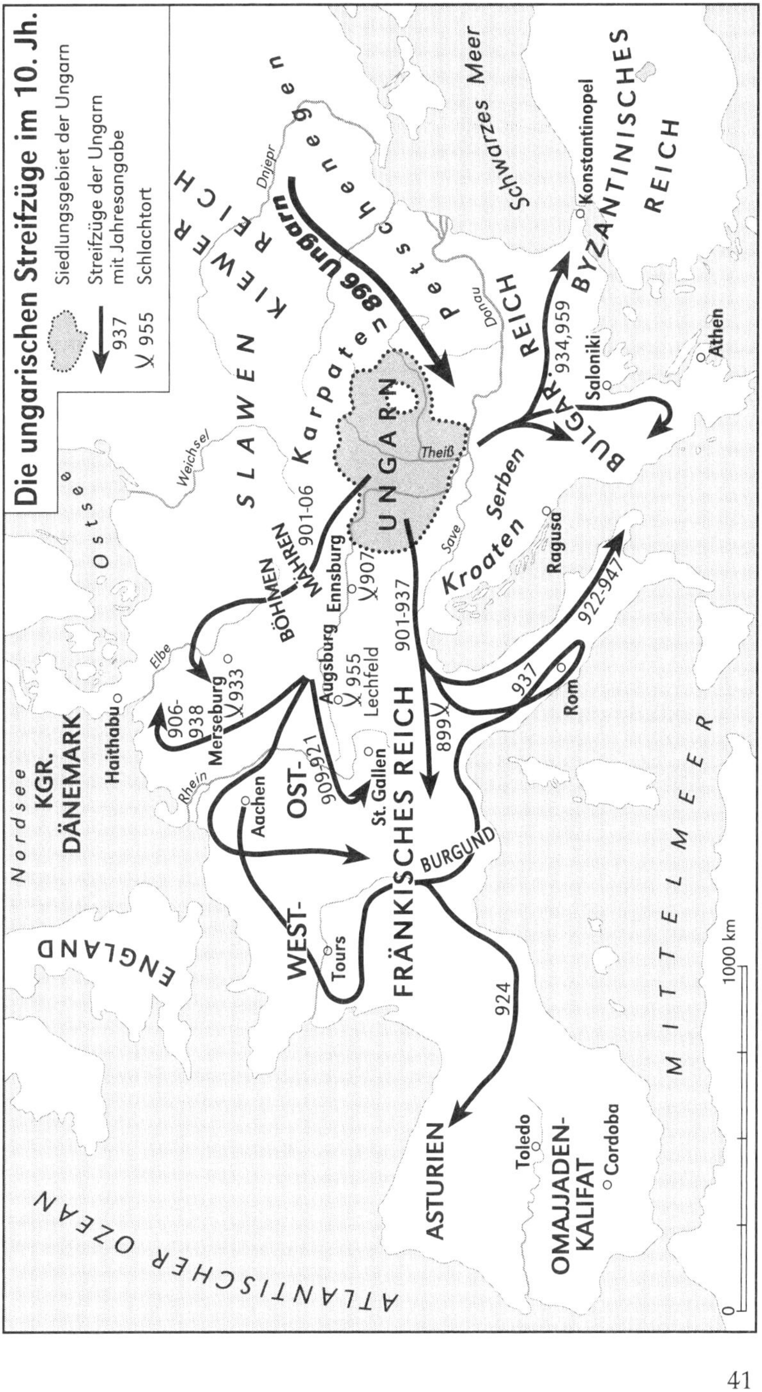

Die ungarischen Streifzüge im 10. Jh.
Siedlungsgebiet der Ungarn
937
Streifzüge der Ungarn mit Jahresangabe
955
Schlachtort
KIEWER REICH
Dnjepr
Petschenegen
896 Ungarn
Schwarzes Meer
BYZANTINISCHES REICH
Konstantinopel
Donau
BULGAR. REICH
934,959
Saloniki
Athen
SLAWEN
Weichsel
Karpaten
UNGARN
Theiß
Ostsee
901-06
BÖHMEN
MÄHREN
Ennsburg
907
Serben
Kroaten
Save
Ragusa
901-937
922-947
Augsburg
955
Lechfeld
Elbe
Haithabu
906-938
Merseburg
933
KGR. DÄNEMARK
Nordsee
899
937
Rom
OST-
909-921
St. Gallen
FRÄNKISCHES REICH
Rhein
Aachen
BURGUND
WEST-
Tours
ENGLAND
924
MITTELMEER
1000 km
0
ASTURIEN
Toledo
OMAJJADEN-KALIFAT
Cordoba
ATLANTISCHER OZEAN

richtete, Géza sich für reich und stark genug hielt, mehreren Göttern zu opfern, ändert nichts an der Tatsache des Rollenwechsels. Unter seiner ein Vierteljahrhundert (972–997) währenden Herrschaft wurde das Volk vor dem Untergang gerettet. Die Abkehr vom Nomadentum war endgültig. Was in den wenigen Jahrzehnten nach der Schlacht auf dem Lechfeld in Ungarn vor sich ging, war nicht weniger als ein Geschichtswunder. Aus dem Stammesverband der Reiternomaden wurde rasch, wenn auch nicht ohne Turbulenzen, ein christliches Königreich.

Die territoriale Einheit des christlichen Königtums in Ungarn wurde erst in einer Serie von blutigen Auseinandersetzungen erzwungen. Nach dem Tode des Großfürsten Géza beanspruchten zwei Mitglieder der Arpadendynastie die Nachfolge: Koppány, der Fürst von Somogy, der im Gebiet südlich des Plattensees herrschte, pochte auf die Tradition des aus dem Geblütsrecht folgenden Senioritätsprinzips, das dem ältesten Mitglied der Sippe die Erbfolge zusprach. Gegenspieler dieses heidnischen Stammeshäuptlings war der noch sehr junge Sohn Gézas, Wajk, der damals aber bereits den christlichen Namen Stephan (István) trug. Sein Geburtsjahr wird mit 967, 969 oder 975 unterschiedlich angegeben. Auch wissen wir nicht genau, wann er getauft wurde. Sicher ist jedoch, daß Stephan seine Ansprüche auf die unentwirrbare Verflechtung zwischen Christentum und Staat gründete und sich auf das Prinzip der Primogenitur berief, auf das Recht des Großfürsten bzw. späteren Königs, seinen Erben nach dem Prinzip der Erstgeburt selbst zu bestimmen.

Obwohl Großfürst Géza auch nach seiner Taufe im Jahr 973 im Grunde Heide geblieben war, hatte er dafür gesorgt, daß sein Sohn Stephan eine christliche Erziehung erhielt. Knapp vor seinem Tod warb der schwerkranke Großfürst noch für seinen Sohn um die Tochter des bayerischen Herzogs. Mit Erfolg: Die Verehelichung Stephans mit Gisela, der Schwester des jungen Bayernherzogs und späteren Kaisers Heinrich II., fand 996 statt. Als Géza 997 starb, war Stephan – vor allem unter dem Einfluß Bischof Adalberts von Prag – ein zutiefst frommer Herrscher und, im Gegensatz zu seinem Vater, Christ nicht aus Taktik, sondern aus Überzeugung.

Mit der bayerischen Herzogstochter Gisela kamen zahlreiche deutsche Missionare und Priester, aber auch adelige Ritter und Beamte nach Ungarn. Schon Géza hatte sich in der Ausübung seiner Herrschaft zum Teil auf eine aus bayerischen Rittern bestehende Leibgarde gestützt. Nun war dies im zunehmenden Maße der Fall.

Jenö Szücs hat darauf hingewiesen, daß dem Wort und dem Kreuz das Schwert den Weg geebnet hatte. Vieles war aber davon abhängig, wer das Schwert schwang und welches Konzept er vertrat. Zum entscheidenden Kampf um die Zukunft des Landes kam es 998 in der Nähe der malerischen Stadt Veszprém in Westungarn. In erster Linie waren es deutsche Ritter, die – neben Stephans »Hausmacht« aus seinem eigenen Stamm – den Ausschlag gaben und den Stammeshäuptling Koppány entscheidend schlugen. Legenden und Chroniken berichten über eine zutiefst symbolische Szene: Vor der Schlacht habe der junge Stephan seine Gefolgsleute und die deutschen Ritter zusammengerufen. In ihrer Mitte kniete er nieder, um den Patron von Pannonien, Sankt Martin, um den Sieg anzuflehen. Dann ließ er sich von den Rittern nach deutscher Sitte das von der Kirche gesegnete Schwert umgürten, das er im Interesse der weiteren Christianisierung führen sollte (und wollte).[1]

Als Befehlshaber des Heeres standen Stephan zwei Ritter aus Schwaben und der berühmte Wezellin aus Wasserburg in Bayern zur Seite. Der Feind war eindeutig definiert: als heidnisch-barbarischer Stammeshäuptling des Traditionalismus. Fürst Koppány, Stephans Blutsverwandter, der Gézas Witwe Sarolta heiraten wollte, um nach Nomadenart seinen Anspruch auf die Nachfolge zu legitimieren, verlor gegen die gepanzerten Ritter Stephans die Schlacht und sein Leben.

Für Stephan ging es in Wirklichkeit darum, die Macht der Stammeshäuptlinge und der in den Beutezügen reich gewordenen, heidnischen Gefolgsleute zu brechen und die Autorität der Nachfolger Árpáds über alle Stämme wiederherzustellen. Wenn auch der Kampf bei Veszprém in der nationalen Tradition als »Schlacht zwischen Teutonen und Ungarn« verewigt wurde, so war der mit unbarmherziger Schonungslosigkeit erfochtene Sieg gegen Koppány und seine Anhänger der Ausgangspunkt, um aus einem lockeren halbnomadischen Personenverband einen festgefügten christlichen Staat der Ungarn zu schaffen.

Die Niederwerfung des Herausforderers war zugleich aber auch der Auftakt zu späteren Feldzügen Stephans gegen die großen, beinahe unabhängig agierenden Fürsten in Siebenbürgen (wie etwa seinen Onkel Gyula) und im Süden Fürst Ajtony, der sich mit den »Griechen« verbündet haben soll. Die militärische Vernichtung widerspenstiger Sippenhäupter erfolgte parallel zum Kampf gegen die sogenannten »schwarzen Ungarn«, die in den Jahren 1004 bis 1006 »mit Gewalt und

Liebe«, wie es bei Bruno von Querfurt heißt, bekehrt wurden. »Schwarze Ungarn« nannte man die mit den ungarischen Stämmen verbündeten Székler und Turkvölker wie die Kawaren und Petschenegen, deren Angehörige als Hilfssoldaten in Siebenbürgen und Südungarn lebten.

Das Bild Stephans in der ungarischen Geschichte ist widersprüchlich. War er gütig und »der Frömmste«, wie seine deutschen Hofchronisten ihn charakterisierten, oder eher unbarmherzig und grausam? Hat er Koppány, seinen Blutsverwandten, nicht nur getötet, sondern auch noch seinen Leichnam gevierteilt? Die schaurige Überlieferung, nach der Stephan drei Teile des Fürsten an die Tore der nahe gelegenen Bischofsstadt Veszprém, von Györ (Raab) und Székesfehérvár (Stuhlweißenburg) habe nageln lassen, während der vierte als Warnung an seinen trotzigen Onkel Gyula nach Gyulafehérvár (Weißenburg in Siebenbürgen) geschickt worden sei, scheint die zweite Version, somit seine Unnachgiebigkeit und Härte, zu bestätigen. Zeitpunkt und Ablauf der einzelnen Gefechte sind ebenso umstritten wie so vieles andere in der Frühgeschichte des ungarischen Staates. Fest steht nur, daß Stephan auch als König und noch im hohen Alter schnell und rücksichtslos gegen wirkliche oder vermutete Widersacher vorging.

Stephan, der 1083 heiliggesprochen wurde (als erster von acht Heiligen aus dem Hause Árpád), gilt ausländischen wie ungarischen Historikern als eine der beliebtesten und glücklichsten, möglicherweise bedeutendsten Persönlichkeiten überhaupt, zumindest aber als der »erfolgreichste und gewissenhafteste Arbeiter an der Staatlichkeit Ungarns« (Gyula Szekfü). Man hat ihn wegen seines Eifers, mit dem er sein Volk zum Christentum bekehrte, sogar mit Karl dem Großen verglichen. Zweifellos war Stephan I. tiefreligiös und zugleich entschlossen, mit unbeugsamer Willenskraft sich und sein Volk von der barbarischen Vergangenheit und den heidnischen Traditionen zu befreien. Seine Krönung zum ungarischen König, höchstwahrscheinlich am ersten Tag des Jahres 1001 (manche Quellen sprechen vom Weihnachtstag des Jahres 1000), wurde zum Wendepunkt in der Geschichte Ungarns, wenngleich die genaue Vorgeschichte und die internationalen Zusammenhänge dieses Ereignisses umstritten bleiben. Die einzige von der ungarischen Geschichtsschreibung allgemein akzeptierte zeitgenössische Quelle ist der Bericht des deutschen Bischofs Thietmar von Merseburg, wonach Stephan, der Schwager des Bayernherzogs Heinrich, »durch die Gunst und auf Drängen« Kaiser Ottos III.

von Papst Sylvester II. die Krone und den Segen erhielt. Noch vor einigen Jahrzehnten tobten »staatsrechtliche« Debatten zwischen deutschen und ungarischen Wissenschaftlern, ob die Stephanskrone vom Papst oder vom Kaiser verliehen wurde. Inzwischen ist man sich einig: Stephan erhielt die Krone vom Papst, im Einvernehmen mit Otto III.

Im Gegensatz zu Böhmen, Mähren und Polen geriet also das ungarische Königreich in kein Lehnsverhältnis zum römisch-deutschen Kaisertum, sondern blieb faktisch unabhängig. Und in vollständiger Unabhängigkeit vollzog Stephan auch die Umstellung seines Landes und seiner Macht auf das christlich-monarchische Prinzip. Es war eine souveräne politische Handlung, deren Bedeutung nicht hoch genug eingeschätzt werden kann.

Der britische Ungarnspezialist C.A. Macartney bemerkt dazu: »Die Bekehrung zum Christentum bewirkte, daß das ungarische Volk aus einer außerhalb des damals gültigen Rechts stehenden Horde, gegen die ins Feld zu ziehen ein christlicher Fürst nicht nur das Recht, sondern die Pflicht hatte, ein Mitglied der christlichen Völkerfamilie wurde, dessen König ein durch Gottes Gnade zu seinem Amt bestimmter Herrscher war, gegen dessen legitimes Recht die Mitfürsten nicht verstoßen durften, ohne sich einer Sünde schuldig zu machen.«[2] Und er verweist darauf, daß der ungarische König zwar nicht mit dem Kaiser gleichrangig, doch ihm auch nicht untertan gewesen sei. Die apostolischen Symbole (die Nachbildung der heiligen Lanze und das apostolische Kreuz) zeigten an, daß die ungarische Kirche nur der Autorität Roms unterstand, und das war laut Macartney »eine ungeheure Stärkung der realen Unabhängigkeit des Landes«.

Auf diese Weise wurde ein kurz zuvor noch halbnomadisches heidnisches Volk unter Beibehaltung seiner politischen und ethnischen Existenz zu einem Bestandteil des christlichen Europa. Nicht nur die schonungslose Abrechnung mit den Anhängern des Heidentums, sondern auch die radikale Umgestaltung des Staates legen den Schluß nahe, daß es sich bei Stephans Staat eigentlich nicht um die Übernahme eines von seinem Vater vererbten Gemeinwesens, sondern um dessen Verneinung handelte (Gyula Kristó).[3]

Stephan wollte nie Lehnsmann, sondern souveräner Herrscher sein, und die Stephanskrone war seit seiner Krönung stets das Symbol der ungarischen Selbständigkeit und Freiheit. Auf ihre wechselvolle Geschichte und staatsrechtlich-politische Bedeutung kommen wir später noch zurück. Es darf aber schon jetzt festgestellt werden, daß Stephan die seit Jahrhunderten verehrte und jetzt im Budapester Nationalmuseum ausgestellte Krone nie getragen haben kann, da der untere, der sogenannte »griechische« Teil erst 1074, also fast vier Jahrzehnte nach seinem Tod angefertigt wurde, der »lateinische« obere Teil wahrscheinlich gar erst im 13. Jahrhundert. Ungarische Historiker verschwiegen beharrlich, daß Kaiser Heinrich III. nach Unruhen in Ungarn und nach seinem Sieg über die Aufständischen (1044 in der Nähe von Raab) die Krone erbeutet und nach Rom zurückgeschickt hatte.

Die Stephanskrone in ihrer heutigen Form ist ein Mythos. Doch warum wird sie dann noch immer so genannt? Auf diese Frage antworten die Autoren des Standardwerks *Tausend Jahre Stephanskrone*, die Professoren Kálmán Benda und Erik Fügedi, mit bestechender Offenheit: »Dieser Glaube behauptete sich über die Jahrhunderte unzerstörbar. Dem Historiker bleibt da nichts anderes übrig, als einzugestehen: Wesentlich in diesem Fall ist nicht, ob die Krone als Gegenstand tatsächlich Stephans Krone war, sondern der unerschütterliche Glaube aller, sie sei es gewesen.«[4]

Im Gegensatz zur Frage der Herkunft der Krone bestehen keine Zweifel an der Tatsache und den Auswirkungen der von Stephan durchgeführten Reformen. Sie betrafen nicht nur die Verwaltung, sondern auch den Aufbau der kirchlichen Organisation im ganzen Land. Mit der Krönung wurde Stephan König von Gottes Gnaden und unumschränkter Herrscher. Somit konnte er alle dem mittelalterlichen Königtum zugestandenen Hoheitsrechte praktisch nach Gutdünken ausüben. Dazu zählten zum Beispiel die Außenpolitik und das Recht, jeden ihm genehmen Mann, selbst von niedrigster Herkunft, als Vertreter des königlichen Willens in ein öffentliches Amt zu berufen, Würdenträger nach Belieben ein- und abzusetzen sowie Gesetze zu erlassen. Ferner charakterisierten seine Autokratie ein unermeßlicher königlicher Grundbesitz und die unbedingte Oberhoheit über die kirchliche Organisation.

Außenpolitisch gelang es dem König, den Aufbau der rechtsstaatlichen, christlichen Ordnung durch seine feste, aber maßvolle Haltung gegenüber den Nachbarn abzusichern. Nach erfolgreicher Abwehr der Bulgaren im Süden und der Polen im Norden konnte Stephan bis 1018 die ungarische Kontrolle über den gesamten Karpatenraum zurückgewinnen. Während seiner über vierzigjährigen Herrschaft kam es zu einer einzigen ernsthaften bewaffneten Auseinandersetzung, als Kaiser Konrad II. 1030 mit starken Truppen in Ungarn einfiel. Ohne große Verluste und taktisch überlegen schlug Stephan den Angriff zurück und besetzte im Gegenzug sogar Wien.

Innenpolitisch blieb die Autorität der Krone nach den Siegen über die Stammeshäuptlinge unangetastet. Die starke Zentralisierung des frühen ungarischen Königtums verhinderte die Herausbildung von lehnsrechtlichen Verhältnissen. Stephan enteignete systematisch die Sippen, die den Großteil ihres Besitztums abgeben mußten – nur ein Drittel beließ er bei den sich unterwerfenden Sippenhäuptern. De facto bedeutete dies, daß er das Besitzrecht auf das gesamte von den Ungarn bewohnte Gebiet auszudehnen vermochte. Die Macht der Stammesverbände ging über an politisch-militärische und polizeilich-administrative Einheiten. Der König setzte rund vierzig Burgkomitate ein, denen von ihm ernannte »Gespane« (Burggrafen, von ungar. *ispán*, aus dem slaw. *župan* entlehnt) vorstanden.

Das königliche Komitat, also die territoriale Organisation mit einer Königsburg als Mittelpunkt der lokalen Verwaltung, war in den meisten Fällen mit dem früheren Siedlungsgebiet einer Sippe identisch. Hand in Hand mit der Zerschlagung der traditionellen gesellschaftlichen Verbände ging die Errichtung der königlichen Burgdomänen einher, mit je einem Mitglied des engsten Gefolges des Königs an der Spitze. Obgleich dem König deutsche Institutionen als Vorbild dienten und er Anregungen aus dem Deutschen Reich erhielt, wurde in der Praxis alles den spezifischen ungarischen Bedingungen angepaßt. »Nicht die feudale Hierarchie, sondern das unmittelbare, persönliche Verhältnis zum König ist zum neuen Ordnungsprinzip in der Gesellschaft des christlichen Ungarnstaates geworden«, so Thomas von Bogyay.[5] Das bedeutete jedoch nicht die rücksichtslose Zerschlagung des alten sozialen Gefüges. Die Gemeinschaft der »Freien«, das heißt die Nachkommen der entmachteten Stammesfürsten und Sippenhäuptlinge in männlicher Linie, behielten, soweit sie an keinem Umsturzversuch teilnahmen oder durch ein persönlich begangenes Verbrechen ihrer persönlichen Rechte nicht verlustig gegangen waren, zusammen mit den aus dem Westen und den slawischen Nachbarländern zugewanderten Rittern ihre Vorrechte. Die Gemeinschaft der »Freien« war als privilegierte Schicht das einzige aktive politische Element in der Gesamtbevölkerung. Nur sie durften an politischen Beratungen teilnehmen und öffentliche Ämter bekleiden. Sie allein unterstanden direkt der königlichen Rechtsprechung. Überdies zahlten sie, abgesehen von Abgaben an die Kirche, keine Steuern. Ihre Pflicht und ihr Privileg war es, Militärdienst zu leisten.

Die Christianisierung erneuerte nicht nur die Grundlage der Autorität der herrschenden Dynastie. Die Bekehrung zum römischen Christentum und damit die Übernahme der lateinischen Sprache und Schrift führte, über die Zerstörung der alten heidnischen Gepflogenheiten hinaus, zu einer Integration der Ungarn in ein Netz sprachlicher, kultureller und politischer Abhängigkeiten. Zu Stephans Konzeption gibt es eine außerordentlich wichtige direkte Quelle: *Die Ermahnungen des heiligen Stephan* an seinen Sohn. Diese Schrift wurde im Namen und nach Weisungen Stephans etwa um 1015 von einem unbekannten (nach manchen Quellen einem süddeutschen) Geistlichen an seinem Hof verfaßt.

Die Hauptfunktion des christlichen Herrschers bestehe, heißt es da, im Schutz der Kirche, in der Überwindung des Heidentums. »Behältst du den Schild des Glaubens, so ziehst du auch den Helm der Seligkeit an. Mit diesen Waffen kannst du deine unsichtbaren und sichtbaren Feinde auf legitime Art bekämpfen.«[6]

Mit Recht betonte Jenö Szücs, daß die territoriale Einheit des ungarischen Königtums durch das Schwert im Zeichen einer Idee zusammengeschmiedet wurde: Der Begriff »Feind« habe keinen ethnisch-»nationalen« Charakter, sondern sei gleichbedeutend mit Heide. In der zitierten Schrift spricht Stephan vom Glauben als wichtigster Grundlage der königlichen Macht; die Kirche nennt er an zweiter, den Klerus an dritter Stelle. Die bewußte Unterordnung unter den christlichen Universalismus war Teil seiner Staatsauffassung. Stets hat sich König Stephan eher auf die Geistlichkeit als auf Laien gestützt. Allerdings mußte der Klerus zunächst einmal von außen kommen. Um die heidnischen Priester durch den christlichen Klerus ablösen zu können, forderte der König fremde Vikare und Mönche an, zumindest bis sich genügend junge Ungarn theologisches und administratives Wissen angeeignet hatten. Die bewußte Anlehnung an germanische Institutionen fand ihren Niederschlag in der lateinischen Terminologie von Gesetzen und Verwaltung, aber auch in der Münzprägung. So bezog Stephan die Muster der ersten ungarischen Münzen und die Arbeiter zur Münzprägung aus Regensburg.

Es war sicher kein Zufall, daß gerade im wichtigsten Kapitel der *Ermahnungen* der unbekannte Autor den zunehmenden Einfluß einer fremden Geistlichkeit und eines fremden Hochadels gerechtfertigt hat. Die oft zitierte Maxime lautet: »Schwach und gebrechlich ist das Land mit einer Sprache und einer Gewohnheit.« Stephan betont, daß die »Ansiedler aus verschiedenen Ländern und Provinzen verschiedene Sprachen und Sitten, verschiedene lehrreiche Dinge und Waffen mit sich bringen, welche den königlichen Hof zieren und verherrlichen, die auswärtigen Mächte aber erschrecken. Darum, mein Sohn, trage ich dir auf, begegne ihnen wohlwollend und behandle sie anständig, damit sie mit und bei dir lieber verweilen als anderswo, denn wenn du das, was ich erbaute, zerstören und, was ich ansammelte, auseinanderstreuen wolltest, dann würde dein Reich ohne Zweifel erheblichen Schaden leiden.«

Beim Aufbau einer vollständig neuen kirchlichen Organisation standen dem aufrichtig gläubigen König nicht nur die Schüler Sankt Adalberts von Prag, sondern auch eine große Zahl von hohen Geistlichen und Missionaren aus Deutschland, Italien, Frankreich und den umliegenden slawischen Ländern zur Seite. Die Ausbildung einheimischer Priester ging übrigens so zügig voran, daß bereits von 1040 an gebürtige Ungarn in den Episkopat aufstiegen. Die in Ungarn lebenden Südslawen (Kroaten und Slowenen) übten einen großen Einfluß auf die Kirchensprache aus, die durch zahlreiche Lehnwörter slawischen Ursprungs durchsetzt wurde. Im Gefolge des Königs und in seinem Heer waren auch England, Kiew und Byzanz vertreten. So lautete der Titel des Kommandanten seiner Leibgarde dux Ruizorum, worin die Benennung »Rus« (ungar. *orosz*) auf ein ethnisch buntes Gefolgschaftselement schließen läßt.

Als Stephan am 15. August 1038 starb, gab es in Ungarn zwei Erzdiözesen – Györ und Kalocsa – sowie acht Bistümer. Auf Anordnung des Königs hatten jeweils zehn Dörfer eine Kirche zu bauen und einen Priester zu unterhalten. Die Diözese Veszprém dürfte bereits vor der Krönung von Großfürst Géza eingerichtet worden sein. Unter den Klostergründungen war die Benediktinerabtei Pannonhalma (Martinsberg) wohl die herausragende, der erhebliche Privilegien zugestanden wurden: etwa die freie Wahl des Abtes und die direkte Unterstellung unter den Erzbischof von Esztergom. Stephan wies ihr den Zehnten der Länder des von ihm besiegten und hingerichteten Vetters Koppány zu. Die Diözesen und die während seiner Regierungszeit gegründeten Klöster gehörten zu den reichsten Grundbesitzern Ungarns. König Stephan, der mit seinem frühverstorbenen Sohn Imre und dem Märtyrer des Heidenaufstands von 1046, Bischof Gerhard von Csanád, 1083 heiliggesprochen wurde, hatte ein »staatskirchliches« System nach karolingischem Vorbild, ein stark zentralistisches und autokratisches Königtum errichtet, das in inneren wie in äußeren Angelegenheiten, sogar dem Kaiser gegenüber, seine Souveränität behaupten konnte.

Stephan der Heilige als Staatsgründer und Großfürst Árpád als Eroberer haben stets eine gewisse Polarisierung, einen Dualismus im ungarischen historischen Bewußtsein verkörpert. Der gevierteilte Fürst Koppány blieb der ewige Prototyp des rebellischen Ungarn, und der Turul-Vogel wurde zum heidnischen Gegenstück der heiligen Stephanskrone. »Stephan versus Árpád« lautete in verschiedenen Perioden der ungarischen Geschichte auch der Konflikt zwischen katholischem Universalismus eines christlichen Königtums, eingegliedert in den westlichen Kulturkreis, und dem sich auf eigene Kräfte stützenden heidnischen Fürstentum, legitimiert durch die Eroberung des Landes und geprägt von östlichen Wurzeln. Hier der christliche Universalismus, verbunden mit dem testamentarischen Bekenntnis König Stephans zum multinationalen und multikulturellen Charakter des frühen ungarischen Königtums; dort der Mythos der homogenen Nation ohne Beachtung der nationalen Minderheiten, mit dem Kult Árpáds als Symbol des Nationalen und der angeblichen Kontinuität seit dem Hunnenkönig Attila.[7]

IV Das Ringen um Kontinuität und Freiheit

Kaum hatte König Stephan die Augen für immer geschlossen, stürzte das junge Königtum in eine schwere Krise, die sich noch zu seinen Lebzeiten angedeutet hatte: Die Thronfolge war nicht geregelt. Stephans Sohn war nach einem tödlichen Jagdunfall 1031 gestorben. Daraufhin war es zu einem Kampf auf Biegen und Brechen mit Stephans Vetter Vászoly gekommen, der aufgrund der heidnischen Legitimität Anspruch auf den Thron erhoben hatte. Stephan ließ ihn blenden, in seine Ohren Blei gießen und seine drei Söhne nach Polen bzw. Kiew verbannen.

Der König bestimmte den Venezianer Peter Orseolo, Sohn seiner Schwester und des vertriebenen Dogen, zu seinem Nachfolger. Peter wurde aber bald durch eine Palastrevolution vertrieben und durch einen ehrgeizigen Schwager Stephans ersetzt. Nach einer Intervention Kaiser Heinrichs III. kehrte Peter noch einmal auf den Thron zurück, allerdings nur mehr als Vasall des deutschen Königs. Eine breite Aufstandsbewegung fegte den Fremdling endgültig weg, der sein ausländisches Gefolge – »plappernde Italiener und schreiende Deutsche« – gegenüber den ungarischen Nobilitäten allzusehr begünstigte.

Bereits die ältesten am Hofe der Abkömmlinge des geblendeten Vászoly verfaßten Chroniken haben Gisela, die deutsche Frau Stephans, für die grausame Abrechnung mit Vászoly verantwortlich gemacht und Peter vorgeworfen, er lasse das ganze Land in deutsche Hände übergehen. Andere Quellen behaupten, König Peter habe die in Veszprém lebende Gisela schlecht behandelt.

Die Witwe Stephans verließ jedenfalls Ungarn im Jahr 1045, als Kaiser Heinrich III. dort weilte, und begab sich mit ihm nach Passau. Sie wurde später Äbtissin im Nonnenkloster Niedernburg. Lange hatte man geglaubt, sie sei in der von ihr gegründeten Kathedrale von Veszprém begraben. Erst am Vorabend des Ersten Weltkrieges hat ein Münchner Archäologe das Grab in der Kirche des Nonnenklosters Niedernburg in Passau freigelegt. Seitdem ist das Kloster ein beliebter Wallfahrtsort für ungarische Gläubige.[1]

Gisela hatte bei der Eheschließung die Umgebung von Preßburg,

Ödenburg und Steinamanger als Morgengabe erhalten. Historiker der deutsch-ungarischen Beziehungen nehmen mit Bestimmtheit an, daß sich dort zahlreiche mit ihr eingewanderte deutsche Ritter, Geistliche und Handwerker niederließen. Die Ahnen von mehreren vornehmen Adelsgeschlechtern führten am ungarischen Hof die Sitten des deutschen Hochadels ein. Damals und später kommandierten deutsche Ritter die königlichen Heere gegen Angreifer aus dem Osten, wie die Petschenegen, und mischten sich unter der Obhut deutscher Könige und österreichischer Markgrafen auch wiederholt in ungarische Wirren ein. Entscheidend für die Zunahme des deutschen Einflusses war aber die Tatsache, daß die Machthaber dafür waren. Die ungarischen Könige wollten auch später unbewohnte Gebiete des Landes mit Deutschen besiedeln, um eine weitere Stütze zur Festigung ihrer Macht zu gewinnen.

Wie Béla von Pukánszky in seiner *Geschichte des deutschen Schrifttums in Ungarn* über die Reaktion auf die massive deutsche Einwanderung vom 11. bis 13. Jahrhundert ausführt, stand dem deutschfreundlichen Teil des Ungartums zweifellos ein anderer, gewiß größerer Teil der Nation gegenüber, der dem neuen Geist nur unwilliges Mißtrauen entgegenbrachte, anfangs vielleicht auch einige Widerstandsversuche unternahm. In seinem 1931 erschienenen Standardwerk fügt der Autor die gerade im Hinblick auf den Zweiten Weltkrieg so zutreffende Bemerkung hinzu: »Diese Zwiespältigkeit kennzeichnet das Verhalten des Ungartums dem deutschen Einfluß gegenüber im Lauf seiner gesamten Geschichte.«

In der Zeit blutiger und oft undurchsichtiger Kämpfe zwischen Thronprätendenten und im Rahmen von Familienzwistigkeiten suchten die bedrohten, verjagten oder siegreichen Herrscher oft Hilfe bei den mächtigen deutschen Nachbarn. Der aus Kiew zurückgekehrte älteste Sohn des geblendeten Vászoly, Andreas, wurde zum König erhoben. Damit rettete der Zweig eines geächteten Prinzen zum ersten, aber keineswegs zum letzten Mal die Kontinuität der Arpadendynastie und wohl auch die Zukunft Ungarns. Der abgesetzte Peter, ebenfalls geblendet und entmannt, starb bald darauf.

Doch der von Andreas I. eingeleitete Konsolidierungsprozeß wurde durch Nachfolgekonflikte immer wieder unterbrochen und bedroht. Gyula Pauler, einer der besten Experten der Arpadenzeit, zog 1899 folgende Bilanz der Zeit der Wirren: »In 39 Jahren wechselte das Land sechsmal seinen Herrscher. Drei Könige – wenn wir auch Andreas I. hinzurechnen – starben eines gewaltsamen Todes. Béla I. bewahrte der

Tod davor, verjagt zu werden wie Salomo, der von seinem Thron dreimal flüchten mußte. Die Streitigkeiten der königlichen Familie brachten neunmal fremde Heere – Deutsche, Tschechen, Polen – ins Land, machten es für drei Jahre zum deutschen Lehen, und fünf Könige flehten und erniedrigten sich vor dem Throne des deutschen Königs. Innerhalb des Landes aber wurde die allgemeine Sicherheit völlig zerrüttet.«[2] Dazu kamen noch zwei Heidenaufstände sowie die Teilung des Königreiches im Laufe von dreißig Jahren.

Erst unter László (Ladislaus) I., der von 1077 bis 1095 regierte, erlebte Ungarn den Anfang einer neuen Blütezeit. Der König wurde zum Helden der Abwehrkämpfe gegen Angriffe der Petschenegen, Uzen und Kumanen. Diese von Osten über die Pässe der kaum bevölkerten Karpaten vordringenden Völkerschaften konnten erst im Inneren des Landes aufgehalten und zurückgeschlagen werden. Als Beschützer seines Volkes und Glaubens, als Vater der Armen und Wehrlosen wurde Ladislaus nach seinem Tod heiliggesprochen.

Im 11. und 12. Jahrhundert wirkten sich die außenpolitischen Faktoren zugunsten der Entwicklung Ungarns aus. Das Land wurde auch durch dynastische Ehen mit den kleineren Ländern verbunden. Nach dem Tod des kroatischen Königs Zwonimir, der seine Schwester Ilona geheiratet hatte, ergriff König László I. die Chance, das Herzstück Kroatiens, Slawonien, zu besetzen und nach ungarischem Muster in Komitate umzuwandeln. Das Bistum Zagreb (Agram) wurde gegründet und ein weiterer Vorstoß nach Süden geplant. Aber erst sein ebenso herausragender Nachfolger Kálmán (Koloman), der wegen seiner hohen Bildung den Beinamen »Könyves« (Bücherfreund) erhielt, vermochte auch Dalmatien zu erobern. Kálmáns Krönung zum König Kroatiens eröffnete eine – mit Unterbrechungen und Konflikten – 800 Jahre währende Union Ungarns mit Kroatien. Über den wirklichen Charakter und die Entwicklung der beiderseitigen Beziehungen sowie über die Rechte und Pflichten streiten die Historiker beider Länder, wie in Mitteleuropa üblich, bis heute.

Zur Absicherung dieser Neuerwerbungen gehörte auch ein diplomatisch geschickter Schachzug Kálmáns: die Eheschließung von König Lászlós Tochter Piroska mit dem byzantinischen Thronfolger Johannes Komnenos. Sie wurde unter dem Namen Eiréne Kaiserin von Byzanz und nach ihrem Tod wegen ihrer Selbstlosigkeit und Wohltätigkeit in der byzantinischen Kirche als Heilige verehrt.

Mit seinem Vorstoß in die direkte Interessensphäre von Byzanz und Venedig stieg Ungarn zum Rivalen der beiden Mächte auf. Kaiser Manuel Komnenos, der Sohn von Piroska, versuchte seine halbungarische Abstammung als Waffe zur Eroberung Ungarns zu nutzen und fiel im Laufe von 22 Jahren nicht weniger als zehnmal in das Land ein. Die wechselvollen Kämpfe konnten aber die Unabhängigkeit Ungarns nie ernstlich gefährden.

Der noch von König Stephan eingerichtete Königliche Rat, bestehend aus dem Palatin (dem Stellvertreter des Königs), dem Banus (= Statthalter) von Kroatien, dem Woiwoden (= Fürst) von Siebenbürgen, den Bischöfen und Komitatsvorstehern, kurz den Vornehmen, begann unter László und Kálmán in Krisensituationen politisch zu handeln, um Bürgerkriege zu verhindern. Doch blieb die absolute Autorität des Königs noch im 12. Jahrhundert unangetastet.

Bischof Otto von Freising, der Schwager Konrads III., reiste 1147 durch Ungarn und berichtete nicht ohne Neid, daß jeder Magnat, der sich eines Vergehens gegen die königliche Majestät schuldig machte oder auch nur dessen verdächtigt wurde, auf Befehl des Königs vom niedrigsten Diener bei Hof in Gegenwart seiner eigenen Untergebenen in Ketten gelegt und zu Folter und Verhör abgeführt werden konnte. Der Bischof erwähnte aber auch, daß die Ungarn vor einer Beschlußfassung in jeder Sache lange Besprechungen pflegten. Die Großen des Reiches, die Reichsbarone, Stammeshäuptlinge wie Nachkommen eingewanderter Ritter begaben sich an den Königshof, wohin sie ihre eigenen Sessel mitnahmen, um dort unter dem Vorsitz des Königs zu beraten. Was man freilich gerade im Hinblick auf das Ungarnbild der Deutschen immer wieder traurig zitierte, war seine spöttische Bemerkung: Er wisse nicht, ob er das Schicksal anklagen oder die Güte Gottes bewundern solle, daß ein so herrliches Land einem so gräßlichen und barbarischen Volk überlassen sei.[3]

Ungarische Historiker wiesen mit Recht darauf hin, daß die blutigen Beutezüge und die Angst vor der »asiatischen Horde« in der Erinnerung der Völker im Westen viel stärker haftenblieben als etwa die positiven Leistungen: zum Beispiel der Aufbau eines christlichen Königtums durch Stephan den Heiligen mit seiner deutschen Frau und mit Hilfe deutscher Ritter und Mönche oder die Tatsache, daß Stephans Nachfahren bereits deutsche Siedler als Kolonisten nach Ungarn riefen und daß dieses ferne, eigenartige Land sich immer mehr zu einem Schutzwall des Christentums gegen die Flut der hereinbrechenden Petschenegen, Kumanen und mongolischen Türken wandelte.

Kálmán ist für seine Zeit ein kluger und aufgeklärter König gewesen. Von ihm stammt das berühmte Gesetz gegen die Hexenprozesse, da es Hexen nicht gibt (quia non sunt). Auch bekämpfte er den Einfluß des im Volk noch immer tiefverwurzelten heidnischen Opferpriesters oder Schamanen (táltos). In der mündlichen Überlieferung und in Sagen ist diese Bezeichnung auch zum Namen eines wunderkräftigen Rosses geworden, wenn sie auch weiterhin auf Menschen angewendet wurde. Trotz seiner gesetzgeberischen Leistungen und der Milderung der von König László dem Heiligen verhängten drakonischen Strafen gegen Diebstahl (Todesstrafe für das Stehlen eines Huhnes!) war er freilich auch ein Mensch seiner Epoche. Wie andere in der Arpadendynastie war er in einen verhängnisvollen Bruderzwist verstrickt und ließ seinen Bruder wie dessen kleinen Sohn Béla grausam blenden, um seinem eigenen Sohn die Nachfolge zu sichern. Dieser aber starb kinderlos, und so wurde – genau wie hundert Jahre zuvor – wieder einmal der Zweig des geächteten Prätendenten der Garant des Fortbestands der Arpadenherrschaft.

Damit war trotz der Wirren und der fast zur Regel gewordenen, oft blutigen Kämpfe um die Thronfolge innerhalb der Arpadendynastie das wichtigste Erbe Stephans des Heiligen erhalten geblieben: die politisch-territoriale Einheit und das Christentum. Man schätzte, daß sich das Staatsgebiet Ungarns (ohne Kroatien) seit der Landnahme fast verdoppelt hatte und die Gesamtbevölkerung um 1200 auf die für damalige Verhältnisse ansehnliche Zahl von etwa zwei Millionen gestiegen war.

Auf dem Weg zu einer bedeutenden Machtposition in Südeuropa hat die bewußte Öffnung des Landes nach Westen eine nicht zu unterschätzende Rolle gespielt. Was die Ansiedlung der Deutschen betrifft, so kamen keineswegs nur Adlige, Ritter und Mönche. Bereits König Géza II. ließ um 1150 Bauern aus der Umgebung Aachens und von der Mosel in der Gegend von Hermannstadt ansiedeln. Sie sind später im allgemeinen Sachsen genannt worden. Ein königlicher Freibrief aus dem Jahr 1224 faßte ihre Privilegien zusammen.[4]

Die planmäßigen deutschen Kolonisationen in Ungarn erfolgten in zwei zeitlich getrennten Phasen: im Zuge der Siedlungspolitik der Arpaden in den nördlichen Landesteilen und in Siebenbürgen sowie durch die Habsburger nach dem Abschluß der Türkenkriege in erster Linie in Südungarn. Bereits zu Beginn des 13. Jahrhunderts galt die Zips (der Name dürfte eine Übertragung aus Deutschland in die neue Heimat sein) in Oberungarn als geschlossene politische Einheit. Um die Mitte des 13. Jahrhunderts wurden dann die zahlreichen Bergstädte in Oberungarn gegründet, deren Einwohner beinahe ausschließlich Deutsche waren. Die Chronisten berichten schon für das Jahr 1217 über schwäbische Einwohner in der Umgebung von Buda (Ofen) und Pest.

Die königlichen Freistädte gehörten später zu den bedeutendsten Folgen der Siedlungspolitik der Arpadenkönige. »Die Ungarn schufen den Staat, die Deutschen die Städte in Ungarn. Wie jene Hauptfaktoren in der Eroberung des Landes waren, so waren es diese in der Entwicklung von Gesellschaft und Gewerbe.«[5] Wenn diese Ansicht des Sprachhistorikers Paul Hunfalvy (aus dem 19. Jahrhundert) auch nicht unumstritten ist, zumal da noch ganz andere wirtschaftliche und soziale Faktoren die Stadtentwicklung prägten und gerade am Anfang auch zahlreiche Italiener am Ausbau und kulturellen Aufschwung der ersten städtischen Zentren mitgewirkt haben, so war die Rolle der Deutschen im »Jahrhundert der Städte« zweifellos ausschlaggebend.

Auch in Siebenbürgen, wo die »Sachsen« bis in unsere Zeit politische Sonderrechte genossen haben, konnten die Deutschen ihre nationale und kirchliche Sonderstellung behaupten. Sie waren in Oberungarn und Siebenbürgen, wie andere Volksgruppen fremder Herkunft, vor allem zur Sicherung der Karpatengrenze angesiedelt worden. Die deutschen Ritter und Siedler standen in Konflikten mit dem ungarischen Hochadel immer fast einmütig auf der Seite des jeweiligen Herrschers. Die daraus folgende offensichtliche Bevorzugung der Deutschen hat dann allerdings bereits 1439 blutige Zusammenstöße in Buda ausgelöst. Die gegenseitigen Ressentiments zwischen deutschen und ungarischen Städtern, die sich in der Reform- und Revolutionsära der ersten Hälfte des 19. Jahrhunderts auch in Pogromen gegen das städtische Judentum entluden, ziehen sich also wie ein roter Faden durch die Geschichte des ungarischen Vielvölkerstaates.

Die tolerante – man könnte fast sagen: »liberale« – Haltung des frühen ungarischen Staates gegenüber den nichtungarischen Volksgruppen beschleunigte nicht nur die Verschmelzung der Slawen mit dem ungarischen Volk, sondern öffnete das Land auch für die Flüchtlinge aus der südrussischen Steppe, die dann Kriegsdienst leisteten oder als Grenzwächter angesiedelt wurden. Bereits im 11. und 12. Jahrhundert bot die Arpadendynastie sogar ihren früheren Feinden Zuflucht, den berüchtigten Petschenegen, denen die Jazygen, ebenfalls türkischer Herkunft, folgten. Berittene Bogenschützen aus der Steppe waren als

Hilfstruppen für die königliche Militärmacht jederzeit willkommen. Die Einwanderung der Kumanen, deren widersprüchliche Auswirkungen wir noch erörtern werden, bildete den Abschluß des massiven Zustroms kriegerischer Reitervölker aus dem Osten. Im Laufe der Jahrhunderte lösten sich ihre Verbände auf, die Krieger wurden von der ungeheuer starken Assimilationskraft der Ungarn erfaßt. Die Turkvölker siedelten fortan in erster Linie in der großen ungarischen Tiefebene zwischen Donau und Theiß.

Gerade im Hinblick auf die Rassentheorien der NS-Zeit und die periodisch bis in unsere Tage aufflammenden Kontroversen über das »reine« Ungartum, die Kluft zwischen sogenannten »tiefen« und »dünnen« Ungarn[6], ist es wichtig, den deutsch-ungarischen Historiker Denis Silagi zu zitieren, der nachdrücklich betonte, daß »der magyarische Nationalcharakter sich nicht gut rassenbiologisch aus der Erbmasse der eurasischen Vorfahren herleiten läßt. Die Erbanlagen mögen eine bedeutende Rolle spielen; es ist aber eine nicht minder bedeutsame Tatsache, daß es seit je unzählige typische Magyaren gegeben hat, deren Vorfahren slawisch, germanisch, romanisch oder jüdisch und keineswegs Reiter der östlichen Steppenwelt gewesen sind.«[7] Die Entwicklung vor und nach der Landnahme, die Wellen von massiven Einwanderungen und Ansiedlungen, vor allem nach den großen nationalen Katastrophen im 13. und dann im 17. und 18. Jahrhundert, vollzogen sich in den offenen Ebenen im Inneren des Karpatenbeckens, die zum »Schmelztiegel« der Völker wurden.

Wir begegnen im Laufe der Zeit immer wieder dem Phänomen, daß die Ungarn weniger Blutsbindungen, sondern die Sprache einte, der Glaube an die kulturelle Identifikation des Volkes mit der Sprache. Oder wie es der große Dichter Mihaly Babits am Vorabend des Zweiten Weltkriegs formulierte: »Das Ungartum ist ein historisches Phänomen, und wie es sich entwickelte, ist kein physisches, sondern ein geistiges Phänomen … Sind doch die Ungarn ein vermischtes und sich ständig vermischendes Volk.«[8]

Einer der herausragenden und zugleich zutiefst kosmopolitischen Könige der Arpadendynastie war Béla III. (1172–1196), der am Hof zu Byzanz erzogen worden war. Unter seiner Regierung erlebte Ungarn in der Innen- und Außenpolitik, aber auch im kirchlichen und kulturellen Leben eine beispiellose Blütezeit. Zuerst wurde er mit Anna von Châtillon, einer Halbschwester der byzantinischen Kaiserin, vermählt. In zweiter Ehe heiratete er Margarete, die Tochter des französischen

Königs Ludwig VII., was die Westanbindung Ungarns sichern half. Dazu gibt es eine interessante Urkunde. Zur Ausfertigung des Ehevertrags schickte Béla seinem Schwiegervater eine Aufstellung seiner jährlichen Steuereinnahmen, die in einem Pariser Archiv gefunden wurde. Seine Einkünfte waren nämlich ebenso hoch wie die der damaligen englischen und französischen Könige und wurden nur von denen der beiden Kaiser übertroffen.

Bezeichnend für den Glanz von Bélas Herrschaft war die Tatsache, daß er im Gegensatz zu seinen Vorgängern, die meist Töchter polnischer oder russischer Fürsten ehelichten, eine dynastische Verbindung mit dem französischen Herrscherhaus eingehen konnte. Dem gewachsenen Selbstbewußtsein des absoluten Herrschers entsprach auch ein von französischen Meistern erbauter prunkvoller Palast in Esztergom (Gran), wohin Béla im Zeichen der engen Verbindung zwischen Königtum und Kirche seine Hauptresidenz zurückverlegt hatte. Dennoch hielt der König auch mit Byzanz stets engen Kontakt. Auf seinen Münzen wurde erstmals das byzantinische Doppelkreuz abgebildet, das dann zum Bestandteil des ungarischen Reichswappens werden sollte.

Trotz des orthodoxen Einflusses wurde Ungarn aber zunehmend im Kulturkreis des lateinischen Westens verankert. Der König ließ Zisterzienserklöster errichten und sie direkt aus Frankreich besiedeln. Ein bedeutender Teil der geistigen Elite wurde in Paris ausgebildet. Die Chronologie vermerkt zum Beispiel, daß Béla III. 1192 den ungarischen Studenten Elvin zum Musikstudium nach Paris und zwei Jahre später Nicolaus Hungarus (Miklós von Ungarn) nach Oxford geschickt habe.

In der Außenpolitik konnte der König Dalmatien und Kroatien wieder der ungarischen Oberhoheit unterstellen, was freilich eine zweihundertjährige scharfe Rivalität mit Venedig zur Folge hatte. Béla wie sein Nachfolger Andreas II. verstrickten sich zudem in Streitigkeiten der russischen Fürsten. Die Intervention führte zur zeitweiligen Kontrolle des Fürstentums Halic, des späteren Galizien, durch Ungarn. Wichtiger als diese Abenteuer waren die Schritte, die der König zur Einführung eines Kanzleiwesens, schriftlicher Urkunden und zur Reform des Finanzwesens unternahm.

Der Niedergang Ungarns begann unter der Herrschaft des jüngeren Sohnes von Béla, König András (Andreas) II. Er war ein prunksüchtiger Ritterkönig westlicher Prägung, nur an Torheiten, Extravaganzen und Ruhm interessiert. Seine fast jährlichen Kriege, unter anderem um die Kontrolle von Galizien, waren ebenso kostspielig wie seine aufwendige Hofhaltung, wo nacheinander eine deutsche, eine französische und eine italienische Königin das Sagen hatten und es sogar zu Mord und Totschlag kam.

Seine erste Frau, Königin Gertrud aus dem bayerischen Geschlecht Andechs-Meranien, löste durch die maßlose Begünstigung ihrer Brüder und deren zahlreicher Gefolgschaft beim hohen Adel eine ausländerfeindliche Stimmung aus. Während sich der König wieder einmal auf einem Feldzug im Osten befand, fiel die Königin am 28. September 1213 einer blutigen Verschwörung zum Opfer. Im Mittelpunkt stand Bánk, der Palatin des Königs.

Sechshundert Jahre später verfaßte József Katona das Nationaldrama *Bánk bán,* in dem dieser als Verteidiger seiner Nation die »fremde« Königin samt ihrer Sippe der Unterdrückung des armen Volkes schuldig spricht und sie in einer dramatischen Konfrontation mit dem Dolch ersticht.

Zehn Jahre nach Katona griff Franz Grillparzer das Thema erneut auf, bearbeitete es aber in einem diametral entgegengesetzten Sinn. Auch in *Ein treuer Diener seines Herrn* wird die Königin von den Aufständischen ermordet, aber »Bancbanus« bleibt, ein treuer alter Mann, im bedingungslosen Dienst des Herrschers. »Bánk bán ist ein selbstbewußter stolzer Oligarch, Bancbanus ein verläßlicher, würdiger Hofbeamter«, so charakterisiert ein ungarischer Literaturkritiker die unterschiedliche Darstellung der tragischen Gestalt Bánks aus ungarischer und österreichischer Sicht.[9]

Hingegen brachte die Tochter von König András und Königin Gertrud, die Markgräfin Elisabeth von Thüringen, die auch heute noch als deutsche Heilige verehrt wird, Ungarn großen Ruhm ein. Der mittelalterliche deutsche Dichter, der erzählt, wie Klingsor, der Zauberer aus Ungarn, am Hofe von Eisenach die Ehe und das Leben Elisabeths vorhersagt, berichtet von einer ungarischen ritterlichen Welt mit einem überaus frommen König. Ein lohnendes Sujet für Sagen und Legenden. In seinem großangelegten Essay über das Ungarnbild in Europa bemerkt Sándor Eckhardt dazu: »Vielleicht spiegelt die ausgesprochen sympathisierende Darstellung Attilas/Etzels und seiner Hunnen im Nibelungenlied das Verhältnis wider, das die deutschen Sänger zum ungarischen Königshof hatten. Zwar sind die Hunnen Kriemhilds tapfer, doch besiegen sie die Germanen nur dank ihrer Übermacht.«[10] Dagegen spekuliert ein österreichischer Forscher, daß die in den späteren

Überlieferungen als grausam und böse beschriebene Königin Gisela, die Frau Stephans des Heiligen, vielleicht das Vorbild für die negativen Seiten Kriemhilds im *Nibelungenlied* gewesen sein könnte. Jedenfalls kann man auch heute noch Pukánszkys Feststellung zustimmen, wonach die Frage, inwiefern die deutsch-ungarischen Beziehungen die Weiterentwicklung der Nibelungensage beeinflußten, nicht als abgeschlossen betrachtet werden kann.

Daß aber bereits zur Zeit Bélas III., wohl auch aus Gründen der zeitweiligen Allianzen und dynastischen Bindungen, die Ungarn für Byzanz nicht mehr »barbarisch und hinterlistig« sind, zeigen die lobenden Worte eines byzantinischen Chronisten über das ungarische Volk, das »gute Pferde und gute Waffen hat, Eisen und Panzer trägt ..., zahllos ist wie der Sand am Meer und an Kühnheit unübertrefflich, in seinem Mut unbesiegbar, im Kampf unwiderstehlich, selbst unabhängig, frei, freiheitsliebend und erhobenen Hauptes sein eigener Herr ist«.[11]

Derlei lobende Anmerkungen wurden in der ungarischen Geschichtsschreibung zwar als »wertvolle Beiträge« erleichtert hervorgehoben, doch dominierte im Westen, in der Gelehrtenwelt wie in der öffentlichen Meinung, weiterhin die mit Furcht vermischte Abneigung. Daß sie zum Teil auf eine antike Schilderung der Barbaren zurückging, störte dort keinen. Jedenfalls schreibt Herzog Albert von Österreich, der spätere deutsche König, 1291 nach seinem gescheiterten Vorstoß ins Nachbarland, daß die Ungarn der Hydra vergleichbar seien: Schlage man einen Kopf ab, wüchsen dreißig nach. Sie seien böse, schlau und schlüpften einem durch die Finger wie glatte Schlangen; nach einer verlorenen Schlacht griffen sie mit doppelter Übermacht wieder an, aus den Sümpfen tauchten sie auf wie die Frösche ... usw.[12]

Nicht nur die Babenberger und Habsburger hatten Gelegenheit, mit den Ungarn der Arpadenzeit die Waffen zu kreuzen. Einen seiner sehr wenigen Erfolge errang András II. gegen den Deutschen Ritterorden, der das ihm 1211 zwecks Kolonisierung zur Verfügung gestellte Burzenland in Siebenbürgen und das angrenzende kumanische Gebiet (im heutigen Rumänien) mit päpstlicher Unterstützung als unabhängigen Ordensstaat von Ungarn loslösen wollte. Dem König gelang es 1225, den Orden mit Waffengewalt zu verjagen.

Die weitaus bedeutendste Weichenstellung für die Zukunft des Landes haben ein Teil des Hochadels und vor allem die begüterten Gemeinfreien, die Dienstleute des Königs (servientes regis) und andere in den königlichen Burgen Waffendienst Leistende im Jahr 1222 erzwungen. Die Rebellion richtete sich gegen ein maßloses Verschenken von Gütern und Einkunftsquellen an einen kleinen Kreis von – zum Teil ausländischen – Günstlingen, sie war aber auch eine Protestbewegung gegen die Mißwirtschaft und Übergriffe der Oligarchen. András II. mußte die sogenannte Goldene Bulle erlassen. In dieser nach ihrem goldenen Hängesiegel benannten Urkunde garantierte der König die Freiheiten des königlichen Militärs gegenüber den Oligarchen, so unter anderem auch ihre Befreiung von der Teilnahme an Kriegshandlungen jenseits der Landesgrenze, und räumte zum ersten Mal den Großen des Reiches und dem Adel das Recht des bewaffneten Widerstandes (ius resistendi) ein, sollte er nicht gesetzmäßig regieren. Dieses Widerstandsrecht blieb bis 1687 als ein besonderes Privileg der ungarischen Nation in Geltung. Der König versprach auch, auf jegliche Geldverschlechterung zu verzichten und seine Finanzreformen, also zum Beispiel die Verpachtung von Zoll-, Münz- und Salzrechten an jüdische und muslimische Kammergrafen, rückgängig zu machen und ohne Zustimmung des Rates weder Ämter noch Besitz an Ausländer zu vergeben. Das Motto des lebenslustigen und leichtfertigen András II.: »Das Maß der königlichen Schenkung ist die Maßlosigkeit«, sollte endgültig der Vergangenheit angehören.

Da die Goldene Bulle nur sieben Jahre nach der englischen Magna Charta erlassen wurde, ist sie im Laufe der Jahrhunderte zu einer der Säulen des Nationalstolzes – auch zum gängigen Klischee in der Redewendung »wir und die Engländer« – als Vorbote von Freiheit und Bürgerrechten geworden.

Der Hauptunterschied zwischen den beiden Dokumenten lag freilich darin, daß in England die Barone als erste und unwiderruflich mit dem königlichen Absolutismus aufgeräumt hatten, während es in Ungarn die Gemeinfreien waren, die gegen die Barone den Durchbruch erzielten. Dort ging es um verbriefte Zugeständnisse an die Magnaten auf Kosten der Krone, in Ungarn hingegen um Zugeständnisse an die Gemeinfreien auf Kosten der Magnaten. Die Goldene Bulle verkündet die gleichen politischen Rechte aller freien Landbewohner, aller Freien in der »Nation«, worunter die Gesamtheit der Freien, das heißt der Adligen, verstanden wird. Die Übermacht der Oligarchie wurde zwar nicht gebrochen, doch trat 1222 zum erstenmal der Kern jener breiten, rechtlich einheitlichen adligen Mittelschicht auf, die bis ins 19. Jahrhundert das tragende Element der sogenannten politischen Nation bleiben sollte.

Die Schwächung der königlichen Machtstellung war Folge der Herausbildung eines vom Königtum unabhängigen Großgrundbesitzes gewesen. Vor diesem Hintergrund muß auch die politische Bedeutung des von einem ehemaligen, nur als Anonymus bekannten Notar des Königs Béla III. verfaßten Dokuments, der bereits erwähnten *Gesta Hungarorum*, gesehen werden. Was hier an Mythischem über die Rückeroberung des Erbes des Hunnenkönigs Attila erfunden wurde, diente späteren Generationen als Alibi. In ihrer Entstehungszeit sollte diese Chronik durch den Rückgriff auf die Landnahme die Rechte der Großgrundbesitzer und des hohen Adels als der Nachkommen der Sippenhäuptlinge untermauern und ihren Anspruch auf Ämter und Sitze im königlichen Rat für immer sichern. Die Rückprojektion der gegenseitigen vertraglichen Eidesleistungen auf frühere und nicht mehr genau feststellbare Ereignisse war also nur ein probates Mittel zum Zweck.

Im Gegensatz zu András II., der in seiner Maßlosigkeit und Prunksucht ganze Komitate und Burggüter an habgierige Aristokraten verschenkt hatte, versuchte sein Sohn und Nachfolger Béla IV. (1235–1270), die Macht des Königtums wiederherzustellen. Ein ernster und frommer Mensch, begann er sofort nach seiner Thronbesteigung zahlreiche Schenkungen zurückzunehmen, sogar von der Kirche. Doch lösten seine Maßnahmen und wohl auch sein strenges, fast düsteres Auftreten Entfremdung, Abneigung, ja Erbitterung gerade in den für die Verteidigung des Landes so wichtigen oberen und mittleren grundbesitzenden Schichten aus. Die Unzugänglichkeit des Königs führte zum Beispiel dazu, daß nur noch schriftlich eingereichte Bittgesuche entgegengenommen wurden. Das Unglück war, daß die innenpolitischen Spannungen gerade in einer Zeit wuchsen, als sich das christliche Königtum im Karpatenbecken von der schrecklichsten Gefahr in seiner kurzen, aber ruhmreichen Geschichte bedroht sah: der nahenden Invasion der nach Weltherrschaft greifenden mongolischen Reiternomaden.

V Der Mongoleneinfall von 1241 und seine Folgen

Zum Jahr 1241 stellte Hermann von Niederaltaich in den Annalen seines Klosters lapidar fest: »In diesem Jahr wurde das Königreich Ungarn nach 350jährigem Bestand von den Tataren vernichtet.« Der bayerische Mönch war ebenso erschüttert wie Kaiser Friedrich II., der fast gleichzeitig in einem Brief an den englischen König schrieb: »Jenes ganze edle Königreich wurde entvölkert, verwüstet und in eine Einöde verwandelt.« Die Zeitzeugen und Chronisten nannten die asiatischen Angreifer noch »Tataren«, obwohl sie selbst sich bereits als Mongolen bezeichneten.[1]

Zwar war der »Mongolensturm« schon seit fast einem Jahrzehnt in Asien und Osteuropa im Gange und hatte bereits Russen, Kumanen und Polen in Mitleidenschaft gezogen, doch traf der Hauptstoß der Nachfolger Dschingis Khans mit voller Wucht erst Ungarn. Am 11. April 1241 haben die von Batu Khan geführten mongolischen Reiter bei Mohi, am Zusammenfluß von Sajó und Hernád, die zahlenmäßig überlegene, aber schlecht geführte, in einer Wagenburg verschanzte ungarische Streitmacht vernichtet und die kirchlichen und weltlichen Würdenträger des Landes in einem unbeschreiblichen Chaos größtenteils niedergemetzelt. Wie durch ein Wunder konnten sich der König und einige junge Ritter retten. Doch die Mongolen verfolgten Bélas Spuren sogar bis nach Klosterneuburg und belagerten schließlich die dalmatinische Inselstadt Trogir (Trau), wo er seine letzte Zuflucht gefunden hatte. Die Mongolen betrachteten ein Land nämlich nicht als endgültig erobert, solange sein rechtmäßiger Herrscher noch am Leben war.

Gerettet wurde der monatelang in Trogir bedrängte König – und mit ihm Ungarn, ja möglicherweise sogar das Abendland – durch den plötzlichen Tod des Großkhans im fernen Karakorum. Als im Frühjahr 1242 diese Nachricht samt der damit verbundenen Nachfolgefrage Batu erreichte, machten die Mongolen unverzüglich kehrt. Mit reicher Beute und zahlreichen Gefangenen zogen sie aus Ungarn ab. Noch dreizehn Jahre später begegneten die Missionare Carpini und Rubruk auf ihrer Reise durch den Karakorum ungarischen Sklaven.

Das Jahr des Mongolensturms bedeutete für die magyarische Bevölkerung eine tiefe Zäsur. Kenner der mittelalterlichen Welt, wie der Historiker György Györffy, behaupten, daß sich die Ungarn von jenem schrecklichen Aderlaß nie mehr völlig erholt hätten.

Nach Györffys Berechnungen wurden etwa 60 Prozent der Siedlungen in der großen Tiefebene zerstört. Wer von den Einwohnern der Abschlachtung oder Verschleppung durch die Mongolen entkommen konnte, dem drohte der Tod durch Hunger und Seuchen. Hinzu kamen Erntekatastrophen, die sich sogar über zwei Jahre erstreckten, weil alles vernichtet war und die Felder nicht mehr bestellt werden konnten.

Etwas günstiger war die Situation in den Gebieten westlich der Donau, da diese von den Mongolen nur auf dem Durchmarsch geplündert und gebrandschatzt, aber nie vollständig besetzt wurden. In diesen Regionen beliefen sich die Bevölkerungsverluste auf rund 20 Prozent. Die slawische Bevölkerung Oberungarns sowie die Székler und die Rumänen des siebenbürgischen Berglandes blieben weitgehend verschont. Alles in allem dürfte – nach älteren Schätzungen – fast die Hälfte der etwa zwei Millionen Einwohner, die Ungarn um 1240 zählte, den direkten oder mittelbaren Folgen des Mongolensturms zum Opfer gefallen sein.[2]

Für Béla IV. kam der Angriff nicht überraschend. Der König hatte vermutlich als einziger in Ungarn, vielleicht sogar im ganzen Westen, die tödliche Gefahr erkannt, welche die Expansion der von der Idee der Weltherrschaft besessenen Mongolen für das Abendland darstellte. In Ungarn war man wegen der nie gänzlich abgerissenen Beziehungen zu den russischen Fürstentümern über die Ereignisse im Osten, so auch über die vernichtende Niederlage der Russen und Kumanen gegen die mongolischen Reiternomaden im Jahr 1223, schnell und zuverlässig informiert.

Darüber hinaus hatte Béla noch als Kronprinz eine aus Dominikanermönchen bestehende Gruppe nach Osten geschickt, um die laut Überlieferung in der Urheimat verbliebenen Stammesgenossen zum Christentum zu bekehren. Auf der Suche nach Magna Hungaria, dem Land der Frühmagyaren, stieß Bruder Julian an der Wolga in der Tat auf Menschen, mit denen er sich in ungarischer Sprache verständigen konnte. Durch diese »Verwandten« hörte er vom unaufhaltsamen Vormarsch der furchtbaren Mongolen Richtung Westen. Ein Ordensbruder hat nach seiner Rückkehr 1237 einen Reisebericht niedergeschrieben und an die römische Kurie weitergeleitet. Als sich Julian zum zweitenmal auf eine abenteuerliche Reise nach dem Osten begab, um die Absichten der Mongolen zu erkunden, konnte er die inzwischen verwüstete Heimat der fernen Stammesgenossen nicht mehr erreichen, da diese bereits unterworfen worden waren. Julian eilte mit der Schreckensnachricht und genauen Informationen über die Kriegsvorbereitungen nach Ungarn zurück. Er brachte auch einen Brief Batu Khans an König Béla mit, der ihn zur Unterwerfung und zur Auslieferung der »kumanischen Knechte« aufforderte, die in Ungarn Zuflucht gefunden hätten. Béla ließ das Ultimatum unbeantwortet. Im Gegensatz zu Papst und Kaiser, die seit Jahren in einem leidenschaftlichen Streit über den Primat Roms verstrickt waren, nahm der König die Drohungen der Mongolen jedoch ernst. Er wußte, daß den Anklagen und Aufforderungen, wenn sie von den Beschuldigten ignoriert oder zurückgewiesen wurden, stets ein verheerender Feldzug gefolgt war.

Béla IV. ahnte also, was seinem Land bevorstand, und rüstete für den Krieg. Persönlich besichtigte er die Grenzgebiete; an den Pässen ließ er Verteidigungsanlagen errichten und versuchte ein starkes Heer zusammenzustellen. Daß dann trotz seiner Vorkehrungen und Warnungen an die Adresse der ungarischen Adligen wie auch seiner Appelle an den Papst, an Kaiser Friedrich II. und Könige Westeuropas der Mongoleneinfall als ein Elementarereignis über Ungarn hereinbrach und die Mongolen nach ihrem Sieg bei Mohi das Land nach allen Richtungen und fast nach Belieben verheeren konnten, war nicht primär des Königs Schuld. Trotz seiner Intelligenz und Tapferkeit war Béla kein Feldherr. Und er verfügte auch über kein schlagkräftiges Berufsheer. Bereits vor der Goldenen Bulle seines Vaters waren die ehedem jederzeit kampfbereiten Berufskrieger zu »bequemen Gutsbesitzern«[3] geworden. Für die mit erstaunlicher Präzision und geradezu planmäßigem Terror operierenden mongolischen Reiterscharen waren sie keine ebenbürtigen Gegner mehr.

Es spielten aber noch andere Faktoren eine entscheidende Rolle, die von westlichen, der ungarischen Sprache nicht mächtigen Historikern kaum je in ihrer Tragweite beachtet wurden. Und dies, obwohl sie auch später die großen Brüche in der ungarischen Geschichte – die Niederlagen gegen die Türken und die Habsburger – mitverursacht haben.

Die Rede ist von jener ambivalenten Haltung allem Fremden gegenüber, die schon in der Frühzeit des ungarischen Staates so nachdrücklich Wirkung zeigte.

Das Schwanken zwischen Öffnung und Abkapselung, zwischen großzügiger Toleranz und ängstlichem Mißtrauen war wohl der

Hauptgrund für den geradezu tragischen Konflikt mit jener Volksgruppe, welche dereinst das Rückgrat des ungarischen Heeres bilden sollte. Die Kumanen, ein Turkvolk, hatten zwar in der Vergangenheit Ungarn wiederholt angegriffen, doch suchten sie später und erst recht angesichts des unaufhaltsamen Vordringens der Mongolen Zuflucht und Rückhalt bei den Magyaren. Noch als Thronfolger hatte Béla die Bekehrung der Kumanen durch Dominikaner gefördert und die Lehnshuldigung eines Fürsten entgegengenommen, der sich mit 15 000 Kumanen taufen ließ. Es wurde sogar ein Bistum für diese sogenannten »westlichen« Kumanen errichtet. Zehn Jahre später flüchteten auch die »östlichen« Kumanen vor den Mongolen über die Karpaten. König Béla ließ sie vor ihrer Aufnahme taufen und rechnete mit der Unterstützung ihrer 40 000 Reiterkrieger gegen die drohende Invasion aus Asien. Doch die Integration des Nomadenvolkes in die inzwischen christlich-abendländisch geprägte ungarische Gesellschaft führte zu Spannungen und blutigen Ausschreitungen. Gerade in dem Moment, als die mongolische Offensive bereits in vollem Gange war, überfielen mißtrauische ungarische Adlige den Kumanenfürsten Kuthan und ermordeten ihn. Seine Krieger zogen daraufhin, Rache schwörend, mordend und eine Schneise der Zerstörung hinter sich lassend, nach Bulgarien ab. Vier Wochen vor der entscheidenden Schlacht bei Mohi verlor der König somit seine stärksten Verbündeten.

Jene Gruppen von Adligen, die in der Frühphase der Assimilation der Kumanen die tatsächlich existierenden Spannungen ins Unerträgliche steigerten, waren dieselben, die dann die Aufrufe des Königs, sich mit ihren Aufgeboten bereitzuhalten, nur zögerlich und widerstrebend befolgten. Die zwei wichtigsten Kronzeugen des Mongoleneinfalls, Magister Rogerius und Thomas von Spalato, ließen in ihren Berichten klar erkennen, daß zwischen dem König und einem Teil der Magnaten tiefgreifende Unstimmigkeiten herrschten. Nach dem Bericht eines zeitgenössischen französischen Chronisten soll Batu seine Soldaten vor der Schlacht bei Mohi sogar ermuntert haben mit der abschätzigen Parole: »Die durch den Geist der Zwietracht und der Vermessenheit verwirrten Ungarn werden euch nicht besiegen.«

Die Barone waren, wie schon erwähnt, vor allem darüber empört, daß Béla die verschwenderischen Schenkungen seines Vaters rückgängig machen wollte und daß er gegen den Widerstand des Adels die Kumanen ins Land geholt hatte. Eifersüchtig warfen sie ihm vor, die Fremden den Ungarn vorgezogen zu haben. Sie verbreiteten sogar das

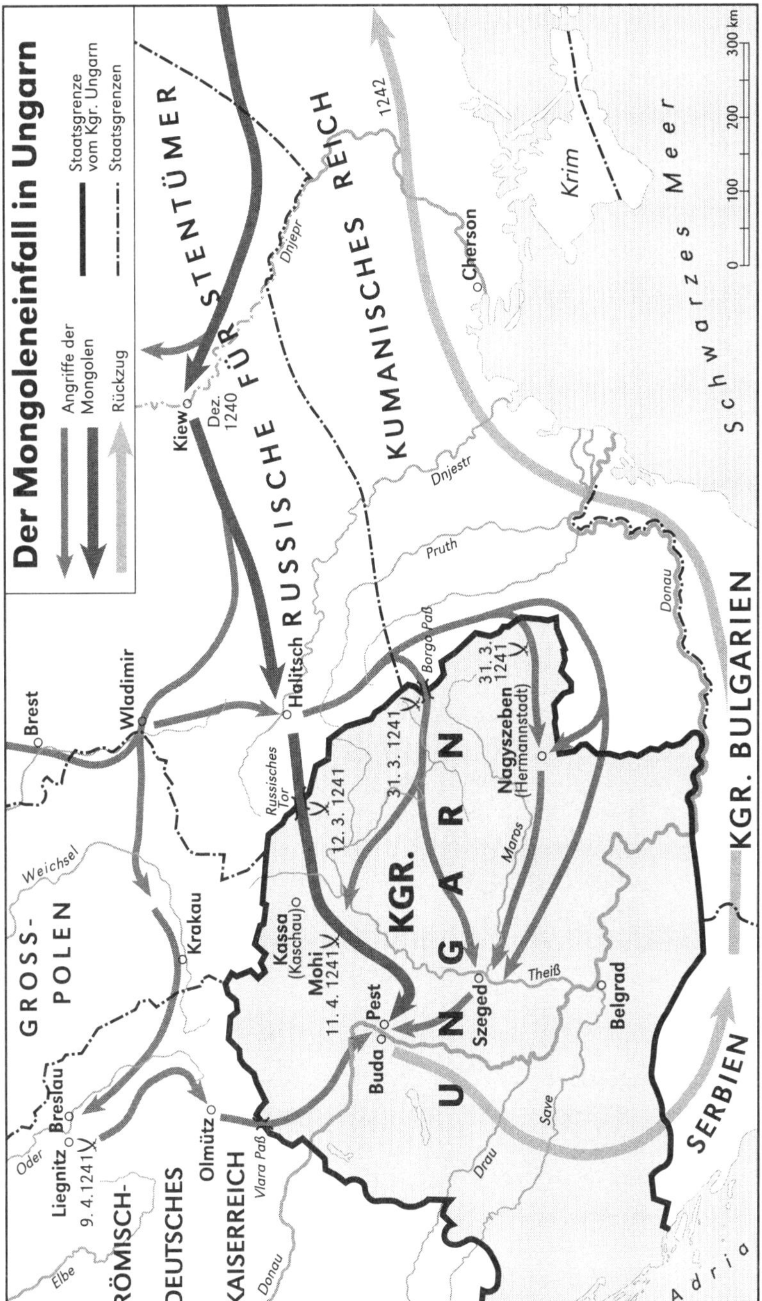

Der Mongoleneinfall in Ungarn
Angriffe der Mongolen
Rückzug
Staatsgrenze vom Kgr. Ungarn
Staatsgrenzen
GROSS-POLEN
RÖMISCH-DEUTSCHES KAISERREICH
RUSSISCHE FÜRSTENTÜMER
KUMANISCHES REICH
KGR. UNGARN
KGR. BULGARIEN
SERBIEN
Schwarzes Meer
Adria
Krim
Brest
Wladimir
Kiew
Dez. 1240
Halitsch
Krakau
Breslau
Liegnitz
9. 4. 1241
Olmütz
Vlara Paß
Russisches Tor
12. 3. 1241
31. 3. 1241
Borgo Paß
31. 3. 1241
Kassa (Kaschau)
Mohi 11. 4. 1241
Buda
Pest
Szeged
Nagyszeben (Hermannstadt)
Belgrad
Cherson
1242
Weichsel
Oder
Elbe
Donau
Drau
Save
Theiß
Maros
Pruth
Dnjestr
Dnjepr
0 100 200 300 km

Gerücht, die Kumanen seien als Verbündete der Mongolen nach Ungarn gekommen, um dann bei erster Gelegenheit den Ungarn in den Rücken zu fallen.

Der Chronist Rogerius, der den Mongoleneinfall selbst miterlebt hatte, sieht das freilich anders. Er lobt Béla IV. als einen der bedeutendsten Herrscher Ungarns: Der König habe sich durch die Missionierung heidnischer Völker große Verdienste um die Kirche erworben; zu Recht habe er die »dreiste Unverfrorenheit« seiner Barone zu bändigen versucht, die in ihrer Unbotmäßigkeit sogar vor einem Hochverrat nicht zurückschreckten. Rogerius nimmt Béla auch gegen den Vorwurf in Schutz, er habe nicht rechtzeitig geeignete Maßnahmen getroffen, um die Gefahr abzuwenden, die dem Land durch die Mongolen drohte. Vielmehr seien die Großen des Landes schon früh und wiederholt gemahnt worden, ihre Aufgebote zu sammeln und mit ihnen unter die Fahne des Königs zu eilen. Trotz der offenkundigen Unfähigkeit des Königs, Ordnung im Heer zu schaffen, schreibt Rogerius die Hauptschuld an der Niederlage jenen ungarischen Adligen zu, die aus Gegnerschaft zum König nicht nur ihre Gefolgschaft im Kampf versagten, sondern eine Niederlage Bélas geradezu herbeiwünschten: »denn sie glaubten, daß die Niederlage nur einen Teil von ihnen, nicht aber alle treffen würde«.

Zu Mißtrauen gegenüber den Fremden und zu Zwietracht und Hader in den eigenen Reihen trat noch die Gleichgültigkeit einer schweigenden westlichen Welt hinzu. Der geistliche Chronist wirft den europäischen Fürsten der Christenheit Versagen vor, da sie den Hilferufen des ungarischen Königs nicht entsprochen hätten. Keiner von allen Freunden Ungarns habe dem Land im Unglück geholfen. Auch den Papst oder den Kaiser nimmt Rogerius von dieser Mitschuld nicht aus. Alle hätten sie kläglich versagt. In einem Brief an Papst Vinzenz IV. schrieb Béla 1253: »... von allen Seiten erhielten wir ... nur Worte ... Wir haben in unserer großen Not von keinem christlichen Herrscher oder Volk Europas irgendeine Unterstützung erhalten.«

Der mongolische Alptraum bestimmte bewußt oder unbewußt die Korrespondenz des Königs mit den diversen Päpsten und auch seine außenpolitischen Handlungen. Die weitaus wichtigste und dauerhafteste psychologische Folge des Mongolensturms war die historische Schlußfolgerung: »Wir Ungarn sind allein.« Das Bewußtsein der Isolierung, das für die Ungarn so charakteristisch ist, verdichtete sich fortan zu einem Einsamkeitskomplex und wurde zu einer bestimmenden Komponente im ungarischen Geschichtsbild. Während der Katastrophen des 16., 19. und 20. Jahrhunderts wurde dieses Gefühl der Ungarn geradezu einzementiert.

Die Angst vor einem zweiten Mongoleneinfall fand sogar in der dynastischen Heiratspolitik König Bélas einen bizarren Niederschlag. So schrieb er in seinem Brief an den Papst: »Wir vermählten im Interesse der Christenheit, unter Erniedrigung unserer königlichen Würde, sogar zwei unserer Töchter mit ruthenischen Prinzen, die dritte aber mit einem polnischen, um durch diese und andere Fremde im Osten über die geheimnisvollen Tataren Nachrichten zu bekommen.« Ein noch schwereres Opfer war offensichtlich die im selben Brief erwähnte Heirat des erstgeborenen Sohnes mit einem kumanischen Mädchen. Durch diese Verbindung sollte das kriegerische Reiternomadenvolk, das bereits einige Jahre nach dem Mongolenangriff in die entvölkerten Gebiete der Donau-Theiß-Ebene zurückgerufen wurde, noch fester an das Haus der Arpaden gebunden und seine Assimilierung an die christlich-abendländische Gemeinschaft beschleunigt werden.

Das Mißtrauen gegenüber den Fremden, auch dann, wenn sie als Verbündete dringend gebraucht wurden, der Hader in den eigenen Reihen, selbst in Momenten der größten Gefahr, und schließlich das berechtigte Gefühl des Allein- und Ausgeliefertseins bildeten den Hintergrund der ersten großen Katastrophe in der Geschichte des christlichen Königreichs Ungarn. Daß sich die Ungarn verkannt, verkauft und von Feinden umlagert fühlten, hing aber wohl auch, ja vielleicht in erster Linie, mit einer in der internationalen Geschichtsschreibung einhellig kritisierten »schamlosen Erpressung« zusammen: Der österreichische Babenberger-Herzog Friedrich II., Vetter und Nachbar des flüchtenden Ungarnkönigs, lockte diesen in eine Falle, beraubte ihn und setzte ihn gefangen. Dem Österreicher gaben schon die Zeitgenossen den Beinamen »der Streitbare«, weil er sich mit fast allen Nachbarn überworfen hatte und 1236 sogar vom Kaiser vorübergehend geächtet und seiner Reichslehen enthoben worden war.

Der italienische Geistliche Magister Rogerius, der den Mongoleneinfall als Augenzeuge erlebt und selbst ein Jahr in Gefangenschaft verbracht hatte, beschrieb im 32. Kapitel seines Berichts diese Schandtat:

> Der König ritt nach seiner Flucht vom Heere bei Tag und Nacht, bis er das polnische Grenzgebiet erreichte; von dort eilte er, so schnell er nur konnte, auf direktem Wege zur Königin, die in der Grenzregion

zu Österreich weilte. Der Herzog von Österreich kam ihm auf diese Nachricht hin, Arges im Herzen erwägend, aber unter dem Schein der Freundschaft entgegen. Der König hatte gerade seine Waffen abgelegt und sich, während das Frühstück bereitet wurde, am Ufer eines Gewässers zum Schlafen niedergelegt, nachdem er allein durch Gottes Fügung so vielen schrecklichen Pfeilen und Schwertern in langer Flucht entkommen war, als er wieder geweckt wurde. Sobald er des Herzogs ansichtig wurde, freute er sich sehr. Der Herzog indes bat den König unter anderen trostreichen Worten, er solle die Donau überschreiten, um sich auf dem jenseitigen Ufer in größerer Sicherheit auszuruhen. Als der König das hörte, stimmte er, nichts Böses ahnend, den Worten des Herzogs zu. Denn der Herzog betonte, er habe drüben eine Burg und könne dort den König ehrenvoller bewirten. Doch hatte er nicht vor, ihn zu bewirten, sondern plante, jenen zu vernichten. Während der König noch glaubte, der Scylla entkommen zu können, fiel er der Charybdis zum Opfer. Und wie der Fisch, der dem Eisbehälter entgehen will, um nicht zu erfrieren, in die Glut springt und gebraten wird, so fand er sich im Glauben, er sei dem Unglück entronnen, in einer noch mißlicheren Lage. Denn der Herzog von Österreich bemächtigte sich seiner durch List und verfuhr mit ihm nach seinem Belieben. Er forderte von ihm eine Geldsumme, die, wie er behauptete, ihm selbst einst vom König abgepreßt worden sei. Was weiter? Der König konnte ihm nicht eher entkommen, als bis er ihm einen Teil desselben Geldes in bar, einen Teil in goldenen und silbernen Gefäßen ausgezahlt und für den Rest ihm schließlich drei benachbarte Komitate seines Königreichs verpfändet hatte.[4]

Außerdem plünderte laut Rogerius der Herzog auch die ungarischen Flüchtlinge und fiel in das wehrlose Land mit Waffengewalt ein. Friedrich II., der Babenberger – nicht zu verwechseln mit dem Staufer-Kaiser –, versuchte sogar noch Preßburg und Raab zu erobern. Die beiden Städte konnten sich aber behaupten. Der Chronist wußte nicht, daß zwischen Friedrich II. und Béla IV. alte Rechnungen beglichen wurden. Der Babenberger war bereits seit 1233 mehrfach in Ungarn eingefallen und hatte einen Aufstand ungarischer Magnaten gegen ihren König unterstützt. Als Andreas II. und seine Söhne, Béla und Koloman, den Herzog vertrieben und ihn bis nach Wien verfolgt hatten, konnte Herzog Friedrich II. einen Friedensschluß nur gegen eine hohe Geldbuße erlangen. Er hat diese Demütigung nie vergessen und, nicht gerade im Sinne der abendländischen Solidarität und entgegen den

Mahnungen von Papst Gregor IX., die verzweifelte Lage der Ungarn ausgenutzt.

Der Historiker Günther Stökl wies auf den »begreiflicherweise sehr negativen Eindruck« hin, den »der Verrat ihres westlichen Nachbarn im ungarischen Geschichtsbewußtsein hinterlassen hat«[5]. Bekanntlich sind die Schulbücher in allen mittel- und osteuropäischen Staaten nicht gerade ein leuchtendes Beispiel für eine ausgewogene Betrachtung der eigenen und regionalen Geschichte. Doch wird die Kluft selten so deutlich wie bei der Darstellung der von Rogerius geschilderten Episode. So lesen wir bei dem ungarischen Historiker Bálint Hóman (1935): »Friedrich… krönte die schimpfliche Verletzung des Gastrechtes zum größeren Ruhm der christlichen Solidarität mit einem Angriff auf das unter den Tataren leidende Land.« Ganz anders sieht die Rolle des Babenbergers der österreichische Historiker Hugo Hantsch (1947): »... Friedrich… verlegt den Tataren den Weg nach Deutschland… Österreich bewährt sich wieder als Bollwerk des Abendlandes, als Schild des Reiches.«

Es war eine Ironie des Schicksals, daß das totgesagte Königreich ausgerechnet gegen die neuerlichen Expansionsversuche Herzog Friedrichs von Österreich erfolgreich war. Nach dem Tode Friedrichs in der Schlacht an der Leitha im Juni 1246 griff Béla sogar in den Kampf um das Erbe der Babenberger ein und brachte vorübergehend die Steiermark unter seine Kontrolle. Bélas Sohn und Nachfolger wurde für einige Jahre steirischer Landesfürst. Doch konnten sich die Ungarn nach einer schlimmen Niederlage gegen Ottokar II. von Böhmen bei Marchegg in Österreich nicht mehr behaupten.

Zur »Vernichtung des Königreichs Ungarn«, wie sie der eingangs des Kapitels zitierte bayerische Mönch in seiner knappen Notiz konstatiert hat, kam es freilich nicht. König Béla IV. wandte sich nach seiner Rückkehr vielmehr mit großer Energie, beachtlicher Intelligenz, eiserner Konsequenz und beeindruckendem Mut der ungeheuren Aufgabe zu, das verwüstete und vor allem in der Großen Tiefebene und im Osten entvölkerte Land neu aufzubauen.

Béla hatte nach dem Abzug der Mongolen noch 28 Jahre vor sich und erwarb sich mit seinen staatsmännischen Leistungen den Ehrentitel eines zweiten Staatsgründers, nach Stephan dem Heiligen. Wie Stephan war König Béla ein Herrscher der Öffnung und Schöpfer einer großangelegten Siedlungspolitik. Sein Hoheitsgebiet erstreckte sich über das gesamte Karpatenbecken und umfaßte darüber hinaus Kroatien-Slawonien und Dalmatien sowie einen Teil Bosniens.

Daß der König seine politische Aktionsfähigkeit so außerordentlich schnell wiedererlangte, erklärt sich zum Teil daraus, daß gerade die am dichtesten besiedelten westlichen Landesteile von der Zerstörung durch die Mongolen am wenigsten betroffen waren. Trotzdem scheint er in seiner gesamten Innen- und Außenpolitik den Alptraum einer neuerlichen Überflutung des Landes durch die Mongolen nie wieder losgeworden zu sein. Die Priorität der Wehrkraft des Landes führte zur Organisation eines völlig neuen Verteidigungssystems. Daß nur einige Burgen den Mongolenangriffen standzuhalten vermochten, zeigte mit aller Deutlichkeit: Ausschließlich stark befestigte Orte boten ausreichende Sicherheit, weshalb der König in seinem Reich möglichst viele von Steinmauern umgebene Städte und Orte sehen wollte. Ferner stellte er ein neues, schlagkräftiges Heer auf und ersetzte die leichten Bogenschützen durch schwere Kavallerie.

Überdies gelang ihm die Wiederansiedlung der Kumanen in der Großen Tiefebene, doch war die Rolle dieser fremden Volksgruppe gerade im neuorganisierten Heer herausragend. In seinem bereits zitierten Brief an Papst Innozenz IV. deutete Béla IV. diese Tatsache an: »Leider lassen wir jetzt durch Heiden unser Land verteidigen, und mit ihrer Hilfe bändigen wir die Feinde der Kirche.« Mit den Kumanen wurden auch die alanischen Jazygen, ursprünglich ebenfalls Steppenkrieger aus dem Osten (ungar. Jász), seßhaft.

Eine aus dem Jahr 1267 datierte Urkunde des Königs erklärt, er habe aus allen Teilen der Welt Bauern und Soldaten ins Land gerufen, um Ungarn zu bevölkern. So kamen außer deutschen Kolonisten auch Slowaken, Polen und Ruthenen nach Oberungarn (in die heutige Slowakei); Deutsche und Rumänen, aber auch viele Ungarn zogen nach Siebenbürgen. In den Städten fanden sich bald auch Franzosen, meist Wallonen, Italiener und Griechen. Nach 1250 kam es zu einer Zuwanderung von Juden aus Österreich. Die jüdischen Gemeinden von Buda, der neuen befestigten Residenzstadt, von Esztergom und Preßburg wurden dem persönlichen Schutz durch den König unterstellt. Laut der *Historischen Chronologie Ungarns* von Kálmán Benda war übrigens Esztergom bereits 1050 ein Zentrum jener jüdischen Händler, welche die Geschäftsverbindungen zwischen Rußland und Regensburg betrieben und in der Stadt auch eine Synagoge errichtet haben sollen. Die Münzprägung wurde dem Erzbistum Esztergom zugewiesen, das wiederum einen aus Wien angereisten Juden namens Henschel damit beauftragt hat.

Für den erstaunlich schnellen Wiederaufbau, die Förderung des

Städtebaus und die von ihm als absolute Priorität betrachtete Aufstellung einer neuen Armee mußte König Béla allerdings einen sehr hohen politischen Preis an die, von wenigen Ausnahmen abgesehen, engstirnigen und eigensüchtigen Oligarchen zahlen: Die verhängnisvolle Machtkonzentration in den Händen der großen Herren blieb bestehen. Im krassen Gegensatz zu Bélas radikalen Maßnahmen und zu den vor dem Mongoleneinfall nur mehr zum Teil durchgeführten Reformen vermochten sie ihre alten Privilegien zu behaupten; auch brauchten sie, was noch folgenschwerer war, nun die königlichen Besitzungen und Burgen nicht mehr zurückzugeben, sondern bekamen sogar noch neue Schenkungen dazu. All dies sollte kurze Zeit später zu chaotischen Zuständen führen.

Bereits im letzten Jahrzehnt seiner Regierungszeit war König Béla mit seinem als Heerführer zwar begabten, aber viel zu machthungrigen Sohn, dem späteren István V., in einen schweren Konflikt verstrickt. Dessen Herrschaft als alleiniger König dauerte dann auch nur zwei Jahre. Er vermochte den wachsenden Spannungen zwischen der Machtfülle der Oligarchen, die übrigens samt vielen hohen Geistlichen auch untereinander in blutige Fehden verwickelt waren, und dem von König Béla als Gegengewicht gezielt durch Privilegien geförderten niederen Adel nicht mehr gegenzusteuern. Es war aber einmal mehr die besondere Brisanz der noch immer ungelösten Frage der Eingliederung der kumanischen Reiter in die ungarische Umwelt, die sich gerade in der königlichen Familie verheerend auswirkte. Die kumanischen Reiter waren zwar eine unerläßliche Stütze des neugestalteten Heeres, vor allem auf Feldzügen über die Grenzen Ungarns hinaus, doch dauerte die vollständige gesellschaftlich-kirchliche und sprachliche Assimilation der Zehntausende von einstigen Reiternomaden letztlich noch zwei bis drei Jahrhunderte.

Die Eheschließung von Bélas Sohn István mit Elisabeth, der Tochter des heimtückisch ermordeten Kumanenfürsten Kuthan, sollte eine dauerhafte Versöhnung mit dieser Bevölkerungsgruppe besiegeln. Es war geplant, die Kumanen mit dem Adel gleichzustellen. Doch setzte der frühe Tod Istváns allen diesen Bemühungen ein jähes Ende.

Istváns Sohn, László IV. (1272–1290), war noch ein Kind, und die Königinmutter Elisabeth, die sich »Königin von Ungarn, Tochter des Kaisers der Kumanen« nannte, erwies sich als Regentin völlig überfordert – sie sank zu einer Marionette in der Hand von machthungrigen

Oligarchen und zu allem bereiten Günstlingen herab. Sie und ihr Sohn haben im Grunde nur den Kumanen vertraut und durch ihre übertriebene und demonstrative Bevorzugung der Steppenkrieger den heiklen Prozeß der Eingliederung eher behindert als gefördert.

Nur einmal trat der junge König László IV. mit einer historischen Tat in Erscheinung, allerdings in einem entscheidenden Moment für die Zukunft Österreichs. Das war auf dem Schlachtfeld bei Dürnkrut, wo das Heer der Ungarn und Kumanen – es wird auf 15 000 Mann geschätzt – den Kampf zwischen Rudolf von Habsburg und Ottokar II. von Böhmen entschied. In den Worten des Budapester Historikers Péter Hanák: »In der Schlacht auf dem Marchfeld halfen die ungarischen Waffen die Hausmacht und die kaiserliche Autorität der Habsburger begründen.«

Abgesehen von diesem historischen Zufall war das Leben des jungen Königs, den man schon zu Lebzeiten »László den Kumanen« (Kun László) nannte, eine ununterbrochene Kette von Skandalen, Liebesaffären, Intrigen und blutigen Abrechnungen. Der leidenschaftliche, temperamentvolle und der Überlieferung nach ständig verliebte König lehnte es, aus welchem Grund auch immer, kategorisch ab, mit seiner Frau, der Anjou-Prinzessin Isabella aus Neapel, einen Thronfolger zu zeugen. Er hat sie sogar ins Kloster sperren lassen. Als ihm sein Lebensstil, seine zahlreichen Geliebten und seine heidnische Gefolgschaft eine päpstliche Ermahnung eintrugen, drohte der zügellose Psychopath, »angefangen beim Erzbischof von Gran und seinen Bischöfen bis hinauf nach Rom, der ganzen Sippschaft mit Tatarensäbeln den Kopf abzuhauen«. So jedenfalls formuliert es der Erzbischof in einem Brief an den Papst. László IV. soll übrigens sogar während einer Sitzung des Königlichen Rates, also in Anwesenheit der Würdenträger und der hohen Geistlichkeit, einen Geschlechtsakt mit einer seiner kumanischen Geliebten vollzogen haben. Der König wurde exkommuniziert und schließlich im Alter von 28 Jahren im Auftrag eines ungarischen Magnaten von zwei Kumanen ermordet.

Da László kinderlos starb, stürzte das Land in anarchische Zustände. Die Oligarchen haben ihre Einflußgebiete als Familienbesitz regiert und das Land praktisch untereinander aufgeteilt. Der letzte Arpadenkönig András III. konnte die Zentralgewalt nicht wiederherstellen und den Zerfall nicht aufhalten. Er starb 1301 und hinterließ nur eine Tochter. Damit erlosch die Arpadendynastie im Mannesstamm, und es folgten wieder Jahre der inneren Kämpfe um den begehrten Thron des inzwischen als angehendes Mitglied der damaligen europäischen Staatenwelt anerkannten Ungarn, aus denen schließlich 1308 der Enkel von Königin Maria von Neapel, der Schwester Lászlós IV., unter dem Namen Karl Robert von Anjou als Sieger hervorging.

Die auf lange Sicht historisch, politisch und vor allem psychologisch bedeutsamste Erbschaft aus der Zeit von »Ladislaus dem Kumanen« ist das von seinem Hofprediger Simon Kézai von A bis Z erfundene »neue Geschichtsbild« der Magyaren. König Béla vergleicht 1252 in seinem berühmten Brief an den Papst die Mongolen noch mit dem Hunnenkönig Attila und seinen mordenden und sengenden Hunnen. Kaum eine Generation später, zwischen 1282 und 1285, sieht der Hofschreiber des Enkels die Hunnen ganz anders: Wie ein begabter Märchenerzähler entdeckt Meister Simon Kézai Attila als stolzen Urahnen der christlichen Könige. Aus Quellen, die er »in Italien, Frankreich und Deutschland ringsherum« fand, stellte der aus einfachen Verhältnissen stammende und sich im Vorwort als begeisterter Anhänger König Lászlós IV. bekennende Hofgeistliche das offensichtlich erwünschte Geschichtsbild zusammen.

Der Hofschreiber wartet mit der überraschenden Theorie einer »zweifachen Landnahme« auf: Die 108 Ursippen hätten schon in grauer Vorzeit dasselbe Volk gebildet, damals Hunnen, heute Ungarn genannt. Aus Skythien kommend, hätten sie Pannonien um 700 schon einmal besetzt und dann unter Attila die halbe Welt erobert. Daraufhin hätten sie den Rückzug nach Skythien angetreten, um sich endgültig in Pannonien anzusiedeln. Die 108 Sippen von 1280 sind also bei Simon Kézai die Nachfahren der Urgemeinschaft – ohne die geringste Vermischung. Auf diese Weise kommt eine historische Kontinuität zustande, die so nie existiert hat.

Dieser »erfindungsreiche Phantast«, merkt Jenö Szücs an, liefert eine historische, juristische, sogar »moralische« Begründung für das »historische Recht« der Magyaren auf das Karpatenbecken und für den Selbstbehauptungswillen des niederen Adels in seinem Existenzkampf gegen die Oligarchen. Der aufstrebende Kleinadel ist identisch mit dem Willen der Gemeinschaft der freien Krieger als Quelle jeder fürstlichen Macht.

In seinem Essay *Nation und Geschichte* zerpflückt Szücs[6] das neue nationale Konzept des königstreuen Klerikers, welches die Adelsnation als Stütze der legitimen und von den Magnaten bedrohten königlichen Macht präsentiert. Im Gegensatz zur westlichen Auffassung wird Attila, ja die ganze Hunnenzeit von Kézai sozusagen nachträglich rehabilitiert. Man könnte über diesen Unfug achselzuckend hinwegsehen, wenn die mit der Phantasie eines Romanschriftstellers erfundenen Geschichten nicht das historische Selbstverständnis des ungarischen Adels und die nationale Geschichtsschreibung bis in die Neuzeit bestimmt hätten. Der österreichisch-ungarische Publizist Ladislaus Rosdy wies in einem Ungarn-Essay auf diese bedenkliche Langzeitwirkung der bald zum Gemeingut gewordenen historischen Fiktion hin:

> Es gibt daher in dieser langen Zeit keinen Ungarn – von einer jeweils historisch besonders gebildeten und kritisch veranlagten Minderheit vielleicht abgesehen –, der von der nachweisbar gefälschten Hunnensaga des Meisters Kézai nicht überzeugt wäre; und selbst von den sonst so feinfühligen ungarischen Dichtern des 20. Jahrhunderts bekennen sich nicht wenige stolz zu dieser Tradition, die aber in Wirklichkeit kaum mehr ist als ein Ausdruck des mit Resignation vermischten Überlegenheitsgefühls des »letzten Nomaden«.[7]

Die Theorie von der »zweifachen Landnahme« war die Quelle, aus der Historiker, Wissenschaftler und nationale Politiker lange Zeit nach Belieben schöpften. Der romantische und heldenhafte Charakter der Hunnensagen von »Anonymus« und vor allem von Kézai übten auf Generationen von Politikern und Schriftstellern eine geradezu unwiderstehliche Anziehungskraft aus, deren Intensität bis heute manche nur insgeheim zugeben. So schrieb zum Beispiel selbst der 1848 von den Revolutionären wegen seiner gemäßigt königstreuen Gesinnung kritisierte Staatsmann Graf Stephan Széchenyi am 21. November 1814 in einer auf deutsch verfaßten Tagebuchaufzeichnung (hier in seiner originellen Orthographie wiedergegeben):

> Daß ich aus der aller ächtesten Race der Huhnen abstammen muss, ist schon der Beweis genug, dass ich in denen schönsten Alpen der Schweitz, oder in denen üppigsten Thälern und Gegenden Italiens nie so warm, nie so exaltirt und enthusiastisch fühlen und empfinden kann, als in der Öde Fläche meines Vaterlandes… In mir liegt… eine ganz besondere Leidenschaft zu denen überschwemmenden, verhärenden Kriegen… einer von denen unzähligen Reitern Atilas, mit denen er alle Länder verwüstete, scheint so nach meiner natürlichen Stimmung, wenn ich so ganz von jeder Cultur und Raisonement abstrahire, zum Beispiel, ein sehr glücklicher Mensch gewesen zu sein.[8]

Diese Worte, die freilich erst Jahrzehnte nach dem Selbstmord von Széchenyi, dessen Laufbahn und Rolle später erörtert werden, veröffentlicht wurden, sind tiefenpsychologisch sehr aufschlußreich. Sie zeigen, wie sehr Freiheitsdrang, Tapferkeit und soldatische Tugenden zu den Eigenschaften der Ungarn gezählt werden und wie oft andere, etwa Toleranz und politische Klugheit, die nachweisbar zu den Eigenschaften der meisten Arpadenkönige gehörten, übersehen werden.

Jedenfalls kann man ohne Übertreibung feststellen, daß es wenige Nationen (vielleicht ausgenommen die Serben) gibt, auf welche Ernest Renans Worte mehr zutreffen als auf die Ungarn: »Keine Nation ohne Fälschung der eigenen Geschichte.«

VI Ungarns Aufstieg zur Großmacht unter fremden Königen

Mit dem Erlöschen der Arpadendynastie 1301 begann in Ungarn die Herrschaft von fremden Königen aus fernen Ländern: darunter vier Neapolitaner aus dem Haus Anjou, ein Luxemburger, zwei Habsburger und drei Jagiellonen aus Polen und Böhmen. In den 225 Jahren bis zur Katastrophe von Mohács hat es nur einen aus dem Lande stammenden ungarischen König gegeben: Mátyás (Matthias) Hunyadi, genannt Corvinus. Und selbst dieser nach der Überlieferung populärste Ungar war väterlicherseits rumänischer Herkunft.

Die fast achtzig Jahre der Herrschaft der französisch-italienischen Anjou-Dynastie wurden zu einer wirtschaftlich-staatspolitischen Blütezeit. Aus dem heillosen und blutigen Wirrwarr der Oligarchenkämpfe entstand ein zentralisierter, mit starker Hand geführter Staat, dessen Wirtschafts- und Finanzpolitik die Grundlagen für den Aufstieg zur Großmacht im mittelalterlichen Europa schuf.

Mit Hilfe des niederen Adels und der zum Teil deutschen Bürger der Bergstädte sowie dank der entschlossenen Unterstützung durch den päpstlichen Gesandten, Kardinal Gentile, gelang es Karl I., wie Karl Robert als König genannt wurde, die mächtigsten Oligarchen zu isolieren und die gefährlichsten Familienclans in einer Entscheidungsschlacht (1312) zu zerschlagen. Dennoch wartete der König noch mehr als zehn Jahre ab, bis er es wagte, seinen Regierungssitz aus der Stadt Temesvár im südlichen Siebenbürgen in das zentrale Visegrád zu verlegen. Die zeitweilig periphere Residenz hinderte Karl I. aber nicht daran, eine radikale Finanzreform vorzubereiten und die Gründung von neuen Stadtgemeinden durch gezielte Privilegien zu fördern. An die Stelle der entmachteten Oligarchen traten fünfzig bis hundert Adelsfamilien, auf deren königstreue Haltung sich der Herrscher verlassen konnte.

Der steigende Wohlstand des mittelalterlichen Ungarn beruhte neben dem Handel vor allem auf den reichen Edelmetallagern. Nach Schätzungen stammte die Goldproduktion der damaligen Welt zu einem Drittel aus Ungarn und zu zwei Dritteln aus Afrika. Während das afrikanische Gold fast völlig im islamischen Orient blieb, wurde der europäische Goldbedarf zu 80 Prozent aus Ungarn gedeckt. Auch die Silberförderung des Landes nahm an Bedeutung zu. Sie dürfte schließlich rund ein Viertel des europäischen Gesamtabbaus ausgemacht haben. Die Goldproduktion erfuhr durch die Gründung neuer Bergstädte und die Liberalisierung des Grubenrechtes einen starken Auftrieb. Darüber hinaus wurde die Hausmacht des Königs durch Zoll- und Steuereinnahmen sowie durch die Einführung des Edelmetall- und Münzmonopols ausgebaut. Nach florentinischem Muster verfügte Karl I. die Prägung von Goldmünzen (Forint), die zu einem in ganz Europa begehrten und allgemein akzeptierten Zahlungsmittel wurden.

Größtes Augenmerk legte der König auf die Ankurbelung der Kolonisation. Es wurden Slowaken, Tschechen, Ruthenen, Polen, Rumänen und nicht zuletzt deutsche Bergleute ins Land geholt. Obwohl die demographischen Schätzungen für das 14. und 15. Jahrhundert trotz verfeinerter Methoden noch heute großen Schwankungen unterliegen, ist anzunehmen, daß die Einwohnerzahl unter Karl I. wieder den Stand vor dem Mongoleneinfall, also etwa zwei Millionen, erreicht hat. Ein unbestreitbarer Erfolg!

Unter den Städten wurden besonders jene gefördert, die an den Kreuzungen der großen internationalen Handelsstraßen lagen. Esztergom und Székesfehérvár, die wichtigsten Städte der Arpadenzeit, mußten Buda den Vorrang überlassen. Der Handelsplatz an der Stelle, wo die Donau aus dem Mittelgebirge heraustritt und die ungarische Tiefebene anfängt, wurde zur Hauptstadt.

Im Jahr 1335 fand im 60 Kilometer nördlich am Donauknie gelegenen Visegrád auf Einladung König Karls I. ein historisches Treffen mit König Johann von Böhmen und Kasimir von Polen statt, dem auch Heinrich von Wittelsbach, Herzog von Niederbayern, beiwohnte. In dieser Konferenz der drei Könige wurden polnisch-böhmische Streitigkeiten geschlichtet und beschlossen, den Warenverkehr mit dem Westen, unter Ausschluß des auf die lukrativen Hoheitsrechte pochenden Wien, auf den Weg Prag–Brünn bzw. für Ostungarn über Krakau umzuleiten. Es war also ein zutiefst symbolträchtiger Rückgriff auf die Geschichte, als sich fast 660 Jahre danach die Staats- und Regierungschefs der damaligen Tschechoslowakei und Polens auf Einladung der ungarischen Regierung in dem Städtchen Visegrád – vom einstigen Königsschloß sind nur mehr Ruinen übrig – trafen, um die Weichen für ihre Zusammenarbeit nach dem Zusammenbruch des Kommunismus zu stellen. So entstand auch die in der internationalen Konferenzsprache üblich gewordene Bezeichnung »Visegrád-Staaten«, wobei den wenigsten Kommentatoren die historischen Zusammenhänge klargeworden sein dürften.

Nicht nur durch die Förderung von Wirtschaftsbeziehungen und seine Friedensdiplomatie hat König Karl I. Ungarns Stellung im damaligen Konzert der europäischen Mächte abgesichert. Auch seine kluge Familienpolitik diente diesem Zweck. So war seine erste Frau eine russische Fürstentochter aus Galizien, die zweite kam aus Böhmen, die dritte war die Schwester des Königs Johann von Böhmen aus dem Hause Luxemburg und die vierte, Elisabeth, die Tochter des Polenkönigs Wladislaw Lokietek. Dem Haus Anjou war damit die Anwartschaft auf den polnischen Thron gesichert. Weiteren dynastischen Ambitionen im Norden und Süden sollte die Verheiratung von Karls Söhnen Ludwig und Andreas dienen. Daß Karl I. mit seiner erfolgreichen, auf Frieden abzielenden Außen- und Heiratspolitik gleichzeitig den Keim zu künftigen Auseinandersetzungen schuf, konnte er nicht ahnen. Jedenfalls gelang es dem König in seiner langen Regierungszeit, die Grenzen im Norden und Westen zu konsolidieren und von den österreichischen Habsburgern Preßburg zurückzubekommen.

Daß ausgerechnet auf diesen eher auf Schlichtung denn auf Konfrontation bedachten Herrscher durch einen mysteriösen Zwischenfall ein ominöser Schatten fiel, beschäftigte die Gemüter noch Jahrhunderte später. So hat der große Dichter János Arany um 1860 zu dieser Episode, in deren Mittelpunkt eine bildhübsche Hofdame der polnischen Königin stand, eine berühmte Ballade geschrieben. Klara Zách, wie die junge Schönheit hieß, wurde angeblich vom Bruder der Königin, von Kasimir, der später Polens Thron bestieg, verführt oder gar vergewaltigt. Ihr Vater, Felicián Zách, ein reicher Magnat (= hoher adliger Würdenträger), stürzte daraufhin mit gezücktem Schwert in den Speisesaal im Schloßhof von Visegrád, wo man der königlichen Familie eben das Mittagsmahl servierte. Der alte Zách konnte der sich zur Wehr setzenden Königin Elisabeth vier Finger abhacken, ehe er selbst von der Wache getötet wurde. Der Dichter beschrieb die Folgen:

»Teure Gattin«, sprach der König,
»ach, vier Finger fehlen dir!
Sollst sie nicht umsonst betrauern!
Sag, was wünschst du dir dafür?«

»Wünsche für den Zeigefinger
seiner Tochter Tod zum Lohn,
und für meinen Mittelfinger
sterbe sein erwachsener Sohn!

Meine anderen zwei Finger
wären dadurch nur gerächt,
wenn man gnadenlos ausrottet
gänzlich Feliciáns Geschlecht!«
(Deutsch von Marin Remané)

So geschah es – wenigstens der Überlieferung nach, wobei die wahren Motive wie so oft im dunkeln liegen. Es ist auch durchaus möglich, daß es sich um einen politischen Konflikt zwischen dem berüchtigtsten Oligarchen der Zeit und dem König handelte, bei dem Záchs Tochter nur als Vorwand diente oder vom Volksmund dazu gemacht wurde. Wie dem auch sei, der Vorwurf gegen den Bruder einer fremden Königin muß vielen (so wie im Falle der deutschen Königin Gertrud ein Jahrhundert zuvor) als nationale Schande gegolten haben; die berechtigte Rache ist dann im Gedächtnis des Volkes bzw. als Thema der Literatur lebendig geblieben.

Unter den Trägern der ungarischen Krone ist der 1326 in der Visegráder Burg geborene Ludwig (Lajos) I., der ältere Sohn und Nachfolger Karls I., der einzige, den Überlieferung und Geschichtsschreibung mit dem Beinamen »der Große« ausgezeichnet haben. Bis in die Mitte unseres Jahrhunderts galten die vier Dekaden der Ära Ludwigs des Großen als »die ruhmreichste Epoche« oder »Glanzzeit« der ungarischen Geschichte. Er habe »den außenpolitischen Traum der Arpaden – die mittelalterliche ungarische Großmacht« verwirklicht, stellt zum Beispiel Bálint Hóman, der führende Historiker der Horthy-Zeit, fest. Heute ist man da skeptischer, was die außenpolitischen Bestrebungen (»die auf der Adria rittlings sitzende Anjou-Macht«) und insbesondere die kostspieligen und häufigen Feldzüge auf dem Balkan sowie im Norden Europas betrifft. Die Zeitgenossen und die Hofchronisten sahen nur die Erfolge auf den Schlachtfeldern und die zeitweilige territoriale Expansion der ungarischen Großmacht. Die Geschichtsforschung unserer Tage hebt hingegen eher den unrealistischen Charakter seiner Konzepte und die verhängnisvollen Folgen – auch aus dem Blickwinkel der späteren Türkenherrschaft – hervor.

Im Inneren des damals etwa 300 000 Quadratkilometer großen Landes mit angeblich bereits etwa drei Millionen Einwohnern hatte nach Ausschaltung der Oligarchen im großen und ganzen Ruhe geherrscht. Auch während der Regierungszeit Ludwigs, hieß es in einer Abhandlung vom Ende des 19. Jahrhunderts, »hat kein feindlicher Fuß ungarischen Boden betreten«. Durch eine bunte Reihe spektakulärer Abenteuer glückte es Ludwig zeitweilig sogar, ein Riesenreich von der Ostsee bis zur Adria zu errichten. Kaum ein Jahr verging ohne Feldzüge im Ausland. Erneut vermochte er einen Gürtel von Vasallenstaaten von Bosnien bis zur Walachei einzurichten. Für einige Jahre, wenn auch nur der Form nach, erkannten ihn sogar die Herrscher von Serbien, Nordbulgarien und Venedig als obersten Lehnsherrn an. Ludwigs größter militärischer Erfolg war zweifellos die Eroberung Dalmatiens. Ihm gelang es, gegen den Widerstand Venedigs die Oberhand zu behalten und die Küste von Ragusa (dem heutigen Dubrovnik) bis nach Fiume (Rijeka) samt den vorgelagerten Inseln für mehrere Jahrzehnte unter ungarische Kontrolle zu bringen.

Die kostspieligsten Kriege, obzwar letztlich vergeblich, führte Ludwig I. in Süditalien, wo es im Grunde um die Krone von Neapel ging. Um sie für Ungarn zu gewinnen, hatte noch Karl I. seinen jüngeren Sohn Andreas mit Johanna, Erbin des Königreichs nach ihrem Vater Robert, vermählt: unter der Voraussetzung, daß nach Roberts Tod Andreas den Thron besteigen sollte. Andreas' Mutter erwirkte durch hohe Bestechungsgelder einen päpstlichen Dispens, so daß die beiden heiraten durften. Doch als es soweit war und Andreas König werden sollte, waren weder Johanna noch der Papst, geschweige denn das Volk bereit, den Fremdling als Herrscher zu akzeptieren. Mit aktiver Hilfe Johannas hat dann einer ihrer zahlreichen Liebhaber Andreas, den ersten ihrer vier Ehemänner, 1345 ermordet. König Ludwig I., der sich als rechtmäßigen Erben seines Bruders betrachtete und entschlossen war, dessen Tod zu rächen und seinem kleinen Kind den Thron zu sichern, unternahm 1347 und 1350 zwei große Feldzüge gegen Neapel: einmal über Land, einmal übers Meer. Er siegte zwar in beiden Fällen, aber der Papst lehnte eine Absetzung Johannas ab, und sobald Ludwig Neapel verlassen hatte, brach die durch ungarische und deutsche Söldner erkämpfte Scheinherrschaft zusammen. Er gab schließlich nach großen Blutopfern und horrenden Kosten die Idee auf, in Neapel dauerhaft Fuß zu fassen. Erst 1382 gelang es seinem Verwandten Karl von Durazzo, mit Hilfe eines anderen Papstes – es war die Zeit des großen abendländischen Schismas, in der zwei bis drei Päpste gegeneinander herrschten – und ungarischer Truppen Neapel zu besetzen. Die Nachricht, daß die treulose Johanna erwürgt worden sei, erreichte Ludwig den Großen, seit Jahren kränkelnd, auf dem Sterbebett.

Ludwig I. griff aber auch nach Norden aus: Da Kasimir III., der Große, ohne männliche Erben starb (1370), wurde Ludwig im Einklang mit dem bereits drei Jahrzehnte zuvor geschlossenen Familienvertrag als Nachfolger seines Schwagers zum polnischen König gewählt. Daß seine Mutter Polin war und daß er seinem Onkel in Kriegen mit Litauen dreimal zu Hilfe geeilt war, ebnete ihm den Weg zum polnischen Thron. Es war aber keinesfalls eine Eingliederung Polens in den ungarischen Staat, wie es zuweilen von nationalistischen Geschichtsschreibern Ungarns dargestellt wurde. Angesichts der Türkengefahr, aber auch der gewaltigen innen- und außenpolitischen Probleme Polens war die Personalunion in Wirklichkeit eher eine Belastung als ein Erfolg für den kranken Herrscher. Zwölf Jahre später, nach dem Tod Ludwigs I., brach die Personalunion Polen-Ungarn rasch wieder auseinander, obwohl es auch weiterhin besondere Bande zwischen den beiden Ländern gab. Die jüngere Tochter Ludwigs, Hedwig, hatte Jagiello, den Großfürsten von Litauen, geheiratet, der dann, zum katholischen Glauben bekehrt, als Wladislaw II. König von Polen wurde. Unter der neugegründeten Jagiellonendynastie – mit Königin Hedwig als Stammutter – begann der Aufstieg Polens zur Großmacht.

Auch daß Ungarn unter Ludwig I. nicht nur in Polen und Neapel, in Dalmatien und der Walachei, sondern auch in Bosnien zeitweilig eine bedeutende Rolle spielte, hing mit verwandtschaftlichen Beziehungen und einem Ehevertrag zusammen: Der verwitwete König hatte die Tochter des mit den Arpaden verwandten Banus von Bosnien, die Serbin Elisabeth Kotromanovic, geheiratet. Fortan wollte der tiefreligiöse König dort die Bogomilen bekämpfen, eine gnostische Sekte, die die Welt als Teufelswerk verabscheute.

Als Ausdruck seiner bedingungslosen Treue zur »wahren Religion« und als Geste an das Heilige Römische Reich Deutscher Nation ließ er in Aachen an den Kaiserdom eine ungarische Kapelle anbauen, in der bisher in der Schatzkammer lagernde Christus-Reliquien untergebracht werden sollten. Europa nahm den ungarischen König als wahrhaft »Großen«, als heiligmäßigen Mann wahr.

Wichtiger für sein Volk dürfte jedoch die Gründung der ersten ungarischen Universität in Pécs 1367 gewesen sein. Allerdings hatte sie nur für relativ kurze Zeit Bestand.

In der Erinnerung seiner Untertanen und auch ausländischer Zeit-

Ungarn unter Anjou-König Ludwig I., dem Großen
1342-1382
zeitweise Herrschaft
ungarischer Einfluß
Ostsee
Deutsch-Ordens-Gebiet
KGR. POLEN
Posen
Kalisch
Warschau
Bug
Elbe
Oder
GFSM. LITAUEN
HEILIGES RÖMISCHES REICH
Weichsel
Krakau
Lemberg
Reussen
Halitsch
Trenczén (Trentschin)
Pozsony (Preßburg)
KGR. UNGARN
Theiß
Donau
Esztergom (Gran)
Buda
Pest
Nagyvárad (Großwardein)
Pruth
Jassy
Dnjestr
FSM. Moldau
Kolozsvár (Klausenburg)
Drau
Pécs (Fünfkirchen)
Kalocsa
Siebenbürgen
Sereth
Save
Zágráb
Slawonien
1308-1387 Anjou
1387-1437 Luxemburger
Szeben (Hermannstadt)
Brassó (Kronstadt)
Belgrad
FSM. Walachei
zeitweise ungar. Vasall
Kroatien
BOSNIEN
KGR. SERBIEN
Donau
Spalato
Bánság
BULGARIEN
Schwarzes Meer
Adriatisches Meer
Ragusa
1389
Amselfeld
KGR. NEAPEL
1348-1351 ungar. Herrschaft
Neapel
OSMANISCHES REICH
Konstantinopel
KGR. SIZILIEN
0 100 200 300 400 500 km

genossen lebte Ludwig der Große als ein allgemein geliebter, echter Ritter fort, der sich stets durch seinen außergewöhnlichen Mut in der Schlacht ausgezeichnet hatte. Man kann es aber auch so sehen: Ludwig hat außer der Jagd den Krieg als seinen bevorzugten Zeitvertreib betrachtet. Auf ihn, den Ritterkönig, scheint exakt zuzutreffen, was der Historiker Georges Duby als Ideal und Geist des Mittelalters bezeichnete: »... die Trunkenheit des Gemetzels, die Freude am Blutvergießen, am Zerstören – und am Abend ein übersätes Schlachtfeld... Es rückt die alles erdrückende Figur des Ritters in den Vordergrund... Ein System der Werte, das sich ganz auf die Freude am Rauben und am Geben gründet, und auf den Angriff.«[1] Anlässe dazu boten sich zuhauf, zumal da Ludwig entgegen der ihm beharrlich zugeschriebenen Sanftmut ein aufbrausendes Wesen hatte. 1362 geriet er zum Beispiel einmal deshalb in Zorn, weil Kaiser Karl IV. sich abschätzig über seine Mutter, Königin Elisabeth, geäußert hatte. Ludwig verfügte daraufhin sofort eine allgemeine Mobilmachung und fiel an der Spitze seiner Truppen in Mähren ein.

Dennoch haben ihn erstaunlicherweise manche zeitgenössische Beobachter als Mann des Friedens bewundert. Der venezianische Gesandte schrieb über König Ludwig I.: »Ich rufe Gott zu meinem Zeugen an, daß ich nie einen majestätischeren oder mächtigeren Monarchen gesehen habe, der mehr als er nach Frieden und Ruhe strebt.« Ein anderer, von Macartney zitierter Zeitgenosse notiert: »Es gab niemanden, der so sanft und edel, so tugendhaft und großherzig, so freundlich und offen gewesen wäre.«[2]

Der Glanz der von italienischen und französischen Einflüssen geprägten höfischen Kultur, die großzügigen Schenkungen an die loyalen Barone und nicht zuletzt die durch die vielen Feldzüge gebotene Möglichkeit für den Kleinadel, sich auszuzeichnen und vielleicht zu bereichern, haben es den beiden Anjou-Königen erleichtert, das Land praktisch nach eigenem Gutdünken zu regieren und sechzig Jahre lang keine Reichstage mehr abzuhalten. Andererseits hat Ludwig I. die Goldene Bulle von 1222 erneuert und allen Adligen »ein und dieselbe Freiheit« eingeräumt. Darüber hinaus bestätigte er das althergebrachte Erbrecht der adligen Sippe auf sämtliche Besitzungen ihrer Angehörigen. Diese mit der lateinischen Vokabel »aviticitas« bezeichnete Bindung, die bis 1848 in Kraft blieb, erwies sich auf lange Sicht als verheerend, da die Zementierung des adligen Grundbesitzes in der Familie die Entwicklung der Landwirtschaft blockierte und zwischen den Freien und Nichtfreien unüberwindbare Barrieren errichtete.

Am Ende der Regierungszeit König Ludwigs I. besaßen etwa fünfzig Familien ein Drittel des ungarischen Bodens. Ihre Position wurde durch das von den Anjous eingeführte System für die Waffendienstleistung weiter gestärkt. Der keiner Steuerpflicht unterliegende Adel mußte Militärdienst leisten. Die Magnaten durften mit ihren Gefolgsleuten (den sogenannten familiares) unter ihrer eigenen Fahne antreten. Ein Verband von fünfzig Mann diente unter der Fahne seines Herrn und trug die Bezeichnung Banderium (aus dem Italienischen). Viele Angehörige des niederen Adels dienten jetzt in diesen Einheiten. Aufgrund dieser Neuerungen wurde ein beträchtlicher Teil des niederen Adels, darunter eben die Militärdienst leistenden Gefolgsleute, von den Oligarchen direkt abhängig.

Nach König Ludwigs Tod schien sich die Geschichte zu wiederholen. Da er keine Söhne hinterließ, entstand ein ähnliches Machtvakuum wie nach dem Aussterben der Arpaden, das die mächtigen Oligarchen für ihre eigenen Zwecke nutzten.

Ludwig I. hatte seine ältere Tochter Maria und ihren am ungarischen Königshof erzogenen Verlobten Sigismund Markgraf von Luxemburg, den Sohn Kaiser Karls IV., zu Erben seiner beiden Königreiche bestimmt. Doch als die Polen die Personalunion mit Ungarn beendeten und die jüngere Tochter Hedwig zur Königin krönten, kam es in Ungarn zum erbitterten Kampf der rivalisierenden Magnaten. So wurde die elfjährige Maria zum »König« gekrönt, und die gewalttätige, willkürliche und rücksichtslose Königinmutter Elisabeth aus Bosnien übernahm die Regentschaft. Die ungarischen Adligen waren hinsichtlich der weiblichen Nachfolge geteilter Meinung. Die Vormundschaft der in breiten Kreisen verhaßten Königinwitwe stieß auf starken Widerstand. Eine ungarische Gruppe setzte die Krönung des Vetters des Mädchens, des Neapolitaners Karl von Durazzo, genannt »der Kleine«, durch. Damit begann eine Kette von blutigen Abrechnungen, Meuchelmorden und Rachefeldzügen zwischen den macht- und habgierigen Magnaten, deren Intrigen und gegenseitige Abrechnungen so kompliziert waren wie das Libretto einer Verdi-Oper.

Bei der ersten Begegnung des »kleinen« Königs mit Maria und ihrer Mutter, der Regentin, im königlichen Schloß Visegrád überreichte diese Karl ein Dokument. Als er sich während des freundlichen Gesprächs in das Studium des Textes vertiefte, griff ihn ein Magnat aus dem Gefolge der Königinnen mit einer Streitaxt an. Wenige Tage später starb der tödlich verwundete Karl. Er hatte insgesamt nur 39 Tage

»regiert« – Stoff für zahlreiche Balladen. Karls Begleitung flüchtete zu der im Süden beheimateten Oligarchengruppe, die nach anscheinend versöhnlichen Verhandlungen die beiden Königinnen und ihre Gefolgsleute in den Süden lockte, wo grausame Rache geübt wurde. Wer die Königinnen begleitete, wurde aus der Kutsche gezerrt und umgebracht. Die Angreifer entführten Maria und die Königinmutter in die Burg des Sippenhäuptlings und zugleich Banus von Kroatien, der in Anwesenheit ihrer Tochter die Königinmutter angeblich mit eigenen Händen erwürgte. Maria, die nominelle Königin, wurde als Geisel fast ein Jahr in Dalmatien festgehalten.

Schließlich gelang es Sigismund, die Eheschließung mit Maria zu erzwingen. Nach einer formellen Vereinbarung mit den mächtigsten Oligarchen und Prälaten wurde er 1387 zum König gewählt. Karls führende Anhänger ließ er trotz seiner Versprechungen hinrichten. Der angebliche Mörder der Königinmutter wurde gefoltert, umgebracht und sein Leichnam gevierteilt. Maria selbst starb 24jährig, schwanger, nach einem Reitunfall.

Sigismund (Zsigmund) regierte volle fünfzig Jahre: von 1387 bis 1437. Aber eben nicht nur in Ungarn, wo er sich nicht allzuhäufig blicken ließ. Er war ein mit allen Wassern gewaschener Taktiker, geltungssüchtig und ehrgeizig, ein Meister der aktiven und passiven Bestechung, zugleich begabt und von europäischen Projekten beseelt. Sigismund war von Geburt und von seiner Erziehung her ein Europäer par excellence. Seine Muttersprache war Französisch, aber er sprach auch ausgezeichnet lateinisch, deutsch, tschechisch, ungarisch und italienisch. Seine Sprachbegabung soll Sigismund selbst so kommentiert haben: Er rede mit dem Papst lateinisch, mit den Dichtern und Malern italienisch, mit den politischen Magnaten ungarisch oder tschechisch, mit seinen Pferden deutsch, aber mit sich selbst französisch.

Sein Bild in der Geschichte wurde freilich vor allem durch seinen Wortbruch im Falle des tschechischen Kirchenrebellen Jan Hus verdunkelt. Als römischer König hatte er ihm freies Geleit zum Konstanzer Konzil zugesichert. Trotzdem wurden Hus und seine Begleiter als Häretiker verurteilt und verbrannt. Sigismunds Regierungszeit blieb vom Kampf gegen die Verbreitung der hussitischen Lehre in Böhmen und vor allem in Siebenbürgen sowie anderen Teilen Mitteleuropas überschattet.

Sigismund gedachte Ungarn als Sprungbrett für die Verwirklichung seiner ehrgeizigen Pläne: der Eroberung der tschechischen Königskrone und der Kaiserkrone, zu nutzen. Machtbasis dazu konnte Ungarn aber nur als zentralistisch verwalteter Staat werden.

Im Land selbst war Sigismund allerdings außerordentlich unbeliebt. Wegen seiner häufigen Auslandsaufenthalte, seiner Verpflichtungen im Reich als römischer König seit 1410 und wegen der Kämpfe in und um Böhmen hat man ihn in Ungarn als Eindringling und Fremden betrachtet. Trotz des Baus einer prächtigen Residenz auf der Burg von Buda und trotz seiner testamentarischen Verfügung, ihn nicht im Reich, sondern in der Kathedrale von Nagyvárad (Großwardein) »zu Füßen des heiligen Ladislaus« zu begraben, beklagten sich viele Ungarn darüber, daß der König die Interessen Ungarns vernachlässige. Am Ende trug Sigismund fünf Kronen, doch blieb seine Herrschaft in Ungarn und auch in Böhmen lange Jahre hindurch nur nominell. Eines seiner Opfer verfluchte Sigismund mit den zornigen Worten: »Ich bin bei Gott nicht dein Diener, du tschechisches Schwein!«

Aus ungarischer Sicht war die außenpolitische Bilanz düster. Die schwere Niederlage der von Sigismund selbst geführten Kreuzfahrer gegen die Türken bei Nikopolis (1396), deren immer häufigere Einfälle im Süden, der endgültige Verlust Dalmatiens an Venedig und die Angriffe der Hussiten in Oberungarn lösten auch innenpolitische Spannungen aus.[3]

Eines der bizarrsten Ereignisse war 1401 die vorübergehende Festnahme des Königs durch eine Gruppe von Adligen. Barone und Prälaten führten als Königlicher Rat im Namen »der heiligen Krone« das Land, waren aber selbst durch ihr Drängen nach Macht und Geld in diverse Gruppen gespalten, die einander je nach ihren augenblicklichen Interessen bekämpften oder unterstützten. Diese Rivalität hat weit über Sigismunds Regierungszeit hinaus die politische Instabilität im Lande geprägt. Der König erkaufte sich seine Freilassung bzw. die Unterstützung der Vornehmen durch politische und finanzielle Zugeständnisse. Vor allem durch seine zweite Ehe mit Barbara von Cilli, der schönen, reichen und frivolen Tochter des Hauptes eines ursprünglich steirischen Grafengeschlechts, das inzwischen auch in Ungarn große Besitzungen erworben und mit der nicht weniger mächtigen Sippe des früheren Palatins Garai enge verwandtschaftliche Beziehungen gepflegt hatte, gelang es ihm, seine Position zu festigen.

Trotz mancher nützlichen wirtschaftlichen und administrativen Reformen war er niemals wirklich Herr im eigenen Land, das immer mehr von ein paar Dutzend machtgierigen Oligarchen auf Kosten der völlig entrechteten Bauern rücksichtslos ausgebeutet wurde. Im letzten Monat der Regierungszeit Sigismunds brach der erste große Bauernaufstand in Siebenbürgen aus. Teile des széklerischen Kleinadels unterstützten den Anführer Antal Budai Nagy. Nur durch eine in panischer Angst gebildete »Union der drei Nationen« Siebenbürgens, das heißt durch ein Bündnis des ungarischen Adels, der Székler (dem Adel gleichgestellte bäuerliche Gemeinfreie) und der Sachsen, konnte die Revolte niedergeschlagen werden.

Im Wahlkönigtum Ungarn vertraten den sogenannten »Willen der Nation« nur die rund sechzig Magnatenfamilien, denen bereits zwei Fünftel des Bodens gehörten. Der von den mit den Baronen eng zusammenarbeitenden Prälaten kontrollierte kirchliche Besitz machte zwölf Prozent aus, wogegen die königlichen Burgen und Besitzungen bloß fünf Prozent des Bodens umfaßten.

Nach dem Tod Sigismunds 1437 wurde sein Schwiegersohn Albrecht von Habsburg zum König von Ungarn gewählt, doch starb er kaum zwei Jahre später. So brach erneut eine dynastische Krise aus. Trotz der absoluten Dringlichkeit der alle anderen Probleme überschattenden Türkengefahr stürzte der Streit um die Nachfolge das Land wieder einmal in eine schwere innenpolitische Auseinandersetzung. Und diesmal wurden in den Kampf auch das Haus Habsburg und die polnische Jagiellonendynastie hineingezogen.

In den Mittelpunkt der Krise um die Thronfolge rückte die heilige Krone. Die königlichen Rechtsbefugnisse wurden dem thronberechtigten Nachkommen ja erst durch die kirchliche Salbung und die Krönung mit der Krone Stephans des Heiligen sowie durch Akklamation des zur kirchlichen Zeremonie zusammengeströmten Volkes übertragen. Seit dem 15. Jahrhundert hatte der König, bevor ihm die heilige Krone aufs Haupt gesetzt wurde, zudem einen Eid auf die vom Reichstag formulierten Bedingungen zu schwören und sein Versprechen, in Einklang mit den Gesetzen zu regieren, in einer Urkunde feierlich niederzulegen. Ohne Krone konnte es also keinen rechtmäßigen König Ungarns geben.

Elisabeth, die Tochter Sigismunds und Witwe Albrechts, im fünften Monat schwanger, beanspruchte für sich die Regenschaft, um den Thron für das nachgeborene Kind zu sichern. Zwei Tage vor der Geburt des Sohnes, des späteren Ladislaus V., entwendete ihre Kammerzofe Ilona Kottaner mit einigen Helfern die in der Visegráder Burg aufbewahrte heilige Krone und schmuggelte sie im Auftrag der Königin nach Österreich. Es gelang Königin Elisabeth, den Kardinal und Erzbischof von Esztergom, Dénes Szécsi, dafür zu gewinnen, den drei Monate alten Säugling mit der gestohlenen heiligen Krone in Székesfehérvár zum König zu krönen. Damit war die seit dem Ableben des letzten Arpadenkönigs als unerläßliche Bedingung der Legitimität erforderliche Weihe vollzogen.

Inzwischen hatten die ungarischen Stände den erst sechzehnjährigen Polenkönig Wladislaw I. Jagiello unter dem Namen Ulászló I. zum ungarischen König gewählt. Die heilige Krone befand sich aber, zusammen mit dem kleinen Ladislaus, streng bewacht im Wiener Neustädter Hof des späteren Kaisers Friedrich III. (Es dauerte fast ein Vierteljahrhundert, bis sie gegen einen sehr hohen Preis wieder an Ungarn zurückgegeben wurde.) Angesichts der Türkengefahr erwies sich die von der Mehrheit der Stände vertretene Realpolitik stärker als das geheiligte Prinzip der Legitimität. Derselbe Kardinal Szécsi, der den Säugling Mitte Mai mit der Königswürde versehen hatte, war drei Monate später bereit, in derselben Krönungskirche in Székesfehérvár den gewählten Wladislaw I. zum Ungarnkönig zu krönen. Die Stände erklärten also die Krönung Ladislaus' feierlich für ungültig.

Wie aber sollte Wladislaw ohne die Stephanskrone rechtmäßiger König werden? Man behalf sich mit der Krone eines Reliquienbehälters aus der Kirche, und die bei der Zeremonie anwesenden Prälaten, Barone und Adligen übertrugen schlicht und einfach »die Wirksamkeit und die Kraft« der von Königin Elisabeth entwendeten heiligen Krone, »die ja von der Zustimmung der Einwohner des Landes abhängt«, auf die nun verwendete Verlegenheitskrone. Zwischen dem Lager der Königin und dem des neuen Königs brach sofort ein fast zwei Jahre dauernder Bürgerkrieg aus, ohne Rücksicht darauf, daß Ungarn von den Türken immer stärker bedrängt wurde.

Der junge König aus dem Haus Jagiello wandte sich zwar energisch gegen diese Gefahr aus dem Süden, er fiel aber bereits im November 1444. Wegen seines mutigen, jedoch ungestümen und für den Ausgang der Schlacht verhängnisvollen vorschnellen Sturmangriffs verlor er bei Varna sein Heer und sein Leben. Nun einigten sich die ungarischen Stände doch noch auf König Ladislaus, der aber von Kaiser Friedrich III. weiterhin an seinem Hof zurückgehalten wurde. Damit schlug die Stunde des genialen Heerführers János (Johann) Hunyadi, den die Stände 1446 für die Dauer des Interregnums (der königlosen Zeit) zum Reichsverweser (Gubernator) bestellten.

VII Das Heldenzeitalter der Hunyadi vor dem Hintergrund der Türkengefahr

In der kritischen Zeit der doppelten Gefahr einer feudalen Anarchie und dadurch begünstigter Türkeneinfälle wurde Ungarn nach allgemeiner Ansicht vor allem durch die Genialität und den Mut eines einzigen Mannes gerettet und sein Zusammenbruch als unabhängiger Staat um siebzig Jahre hinausgeschoben. Dieser Mann war János Hunyadi, eine der schillerndsten und rätselhaftesten, zugleich anziehendsten und beliebtesten Gestalten in der Geschichte der Magyaren.

Es gehört wohl zu den vielen verblüffenden Widersprüchen in der Historie dieses Landes, daß in schicksalhaften Momenten Feldherren, Staatsmänner oder Dichter in Erscheinung traten, deren »Stammbaum« und Werdegang sich in keiner Weise für nationalistische, geschweige denn rassistische Theorien eignen. So entstammt auch Hunyadi einer aus der Walachei nach Siebenbürgen eingewanderten rumänischen (nach manchen Quellen auch slawischen) Familie. Der ungarische Name geht auf die Burg Vajdahunyad (heute Hunedoara in Rumänien) in Siebenbürgen zurück, die Johanns Vater Vajk, ein Rumäne von niedrigem Adel, von Kaiser Sigismund geschenkt bekam. Der junge Hunyadi wurde Berufssoldat, zeigte aber früh eine so außerordentliche militärische Begabung, daß Sigismund ihn als seinen Lieblingsoffizier auf allen seinen Feldzügen mitnahm und ihn als Kammerjunker an seinen Hof nach Prag holte. Tatsächlich stieg Hunyadi so atemberaubend schnell zum international bekannten Heerführer und zum reichsten Großgrundbesitzer Ungarns auf, daß das hartnäckige Gerücht entstand, er sei ein unehelicher Sohn König Sigismunds.

Es war nicht zuletzt den Heldentaten Hunyadis gegen die Türken zu verdanken, daß die aus westlicher Sicht »wilden Ungarn« die edlen Beschützer des Christentums, die athletae Christi, wurden und ihre Kriegstüchtigkeit sich vom Synonym für Barbarei zur Tugend wandelte: Die »blutrünstigen, furchtbaren Skythen« waren auf einmal treue Krieger Christi. Immer wieder wurde die Rolle Ungarns als »Schutzwall, Schutzburg, Schutzmauer, Schutzdamm, Schutzgraben, Felswand, Säule und Schild« in ganz Europa gerühmt. Eine einzige nationale Eigenschaft prägte dieses Bild: Tapferkeit. Bereits Sultan Bajazid soll die Ungarn neben den Franzosen als «die tapferste Nation unter den Völkern der Erde« bezeichnet haben.[1]

Das Lob für die Magyaren als Schutzwall hat freilich zuweilen auch Spott provoziert. So meinte Friedrich Hebbel beispielsweise, daß die Ungarn sich selber und nicht Europa beschützten. »Auch der Bürger, der sich, nachdem er ins Wasser gefallen war, durch Schwimmen rettete, verdient ja keine besondere Belohnung, nur weil er, sich selbst rettend, dem Staate einen Bürger erhielt«, schreibt er in einem Epigramm über die Ungarn.

Nun, es besteht kein Zweifel, daß die Magyaren, indem sie den Türken Widerstand entgegensetzten, in erster Linie für sich selbst, für ihr Land, für ihre Freiheit kämpften. Doch Hunyadi galt nicht nur den Ungarn als fast mythischer Held, auch die anderen bedrohten Völker sahen in ihm einen Hoffnungsträger. Trotzdem führte, wie Hunyadi dem Papst einmal bitter klagte, Ungarn den Kampf gegen die türkische Übermacht seit sechzig Jahren eigentlich allein. In diesem Kampf war aber Hunyadi jener Heerführer, der mit beispiellosem Mut und bemerkenswerter Beharrlichkeit, Rückschläge und Niederlagen in Kauf nehmend, einzigartige kriegerische Leistungen aufzuweisen hatte. Zwei Faktoren dürften dabei den Ausschlag gegeben haben. Erstens war er ein genialer Taktiker und Stratege, der fest an sich glaubte. Zweitens begriff er sehr früh, daß man mit adligen Rittern, die sich je nach Laune zum Waffendienst meldeten oder auch nicht, längerfristig keine militärischen Erfolge erzielen konnte. Dazu brauchte man gut trainierte und regelmäßig bezahlte Söldner sowie begeisterte Freiwillige. Mit Hilfe des wortgewaltigen, die Soldaten leidenschaftlich aufpeitschenden Franziskanerpaters Johannes von Capistrano gelang es Hunyadi 1456, die Türken bei Belgrad trotz ihrer erdrückenden Übermacht so gründlich zu schlagen, daß die türkische Gefahr für siebzig Jahre gebannt war, nicht nur für Ungarn, sondern für den ganzen Kontinent. Darin lag Hunyadis historische Bedeutung. An diesen überwältigenden Sieg erinnert bis heute das tägliche Mittagsgeläute der Kirchenglocken in den katholischen Landstrichen Europas.

Wie es in einer Schenkungsurkunde Königs Ladislaus' V. vom 30. Januar 1453 hieß, habe Hunyadi das, was andere »mit fremder Hilfe und mit dem Rechtstitel ihrer Vorfahren« erreichen, durch »eigenen Schweiß, Tugend, Talent und Arbeit« geschafft. Deshalb erhob ihn König Albrecht »seiner großen Verdienste wegen aus dem Stande des Soldaten in den Rang der Reichsbarone«. Auch als Woiwode Siebenbürgens, als Graf von Temesch und als Generalkapitän von Belgrad errang Hunyadi »wunderbare Siege«.

Der »Außenseiter«, der »Emporkömmling«, als der er dem älteren Hochadel unter den Oligarchen erschien, war freilich auch genial, was die eigene Bereicherung betrifft. Er konnte sich auf dem Höhepunkt seiner Karriere Herr über 2,3 Millionen Hektar Land, 28 Burgen, 57 Städte und rund tausend Dörfer nennen. Nach jedem Sieg erhielt er königliche Schenkungen, die er anscheinend sehr geschickt verwaltete.

Weniger verstand der vielbesungene Held der Türkenkriege – wie andere große Feldherren vor und nach ihm – offenbar von der Staatskunst. Jedenfalls vermochte er während seiner sechseinhalbjährigen Amtszeit als Reichsverweser weder eine grundlegende Reform des Staates noch eine Stärkung der Zentralgewalt durch die Eindämmung der Macht der Barone und den Ausbau der Mitsprache des Gemeinadels durchzusetzen. Allerdings hatte er zu weiteren Versuchen keine Gelegenheit mehr, denn Hunyadi starb kurz nach seinem Triumph von Belgrad – wie übrigens auch der Prediger Capistrano –, wahrscheinlich an der Pest. Hunyadi, der drei Jahre nach dem Fall von Byzanz das Abendland wieder hoffen ließ, wurde in ganz Europa zutiefst betrauert.

Hunyadis Tod eröffnete eine neue blutige Phase in den schwelenden Machtkämpfen der Magnaten. Die Gegner des verstorbenen Heerführers wollten seine Familie, vor allem seine Söhne László (Ladislaus) und Mátyás (Matthias), beseitigen und sich die Hunyadi-Güter aufteilen. Unterstützung erhielt die Anti-Hunyadi-Partei vor allem bei dem inzwischen dreizehnjährigen König Ladislaus, den Kaiser Friedrich III. unter dem gemeinsamen Druck der österreichischen, tschechischen und ungarischen Stände wenige Monate vor dem Fall von Konstantinopel hatte »herausgeben« müssen. Jedenfalls wurde Ladislaus ohne neuerliche Krönung Anfang 1453 als König von Ungarn anerkannt und etwas später in Prag auch zum König von Böhmen gekrönt. Unter dem Einfluß eines Onkels, Ulrich von Cilli, sprach sich der junge König gegen die Söhne Hunyadis aus und ernannte Cilli zum Generalkapitän.

Dem blutigen Konflikt fiel zuerst der verhaßte Cilli zum Opfer. Er wurde während eines Streits in Belgrad von László, dem älteren Sohn Hunyadis, und dessen Gefolgsleuten niedergemetzelt. Der inzwischen siebzehnjährige König bestätigte mit scheinbarer Gelassenheit den

Hunyadi-Sohn als neuen Generalkapitän und schwor, daß er ihn wegen des Mordes an Cilli nicht bestrafen werde. Einige Wochen später ließ Ladislaus V. die beiden Hunyadi-Söhne mit ihrem engen Berater, dem einflußreichen Bischof János Vitéz, und ihrer Begleitung dann aber doch verhaften. László Hunyadi wurde 48 Stunden später auf dem Hauptplatz von Buda im Angesicht des ganzes Hofes enthauptet. Die anderen Todesurteile wurden nicht vollstreckt.

Inzwischen tobte ein Bürgerkrieg zwischen dem König und der von der Witwe Hunyadis und ihrem Schwager Mihály (Michael) Szilágyi geführten Hunyadi-Partei. Der jüngere Hunyadi-Sohn, der fünfzehnjährige Mátyás, wurde als persönlicher Gefangener des nur um zwei Jahre älteren Königs Ladislaus zuerst nach Wien und dann nach Prag verschleppt. Als dann aber der junge König in Prag von der Pest unerwartet und ohne Erben dahingerafft wurde, entstand eine völlig neue Situation. Die beiden Magnatenparteien schlossen einen – freilich nur zeitweiligen – Kompromiß, der für den jungen Hunyadi den Weg zum Thron öffnete.

Die meisten der spärlichen Nachschlagewerke über Ungarn erwähnen bloß diese Tatsache an sich, ohne sich mit der blutigen Bilanz der knappen zwei Jahre zwischen Hunyadis Tod und der Thronbesteigung seines jüngeren Sohnes auseinanderzusetzen. Dabei gehört diese Zeit vor und nach der Wahl des jungen Königs zu einem der in der ungarischen Literatur und Musik meistbesungenen und -dramatisierten Themenkreise. Unzählige Gedichte und Epen, Dramen und Opern beschreiben das turbulente und aus ungarischer Sicht vor allem glorreiche Leben des Königs Matthias I. (1458–1490).

Bereits die Art und Weise, wie Mátyás König wurde und dann als blutjunger Herrscher den Intrigen mächtiger Feinde standgehalten hat, beflügelte die Phantasie der Literaten noch im 19. Jahrhundert. Der Name Hunyadi hatte beim niederen Adel und beim Volk einen geradezu magischen Klang. Der aus der Prager Gefangenschaft befreite fünfzehnjährige Mátyás bewies bald, daß er nicht nur aus dem gleichen Holz geschnitzt war wie sein Vater, sondern daß er ihn auch als politischer Taktiker, schlauer Diplomat und entschlossener Staatsmann weit übertraf. Er wurde ein typischer Renaissancefürst, der je nach Laune und Interesse unbarmherzig oder versöhnlich, rachsüchtig oder ritterlich sein konnte – Träger der nationalen Tradition auch im Sinne der »Erfindung der Geschichte« und zugleich der kosmopolitischste Herrscher der ungarischen Historie.

Daß er die blutige Begleichung alter Rechnungen zwischen seiner Familie und den König Ladislaus unterstützenden feindlichen Oligarchen überhaupt überlebt hat, grenzte schon fast an ein Wunder. Seine Freilassung, den Pakt mit den Hunyadi-Gegnern und schließlich die Thronbesteigung verdankte er der Durchsetzungskraft seines gewieften Onkels Mihály Szilágyi und dem Verhandlungsgeschick seines Erziehers und väterlichen Freundes, Bischof János Vitéz. Dieser hatte mit dem tschechischen Reichsverweser und späteren König Georg Podiebrad einen Geheimpakt über Mátyás' Freilassung und seine Verlobung mit Podiebrads Tochter Katalin geschlossen. Fast gleichzeitig erreichten Mátyás' Mutter und sein Onkel einen Friedensschluß mit dem feindlichen Palatin Garai, der einige Monate zuvor das Todesurteil gegen den älteren Hunyadi-Sohn verhängt hatte. Nun war der Garai-Klan bereit, die Thronbesteigung des jüngeren hinzunehmen – unter der Bedingung, daß er die Tochter des Palatins, Anna, heiraten und an den Mördern seines Bruders keine Rache nehmen würde. Die Magnaten und Prälaten einigten sich auf seine Wahl, und am 24. Januar 1458 riefen die Vertreter des auf der zugefrorenen Donau versammelten niederen Adels – nach der literarischen Überlieferung rund 40 000 Bewaffnete – den Fünfzehnjährigen zum König aus. Für fünf Jahre stellte ihm der Reichstag seinen Onkel Szilágyi als Reichsverweser zur Seite.

Aus der Obhut seines späteren Schwiegervaters befreit, wurde der junge Mátyás nach Buda gebracht, wo er unter allgemeinem Jubel des Volkes den Thron bestieg. Die Krönung fand allerdings erst sechs Jahre später, nach der Rückgabe der Krone durch Kaiser Friedrich III., statt. Doch der erste »Volkskönig« in der Geschichte der ungarischen Nation stellte bereits nach wenigen Monaten seine Führungsqualitäten unter Beweis, indem er sich von jeder Bevormundung durch die Oligarchen, die ihn auf den Thron gehoben hatten, löste. Kaum fünf Monate nach seiner Wahl hatten sich die Oligarchen, unterstützt vom Regenten Szilágyi, bereits gegen den viel zu ehrgeizigen jungen König verschworen. Mátyás I. reagierte blitzschnell: Er enthob die Hauptverschwörer, also den Palatin und die Woiwoden Siebenbürgens, ihrer Ämter; sein Onkel Szilágyi mußte als Reichsverweser im Sommer 1458 zurücktreten und wurde wegen verschwörerischer Umtriebe einige Wochen später in Haft genommen. 25 Magnaten, geleitet von dem abgelösten Palatin Garai, wählten daraufhin in Güssing im Februar 1459 Kaiser Friedrich III. zum König von Ungarn. Der Habsburger hatte immerhin seit 1440 die heilige Krone in seinem Besitz, was den Verschwörern als Argument diente: »Wer die Krone hat, dem gehört das Land.« Der Kaiser nahm das Angebot gnädig an. Er unterließ es auch nicht, auf die »niedere Herkunft« von Mátyás zu verweisen. Der Aufstand brach jedoch schnell in sich zusammen.

Der Streit zwischen Friedrich III. und Matthias I. dauerte noch weitere fünf Jahre, bis zum Friedensschluß von Wiener Neustadt am 19. Juli 1462. Fünf Tage später konnte der Kaiser endlich zur Herausgabe der Stephanskrone bewegt werden. Allerdings war der Preis in jeder Hinsicht so hoch, daß ungarische Historiker Kaiser Friedrich als den eigentlichen Sieger bezeichneten. So mußte Mátyás für die heilige Krone und für die vor 22 Jahren ebenfalls von Königin Elisabeth verpfändete Stadt Sopron (Ödenburg) 80 000 Goldgulden (rund zwei Fünftel des königlichen Einkommens aus Hoheitsrechten des Jahres 1454) zahlen. Darüber hinaus behielt Friedrich die Besitzungen in Westungarn (Burgenland). Ferner trug er, wie Mátyás, den ungarischen Königstitel und sollte den ungarischen Thron erben, falls Mátyás ohne rechtmäßige Nachkommen starb. Daß der Kaiser 27 Jahre älter war als der junge ungarische König, verlieh dieser Klausel des Vertrages einen eher lächerlichen Anstrich, doch sollte Friedrich den jungen Herausforderer tatsächlich um drei Jahre überleben! Es war ein geringer Trost, daß der Kaiser Mátyás als Sohn annahm.

Im nächsten Frühjahr wurde »Matthias I. Corvinus« dann feierlich gekrönt. Er erhielt den Namen Corvinus nach dem Raben in seinem Wappen. Sein Hofhistoriker Antonio Bonfini erfand später für das Familienwappen der Hunyadi eine familiäre Verbindung zu einem Valerius Corvinus, einem vornehmen römischen Ritter, der mit Hilfe eines Raben einen gallischen Riesen besiegt haben soll und sogar eine »Abstammung von Jupiter« aufweisen konnte … Kurz: Es ging um die Legitimation eines von Habsburg und Jagiello nicht als ebenbürtig angesehenen »Aufsteigers«. Jedenfalls wurden hier imperiale Ambitionen in der Außenpolitik des Königs mit seinem persönlichen Geltungsbedürfnis in Einklang gebracht.

Bei der Krönungsfeier anläßlich der Sitzung des Reichstages in Székesfehérvár ritt Mátyás auf einem Pferd zu einem Hügel, wo er unter freiem Himmel, die Hände zum Himmel erhoben, den Eid sprach, er wolle die Verfassung des Landes einhalten. Dann galoppierte er auf den Hügel, um mit gezogenem Schwert in die vier Himmelsrichtungen zu schlagen. Mit Verfassung waren zwei grundlegende Gesetze gemeint: die Goldene Bulle von András II. von 1222 und das Gesetz Ludwigs des Großen von 1351, also die Zusammenfassung der

Das Reich des Königs Matthias I. Corvinus 1458-1490
Reich des Corvinus 1458
Eroberungen 1468-1490
1479 Vertrag von Olmütz
Ostsee
Hzm. Pommern
DEUTSCHER ORDEN
GFSM. LITAUEN
Oder
Mgft. Brandenburg
Länder der polnischen Krone
Weichsel
Bug
Elbe
Sagan
Schlesien
Breslau
1474
Prag
Kgr. Böhmen
Ratibor
Krakau
Weichsel
13 Zipser Städte 1412 an Polen verpfändet
1479
Mgft. Mähren
Olmütz
Brünn
Dnjestr
Kassa (Kaschau)
Ehzm.
1485
Donau
Wien
Pozsony (Preßburg)
Vac
Eger (Erlau)
Theiß
Moldau
ÖSTERREICH
Esztergom
Buda
Pest
Nagyvárad (Großwardein)
Graz
Hzm. Steiermark
Székesfehérvár (Stuhlweißenburg)
Kolozsvár (Klausenburg)
Ljubljana (Laibach)
Drau
Pécs (Fünfkirchen)
Szeged
Siebenbürgen
Hzm. Krain
Zágráb (Agram)
Maros
1479
Brassó (Kronstadt)
Kenyérmézö
Nagyszeben (Hermannstadt)
Save
Fiume
Kroatien
Dalmat.-Kroat. Banschaft
Szrebernik
1476
1521
Belgrad
Szörény
Walachei
Jajca
1463
Macsó
Szörényi Banschaft
Ancona
Südl. Banschaften
Marawa
Donau
Bosnien
Serbien
OSMANISCHES REICH
Ragusa
Montenegro
Amselfeld
1448
Kgr. Neapel
Neapel
0
200 km

Vorrechte des Adels. Mit den vier Schwertstreichen tat der König kund, daß er das Land gegen jeden Feind verteidigen werde, woher er auch käme.

In den ersten fünf Jahren seiner Herrschaft, also vor der Krönung, hat Mátyás I. aber bereits die Voraussetzungen für die absolute Macht seines Königtums und für die Beschneidung der Vorrechte der feudalen Großgrundbesitzer geschaffen. In diesen fünf Jahren befreite er sich von jeder Bevormundung durch seinen Onkel (Szilágyi fiel Ende 1460 in türkische Gefangenschaft und wurde auf Befehl des Sultans enthauptet); er zerschlug die innere Opposition der alten Aristokratie, siegte über die Türken, wies den berühmten Johann Giskra, den Anführer der böhmischen Söldner, die so lange im nördlichen Grenzgebiet geplündert hatten, in die Schranken, und als Höhepunkt der Erfolgsserie nahm er den Türken die Festung Jajce in Bosnien ab und sicherte dadurch die Ruhigstellung der südlichen Grenzen. Er war nicht nur erfolgreich, sondern auch sehr populär, ein richtiger »Soldatenkönig«, der mit seinen Kämpfern gemeinsam in die Schlacht zog und nachts auf seinem Mantel mitten unter ihnen schlief.

Hat er die Türkengefahr für Ungarn und für Europa später doch unterschätzt? Oder waren die immer wieder aufflammenden Kriege und die schweren Auseinandersetzungen mit Böhmen, Polen und Österreich Teil seiner imperialen Ambitionen? Schwebte Matthias letzten Endes der Griff nach der Krone des Heiligen Römischen Reiches vor? Es ging ihm jedenfalls in erster Linie um die Vorherrschaft in Mitteleuropa. Die administrativen, politischen und finanziellen Reformen dienten vor allem der innenpolitischen Absicherung seiner gewagten und selbst unter seinen treuesten Anhängern umstrittenen Außenpolitik. Das war der Grund für die Entfremdung zwischen dem König und seinem einstigen Erzieher und engsten Berater, dem inzwischen zum Erzbischof und Kanzler ernannten János Vitéz, sowie dessen Neffen, dem berühmten Dichter und Bischof von Pécs (Fünfkirchen), Janus Pannonius (János Csezmicei). Beide wollten 1471 mit anderen Adligen und Prälaten den König stürzen und den polnischen König Kasimir IV. auf den Thron heben. Doch konnte Matthias die Verschwörung, wie manche andere Rebellionen, im Keim ersticken.

Mit dem Umbau des gesamten Steuersystems und der Förderung des sogenannten Komitatsadels, dessen Vertreter in rund achtzig Gespanschaften gewählt wurden, schuf sich der König eine Art politische »Hausmacht« und zugleich die Basis für die Aufstellung und Erhaltung des berühmten »Schwarzen Heeres«, benannt angeblich nach der schwarzen Farbe ihrer Schilde und Helme. Diese nur dem König unterstehende Söldnerarmee machte Mátyás einerseits von den Privatarmeen der Magnaten weitgehend unabhängig; andererseits wurde sie durch ständige Überprüfung ihrer Disziplin und Ausrüstung sowie durch die Ernennung von begabten Kommandanten die vielleicht schlagkräftigste Armee Europas. Außer dem böhmischen Königstitel verdankte Mátyás seiner militärischen und diplomatischen Überlegenheit jedenfalls auch die Eroberung von Mähren, Schlesien, Steiermark, Kärnten und Niederösterreich mit Wien (1485) und zwei Jahre danach der Residenz Friedrichs III. in Wiener Neustadt.

»In jeder Beziehung hochtalentiert, war er ein tüchtiger Soldat, ein erstklassiger Verwaltungsmann, sehr sprachbegabt – er beherrschte ein halbes Dutzend Sprachen –, ein gelehrter Astrologe, ein aufgeklärter Mäzen und ein hervorragender Kunstkenner«, so beschrieb Macartney den König.[2] Als er sich 1476 in zweiter Ehe mit Beatrice, der Tochter König Ferdinands von Neapel, vermählte, öffnete sich Ungarn der italienischen Renaissance. Nie zuvor und wohl nie danach war der kulturelle und künstlerische Einfluß Italiens so intensiv wie in den letzten fünfzehn Jahren der Herrschaft dieses echten Renaissancefürsten.

Antonio Bonfini, der italienische Hofhistoriker, betont in seinem Werk über Ungarn, daß nach der Ankunft Beatrices der König seinen Lebensstil vollkommen änderte:

> Nach der Ankunft der Königin Beatrice siedelte der König in Ungarn Künste an, die früher hier unbekannt gewesen waren, und berief unter großen Kosten bedeutende Künstler an seinen Hof. Er ließ aus Italien gegen guten Lohn Maler, Bildhauer, Graveure, Zimmerleute, Goldschmiede, Steinmetzen und Baumeister kommen. Zur Hebung des Gottesdienstes dienten in der Kapelle des Königspalastes Sänger aus Deutschland und Frankreich. Ja, er rief sogar Kunstgärtner, Obstzüchter und ausgebildete Landarbeiter an seinen Hof, die Käse auf italienische, französische und sizilianische Weise bereiteten. Dazu kamen Spaßmacher und Schauspieler, für die besonders die Königin viel übrig hatte, weiterhin Bläser, Zitherspieler und andere Musikanten. Seine Geschenke lockten Dichter, Redner und Sprachgelehrte an. Matthias liebte und unterstützte all diese Künste mit bewundernswerter Freigiebigkeit; er strebte danach, Ungarn zu einem zweiten Italien zu machen. Die Ungarn aber verurteilten seine große Verschwendung; sie beschuldigten die Königliche Hoheit täglich,

> leichtfertig mit dem Gelde zu spielen, die für bessere Zwecke bestimmten Steuern für unnütze Dinge zu verschwenden, von der Sparsamkeit der alten Könige abgekommen zu sein, die strengen alten Sitten vernachlässigt, die alten Gebräuche vergessen und die italienischen und spanischen Vergnügungen und verdorbenen Sitten an ihre Stelle gesetzt zu haben. Der göttliche Fürst hingegen bemühte sich, wie jeder Beschützer der Künste und Förderer des Talents, die Bildung langsam heimisch zu machen; den hohen und niederen Adel eiferte er an, kultiviert zu leben. Er verlangte von ihnen, daß sie ihrem Vermögen entsprechend glänzend bauen, wie Bürger leben und mit den Fremden, die sie früher unerhört verachteten, besser umgehen möchten. Er eiferte in erster Linie alle durch sein eigenes Beispiel an.[3]
> (Aus dem Lateinischen, 15. Jahrhundert)

Der königliche Hof wimmelte von Ausländern, und der König gab in der Tat Unsummen für seine aufwendige Hofhaltung aus, nicht zuletzt für die von italienischen Künstlern gefertigten illuminierten Handschriften, die insgesamt 2500 Bände der international berühmten Bibliotheca Corviniana. Mátyás' Sammlungen enthielten Gemälde, Plastiken, Juwelen, Goldschmiedearbeiten und andere Kunstgegenstände. Rund zwanzig Architekten, die besten seiner Zeit, haben in den Residenzen in Visegrád und Buda sowie nach der Eroberung auch in Wien Gärten und Teiche angelegt, prunkvolle Gänge und Hallen, Türme, überdachte Gänge und Springbrunnen aus rotem Marmor, mit Silberplatten gedeckte Dächer, prunkvolle Empfangs- und Speisezimmer eingerichtet. Bonfini erwähnt auch ein großes Denkmal im Hof des Palastes in Buda: in der Mitte Mátyás, behelmt, auf Schild und Lanze gestützt, in Gedanken vertieft; rechts sein Vater, links sein Bruder László. »Seine Paläste dürften, was ihren Pomp anbelangt, kaum hinter dem Luxus der Römer zurückstehen«, meinte Bonfini.

Unter Mátyás wurde die zweite ungarische Universität in Preßburg (Pozsony) gegründet; diese blieb aber, wie seinerzeit die erste in Pécs, nicht lange bestehen. Die italienischen Historiker und die ungarischen Humanisten schrieben in lateinischer Sprache. Drucke gab es nur wenige, obwohl in dieser Zeit bereits die erste Druckerei von András Hess in Buda arbeitete. Die Kultursprache war zwar lateinisch, doch wurden auch schon die ersten ungarischen Übersetzungen von Teilen des Alten Testaments und von religiösen Schriften angefertigt.

Die altrömisch-italienische »Linie«, durch den Beinamen »Corvinus« symbolisiert, war aber nur ein Teil des blühenden Mátyás-Kultes. Da der starken Persönlichkeit des Königs kein Feind gewachsen schien, kamen die geläufigen Bezeichnungen wie »secundus Attila« oder »skythischer Mars« dem Geltungsbedürfnis und Patriotismus von Mátyás noch besser entgegen. Die von Macartney als »absurde Begleiterscheinung« gewertete Verherrlichung Attilas und seiner Hunnen, die man damals für die Vorfahren der Magyaren hielt, war Ausdruck jenes Sendungsbewußtseins, das das politische Weltbild der Adligen und der Massen, vor allem durch die literarische Überlieferung, so lange geprägt hat.

Einerseits hat Mátyás die Steuerschraube angezogen und das, verglichen mit der Zeit Ladislaus' V., verfünffachte königliche Einkommen für die Finanzierung der Hofhaltung und der 30 000 überwiegend ausländischen Söldner des »Schwarzen Heeres« ausgegeben; andererseits wurde gerade der König durch seine Härte gegenüber den Adligen und seine militärischen Erfolge der vielfach besungene Held, »Mátyás der Gerechte«. Er soll sich gern und oft unerkannt unter das Volk gemischt und die Armen gegen Unrecht und Ausbeutung geschützt haben, indem er Übergriffe der Mächtigen auf der Stelle sühnen ließ. Gegenüber dem an seinem Hof wirkenden italienischen Humanisten Aurelius Brandolini soll der König folgendes erklärt haben:

> Bei uns darf sich niemand seiner Macht allzu sicher sein, aber es muß niemand seiner Hilflosigkeit wegen ganz das Zutrauen verlieren; jeder kann sein Recht behaupten, wenn es not tut, auch uns gegenüber... Bei uns wagen die Statthalter nicht, das Volk in irgendeiner Art von Knechtschaft zu unterdrücken, weil sie wissen, daß sie nur Diener auf Widerruf sind. Nicht die Gesetze sind die Quelle und der Garant der Kontrolle dieser gerechten Rechtsordnung, sondern der König, der kein Diener oder Werkzeug der Gesetze ist, sondern über ihnen steht und über sie bestimmt.[4]

Was ihm seine Zeitgenossen negativ ankreideten und was nicht ohne Folgen für sein Land blieb, war die Tatsache, daß seine beiden Ehen kinderlos blieben. Daher versuchte er seinen illegitimen Sohn Johannes Corvinus als Nachfolger aufzubauen. Dieser Plan einer Erbmonarchie schlug jedoch fehl, als Matthias 1490 in Wien starb.

Trotz seiner militärischen Erfolge und innenpolitischen Reformbemühungen liegt seine wirkliche Bedeutung für die ungarische Geschichte vor allem in der glanzvollen und lang andauernden geistigen Ausstrahlung seiner Persönlichkeit und seiner Epoche. Mátyás war der in seinem Lebensstil opulenteste und zugleich in der Erinnerung vieler Generationen der volkstümlichste Herrscher Ungarns. Daher der Spruch: »König Mátyás ist tot, mit ihm starb die Gerechtigkeit!«

Mátyás der »Volkskönig« verkörperte den Glanz der ungarischen Nation und den Höhepunkt ungarischer Macht. Es ist also verständlich, wenn mehrere Generationen ungarischer Historiker zur Verherrlichung seiner Zeit neigten. Während der Jahrhunderte der Teilung, der Fremdherrschaft und des Niedergangs trauerten die Dichter wie das breite Volk der entschwundenen Größe in mündlichen Überlieferungen und in der Literatur nach. Den Grund für diese Nostalgie faßte Jenö Szücs nüchtern zusammen: »Seit den Feldzügen von Mátyás kennt die ungarische Geschichte viele siegreiche Schlachten, aber keinen einzigen siegreichen Krieg. Seit 1485 verzeichnen wir nur verlorene Kriege – außer einem befreienden Feldzug Ende des 17. Jahrhunderts gegen die Türken, den aber überwiegend nicht eine ungarische Armee führte. Die Erfolge von Bocskai, Bethlen und Rákóczi sind letzten Endes siegreiche Schlachten während eines permanenten und 1711 verlorenen Krieges ...«

Jedenfalls ist die Tatsache bemerkenswert, daß König Mátyás mehr als 500 Jahre nach seinem Tod bei zwei repräsentativen Umfragen, Ende 1994 und Ende 1996, als die sympathischste Persönlichkeit, noch vor Stephan dem Heiligen und den Helden der 1848er Revolution, Széchenyi und Kossuth, bezeichnet wurde.

VIII Der lange Weg in die Katastrophe von Mohács

Nach König Matthias' Tod brach über Ungarn eine Orgie von Selbstsucht, Machtgier und Rivalitäten herein. Interessenkämpfe zwischen dem hohen und niederen Adel trieben das Land binnen kurzem an den Rand des Abgrunds.

Es waren vor allem die Intrigen und Interessenkonflikte um die Regelung der Thronfolge, die das von Matthias errichtete politische, militärische und soziale System aus den Angeln hoben. Sein illegitimer Sohn János (Johann) Corvinus war zu schwach und zu friedfertig, um sich durchsetzen zu können. Der Habsburger-König (später Kaiser) Maximilian war wiederum zu stark, denn die Magnaten wollten einen »König, dessen Zöpfe wir in den Fäusten halten können«. So fiel die Wahl auf den König von Böhmen, den Jagiellonen Wladislaw II. (1490–1516), der diese Erwartungen der feudalen Aristokratie so sehr erfüllte, daß er später den Beinamen »Dobře« bekam, was soviel heißt wie »in Ordnung« oder »schon gut«. Der Nachfolger des großen Matthias ging in die ungarische Geschichte als »Dobře László« ein, als König, der jeden Vorschlag widerspruchslos annahm.

Als Gegengewicht zur sogenannten »höfischen« Partei der Barone, die den indolenten und schwachen König nach Belieben manipulierte, entstand eine auf den mittleren und niederen Adel gestützte »nationale« Partei. Tonangebend war hier die Familie Zápolyai, namentlich der ehrgeizige János (Johann), der spätere Woiwode von Siebenbürgen. Zur Schlüsselfigur des Dramas wurde der bereits unter König Matthias zum Sekretär und Bischof ernannte, dann zum Erzbischof von Esztergom beförderte und als Kanzler des neuen Königs allmächtige Tamás (Thomas) Bakócz. Dieser hemmungslose und gerissene Mann, der sich mit den Habsburgern verbündete, wollte an der Spitze der »höfischen« Fraktion den Beschluß des Reichstages von 1505 umgehen, wonach künftig »niemals irgendein Ausländer, welcher Nation oder Zunge immer er angehören möge« zum König gewählt werden dürfe. Tatsächlich hatte der Preßburger Erbvertrag zwischen Jagiellonen und Habsburgern bereits 1491 die Nachfolge für Kaiser Maximilian I. als König von Ungarn gesichert, sollte Wladislaw kinderlos bleiben, doch war er den ungarischen Ständen nie vorgelegt und von diesen daher nie gebilligt worden.

Mit der Geburt des Thronerben Ludwig im Jahr 1506 entstand dann allerdings eine neue Situation. Bereits 1507 wurde ein sogenanntes Doppelverlöbnis der Familie Wladislaws mit den Enkeln Maximilians vereinbart und dann im Juli 1515 in Wien durch eine formelle Eheschließung besiegelt. Bei der Doppelhochzeit im Stephansdom heiratete der neunjährige Ludwig Maria, die Schwester des Erzherzogs Ferdinand, der wiederum Anna, die ältere Schwester des Ungarnkönigs, ehelichte. Beim Tod König Wladislaws (1516) war Kronprinz Ludwig erst zehn Jahre alt. Er konnte den Thron zwar ohne nennenswerten Widerstand besteigen, doch bis zu seiner Volljährigkeit regierte ein Regentschaftsrat. Und auch in diesem Gremium hatte der inzwischen zum Kardinal ernannte Thomas Bakócz das Sagen.

Dieser aus einfachen Verhältnissen stammende und von maßlosem Ehrgeiz getriebene Mann hatte wenige Jahre zuvor sogar Pontifex Maximus werden wollen, doch war er bei der Papstwahl von 1513 Giovanni de' Medici, dem späteren Leo X., knapp unterlegen. Wohl als Trost für die damit verbundene Enttäuschung durfte der vielseitige Kardinal nach seiner Rückkehr im Auftrag des neuen Papstes einen großangelegten Kreuzzug gegen die wachsende Türkengefahr verkünden – was sich als Anfang vom Ende des geeinten Ungarn erweisen sollte.

Die von Franziskanermönchen angeworbenen Bauern, einmal bewaffnet und sich ihrer zahlenmäßigen Stärke bewußt geworden, nutzten die Gelegenheit nämlich zu eigenen Zwecken und wandten sich gegen die Großgrundbesitzer. Statt den Auflösungsbefehlen des Kardinals und des Königs Folge zu leisten, wählten sie einen tapferen széklerischen Offizier, György Dózsa, zum Anführer. Mehrere Pfarrer und Mönche schlossen sich dem Aufstand an und stellten sich an die Spitze der rebellierenden Massen. Sie stürmten die Burgen des Adels, raubten und mordeten. Erst nach monatelangen Kämpfen, vor allem in Ostungarn und Siebenbürgen, vermochte János Zápolyai, der Woiwode von Siebenbürgen, den Bauernaufstand 1514 grausam niederzuschlagen.

Die Rache der Magnaten war fürchterlich. Dózsa wurde auf einen glühenden eisernen Thron gebunden und eine glühende Krone auf sein Haupt gesetzt. Die anderen Anführer, die zwei Wochen lang keine Nahrung erhalten hatten, wurden, während Dózsa noch lebte, gezwungen, ihm das Fleisch vom Leibe zu reißen und es zu essen. Die unvorstellbare Grausamkeit, auch bei der Hinrichtung des Franziskanerpaters Lörinc, sollte dem Volk die Aussichtslosigkeit künftigen Aufbegehrens vor Augen führen und jeden weiteren Aufstand im Keim ersticken. Der Adel bestrafte nun alle Bauern mit »ewiger Hörigkeit« für ihre »Treulosigkeit«. Jeglicher Besitz wurde ihnen abgesprochen: Kein Gesetz und kein Gericht schützte fortan die Leibeigenen vor dem Adel.

Dózsas Gestalt aber verklärte sich mit der Zeit: Zuerst in der mündlichen Überlieferung, dann in Liedern, Gedichten und Dramen wurde er zum Symbol der Rebellion gegen die in Saus und Braus lebenden, rücksichtslosen und brutalen Grundherren. Es war deshalb geradezu folgerichtig, daß in Wendezeiten die Erinnerung an Dózsa mit drohendem Unterton immer wieder, so etwa auch vom Nationaldichter Sándor Petöfi im Revolutionsjahr 1848, heraufbeschworen wurde:

Noch bittet euch das Volk, laßt euch erweichen!
Das Volk wird furchtbar, wenn es aufbegehrt.
Wenn mit Gewalt sich's nimmt, was ihr verweigert!
Ihr Herren, habt ihr von Dózsa nie gehört?
Man ließ ihn auf dem Eisenthron verbrennen.
Hat das Gedenken man so ins Gegenteil verkehrt?
Sein Geist ist selber Feuer! Drum gebt acht,
Daß er nicht plötzlich euch zu Asche macht![1]

Eine ähnliche Warnung an die Reichen enthielt auch das rund siebzig Jahre später verfaßte Gedicht *György Dózsas Enkel* von Endre Ady:

Ich bin des Bauernführers Dózsas Enkel,
Ein Bundschuhgraf, der mit dem Volke weint.
[...]
Was wird da sein, wenn Dózsas Volk sich sammelt,
Wenn es in wilder Wut dann vorwärtsbraust?
[...]
(Heinz Kahlau)

Die Vergeltung für den Bauernaufstand, also die vom Reichstag beschlossene Leibeigenschaft der Bauern »für alle Zeiten«, wurde in eine fast gleichzeitig vom Anführer des Kleinadels, dem Juristen István Verböczy, zusammengestellte Sammlung der ungarischen Gewohnheitsrechte aufgenommen. Sie hieß *Tripartitum*, das »Dreiteilige Gesetzbuch«, und spaltete die ungarische Gesellschaft in eine allmächtige sogenannte »politische Nation« und ein völlig rechtloses Volk. Verböczys These war ebenso einfach wie genial: Sie machte den Gemeinadel (also keineswegs nur die Magnaten und die hohe Geistlichkeit) zum personalisierten »mythischen Körper« und »Glied der heiligen Krone«. Die Fiktion der »una et eadem libertas«, der »einen und selben Freiheit« aller Privilegierten, sowie die Definition der Krone als Wesenskern der adligen Nation und Quelle der königlichen Autorität wurden zur Grundlage der staatsrechtlichen Identität der ungarischen Nation. Jeder Adlige, auch der ärmste, sei ein Glied der heiligen Stephanskrone. Damit wurde den Bauern und den städtischen Bürgern versagt, sich als Glieder des Landes oder der Krone zu sehen.

Zu Recht wiesen ungarische Historiker darauf hin, daß Verböczys Lehre einen festen Damm zwischen der ungarischen Gesellschaft und der europäischen Entwicklung errichtet habe: Obgleich das *Tripartitum* vom König nicht unterschrieben und deshalb nie zum Gesetz erhoben wurde, galt es als Grundlage der Rechtsordnung bis 1848. Genau gesehen bestand der zwischen dem Adel und dem übrigen Volk aufgerissene politisch-sozial-psychologische Graben sogar bis zur gesellschaftlichen Umwälzung nach dem Zweiten Weltkrieg fort.

In seinem bedeutenden Werk *Die drei historischen Regionen Europas* betont Jenö Szücs[2], indem er sich auf den großen Denker István Bibó beruft, daß Ungarn in den ersten 500 Jahren nach der Jahrtausendwende »strukturell«, das heißt in seinem Gesellschaftsgefüge, Teil des Westens gewesen sei oder sich ihm angenähert habe; historische Katastrophen hätten dann dazu geführt, daß das Land für die nächsten 400 Jahre in eine Struktur osteuropäischen Typs abgedrängt worden sei. Ein anderes wichtiges Faktum war die zahlenmäßige Stärke des Adels: Am Ende des Mittelalters war in Ungarn jeder zwanzigste bis fünfundzwanzigste Einwohner adlig, in Frankreich hingegen nur jeder hundertste. Umgekehrt war in Ungarn nur jeder Fünfundvierzigste oder Fünfzigste ein freier Bürger, in Frankreich jeder Zehnte!

So überließ in Ungarn das Mittelalter der Neuzeit eine außerordentlich große, nämlich vier bis fünf Prozent der Bevölkerung ausmachende Adelsschicht. Diese umfaßte auch jenen rohen und ungebildeten, aber mit Privilegien ausgestatteten Kleinadel als »schädlichste Erscheinung der neuzeitlichen ungarischen Gesellschaftsentwicklung«, wie Bibó – und mit ihm Szücs – urteilte. Kein Wunder also, daß das *Tripartitum* als die geballte Sammlung der rechtlichen Privilegien sozusagen zur Bibel des Adels geworden ist: Es erschien allein im

16. Jahrhundert in vierzehn und in späteren Epochen noch in mehr als siebzig Neuauflagen.

Es ist geradezu gespenstisch, die unmittelbare Vorgeschichte und die Nachwehen der Tragödie von Mohács in der detaillierten (vierbändigen) *Chronologie der ungarischen Geschichte* nachzulesen. Worüber diskutierten und stritten die Adligen auf den Reichstagen, gerade in dem Augenblick, in dem Sultan Suleiman II., der »Prächtige«, den entscheidenden Schlag gegen das gespaltene und im ständigen Wirrwarr versinkende Land vorbereitet hat? Den mittleren und niederen Adel beschäftigte vor allem die Verbesserung der eigenen Finanzlage durch Schuldnachlässe beziehungsweise durch eine Steuerbefreiung ihrer städtischen Häuser. Um die Verfügungsgewalt über die Exekutive entbrannte ein permanenter Kampf zwischen Magnaten und in Spitzenpositionen aufgestiegenen Kleinadligen unter der geschickten Führung von Verböczy. Er und seinesgleichen waren die hauptsächlichen Betreiber der gegen Ausländer gerichteten Beschlüsse. Zur Zielscheibe der Angriffe des Kleinadels gerieten die Privilegien der deutschen Städte mit ihrem eigenen Recht und ihrer eigenen Gerichtsbarkeit. Lange Jahrzehnte hindurch besaßen die Ungarn (und auch die Slowaken) in den überwiegend von Deutschen bewohnten Städten nicht die Rechte, die dem deutschen Bürger von jeher zukamen. In Buda, der Hauptstadt also, durfte »nur ein deutscher Mann von allen seinen vier Ahnen« zum Stadtrichter gewählt werden. Aus den Reihen der deutschen Bürger wurden ferner der Steuerrichter, der Stadtschreiber und die Mehrzahl der Geschworenen gewählt. Auch vor Gericht hatte die Zeugenschaft eines Ungarn gegen Deutsche nur dann Geltung, wenn sie auch von Deutschen unterstützt wurde. In Besztercebánya (Neusohl) und Pest war zum Beispiel der Ankauf von Grundstücken nur vollberechtigten deutschen Bürgern gestattet. Die Furcht vor allzu starkem deutschen Einfluß hatte bereits 1439 zu Zusammenstößen zwischen Ungarn und Deutschen in Buda geführt.[3]

Daß sich die Reichstage auch im 16. Jahrhundert, vor der so verheerenden Schlacht von Mohács und der Besetzung Budas durch die Türken, noch immer so intensiv mit der Zurückdrängung fremden, vor allem des deutschen Einflusses beschäftigten, ist freilich auch ein untrügliches Indiz dafür, daß in den Städten und ihrer näheren Umgebung nationale Spannungen entstanden waren, die nicht so sehr im Zeichen eines Sprachnationalismus, sondern durch wirtschaftliche und sozial geprägte Konflikte virulent geworden waren. Fremde bedeuteten für die deutschen »Ureinwohner« der Städte eine unwillkommene, ja gefährliche Konkurrenz. So führt also ein roter Faden vom Abwehrkampf des abgekapselten sächsischen und deutschen Bürgertums gegen den Zuzug von Ungarn, Slawen und später Rumänen bis zu den blutigen Pogromen der deutschen Gewerbetreibenden und Handwerker gegen die Juden in Preßburg und Pest während der revolutionären Umwälzungen im Jahr 1848.

Vor diesen politischen, sozialen und zum Teil national-religiösen Spannungen (am Protestantismus hatte das Deutschungartum vor 1526 einen entscheidenden Anteil) müssen also die Vorbereitungen des jungen Königs Ludwig II. zur Abwehr des türkischen Vordringens gesehen werden – eines Angriffs, dessen Ziel letztlich nicht einmal Ungarn, sondern Wien und Österreich war. Der mit der Habsburgerin Maria verheiratete Ludwig II. hatte weder die Kraft noch die Mittel, geschweige denn ausreichend internationale Rückendeckung, um sich gegen den drohenden Vorstoß aus dem Süden rechtzeitig zu rüsten. Überdies erreichten die Rivalitäten zwischen den Magnaten und dem niederen Adel zu diesem Zeitpunkt einen neuerlichen Höhepunkt. Verböczy ließ sich als Haupt der (vorübergehend) siegreichen Gruppe zum Palatin wählen. Als eine seiner ersten Maßnahmen kündigte er den Fuggern, die die Interessen der Habsburger vertraten, die Pacht der Edelmetallbergwerke von Besztercebánya in Oberungarn auf. Dadurch provozierte er jedoch einen Aufstand der rund 4000 arbeitslos gewordenen Bergarbeiter. Die Unruhen ließen sich in Blut ersticken, die Kredite der Fugger aber waren für Ungarn unwiederbringlich dahin, und zwar gerade im Augenblick der verschärften Türkengefahr.

Verzweifelt baten die Ungarn daraufhin brieflich und durch persönliche Abgesandte in Rom und Venedig, Wien und London um Hilfe. Für Papst Clemens VII. stand der wahre Feind des Glaubens freilich nicht an der Donau; es war Martin Luther, der Reformator. Auch der spanische Habsburger-Kaiser Karl V. war Zielscheibe päpstlicher Ermahnungen und schließlich einer vom Papst zusammengezimmerten französisch-italienischen Allianz. In Wirklichkeit wurde der türkische Angriff gegen Ungarn wohl auch durch das Bündnis zwischen dem allerchristlichsten König in Paris – die französischen Könige hatten diesen Ehrentitel im 15. Jahrhundert von Papst Paul II. erhalten – und dem heidnischen Herausforderer des christlichen Abendlandes gefördert. Jedenfalls konnte oder wollte Ferdinand seinem bedrängten Schwager nicht helfen.

Damals kam in Ungarn bereits Verbitterung darüber auf – ein Gefühl, das später noch viel intensiver empfunden wurde –, daß die österreichischen Habsburger ihre Kräfte vor allem auf den Ausbau ihrer Positionen im Westen konzentrierten und den Kampf gegen die Türken im Südosten, vor allem freilich in Ungarn, vernachlässigten. Kurzum, die Ungarn wurden überall feierlich begrüßt und zum Kampf gegen Suleiman ermuntert, in Rom sogar gesegnet, doch stets mit leeren Händen entlassen.

Ohne auf die 10 000 Mann starke Truppe des Woiwoden Zápolyai aus Siebenbürgen zu warten, trat der junge König Ludwig II. an der Spitze eines in aller Eile zusammengestellten, schlecht ausgebildeten und dilettantisch geführten Heeres mit kaum 25 000 Mann am 29. August 1526 bei Mohács, einer kleinen Stadt in der Nähe der Donau, der etwa drei- bis fünffachen Übermacht des Sultans entgegen. Die Ungarn verfügten kaum über Geschütze und Fußtruppen, da die kirchlichen und weltlichen Würdenträger wohl mehr Angst vor den eigenen entrechteten und seit dem Dózsa-Aufstand gemaßregelten Bauern als vor Suleimans Kämpfern hatten. Die Türken waren taktisch und technisch, vor allem was die Artillerie betraf, den Ungarn weit überlegen.

Sultan Suleiman errang in anderthalb Stunden einen leichten und schnellen Sieg. Nach einem kurzen, heldenmütigen Kampf fanden die meisten kirchlichen und weltlichen Würdenträger Ungarns, darunter sieben Bischöfe, und an die 15 000 Soldaten (meist deutsche, polnische und tschechische Söldner) auf den Feldern vor Mohács den Tod. Der in voller Rüstung fliehende König ertrank während eines tosenden Wolkenbruchs samt seinem Pferd in einem angeschwollenen Bach. Bald danach gingen bereits Gerüchte um, der König sei nach der Schlacht auf der Flucht von ungarischen Adligen erstochen worden, um Ferdinand den ungarischen Thron anbieten zu können. Beweise dafür gibt es nicht. Allerdings sind die Umstände des Todes des jungen Königs aus dem Haus der Jagiellonen niemals restlos aufgeklärt worden, ebensowenig wie die seinerzeit aufgetauchten Vermutungen, der Woiwode Zápolyai habe den Ausgang der Schlacht mit seiner Truppe bewußt in sicherer Entfernung abgewartet. Die Tatsache, daß Zápolyai in seinem Kampf gegen Ferdinand um die Thronfolge kaum drei Jahre später ausgerechnet auf demselben Schlachtfeld von Mohács dem Sultan ewige Treue gelobte, nährte nachträglich den Verdacht bezüglich seines Verhaltens zur Zeit der Schlacht von Mohács.

Unbestritten blieben allerdings die beschämenden Begleiterscheinungen wie Plünderungen, die Zwietracht und das völlige Durcheinander im Zeichen des unaufhaltsamen Kräfteverfalls. Königin Maria flüchtete mit den wertvollsten Schätzen des Hofes, von fünfzig Reitern begleitet, aus Buda: nicht nur vor den Türken, sondern auch vor den Ungarn, zuerst nach Preßburg und dann nach Wien zu ihrem Bruder. Die Ungarn hatten die Habsburgerin und ihre deutschen Höflinge nie gemocht. Die Königin und ihr Hofstaat lebten abgeschlossen für sich, und ihr Auftreten in der Hauptstadt – und nicht nur dort – soll den Haß gegen die Deutschen immer noch mehr angestachelt haben.

Palatin István Bathory – nicht verwandt mit dem späteren gleichnamigen Fürsten von Siebenbürgen – hat mit seinem Freund Graf Batthyany nach seiner rechtzeitigen Flucht von Mohács seine Zeit mit der Plünderung der vor den Türken flüchtenden Chorherren zugebracht: Mit den uralten Schätzen des Bischofspalais von Pécs fiel ihnen reiche Beute in die Hände. Andere ungarische Adlige und Offiziere plünderten die Schatzkammer des Erzbistums von Esztergom, überfielen das Schiff der Königin und vergewaltigten ihre Hofdamen. »Noch bluteten die Wunden, noch rauchten die brennenden Städte, noch waren die Tausende von ungarischen Gefangenen noch nicht einmal auf dem Marsch in die Ferne, als die zerstreuten Adligen nur ein einziges Gefühl erfüllte: Jubel über den Sturz des deutschen Hofes, über die Flucht der deutschen Königin«, schrieb der Historiker Szekfü und fügte hinzu, es sei primär die Agitation des Kleinadels gewesen, die den Haß gegen »die Deutsche« entfesselt und deutsche Händler, Handwerker und Ärzte dazu gezwungen hätte, sich zeitweilig zu verstecken.[4]

Es gibt also keinen Grund, die Stichhaltigkeit eines Berichtes des polnischen Gesandten zwei Monate nach Mohács zu bezweifeln, der ausführte: Die Ungarn seien fast wie neu geboren … Größte Freude habe weite Kreise des Adels erfaßt, nachdem jetzt die Fremdherrschaft vorbei sei. Vielleicht waren die zitierten Herren dieselben, die sich noch vor der Schlacht brüsteten: »Mit unseren Siegelringen allein schlagen wir das ganze türkische Heer tot.« Die Stimmung »Freude statt Trauer« war wie so oft in der Geschichte Ungarns ein Selbstbetrug. In den nächsten anderthalb Jahrhunderten konnte der Kleinadel, und nicht nur er, lernen, was ein fremdes Joch wirklich bedeutete.

Das siegreiche türkische Heer besetzte und plünderte die Königsresidenz, die Stadt und die Burg Buda, verwüstete Transdanubien und die Donau-Theiß-Ebene und zog sich dann mit Zehntausenden von Gefangenen aus Ungarn vorerst wieder zurück. Die innere und äußere Lage Ungarns, das damals rund dreimal so groß war wie heute, hatte sich aber durch die Katastrophe von Mohács politisch, geographisch und letztlich demographisch völlig und unwiderruflich geändert. Erst die künftigen Generationen haben die Tragweite und die Folgen dieser Niederlage wirklich begriffen.

»Mohács« wurde für alle künftigen Generationen zum Synonym für nationale Katastrophe, und das war keine Übertreibung: Ungarn verschwand als selbständige politische Kraft für fast 400 Jahre von der politischen Landkarte Europas. Die Ungarn schienen ausgelöscht.

Sogar das Temperament der Magyaren, dieses »eigentümliche Gemisch des Sanguinischen, Phlegmatischen und Melancholischen« (Jókai), kann durch dieses tiefverwurzelte und historisch geprägte Gefühl des Gefährdetseins erklärt werden. Die Beschäftigung mit dem »magyarischen Volkstod«, der Pessimismus als Grundstimmung, die Einsamkeit der Nation, die Hoffnung in der Hoffnungslosigkeit, die Bedrohung des einzelnen werden zu den großen Themen der Literatur. Zahlreiche Gedichte beschäftigen sich mit dem nationalen Schicksal.

Der Schriftsteller Géza Ottlik hat in seinem außerhalb Ungarns kaum bekannten Meisterwerk *Schule an der Grenze* (1950) diese einzigartige Beziehung zwischen dem Ungartum und seinen Niederlagen sehr einprägsam am Beispiel einer Schulklasse skizziert:

> Es näherte sich der 400. Jahrestag der Schlacht von Mohács. Es scheint eine merkwürdige Sache zu sein, eine Niederlage zu feiern, doch der, der jetzt hier den Sieg hätte feiern können, das mächtige Osmanische Reich, existiert nicht mehr. Von den Mongolen ist auch jede Spur verloren, wie inzwischen, fast vor unseren Augen, sogar vom zähen Habsburger-Reich. Wir haben uns also angewöhnt, daß wir unsere verlorenen großen Schlachten, die wir überlebt haben, allein feiern. Vielleicht haben wir uns auch daran gewöhnt, daß wir die Niederlage für eine aufregende, aus dichterem Material gemachte und wichtigere Sache halten als den Sieg – jedenfalls für unseren (wahrhaftigeren) Besitz… [5]

IX Verheerende Bilanz der Türkenherrschaft

Die nationale Katastrophe von Mohács bedeutete eine Zäsur nicht nur in der ungarischen, sondern auch in der ost- und mitteleuropäischen Geschichte. Papst Pius II. bezeichnete Ungarn als »Vormauer und Schild der Christenheit«. Nun wurde aus der mitteleuropäischen Großmacht, die fast 150 Jahre einen Sperriegel gegen die türkische Expansion gebildet und auf dem Balkan immer wieder als Speerspitze des Widerstands gegen die osmanische Herrschaft gewirkt hatte, ein Niemandsland vor den Toren Wiens und zugleich ein Kriegsschauplatz für das ständige und mit wechselndem Glück geführte Ringen zwischen Habsburgern und Osmanen. Zwar verließ das Türkenheer bereits Anfang Oktober Ungarn mit reicher Beute, doch hatten die beiden rivalisierenden großen Adelsgruppen nichts aus der vernichtenden Niederlage gelernt. Im Gegenteil, sie setzten auf den Trümmern des Landes ihren verblendeten Kampf um den leeren Thron mit aller Härte fort. Nach dem unverhofften (freilich nur vorübergehenden) Abzug der Türken glaubten die Streithähne, die Türkengefahr sei gebannt, und verstrickten sich in einen verhängnisvollen Bürgerkrieg, der letztlich zum endgültigen Niedergang der ungarischen Staatsidee, zu einem beispiellosen Ausbluten des Ungartums und zur Dreiteilung des Karpatenbeckens führte.

Statt mit vereinten Kräften gegen die Gefahr von außen zu kämpfen, entbrannte ein Kampf auf Biegen und Brechen zwischen zwei Gegenkönigen: János (Johann) Zápolyai, der reichste Großgrundbesitzer Ungarns, der den Bauernaufstand von 1514 in Blut erstickt hatte, trat nun, unterstützt vom Kleinadel, als Repräsentant des Ungartums, als die nationale Führungsfigur schlechthin, gegen den Habsburger Ferdinand I. auf, der auf die mit den Jagiellonen geschlossenen Erbverträge pochte. Was folgte, war eine Wiederholung der Szenen aus dem Jahr 1440. Wieder wurden die beiden Rivalen in derselben Kirche in Székesfehérvár gekrönt; zuerst Zápolyai und ein Jahr später Ferdinand. Wieder setzte derselbe kirchliche Würdenträger die Krone auf des Königs Haupt. Bei der Krönung Ferdinands waren auch viele der hohen Herren anwesend, die schon bei der Krönung des anderen Königs ein Jahr zuvor dabeigewesen waren. Keiner der beiden Könige war stark genug, um den anderen zur endgültigen Kapitulation zu zwingen, geschweige denn dem Sultan Paroli zu bieten. König János war der schwächere: Er konnte erst mit Hilfe der Hohen Pforte und Frankreichs aus einem kurzen Exil in Polen nach Ungarn zurückkehren und den Kampf gegen Ferdinand fortsetzen. Da János bereits 1529 Sultan Suleiman bei Mohács als seinen Souverän anerkannt und ihm gehuldigt hatte, galt er in den Augen der Gegner als ein zu allem fähiger Vasall der Türken.

Daß es 1538 dennoch eine historische Chance für einen Ausgleich zwischen den Gegenkönigen und für eine Verhinderung der Spaltung gab, hing mit den Bemühungen einer der fähigsten, schillerndsten und zugleich tragischsten Figuren in dieser Zeit der Wirrnisse zusammen. Der Mann war gebürtiger Kroate und hieß Georgius Utješenić-Martinuzzi, doch ging er unter dem Namen Frater Georg (György) in die Geschichte ein. Um seine Bedeutung und seine Rolle zu verstehen, muß man sich vor Augen führen, daß die Magyaren anderthalb Jahrhunderte hindurch an zwei Fronten – gegen die Türken und gegen die Habsburger – gekämpft hatten. In diesem oft verwirrenden und manchmal blitzschnell sich wandelnden Krieg hatten beide Fronten ihre Helden, Verräter und Märtyrer.[1]

Frater Georg, geboren um 1480, entstammte dem kroatischen Kleinadel und wurde nach dem Militärdienst Paulinermönch. Zum Priester geweiht, bekleidete er wichtige Posten am Hof von König Johann, zuletzt als Finanzverwalter. Frater Georg erwies sich nicht nur als unentbehrlicher Berater und als ein Mann von absoluter moralischer Integrität, er war auch ein überzeugter Verfechter der Einheit Ungarns. (Laut Szekfü hat er »die Ungarn liebgewonnen und die Deutschen gehaßt«.) Es war sein Verdienst, daß die beiden Könige 1538 in Nagyvárad (Großwardein) ein Abkommen schlossen, das den Frieden sicherte und zugleich einen geheimen Erbvertrag zugunsten Habsburgs enthielt. Frater Georg wurde mit dem wichtigen Bistum Großwardein belohnt, später stieg er zum Erzbischof von Esztergom und schließlich sogar zum Kardinal auf.

Nun strebte er zwar die Vereinigung Ungarns unter Ferdinand an, doch war er auch stets entschlossen, dem Habsburger Siebenbürgen nur dann zu übergeben, wenn dieser Anstalten machte, Ostungarn und das Kerngebiet Siebenbürgens gegen die Türken auch tatsächlich zu verteidigen. Frater Georgs Rolle wurde ausschlaggebend, als König Johann kurz vor seinem Tod (1540) aus einer späten Ehe mit der polnischen Königstochter Isabella aus dem Haus der Jagiellonen noch ein Sohn, János Zsigmond (Johann Sigismund), geboren wurde. Der sterbende König vertraute den Säugling Frater Georg an. Der Bischof proklamierte das Kind sofort zum König und zog mit ihm und der Königinwitwe nach Buda.

Während die Gegenkönige einander auf den Trümmern des Staates bekriegten, besetzten die Türken schrittweise den fruchtbaren Teil des Landes, das eigentliche Siedlungsgebiet der Magyaren, die Donau-Theiß-Ebene samt ihren Randgebieten. Mit Lug und Trug gelang es Suleiman 1541 nach zwei vorübergehenden Einnahmen, auch die Hauptstadt Buda ohne einen Schuß oder Schwertstreich endgültig zu besetzen: unter dem Vorwand des Schutzes des einjährigen Johann Sigismund und seiner Mutter. Ungarn wurde in drei Teile gespalten. Das Königreich Ungarn schrumpfte auf einige westliche Komitate und Oberungarn (die heutige Slowakei) zusammen und wurde von Wien aus wie eine österreichische Provinz regiert.

Daß aber Siebenbürgen als selbständiges Fürstentum, wenn auch unter dem Schutz des Sultans, entstehen und existieren konnte, war in erster Linie den unermüdlichen Bemühungen von Frater Georg zu verdanken. Zehn Jahre lang hat der verschlossene und persönlich unbestechliche Mönch versucht, in diesem bizarren Dreieck zwischen den Türken, dem Habsburger Ferdinand und der launischen polnischen Königinmutter einen für alle Seiten annehmbaren, im Grunde aber den elementaren Interessen des Ungartums dienende und auf die Einheit des Landes zielende Politik zu betreiben. Seine Todfeindin wurde verblüffenderweise die Königinmutter, die aus Abneigung, später aus unkontrollierbarem Haß sogar die Interessen ihres Sohnes und der Familie aufs Spiel setzte, wenn ein Vorschlag von dem viel zu mächtigen, immer ernsten und jeglicher Lust abholden Frater Georg kam. Gegenseitige Intrigen bei den Türken, Belagerungen und Zusammenstöße zwischen rivalisierenden Einheiten, gefolgt von tränenreichen Entschuldigungen beiderseits und kurzfristigen Versöhnungsgesten zwischen dem asketischen Mönch, dem starken Mann des Fürstentums, und der von polnischen Rittern umgebenen und von einigen Magnaten unterstützten lebenslustigen Königinmutter spiegelten das Auf und Ab in einem von beidseitigem Mißtrauen geprägten Spannungsverhältnis. Doch gerade die herausragenden diplomatischen Fähigkeiten des sprachkundigen Frater Georg, seine vielfältigen Kontakte und seine differenzierte Haltung gegenüber türkischen Kommandanten südslawischer Herkunft haben ihn, auch angesichts seiner grundsätzlichen Loyalität zum ewig schwankenden König Ferdinand, letztlich nach allen Seiten als eine unsichere und undurchsichtige Gestalt erscheinen lassen. In den Augen der Magnaten und Adligen wirkte der fast siebzigjährige, von unbändiger Energie getriebene und stets in einer Filzkutte auftretende Staatsmann geradezu unheimlich.

Im Sommer 1551 setzte der inzwischen von Ferdinand zum Woiwoden von Siebenbürgen ernannte Frater Georg eine neue Vereinbarung zwischen dem Habsburger und Isabella durch: Die Königinmutter verließ das Land, und ihr Sohn Johann Sigismund sollte für seinen Thronverzicht mit dem schlesischen Herzogtum Oppeln abgefunden werden. Ferdinand wurde von den Ständen Siebenbürgens als König anerkannt. Die heilige Krone, seit 1532 im Besitz der Zápolyai-Familie, hat man jubelnd nach Preßburg (Pozsony) gebracht, in die neue Hauptstadt des Königlichen Ungarn, wie das verbliebene ungarische Königreich unter den Habsburgern offiziell hieß. Inzwischen zog auch Ferdinands Söldnergeneral Giovanni Castaldo mit einem kleinen deutsch-spanischen Heer in Siebenbürgen ein. Die Türken nahmen all das zunächst nicht zur Kenntnis. Wenig später entsandte der Sultan jedoch eine Strafexpedition. Frater Georg, der inzwischen auf Vorschlag Ferdinands den Kardinalshut erhalten hatte, versuchte den angelaufenen türkischen Angriff wieder einmal durch Geld, persönliche Kontakte und psychologisches Einfühlungsvermögen, freilich auch mit Heuchelei und Geheimdiplomatie abzuwehren. Seine Feinde verdächtigten deshalb Frater Georg neuerlich, er wolle in Wirklichkeit nur die Familie Zápolyai mit Hilfe der Habsburger loswerden und dann mit türkischer Rückendeckung auch Ferdinand ausmanövrieren, um schließlich die ungeteilte Herrschaft über Siebenbürgen für sich zu erringen. Den verunsicherten General Castaldo soll angeblich der Sekretär Frater Georgs bei einer nächtlichen Audienz vor einer tödlichen Falle gewarnt haben. Castaldo ersuchte daraufhin König Ferdinand in einem dramatischen Brief, ihm die Ermächtigung – falls notwendig – zur Beseitigung des unheimlichen Mönches zu erteilen.

Am 17. Dezember 1551 wurde Frater Georg während des Morgengebets in seinem Schloß überfallen und von Sforza Pallavicini sowie acht spanischen und italienischen Offizieren mit fünfzig Dolchstößen ermordet. Die Leiche lag siebzig Tage im geplünderten Schloß. Es ist durchaus möglich, daß die hartnäckigen Gerüchte über die Gold- und Silberschätze des Kardinals das wichtigste Motiv für den Meuchelmord waren. Da es sich bei dem Opfer um einen Kirchenfürsten handelte, fand der Prozeß im Vatikan statt. Er dauerte drei Jahre und förderte keine Beweise für einen angeblichen Verrat des Mönches zutage. Schließlich wurden Ferdinand, Castaldo und die anderen am Mord Beteiligten auf Druck des Kaisers vom Papst freigesprochen.

Der Dolch habe nicht nur den Körper des Paulinermönchs, sondern auch den Ungarns getroffen, kommentierte Szekfü den bitteren Schluß. In der Tat neigen die meisten ungarischen Historiker dazu, die Ermordung des einzigen Menschen, der eine Wiedervereinigung Ostungarns mit dem Königlichen Ungarn unter Habsburg hätte erreichen können, nicht nur als moralisch verwerflich, sondern auch als politisch grund- und sinnlos zu betrachten. Die bald danach anlaufende türkische Großoffensive und die darauffolgenden heftigen Kämpfe zwischen dem Habsburger und dem inzwischen als Fürst von Siebenbürgen installierten Johann Sigismund lassen den Eindruck zu, daß auch für den tragischen Fall der faszinierenden Persönlichkeit Frater Georgs gelten dürfte, was Talleyrand nach der Erschießung des Herzogs von Enghien gesagt haben soll: »Es war mehr als ein Verbrechen; es war ein Fehler!«

Die nach dem Meuchelmord wiederaufgeflammten Kämpfe um die Grenzziehung zwischen dem königlich-habsburgischen Ungarn und dem in allen Richtungen ausgeweiteten türkischen Herrschaftsgebiet brachten in den folgenden Jahren nicht nur keine Wende zugunsten der Wiedervereinigung Ungarns, sondern führten letztlich zum endgültigen Verlust Siebenbürgens. Der von der Hohen Pforte eingesetzte und zum Fürsten ausgerufene Johann Sigismund Zápolyai übernahm nach dem Tod seiner Mutter Isabella 1559 die Regierungsgeschäfte und führte den Kampf auch gegen Kaiser Maximilian II. (1564–1576) weiter.

Indessen unternahm Sultan Suleiman einen letzten Versuch, Wien zu erobern. Eine starke türkische Streitmacht zog von Esseg über die Donau vor die Festung Szigetvár und eroberte sie nach einmonatiger Belagerung. Miklós (Nikolaus) Zrinyi, der Ban (Statthalter) von Kroatien, der sowohl für die Ungarn als auch für die Kroaten als legendenumwobener Held der Türkenkämpfe gilt, verteidigte die Festung mit einigen hundert Soldaten bis zuletzt. Er starb bei einem letzten Ausfallversuch im Kampf gegen die osmanische Übermacht. Suleiman »der Prächtige« war kurz vor der Einnahme der Festung gestorben; doch die Nachricht wurde zunächst geheimgehalten. Kaiser Maximilian hatte in jenen Tagen als Feldherr über ein 80 000 Mann starkes Heer in der Nähe von Györ versagt. Er hatte weder einen Entlastungsangriff gegen Esztergom zur Rettung Szigetvárs gestartet noch die durch Suleimans Tod ausgelöste Verwirrung zur Beendigung der Türkenherrschaft in Ungarn ausgenutzt. Statt entschlossen zu handeln, nahm Maximilian 1568 in einem Friedensabkommen mit dem neuen Sultan in Adrianopel die Spaltung Ungarns hin, indem er die Eroberungen Suleimans als Teil des Osmanischen Reiches anerkannte. Johann Sigismund verzichtete auf den ungarischen Königstitel und nannte sich fortan »Fürst von Siebenbürgen und Herr über Teile Ungarns«, das heißt über die östlich der Theiß gelegenen Komitate. Das Fürstentum blieb dem Sultan weiterhin tributpflichtig. Die Friedensverträge besiegelten also formell die Teilung des Karpatenraums in drei getrennte Regionen für über anderthalb Jahrhunderte.

Es ist heute müßig, darüber zu spekulieren, ob die Niederlage von Mohács oder der Fall von Buda den absoluten Tiefpunkt im Niedergang des historischen Ungarn im Sinne der definitiven Dreiteilung darstellte. Alle ungarischen Historiker sind sich aber einig, daß die rund 170 Jahre der Osmanenherrschaft die größte Katastrophe der ungarischen Geschichte bedeuteten, mit schicksalhaften demographischen, ethnischen, wirtschaftlichen und sozialen Folgen. Man kann ohne Übertreibung sagen, daß die Wurzeln jener Entwicklung, die mit dem erzwungenen Friedensvertrag von Trianon nach dem Ersten Weltkrieg zur Amputation des historischen Ungarn führte, in die Türkenzeit vor über 400 Jahren zurückreichen.

Für die Zukunft Ungarns war es besonders tragisch, daß die fast ausschließlich von Magyaren besiedelten Gebiete, also die Große Tiefebene und die Hügellandschaft Transdanubiens, die schwersten Verluste hinnehmen mußten, während die von den Deutschen bewohnten Städte und auch die Siedlungsgebiete der Slowaken, Rumänen und Ruthenen in Nordungarn und Siebenbürgen relativ glimpflich davonkamen. Das früher reichste Gebiet in Südungarn und die zentrale mittlere Ebene waren in den ersten Kämpfen am stärksten verwüstet und die Bevölkerung schon Mitte des 16. Jahrhunderts ausgerottet worden. Vor Mohács stellten die Magyaren rund 75 Prozent bis 80 Prozent der auf 3,5 bis vier Millionen geschätzten Gesamtbevölkerung. Um 1600 schätzte man sie aber nur mehr auf etwa 2,5 Millionen. Nach dem Rückzug der Türken betrug die geschätzte Einwohnerzahl rund vier Millionen; daß heißt, um 1720 hat sie den spätmittelalterlichen Stand knapp überschritten.[2]

Bei diesen Zahlen müssen zwei wichtige Faktoren beachtet werden.

Das dreigeteilte Ungarn in der zweiten Hälfte des 16. Jh.

Unter normalen Umständen hätte sich die Bevölkerung in 200 Jahren mindestens verdreifachen müssen, meinte Thomas von Bogyay. Nach seinen Schätzungen ging der natürliche Zuwachs von acht bis zehn Millionen Menschen aber vollständig verloren – fast ausschließlich auf Kosten des Ungartums. Szekfü ging sogar so weit zu behaupten, daß ohne türkische Intervention die Bevölkerung bis Ende des 17. Jahrhunderts auf 15 bis 20 Millionen hätte steigen können. Der Anteil der Ungarn wäre dann 80 bis 90 Prozent gewesen. Vorsichtigere Schätzungen gehen von einem Nettoverlust von einer Million Menschen aus. Danach hätte Ungarn nach der Türkenzeit etwa so viele Einwohner aufweisen sollen wie England.

Noch gravierender war aber die radikale Verschiebung der ethnischen Zusammensetzung zuungunsten der Ungarn. Sie hatten die Hauptlast der Kämpfe getragen. Es waren vor allem die ungarischen Sklaven, die im Osmanischen Reich sehr begehrt waren und besonders hohe Preise auf den Sklavenmärkten des Orients erzielten. Die Ungarn litten auch deshalb mehr als etwa die Bewohner der Balkanländer, weil sie sich nicht in schwer zugänglichen Bergregionen verstecken konnten. Ferner war die Zahl der zum Islam Konvertierten im Gegensatz zum Balkan minimal.

Die ständige Flucht von Serben nordwärts und Slowaken südwärts sowie der massive Zustrom von Rumänen aus der Walachei verringerten den ungarischen Anteil an der Gesamtbevölkerung auf rund die Hälfte. Allein 1690/91 wurden rund 200 000 serbische Flüchtlinge vor einer türkischen Gegenoffensive auf Anordnung Kaiser Leopolds in Ungarn aufgenommen. Wenn man noch die bewußte, großangelegte Ansiedlung von Deutschen und Slawen im 18. Jahrhundert vorgreifend erwähnt, so ist es nicht überraschend, daß die Volkszählung von 1787 bei einer Einwohnerzahl von 8,5 Millionen einen ungarischen Anteil von lediglich 39 Prozent aufwies. Hinter diesen trockenen Zahlen verbirgt sich eine tragische nationale Entwicklung.

Die südlich der Linie Győr–Buda–Debrecen gelegene Große Tiefebene wurde im Laufe der Jahrzehnte durch Verwüstung, Verödung und Abholzung in eine baumlose, steppenartige Pußta umgewandelt. Einst blühende Dörfer blieben nach der Flucht der Bauern menschenleer. Selbst in Vác (Weitzen), nicht weit von Buda, traf ein Reisender 1605 eine Handvoll Bauern an, die nur vom Hörensagen wußten, daß an der Stelle, wo ihre armseligen Hütten standen, früher eine reiche Stadt gewesen sei. Edward Brown, ein Reisender aus England, berichtet 1669/70, daß er von Wien bis Belgrad durchweg über eine endlos scheinende dunkelgrüne Grassteppe dahingefahren sei; die Landschaft machte auf ihn den Eindruck eines gewaltigen Meeres.

Lady Mary Wortley Montagu, mit ihrem zum britischen Gesandten bei der Hohen Pforte ernannten Gemahl nach Konstantinopel unterwegs, schreibt am 16. Januar 1717 ihrer Freundin aus Wien:

> Prinz Eugen war so gütig, mir das alles zu sagen, um mich zu überreden, das Auftauen der Donau abzuwarten und bequem zu Wasser zu reisen. Er versicherte mir, daß die Häuser in Ungarn nicht einmal gegen das Wetter schützen und daß ich von Buda bis Esseg, ohne ein Haus anzutreffen, drei oder vier Tage durch wüste, mit Schnee bedeckte Ebenen würde reisen müssen, wo die Kälte so heftig ist, daß sie viele getötet hat. Ich bekenne, daß diese Schrecknisse einen tiefen Eindruck auf mein Gemüt gemacht haben …[3]

Die Bilanz der Türkenzeit im zentralen Ungarn und auch in Transdanubien war ein vollständiges Ausbluten ganzer Landstriche. Der großflächige Ruin erstreckte sich Mitte des 17. Jahrhunderts in den türkisch besetzten Gebieten auf 90 Prozent der Ebenen, auf zwei Drittel des Getreideackerlandes und auf die Hälfte der Viehhaltung. Aber damit nicht genug. Nach der Besetzung Süd- und Mittelungarns verwüsteten die Truppen des Sultans nicht nur in den »großen« Kriegen alles, was ihnen in den Weg kam, sondern auch in den ständigen Kleinkriegen der sogenannten Friedenszeiten – bis hin zu ganzen Dörfern. Besonders gefürchtet waren die Krimtataren, die als Hilfstruppen durch Ungarn und Siebenbürgen zogen und überall eine Blutspur hinterließen.

Selbst im Verwaltungsbezirk Buda, also um die frühere Hauptstadt, registrierten die türkischen Beamten einen Rückgang der steuerzahlenden Haushaltsvorstände von 58 742 im Jahr 1577/78 auf nur 12 527 im Jahr 1662/63. Kampfhandlungen, Seuchen, die Verschleppungen und nicht zuletzt die Ermordung von zahlreichen Flüchtlingen, samt den Hungersnöten, entvölkerten einst blühende Gebiete. Nun lebten dort die eingesickerten oder angesiedelten Rumänen und Serben oft in primitiven, halb in der Erde versunkenen Holzhütten, die sie bei Überweidung des Ackerlandes oder bei Gefahr von Grenzzwischenfällen sofort verließen.

Nichts könnte die Dimensionen der Verwüstung besser illustrieren als die Tatsache, daß selbst eine Generation nach dem Abzug der Türken Debrecen, die größte Stadt Ostungarns, nur 8000 und Szeged im

Süden bloß 5000 Einwohner zählte. Im Umkreis von etwa 40 Kilometern außerhalb dieser Zentren gab es kaum mehr eine Siedlung. Auch Transdanubien wurde schwerstens heimgesucht. Dieses Gebiet war am Ende des Mittelalters, in den 1490er Jahren, fast völlig von Ungarn bewohnt. Damals zählte man 900 000 Bewohner. Unter türkischer Herrschaft schrumpfte die Bevölkerung auf ein Drittel, und selbst 1720 zählte man erst rund eine halbe Million, wobei der Anteil der Magyaren auf etwa 50 Prozent gefallen war.[4]

Die türkischen Eroberer teilten das Land in fünf Paschaliks (= Amtsbereich eines Paschas) unter der Kontrolle des Beglerbeg, des Paschas von Buda, auf. Eigentümer des gesamten Bodens wurde der Staat, der allerdings nur ein Fünftel der sogenannten »Khas«-Güter »für Allah«, also direkt, verwaltete. Während die staatlichen Güter eine gewisse Rechtssicherheit und Beständigkeit in der Verwaltung boten und die Bauern oft weniger Belastungen als bei den früheren Grundherren ertragen mußten, wollten die türkischen Berufssoldaten (spahis) und Beamten aus den als Lehen auf Widerruf zugeteilten Gütern in möglichst kurzer Zeit einen möglichst hohen Gewinn herauspressen. Die Folge war eine rücksichtslose Ausbeutung und damit korrespondierend die Landflucht der Bauern. Die berühmte Pußta in Ostungarn mit der extensiven Großviehzucht ist vor allem auch ein Erbe aus dieser Zeit.

Die Verwaltung des türkisch besetzten Drittels des ungarischen Territoriums blieb in jeder Hinsicht ein Fremdkörper. Das einzige Ziel der Eroberer war die Absicherung ihrer Vorherrschaft in den besetzten Gebieten. Auch die häufigen Wechsel in den Ämtern und die Belehnungen dienten diesem Zweck. Je höher der Rang des Beamten, desto kürzer sein Aufenthalt in Ungarn – mit dieser Faustregel wußte man in Konstantinopel (Istanbul) persönliche Bindungen zu verhindern. Während der 145 Jahre türkischer Besatzung von Buda zählte man 99 Paschas in dieser höchsten Position.

Die relative nationale und religiöse Freiheit war die natürliche Folge einer Verwaltung, welche die lokalen Institutionen ignorierte und gerade dadurch ihre Existenz zementierte. Solange die Verpflichtungen gegenüber den Besatzern erfüllt wurden, mischten sich die Türken nicht in die inneren Angelegenheiten der rajahs, der christlichen Untertanen, ein. Es gab keine Bestrebungen zu einer Verschmelzung oder Assimilierung der ungarischen Bevölkerung, deren Zahl unter direkter türkischer Herrschaft zwischen einer und anderthalb Millionen, je nach den diversen Schätzungen, schwankte.

Darüber hinaus machten die Türken keinen Unterschied zwischen Adligen und Leibeigenen. Nicht nur die einfachen Soldaten auf dem Schlachtfeld, sondern auch die loyalen Bauern konnten den Adelsbrief relativ leicht bekommen. Zunächst war die Erhebung in den Adelsstand oft ein leeres Wort und wahrscheinlich deshalb so leicht zu erlangen. Ein starkes Anwachsen der Zahl armer Kleinadliger gab es nämlich nicht nur im Königlichen Ungarn und im Fürstentum Siebenbürgen, sondern auch im türkischen Gebiet. Die Türken duldeten, daß die Bauern und die Gemeinden dem ungarischen Staat bzw. ihren abwesenden, weil nämlich rechtzeitig geflüchteten Grundherren Abgaben leisteten und sogar kommunale Projekte und Rechtsstreitigkeiten den im königlich-habsburgischen Landesteil amtierenden Komitatsbehörden vorlegten. Daß es keine geschlossenen Grenzen gab und daß die Händler, Geistlichen und Prediger ungehindert von einem Herrschaftsgebiet ins andere reisen bzw. zurückkehren konnten, verlieh dem Nationalgefühl und dem Überlebenswillen einen langfristig ungeheuer wichtigen Auftrieb.

Vor diesem Hintergrund ist auch die Relevanz der politischen Witze im kommunistisch regierten Ungarn 400 Jahre später zu verstehen:

> Warum war (der russische) Staatschef Nikolai Podgorny kürzlich zu offiziellem Besuch in der Türkei?
> Um herauszufinden, wie seinerzeit die türkischen Truppen über 150 Jahre in Ungarn bleiben konnten…
>
> Oder eine andere Variante, mit Blick auf die regelmäßigen Feiern zum Jahrestag der von den meisten Ungarn als Knechtschaft betrachteten »Befreiung« durch die Rote Armee:
> Ein Abgesandter Moskaus fuhr nach Ankara, um bei den zuständigen Behörden eine Auskunft einzuholen.
> Frage: Wie haben es die Türken seinerzeit angestellt, diese aufsässigen Ungarn 150 Jahre lang zu beherrschen?
> Antwort des ungenannten hohen Beamten in der türkischen Hauptstadt: So viel ist sicher, den Jahrestag der Schlacht bei Mohács haben wir sie nicht feiern lassen…

Das türkische System sei in seinen besten Zeiten völlig unproduktiv und in den häufigeren schlimmsten Perioden grausam destruktiv gewesen, meint Macartney und fügt noch hinzu, außer einigen Bädern und Festungen hätten die Türken nichts nach Ungarn gebracht, dafür aber das, was sie dort vorfanden, zerstört oder dem Verfall preisgegeben.

Türkische Motive tauchen allerdings wiederholt in den Versen des ersten großen ungarischen Dichters Bálint Balassi auf, der bei der Belagerung der Burg Esztergom 1594 gegen die Türken fiel und dessen Lyrik in den Worten des ungarischen Literaturhistorikers György Mihály Vajda »echte Religiosität« ebenso wie »sinnliche Zügellosigkeit« spiegelt. Aus einer Familie von mittelalterlichen Raubrittern und Renaissance-Abenteurern stammend, schrieb und sprach er neun Sprachen. Mal beklagte Balassi den »Verderb der ungarischen Nation«, mal sang er das Lob der Wienerinnen Susanna und Anna-Maria aus dem »Tiefengrabenstädtchen«. Balassi wurde berühmt wegen seiner Liebesabenteuer, aber mehr noch als Krieger auf dem Schlachtfeld. Seine schönsten Liebesgedichte hat man allerdings erst 1879 (!) gefunden und veröffentlicht.

Balassi war nicht der einzige, wenn auch – bis zum Tode Sándor Petöfis 1849 – der genialste Lyriker, der den Heldentod starb. Damals wie später lieferten die Zusammenstöße um die Grenzfestungen entlang der Randgebiete des königlich-habsburgischen Ungarn und des Fürstentums Siebenbürgen, die verwegenen Ausbruchsversuche aus einem Belagerungsring, blitzschnelle Angriffe in Feindesland und legendäre Zweikämpfe zwischen berühmten Kriegern den Stoff für Dichter und Komponisten.

Die heldenhaften Kommandanten der Burgen und Grenzfestungen, wie Miklós Jurisich bei Köszeg (Güns), György Szondi bei Drégely, István Dobó bei Eger (Erlau) und vor allem Miklós Zrinyi bei Szigetvár hielten durch ihren Wagemut wiederholt nicht nur türkische Großangriffe gegen Wien auf. Sie gingen auch in die ungarische und deutschsprachige Literaturgeschichte ein. So schrieb der berühmte Feldherr und Dichter Graf Miklós Zrinyi fast hundert Jahre danach über seinen Urgroßvater gleichen Namens und seinen heldenhaften Tod das Epos *Die Gefahr von Sziget*. Anderthalb Jahrhunderte später verwendete der Dichter Theodor Körner das gleiche Thema in seinem 1812 in Wien uraufgeführten Drama *Zriny*. Körner läßt einen Kämpfer sagen: »Ein freier Ungar beugt sich nur vor Gott und seinem König!« Die Hymne auf den ungarischen Heldenmut und die Treue der Ungarn zu ihrem Herrscher soll von den Wienern, mit Blick auf den Freiheitskampf gegen Napoleon I., stürmisch bejubelt worden sein.[5] (Auf das in Wirklichkeit ganz andere Verhältnis zwischen der Familie Zrinyi und den Habsburgern kommen wir noch zurück.)

Bereits zur Zeit der Türkenkämpfe hatte die ungarische Tapferkeit europäischen Ruhm erlangt. Aeneas Sylvius Piccolomini, der spätere Papst Pius II., schreibt in einem privaten Brief, vergössen die Ungarn nicht ihr Blut, müßten die anderen europäischen Nationen es tun. Auch zeitgenössische deutsche, französische und italienische Beobachter loben die Kriegertugenden der Ungarn. Der Kroate Georgievitz, der sich »Peregrinus Hungaricus« nennt, ruft 1554 aus: »Welche Nation ist tapferer als die ungarische?«

In einem grundlegenden Essay über das europäische Ungarnbild bemerkt Sándor Eckhardt, daß sich manchmal auch Mitleid in diese Verherrlichung mischt, wie zum Beispiel bei Voltaire: »Unter allen Völkern, die im Laufe der Geschichte vor unseren Augen vorbeizogen, war keines so unglücklich wie die Ungarn. ... Vergeblich brachte die Natur kräftige, schöne, geistvolle Menschen in ihr hervor...« Eckhardt zitiert auch Jean Bodin, der den Schlüssel zur Kriegstüchtigkeit der Magyaren in der Witterung im Sinne der antiken Klimalehre zu finden vermeint: »Ungarn ist ein windiges Land; daher sind seine Bewohner auch lebhafter und kriegerischer.« Dagegen sei der Franzose höflich und von angenehmen Sitten, weil er unter einem gemäßigten Himmelstrich lebe...[6]

X Siebenbürgen als Hort ungarischer Staatlichkeit

Es besteht kein Zweifel, daß das von Frater Georg, diesem unermüdlichen Verfechter der Einheit Ungarns, mitgeschaffene autonome Siebenbürgen zu einem äußerst wichtigen Zentrum ungarischer Staatlichkeit zwischen dem Deutschen und dem Osmanischen Reich und darüber hinaus zu einem für die Zukunft der Nation sehr bedeutenden Zufluchtsort der ungarischen Kultur und Staatsidee wurde.

Die Dreiteilung Ungarns brachte auch eine Spaltung der Nation in zwei Lager mit sich, wozu noch die unter diesen Umständen besonders brisante Scheidung nach Religionen kam. Das Fürstentum Siebenbürgen war unter der Herrschaft ungarischer, vom Sultan eingesetzter oder von ihm bestätigter Fürsten zweifellos ein Sprungbrett für die weltpolitische Strategie des Osmanenreiches. Da die Isolierung und Schwächung der Habsburger den türkischen Interessen diente, konnte sich Siebenbürgen vor allem unter Fürsten europäischen Formats, wie István Báthory (der zum polnischen König gewählt wurde), István Bocskai und Gábor Bethlen, zur Bastion des doppelten Widerstandes gegen die Habsburger und die vom Haus Habsburg forcierte Gegenreformation entwickeln.

Siebenbürgen war Ende des 16. Jahrhunderts flächenmäßig größer als das heutige Ungarn: 100 000 Quadratkilometer versus 93 000 Quadratkilometer. Das Fürstentum umfaßte auch das sogenannte »Partium«, jene nord- und südöstlich angrenzenden Komitate, die durch einen mächtigen türkisch kontrollierten Keil vom Rumpfkönigtum Ungarn abge»trennt« waren. Diese fruchtbaren und dichtbevölkerten Randgebiete trugen zum ungarischen Übergewicht maßgeblich bei. Nach Schätzungen lebten im Fürstentum Siebenbürgen damals 955 000 Menschen; zu rund einer halben Million Ungarn – darunter 250 000 Székler – kamen 280 000 Rumänen, 90 000 Sachsen und etwa 85 000 »Sonstige«, überwiegend Serben und Ukrainer. Man muß allerdings darauf hinweisen, daß das eigentliche Siebenbürgen, das heißt ohne die zum »Partium« gehörenden Komitate oder Städte, nur etwa 60 000 Quadratkilometer groß war und die Einwohnerzahl dort auch nur knapp 650 000 betrug. Diese Klarstellung ist deshalb wichtig, weil im Laufe der innenpolitischen Wirren und Angriffe von außen die reichen Gebiete des »Partiums« im 17. Jahrhundert von den Türken zeitweilig wieder besetzt wurden.[1]

Nur vor diesem multinationalen und multikulturellen Hintergrund kann man verstehen, welche Bedeutung diesem relativ kleinen Fürstentum gerade in jener Zeit zukam. Als das Geistesleben des Ungartums in den von den Habsburgern und Türken beherrschten Teilen nahezu versiegte und die Existenz der Nation und ihrer Kultur einer tödlichen Gefahr ausgesetzt war, erwies sich Siebenbürgen als Bastion der Toleranz und der nationalen Kultur.

In der Geschichte des 16. bis 18. Jahrhunderts waren die Sache der Religionsfreiheit und der Kampf zwischen Reformation und Gegenreformation von der Frage des politischen Selbstbestimmungsrechts und den politischen Aspekten des türkischen Vasallenstaatensystems nicht zu trennen.

Im großen und ganzen stand das Osmanische Reich dem religiösen Konflikt gleichgültig gegenüber, doch beinhalteten die jeweiligen Positionen auch eine außenpolitische Problematik. Zugleich spielte aber der Wunsch nach Wiedervereinigung mit dem Königlichen Ungarn in der Außenpolitik des Fürstentums, vor allem im 16. Jahrhundert, eine herausragende Rolle. Allerdings hat die Hohe Pforte die katholische Position mit den Habsburgern, also dem gefährlichsten Gegner, und die protestantische mit der des siebenbürgischen Protektorats identifiziert. Daß es später auch zu zeitweiligen Allianzen zwischen siebenbürgischen Fürsten, die gegen die Habsburger rebellierten, und den französischen Königen mit der wohlwollenden Unterstützung des Sultans kam, war schlicht damit zu erklären, daß die Türken die Feinde ihrer Erbfeinde als Freunde betrachteten.

Fast zwei Jahrhunderte lang, zwischen der Tragödie von Mohács 1526 und dem nach dem verlorenen Freiheitskampf von Ferenc II. Rákóczi erzwungenen Frieden von Szatmár 1711, versuchten die größten und mutigsten Fürsten und Magnaten, Kämpfer und Denker, aber auch Geistliche und Studenten, Soldaten und Dichter zwischen den beiden mächtigen Herrschern, dem Kaiser und dem Sultan, die nationale Existenz des Ungartums zu retten. Es war ein ständiger Konflikt, ein verwirrendes Tauziehen zwischen Realismus und Illusion, zwischen Anerkennung der Lage und Aufrechterhaltung des Anspruchs auf die alte Größe. Während des Zeitalters der Fremdherrschaft und inneren Anarchie waren Begriffe wie Treue und Verrat, Freiheit und Unterdrückung nicht nach dem Schwarzweiß-Schema: hier Christentum, dort heidnischer Islam, klar zu trennen. Gerade während der Periode der Reformation und der Gegenreformation war zum Beispiel das Gefühl der christlichen Gemeinschaft nicht immer stärker als die Abneigung, ja sogar der Haß gegen »die Deutschen«, »die Habsburger«. In der Not verbündeten sich die Athletae Christi, die Beschützer des Christentums, sogar mit dem türkischen Erbfeind gegen Wien, gegen die Maßlosigkeit der Gegenreformation habsburgischer Prägung, gegen die Grausamkeit der fremden Söldner.[2]

Gerade im Kampf gegen die katholisch-germanisierenden Tendenzen waren im 16. und 17. Jahrhundert die ungarische Nationalität und die religiöse Freiheit untrennbar miteinander verwoben. Die Wahl zwischen dem zeitweiligen Ausgleich mit den Türken oder dem kompromißlosen Kampf gegen die Heiden war eine Fragestellung, die unter anderen Verhältnissen und in anderer Ausprägung die politische und geistige Elite der Ungarn mehr als einmal teilte. Wenn es um das Überleben der Nation, ihrer Kultur und ihrer Staatlichkeit ging, war die große nationale Aufgabe die Wiedervereinigung des dreigeteilten Ungarn. Die Option zwischen selbständigem und weniger selbständigem Handeln, zwischen schlechten und weniger schlechten Lösungen, zwischen dem größeren und kleineren Übel erforderte dramatische Richtungswechsel, manchmal tragische Wenden und uneingeschränkte Manövrierfähigkeit. Die Osmanen und die Habsburger waren für das geteilte Ungartum gleichzeitig Feinde und Verbündete. Die in den beiden Lagern kämpfenden Ungarn trugen mehrmals blutige Kämpfe gegeneinander aus. Die Zeitgenossen interpretierten die Begriffe Freund und Feind sehr unterschiedlich. In beiden Lagern waren Verfechter der »wahren Sache der geliebten Heimat«, die jene im jeweils anderen Lager als Verräter betrachteten. Vor allem während der Reformation und Gegenreformation waren die Helden und Apostel der religiösen Freiheit in und aus Siebenbürgen nicht nur im königlich-habsburgischen Ungarn, sondern auch in der deutschen Literatur der Zeit als »Hochverräter«, »machtgierige Abenteurer«, »Söldner der Türken« und »Feinde der Christenheit« gebrandmarkt.

Die Reformation breitete sich in Ungarn nach der Schlacht von Mohács wie ein Lauffeuer aus. Noch ein Jahr vor der schicksalhaften Niederlage hatte der Reichstag die Verbrennung als Todesstrafe für die Anhänger der lutherischen Konfession (damals fast nur Deutsche) gefordert. Die Vermittler des Protestantismus waren ungarische und deutsche Studenten aus Ungarn. Allein an der Universität in Wittenberg zählte man zum Beispiel im Jahr 1616 340 Studenten aus Ungarn. Andere studierten in Basel und Genf, Leiden und Utrecht, ja sogar in Oxford. Bis Ende des 16. Jahrhunderts registrierte man insgesamt 2850 Studenten aus Ungarn an ausländischen Universitäten; allerdings gab es damals keine Angaben über die ethnische Zugehörigkeit.[3]

Fest steht jedenfalls, daß in den von Deutschen und zum Teil von Slowaken bewohnten Bezirken und Städten in Nordungarn und in Transdanubien das Luthertum vorherrschte, während sich die Ungarn, vor allem in Siebenbürgen, dem Kalvinismus zuwandten. Wer sich als Ungar fühlte, wurde Kalvinist. Nationalität und religiöses Bekenntnis deckten sich, und so entstand ein Bollwerk gegen den Islam, also die Türken, gegen den Katholizismus, also die Habsburger, und gegen die Orthodoxie, also Rumänen und Serben. Die Reformation erhält dadurch ein nationales Gepräge. Die Geistlichkeit wurde zur Vorhut und zur Stütze des nationalen Gedankens. Auch die aus der Schweiz und Holland zurückgekehrten Studenten wurden Schöpfer einer zunächst durch religiöse Schriften und Bibelübersetzungen entstandenen Nationalliteratur.

In seinem bereits zitierten Werk *Die drei historischen Regionen Europas* wies Jenö Szücs auf die Gründe für die verspätete Umstellung von der lateinischen auf die ungarische Sprache hin: »Das Fehlen der Lehnshöfe und des ritterlichen Milieus hatte letztlich zur Folge, daß die ungarische Sprache im Vergleich zum Westen mit einer Verspätung von fast drei Jahrhunderten zur Schriftsprache wurde.« In einem lateinischen Kodex vom Ende des 12. Jahrhunderts findet sich erstmals ein zusammenhängender Text – eine Leichenrede – in ungarischer Sprache. *Die Altungarische Marienklage*, eines der schönsten Gedichte in ungarischer Sprache, entstand zwar bereits um 1300; auch die *Legende von der (heiligen) Königstochter Margarete* und die *Legende des heiligen Franciscus* wurden um 1310 und 1370 niedergeschrieben; beide sind aber nur in späteren Abschriften überliefert. Sie dürften einige der ältesten ungarischen Übersetzungen sein. Erst am Ende des 15. Jahrhunderts begannen die Autoren religiöse Texte und Gedichte auf ungarisch zu verfassen.

Die ersten ungarischen Bücher wurden in Krakau (1527) und Wien (1536) gedruckt. Die erste ungarische Druckerei entstand Ende der 1530er Jahre. Das vielleicht wichtigste Buch war die von Gáspár Károly 1590 fertiggestellte, erste vollständige ungarische Bibelübersetzung.

Es gehört zu den erstaunlichen Begleiterscheinungen der Geburt und des Aufschwungs der ungarischen Kultur, daß so viele der besten

Köpfe zwischen dem 16. und 19. Jahrhundert kroatischer und deutscher, slowakischer und jüdischer Herkunft waren. Ihr Ungartum war die Folge eines Wollens und nicht der Gnade der zufälligen Geburt. Dies galt zum Beispiel für den lutherischen Pfarrer Kaspar Helth, der in der bereits mehrheitlich ungarischen Stadt Kolozsvár (Klausenburg) wirkte. Der sächsische Geistliche lernte Ungarisch erst als Erwachsener, und aus Liebe zur ungarischen Sprache wurde der begeisterte Lutheraner der erste große Stilist und zugleich Drucker und Verleger ungarischer Bibelübersetzungen und anderer Werke (1552–1566). Unter dem Namen Gáspár Heltai ging er in die ungarische Literaturgeschichte ein. Der erste Bischof der ungarischen Kalvinisten in Kolozsvár hieß ursprünglich Franz Hertel; als protestantischer Denker und Prediger bekannt wurde er dann als Ferenc Dávid.

In Siebenbürgen gab es nicht nur nie eine religiöse Verfolgung; das Fürstentum wurde als Bollwerk der religiösen Toleranz sogar eine Rarität im damaligen Europa. Der erste Fürst, Johann Sigismund, wechselte viermal seinen Glauben. Seine großen Nachfolger sorgten für ein friedliches Nebeneinander der Religionen. Mehrere Landtage (1550, 1564, 1572) verkündeten das Recht auf freie Religionsausübung zuerst für Katholiken und Protestanten, später, nach der Spaltung der Protestanten in Lutheraner, Kalvinisten und Unitarier, auch für alle Glaubensbekenntnisse. Während der »Goldenen Zeit« von Gábor Bethlen (1613–1629) lieferte Siebenbürgen sogar ein einzigartiges Beispiel für Toleranz. So holte Bethlen die aus dem Fürstentum vertriebenen Jesuiten wieder zurück, und die Bibelübersetzung des Jesuiten György Káldi unterstützte er auch finanziell. Der Fürst gründete für seine eigene reformierte Konfession eine Hochschule, eine Druckerei und eine Bibliothek. Zugleich genehmigte er aber den Katholiken einen Generalvikar, den griechisch-orthodoxen Rumänen einen Bischof, die rumänischen Geistlichen befreite er von den »Leibeigenen-Leistungen«, die Juden vom Tragen des gelben Davidsterns. Eine Gruppe der überall verfolgten Anabaptisten siedelte er in Siebenbürgen an. Der orthodoxe Glaube der Rumänen galt als »geduldete« Religion, weil die Rumänen keine ständische Nation (wie seit 1437 die Ungarn, die Székler und die Sachsen) bildeten; das heißt, die Orthodoxie konnte zwar frei praktiziert werden, aber ihren Anhängern verweigerte man die politische Gleichberechtigung.[4]

Im Königreich Ungarn lief indessen die habsburgische Gegenreformation mit voller Wucht an. Die zentrale Gestalt und der Architekt der erfolgreichen Rekatholisierung war der Jesuit Péter Pázmány, Erzbischof von Esztergom und Kardinal (1570–1637). Er hat mit den protestantischen Predigern lateinisch und ungarisch in bestechendem Stil die Klingen gekreuzt und dreißig ungarische Magnatenfamilien für den Katholizismus zurückgewonnen. Oft mußte ihnen nach dem grausamen Prinzip cuius regio eius religio (»wem das Land gehört, der bestimmt die Religion«), Faustregel nach dem Augsburger Religionsfrieden von 1555, das gesamte Volk ihrer Ländereien folgen. Pázmány gründete auch 1635 in Tyrnau (Nagyszombat, slowak. Trnava) die in Budapest noch heute bestehende Universität.

Die Rekatholisierung vertiefte die Spaltung zwischen den Ungarn in West und Ost sowohl konfessionell als auch hinsichtlich der Haltung gegenüber den Türken. Das 17. Jahrhundert nannten die ungarischen Dichter, Philosophen und Politiker »das Jahrhundert des ungarischen Verfalls«. Wenngleich die Türkenzeit der entscheidende Faktor im Niedergang Ungarns war, dürfen auch die folgenschweren Auswirkungen der intoleranten, ja oft grausamen Herrschaft der Vertreter des Hauses Habsburg im Königreich Ungarn wie in Siebenbürgen nicht übersehen werden. Die von den Beauftragten der Gegenreformation bedrängten Protestanten im Königlichen Ungarn nannten ihre Verfolger manchmal »schlimmer als die Türken«. Der sogenannte Fünfzehnjährige Krieg, der zwischen den Habsburgern und dem Osmanischen Reich 1591 ausbrach, stürzte auch Siebenbürgen in ungeheure Verwirrung und fürchterliches Elend. Kaiser Rudolf und der junge Fürst Zsigmond (Sigismund) Báthory (1581–1597), Neffe des ersten gewählten Fürsten und späteren großen Polenkönigs István Báthory, haben zuerst mit vereinten Kräften große Erfolge gegen die Türken errungen.

Der mutige, attraktive und athletische junge Fürst erwies sich aber bald als eine finstere und abartige Gestalt, wie aus einem Shakespeare-Drama. Sein Abstieg zu einem völlig unberechenbaren und grausamen Psychopathen wurde durch die unglückliche Eheschließung mit der Habsburger Prinzessin Maria Christina sogar beschleunigt. Sigismund war nämlich impotent, und die Ehe wurde nie vollzogen. Um dies zu verheimlichen und zugleich zu verdrängen, war der Fürst ständig auf der Flucht vor seiner Frau und seiner Heimat, die er durch bizarre Eskapaden in ein unbeschreibliches Chaos stürzte. Nicht weniger als fünfmal kündigte der unzurechnungsfähige Herrscher seinen Rücktritt an, um bald danach immer wieder zurückzukehren. So lieferte Sigismund Siebenbürgen zuerst der Schreckensherrschaft des kaiserlichen Befehlshabers General Giorgio Basta, dann dem nicht weniger grausamen Eingreifen Michaels des Tapferen, des Woiwoden der Walachei, und schließlich auch den rachedurstigen Türken aus.[5]

Kaiser Rudolf II. hat indessen versucht, die Rekatholisierung des überwiegend protestantisch gewordenen Siebenbürgen mit Gewalt, vor allem mit Zwangsbekehrungen und der Enteignung des Besitzes von angeblichen Hochverrätern, durchzusetzen. Sein General Basta errichtete eine wahre Terrorherrschaft gegen die Ungarn Siebenbürgens. Die größtenteils aus Wallonen, Italienern und Spaniern rekrutierten Söldnertruppen waren eine Landplage und ein Greuel für die leidgeprüfte Bevölkerung. Gewiß benahmen sich die fremden Söldner auch in Westeuropa während des Dreißigjährigen Krieges nicht viel besser, doch hatten die Menschen in Siebenbürgen und im Königreich Ungarn länger als ein Jahrhundert darunter zu leiden. Zwar verehrten auch die Bewohner der deutschen Städte in Oberungarn in den Fürsten Bocskai, Bethlen, Rákóczi die Vorkämpfer konfessioneller Freiheit, doch steigerte das unerträgliche Verhalten der Söldnerheere und ihrer Generäle die Abneigung und später den blanken Haß gegen die Deutschen schlechthin, also auch gegen die Habsburger.

Es waren die bereits erwähnten grausamen Strafen und die Gewaltherrschaft kaiserlicher Behörden, die den Aufstand unter der Führung von General István Bocskai, dem einstigen Anhänger Kaiser Rudolfs und Onkel Fürst Sigismunds, entfesselt haben. Der kalvinistische Großgrundbesitzer mit einer außerordentlichen militärischen Begabung stellte mitten im blutigen Chaos ein Heer aus verwegenen Kriegern auf, die man Haiducken nannte. Diese waren ursprünglich slawische wilde Hirten der Ebene, später aber überwiegend vertriebene, heimatlose ungarische Flüchtlinge. Wenn auch die Verbreitung des lutherischen Glaubens die Abneigung der Ungarn gegen den deutschen Einfluß hervorrief, traf die rücksichtslose Gegenreformation der Habsburger die deutschsprachigen Bürger der Städte in Oberungarn besonders schwer. Bocskais Kampf für politische und Religionsfreiheit gewann deshalb nicht nur die Unterstützung der Ungarn, sondern genauso der deutschen Bürger und des Kleinadels.

Da Bocskai zunächst als einer der treuesten Gefolgsleute Habsburgs und als Türkenhasser galt, lieferten seine Seitenwechsel und seine flammenden Aufrufe an die Adligen auch in Transdanubien die überzeugendsten Argumente dafür, daß im Interesse der Verteidigung der Heimat, des Ungartums und der religiösen Freiheit ein Patriot sogar mit den Türken gemeinsame Sache machen kann. Daß der Angriff des neuen Befehlshabers Barbiano auf Bocskais Güter seinen Frontenwechsel direkt auslöste, ändert nichts an den historisch bedeutsamen Folgen. Die ungarischen Haiducken wechselten vom Kaiser auf die Seite Bocskais, der bald zusammen mit türkischen und tatarischen Einheiten überwältigende Siege errang. 1605 zum Fürsten Siebenbürgens und auch Ungarns gewählt – die ihm angebotene Krone wies er zurück –, erzwang Bocskai einen Friedensschluß mit dem Kaiser. Darin wurde der widerspenstige Magnat auf Lebenszeit als Fürst eines durch vier Komitate vergrößerten Siebenbürgen anerkannt. Darüber hinaus mußte die kaiserliche Seite weitgehende religiöse Freiheit für den hohen und niederen Adel sowie für die freien Städte und Märkte, ferner die Erweiterung des adligen Mitspracherechts und die Wiederherstellung der Funktion des Palatins gewähren.

Im November 1606 vermittelte er auch den Frieden von Zsitvatorok zwischen dem Kaiser und der Pforte auf der Grundlage des Status quo. Kurz nach dem Friedensschluß starb Bocskai, wahrscheinlich vergiftet durch seinen ehrgeizigen Kanzler, der einige Tage später von Bocskais Haiducken umgebracht wurde.

Bocskais Siege und diplomatische Erfolge eröffneten eine neue Phase in Ungarns Geschichte. In einem eindrucksvollen und erst rund zweihundert Jahre später veröffentlichten Testament ermahnte der Fürst »die Siebenbürger…, sich von Ungarn, auch wenn sie einen anderen Fürsten haben, niemals loszureißen; die Ungarn aber, daß sie die Siebenbürger nicht von sich stoßen, sondern als ihre Brüder, als ihr Blut, als ihre Glieder betrachten« sollten. Das Gleichgewicht zwischen dem Deutschen und dem Osmanischen Reich erachtete er als lebenswichtig für Ungarn, und so sprach er sich klar und eindeutig für ein starkes Fürstentum Siebenbürgen unter dem Schutz des Sultans aus: »Solange sich die ungarische Krone dort oben in den Händen einer stärkeren Nation, der deutschen, befindet und solange auch das ungarische Königtum von den Deutschen abhängt, wird es immer nötig und nützlich sein, in Siebenbürgen einen ungarischen Fürsten zu haben, da er auch den Ungarn Schutz und Schirm sein wird.« Siebenbürgen als Hort ungarischer Eigenstaatlichkeit, bis ein ungarisches Königtum entsteht, und dann eine Konföderation zwischen Ungarn und Siebenbürgen, so lautete die Grundkonzeption István Bocskais, dessen Statue am Denkmal der Reform in Genf neben derjenigen Calvins zu sehen ist.[6]

Den Habsburgern gelang zwar die Rekatholisierung des Königlichen Ungarn, doch blieb die Reformation östlich der Theiß im Zeichen des friedlichen Zusammenlebens der drei anerkannten Nationen und der Respektierung ihrer diversen Glaubensbekenntnisse fast unangetastet. Wie es ein unbekannter Autor in einem Pamphlet *Das Zeter- und Wehgeschrey* Ende des 17. Jahrhunderts formulierte, gelang es den Habsburgern nicht, den Ungarn die »böhmischen Hosen« anzuziehen…

XI Gábor Bethlen – Vasall, Patriot und Europäer

»Ach, wenn er entweder nicht geboren worden wäre oder aber ewig gelebt hätte!« Mit diesen bitteren Worten trauerte in seinen Erinnerungen János Kemény um den Fürsten von Siebenbürgen, Gábor (Gabriel) Bethlen (1613–1629), dessen treuer Anhänger und Nachfolger er war. Bethlen, den manche den »ungarischen Machiavelli« genannt haben, war einer der unergründlichsten, erstaunlichsten und bedeutendsten Staatsmänner der ungarischen Geschichte, zugleich der erfolgreichste und auch international meistbeachtete Herrscher des Fürstentums Siebenbürgen.

Von dem Mann, der als Begründer und Symbol der »Goldenen Zeit« in der relativ kurzen Geschichte des autonomen Siebenbürgen gilt, entwarf Golo Mann in seinem *Wallenstein*[1] eine düstere und zum Teil äußerst oberflächliche Porträtskizze. Bethlen sei ein »fast leibeigener Vasall der Türken« gewesen, »ein Magyar und entscheidender Calviner... in weltlichen Dingen aber wetterwendisch, immer neue Herrschaftsprojekte in seinem Geiste wälzend«, »unverläßlich«, »einem Hirn-Phantom«, einem »noch nie dagewesenen Herrschaftsgebilde« nachjagend, »aus schweifendem Ehrgeiz wie auch aus Furcht«; einer schließlich, »der mit seinen Barbaren rasch am Orte erschien, Hoffnungen erweckte, Rätsel aufgab und wieder verschwand«.

Golo Mann macht sich zudem lustig über die Bücher, in denen Bethlen als »europafremder Barbar«, als »beschnittener und heimlicher Mohammedaner«, ja sogar als »Tatar oder was noch« geschildert wurde, und berichtigt, daß der Fürst aus einer »altmagyarischen Adelsfamilie« stammte und in zweiter Ehe mit Katharina von Brandenburg verheiratet war. Letzteres stimmt, doch die Feststellung, Bethlen habe ein »magyarisch-slawisches Reich«, ein »halb protestantisches, halb orthodoxes Königreich Dacien, einschließlich der Moldau, der Walachei...« schaffen wollen, ist ein Produkt historiographischer Phantasie. Weder in den 1500 erhaltenen Briefen noch in den zahlreichen Studien über seine Zeit gibt es ernstzunehmende Hinweise auf solche Vorstellungen.

Vielmehr zeigen zwei – in der ungarischen und internationalen Geschichtsschreibung vieldiskutierte – einsame Entschlüsse des Fürsten, daß er sich stets von einem wachen Sinn für Realitäten der Macht leiten ließ: einmal im November 1619, als er statt eines allgemein befürchteten Generalangriffs auf Wien den Abzug seiner Truppen nach Preßburg befahl, und ein Jahr später, als er die angebotene und auch von seinen türkischen Schirmherren bewilligte Krönung zum König von Ungarn letztlich abwies. Daß der Herrscher eines kleinen Staates »in Europas tiefstem Südosten« (so Golo Mann) sich weit über das winzige Fürstentum hinaus Geltung verschaffte und in der ersten Phase des Dreißigjährigen Krieges durch drei mit wechselnden Bündnispartnern unternommene Angriffe gegen die Habsburger die Karten neu mischte, liefert den eindeutigen Beweis für seine außergewöhnlichen Fähigkeiten als ungeschlagener Feldherr und brillanter Diplomat. Im Grunde war Bethlen ein zynischer Taktiker der Macht, der sein Land auch zu Zeiten seiner Feldzüge fest im Griff hielt.

Zu den Unberechenbarkeiten der ungarischen Geschichte gehörte stets das fallweise Auftreten charismatischer Persönlichkeiten, die einen angehäuften Zündstoff zur Explosion brachten oder aber umgekehrt durch die Kunst der kleinen Schritte eine scheinbar ausweglose Situation zu meistern vermochten. Gábor Bethlen war unbeliebt und umstritten, ihm wurde mißtraut, und er wurde bekämpft, doch in einer Hinsicht gab es keinen Unterschied zwischen Anhängern und Feinden, Verherrlichung und Kritik: Alle haben seine Größe als Staatsmann und Politiker, wenn auch oft widerwillig, anerkannt.[2]

Bereits die Umstände seiner Machtergreifung waren einzigartig. Bethlen, geboren 1580, diente zunächst drei Fürsten als diplomatischer Berater, kämpfte in 34 Schlachten, wurde mehrfach verwundet und setzte nach zweimaliger Emigration erst als 33jähriger, mit allen Wassern gewaschener Veteran der Palastintrigen und Machtkämpfe zum entscheidenden Sprung an die Staatsspitze an. Der regierende Fürst Báthory hatte sich nach verschiedenen Eskapaden mit den Habsburgern arrangieren wollen. Bethlen dagegen vertrat stets die Linie der Aufrechterhaltung der Selbständigkeit Siebenbürgens unter türkischem Schutz. Zwar hatte er Báthory seinerzeit in den Sattel gehoben, infolge der gegenseitigen Entfremdung und eines angeblichen Mordkomplotts des Fürsten gegen seinen türkenfreundlichen Berater flüchtete Bethlen dann aber mit fünfzig Anhängern in die türkische Emigration. Auf diese Weise bot sich ihm auch die Gelegenheit, mit den maßgeblichen Paschas in Temesvar und Buda, Belgrad und Adrianopel zu beraten, gegen den unsteten und immer unzuverlässigen Báthory zu intrigieren und vor allem das Vertrauen des Großwesirs sowie des Sultans zu gewinnen.

Es ging alles nach Wunsch: Bethlen wurde als Vertrauensmann der Pforte mit der Ablösung des glücklosen Báthory beauftragt. Mit ihm kamen aus allen Richtungen türkisch-tatarisch-rumänische Truppen. Zum erstenmal in der siebenbürgischen Geschichte ließ ein türkischer Befehlshaber, Skender Pascha von Kanizsa, den Landtag des Fürstentums nach Kolozsvár einberufen, um den Kandidaten der Hohen Pforte, nämlich Bethlen, zum Fürsten zu »wählen«. Rund 80 000 fremde Soldaten verliehen dem Machtanspruch Bethlens den notwendigen Nachdruck. Man schätzt, daß sich nie zuvor so viele Türken und Tataren im Fürstentum aufhielten wie in diesen folgenschweren Monaten des Jahres 1613. Trotzdem wurde die Wahl, wohlgemerkt nach handfesten Drohungen des Paschas, ordnungsgemäß durchgeführt, um den Anschein der Legalität zu wahren. Bereits bei der Fürstenwahl legte Bethlen beredtes Zeugnis von seinem diplomatischen Geschick ab. Er bat die auf Skender Paschas Befehl einberufenen Stände, seine nach der Flucht von 1612 ausgesprochene Verbannung aufzuheben. Danach verließ er den Saal. Es war eine höfliche Verbeugung vor dem siebenbürgischen Adel im Augenblick von dessen beispielloser Erniedrigung.

Der untersetzte, bärtige Mann ohne höhere Bildung mußte aber mit ansehen, wie die Truppen, die ihn an die Macht gebracht hatten, eine Spur der Verwüstung und des Menschenraubs hinterließen. Selbst den Paschas entglitt die Kontrolle über die orgiastische Mordlust der Soldateska. Sein Bedauern über die Schandtaten der Truppen seiner Schirmherren hat der Fürst freilich ebensowenig ausgedrückt, wie er sich vor der »Wahl« um die Gründung einer adligen Gruppe oder Partei, um die Unterstützung durch den König oder die Magnaten im Königlichen Ungarn gekümmert hatte. Die öffentliche Meinung schien Bethlen nicht zu interessieren. Buchstäblich in allem setzte der Herausforderer des regierenden Fürsten auf die Hohe Pforte, weil er wußte, daß Siebenbürgens Schicksal dort, und nur dort, entschieden werde.

Vier Tage nach seiner Wahl wurde der abgesetzte Báthory unter ungeklärten Umständen auf offener Straße von mehreren Haiducken umgebracht. Die hartnäckigen Gerüchte über Bethlen als Auftraggeber konnten nie erhärtet werden. Nur der im letzten Lebensjahr Bethlens als Tanzmeister an seinen Hof verpflichtete spanische Adlige Don Diego de Estrada behauptete in seinen Memoiren, die erst 300 Jahre später in Madrid gedruckt wurden, der Fürst habe ihm erzählt, daß Báthory deshalb habe büßen müssen, weil er in Abwesenheit Bethlens dessen erste Frau vergewaltigt hätte.

Trotz der Loyalität des von den Türken eingesetzten Fürsten, der sehr schnell einen Weg der Versöhnung mit seinen sächsischen und ungarischen Gegnern fand, und trotz mutiger Kompromisse konnte Bethlen seine Macht nicht ungestört ausüben. Seine Schirmherren wollten zusätzliche handfeste und für das Ansehen des Vasallen besonders peinliche Beweise seiner Abhängigkeit.

Durch hochrangige Abgesandte drängte die Pforte auf die Übergabe von zwei Festungen, die seit mehreren Jahren von ungarischen Kämpfern gehalten wurden. Nach langwierigen Verhandlungen gelang es Bethlen, die Forderungen zu reduzieren, so daß er den Türken nur die Burg Lippa im südwestlichen Grenzgebiet zu überlassen brauchte. Doch die Besatzung leistete Widerstand. So war Bethlen gezwungen, die Festung gegen seinen eigenen Willen einzunehmen und nach dreizehntägigen blutigen Kämpfen an die Türken zu übergeben. Noch nie hatte ein ungarischer Herrscher freiwillig eine Burg der türkischen Macht überlassen. Der Fall markierte wohl den Tiefpunkt in der Laufbahn des Fürsten.

In der von der Ungarischen Akademie der Wissenschaften 1986 herausgegebenen dreibändigen *Geschichte Siebenbürgens* beurteilte man die Übergabe Lippas in sehr eindeutiger Weise:

> Wäre Gábor Bethlen damals gestorben, so würden wir ihn zu den dunkelsten Gestalten der ungarischen Geschichte zählen. Da es aber nicht so kam, sondern ihm noch dreizehn Jahre der Herrschaft verblieben, stieg er in die Reihe der größten historischen Persönlichkeiten auf.

Doch wie hat Bethlen dieses politische Wunder, die erfolgreiche Gratwanderung zwischen dem mißtrauischen Adel und Volk Siebenbürgens einerseits, der stets wachsamen und von Zeit zu Zeit in eigene undurchsichtige Machtkämpfe verstrickten Hohen Pforte andererseits und überdies oft inmitten komplizierter Verhandlungen mit den wankenden ungarischen Magnaten, im königlich-habsburgischen Ungarn vollbracht? In einer bestechenden Studie wies die ungarische Schriftstellerin Ágnes Hankiss[5] darauf hin, daß Bethlen die nationale Abhängigkeit zu verringern suchte, indem er, sich auf eine fremde Macht stützend, verdeckt gegen eine andere fremde Macht ankämpfte.

Es sei ein Seiltanz zwischen historischer Zielsetzung und erzwungenem Opportunismus gewesen.

Für Bethlen rechtfertigte das Ziel die Mittel. In diesem Sinn mag er ein ungarischer Machiavelli kalvinistischer Prägung gewesen sein: Bei ihm waren der Fatalismus des Florentiners und die kalvinistische göttliche Vorherbestimmung (Prädestination) keine Gegensätze. Doch was war das Ziel? Die schrittweise Verwirklichung eines kühnen, in ihrer gesamteuropäischen Dimension geradezu waghalsig anmutenden Konzepts, dessen wichtigste Punkte lauteten:

- Absicherung der Selbständigkeit Siebenbürgens durch türkische Hilfe gegen die politische Expansion und die religiöse Intoleranz der Habsburger,
- Bündnis mit den protestantischen Ständen Böhmens und Mährens beziehungsweise nach ihrer Niederlage 1620 mit Schweden, Holland und England, um den Weg zur Wiedererrichtung eines vereinigten Ungarn zu öffnen,
- Inthronisation eines nationalen Königs,
- Bildung einer gesamteuropäischen Anti-Habsburg-Koalition, die auch ein gewisses Maß an Sicherheit gegen die Gefahr einer totalen Abhängigkeit vom Osmanischen Reich zu bieten vermochte.

Bethlen schwebte also die Wiedererrichtung des Reiches von König Matthias vor, noch dazu mit Hilfe ebenjener türkischen Macht, die es knapp ein Jahrhundert zuvor vernichtet hatte. Ihn dafür pauschal zu verurteilen, wie es einige Historiker (auch Golo Mann) getan haben, ist meines Erachtens falsch. Sicher, die kühnen gesamteuropäischen Pläne Bethlens beruhten zum Teil auf Fehleinschätzungen nicht nur des Kräftegleichgewichts zwischen den Großmächten und der eigenen Möglichkeiten; auch hegte Bethlen Illusionen bezüglich der Haltung der Magnaten und des Adels im Königlichen Ungarn. Aber aus der Retrospektive und in Kenntnis des Fortgangs der Geschichte läßt sich ein Experiment leicht abqualifizieren. Aus damaliger Sicht war es so realitätsfern nicht – und zumindest einen Versuch wert. Laut Szekfü lag die Tragik Bethlens darin, daß er zu früh kam, als die Ungarn im Westen noch glaubten, ihre Wünsche in Wien ohne Waffen durchsetzen zu können. Ein halbes Jahrhundert später wäre es leichter gewesen. Dann herrschte in der Person des Fürsten Mihály (Michael) Apafi freilich schon ein außenpolitisch schwacher, wahrer Vasall, der seinen Untertanen allerdings durch geschicktes Lavieren eine lange Friedensperiode bescherte.

Bethlens Europapolitik war ein wahres Feuerwerk an Einfällen, Intrigen und blitzschnellen Aktionen, die die Zeitgenossen oft verwirrten und deshalb eine entgegengesetzte Wirkung auslösten. Dieser geniale Machtpolitiker war keineswegs ein Werkzeug der Hohen Pforte, und er handelte auch nicht nur im Interesse des Osmanischen Reiches. Er war »ein Seiltänzer in der Kunst der kleinen Schritte« (Hankiss). Enthüllte er seine wahren Absichten, drohte früher oder später ein türkischer Gegenschlag; verbarg er sie aber zu gut, konnte er das Vertrauen des Volkes und seiner Bündnispartner kaum gewinnen, geschweige denn es auf Dauer behalten. Das Urteil eines namentlich nicht genannten türkischen Würdenträgers lautete: »Dieser Ungläubige hat den Armeen des Islams nie geholfen. Er hat immer nur an sein eigenes Land gedacht.« So eindeutig sah es der englische Gesandte bei der Hohen Pforte, Sir Thomas Roe, allerdings keineswegs. Er hat den schlauen Fürsten bewundert, seinen Charakter aber nie verstanden und seine Berichte nach London stets mit den Worten geschlossen: »... but all this is dissimulation« (... aber all dies ist nur Heuchelei).[4]

Die umfangreiche Korrespondenz Bethlens sowie die Memoiren und Zeugnisse von Zeitgenossen lassen keinen Zweifel an seinen wahren Ansichten: Er glaubte nicht daran, daß das Haus Habsburg die Türken aus ganz Ungarn vertreiben könne oder dies überhaupt wolle. Nach seinem Konzept bot nur ein wiedererstandenes nationales Königreich Ungarn den Weg zur Eigenständigkeit, zunächst unter dem Schutz der Pforte, aber später, eines Tages nach einer Wende in den Kräfteverhältnissen, auch gegen die »Schutzmacht«. Im Gegensatz zu seinen bedeutendsten Gegnern auf der kaiserlich-katholischen Seite, zu denen Primas Péter Pázmány, der Wortführer der Gegenreformation, und Miklós Eszterházy, der mächtige Statthalter, zählten, hatte Bethlen seine gesamte Politik dem nahen ersten Ziel, nämlich der Abwehr der habsburgischen Expansion ostwärts, untergeordnet. Das türkische System der Vasallenstaaten ließ letzten Endes nicht nur Bethlen, sondern auch seinem Nachfolger György I. Rákóczi genügend Spielraum für eigene Konzepte, und zwar so viel, daß die beiden sogar einen Bund mit Schweden und Brandenburg gegen den Kaiser eingehen konnten.

Bethlen hatte die Bedeutung des Prager Aufstands gegen die Habsburger sofort erkannt und wollte unter keinen Umständen neutral bleiben. Nach der Zustimmung seiner türkischen Schirmherren knüpfte er Kontakte zu protestantischen ungarischen Aristokraten und tschechischen Aufständischen. Im Spätsommer 1619 bot der

Fürst Böhmen seine Hilfe an und griff nach einem unglaublich raschen Vormarsch über große Entfernungen in den Dreißigjährigen Krieg ein. Mit einem raffinierten Täuschungsmanöver, gefolgt von einem großangelegten Angriff, eroberten seine Truppen in einer Zangenbewegung die Stadt Kassa im nordöstlichen Oberungarn und die damalige Hauptstadt Ungarns, Preßburg, wo ihm der Palatin die im Schloß verwahrte Stephanskrone überreichte. Binnen kurzem nahm Bethlen das Königliche Ungarn fast zur Gänze ein und erschien, wie bereits erwähnt, an der Spitze eines auf 50 000 Mann geschätzten Heeres aus böhmischen, mährischen und ungarischen Kriegsscharen vor Wien.

Daß er sich dann doch zum Rückzug nach Preßburg entschloß, hatte vermutlich mehrere Gründe. Offiziell ließ der Fürst den Abbruch der Belagerung Wiens mit dem Einfall polnischer Söldner in Ostungarn erklären, die über die Karpaten vorgedrungen waren, mit seinem Urfeind, dem katholischen Magnaten Homonnai, gemeinsame Sache machten und seine Herrschaft in Siebenbürgen bedrohten. Viel wahrscheinlicher ist indessen, daß er die Aussichtslosigkeit einer Belagerung Wiens erkannt hatte. Bethlen zog die moralische einer militärischen Niederlage vor, was im übrigen seine Popularität in Ungarn nicht geschmälert hat.

Bereits ein Jahr später stand Bethlen mit seinen leichten Reitern wieder im Königlichen Ungarn. Angesichts der Gefahr einer erstarkten habsburgischen Zentralmacht unterstützte die Mehrheit der ungarischen Magnaten Bethlen nun zwar als Kandidaten für den ungarischen Thron, doch der Preis wäre praktisch seine totale Entmachtung und die Umwandlung des neuen Staates in eine Spielwiese für uneingeschränkte Privilegien des Adels gewesen. Am 25. August 1620 fand die Königswahl in Besztercebánya (Neusohl/slowak. Banská Bystrica) auch tatsächlich statt, aber mit der Krönung wollte Bethlen noch bis zum Ausgang des Krieges beziehungsweise bis zu einem Abkommen mit Kaiser Ferdinand II. warten.

Inzwischen machten Bethlen allerlei Widrigkeiten zu schaffen, vor allem eine folgenschwere Diskreditierung durch den Pascha von Buda: Der Türke hatte, statt die kämpfende Armee des Fürsten zu unterstützen, die Burg von Vác (Waitzen) belagert und eingenommen. Sodann erlitten die böhmischen Stände am 8. November 1620 am Weißen Berg bei Prag eine entscheidende Niederlage. Angesichts des Zusammenbruchs in Böhmen und der nachfolgenden grausamen Vergeltung wollten die Stände im Königlichen Ungarn nie wieder ein

Risiko mit Bethlen eingehen. Nur Bethlen kämpfte weiter. Er kapitulierte nicht und nahm in den Gebieten, die seiner Kontrolle unterstanden, zahlreiche protestantische Flüchtlinge auf. Leopold Ranke bemerkte über diese Zeit, Fürst Bethlen sei ein mächtiges Oberhaupt der Weltbewegung geworden.

Indessen bombardierte Bethlen die Hohe Pforte mit Briefen, in denen er genaue Vorschläge für Militäraktionen gegen Wien präsentierte. Mit 11 000 Tataren und 4500 Infanteristen als Verstärkung für seine Truppen könne er sogar Prag und Krakau einnehmen, schrieb er zum Beispiel am 10. Februar 1621 nach Konstantinopel. Die ungarischen Stände kapitulierten, erwirkten von Kaiser Ferdinand eine volle Amnestie und beträchtliche Steuererleichterungen. Schließlich war Bethlen Ende 1621 im Nikolsburger Friedensvertrag bereit, auf den Königstitel zu verzichten und die Stephanskrone zurückzugeben. Im Gegenzug gelang es ihm, sieben Komitate in Oberungarn seiner Kontrolle zu unterstellen sowie im Königlichen Ungarn die ständische Selbstverwaltung und die Glaubensfreiheit für Protestanten zu sichern. Er schaltete sich auf seiten der deutschen Protestanten 1623 wieder in den Krieg ein, und es kam dann durch Vermittlung des ungarischen Palatins zu einem neuerlichen Friedensvertrag.

1626 griff Bethlen als Verbündeter der englisch-niederländisch-dänischen Koalition neuerlich die Habsburger an. Doch der große Zangenangriff, mit dem Truppen aus Brandenburg und Frankreich, ergänzt durch eine türkisch-russische Koalition gegen Polen, König Gustav Adolf von Schweden den Rücken freihalten sollten, kam – wie noch andere Konzepte Bethlens – nicht mehr zustande. Der Fürst war damals schon von einer schweren Krankheit gezeichnet.

Diese letzten kühnen Projekte waren erst durch seine Eheschließung mit Katharina, der Schwester des Kurfürsten von Brandenburg, möglich geworden. Infolge dieser dynastischen Verbindung war Bethlen nun auch mit dem Schwedenkönig verschwägert. In einem Brief an den Kurfürsten von Brandenburg führte Bethlen aus, daß das Haus Österreich nie aufhören werde, Ränke zu schmieden; daher müsse es vollständig vernichtet oder zumindest sehr erniedrigt werden…

Wenige wußten damals, daß derselbe Fürst Bethlen zwei Jahre zuvor eine ganz andere dynastische Verbindung eingehen wollte. Er hatte um die Hand der Tochter Ferdinands II. angehalten und wollte sich als Regent in Ungarn mit Unterstützung des Kaisers gegen die Türken wenden. Es sei möglich, die Türken in vier bis fünf Jahren aus ganz Ungarn zu vertreiben, hieß es. Das unerwartete Angebot löste Verwirrung aus und wurde letztlich als unglaubwürdig abgewiesen. Erst nach diesem gescheiterten Versuch, das Bündnis zu wechseln, hielt der Fürst um die Hand Katharinas an.

Gerade weil Gábor Bethlen einer der größten Briefschreiber in der ungarischen Geschichte war und als Fürst fast jeden Tag einen Brief verfaßte, oft sogar eigenhändig, weiß man heute so viel auch über seine zuweilen doppelzüngige Taktik, seine verlogenen Argumente und seine auf die Spitze getriebene Heuchelei. Bethlen wollte weder mehr Land noch mehr Macht im konventionellen Sinn, sondern die Wiederherstellung des in drei Teile gespaltenen Königreichs Ungarn – selbstverständlich unter seiner Federführung. Er nutzte – oder versuchte es jedenfalls – alle Seiten für seine Ziele aus. Wenn auch damals unvergleichlich mehr Absprachen und diplomatische Manöver geheimgehalten werden konnten als heute, so wurde doch relativ viel von den hinterlistigen Ränken und den in mehrere Richtungen parallel abgegebenen Versprechungen Bethlens bekannt. Die unzähligen geheimen Boten, die damals ständig quer durch Europa unterwegs waren und unglaublich weite Strecken bewältigten, um die vielen hundert Bethlen-Botschaften zuzustellen, wurden häufig genug von den Gegnern abgefangen oder schlicht bestochen.

Die selbstentlarvenden Briefe[5], die etwa in Holland abgedruckt oder in einer Kölner Zeitschrift veröffentlicht wurden, schadeten zwar Bethlens Ansehen in einem begrenzten, freilich politisch wichtigen Kreis, doch änderte dies nichts an der Tatsache, daß er bis zu seinem Tod am 15. November 1629 dem kleinen Fürstentum Siebenbürgen eine starke und bedeutende Position sicherte. Seine Armee wurde nie besiegt. Selbst ein Wallenstein zog sich vor einer entscheidenden Schlacht mit ihm zurück. Siebenbürgen wurde in den sechzehn Jahren seiner Herrschaft, wie er in seinem Testament betonte, von keinem einzigen Feind betreten.

Darüber hinaus war Bethlen, wie schon erwähnt, nicht nur ein überzeugter Verfechter konfessioneller Toleranz, sondern auch ein großzügiger Förderer der Bildung und Wissenschaft. Von den 22 Studenten aus Siebenbürgen, die 1617 in Heidelberg studierten, waren sechs Stipendiaten des Fürsten. So hat sich Bethlen in einem Brief an seinen postumen Biographen Gáspár Bojti beispielsweise bereit erklärt, für vier Jahre die Kosten seines Studiums zu übernehmen. Er solle auch in Padua und Paris studieren, empfahl er ihm, und zwar nicht nur Theologie, sondern auch Philosophie, so daß Bojti ihm und seinem Land später in der Kirche wie auch in weltlichen Belangen dienen könne. Er gründete eine Hochschule und eine Bibliothek und lud deutsche Dichter und Musiker, Wiener Goldschmiede sowie Künstler aus Venedig nach Gyulafehérvár ein.

Ungarische Historiker halten Bethlen daher für den erfolgreichsten Herrscher seit König Matthias, der seine Macht nach den Grundsätzen eines modernen, merkantilistisch geprägten Absolutismus ausbaute. Während seiner Kriege geschah nichts, was das Fürstentum negativ betroffen hätte. Im Gegenteil! Für Siebenbürgen brach ein »Goldenes Zeitalter« an. Bethlens großzügige Förderung des Handels, des Gewerbes, des Bergbaus und der Ausfuhren trug erstaunlich schnell Früchte. Die Steigerung des Lebensstandards und die Verdoppelung der staatlichen Einkünfte schufen die Grundlage für seine ehrgeizige Außenpolitik und später für die Entfaltung fürstlicher Pracht.

Bethlen las viel. Auf den Feldzügen ließ er Bücher mitführen und in seinem Zelt einen Schreibtisch aufstellen. Der Glanz an seinem Hof versetzte bereits 1620 den Fürsten d'Angoulême in Erstaunen; bei seinem Besuch habe er »rien de barbare« vorgefunden, vermerkte er. Vor allem nach der Heirat mit Katharina von Brandenburg steigerte der Fürst die Ausgaben für seine Hofhaltung, die in den letzten Lebensjahren von zehn Prozent auf die Hälfte seines Einkommen stiegen. Obwohl von den Einrichtungsgegenständen des Fürstenpalasts kaum etwas erhalten ist, wissen wir aus den Inventaren und aus Erinnerungen von Zeitgenossen, daß sein Hof in Sachen Prunk und Pomp mit den verschwenderischen barocken Fürstenhöfen wetteiferte. So habe der Fürst allein im Jahr 1624 rund tausend kostbare Teppiche und Anfang des nächsten Jahres 31 teure Ringe kaufen lassen.

Der Leiter des Siebenbürgen-Archivs, János Szalárdi, schrieb drei Jahrzehnte nach Bethlens Tod in seiner Schrift *Das Lob des Fürsten G. Bethlen*:

> Er führte im Lande Freiheiten ein und damit den Gottesdienst und die freie Übung der heiligen evangelischen Religion, so daß sein guter Ruf und sein Ansehen in der ganzen Christenheit zunahmen; die Pforte und die türkische Nation vertrauten ihm und achteten ihn während seines ganzen Lebens. Daraus ergab sich, daß das Land während seiner gesamten Regierung in schönem Frieden lebte und von jedem äußeren Feind verschont blieb, daß jeder Stand an Zahl zunahm, an Wert gewann und daß sich die Bevölkerung des Landes vermehrte; er beschützte sein Volk auch während vieler Kämpfe und

> ließ die schwierigen fernen Kämpfe durch Söldner ausführen, da er sein Glück und sein Volk nicht mit der großen bewaffneten Armee des Kaisers sich messen lassen wollte, was ihm weder wünschenswert noch nützlich zu sein dünkte, und hielt sich heftige Kämpfe auf diese Weise fern.
> Aus fremden Ländern ließ er in sein Land, keine Kosten scheuend, gute Handwerker, gelehrte Erfinder, Steinmetzen bringen ... Mit anderen Worten, er begann das Haus zu bauen, und wenn sein Leben nur noch etwas länger gewährt hätte, hätte er der Nachwelt zum Nutzen und zur Verbreitung der Religion und zum Wohle des Staates und der Gemeinschaft bleibende ruhmvolle Werke hinterlassen ... [6]

Jahrhunderte nach seinem Tod sind Bethlen, seine Konzepte, seine politischen Bestrebungen und Errungenschaften in der Geschichtsschreibung und im Urteil der Nachwelt immer noch umstritten. In seinen Briefen hat Bethlen nie aufgehört, die Feigheit, ja den Verrat der ungarischen Stände an der Sache der nationalen Befreiung und Vereinigung zu tadeln. Für die Magnaten und den Adel im Königlichen Ungarn galten die Bewahrung und möglichst der Ausbau ihrer Privilegien als die entscheidende Frage. Sie haben die Wiederherstellung der politischen Einheit Ungarns unter seiner Führung nicht gewünscht. Die rekatholisierten Stände setzten auf Habsburg. Kurz, der Adel war und blieb gespalten, und Bethlen wirkte durch seine Feldzüge und seine diplomatische Umtriebigkeit nicht als ein Mann der Versöhnung, sondern der Polarisierung. Er, der entschlossene Verfechter der ungarischen Eigenständigkeit, tat alles, um die Verwirklichung der politischen Einheit unter der Herrschaft Habsburgs zu vereiteln. Er, der überzeugte Verfechter der konfessionellen Toleranz, verstrickte das bis dahin von den Religionskonflikten mehr oder weniger verschont gebliebene Ungarn für Jahrzehnte in die bewaffneten Auseinandersetzungen zwischen Reformation und Gegenreformation.

Auch viele handelnde Personen auf der anderen, der katholisch-habsburgischen Seite, wie etwa der berühmte Primas Péter Pázmány oder der königliche Statthalter Miklós Esterházy, waren auf ihre Art und trotz der von Kaiser Ferdinand gewährten handfesten Begünstigungen ungarische Patrioten, selbst wenn ihr Konzept erst zwei Generationen später von den Habsburgern und ganz anders erfüllt wurde, als sie sich das ursprünglich vorgestellt hatten. Die allgemeine Situation war, wie der ungarische Historiker Domokos Kosáry in einer Studie über die *Gefahren der Geschichte* herausgearbeitet hat[7], mehrschichtig: Einerseits wollten die Habsburger nicht zu große Kräfte in Ungarn binden; die Folge war, daß sie nicht stark und entschlossen genug ganz Ungarn für sich zu sichern trachteten, sondern bloß einen Landstrich, der für Österreichs Verteidigung notwendig erschien. Andererseits sei es eine Illusion gewesen, zu glauben, daß Ungarn unversehrt und mehr oder weniger unabhängig als Ganzes auf der Seite der Türkei agieren konnte; die Türken wollten die direkte Eroberung oder – in einer günstigeren Variante – einen Vasallenstaat.

Die Fragestellung »Mit wem gegen wen?« blieb für die Ungarn über alle Umwälzungen hinweg bis ins späte 20. Jahrhundert ebenso aktuell wie die Entscheidungsproblematik zwischen Revolution und Reform, Aufstand und Anpassung. Das gilt erst recht für jene Persönlichkeiten, die in einer bestimmten Situation oder Periode eine Schlüsselrolle gespielt haben. So kam es auch in der Spätphase des Kádár-Regimes in den 1980er Jahren, nach den Feiern zum 400. Geburtstag Gábor Bethlens, zu spekulativen Vergleichen zwischen dem Siebenbürger Fürsten und dem kommunistischen Generalsekretär. Vor allem die zitierte hochinteressante Studie von Ágnes Hankiss über Bethlens »Seiltanz« und »Kunst der kleinen Schritte« gab Anlaß zu, wohlgemerkt, nicht offenen oder gar öffentlichen, sondern verklausulierten Vergleichen, zumal auch János Kádár als Vasall im Dienste der Eroberer (nach der Niederschlagung des Oktober-Aufstands durch die direkte und unverhüllte Militärmacht der Sowjets) eingesetzt wurde. Daß er dann in den sechziger Jahren einen Weg der Versöhnung und kleinen Reformen ohne die Gefährdung der sowjetischen Vorherrschaft eingeschlagen hat, ergänzte die Ähnlichkeiten. In Wirklichkeit war freilich weder Hankiss' Essay von 1983 noch das zwei Jahre später verfaßte, eher in erotischen als politischen Motiven schwelgende Filmdrehbuch *Empfindlicher Abschied von dem Fürsten* ein Gleichnis mit Blick auf Kádár und seine Ära, versicherte mir die Autorin. Daß es aber in manchen Intellektuellenkreisen doch so aufgefaßt wurde, zeigte die spontane Wirkung der tatsächlichen oder vermeintlichen Ähnlichkeiten in manchen Details der Machtausübung und Machterhaltung im Schatten der »Großdespotie« (Golo Mann).

In der Tat kam auch Kádár in einer scheinbar ausweglosen Situation an die Macht, und es gelang ihm durch eine Mischung aus brutaler Unterdrückung und geschickten peripheren Konzessionen die Gratwanderung zwischen dem stets wachsamen Unterdrücker und den infolge des Mangels an westlicher Unterstützung enttäuschten und dann resignierenden Unterdrückten. Auch er vermochte die Wirtschaft anzukurbeln und nach einer Zeit blutiger Wirren einen bescheidenen Wohlstand und eine Art Scheinstabilität zu bieten.

In Wirklichkeit waren die Unterschiede aber wesentlich größer, als die auf den ersten Blick so treffenden Vergleiche vermuten lassen. Verglichen mit dem Herrschaftssystem des Kommunismus und der sowjetischen Kolonialherrschaft war das Osmanische Reich, abgesehen von den periodischen Überfällen, ein Reich der Toleranz und multikulturellen Vielfalt. Der außenpolitische Spielraum Bethlens, mit seinen Angeboten und Kontakten nach allen Richtungen, wäre für einen kommunistischen Parteichef im direkten Einflußbereich der Sowjetunion nicht einmal im Traum vorstellbar gewesen. Der Unterschied zwischen dem Kontrollmechanismus der Osmanen und dem der Russen ähnelte dem zwischen einem Abakus und einem Computer. Überdies vertraten die beiden Persönlichkeiten Bethlen und Kádár zwei gänzlich verschiedene Welten, womit nicht nur der Unterschied von über dreihundert Jahren gemeint ist.

Bethlen führte in jeder Hinsicht ein pralles Leben; nie verlor er die Lust an diplomatischen Verhandlungen oder gar Kriegen. Er war ein Barockfürst, dessen Juwelen ein Vermögen wert waren und der sich mit Musikern, Sängern und Schauspielern umgab. Er kleidete sich Tag und Nacht in grellen Farben. Er war ein Genießer, der Seefisch, Austern und Südfrüchte importieren ließ. Das wenige, was wir von dem Menschen János Kádár wissen, besagt genau das Gegenteil. Er war und blieb auch in der Zeit seiner relativ hohen Popularität im Grunde ein völlig farbloser, introvertierter Mensch, der außer an Schach, Fischen und Jagd an nichts interessiert war. In einem einzigen Brief von Bethlen gibt es mehr mörderischen Sarkasmus, feine Ironie, blitzenden Zorn, herzliche Zuneigung oder verständnisvolle Solidarität als in all den stereotypen, vor Veröffentlichung von allen derben Wendungen sorgfältig gereinigten Reden und Erklärungen, Briefen und Interviews des ehemaligen ungarischen Parteichefs.

Was an den Vergleichen übrig beziehungsweise relevant geblieben ist, kann man unter zwei Aspekten zusammenfassen: Der jeweilige Spielraum für einen kleinen mittelosteuropäischen Staat läßt sich nur im Rahmen des europäischen Kräftegleichgewichts abschätzen, und die Rolle der Persönlichkeit kann in Krisensituationen sowohl im 17. als auch im 20. Jahrhundert außerordentlich wichtig, manchmal sogar entscheidend sein. In dieser Hinsicht werden freilich die Kontraste zwischen Befürwortern eines Vorpreschens und Befürwortern eines Rückzugs, zwischen den Kämpfern und den Versöhnlern, zwischen den Unnachgiebigen und den Geschmeidigen im Verlauf der späteren ungarischen Geschichte noch viel spannender als die künstlich herbeigeführten und deshalb in der Substanz doch irreführenden Vergleiche zwischen einer historischen Größe wie Bethlen und einer tragischen Gestalt des Überganges wie Kádár, kurz, zwischen einem Treibenden und einem Getriebenen der Geschichte.

XII Zrinyi oder Zrinski? Held zweier Nationen

Als die Kroaten im Jugoslawien Titos begannen, sich gegen die schleichende »Serbisierung« in Theater, Rundfunk, Universität und Wirtschaft zu wehren, kam es zunächst einmal zu sporadischen Flugblattaktionen von Jugendlichen. Auf einer meiner ersten Reisen nach Zagreb – das war noch in den 1960er Jahren – geriet dann aber der leidenschaftliche Applaus des Publikums nach einer Aufführung der kroatischen Nationaloper *Nikola Šubić Zrinski* zur unüberhör- und unübersehbaren Demonstration. »Was, in aller Welt«, so fragte ich mich und später auch den Germanistikprofessor Zdenko Skreb, »hat ein ungarischer Nationalheld im Widerstreit von großserbischem Hegemoniestreben und kroatischem Nationalbewußtsein zu suchen?« Der Gelehrte war über meine Ignoranz eher erheitert als empört. Mit viel Geduld und anhand konkreter Beispiele erläuterte er mir die auf parallelen Gleisen verlaufenden gegensätzlichen Tendenzen des sogenannten »Jugoslawismus« der Serben und des nationalen Selbstbehauptungswillens der Kroaten.

Miklós Zrinyi, der die kleine Festung Szigetvár in Südwestungarn heldenhaft verteidigt hatte und bei einem Ausbruchversuch gegen die türkische Übermacht fiel, war für mich wie für Generationen von Schulkindern ein waschechter ungarischer Patriot. Auch unzählige Geschichtsbücher haben die beiden Zrinyis, den Helden aus dem Jahr 1556 (S. 116) und den Urgroßenkel gleichen Namens, als ungarische Freiheitskämpfer dargestellt. Wer wußte in Ungarn schon, daß ebenso viele Generationen kroatischer Schulkinder und -bücher die beiden Zrinskis als die vielleicht größten Helden der kroatischen Geschichte kennengelernt beziehungsweise gelehrt haben?

Tatsächlich hatten beide Seiten recht. Die Familie Zrinski – der ursprüngliche Name war Šubić – gehörte zu jenen ältesten kroatischen Geschlechtern, die Anfang des 12. Jahrhunderts mit dem ungarischen König Kálmán (Koloman) den sogenannten Herrschaftsvertrag geschlossen hatten. Den Namen Zrinski trugen sie erst seit der Mitte des 16. Jahrhunderts, als sie den großen Besitz in der Mur-Insel (Muraköz) mit der Festung Csáktornya (Cakovec) von Kaiser Ferdinand I. übertragen bekamen. Zrinyi (Zrinski) war auch Ban, also Vizekönig von Kroatien, und es ist nicht zu bezweifeln, daß seine Muttersprache Kroatisch war. Andererseits war Kroatien damals schon seit 400 Jahren integraler Teil Ungarns, wenn auch unter besonderer Verwaltung. Als Angehöriger des Hochadels gehörte Zrinyi also zur natio Hungarica, zur politischen Nation Ungarns, die allerdings keine ethnische, sondern eine juristisch-politische Kategorie war. Zrinyi/Zrinski fiel als kroatischer Adliger im Kampf gegen die Türken, für Kaiser Ferdinand, der zugleich gekrönter Herrscher des Königlichen Ungarn war. Er starb als Kroate für Ungarn. Seine ethnische Zugehörigkeit hatte damals mit dem sprachlich ausgerichteten Nationalitätenproblem im Ungarn der Neuzeit nichts zu tun.

Trotzdem ist die sogenannte nationale Zugehörigkeit des Helden von Szigetvár immer wieder ein Reizthema bei historischen Debatten, vor allem im Ringen zwischen »Patriotismus« und »nationalem Nihilismus«. Dem ständischen Nationalbegriff zufolge wurde jeder innerhalb der Grenzen des Landes lebende Adlige, unabhängig von seiner Muttersprache – Verkehrssprache war ohnedies Latein –, als Glied der natio Hungarica betrachtet. Später, im 19. Jahrhundert, wurde dieser Begriff auch auf die entstehende bürgerliche Gesellschaft und dann auf jeden Bürger des Staates angewandt. So wurde im Grundgesetz von 1868 bekräftigt, daß jeder Bürger Ungarns gleichberechtigtes Mitglied der unteilbaren, einheitlichen ungarischen Nation sei. In der deutschen politischen Literatur hingegen und später auch in anderen europäischen Sprachen wurde die Unterscheidung zwischen »Ungar« (Hungarus) und »Magyar« üblich – während das Ungarische nur die letztere Bezeichnung kennt. Wir werden uns später noch eingehend mit der brisanten Problematik des Assimilationsprozesses, der Magyarisierung, beschäftigen. Die Bezeichnung »Ungar« für das Ungartum im engeren Sinne, also für jene Bürger, die die ungarische Sprache sprechen und ethnisch zur ungarischen Nation gehören, ist seit dem Ende des 18. Jahrhunderts gebräuchlich.

Das heikle und immer noch aktuelle Problem der nationalen Zugehörigkeit entstand demnach nicht im Zeitalter der Zrinyis/Zrinskis, sondern aus dem inneren Zusammenhang herausgerissen, sozusagen rückwirkend: Obwohl Zrinyi/Zrinski kroatischer Herkunft gewesen sei, habe er auch ungarisch gesprochen; man könne ihn also weder als Kroaten noch als Ungarn klassifizieren, meinte Jenö Szücs, der auch auf die Gefahren der willkürlichen »Anpassung« von historischen Persönlichkeiten und Ereignissen hingewiesen hat. Für Hugo Badalic und

Ivan Zajc, den Librettisten und den Komponisten der 1876 zum erstenmal aufgeführten Nationaloper *Nikola Šubić Zrinski*, war der Held selbstverständlich Kroate. Theodor Körner sah in ihm, wie schon erwähnt, einen freien und königstreuen Ungarn. Und so hielten es selbstverständlich auch die ungarischen Dichter und Dramatiker. Sogar der herausragende Historiker der Zwischenkriegszeit, Gyula Szekfü, stellte ultimativ fest: »Trotz väterlicher und mütterlicher Abstammung kroatischerseits hat er sich als Ungar betrachtet. Dulcis Patria (geliebtes Vaterland) bedeutete für ihn nicht Kroatien, sondern Ungarn.«

Die Geschichte der Familie Zrinski/Zrinyi ging verschlungene Wege und war voll von Dramatik: Militärische Siege und politische Niederlagen, Liebe und Leiden, Leichtsinn und Intoleranz, Verrat und Tod waren hier untrennbar mit dem traurigen Schicksal des aus vielen Wunden blutenden, trostlosen, ausgeplünderten und dreigeteilten Ungarn verbunden. Ob sie sich als Kroaten oder Ungarn bekannt haben, war für den Aufstieg und Sturz der Frauen und Männer dieser Adelsfamilie letztlich unwichtig.

Die bekannteste und angesehenste Persönlichkeit, die Schlüsselfigur des politischen und zugleich menschlichen Dramas war Graf Miklós Zrinyi, der Urgroßenkel des gleichnamigen Helden von Szigetvár. Dieser schillernde und auch nach Jahrhunderten noch immer faszinierende Soldat und Dichter, Staatsmann und Denker war stolz darauf, daß es ihm vergönnt war, seinen Namen mit dem Schwert in das Buch der Geschichte zu schreiben. Mit seinen Siegen gegen die Türken errang er europäischen Ruhm.

Noch zu Lebzeiten erschien in London ein Buch über die Heldentaten des Grafen »Serini«; unter diesem Namen war er damals im Westen bekannt. In Wirklichkeit hielt er nur in der einen Hand das Schwert, in der anderen war die Feder. Allerdings hatten sein Epos über die Verteidigung von Szigetvár, das er als 26jähriger General schrieb, und seine in Stil und Argumentation brillante Schrift *Arznei gegen das türkische Gift* keine Wirkung auf seine Zeitgenossen, weil die meisten Gedichte und Schriften erst vier Jahrzehnte nach seinem Tod veröffentlicht wurden. Für ein größeres Publikum wurden sie überhaupt erst Anfang des 19. Jahrhunderts entdeckt. Dann aber zogen sein Leben und seine Werke, diese Mischung aus zwei Menschentypen, »dem mythischen visionären Dichter und dem machiavellistischen Realpolitiker nach dem Muster eines Wallenstein oder Gábor

Bethlen«, Generationen von ungarischen Intellektuellen und Politikern in ihren Bann, wie Antal Szerb konstatierte.

Was war nun dieser zweite Nikolaus Zrinyi: Kroate oder Ungar? 1620 als Sohn von Georg Zrinski (für die Ungarn: György Zrinyi), dem Ban von Kroatien, geboren, wurde er in Graz und Wien von Jesuiten erzogen; danach studierte er in Italien. Als Achtzehnjähriger beteiligt er sich an Streifzügen gegen die türkischen Grenzfestungen. Nach glänzenden militärischen Erfolgen ernennt Kaiser Leopold ihn im Alter von 26 Jahren zum General und ein Jahr später zum Ban von Kroatien. Daß alle seine Vorfahren Kroaten waren und also geburtsmäßig auch er, steht außer Zweifel. Doch erwähnen selbst kroatische Nachschlagewerke, daß er sein Epos über seinen Urgroßvater und die Belagerung von Szigetvár auf ungarisch schrieb. In der Tat war der dichtende Soldat vollkommen zweisprachig. Den einzigen zu seinen Lebzeiten veröffentlichten Gedichtband hatte sein Bruder Péter ins Kroatische übertragen: In Zrinyis Epos findet man kroatische Motive neben den südungarischen, sogenannte Göcsejer Mundart-Wendungen neben türkischen und lateinischen Ausdrücken.

Literarisch waren Zrinyis Gedichte und Prosa sicher nicht so elegant und kunstvoll wie etwa die Werke der von ihm bewunderten Tasso oder Machiavelli, aber sie galten als politische, moralische und nationale Schöpfungen; und sie sind auch für uns noch lesbar und fesselnd, weil der Autor selbst ein epischer Held war, der die von ihm geschilderten Kampfszenen und Zusammenstöße mit den Türken am eigenen Leib erlebt hatte. Zrinyi schrieb schlicht und einfach deshalb ungarisch, weil er sich bewußt zum Ungartum bekannte, wie Antal Szerb betonte:

> Selbst sein Ungartum ist das Resultat seines Wollens. Es ist nicht notwendig, die Tatsache wegzuzaubern, daß Zrinyi von Geburt Kroate ist. Sein jüngerer Bruder ist kroatischer Patriot und kroatischer Dichter... Aber Zrinyis Nationalität ist dadurch bestimmt, welcher Nationalität er angehören will; so wurde er der ungarischste der Ungarn. Sein Beispiel zeigt, daß die Nationalität des Menschen nicht durch das Blut, sondern durch die Entscheidung bestimmt wird.[1]

In der Dichtung galt Zrinyis Vorliebe der ungarischen Sprache, und er tat mehr als alle anderen Zeitgenossen, um die Ungarn zu vereinen. Gleichzeitig war sein Hintergrund jedoch zutiefst kosmopolitisch.

Dieser Humanist und Krieger sprach sechs Sprachen fließend: außer Ungarisch und Kroatisch auch Deutsch und Italienisch, Lateinisch und Französisch. Ungarische Essayisten betonten immer wieder, Zrinyi sei »im wahren Sinne des Wortes Europäer« beziehungsweise »in allen seinen Gliedern ein europäischer Ungar« gewesen. Im Gegensatz zum Dichter Balassi oder zu seinem Vormund, dem wortgewaltigen Kardinal Pázmány, blickte Zrinyi nach Italien und sah nicht die lateinische oder die deutsche Literatur als Vorbild an. In der politischen Literatur faszinierte ihn, trotz der Entfernung von anderthalb Jahrhunderten, Machiavelli als Vorbild; unter den Dichtern begeisterten ihn Tasso und Marino.

Für seine Zeitgenossen dürfte Zrinyi eine ungewöhnliche, ja merkwürdige Gestalt gewesen sein: Auf der einen Seite war er ein tollkühner Krieger, der sich von den endlosen Besäufnissen seiner Standesgenossen fernhielt und vom Kleinadel durch seine aristokratischen Umgangsformen abhob; der zwischen den Streifzügen gegen die Türken in seiner Gemäldegalerie und reichhaltigen Bibliothek in der Schloßfestung Csáktornya die aus Venedig importierten italienischen Bücher im Original las oder seine Gedanken über die Wege zur Befreiung Ungarns in ungarischen, lateinischen und französischen Briefen oder in Studien niederschrieb. Andererseits stürzte der eigenwillige und geniale Feldherr trotz seiner tiefen Religiosität und Treue zum Herrscherhaus den Wiener Hof in eine große Verlegenheit, da man dort seine Streifzüge gegen die Türken mißbilligte. Das Haus Habsburg strebte eher eine stille Koexistenz und auf lange Sicht einen Frieden mit der Hohen Pforte an: zunächst wegen des Dreißigjährigen Krieges, später im Interesse seines Machtkampfs mit Frankreich. Obwohl die von Pázmány so erfolgreich geförderte Rekatholisierung die Bindung der Magnaten an die Dynastie außerordentlich stärkte, saß das Mißtrauen des Militärs tief: vor allem gegen so unabhängig operierende Generäle, wie der Ban von Kroatien einer war. Der berühmte kaiserliche General Raimondo Montecuccoli, der zur erfolgreichen Kriegführung nur »Geld, Geld und Geld« für nötig hielt, haßte die Ungarn, ob sie nun Katholiken oder Kalvinisten waren.

> Man vermag die unstete, undankbare, unbändige und aufrührerische Natur der Ungarn … weder mit Vernunftgründen im Zaum zu halten noch mit Gleichmut zu gewinnen, noch mit Gesetzen zu regieren. Man muß sich vor einem Volk fürchten, das keine Furcht kennt. Deswegen ist sein Wille mit eisernem Stock zu brechen und mit

> Strenge in seine Schranken zu weisen... Auch die Wildheit eines störrischen Rosses kann man nicht mit einem Seidenfaden, nur mit einer eisernen Trense züchtigen.[2]

So also dachte der kaiserliche Oberbefehlshaber über jenes Land, das er vor dem türkischen Feind hätte schützen sollen. Eine Ansicht über die ungarischen »Rebellen, Räuber und ruchlosen Menschen«, die andere einflußreiche Persönlichkeiten im Hofkriegsrat und an den Schaltstellen der Zentralmacht teilten. Es war daher nur folgerichtig, daß der Hof die Wahl Zrinyis zum Palatin Ungarns trotz der nationalen Stimmung im letzten Augenblick vereitelte, indem der König selbst ihn von der Kandidatenliste strich.

Genaugenommen war das Leben dieses so ungewöhnlichen Menschen eine Serie von Fehlschlägen. Der Ban von Kroatien setzte, wie so viele andere Ungarn, seine Hoffnungen auf den regierenden Fürsten von Siebenbürgen, György (Georg) II. Rákóczi, als möglichen nationalen König eines befreiten Ungarn. Das war der tiefere Sinn von Zrinyis Buch über König Matthias (1656), in dem er meinte, daß nur ein neuer Held, Fürst Rákóczi oder vielleicht er selber, Ungarn vom türkischen Joch befreien könnte. Doch auch dieser Traum zerbrach, als der von maßlosem Ehrgeiz getriebene Fürst an der Spitze des Heeres nach Polen marschierte, um König von Polen zu werden, und schließlich Kopf und Kragen, das heißt sein Reich und sein Leben, verlor. Die siegreichen Türken eroberten die wichtigsten Festungen, verwüsteten Siebenbürgen, trennten die reichen Partium-Bezirke wieder ab und setzten den gehorsamen Vasallen Mihály Apafi an die Spitze des Rumpffürstentums. Damit schied Siebenbürgen als eigenständiger Faktor aus den waghalsigen Kombinationen Zrinyis aus.

Inzwischen errang Zrinyi neue Siege im Süden, und sein Winterfeldzug elektrisierte die Stimmung in ganz Europa. Vor allem sein Erfolg bei der Zerstörung der für die türkische Armee lebenswichtigen langen Brücke bei Esseg über die Drau löste Bewunderung aus. Doch mußte Zrinyi auf Befehl des Hofkriegsrats immer wieder im letzten Augenblick den Rückzug antreten, seine eigene Festung aufgeben und nach Intrigen seines Erzfeindes Montecuccoli darauf verzichten, gegen die Türken entscheidende Schläge zu führen.

Unter dem Druck vielfacher Hilferufe aus Siebenbürgen und aus dem besetzten Ungarn, aber auch aufgrund der abendländischen Appelle griff Kaiser Leopold widerwillig in den Konflikt ein. An der Spitze eines internationalen Heeres errang Montecuccoli bei Szentgotthárd vor den Grenzen der Steiermark einen entscheidenden Sieg über die türkische Armee. Statt der erwarteten Großoffensive zur Befreiung zumindest eines Teiles des besetzten Ungarn schloß der Kaiser jedoch Frieden: Das Abkommen von Vasvár sollte für zwanzig Jahre gelten; es erkannte alle Eroberungen der Türken an und gestand den Besiegten sogar eine großzügige Kriegsentschädigung zu. Die Nachricht vom unbegreiflichen Nachgeben des Siegers gegenüber den Geschlagenen löste in Ungarn, ja in ganz Europa Bestürzung aus. Die Wiener Hofkreise freilich, allen voran Leopolds engster Berater Fürst Lobkowitz, waren zufrieden; sie hatten zwei Fliegen mit einer Klappe geschlagen: Der Kaiser bekam freie Hand nach Westen und eine gewisse Sicherheit im Südosten; zumindest war mit großer Wahrscheinlichkeit auszuschließen, daß die ungarischen Stände mit türkischer Schützenhilfe etwas gegen Wien unternahmen.

Der Mißmut über den Ausverkauf der ungarischen Interessen durch den Hof war so stark, daß selbst die bisher loyalen katholischen Magnaten, auch Zrinyi, sich vom Haus Habsburg abzuwenden begannen. Französische Offiziere und Abgesandte Ludwigs XIV. knüpften Kontakte zu Zrinyi, der in einem Memorandum an den Kaiser seiner Empörung über die falsche Strategie freien Lauf ließ. In einem Jahrhunderte später in einem französischen Archiv gefundenen Brief schrieb Ludwig 1664: »Ich stand in geheimer Verbindung mit dem Grafen Serin [Zrinyi], um in Ungarn Unruhe zu stiften, für den Fall, daß ich einen Krieg mit dem Kaiser begänne.«[3]

Der französische Mitteleuropa-Experte V. L. Tapié, der diesen Brief in seinem Buch *Die Völker unter dem Doppeladler* zitierte, sieht in ihm »den unverhüllten Beweis für die Störungspolitik Frankreichs, welche die ungarische Frage der Freundschaft oder Feindschaft zum Hause Österreich unterordnete«. In der Tat war Ludwig XIV. die Freiheit der ungarischen Stände völlig gleichgültig. Durch Kontakte mit Verschwörern und Aufständischen schürte er in den nächsten Jahrzehnten eifrig die Unzufriedenheit gegen die österreichischen Habsburger, doch kam dabei außer ein wenig Geld und vielen freundlichen Worten für die Ungarn nichts heraus. Zrinyi hat die hoffnungslose Wirklichkeit erkannt, und doch war er von der kühnen Hoffnung beseelt, daß sich Ungarn eines Tages aus eigener Kraft befreien könne.

Dieser Glaube, daß aus der größten Hoffnungslosigkeit die ungarische Zukunft geboren werde, diese »plötzliche Wende von rationaler Hoffnungslosigkeit zum irrationalen Vertrauen« in die Zukunft (Szerb) ist ein charakteristischer Zug der ungarischen Dichtung seit

Zrinyi geblieben. Er kommt zum Beispiel in den verblüffenden und für viele Leser unverständlichen optimistischen Schlußfolgerungen am Ende des von abgrundtiefem Pessimismus geprägten Gedichts *Gedanken in der Bibliothek* (um 1850) von Mihály Vörösmarty oder des Dramas *Die Tragödie des Menschen* (um 1860) von Imre Madách zum Ausdruck. Es sind Passagen, die zum Großartigsten zählen, was in ungarischer Sprache geschrieben wurde.

In diesen Rahmen fügt sich auch die in der letzten großen Schrift Zrinyis – *Arznei gegen das türkische Gift* – als Einleitung getarnte scharfe Geißelung der sittlichen Verkommenheit der Stände. Am Anfang und am Ende seiner in bestechendem Stil verfaßten Aufforderung zur Errichtung einer nationalen Armee und zur Mobilisierung des ganzen Volkes steht sein flammendes Bekenntnis zum Ungartum:

> Rühr den Ungar nicht an! Arme ungarische Nation, so schlecht steht Deine Sache, daß niemand mehr in Deiner letzten Gefahr aufschreit? Daß niemandes Herz sich über Dein Elend empört? Daß niemand zu Deinem letzten Kampf auch nur ein ermutigendes Wort spricht? Ich allein bin Dein Wächter und melde die Gefahr, in der Du schwebst? Dieses Amt fällt mir zwar schwer, doch wenn der Herr mich mit der Liebe zu meinem Vaterland begabte, siehe, so rufe ich, siehe, so schreie ich: Höre mich, lebender Ungar, hier die Gefahr, hier das verzehrende Feuer! Ich lege vor Dir Zeugnis ab, großer Gott, alles, was ich weiß, rufe ich aus, damit Du das Blut meines Volkes von mir nicht wiederforderst um meiner Trägheit willen.[4]

Nach der Schilderung der Leiden des ungarischen Volkes als Folge des letzten Vernichtungsfeldzugs des »furchtbaren Ungeheuers, des Türken« in Siebenbürgen zieht er den Schluß, daß von der Christenheit keine Hilfe erwartet werden könne. Was die Ungarn brauchen, sind »Waffen, Waffen, Waffen und ein tapferer Entschluß«. Er ruft die Heldentaten der Vorfahren in Erinnerung, um sodann bitter festzustellen, daß die heutigen Ungarn mit ihren Ahnen außer der Sprache nichts Vergleichbares mehr besäßen. Und warum? fragt der Autor.

> Weil wir die Disziplin des Kampfes nicht einhielten, weil wir trunksüchtig und träge sind und einander hassen… Es gibt keine Nation, die so mit ihren adligen Titeln prahlen würde wie die ungarische und zur Erhaltung dieses Adels und zu seiner Beweisstellung, Gott ist mein Zeuge, so wenig tun würde.

Und trotzdem, nach einem Katalog der Fehler, der Schwächen, der Sünden der Adligen Ungarns, ruft Zrinyi plötzlich aus:

> Wenn Du mich fragst: Welches Volk ich mir wünsche und welcher Nation ich mich anvertrauen möchte: der ungarischen! Und warum? Weil sie die geeignetste, kräftigste, schnellste und, wenn Du willst, tapferste Nation ist. Es sind nunmehr zweihundert Jahre vergangen, daß der Ungar mit dem Türken kämpft. Wie oft kamen die türkischen Kaiser persönlich mit vielen hunderttausend Mann in unser Land, allein Sultan Soliman, der tapferste Kaiser der ottomanischen Nation, unternahm fünf Expeditionen gegen uns, und doch ließ Gott uns nicht alle umkommen; und was verdarb, verdarb zum großen Teil im Frieden, als wir Scheinbündnisse geschlossen hatten, und nicht im Kriege. Und deshalb wünsche ich zu meinem Schutz Ungarn, nicht Inder oder Germanen, nicht Italiener oder Deutsche, oder Spanier.

Er schließt mit der Warnung, daß »wenn wir Ungarn Nagyvárad nicht wiedererobern und Siebenbürgen verlieren, dann sind wir keine: In unserer Scham laufen wir weg aus dem Lande. In Brasilien gibt es genug Land. Verlangen wir vom spanischen König eine Provinz, gründen wir eine Kolonie, werden wir dort Bürger!« Doch wer Gott vertraut, sein Vaterland liebt und noch einen Tropfen ungarisches Blut in sich hat, so Zrinyi, gibt nicht auf, sondern greift zu den Waffen. In diesem Geiste lautet sein letzter Satz: Volenti nihil difficile. (Wer etwas will, dem ist nichts schwierig.)

Dieser große Feldherr, Dichter und zugleich Ungarns einfallsreichster Denker im 17. Jahrhundert hatte vergeblich versucht, einen dritten Weg, eine eigene Lösung, wie er es formulierte, »zwischen türkischem Rauschgift und deutschem Köder« zu finden. Es blieb ihm keine Zeit mehr; am 18. November 1664 fiel er auf der Jagd einem bereits verletzten Eber zum Opfer. Der Tod »des Meisters des kleinen Krieges«, so Krones *Handbuch der österreichischen Geschichte*[5], erschien so sehr als eine vollkommene Ergänzung der nationalen Tragödie, daß man ihn sich in Ungarn nicht als tragischen Zufall vorzustellen vermochte. Sein Jagdunfall ist selbst für einen Literaturhistoriker vom Range Antal Szerbs ein »ewiges Geheimnis« geblieben. So berichtet er in seiner Literaturgeschichte nach einer Anspielung auf das Mordkomplott des Hofes gegen Wallenstein, daß in Wien angeblich ein Gewehr aufbewahrt ist mit der Beschriftung: »Dieser Eber brachte Miklós Zrinyi um.«

Die Schockwirkung des unverständlichen Friedens von Vasvár hat auch nach dem Tod des Feldherrn Zrinyi die Gemüter der dem Hof entfremdeten Magnaten weiter bewegt. Die höchsten Würdenträger des Landes, Palatin Ferenc Wesselényi und Primas György Lippay, Erzbischof von Esztergom, waren die wichtigsten Anführer einer Verschwörung, die sich trügerische Illusionen über eine konkrete Unterstützung durch Frankreich gemacht und sogar Verbindungen zum französischen Gesandten in Venedig aufgenommen hatten. Der kränkelnde Palatin Wesselényi bat König Ludwig XIV. in einem Brief um finanzielle Unterstützung. Andere ungarische und kroatische Magnaten kontaktierten den französischen Gesandten Gremonville in Wien und präsentierten phantastisch anmutende Pläne wie etwa die Schaffung eines Bündnisses zwischen Ungarn, Kroatien, Siebenbürgen und der Walachei. Péter Zrinyi (Petar Zrinski), der Bruder des verstorbenen Feldherrn und ebenfalls Ban von Kroatien, schlug zum Beispiel in einem Brief von September 1666 die Landung von 2000 Franzosen mit Waffen und technischen Experten an der Adriaküste vor. In diesem Fall würde laut Zrinyi »ganz Ungarn gegen Wien aufstehen«. Er sei bereit, sogar einen eigenen Sohn als Geisel zur Bekräftigung seiner Versprechen zur Verfügung zu stellen! Immer mehr Adlige aus Ungarn und Kroatien wurden in dieses operettenhafte Komplott hineingezogen und ins Verderben gerissen. Da wurde korrespondiert und verhandelt, bis man nicht nur in Paris, sondern auch in Konstantinopel, Venedig, Warschau und schließlich auch in Wien wußte, daß eine Verschwörung im Gange war.

Während Péters Frau, Ana Katarina Frangepan, mit dem französischen Gesandten in Venedig konferierte, traf sein Wiener Kollege Gremonville in einem Dorfgasthof nahe Wien, als Händler verkleidet, mehrmals Ferenc Graf Nádasdy, den obersten Richter Ungarns, und Péter Zrinyi. Nach dem Tod Wesselényis und Lippays übernahmen Nádasdy, der Palatin werden wollte, und Zrinyi die operative Leitung der Gruppe. Jener urgierte einen bewaffneten Aufstand, während dieser abenteuerliche Pläne schmiedete: nämlich den Kaiser auf einem Jagdausflug gefangenzunehmen und so lange einzusperren, bis er bereit wäre, ihre Forderungen zu erfüllen. Abgesandte wurden nach Warschau und Adrianopel geschickt, um für Unterstützung zu werben. Der Großwesir wollte allerdings den Frieden mit Österreich bewahren, und der Dolmetscher im Solde Wiens hatte den Hof noch früher als seine ungarisch-kroatischen Auftraggeber von den Kontakten in Kenntnis gesetzt. Der Kaiser wurde nicht nur durch Spitzel, sondern wohl auch durch die Hohe Pforte informiert.

Unabhängig voneinander hatten überdies Nádasdy und Zrinyi ihre Pläne und Mitverschwörer verraten und um Gnade gebeten, dann aber trotzdem weitergemacht und schließlich, viel zu spät, Kaiser Leopold noch einmal um Gnade angefleht. In Wirklichkeit war außer verworrenen und geräuschvollen Konspirationen und Intrigen nichts Ernsthaftes geschehen. Graf Nádasdy hatte dem Kaiser persönlich mehrere Stunden lang alles erzählt. Die Verschwörer wurden verhaftet, des Hochverrats für schuldig befunden und hingerichtet: Nádasdy in Wien, die anderen – Péter Zrinyi, Franjo Kesto Frangepan und der steirische Graf von Tattenbach – in Wiener Neustadt. Zrinyis Frau Ana Katarina wurde im Dominikanerinnen-Kloster in Graz interniert; dort starb sie in geistiger Umnachtung.

Der Schwiegersohn Zrinyis, Fürst Ferenc I. Rákóczi, wurde zum Haupt des Aufstandsversuchs in Oberungarn, der gleichfalls schnell zusammenbrach. Seine mit den Jesuiten am Hof eng verbundene Mutter, Zsófia Báthory, erreichte die Begnadigung ihres Sohnes, der allerdings auch eine hohe Geldstrafe zahlen mußte. Die Güter der Hingerichteten und mehrerer zu langen Kerkerstrafen Verurteilter wurden eingezogen. Allein das Vermögen Nádasdys brachte dem Hof 200 000 Gulden ein. Nach den langen Jahren der direkten Kontakte mit den dilettantischen Magnaten ging Ludwig XIV. in seinem Zynismus so weit, daß er – um Gremonville zu retten – Kaiser Leopold zur »Aufdeckung dieser gefährlichen Verschwörung« herzlich gratulierte!

Das Königreich Ungarn wurde fortan als eine eroberte feindliche Provinz behandelt. Daß die Verschwörer nicht vor ein ungarisches, sondern im Widerspruch zur Verfassung vor ein österreichisches Gericht gestellt wurden, war schon ein Vorbote der in jeder Hinsicht kontraproduktiven »Verwirkungstheorie«. Danach hatten die Ungarn durch ihre Aufsässigkeit und Rebellionen die Selbstverwaltungs- und Freiheitsrechte »verwirkt«. Leopold I. setzte die Verfassung außer Kraft und nahm Ungarn enger an die Kandare. Die Verwaltung wurde einem in Preßburg errichteten Direktorium übertragen, dem der Hochmeister des Deutschen Ordens vorstand. Er war es auch, der die gewaltsame Rekatholisierung Oberungarns einleitete und eine Hexenjagd nach »unzuverlässigen Elementen« veranstaltete.

Hunderte protestantischer Geistlicher waren blutiger Vergeltung ausgesetzt; sie mußten entweder konvertieren oder als Galeerensklaven dienen. Die Ungarn mußten für 40 Prozent der Stationierungskosten der nach Ungarn verlegten kaiserlichen Truppen aufkommen.

Darüber hinaus wurden von den 11 000 »verdächtigen« ungarischen Soldaten der Grenzfestungen rund 8000 entlassen.

Die gewaltsamen Gleichschaltungsmaßnahmen gaben den permanenten Spannungen zwischen der absoluten Monarchie und dem Ständestaat einen mächtigen Auftrieb, und zugleich bereiteten sie den Boden für einen neuen Aufstand der als Kuruzzen bezeichneten, größtenteils protestantischen Rebellen, Kleinadligen und Bauern vor. Die Freischärler errangen unter der Führung des jungen Grafen Imre Thököly bald große Erfolge in Oberungarn. Die Tochter des in Wiener Neustadt hingerichteten Péter Zrinyi, Ilona, inzwischen Witwe von Fürst Ferenc I. Rákóczi, verliebte sich in den gutaussehenden, wagemutigen und um vierzehn Jahre jüngeren Grafen Thököly. In die einige Jahre später geschlossene Ehe brachte sie nicht nur ein großes Vermögen, sondern auch ihren kleinen Sohn Ferenc II. Rákóczi ein. So schloß sich der Kreis der Zrinyis/Zrinskis, Báthorys und Rákóczis, und so entpuppte sich die berüchtigte »Verwirkungstheorie« bald als äußerst unglückliche Idee sowohl für ihre Erfinder wie auch für ihre Opfer.

XIII Der Kuruzzenführer Thököly: Abenteurer oder Verräter?

Gegen Ende des 17. Jahrhunderts war Ungarn eine hoffnungslos gespaltene Nation. Im Westen fühlte sich die nunmehr überwiegend katholische Elite des Adels, wie die Familien Pálffy, Batthyány, Széchenyi und allen voran die Esterházy, die durch die Habsburger zu noch größeren Vermögen gelangt waren, dem Kaiser und jener ungarischen Tradition verpflichtet, die das Land als Bollwerk und Schild der abendländischen Christenheit betrachtete. Sie erwarteten vom Hof die Befreiung ganz Ungarns und waren deshalb zur Zusammenarbeit bereit, allerdings unter Wahrung ihrer alten Privilegien, was damals aber auch mit der Verteidigung der ungarischen nationalen Selbstbestimmung beziehungsweise der Eigenstaatlichkeit ihrer Nation gleichbedeutend war. Gyula Szekfü sah deshalb die Tragik der neueren ungarischen Geschichte darin, daß diese nationale Seite des ungarischen Ständetums von den Habsburgern nicht erkannt und noch weniger berücksichtigt wurde. So sei zum Beispiel im Beamtenapparat der Wiener Hofkammer und des Hofkriegsrates jahrhundertelang kein Ungar zu finden gewesen.

Unabhängig von personenbedingten Akzentverschiebungen in der Ungarnpolitik unter den einzelnen Habsburgern konnten die Gegensätze, auch nach der gelungenen Rekatholisierung im Westen, zwischen dem Absolutismus Wiener Prägung und den Souveränitätsansprüchen der ungarischen Stände nicht recht überwunden werden. Daß es sich dabei nicht nur um Prinzipien, sondern vor allem auch um handfeste Interessen bezüglich des Unterhalts der Grenzfestungen und der Söldner, der Verteilung der Finanzmittel und Zuteilung der Güter in den von den Türken verwüsteten und schließlich verlassenen Gebieten handelte, konnte man in den nächsten Jahrzehnten nach der Vertreibung der Türken immer wieder beobachten. Es war Jenö Szücs, der in *Die drei historischen Regionen Europas* beide Seiten der Heuchelei überführte:

> Die Dynastie beteuerte, daß sie den ungarischen »Völkern« nur Gutes tun wollte, und nur die Rebellionen hätten sie daran gehindert. Das war eine Lüge. Der Adel sprach über die unaufhörlichen Leiden

der »ungarischen Nation«, was mit der Zeit zu einer doppelten Lüge wurde, da der Adel, wenn er von der Nation sprach, ausschließlich sich selbst meinte (wobei eine solche Gleichsetzung in der europäischen Zeitrechnung bereits eindeutig als Lüge galt) und er selbst ja gar nicht so zu leiden hatte.[1]

Siebenbürgen genoß, wenn auch geschrumpft und zu höheren Tributzahlungen an die Pforte verpflichtet, eine relative Stabilität unter dem Vasallenfürsten Apafi. In den siebziger Jahren fanden dort zahlreiche vor der Vergeltung flüchtende Adlige Zuflucht. Indessen versuchte Ludwig XIV. immer wieder, die Gegner Habsburgs im Südosten zu unterstützen. Im Mai 1677 wurde in Warschau sogar ein Abkommen über ein Bündnis zwischen Frankreich, Polen und Siebenbürgen unterschrieben. Im Herbst kamen bereits rund 2000 französische Soldaten und Militärexperten aus Polen nach Siebenbürgen.

Die drakonischen Maßnahmen gegen die protestantischen Adligen und Geistlichen sowie die unbarmherzige Härte des von Leopold installierten Militärregimes nährten diese von Polen und Frankreich und erst recht von Siebenbürgen unterstützte neue Rebellion in Oberungarn. Sie hat unter der Führung des jungen Imre Thököly zeitweilig einige spektakuläre, aber nie wirklich dauerhafte Erfolge erreicht. Die Rebellen nannten sich »Kuruzzen«, nicht aber, wie meist behauptet wird, nach dem Kreuz (lat. *crux*), das noch Dózsas aufständische Bauern 1514 trugen, sondern eher nach dem türkischen Wort *kurudsch* (Rebell oder Aufständischer).

Die Kuruzzen waren anfänglich kleine, undisziplinierte Reiterscharen, die der kaum zwanzigjährige Thököly aber mit starker Hand und taktischer Begabung zu schlagkräftigen Einheiten formte. Thököly selbst stammte aus einer geadelten Kaufmannsfamilie und war nach dem Tod seines in die Wesselényi-Zrinyi-Verschwörung verwickelten Vaters und der Besetzung seiner Burg an der Árva im nördlichen Oberungarn nach Siebenbürgen geflüchtet. Seine militärischen Erfolge, so auch die schnelle Besetzung der Bergstädte in Oberungarn, und die kühnen Streifzüge seiner Reiterscharen in Mähren haben seinen Namen europaweit bekannt gemacht und letztlich auch den Kaiser zu einem Kurswechsel gegenüber Ungarn gezwungen. Nach neunzehnjähriger Pause hat Leopold I. 1681 den Reichstag nach Sopron (Ödenburg) einberufen, die drückenden Strafsteuern aufgehoben und die Religionsfreiheit der Protestanten mit Einschränkungen wiederhergestellt. Zugleich durfte der Reichstag das Amt des Palatins durch die

Wahl Pál (Paul) Esterházys (Thökölys Schwager!) wiederbesetzen. Die Kuruzzen sind aber in Sopron nicht erschienen und haben auf das Amnestieangebot des Kaisers nicht geantwortet. Thököly setzte den Kampf mit türkischer Unterstützung fort.

Wenn man sich nun fragt, warum damals so viele Ungarn, zumindest zeitweilig, die Partei Thökölys ergriffen und sich nicht sofort der Sache der Christenheit anschlossen, so muß man an eine Feststellung Macartneys in seinem Ungarnbuch erinnern: Es sei ein offenes Geheimnis, daß »drei Viertel aller Ungarn das Haus Habsburg und Österreich als ihre Todfeinde betrachteten«.[2] Ein französischer Reisender berichtete zum Beispiel nach der gescheiterten Adelsverschwörung: »Diese… sonderbare und überspannte Nation hat einen unglaublichen Haß auf die deutsche Regierung und wünscht sich die Wahl eines eigenen Königs. Angeblich sollen ihre Privilegien sie dazu berechtigen.«[3]

Historiker weisen auch darauf hin, daß sich die kaiserlichen Truppen während der Kampfhandlungen gegen die Türken und vor allem nachher im befreiten Ungarn stets wie in einem eroberten feindlichen Land aufführten. Immer wieder beschwerten sich Ungarn, daß die kaiserlichen Truppen genauso viele Greueltaten begingen wie die Türken, was um so schlimmer sei, als sie sich doch Christen nannten.

Die Aktionen der Kuruzzen, vor allem der Reiter, waren oft virtuos, aber disziplinlos. Sie kämpften im Angriff tapfer und blieben in plötzlichen Rückzügen wendig und einfallsreich. Thököly führte seine Truppe mit harter Hand und wurde vor allem deshalb populär, weil er auf Streifzügen mit den Soldaten in Zelten zusammenlebte. Zahlreiche Gefechte spielten sich in Gegenden um die herrlichen Weingärten Nordungarns ab. Beide Seiten, die kaiserlichen Truppen und die Kuruzzen, erlitten dort Niederlagen manchmal nur deshalb, weil die Soldaten einfach betrunken waren. Überraschungsangriffe wurden zum Nationalsport. Auf diese Weise mußte Thököly mehrmals buchstäblich aus dem Bett springen und Hals über Kopf flüchten: ohne Koffer und Kriegskorrespondenz.

Der schneidige Kuruzzenführer war auch ein guter Organisator, der in den von ihm kontrollierten Gebieten sein Ansehen zum Aufbau einer Finanzverwaltung einsetzte. Durch seine Ehe mit Ilona Zrinyi, die über die unermeßlichen Ländereien der Rákóczi-Familie verfügte, hatte der inzwischen knapp 26jährige Thököly die materielle Basis für eine Ausweitung der Kuruzzen-Rebellion gesichert. Die Hohe Pforte war von der vorsichtigen, zögerlichen Haltung des Fürsten Apafi von

Siebenbürgen bezüglich der empfohlenen Angriffe gegen die Habsburger sichtlich enttäuscht und setzte immer mehr auf den scheinbar so erfolgreichen Thököly. Als Belohnung für die Einnahme von Kassa und der Festung Fülek ließ ihn der Sultan als Fürst von Oberungarn inthronisieren. Dieser Schritt führte faktisch zu einer Vierteilung des Königreiches: Neben dem Königlichen Ungarn, Siebenbürgen und den türkischen Paschaliks gab es nun auch das von Thököly kontrollierte Oberungarn.

In der ungarischen Geschichtsschreibung hat man ausführlich über die Politik Thökölys debattiert. Wäre es nicht sinnvoller gewesen, den von der Wiener Regierung angebotenen Kompromiß anzunehmen, statt den Weg des Bündnisses mit der Türkei einzuschlagen? Für Wien schien der Kampf gegen die französische Expansion und die sich abzeichnende spanische Erbfolgekrise wichtiger gewesen zu sein als die Aktivitäten des von den Türken unterstützten jungen Kuruzzenführers. Während etwa Szekfü das Türkenbündnis als einen verhängnisvollen Schritt Thökölys betrachtete, sahen die Anhänger der Kuruzzenbewegung darin die Fortsetzung jener Richtung, die von Zápolyai und Bocskai über Bethlen bis Rákóczi und letzten Endes bis zum Freiheitskampf von 1848 führte.

Daß der Pascha von Buda ihm den Königstitel verlieh, bedeutet nicht, daß Thököly ausschließlich und von Anfang an bloß ein Anhängsel des Osmanischen Reiches war. Wie eine Tagebuchnotiz seiner Frau Ilona Zrinyi vom November 1681 enthüllt, träumte der junge Kuruzzenführer, damals fünfzehn Jahre alt, davon, nach der Vertreibung der Habsburger aus eigener Kraft »unsere Heimat von den Türken zu befreien«. Thököly wollte aufs Ganze gehen, aber er wurde zuerst ein Getriebener und schließlich ein Opfer der von ihm völlig falsch eingeschätzten Machtverhältnisse in einem sich gerade in jenen Jahren schnell wandelnden Europa.

Sein Biograph Dávid Angyal schrieb, daß Thököly in der Politik wie auf dem Schlachtfeld nur ein Meister des »kleinen Krieges« gewesen sei. Er hatte keinen diplomatischen Apparat zur Verfügung und keine Informationsquellen, sondern handelte ausschließlich von einem ungeheuren Ehrgeiz getrieben.

Sein folgenschwerster Fehler, der sich freilich als ein Segen für die abendländische Christenheit erwies, war die Ermunterung der Hohen Pforte, einen Großangriff gegen Wien zu unternehmen. Thököly überschätzte die türkische Macht und hat die internationale Schockwirkung seiner Zusammenarbeit mit den Türken außer acht gelassen. Doch nicht nur Thököly, auch andere ungarische Magnaten huldigten dem Großwesir Kara Mustafa während seines Zuges nach Norden. Immerhin war er Befehlshaber eines gewaltigen, 150 000 Mann zählenden osmanischen Heeres. Angesichts dieser Truppenstärke hielt es auch der Fürst von Siebenbürgen Mihály I. Apafi als Vasall des Sultans für geboten, mit seinem Heer dem Großwesir seine Aufwartung zu machen. Am Sonntag, dem 22. August 1683, spielte sich im Zeltlager von Kara Mustafa vor Wien eine Szene ab, über welche der Zeremonienmeister der Hohen Pforte folgendermaßen berichtet:

> Der König [= Fürst Apafi]... begab sich mit einer Anzahl seiner nächsten Gefolgsmänner hinein in das Dreimastzelt, wo er sich auf dem neben der Sitzwand aufgestellten Stuhl niederließ; der Diwansdolmetscher blieb an seiner Seite und sprach eine Zeitlang mit ihm, um ihn über die Hauptpunkte des Zeremoniells zu unterrichten. Indessen erschienen von drinnen der Staatskanzler und der Pfortenmarschall, mit Hofturban und Staatspelz angetan, und hinter ihnen der erhabene und hochmächtige, sieghafte Feldherr mit dem Wesirturban und einem hermelinbesetzten Oberkleid aus Kamelot. In unendlicher Würde trat er ein, entbot den Selam [arab. Grußformel] und ließ sich auf dem Sofa nieder... Dann wurde dem König die Ehre zuteil, dem gnädigen Großwesir den Gewandsaum küssen zu dürfen und von ihm zum Platznehmen aufgefordert zu werden; er setzte sich jedoch nicht gleich wieder, sondern trat wiederum zum Großwesir hin und legte das Gesicht an den Saum seines Gewandes. Als ihn der Großwesir daraufhin nochmals einlud, sich zu setzen, verneigte er sich und nahm Platz. Und zwischen den verschiedenen Fragen und Antworten trat er neuerlich hin, küßte den Gewandsaum des gnädigen Großwesirs und führte alle erforderlichen Zeremonien der Huldigung aus. Es wurden Kaffee, Scherbet und Tabakspfeifen gereicht...[4]

Man muß freilich daran erinnern, daß, während Fürst Apafi den Gewandsaum des Großwesirs hingebungsvoll küßte und ihm anschließend eine sechsspännige Kutsche, sechs vergoldete Silberpokale, ein gesatteltes Reitpferd sowie vier Handpferde als Geschenk übersenden ließ, die Belagerung Wiens weiterging. Der siebenbürgische Fürst begab sich vor allem deshalb an der Spitze einer 5000 Mann starken Truppe zur Zeltburg Kara Mustafas, weil er nicht ohne Grund Angst hatte, daß seine Schirmherren dem in Oberungarn so erfolgreich operierenden Thököly auch Siebenbürgen übergeben und ihn, den seit zwei Jahrzehnten regierenden Vasallen, über die Klinge springen lassen würden. Thököly blieb mit seinen 20 000 Kuruzzen der Belagerung fern. Er unternahm lieber Streifzüge in Transdanubien und Südungarn; und in seinem Bemühen, sein »Reich« zu vergrößern, eroberte er Ende Juli 1683, freilich nur vorübergehend, sogar Preßburg.

Weder Thököly noch Apafi vermuteten, daß nur drei Wochen nach der erniedrigenden Huldigung im Zelt des Großwesirs der »siegreiche Feldherr« bei Wien eine vernichtende Niederlage erleiden würde. In der Schlacht am Kahlenberg am 12. September 1683 zwangen Karl von Lothringen und der Polenkönig Jan Sobieski das osmanische Heer zu einem überstürzten Rückzug. Damit begann ein neues Kapitel in der europäischen Geschichte. Sogar mit einem bescheidenen Beitrag jener ungarischen Truppen, die unter dem Palatin Pál Esterházy in der Armee des Herzogs Karl von Lothringen mitkämpften.

Mit der unerwarteten historischen Wende bei Wien und der von Papst Innozenz XI. finanzierten internationalen Gegenoffensive in Ungarn wurde Thököly zu einer unglücklichen Figur. Ilona Zrinyis heldenhafte Verteidigung der Festung Munkács in Nordostungarn hat die Rolle ihres Mannes in den Schatten gestellt. Es war ein unglaublicher Vorgang. Eine in antitürkischen Traditionen aufgewachsene katholische Gräfin, aus einer der ältesten kroatischen Adelsfamilien, kämpfte im Bund mit den Türken drei Jahre lang gegen die kaiserlichen Truppen, also gegen jenes Heer, das am 2. September 1686 auch die ungarische Hauptstadt Buda nach 145 Jahren türkischer Besetzung befreit hatte. Tat sie es aus Haß gegen die Habsburger, die ihren Vater und Onkel hingerichtet hatten, oder aus leidenschaftlicher Liebe zu dem immer noch kämpfenden Thököly? Wir wissen es nicht.

Ilona Zrinyi gab erst im Januar 1688 auf. Der Hof verbot ihr jegliche Kontakte mit ihrem Ehemann. Ihr Sohn, der die drei Jahre der Belagerung miterlebt hatte, wurde ihr weggenommen, ebenso ihre Tochter. Doch war damit die abenteuerliche Geschichte des Ehepaares Thököly-Zrinyi noch keineswegs zu Ende.

Thököly mußte vor den kaiserlichen Truppen, in deren Reihen schon viele ehemalige Kuruzzen kämpften, immer wieder den Rückzug antreten und eine Burg nach der anderen aufgeben. Zahlreiche Magnaten, Städte und Komitate nahmen die von Kaiser Leopold angebotene Amnestie an. Die Türken empfanden ihn nun eher als Belastung und stellten ihn im Schacher um bessere Friedensbedingungen als Sündenbock hin. Am 15. Oktober 1685 lud der Pascha von Nagyvárad Thököly zum Mittagessen ein, ließ ihn dabei aber in Ketten legen und nach Belgrad bringen.

Die Nachricht vom Sturz des noch immer gefürchteten, vom überwiegenden Teil der europäischen Öffentlichkeit jedoch als Verräter der Christenheit betrachteten Kuruzzenführers schlug wie eine Bombe ein. Europaweit berichtete man mit großer Schadenfreude über die »bestrafte Untreue« oder die »gerechte Strafe« für den Rebellen. Die Türken begriffen freilich schnell, daß sie einen schweren Fehler begangen hatten: Thököly wurde bereits Anfang 1686 wieder freigelassen und »rehabilitiert«. Doch es war zu spät. Inzwischen hatten seine Kuruzzen massenhaft die Seite gewechselt und die Stadt Kassa aufgegeben. Die meisten der 15 000 ungarischen Soldaten, die an der Belagerung und Befreiung Budas mitkämpften, waren ursprünglich Thökölys Kuruzzen gewesen.

Thököly blieb zwar hochrangiger Offizier im türkischen Heer, doch schrieb er 1687 an König Ludwig XIV., daß »ich in der osmanischen Hölle kläglich und miserabel lebe«. 1690 bekam der »König der Kuruzzen« eine letzte Chance. Nach dem Tod Apafis ernannte die Hohe Pforte Thököly zum Fürsten von Siebenbürgen. Auch der Landtag wählte ihn zum Fürsten, nachdem er an der Spitze eines 20 000 Mann starken Heeres die kaiserlichen Truppen bei Zernest geschlagen hatte. Die meisten Ungarn und Székler, empört über die Plünderungen und Schikanen des kaiserlichen Militärs, wechselten auf die Seite Thökölys. Knapp zwei Monate später hat ihn allerdings Markgraf Ludwig Wilhelm von Baden, der »Türken-Louis«, für immer aus Siebenbürgen vertrieben.

Bei der siegreichen Schlacht um Zernest geriet der kaiserliche General Donat Heister in türkische Gefangenschaft. Dies bot Thököly 1690 eine Gelegenheit, seine Frau Ilona im Austausch gegen den General vom Hof in Wien freizubekommen. Nach dem Frieden von Karlowitz, der am 29. Januar 1699 die Eroberung Ungarns durch das Haus Habsburg besiegelte, wurde Thököly im kleinasiatischen Nikodemia interniert. Ilona Zrinyi blieb bis zu ihrem Tod 1703 an seiner Seite. Thököly starb 48jährig 1705.

Ein im englischen Dienst stehender Diplomat namens La Motraye beschrieb in einem französischsprachigen Reisebericht seinen Besuch bei dem kranken, von Gicht geplagten Thököly. Der Ungar sei sehr erbittert gewesen, konstatierte er, daß man ihm im Sommer 1701 nicht erlaubt habe, dem Sultan in Adrianopel ein Memorandum zu überreichen, und daß ihm statt dessen befohlen wurde, sich in Nikodemia niederzulassen. Nur der Heldenmut der Fürstin habe ihm Kraft gegeben. Dennoch bat Thököly den Diplomaten mehrmals um Vermittlung und beschwor ihn, sich für eine Beendigung seines Exils einzusetzen. Thököly habe sich als ein Opfer des französischen Hofes bezeichnet: Auf französischen Rat lebe er im Exil, verachtet und verlassen …

Ein anderer Reisender, der französische Antiquitätenhändler Paul Lucas, hat Thököly knapp vor seinem Tod im Juni 1705 besucht. Der kränkelnde Fürst lud ihn nach einem Gespräch noch zum Abendessen ein. »Das Essen war ausgezeichnet, es floß viel Wein, darin ähneln die Ungarn den Deutschen; das sei das einzige, in dem sie sich nicht unterscheiden möchten … Auch am nächsten Tag empfing mich der Fürst zu einer einstündigen Audienz … Er war an allem interessiert, neugierig und geistreich.«[5]

Thökölys letzter Wunsch war, in Siebenbürgen oder in Ungarn begraben zu werden. Der Sultan lehnte ab. Erst mehr als 200 Jahre später wurde der »tragische Held«, dem der staatsmännische Weitblick fehlte, in seine Geburtsstadt Késmárk (Kežmarok) in Oberungarn überführt.

Daß er 1688 den Türken half, eine Volkserhebung in Bulgarien zu unterdrücken, gehört zweifellos zu den Schattenseiten dieses abenteuerlichen Lebens. Sein Stiefsohn, der spätere Freiheitsheld Ferenc II. Rákóczi, nannte ihn »eine Schlange, die in das Bett meiner Mutter schlich«. Doch heute führt auf der Pester Seite die Prachtstraße, benannt nach Lajos Kossuth, von der Elisabethbrücke an der Donau schnurgerade weiter zur Rákóczi- und dann zur Thökölystraße. Ins Pantheon der gescheiterten Freiheitshelden hat also auch jener Kuruzzenführer Eingang gefunden, in dessen kurzem, abenteuerlichem Leben menschliche Größe und moralische Niedertracht so sehr ineinander verschlungen sind, daß bis heute ein gerechtes Urteil kaum möglich ist.

XIV Ferenc II. Rákóczis Freiheitskampf gegen das Haus Habsburg

Nach Prinz Eugens entscheidendem Sieg über die türkische Armee am 11. September 1697 bei Zenta mußte die Hohe Pforte nach Ungarn und Siebenbürgen auch den größten Teil Slawoniens räumen; unter türkischer Kontrolle blieb das Banat, die Umgebung von Temesvár. Der am 26. Januar 1699 in Karlowitz geschlossene Friedensvertrag bedeutete also praktisch das Ende der mehr als 150 Jahre währenden Türkenherrschaft über Ungarn und markierte zugleich den Aufstieg Österreichs zu einer europäischen Großmacht. Das Haus Habsburg »verfügte nunmehr über ein wohlabgerundetes, geschlossenes Territorium, dessen Achse die Donau bildete und das den Raum der Ostalpen, der Sudeten- und Karpatenländer umfaßte«[1].

Im Gegensatz zur positiven Bilanz für Österreich und in Anbetracht der Tatsache, daß die ungarischen Soldaten auch nach Thökölys Abenteuern nur als Hilfstruppen in Erscheinung getreten waren, sah das Ergebnis der Freiheitskämpfe für die Ungarn keineswegs rosig aus. Ihr Land blieb unter fremder Herrschaft. Mit aller wünschenswerten Deutlichkeit formulierte Bogyay: »Die Vertreibung der Türken brachte für Ungarn weder eine echte Befreiung noch eine Befriedigung.«[2]

Bereits nach der Rückeroberung Budas 1686 – dieses Datum wird bis heute als Ende der Türkenzeit in Ungarn angesehen, nicht 1699 – erkannte der Reichstag in Preßburg »aus Dankbarkeit« das Erbrecht der männlichen Linie des Hauses Habsburg an und verzichtete auf das in der Goldenen Bulle von 1222 festgelegte Widerstandsrecht des Adels. Dieser Verzicht auf die freie Königswahl und das ius resistendi war ein wichtiger Schritt in Richtung der absoluten Monarchie. Dem Versprechen des Königs, vor der Krönung die Wahrung der alten ständischen Freiheiten eidlich und schriftlich zu geloben, wurde die folgende Klausel hinzugefügt: »... soweit der König und die versammelten Stände sich über Auslegung und Anwendung einig sind«. Leopold rief allerdings den Reichstag nicht mehr zusammen. Seine Regierung »war in der Praxis eine vom Hofkriegsrat, der Kammer (in der vor allem Deutsche saßen) und dem Primas von Ungarn, Kollonitsch, ausgeübte grausame Diktatur«[3].

Siebenbürgen wurde am 4. Dezember 1691 mit dem Diploma Leopoldinum unter Beibehaltung seiner Eigenständigkeit gegenüber Ungarn zum Kronland erklärt. Durch direkte kaiserliche Verwaltung und infolge der geförderten Rekatholisierung brachen die religiösen und zum Teil nationalen Gegensätze auf. Unter dem Druck der vielschichtigen Konflikte entwickelte sich der sogenannte Transsylvanismus, das Bewußtsein einer gewissen politischen Eigenständigkeit und einer religiösen Sonderstellung im Zeichen einer zeitweiligen Schwächung des gesamtungarischen Zusammengehörigkeitsgefühls.

Für den Wiederaufbau des verwüsteten und in ganzen Landstrichen menschenleeren Ungarn ließ der aus einer kroatischen Adelsfamilie stammende Kardinal Leopold Kollonitsch einen großangelegten Plan ausarbeiten, das berühmt-berüchtigte »Einrichtungswerk«. Es gibt zwar keinen sicheren Beleg für den in Ungarn oft zitierten Spruch Kollonitschs: »Zuerst mache ich die Ungarn zu Bettlern, dann katholisch und schließlich zu Deutschen.« Was aber politisch-psychologisch zählte, war die weitverbreitete Überzeugung, daß die Einstellung des Kardinals und seine konkreten Maßnahmen solche Sprüche völlig glaubwürdig erscheinen ließen. Die von ihm geleitete Wiener Sonderkommission, die sogenannte Neoquistica Commissio, sorgte für eine rücksichtslose Kolonisierung durch die Zuteilung riesiger Latifundien an kaiserliche (nichtungarische) Militärs und königstreue Magnaten; in neugegründete Dörfer wurden deutsche und serbische Bauern geholt. Der Hofkriegsrat errichtete die sogenannte Militärgrenze, eine breite und überwiegend von neuangesiedelten Serben bewohnte breite Zone, in der nur die Militärverwaltung zugelassen war. Entlang der Südgrenze des historischen Ungarn befand sich also eine kompakte Masse von Nichtungarn, schlimmer noch: von Volksgruppen, deren andere Hälfte jenseits der Grenze unter einer anderen Herrschaft lebte. Selbst der eher habsburgfreundliche Szekfü stellte in seiner *Geschichte Ungarns* fest:

> Das Ungartum geriet dadurch in eine Lage, daß seine Feinde, die durch Jahrhunderte jederzeit gegen die Ungarn aufgehetzt werden konnten, sich auf seinem Staatsgebiet in eine geschützte, privilegierte Lage einnisteten. Wir könnten uns einen tieferen Niedergang der ungarischen staatlichen Unabhängigkeit nicht vorstellen; kein Volk West- und Mitteleuropas mußte etwas Ähnliches in seiner Geschichte erleben.[4]

Die erwähnte Sonderkommission erfand eine geschickte Methode, um unter dem Vorwand der »Erstattung der Befreiungskosten« hohe Geldbeträge von den alten, also rechtmäßigen Gutsbesitzern in dem früher von den Türken besetzten Zentralungarn zu verlangen. Diese konnten freilich nur ganz wenige Adlige aufbringen. Der Preis, den die Ungarn während des sechzehnjährigen Befreiungskrieges und danach zu bezahlen hatten, war geradezu unrealistisch hoch.

Zu den Verlusten an Menschenleben und zu den Verwüstungen, die die Türken beim Vormarsch und dann beim Rückzug angerichtet hatten, kam bald die Plünderung durch die »Befreiungstruppen« hinzu. Es ging nicht nur darum, daß zum Beispiel das ausgeblutete Rumpf-Ungarn 1685 rund 70 Prozent und 1686 51 Prozent des Aufwands für die gegen die Türken kämpfenden Truppen decken mußte. Darüber hinaus wurden jetzt 40 000 bis 50 000 fremde Soldaten in Ungarn stationiert. Sie waren nicht kaserniert, sondern vor allem bei Bauern, aber auch bei Bürgern und Adligen einquartiert. Palatin Pál Esterházy schrieb, Ungarn habe den Türken im Laufe von hundert Jahren nicht soviel gezahlt, wie es jetzt den kaiserlichen Armeen in zwei Jahren zahlen müsse. Die Generäle und Offiziere, also keineswegs nur die Soldaten, gingen gegen die Zivilbevölkerung, die sie »befreit« hatten, mit unvorstellbarer Grausamkeit vor.

Eine der übelsten Figuren war der aus einer vornehmen neapolitanischen Familie stammende General Antonio Caraffa. Als »Generalkriegskommissar« erpreßte er 1685/86 zuerst in der ostungarischen Stadt Debrecen durch barbarische Foltermethoden von einzelnen Bürgern Geld und Lebensmittel. Ein Jahr später erfand dieser Räuberhäuptling sogar eine weitverzweigte »Verschwörung«, um schließlich zwanzig wohlhabende Bürger und Adlige, Deutsche wie Ungarn, nach grausamer Tortur in der Stadt Eperjes (Prešov) in Oberungarn hinrichten zu lassen. Caraffa beschlagnahmte umgehend das gesamte Vermögen dieser völlig unschuldigen Menschen.

Die Unfähigkeit, Korruption und Willkür der ganz Ungarn überziehenden Militärverwaltung hatten verhängnisvolle Folgen für die künftige Haltung der Ungarn gegenüber der Habsburger Herrschaft. Caraffas Blutgericht in Eperjes ließ – ähnlich wie die von Kollonitsch eingerichteten Sondergerichtshöfe, die Hunderte von reformierten Geistlichen verurteilten – so manchen »Befreiten« die Rückkehr der Türken herbeisehnen. Unter dem straffen, absolutistischen und zugleich korrupten Regime leidend, verfluchten die Ungarn gegen Ende des 17. Jahrhunderts mehr denn je ihre deutschen Herren. Daß gerade die blutrünstigsten Generäle und Offiziere Belgier, Italiener oder Spanier waren, änderte nichts an der wachsenden Erbitterung und steigenden Abneigung gegen die Deutschen.

Der schwelende Haß loderte aber erst unter dem Druck der absolutistischen Politiker und Kirchenfürsten in hellen Flammen auf. Entlassene Soldaten aus den einstigen Grenzburgen, herumirrende Haiducken, verfolgte Protestanten und durch die Wiener Sonderkommission geschädigte oder gar enteignete Kleinadlige entfesselten knapp vor der Jahrhundertwende immer wieder kleinere Revolten. Die Not verursachte spontane Bauernaufstände in Nordostungarn. Die Spannungen wuchsen, und irgendwann mußte es zur Explosion kommen.

Daß die sporadischen Unruhen, die stets leicht unterdrückt werden konnten, sich 1703 zu einem gefährlichen Flächenbrand von europäischer Bedeutung entwickelten, hing mit dem Auftreten einer besonderen Persönlichkeit in einer besonderen Situation zusammen: Die Verwicklung des Habsburger-Reiches in den Spanischen Erbfolgekrieg schuf die Rahmenbedingungen für einen neuerlichen und die Taten Thökölys weit übertreffenden landesweiten Kuruzzenaufstand, der in kurzer Zeit ganz Ungarn und Siebenbürgen unter ungarische Kontrolle brachte. Doch wäre all das ohne einen charismatischen Führer unvorstellbar und unmöglich gewesen. Fürst Ferenc II. Rákóczi stand seinem Volk genau im richtigen Augenblick zur Verfügung.

Jacob Burckhardt schrieb in seinen *Weltgeschichtlichen Betrachtungen* über »die historische Größe«:

> Die Geschichte liebt es bisweilen, sich auf einmal in einem Menschen zu verdichten, welchem hierauf die Welt gehorcht. Diese großen Individuen sind die Koinzidenz des Allgemeinen und des Besonderen, des Verharrenden und der Bewegung in einer Persönlichkeit … Ihr Wesen bleibt ein wahres Mysterium der Weltgeschichte; ihr Verhältnis zu ihrer Zeit ist eine heilige Ehe, vollziehbar fast nur in schrecklichen Zeiten, welche den einzigen, höchsten Maßstab der Größe geben und auch allein nur das Bedürfnis nach der Größe haben.[5]

Burckhardt beschäftigt sich dann mit den Kriterien der »relativen«, der »momentanen« und der »historischen« Größe, um in einem Nebensatz anzumerken:

> Das Allerseltenste aber ist bei weltgeschichtlichen Individuen die Seelengröße. Sie liegt im Verzichtenkönnen auf Vorteile zugunsten des Sittlichen, in der freiwilligen Beschränkung nicht bloß aus Klugheit, sondern aus innerer Güte, während die politische Größe egoistisch sein muß und alle Vorteile ausbeuten will.

Genau darin, in der »Seelengröße« und im Bereich des »Sittlichen«, liegt die Erklärung dafür, daß Fürst Ferenc II. Rákóczi, dieser zuerst unwilligste und dann ungewöhnlichste Rebell, bis heute eine romantisch verklärte Persönlichkeit geblieben ist. Jähe, verblüffende Wandlungen und Gegensätze prägten das Leben dieser vielleicht reinsten und nobelsten Gestalt der ungarischen Geschichte: Heldentum und Zaudern, Liebe und Spielleidenschaft, naive Leichtgläubigkeit und eiserne Konsequenz, unermeßlicher Reichtum und karges Exil. Er war ein Kosmopolit und Europäer mit unerschütterlicher Treue zur Heimat und zum armen Volk. Ferenc II. Rákóczi lebte 59 Jahre, davon verbrachte er als Erwachsener nur zwölf in seiner Heimat, fast vier in Polen, über vier Jahre in Frankreich und achtzehn in der Türkei. Der allerdings auch im Exil (200 Jahre später) verstorbene Schriftsteller Zoltán Szabó formulierte in einem Essay: Rákóczi sei in Ungarn ein solcher Europäer gewesen wie draußen, und draußen sei er ein ebensolcher Ungar gewesen wie in Ungarn.

Das Schicksal seiner Familie spiegelt Höhen wie Tiefen der ungarischen Geschichte. Unter den väterlichen Vorfahren des im März 1676 geborenen Ferenc II. Rákóczi waren vier Fürsten von Siebenbürgen; und auch die Familie seiner Großmutter hatte vier Fürsten aufzuweisen, unter ihnen Stephan Báthory, einen der größten Könige Polens. Ferenc war der Enkel des hingerichteten Péter Zrinyi und Sohn der Heldin der Munkácsfestung, der von ihren Kindern getrennten und ins Exil gegangenen Ilona Zrinyi. Als Kind erlebte Rákóczi die Streifzüge seines Stiefvaters Imre Thököly und dann die drei Jahre der Belagerung von Munkács.

Kaiser Leopold ließ den jungen Rákóczi als Pflegesohn unter der direkten Obhut des Kardinals Kollonitsch im Jesuitenkolleg Neuhaus und an der Prager Universität von Jesuitenprofessoren erziehen. Neben Latein und Französisch beschäftigte sich Ferenc vorwiegend mit Mathematik und Naturwissenschaften. Im Wiener Palais seines Schwagers, des Feldmarschall-Leutnants Graf Aspremont, gewöhnte sich der frühreife und attraktive junge Mann sehr schnell an den Lebensstil eines Magnaten. Ausgedehnte Reisen nach Italien gehörten ebenso dazu wie glanzvolle Empfänge, Reiten, Jagd und leidenschaftliches Kartenspiel, zuweilen mit hohen Verlusten. Dies war natürlich nur möglich, weil der Kaiser die riesigen Güter der Familie nicht hatte beschlagnahmen lassen.

Zum Obergespan des Komitats Saros und zum Fürsten des Heiligen Römischen Reiches ernannt, übernahm Rákóczi als Achtzehnjähriger Ländereien mit einer Gesamtfläche von fast 700 000 Hektar. Der junge Mann hatte kurz zuvor die bildschöne fünfzehnjährige Tochter des regierenden Herzogs Karl von Hessen-Rheinfels, Charlotte Amalie, geheiratet. Sie war in gerader Linie eine Nachfahrin des thüringischen Markgrafen Ludwig IV. und der heiligen Elisabeth, Tochter des Arpadenkönigs András II. (1205–1235). Der reichste und zugleich erste Mann Oberungarns sprach damals kaum ungarisch und wollte sich von der Politik fernhalten. Als in der Umgebung von Tokaj ein Aufstand ausbrach und die Rebellen ihn zum Anführer gewinnen wollten, floh er nach Wien und ersuchte sogar den Kaiser, ihm in einem anderen Teil des Reiches Güter im Austausch für seinen oberungarischen Besitz zuzuweisen. Doch der Kaiser lehnte die Bitte ab. Die Erwartung, daß das immens reiche, junge Familienoberhaupt – das Ehepaar Rákóczi hatte damals bereits drei Kinder – dem Hof gegenüber loyal bleiben und die Leiden seines Volkes übersehen werde, war aber trügerisch.

Unter dem Eindruck der zunehmenden Verelendung der Bevölkerung und der Arroganz der kaiserlichen Militärverwaltung schloß Rákóczi eine enge und lebenslange Freundschaft mit seinem aufrührerischen Nachbarn, dem gebildeten, wortgewaltigen und um elf Jahre älteren Grafen Miklós Bercsényi. Dieser beabsichtigte, mit Hilfe von polnischen Freunden und französischen Kontakten einen neuen Aufstand gegen Wien vorzubereiten. Die enge Beziehung mit Bercsényi half dem jungen Fürsten, seine ungarische Muttersprache wieder zu erlernen. Allerdings schrieb er im Exil seine Memoiren auf französisch und seine Bekenntnisse in Latein.

Im Jahr 1700 schließlich ergriff Rákóczi von sich aus die Initiative zu einer direkten Kontaktaufnahme mit dem französischen König Ludwig XIV. und seinem Minister Barbesieux: Er schickte seinen Vertrauten, einen gewissen Hauptmann Longueval, mit einem Brief nach Paris. Doch der König reagierte nicht, und des Ministers Antwort war zurückhaltend. Um aus der Sache wenigstens selbst profitieren zu können, denunzierte der enttäuschte Bote sofort nach seiner Rückkehr Rákóczi beim Hof. Der Fürst wurde im April 1701 verhaftet und in dasselbe Gefängnis in Wiener Neustadt geworfen, von wo sein Großvater den Weg auf das Schafott angetreten hatte. Während der Verhöre hat Longueval den Häftling dann mehrmals schwer belastet. Der Hauptmann war der erste unter den zahlreichen Agenten, Hochstaplern und Schwindlern, die im Verlauf seines Lebens und vor allem im Exil das Vertrauen des Fürsten erschlichen haben.

Daß der todgeweihte Rákóczi am 7. November 1701 aus dem Gefängnis flüchten konnte, war das Werk seiner lebenslustigen und resoluten Frau, die dem französisch orientierten rheinischen Hochadel entstammte. Charlotte konzentrierte ihren Charme und ihre Überzeugungskraft auf den Festungskommandanten, Hauptmann Gottfried Lehmann. Dieser war ein gebürtiger und wohl noch immer überzeugter Preuße. Und so verfehlten Briefe des preußischen Königs und des englischen Thronfolgers an die Frau des prominenten Häftlings ihre Wirkung nicht. Lehmann erklärte sich bereit, bei der Flucht mitzuhelfen. Schließlich gelang es Rákóczi, die Gitter zu zerschneiden und als Soldat verkleidet das Gefängnis zu verlassen. In seiner Aufregung schlug er zunächst den falschen Weg ein. Als er seinen Irrtum bemerkte, mimte er einen betrunkenen Soldaten und passierte singend und grölend das Burgtor, um draußen die wartende Kutsche zu besteigen. Lehmann wurde hingerichtet; auch die jesuitischen Beichtväter am Hof wurden der Beihilfe beschuldigt und Charlotte mit ihren Kindern in Wien als Geiseln festgehalten.

Fünf Tage später überquerte Rákóczi die polnische Grenze und traf sich mit Bercsényi, der mit einigen Getreuen noch rechtzeitig vor der drohenden Verhaftung nach Polen hatte flüchten können. Bald lernte er auch Prinzessin Sieniawska, die romantische Liebe seines Lebens, in ihrem grenznahen Schloß kennen. Als Rákóczi fast zwei Jahre später, am 16. Juni 1703, an einem sehr regnerischen Abend das Schloß der Prinzessin verließ und, nur von zwei Dienern begleitet, ungarischen Boden betrat, begann der große, fast acht Jahre dauernde Freiheitskampf gegen die Habsburger.

Der Anfang war alles andere als vielversprechend. Rákóczi selbst beschrieb in seinen Memoiren, wie ihn an diesem Abend statt der versprochenen 5000 Fußsoldaten und 500 Reiter nur 250 Infanteristen und fünfzig Reiter mit Schwertern sowie mit Mistgabeln und Sensen notdürftig ausgerüstete ungarische, slowakische und ruthenische Bauern erwarteten. Doch diese kleine Schar wuchs binnen weniger Tage auf 3000 Mann und während der nächsten drei Jahre zu einem Heer von 75 000 Mann an. Es war eine einzigartige und schicksalhafte

Begegnung des größten Landbesitzers und vornehmsten Aristokraten des Landes mit den ärmsten, erschöpften, verzweifelten und zu allem entschlossenen Bauern.

Aus der dilettantischen Verschwörung einer Handvoll Magnaten konnte deshalb eine nationale Massenbewegung werden, weil in der Person Rákóczis zum erstenmal in der Geschichte Ungarns ein Magnat das arme, steuerzahlende und Fronarbeit leistende Volk als Verbündete im Kampf um die Verteidigung der Nation angesehen und auch so behandelt hat. Ferenc II. Rákóczi war der einzige adlige Befehlshaber, der sich während des gesamten Aufstands über das Leid und Elend der Leibeigenen Gedanken gemacht und konkrete Hilfe geleistet hat. Seine Scham und seine natürliche Bescheidenheit und Selbstlosigkeit verliehen der Magie seiner Persönlichkeit eine ganz besondere Note. Er war ein glänzender Redner, der frei auf ungarisch, lateinisch und französisch improvisieren und auch deutsch, italienisch und tschechisch sprechen und lesen konnte. Doch Rákóczi war kein Feldherr, und seine Memoiren sind im Grunde die Geschichte von verlorenen Schlachten. Daß die Kuruzzen trotz ihrer zahlenmäßigen Überlegenheit, zumindest bis 1708, trotz ihres Kampfgeistes keine einzige wichtige Schlacht für sich entscheiden konnten, lag an der Unfähigkeit ihrer Generäle und Offiziere, an der fehlenden taktischen Begabung, an der Disziplinlosigkeit und der mangelnden Zusammenarbeit der Truppenteile. Der Fürst selbst geißelt in seinen Memoiren die Zustände in seinem Heer und die auch von Thököly noch vererbte nationale Auffassung von der Kriegführung am schärfsten:

> Am besten ist es, weit vom Feind das Lager aufzuschlagen, keine Wachposten aufzustellen, viel zu trinken und zu essen, und nachdem sich Menschen und Pferde gut erholt haben, den Feind auf zwei- oder dreitägigen Eilmärschen einzuholen, ihn hektisch und wild anzugreifen; wenn er flüchtet, kann man ihn jagen, wenn nicht, dann schnell den Rückzug antreten.... Ich leugne nicht, daß ich in den Kämpfen durch mein Unwissen viel Irriges verursacht habe; und daß auch andere manches verbrachen; aber mit menschlicher Vernunft betrachtet, waren es der Geldmangel und die allgemeine Unkenntnis auf dem Gebiet der Kriegführung, die dem tapfer und gut begonnenen Kriege –... ein Ende bereiteten.[6]

Andererseits war es Rákóczi, seinem großen Organisationstalent und seinen in jeder Hinsicht aufopferungsvollen Bemühungen zuzuschreiben, daß er zum erstenmal seit König Matthias' Zeiten aus dem Nichts eine nationale ungarische Armee auf die Beine stellen, ausrüsten, mit Nachschub versorgen und einkleiden konnte. Zwischen 1704 und 1710 stattete er seine Truppen zum Beispiel unter anderem mit 51 000 Paar Stiefeln und mit 46 000 Übermänteln aus.

Daß die Kuruzzen so schnell fast ganz Ungarn unter ihre Kontrolle bringen konnten und im Grunde bis 1708 den größten Teil des Landes, vor allem die Donau-Theiß-Ebene und Ostungarn sowie Oberungarn, ferner abwechselnd Transdanubien oder Siebenbürgen dauerhaft besetzt hielten, verdankten sie allerdings nicht nur der Unterstützung durch das Volk. Durch die Verwicklung des Habsburger-Reiches in den Spanischen Erbfolgekrieg sah sich Wien gezwungen, das Gros der kaiserlichen Regimenter aus Ungarn abzuziehen. Der Zeitpunkt für den Freiheitskampf der Kuruzzen war also geradezu ideal. Rákóczi setzte von Anfang an alles auf ein Bündnis mit Ludwig XIV. und dem bayerischen Kurfürsten Max II. Emanuel, dem durch den Landtag in Onod 1707 für den Fall der Entthronung der Habsburger sogar die ungarische Krone angeboten wurde.

Obwohl die Kämpfe noch jahrelang andauerten und die internationalen Vermittlungsbemühungen zu zahlreichen Begegnungen mit Rákóczi führten, fielen die Würfel in Wirklichkeit bereits im August 1704, als Prinz Eugen und der Herzog von Marlborough bei Höchstädt die vereinigten kaiserlichen und englischen Truppen zum entscheidenden Sieg über das französisch-bayerische Heer führten. Rákóczi, der seit 1704 den Titel eines Wahlfürsten von Siebenbürgen und seit 1705 auch den eines »Regierenden Fürsten in Ungarn« trug, erlitt in der Schlacht bei Trencsén (Trentschin) 1708 eine schwere Niederlage. Die Kuruzzen hatten 2500 Tote und 400 Gefangene zu beklagen, während sich die Verluste der Kaiserlichen auf bloß 160 Mann beliefen. Trencsén war insofern ein Wendepunkt, als von da an – vor allem unter dem Eindruck der Siege der Habsburger an der Westfront – immer mehr Soldaten das Kuruzzenheer verließen. Der legendäre Brigadier László Ocskay wechselte einige Wochen nach Trencsén mit seinem ganzen Regiment ins Lager des Feindes hinüber. Ein Verlust, der sehr schwer wog, auch wenn der Verräter bereits Anfang 1710 durch eine Kuruzzeneinheit gefangengenommen und zwei Tage später hingerichtet wurde.

Der Widerstandswille erlahmte auch deshalb immer mehr, weil viele Adlige entgegen den fürstlichen Verordnungen es ihren Leibeigenen verboten, ins Heer einzurücken. Die armen Bauern wiederum konnten keine Verbesserung ihrer Lage erkennen und waren in den letzten Jahren des Kampfes immer weniger bereit, zu den Waffen zu greifen. Zudem trug die Ausbreitung der Pest seit 1708 zu einem weiteren Ausdünnen der kämpfenden Einheiten bei. Nach offiziellen Schätzungen fielen während des Aufstands 410 000 Menschen der Pest zum Opfer, wohingegen die bewaffneten Zusammenstöße 80 000 Menschenleben forderten.

Die militärische Lage wurde aussichtslos. Dennoch lehnte der Fürst die durch seine Frau und seine Schwester überbrachten Friedensangebote des Kaisers wie auch die verschiedenen englischen und holländischen Vermittlungsbemühungen ab. Zusammen mit Bercsényi bezweifelte er die Aufrichtigkeit der Versprechungen aus Wien und bestand bis zum Schluß auf der Unabhängigkeit des Fürstentums Siebenbürgen. Vor allem hatte Rákózci aber bis zuletzt auch mit russischer Hilfe gerechnet. Zar Peter I. hatte sich nicht nur mehrmals mit ihm getroffen, sondern ihm sogar die polnische Krone angeboten. Frankreich unterstützte die Kuruzzen zwar zeitweilig mit Geld und der Entsendung von Offizieren. Diese Hilfe war aber alles in allem sehr begrenzt; sie reichte nie für mehr als den Sold von 4000 Soldaten, und auf dem Höhepunkt der Zusammenarbeit befanden sich nur 86 französische Offiziere in Ungarn. Darüber hinaus war Ludwig XIV. gegen das von Rákóczi verzweifelt angestrebte Bündnis mit Rußland und empfahl eher einen Pakt mit Schweden und der Türkei. Die diplomatische Unterstützung durch Frankreich war also kaum der Rede wert, aber mehr als das, was die anderen Länder für Ungarn getan haben.

In einer zeitgenössischen Karikatur wurde die Bündnispolitik Ludwigs XIV. in folgender Weise dargestellt: Der König sitzt am Flußufer und wirft die Angel aus; vor ihm sieht man im Wasser verschiedene Köpfe, und Rákóczi beißt eben an. Doch war dieser Eindruck falsch. Ungarische und französische Historiker sind sich heute einig, daß die Initiative von der ungarischen Seite, das heißt von Rákóczi, ausgegangen war. Jedenfalls blieben im Dickicht der Intrigen und Verhandlungen um die Vorherrschaft in Spanien und im Norden Europas alle Bemühungen des ungarischen Fürsten um tatkräftige und zuverlässige Verbündete vergeblich.

Er selbst schilderte in seiner menschlich ergreifenden, tiefreligiösen Schrift *Das Bekenntnis eines Sünders* die letzten Tage des zunehmend hoffnungsloser werdenden Ringens gegen einen übermächtigen Feind:

> Von Tag zu Tag wurde ich mehr und mehr bedrängt. Die wenigen Komitate, die hinter uns standen, genügten zwar zur Verpflegung der berittenen Mannschaft, doch erschwerten die flüchtenden Magnaten, die Adligen und die große Zahl der Soldatenfamilien, die unserem Bunde treu geblieben waren und die die von den Feinden besetzten Komitate aus eigenem Entschluß verlassen hatten und uns gefolgt waren, die Lage des bedrängten Volkes außerordentlich. Der Winter tobte, und ungeheure Schneemassen bedeckten die Erde, so daß selbst der Reiter nur die Wege gebrauchen konnte; die flüchtende Masse wanderte mit angehäuften Bauernwagen von Dorf zu Dorf und suchte teils nach Mitteln zum Unterhalt, teils nach Sicherheit in den Bergen und in den Schlupfwinkeln der Sumpfgebiete. Der Soldat verließ die Fahne, um seine Familie zu retten und verpflegen zu können, und die traurigen Klagen des Volkes und der Flüchtenden klangen mir ununterbrochen im Ohr. Die fast barfuß laufenden Soldaten verließen ihre Stellungen, gezwungen von der Kälte; der eine büßte dann seine Waffe, der andere sein Pferd, alle aber ihren Sold ein. Sie trugen mir ihre berechtigten Klagen vor; sie gaben das Soldatentum nicht aus Treulosigkeit oder bösem Willen auf, sondern viel eher, weil es unhaltbar geworden war.... mich beängstigte und betrübte das Schicksal und das Elend jener, die mir im Laufe meines Lebens treu geblieben waren, nicht aber die Verfassung meiner Seele; mich betrübte nicht, daß ich das Land verlassen mußte, nicht die Verbannung aus meiner Heimat, sondern daß ich niemandem unter ihnen die Möglichkeit zum Leben gesichert hatte ...[7]

Vor diesem düsteren Hintergrund begannen mit Zustimmung des Fürsten Verhandlungen über einen Waffenstillstand und Friedensschluß. Tatsächlich hatte aber der Oberbefehlshaber der kaiserlichen Truppen, der gebürtige Ungar Graf János Pálffy, bereits im Spätherbst 1710 durch einen persönlichen Brief an den Kuruzzengeneral Graf Sándor (Alexander) Károlyi die Initiative dazu ergriffen. Die endgültige Vernichtung der in die Gegend von Munkács und Kassa in Nordostungarn zurückgedrängten, umzingelten und dezimierten Kuruzzen war nur mehr eine Frage der Zeit. Die Bedingungen des zwischen Pálffy und Károlyi ausgehandelten und am 30. April 1711 bei Szatmár unterzeichneten Friedensvertrags waren freilich weniger günstig als in dem fünf Jahre zurückliegenden Angebot Kaiser Josephs I. Während Rákóczi im letzten Augenblick die Bedingungen ablehnte, Károlyi als Oberbefehlshaber ablöste und in einer Proklamation die Kuruzzen zur Fortsetzung des Kampfes aufrief, ermächtigte die Ständeversammlung

Károlyi zur Unterzeichnung des Friedensvertrags und damit zur Kapitulation. Am 1. Mai 1711 gaben die Kuruzzen 149 Fahnen ab. 12 000 Soldaten legten nach Károlyi den Treueid auf Kaiser Joseph I. ab. Daß er bereits zwei Wochen tot war, wußten sie nicht, denn sein Tod war streng geheimgehalten worden. Rákóczi, Bercsényi und zahlreiche Getreue lehnten die angebotene Amnestie ab und gingen in die Emigration.

XV Mythos und Historiographie: Ein Idol im Wandel der Zeit

Hatte Károlyi die Sache der Kuruzzen verraten, als er in Abwesenheit des Fürsten, der in Polen mit Zar Peter I. verhandelte, und sogar gegen dessen Willen Frieden schloß? Oder ging es um die allerletzte Chance, das Schlimmste zu verhindern und durch einen Kompromiß dem verwüsteten Land und der ausgebluteten Nation eine Atempause zu verschaffen? Generationen von ungarischen Historikern, Politikern und Intellektuellen haben über diese Fragen gestritten.

Der Doyen der Historiker im heutigen Ungarn, Domokos Kosáry, betrachtet in seinem Buch *Wiederaufbau und Verbürgerlichung 1711–1867* den »Verrat« Károlyis als eine jener Legenden, mit denen die nationalistische Romantik des 19. Jahrhunderts Schwierigkeiten zu erklären pflegte. Unter den vorliegenden Bedingungen gab es einfach keine Alternative zu diesem Kompromiß, der trotz allem dem Land letztlich Frieden, Stabilität und bessere Ausgangsbedingungen für den Wiederaufstieg gesichert habe.[1] Kaiser Karl VI., der sich als Karl III. zum König von Ungarn krönen ließ, hegte keine so starken Ressentiments gegen die Ungarn wie sein Vater. Er war überzeugt, daß eine Befreiung Ungarns sehr wichtig sei, und er sah ein, daß »die Ungarn von dem Glauben befreit werden müßten, sie würden von den Deutschen regiert.«[2]

Daß aber die Erinnerung an Rákóczis Freiheitskampf so lange und so stark in allen Volksschichten, in der Literatur wie in der Publizistik fortlebte, hing mit dem überlieferten Bild der unverwechselbaren Persönlichkeit des jungen, edlen und völlig selbstlosen Fürsten zusammen. Sein tragisches Schicksal, die Jahrzehnte im Exil und das Pathos der politischen Erfolglosigkeit haben die Phantasie der Ungarn immer mehr beflügelt als die kühle Anerkennung für die Unterhändler des Kompromisses von Szatmár. Wie es ein Publizist nach der Jahrhundertwende in der Besprechung der ersten großen Rákóczi-Biographie formulierte: »Erfolgreiche Schiffahrten verdienen oft weniger Respekt als so mancher Schiffbruch.«

Rákóczis Magie verfehlte auch in Versailles, am Hof des Sonnenkönigs Ludwig XIV., ihre Wirkung nicht. Selbst der ironische Herzog von

Saint-Simon schreibt in seinen berühmten Erinnerungen anerkennend über die Persönlichkeit des Ungarn. Er sei ein weiser, bescheidener, überlegter, wenn auch nicht sehr geistreicher Mensch gewesen – mit seltener Würde, ohne Hochmut, geradlinig, treuherzig, ungeheuer mutig.[3]

Im Todesjahr Ludwigs XIV. zog sich der Fürst in ein Haus in Grosbois neben dem Kloster zurück, schrieb seine Memoiren und führte ein tiefreligiöses, ruhiges Leben. Als die Hohe Pforte ihm 1717 dann aber Waffenhilfe und Geld für einen weiteren Krieg gegen die Habsburger in Aussicht stellte, erblickte Rákóczi in diesem Angebot eine unerwartete Chance. Trotz der Warnungen des französischen Regenten, des russischen Zaren und anderer Persönlichkeiten trat er auf einem französischen Segelschiff die Reise in die Türkei an. Inzwischen hatte aber Prinz Eugen entscheidende Siege über das türkische Heer errungen. Während des Krieges drangen rund eintausend im Exil lebende Kuruzzen aus dem Banat und der Walachei mehrfach in Siebenbürgen ein, doch erzielten sie keine bleibenden Erfolge. Zugleich kämpften in der österreichischen Armee vor Belgrad bereits General Pálffys Husaren gegen die Türken. Doch war die Rolle der ungarischen Einheiten auf beiden Seiten marginal.

Bei den Friedensverhandlungen forderten die Unterhändler des Kaisers, daß Rákóczi in Ketten geschlagen und ausgeliefert werde. Dieses Ansinnen wurde zwar schärfstens zurückgewiesen, doch legte Punkt 15 im Friedensvertrag von Passarowitz (Požarevac) 1718 fest, daß der Fürst und seine Generäle fern von der ungarischen Grenze untergebracht werden müßten. Zuerst wurden sie in der kleinen Ortschaft Jenikö am europäischen Ufer des Bosporus, ab 1720 aber bereits zwei Tagesritte von Konstantinopel entfernt in Rodosto (Tekirdag), am nördlichen Ufer des Marmarameeres, in 22 Häusern einquartiert.

Dort verbrachte der Fürst seine Tage in religiöser Meditation, mit der Abfassung seiner nach dem Beispiel des heiligen Augustinus geschriebenen Bekenntnisse, mit seinem Hobby als Schreiner und nicht zuletzt von Zeit zu Zeit mit diplomatischen Aktivitäten. Fast alle seine ausländischen Sekretäre und Helfer, von seinem ersten Dolmetscher bis zu seinem letzten Vertrauten, waren Spitzel und Hochstapler, die meist im kaiserlichen Sold standen, ihre Informationen aber auch oft an Russen und Holländer verkauften.

Was in der französischen Geschichte eine bis heute existierende Spur zurückließ, war die Gründung eines Husarenregiments durch den Sohn des Grafen Bercsényi; in diese Truppe traten viele ungarische Flüchtlinge ein. László Bercsényi, der seit 1712 in französischen Diensten stand, wurde später Marschall von Frankreich. Sein Regiment wurde zum Kern der dem Namen nach heute noch existierenden »Berchenyi-Husaren«, die übrigens als Fallschirmjäger kürzlich auch in Bosnien eingesetzt waren.

Für künftige Generationen von Ungarn und für die Entwicklung der ungarischen Literatur wichtig wurde allerdings ein damals von kaum jemandem bemerkter Hofjunker des Fürsten. Der junge Mann namens Kelemen Mikes aus Siebenbürgen verbrachte insgesamt 44 Jahre in der Verbannung und verfaßte in dieser Zeit über 200 nie verschickte Briefe an eine Phantasiegestalt, eine nicht existente »leibliche Tante« in Konstantinopel. Diese Briefe über das scheinbar ereignislose Leben in Rodosto, über Hoffnungen und Enttäuschungen der Verbannten, über die Aktivitäten und den Tod des einsamen, unnahbaren und in seine Meditationen vertieften Fürsten, aber auch über die eigene Befindlichkeit nach der brüsken Ablehnung eines Gnadengesuchs durch Kaiserin Maria Theresia und die abgrundtiefe Hoffnungslosigkeit in der Verbannung stellen ein einmaliges literarisches Werk dar, einmalig nicht nur in der ungarischen Literatur des 18. Jahrhunderts. Erst vier Jahrzehnte nach dem Tod des Autors wurden Mikes' Berichte veröffentlicht, und es dauerte noch länger, bis sie zahlreiche Leser erreichen konnten.

»Ist es Ironie oder ein Symbol für das ungarische Schicksal, daß dieser unser erster sozialer Autor der einsamste von ihnen allen ist, ein Ausgestoßener, Verbannter, Ungelesener, der in einer erträumten Umgebung die liebenswürdige Rolle des schriftstellernden Weltmannes spielt?« fragte Antal Szerb in seinem Essay über den Székler Kleinadligen, der im »Luftschloß einer fiktiven literarischen Welt« nicht nur die Tragödie von Rákóczis Emigration literarisch verewigt, sondern auch Tausende Seiten französischer Schriften übersetzt hat.

Erst 1906 erklärte das ungarische Parlament das Rákóczi als Hochverräter ächtende Gesetz für null und nichtig und beschloß – nach einem kaiserlichen Auftrag aus dem Jahr 1904 – die Heimführung der sterblichen Überreste des Fürsten und seiner Getreuen aus der Türkei. Presseberichten zufolge knieten, wo immer der Sonderzug vorbeifuhr, am Bahndamm betende Bauern, Ungarn und »Sachsen«, Rumänen und Schwaben, Serben und Slowaken. Am 28. Oktober 1906 erwiesen Zehntausende den in der Budapester Basilika Sankt Stephan aufgebahrten Toten die letzte Ehre, bevor die Särge Rákóczis, seiner

Mutter und seines Sohnes sowie der Angehörigen der Familie Bercsényi nach Kassa überführt und dort beigesetzt wurden. Nur einer fehlte: Kelemen Mikes. Die Delegation konnte das Grab »des Treuesten der Getreuen« nicht finden.

Als anläßlich des 200. Geburtstags von Rákóczi eine Gruppe ungarischer Emigranten 1976 aus Deutschland nach Rodosto fuhr, entdeckte sie dort kaum mehr Spuren der einstigen Verbannten.[4] Das Exil Rákóczis war längst zur Saga geworden und bildete nicht zufällig ein Kernstück der nationalen Romantik. Nur so ist es zu verstehen, daß eine äußerst vorsichtige Bloßstellung der menschlichen Schwächen des Freiheitshelden beinahe 200 Jahre nach seinem Tod, allerdings nur wenige Jahre nach der feierlichen Rückführung seiner sterblichen Überreste, den wohl größten Skandal in der ungarischen Geschichtsschreibung heraufbeschwor. Es ging um das Werk des damals (1913) kaum bekannten jungen ungarischen Historikers Gyula Szekfü, der (von 1908 bis 1925) im Haus-, Hof- und Staatsarchiv in Wien angestellt war. *Rákóczi im Exil* war eine schonungslose, zuweilen ironische, ausgezeichnet recherchierte Darstellung der Frauengeschichten, der Spielleidenschaft und der politischen Naivität des Fürsten. Was einen Sturm der Entrüstung auslöste, war in erster Linie die Enthüllung, daß der von Geldmangel geplagte Rákóczi seinen Vertrauten Abbé Brenner mit der Errichtung einer Spielhölle im Hôtel de Transylvanie in Paris beauftragt hatte. Dieses Etablissement am Quai Malaquais 15 warf jahrelang Gewinne ab, aus denen Rákóczi ein stattliches Einkommen (angeblich 40 000 Livres jährlich) bezog. Daß der Fürst auch während des Befreiungskampfes in wichtigen Momenten das Land verlassen habe, um seine »Lebenslust in Polen zu befriedigen«, daß er zusammen mit Bercsényi Nächte durchtanzte und in der Gesellschaft schöner Polinnen Schlittenausflüge unternahm, daß er sogar seine schwangere Frau verließ, um in einem Nachbarschloß eine Geliebte aufzusuchen, machte das Maß voll. Szekfü wurde der Verunglimpfung des Helden und einer von Wiener Hofkreisen angezettelten Diskreditierung der politischen Emigration und ihres Unabhängigkeitskurses beschuldigt.

Wütende Nationalisten verbrannten öffentlich das Buch Szekfüs. Dieser setzte sich zur Wehr und wies in einem neuen Buch nach, daß seine Angaben und Quellen hieb- und stichfest waren. Rákóczi habe, so schreibt der Historiker, das Spielcasino (das übrigens in Puccinis *Manon Lescaut* erwähnt wird) zugelassen, um »den Hungertod seiner

Landsleute« zu verhindern. Und von seinen Frauengeschichten habe er selbst in den *Bekenntnissen eines Sünders* in aller Offenheit erzählt. Szekfüs Rechtfertigungsschrift erschien, von zahlreichen Historikern unterstützt, 1916, also mitten im Ersten Weltkrieg.

Der Schock des Skandals hat möglicherweise auch die künftigen Wendungen im Leben des angesehensten Historikers der Zwischenkriegszeit direkt oder indirekt, bewußt oder unbewußt mitgeprägt. Er verbrachte siebzehn Jahre in Wien. Nach der Revolution von 1918 bot ihm die kommunistische Regierung eine Professur in Budapest an, die er zwar nicht abgelehnt, aber auch nicht angetreten hat. Noch in Wien heiratete er eine verwitwete jüdische Kaffeehausbesitzerin, die mit ihm nach Budapest ging, als Szekfü 1925 einen Lehrstuhl an der Universität übernahm. 1920 erschien indessen *Drei Generationen*, sein berühmtestes und einflußreichstes Buch. Es war eine vernichtende Abrechnung mit dem Adel und dem assimilierten Judentum, denen der Autor die Hauptschuld am Niedergang des historischen Ungarn zuschob. Szekfü wurde der Ideologe jenes »feinen« Antisemitismus der Mittelklasse, der letztlich auch den Boden für dessen mörderische Spielart vorbereitet hat. Danach verfaßte er zusammen mit Bálint Hóman (dem langjährigen Unterrichtsminister, der nach 1945 zu lebenslanger Haft verurteilt wurde) eine fünfbändige *Geschichte Ungarns*. Doch im Gegensatz zu seinem Mitautor wandte sich Szekfü bereits 1941 öffentlich gegen den hitlerfreundlichen, rechten Regierungskurs.[5]

Nach 1945 stellte er sich voll und ganz auf die Seite des neues Regimes. Zwischen Januar 1946 und September 1948, also in der entscheidenden Periode der Machtübernahme durch die Kommunisten, amtierte er sogar als ungarischer Botschafter in Moskau. Unter dem Titel *Nach der Revolution* gab er 1947 einen Sammelband heraus, in dem er nach einer scharfen Kritik des Horthy-Regimes und der Judenverfolgung ein Loblied auf das Sowjetsystem und namentlich auf Stalin sang. Dieser sei »das Objekt der größten Achtung und Liebe«. Das Sowjetvolk liebe ihn, weil es wisse, daß Stalin in seiner einfachen Lebensart, fast wie ein »Einsiedler gestern, heute und morgen«, an seinem Wohl arbeite.[6]

Nach seiner Rückkehr wurde Szekfü 1953 von der KP als Parlamentsabgeordneter bestellt, und ein Jahr später rückte er sogar in den Präsidialrat des Staates auf. Hóman starb im Gefängnis und Szekfü als Mitglied des kollektiven Staatsoberhaupts. Von Rákóczi bis Stalin – die Wandlungen im Leben eines umstrittenen, großen Historikers zeugen von immer wieder erlebten Schwankungen der ungarischen intellektuellen Elite im Wirrwarr der Wendezeiten.

XVI Ungarn im Schatten der Habsburger-Monarchie

Jahrhundertelang stritten ungarische Historiker darüber, ob der von Fürst Rákóczi leidenschaftlich verurteilte Friede von Szatmár im Jahr 1711 das Absinken Ungarns auf das Niveau einer österreichischen Provinz, vielleicht sogar auf den Status einer Kolonie, und den Niedergang der Ungarn als Staatsvolk im multinationalen Land der heiligen Stephanskrone eingeleitet oder möglicherweise verursacht habe. Im Gegensatz dazu meint der Historiker Domokos Kosáry, daß von einem »jämmerlichen Scheitern« und einem »nationalen Verhängnis« keine Rede sein könne. Er lehnt auch die Ansicht ab, das 18. Jahrhundert sei im Vergleich zum heldenhaften 17. Jahrhundert eine Epoche des Niedergangs und der Entnationalisierung gewesen. In der Einleitung zu seiner umfassenden Analyse der Zeit von 1711 bis 1867 betont Kosáry, daß das 18. Jahrhundert vielmehr den schrittweisen Aufstieg eines verwüsteten Landes gebracht habe; es sei also eher eine Periode der Regenerierung und des inneren Kräftesammelns gewesen. Die Stände hätten versucht, ihre Vorrechte zu verteidigen, und die nationale Selbstbestimmung sei eines dieser Rechte gewesen. Kurz, es habe sich um einen »relativ erfolgreichen Aufbruch aus einer schlimmen Situation« gehandelt.[1]

Worin bestand nun der Kompromiß, der über zwei Generationen die Spannungen zwischen Ständestaat und absoluter Monarchie wenn auch nicht dauerhaft beigelegt, so doch wesentlich entschärft hat? Karl versprach bei seiner Krönung, Ungarns Gesetze zu respektieren und es im Einvernehmen mit dem Reichstag zu regieren. Abgesehen von dem bereits 1687 gestrichenen Widerstandsrecht erkannte der König alle politischen, sozialen und wirtschaftlichen Vorrechte des Adels an: auch das Recht, nicht ohne gültigen Rechtstitel festgenommen zu werden, einzig dem König untertan zu sein und volle Steuerfreiheit zu genießen. Da aber die Steuerfreiheit seit dem Mittelalter auf der adligen Militärdienstpflicht basierte, hielten die Stände an dem inzwischen völlig überholten Prinzip des Aufgebots, der sogenannten Insurrektion, fest. Bereits im 16. Jahrhundert war nämlich die Adelsarmee nicht mehr fähig, das Land gegen die Türken zu verteidigen. Die

Dienste, die der Adel einst bei der Verteidigung geleistet hatte, gehörten somit längst der Vergangenheit an. Die Befreiung Ungarns war, wie erwähnt, nicht den Adligen, sondern den Söldnertruppen der Habsburger zu verdanken. Zugleich stimmten sie aber der Errichtung eines kaiserlich-königlichen stehenden Heeres zu. Die Finanzierung, das heißt die jeweils notwendige Kriegssteuer, mußte vom Reichstag bewilligt werden. Bezahlt wurde sie freilich von den Entrechteten und den durch die weltlichen und kirchlichen Gutsbesitzer ausgebeuteten Bauern.

Die uneingeschränkte Verfügungsgewalt über die Leibeigenen und die Verwaltungsautonomie der von den Ständen beherrschten Komitate wurden dem Adel weiterhin zugesichert. Die beim Friedensschluß von Szatmár gewährte allgemeine Amnestie hat der Hof strikt eingehalten. Auch der noch von Ludwig dem Großen zum Gesetz erhobene Rechtsgrundsatz der Avitizität wurde nicht angetastet. Laut dieser Regelung gehörte der Boden nicht dem einzelnen adligen Besitzer, sondern der Familie; Land konnte also zwar vererbt, nicht aber verkauft werden.

Der österreichische Historiker Moritz Csáky, übrigens selbst Nachkomme einer alten ungarischen Adelsfamilie, meint dazu[2], die Habsburger hätten mit dem Frieden von Szatmár den Fortbestand der feudalen Gesellschaftsstruktur garantiert, ja die letzte Chance vertan, die schon damals als anachronistisch empfundenen politischen und sozialen Strukturen zu beseitigen.

Zur sogenannten Magnatentafel im Reichsrat, ohne deren Zustimmung keine Beschlüsse gefaßt werden konnten, gehörten zu dieser Zeit 108 Mitglieder des Hochadels: zwei Fürsten, 82 Grafen und 24 Barone, die ein Drittel des Landes besaßen. Die schon unter Ferdinand I. erfolgte Teilung des Reichstags in die obere Tafel der Magnaten und Bischöfe sowie in die untere Tafel des mittleren und Kleinadels, der königlichen Freien Städte und des niederen Klerus wurde 1608 gesetzlich verankert. Die Großgrundbesitzer spielten selbstverständlich seit jeher, vor allem aber nach der erfolgreich abgeschlossenen Gegenreformation, die entscheidende Rolle. Der größte Teil des Hochadels änderte zweimal im Laufe von 120 Jahren den Glauben und wurde bis Ende des 17. Jahrhunderts rekatholisiert.

Der in der Mehrzahl protestantisch gebliebene Mittel- und Kleinadel machte bloß fünf Prozent der Bevölkerung aus. Von den 9,3 bis 9,5 Millionen Einwohnern Großungarns, also einschließlich Siebenbürgens und Kroatiens sowie der Militärgrenze, zählten etwa 400 000 zu den Adligen. Der Sammelbegriff war freilich insofern trügerisch, als es eine unüberbrückbare Kluft zwischen dem Hochadel und den sogenannten »Bundschuhadligen« (den literarisch verewigten bocskoros nemesek) gab. Die etwa 200 miteinander versippten Magnatenfamilien – von denen allerdings nur die Hälfte Ungarn waren –, einschließlich der aus ihren Reihen kommenden Bischöfe und Erzbischöfe, verfügten über einen unermeßlichen Latifundienbesitz.[3] Von der Familie Esterházy berichtete seinerzeit (1839) der Reiseschriftsteller John Paget, der das damals unbewohnte Schloß in Eisenstadt besichtigte.

> So groß auch der Glanz einiger englischer Pairs ist, so fürchte ich doch fast, daß man mir unterstellt, von der Freiheit des Reisenden Gebrauch zu machen, wenn ich von Esterházys Pracht erzähle. Und dabei besitzt er einige Meilen von hier noch drei Paläste ebensolcher Größe... England ist berühmt wegen seiner edlen Schlösser und reichen Wohnsitze, doch können wir uns kaum einen Begriff von der Pracht machen, die so ein Esterházy früher gezeigt haben muß. Wenn sich die schönsten Weiber aus vier Ländern dicht an dicht drängten, wenn seine 360 Fremdenzimmer voll mit Gästen waren, seine Concerts dirigiert von einem Haydn, seine Oper besetzt mit italienischen Künstlern, seine Gärten bevölkert von einer fröhlichen Menge Besucher, seine Antichambres von reich gekleideten Dienern und seine Tore bewacht von den Grenadieren des fürstlichen Herrn, so muß seine Herrlichkeit die der Hälfte der königlichen Höfe Europas übertroffen haben! Ich kenne nur Versailles, das einen so hohen Begriff von dem kostbaren Glanze eines vergangenen Zeitalters gibt wie Esterházy...
> Die Winterherde der Merinos beläuft sich auf gut 250 000 Stück, und zu jedem Hundert gehört ein Schäfer, was in der Summe 2500 Schäfer ergibt! Aber wie eine Klosterfrau aus der Umgebung bemerkte, als wir darüber sprachen: »Les Esterházys font tout en grand: le feu prince a doté deux cent maîtresses et pensionné cent enfants illégitimes.«[4]

Unter den Habsburgern erhielten viele Magnaten erbliche Titel und bildeten bald eine geschlossene Klasse. So wurden zwischen 1670 und 1780 160 Familien in den Grafenstand erhoben beziehungsweise baronisiert. Hinzu kamen noch 249 ausländische hochadlige Familien, die in die ungarische Adelsliste aufgenommen wurden. Da der Wiener Hof sich während der ununterbrochenen Kriege verschuldete, bekamen auch Offiziere und Hoflieferanten zuerst Land und dann Adelstitel. Es gab zum Beispiel einen äußerst umtriebigen Linzer Bäckermeister namens Franz Harruckern. Zuerst sorgte er für die Lebensmittel, schon bald als Hauptkommissar, später wurde er als Baron geadelt und bewirtschaftete große Güter in den Komitaten Békés und Csongrád; schließlich ernannte ihn der König zum Obergespan in Békés, und die einst bescheidene Familie aus Linz heiratete unter anderem in das Geschlecht der Károlyi ein.[5] Dieses wiederum profitierte aus dem rechtzeitigen Absprung des Feldmarschalls Sándor Károlyi, der ja gegen den Willen Rákóczis den Frieden von Szatmár mit seinem Landsmann auf der anderen Seite, Graf János Pálffy, ausgehandelt und unterzeichnet hatte. Ein Jahr danach ist aus dem Baron ein Graf Károlyi geworden. Generationen von ungarischen Schülern haben gelernt, er sei ein »Verräter« gewesen. Der Historiker Kálmán Benda bemerkte jedoch, daß Károlyi eine unter den gegebenen Umständen anständige Vereinbarung geschlossen hatte. An dieser Tatsache ändere auch die Belohnung mit dem Grafentitel nichts. Ein besseres Resultat sei eben damals nicht zu erreichen gewesen; hätte man hingegen die Gelegenheit nicht wahrgenommen, so wäre dies für die Teilnehmer des Freiheitskampfes tragisch gewesen.[6]

Die kaisertreuen Offiziere und Soldaten nannte man »Labanczen« (Fußgeher oder Fußsoldaten), und die alten oder frischgebackene »Labancz«-Adligen wurden bei der Verteilung der riesigen Ländereien von Rákóczi und Bercsényi entsprechend belohnt. Nutznießer aber waren vor allem auch fremde Adlige wie Fürst Trautsohn oder in der Umgebung von Munkács Graf Schönborn, der Erzbischof von Mainz. Diese Ausländer erhielten Heimatrecht und rückten bald in die obersten Ränge der Magnatentafel auf. Zu diesen gehörte der vom Kleinadligen zum Grafen aufgestiegene und dabei steinreich gewordene Antal Grassalkovics, der unter anderem das berühmte Schloß Gödöllö erbauen ließ, wo bereits Maria Theresia weilte und sich später Kaiserin Elisabeth häufig aufhielt. Auch so bekannte Familien wie die Andrássy, Festetics und Podmaniczky waren keine uralten Adelsgeschlechter, sondern erhielten ihre Titel als Anerkennung für loyale Dienste.[7] In dieser Zeit der Prachtentfaltung konnte Fürst Esterházy auf einen von Palatin Pál Esterházy bestellten und Mitte des 17. Jahrhunderts von Tobias Sadler in Nürnberg gefertigten Prunkband hinweisen, in dem die Mitglieder der Esterházy-Familie als Abkömmlinge von Adam, mit verwandtschaftlichen Beziehungen zum Stammeshäuptling Örs, zu Attila, zu Hunor usw. dargestellt werden.

Unter den sehr reichen Magnaten und den sehr armen Kleinadligen befanden sich etwa 25 000 bis 30 000 begüterte Familien: die »bene possessionati«, oft mit wenigen tausend Hektar Land, und die »possessionati« mit kleinerem Grundbesitz. Viele Angehörige des niederen Adels standen im Dienst der Magnaten, während der Lebensstandard der »Bundschuhadligen« oft niedriger war als der eines österreichischen Bauern.

Diese in ihrem sozialen Status tief gespaltene ständische Gesellschaft bildete die »politische Nation«. Die national-ethnischen Gegensätze innerhalb des Adels brachen allerdings mit voller Wucht erst während des Kampfes gegen den Reformkurs von Kaiser Joseph II. auf, also gegen Ende des 18. Jahrhunderts.

Es gab aber bereits vorher, während der Kuruzzenkämpfe, einen tiefen Riß zwischen dem überwiegend rekatholisierten Adel im Westen und dem mehrheitlich kalvinistischen Osten, vor allem hinsichtlich der politischen Einstellung zum Haus Habsburg. Die vereinfachend auf die Formel »Labanczen« (Kaisertreue) gegen Kuruzzen (Rebellen) gebrachte Spaltung beherrschte noch sehr lange die vordergründigen und von den wirklichen Lebensfragen der Nation oft weit entfernten Polemiken der Tagespolitik, Publizistik und Geschichtsschreibung. Jedenfalls wies Macartney darauf hin, daß bei den Friedensgesprächen von Szatmár die ungarischen »Labancz-Adligen« die schwierigsten Verhandlungspartner gewesen seien, da ihnen die Amnestie für die Aufständischen die Hoffnung nahm, sich auf Kosten ihrer Landsleute bereichern zu können.

Auf dem Weg zur Eingliederung Ungarns in die Habsburger-Monarchie stellte die Annahme der Pragmatischen Sanktion, des Abkommens über die weibliche Thronfolge, 1722/23 durch den Reichstag einen folgenschweren Schritt dar. Darüber hinaus akzeptierten die Tafeln der Magnaten und Stände den Grundsatz, daß das theoretisch unabhängige Königreich Ungarn mit den Erbländern unteilbar und untrennbar (»indivisibiliter« und »inseparabiliter«) in einer Union verbunden sei. Damit aber hörte Ungarn auf, als politisch eigenständiger Faktor zu bestehen.

Der amerikanische Historiker Robert A. Kann, ein exzellenter Kenner der Geschichte der Doppelmonarchie, vertrat die Meinung, daß der Kompromiß beiden Seiten nützlich, auf lange Sicht für die ungarische Sache jedoch von größerem Vorteil gewesen sei. Die Regierungen König Karls III. (als Kaiser: Karl VI.) und Maria Theresias hätten während des Zeitraums von zwei Generationen keinen Versuch unternommen, die nationalen Rechte der Ungarn, wie sie – bescheiden genug – im Frieden von Szatmár festgelegt worden waren, zu beschränken.[8] Für Karl ging es in erster Linie darum, durch die Anerkennung des Thronfolgerechts seiner Tochter die ungeteilte Herrschaft in seinen Reichen zu sichern.

In den folgenden Jahrzehnten zeichnete sich eine widersprüchliche Entwicklung ab. Einerseits wurde das Land der Magyaren als Machtfaktor im europäischen Kräftespiel ausgeschaltet. Die Außen- und Verteidigungspolitik, die Finanz- und Schulverwaltung unterstanden dem König beziehungsweise den gesamtstaatlichen Zentralbehörden. Auch die territoriale Eigenständigkeit der Länder der Stephanskrone wurde nicht wiederhergestellt: Das Fürstentum Siebenbürgen, das Banat, Slawonien und die Militärgrenzbezirke blieben von verschiedenen Wiener Zentralbehörden abhängig. Als oberste Verwaltungsbehörde wurde schließlich 1723 ein dem König unterstellter Statthaltereirat in Preßburg errichtet, der unter dem Vorsitz des Palatins oder eines königlichen Statthalters für die gesamte innere Verwaltung des Landes zuständig war – bis 1848. Von einer staatlichen Selbständigkeit konnte also keine Rede sein.

Andererseits lag aber die Exekutivgewalt in der Praxis bei den 52 Komitaten, also weder bei den Zentralbehörden noch beim ungarischen Reichstag, der keineswegs alle drei Jahre, sondern in immer längeren Abständen nach Preßburg einberufen wurde. Der vom König ernannte Obergespan mußte sich häufig genug mit der Rolle einer machtlosen Galionsfigur begnügen, da die von den Ständen aus dem mittleren und niederen Adel gewählten Amtsträger viel mächtiger waren: Von der Gewährleistung der öffentlichen Sicherheit bis zu den heiklen Aufgaben der Eintreibung der Steuern und der Truppenversorgung kontrollierten sie im Alltag das direkte Verwaltungssystem.

Über den selbstgefälligen und engstirnigen Lokalpatriotismus der Stände und dessen Wirkung auf die Tagespolitik und Verhaltensweisen in den Komitaten, über den Lebensstil der ihre Pfeifen rauchenden »Herrscher im Kleinen« (François Fejtö) haben ungarische Schriftsteller des 19. Jahrhunderts wie József Eötvös oder Kálmán Mikszáth glänzende Kurzgeschichten und Romane geschrieben. Aber auch ausgesprochen ungarnfreundliche englische Reisende wie Julia Pardoe sparten nicht mit kritischen Bemerkungen.

Ein Hauptfehler des Magyaren ist sein Dünkel. Er ist stolz auf seine Nation, seine Freiheit, sein Altertum und vor allem auf seine Privilegien. Kurz, für ihn gibt es nichts... Höheres als edles Geblüt, einen langen Stammbaum und ein der äußeren Form nach regelrechtes Revenuen-Verzeichnis. Ich sage, der äußeren Form nach; denn vermutlich hat das ganze übrige Europa keinen so verarmten Adel aufzuweisen wie Ungarn. Es gibt keine zwanzig Adligen im Lande, die nicht faktisch bankrott sind.

Dies ist eine stark klingende Behauptung, die sich aber leicht beweisen läßt... Der ungarische Adel opfert alles für äußeres Gepränge, für den Luxus und für Großtuerei. Unter diesen Umständen übersteigen seine Bedürfnisse stets seine Einkünfte, und er ist gezwungen, den Ertrag seiner weitläufigen Güter an einen Schwarm von Juden und Geschäftsleuten zu überweisen, die seine unachtsame Verschwendung bestens nutzen.

»Die Idee eines Handelstraktats mit England«, äußerte einer der einsichtsvollsten Magnaten, »ist, aufs gelindeste gesagt, noch eine Seifenblase. Wir haben noch viel zu tun, ehe es dazu kommen kann. Die Magyaren haben noch nicht gelernt, Kaufleute zu sein, und was den Adel betrifft, so sitzen wir, einer wie alle, lieber ruhig auf unseren Sofas und schlagen unseren Ertrag auf eine gegebene Anzahl Jahre an einen fügsamen Geschäftsmann los, der bereit ist, sogleich bares Geld aufzuzählen, und sollte es auch mit einem Verlust von fünfzig Prozent geschehen, damit wir nur nicht zu spekulieren, zu kalkulieren und zu warten haben.«[9]

In einem anderen Zusammenhang entwarf der bereits zitierte John Paget ein Porträt der jungen liberalen Adligen:

Ohne eine genaue Kenntnis der politischen oder kommerziellen Lage ihres Vaterlandes oder der Nachbarländer sind sie alle vollkommen überzeugt, daß Österreich die Quelle all der Übel ist, an welchen sie leiden, und sie betrachten daher diese Macht mit Furcht und Groll. Kein Radikaler in England kann heftiger auf die Besteuerung schimpfen als die Liberalen in Ungarn; aber sie mischen in ihre Schmähungen so sonderbar die Vorrechte des Adels, daß es schwerfallen dürfte, etwas von diesem Prinzip in ihrer Opposition aufzufinden. Sie unterscheiden in der Tat nicht klar zwischen Recht und Vorrecht.

... Manche Ungarn sprechen mit alberner Eitelkeit von ihren Untertanen und Vasallen, wobei sie vergessen, daß diese Bemerkungen den Ausländer nur mit Abscheu über ihre Ungerechtigkeit erfüllen. Was die Sache noch schlimmer macht, ist, daß diese Sprache zuweilen von Leuten geführt wird, welche laut über die »Bedrückungen« – Angriffe auf ihre Rechte und Privilegien – jammern, die sie von Österreich erdulden müssen; über dergleichen können sie ziemlich lange reden, ehe sie die Sympathie eines Engländers erregen, wenn sie in demselben Atemzug Klagen über den Ungehorsam und die Insubordination ihrer Vasallen äußern!

Die Steuerfreiheit des Adels hatte ... schwerwiegende Folgen, da alle öffentlichen Ausgaben von den fronpflichtigen Leibeigenen getragen wurden. Der Kleinadel wollte bis zuletzt lieber in relativer Armut leben, als wie die Bürger zur Zahlung von Steuern, Gebühren und Zöllen genötigt zu werden, die mit der Ausübung eines Berufs verbunden waren. Unter Freiheit verstanden sie aber ihre Privilegien.[10]

Der Adel war mit der Herrschaft Karls und Maria Theresias trotz aller Nörgelei und Beschwerdepolitik freilich durchaus zufrieden. Und erst recht war man mit sich selbst so zufrieden, daß man den berühmt-berüchtigten Spruch erfand: »Extra Hungariam non est vita. Si est vita, non est ita.« (Außerhalb Ungarns gibt es kein Leben. Und gibt es eines, so ist es doch keines.)

Vor diesem Hintergrund muß die Mentalität des ungarischen Adels, der bis zuletzt Betätigung im Handel oder in der Industrie als unter seiner Würde betrachtete, als einer der ausschlaggebenden Gründe für die Rückständigkeit des Landes verstanden werden. Die gesetzliche Verankerung der Vorrechte des Adels habe die Modernisierung des Landes um mehr als ein Jahrhundert verzögert, konstatiert Csáky, und nicht die Türkenherrschaft; der Fortbestand längst überholter ständischer Strukturen sei der entscheidende Faktor für den Niedergang der Wirtschaft und Kultur Ungarns gewesen.

Früher als erwartet zeigten sich die Vorteile des Kompromisses, den das Haus Habsburg mit den Ständen Ungarns geschlossen hatte. Nach zwei unglücklichen Kriegen an der Seite Rußlands hinterließ Karl III. seiner Tochter Maria Theresia (1740–1780) ein militärisch, finanziell und moralisch erschüttertes Reich. Als die österreichische Armee im April 1741 von den Preußen bei Mollwitz, in der Nähe von Breslau, vernichtend geschlagen wurde, fielen auch Frankreich, Spanien und Bayern über die habsburgischen Erblande her.

Angesichts dieser militärischen Katastrophe bewies die gerade einmal 23jährige Maria Theresia, wie der englische Gesandte in Wien notierte, »ohne Geld, ohne Credit, ohne Armee, ohne eigene Experienz und Wissenschaft und endlich auch ohne allen Rat«, daß sie über die für einen Herrscher vielleicht wichtigste Charaktereigenschaft verfügte, nämlich über Mut im Unglück. Sir Thomas Robinson schildert die Reaktion im Staatsrat, als die Hiobsbotschaften vom Vormarsch der preußischen und vereinigten bayerisch-französischen Armeen Richtung Böhmen und Oberösterreich in Wien eintrafen: »Da fielen die Minister leichenblaß in ihre Stühle zurück; nur ein Herz blieb standhaft: das der Königin.«[11]

Vier Monate nach ihrer Krönung zum König von Ungarn (man hat bewußt die männliche Form verwendet, da sie selbst die Herrscherin und nicht die Frau eines Königs war) beschloß Maria Theresia in ihrem untrüglich sicheren Gefühl für das Mögliche, die Magyaren, die letzte unverbrauchte Reserve in ihrem dramatisch geschrumpften Reich, durch einen gewagten persönlichen Einsatz zu mobilisieren. Die hohen Beamten ihres Vaters rieten ab, Geld oder Soldaten zu verlangen, da niemand voraussagen könne, was die Ungarn mit den Waffen anfangen würden. Ein Ratgeber soll sogar wörtlich erklärt haben: »Ihre Majestät täte besser, sich auf den Teufel zu verlassen!«[12]

Nach gründlichen Vorbereitungen durch ihren ungarischen Vertrauten Palatin Graf János Pálffy, der als General in den Türken- und Kuruzzenkriegen gekämpft hatte, und durch Kardinal Imre Esterházy, Erzbischof von Esztergom, erschien Maria Theresia trotz der Warnungen am 11. September 1741 um elf Uhr vormittags vor dem ungarischen Reichstag in der Festung Preßburg. Es gibt mehrere Versionen von anekdotisch ausgeschmückten Erzählungen, wie die Herrscherin, ganz in Schwarz gekleidet, das Schwert an der Seite, langsam durch die Reihen der beiden Tafeln schritt, die Stufen zum Thron emporstieg und in einer dramatischen, von Tränen unterbrochenen lateinischen Rede an »die ungarische Tapferkeit und Treue« appellierte. Sie war sehr schön, sprach mit fester Stimme, hatte aber ihren erst sechs Monate alten Sohn, den Thronfolger Joseph, nicht im Arm, wie dies die gemalten und erdichteten Darstellungen ihres beeindruckenden Auftritts der Nachwelt überliefert haben. (Dies geschah erst zehn Tage später bei dem feierlichen Eid Franz Stephans als Mitregent auf die ungarische Verfassung.)

Die mit echt weiblichem Einfühlungsvermögen vorgetragene Rede der »von der ganzen Welt verlassenen armen Königin« war eine große politische und schauspielerische Leistung:

> Es handelt sich um die Existenz dieser Unserer Länder, um Unsere Person, Unsere Kinder, Unsere Krone. Von allen verlassen, finden Wir Hilfe nur in der Treue dieser erlauchten Ständeversammlung und in der Tapferkeit, die man zu allen Zeiten den Ungarn nachgerühmt hat. Wir bitten die Stände dieser erlauchten Versammlung, keinen Augenblick zu verlieren, sondern sofort die Maßnahmen zu beschließen und durchzuführen, die in dieser äußeren Not für Unsere Person, Unsere Kinder, das Königreich selbst und Unsere Krone notwendig sind. Unsere treuen Stände dürfen versichert sein, daß Unsere königliche Liebe alles tun wird, damit das Glück und die Ehre dieses Landes erhalten bleiben.[13]

Der Erfolg des Appells war überwältigend. Die ungarischen Adligen riefen mit gezogenem Säbel: »Vitam et sanguinem pro rege nostro Maria Theresia!« (Blut und Leben für unseren König Maria Theresia.) Doch die großartige Szene hatte einen Schönheitsfehler, der in den meisten einschlägigen Werken unerwähnt blieb: Aus den hinteren Reihen, wo die Vertreter der protestantischen Komitate Ostungarns standen, hörte man – so die hartnäckigen Gerüchte – laut und deutlich den Zusatz: »sed non avenam!« (aber keinen Hafer!) Das heißt, keine materiellen Leistungen.[14]

Die pathetische Antwort der Stände war keine leere Phrase, da die Ungarn zunächst aus den Ländern der Stephanskrone insgesamt 100 000 Mann stellen wollten. Schließlich zog ein in größter Eile aufgestelltes Heer von rund 60 000 Mann ins Feld, davon über die Hälfte Adlige und Portalmiliz (zum Waffendienst einberufene Bauern).[15] Direkt und indirekt haben die Ungarn in der Stunde der höchsten Not Maria Theresia und Österreich gerettet. Man darf nicht vergessen, daß kaum dreißig Jahre vergangen waren, seit sie von ebenjener Dynastie gedemütigt worden waren, deren höchste Repräsentantin sie jetzt zur schnellen Hilfeleistung, zu Ergebenheit und Treue aufrief. Wichtig war nicht allein die Größe des Militäraufgebots, sondern auch die Tatsache, daß ein bewaffneter Aufstand, vergleichbar dem vor vierzig Jahren (während des Spanischen Erbfolgekriegs), Maria Theresias Schicksal zweifellos besiegelt hätte. Darüber hinaus wäre es ohne die auch psychologisch unendlich wichtige militärische Hilfe aus Ungarn unmöglich gewesen, Linz und Prag zu befreien, ja sogar München zu besetzen. Der Erfolg in Ungarn und das Eingreifen der Reiterarmee der Adligen und der von ihnen aufgestellten Infanterieregimenter hat die Gegner Österreichs überrascht und verwirrt. All dies trug wesentlich dazu bei, daß sich das Kriegsglück noch vor dem Eingreifen Englands wendete.

Maria Theresia hatte diese sehr schwierige Partie in Preßburg mit Charme, Ritterlichkeit und Geschick, aber auch durch ausdrückliche Konzessionen hinsichtlich der Bekräftigung und Ausweitung der Privilegien des Adels gewonnen: Unter anderem sicherte sie die Bewahrung der Steuerbefreiung zu, welche »zu den fundamentalen Rechten und Freiheiten« des Adels gehörte, die Nichteinmischung in die lokale Gerichtsbarkeit und in die Handhabung des Frondienstes. »Ich bin nicht gekommen, um nur zu nehmen, sondern um zu geben«, erklärte sie. In diesem Sinne gewährte die Herrscherin einen großen Teil der vom Reichstag geforderten Rechte.

Fortan hat die Königin wiederholt schriftlich und mündlich ihre Dankbarkeit gegenüber »der ungarischen Nation« bekundet. Sie ging von der Überlegung aus, daß, wer die Ungarn, »diese im Grund anständigen Leute, gut behandelt, bei ihnen alles erreichen könne«. Zwanzig Jahre später, als es zu Unruhen kam, nahm sie gegen die unmenschliche Behandlung der Leibeigenen durch die Aristokraten Stellung. »Ich bin eine gute Ungarin«, schrieb sie ihrem Schwiegersohn, damals Statthalter Ungarns. »Mein Herz ist voller Dankbarkeit für diese Nation.«

Zwei begnadete ungarische Heerführer sorgten im Laufe des Siebenjährigen Krieges (1756–1763) dafür, daß der Ruf der ungarischen Husaren und die Tapferkeit der ungarischen Regimenter europaweit Aufsehen und bei der Königin tiefempfundene Bewunderung weckten. Als General Ferenc Nádasdy durch drei aufeinanderfolgende verwegene Reiterattacken die Entscheidung in der Schlacht von Kolin am 17./18. Juni 1757 gegen den Preußenkönig Friedrich II. herbeigeführt hatte, jubelte die Kaiserin in Schönbrunn (»der Geburtstag der Monarchie!«) und stiftete den Theresienorden für herausragende militärische Leistungen. Nádasdy war einer der ersten Träger des Großkreuzes. Dieser neben Laudon zweifellos begabteste General Maria Theresias war übrigens der Enkel jenes Grafen Nádasdy, den Leopold I. 1671 wegen seiner Teilnahme an der Zrinyi-Wesselényi-Verschwörung in Wien hatte hinrichten lassen...

Das waghalsigste Manöver allerdings gelang einige Monate später dem ungarischen General András Hadik, der bereits in den Schlesischen Kriegen spektakuläre Erfolge errungen hatte. Durch ein glänzend durchgeführtes Manöver trug Hadik den Krieg bis ins Herz des

Feindeslands. Hinter dem Rücken des westwärts gegen die Franzosen marschierenden preußischen Heeres unternahm der 1711 in Esztergom geborene General mit nur 3500 Reitern und Infanteristen sowie mit vier Geschützen einen direkten Vorstoß nach Berlin: Am 16. Oktober 1757 erzwingt er nach einem kurzen, blutigen Zusammenstoß den Zugang durch das Tor von Köpenick, läßt eine Brücke sprengen und dringt mit 1700 Mann in die Stadt ein; eine andere Abteilung erobert das Cottbuser Tor. Die erschrockenen und verwirrten Berliner schätzen die Stärke der Angreifer auf mindestens 15 000 Mann. Im Glauben, daß es sich tatsächlich um die Vorhut einer großen österreichischen Armee handelt, bezahlt die Stadtverwaltung 125 000 Taler in Münzen, schreibt einen auf den Namen Hadiks lautenden Wechsel in gleicher Höhe als Brandsteuer aus und übergibt weitere 25 000 Taler als Geschenk an die Truppe. Die Androhung einer Beschießung hat ihren Zweck erfüllt. Einen Tag später verschwindet Hadik mit seinen Mannen ohne die geringsten Übergriffe aus der Stadt. Niemand weiß, welchen Weg die verwegene Schar mit den sechs erbeuteten Fahnen und 400 Gefangenen genommen hat. Die Infanteristen legen an einem Tag gut fünfzig und die Husaren achtzig Kilometer zurück. Eine Einheit aus 300 Husaren unter dem Befehl von Oberst Ujházy hält die Zangenbewegung der zur Verfolgung eingesetzten preußischen Truppen auf. Bei einem Scharmützel kämpfen wieder einmal auch Magyaren gegen Magyaren, da zur Vorhut der preußischen Infanterie auch die im königlich-preußischen Dienst stehenden Husaren des Obersten Mihály Székely gehören.

Am 18. Oktober kehrte der erschreckte Hof nach Berlin zurück, nachdem bereits am Abend zuvor die preußischen Truppen wieder in die Haupt- und Residenzstadt einmarschiert waren. König Friedrich selbst brach mit seiner Armee zur Verfolgung Hadiks auf. »Diese Leute müssen unser sein, tot oder lebend!« lautete Friedrichs Tagesbefehl. Es gelang dem wütenden Preußenkönig aber nicht, Hadiks kleine Einheit einzuholen.

Der Husarenstreich Hadiks erfüllte Maria Theresia, die den Preußenkönig als den »Räuber Schlesiens« innig und aus tiefstem Herzen haßte, mit besonderem Stolz, so der Habsburg-Historiker Adam Wandruszka. Die Königin ließ Hadik in einem Handschreiben ihre »gnädigste Zufriedenheit für die so klug und wohl ausgeführte Unternehmung gegen Berlin« wissen und ihm neben dreitausend Dukaten auch das Großkreuz des kurz zuvor gestifteten Militär-Maria-Theresia-Ordens zukommen.

Natürlich lieferte Hadiks kühnes Unterfangen reichen Stoff für bunte Geschichten. So heißt es in einem Bericht, daß General Hadik aus Berlin seiner Königin Handschuhe von allerfeinstem Leder geschickt habe – aber unglücklicherweise soll man in der Eile nur 24 linke Handschuhe eingepackt haben.

Hadik wurde bald danach in den erblichen Grafenstand erhoben, zum Feldmarschall und Geheimrat befördert sowie zum Militärgouverneur Siebenbürgens und später Galiziens ernannt. Den Höhepunkt seiner Karriere erreichte er 1774 mit der Bestellung zum Präsidenten des Hofkriegsrates, einer Position, die er bis zu seinem Tod 1790 bekleidete. Die Bedeutung dieser Funktion kann man daran ermessen, daß zuvor Ungarn nicht einmal als Berater dieser Behörde in Erscheinung treten durften, wie der Historiker Julius Miskolczy hervorhob: »Durch Jahrhunderte wurde kein einziger ungarischer Staatsmann mit der Teilnahme an der Regierung ausgezeichnet... Selbst die höchsten Würdenträger des Landes, der Palatin oder der Hofkanzler, waren von der Regierung der Gesamtmonarchie ferngehalten. Der Grund hierfür war der Mangel an Vertrauen.«[16]

Maria Theresia war zweifellos die herausragende Herrschergestalt in der Geschichte des Hauses Österreich. Selbst Friedrich II. huldigte ihr in seinen Testamenten als »der weisen Fürstin«, »der weisesten und politisch begabtesten«. Ungezwungen gab er zu: »Diese Frau, die man als einen großen Mann ansehen könnte, hat die schwankende Monarchie ihrer Väter gefestigt.«[17]

»Trotz der vierzehn Kriegsjahre, trotz der Geburt von sechzehn Kindern, trotz des Widerstands von Adel und Geistlichkeit war Maria Theresia eine große Reformerin mit Herzenstakt, weiblichem Charme und mit einem virtuosen Talent für Auswahl und Behandlung ihrer Mitarbeiter begabt«, meint Wandruszka und fügt hinzu:

> Kein Herrscher vor ihr oder nach ihr in der langen Reihe der in ihrer Person verbundenen alt-habsburgischen und habsburgisch-lothringischen Dynastien hat es wie sie verstanden, den richtigen Mann zur richtigen Zeit auf den richtigen Platz zu stellen, keiner hat wie sie, inmitten schwerer Kriege, so viele grundlegende und umwälzende Neuerungen durchgeführt, die sich dazu noch in der Folgezeit bewährten. Mit welchem Lebensgebiet immer man sich in der neueren Geschichte Österreichs beschäftigt, mit der Geschichte der Verwaltung, der Finanz- und Wirtschaftspolitik, des Schulwesens, des Heer-

> wesens, der Rechtspflege und des Gesundheitswesens, immer kommt man zu dem Ergebnis, daß die entscheidenden Reformen und segensreichen Einrichtungen auf die Regierungszeit der großen Kaiserin zurückgehen.[18]

Mit sicherem politischen Instinkt hat Maria Theresia versucht, die traditionsbedingten Faktoren im Umgang mit Ungarn, dem wohl schwierigsten Land der Monarchie, stets zu beachten und von Zeit zu Zeit mit eher kleinen Gesten den mißtrauischen und eigenbrötlerischen Adel mit den zentralen Reformen zumindest teilweise auszusöhnen. Ämterpatronage, Auszeichnungen und persönliche Gunstbeweise haben ihr dabei viel geholfen. Die Ungarnpolitik des Hofes wurde zweifellos durch die menschlichen Neigungen der Königin mitgeprägt. Sie ließ einige Wochen vor ihrem Tod noch den Kanzler für Ungarn, Graf József Esterházy, kommen: »Sagen Sie es den Ungarn immer wieder, daß ich bis zum letzten Augenblick dankbar an sie denken werde.«[19]

Diese Haltung und die diversen bildungspolitischen, wissenschaftlichen und religiösen Initiativen hatten weitreichende, zuweilen unvorhersehbare Folgen für die Zukunft Ungarns und indirekt für die Monarchie. Es gelang Maria Theresia vor allem, den Hochadel und den wohlhabenden Teil der mittleren Adligen in den Bannkreis Wiens zu ziehen. Sie gründete 1746 in Wien eine nach ihr benannte elitäre Mittelschule, das Theresianum, das allein bis 1772 von 117 Söhnen ungarischer Adelsfamilien besucht wurde. Zahlreiche Ungarn absolvierten auch die Wiener Neustädter Militärakademie. Offiziere, die durch ihre Tapferkeit auffielen, wurden mit dem neugeschaffenen Sankt-Stephans-Orden ausgezeichnet. Während die Protestanten in der Ausübung ihrer Religion eingeschränkt und die Juden unbarmherzig verfolgt und aus Böhmen und Mähren zeitweilig sogar vertrieben wurden, förderte die fromme Herrscherin, zum Teil auch im Interesse der Vereinheitlichung des Reiches, die katholische Kirche. Die siegreiche Gegenreformation schuf einen zwar dynastiefreundlichen, aber auch ausgesprochen ungarischen Patriotismus barock-katholischer Prägung, der in der Idee des Regnum Marianum gipfelte und bewußt an den Marienkult des mittelalterlichen nationalen Königtums anknüpfte.

Zwei Gesten der Herrscherin haben die national-religiösen Gefühle der Ungarn zutiefst beeindruckt. Seit 1757 trug Maria Theresia wieder den auf die Zeit Stephans des Heiligen zurückreichenden Titel des

»Apostolischen Königs von Ungarn«, ein Recht, das Papst Clemens XIII. sozusagen als neu-altes Privileg in Anerkennung der Opfer des ungarischen Volkes im Kampf gegen die Türken bestätigt hat. Noch stärker war 1771 die Wirkung der feierlichen Rückführung der rechten Hand Stephans des Heiligen aus Ragusa in die königliche Burg von Buda.[20]

Was die nationalen Belange betraf, so blieb Siebenbürgen zwar weiterhin vom Mutterland getrennt, doch ließ Maria Theresia die 300 Jahre zuvor von König Sigismund an Polen verpfändeten dreizehn Zipser Städte, den Hafen Fiume sowie die Militärgrenzbezirke des Theiß-Maros-Gebiets wieder an Ungarn angliedern.

Die für die Zukunft der ungarischen Sprache, der Literatur und nationalen Identität weitaus bedeutendste, freilich damals in ihrer Tragweite nicht vorhersehbare Geste war die 1760 von der Königin verfügte Aufstellung einer ungarischen adligen Leibgarde in Wien. Jedes Komitat schickte je zwei Jungadlige für fünf Jahre nach Wien. Dazu kamen noch zwanzig Abgesandte aus Siebenbürgen. Später hat die Königin die Leibgarde auf 500 Mann erhöht. Es gehört zu den paradoxen Zügen der ungarischen Geschichte, daß die Erneuerung der ungarischen Sprache nicht in Ungarn selbst, sondern in der Hauptstadt eines fremden Staates eingeleitet und dadurch Wien zum Zentrum der ungarischen literarischen Bewegung wurde.[21]

Es war ein achtzehnjähriger Leibgardist namens György Bessenyei (1747–1811), der in Wien zuerst die französische, dann die deutsche Sprache erlernte und die Schlußfolgerung zog, daß die Verbreitung der Kenntnisse über die Aufklärung nur mit Hilfe der Muttersprache erfolgen könne. Dies erforderte aber die Erneuerung der Sprache selbst, um den höheren intellektuellen Anforderungen entsprechen zu können. Die zweite Aufgabe bestand darin, die Menschen zum Lesen anzuregen, und die dritte war die Schaffung einer Literatur, die das Interesse der Leser wecken und sie in Richtung Reformen führen sollte. Man übertreibt kaum, wenn man Bessenyei als Wegbereiter der modernen ungarischen Sprache betrachtet, obwohl seine ab 1772 veröffentlichten Werke wegen ihres Stils heute für uns fast gänzlich ungenießbar sind. Trotzdem: Er und seine Freunde gaben den ersten entscheidenden Anstoß zur Erneuerung der Sprache und zur Einleitung der Sprachenbewegung. In einem tieferen Sinne mag der Essayist Paul Ignotus recht haben, der in seiner in der Emigration auf englisch geschriebenen Geschichte Ungarns behauptete, Bessenyei habe durch seine literarische Erneuerung die »ungarische Nation erfunden«[22]. Vor seinem Auftreten erschienen jährlich nur eine Handvoll ungarischer Schriften, überwiegend religiösen Inhalts. Die erste ungarische Zeitung *Magyar Hirmondó* erschien zuerst in lateinischer, dann in deutscher Sprache und erst ab 1780 in ungarisch; gedruckt wurde sie in Preßburg.

Bessenyei schrieb übrigens auch deutsche und französische Gedichte und übersetzte zahlreiche Bücher. Überhaupt war der kulturell-sprachliche Einfluß Frankreichs, seiner Philosophie sowie der Literatur der Aufklärung auf die ungarischen Magnaten direkt und indirekt sehr stark. In den Bibliotheken der während der Zeit Maria Theresias erbauten 200 Schlösser waren Tausende französischer Bücher zu finden.

Eine der schillerndsten Gestalten der ungarischen Aufklärung war übrigens Graf János Fekete, ein General, teils französischer, teils türkischer Herkunft, der eine intensive Korrespondenz mit Voltaire pflegte. Fekete schickte dem Patriarchen in Ferney zahlreiche französische Gedichte, der sie gewissenhaft korrigierte, auch lobte und sogar neue Werke seines begeisterten Anhängers aus Ungarn verlangte. Allerdings dürfte sein Interesse an dem dichtenden General nicht nur literarisch gewesen sein, da Fekete neben den Gedichten jeweils hundert Flaschen Tokajer mitschickte ...[23]

Nur wenige Vorläufer der Romantik brachen für das Ungarische eine Lanze. Latein galt als die zweite Muttersprache des Adels. Wie anders könnte man erklären, daß das revolutionärste Werk der Zeit, Rousseaus *Le contrat social*, in Ungarn (und nur hier!) in lateinischer Sprache herausgegeben wurde. Noch Jahrzehnte später schrieb John Paget:

> Allein, ich argwöhne, die Magnaten haben einen besseren Grund als bloße Höflichkeit, nicht Ungarisch zu sprechen, und zwar einfach den, daß sie es nicht können. So völlig ist ein großer Teil des höheren Adels denationalisiert, daß er fast jede Sprache in Europa besser versteht als seine eigene Landessprache. [24]

Maria Theresia war in Ungarn außerordentlich populär, obwohl die von ihr verfügte massive Ansiedlung (impopulatio) von Ausländern die nationale Zusammensetzung der Bevölkerung zuungunsten der Magyaren veränderte. Zwar ging es in erster Linie um den Wiederaufbau der verwüsteten, menschenleeren und versumpften Gebiete, doch war auch die Staatstreue der neuen Siedler nicht unwichtig, um, mit den Worten von Bischof Kollonics, »das zu Revolutionen und Gärung neigende ungarische Blut durch das deutsche zu zähmen«[25]. Seit dem Ende des 17. Jahrhunderts entsandte die kaiserliche Hofkammer durch ihr Ausführungsorgan in Buda Agenten nach Bayern und Österreich, um mit Versprechungen von Steuerfreiheit für drei bis fünf Jahre oder einer Befreiung von den gefürchteten Einquartierungen Kolonisten anzuwerben. Der Hauptstrom der Auswanderungswilligen kam aus Südwestdeutschland, vor allem aus dem Bodenseegebiet, aus mittelrheinischen Dörfern und von der Mosel. Die meisten zogen in Gruppen nach Ulm, von wo sie in den »Ulmer Schachteln«, eigenartig gebauten Schiffen, donauabwärts fuhren, zuerst nach Wien, dann nach ihrer Überführung und Registrierung weiter nach »Hungarland«.

Als Siedler bevorzugte man zunächst katholische Deutsche, später nahm man auch Protestanten. Auf diese Weise wurden unter Maria Theresia vor allem das Banat und die Batschka in Südungarn besiedelt. Allein zwischen 1763 und 1773 wickelten die Behörden die Ansiedlung von 50 000 deutschen Familien ab. Wegen ihres Fleißes und ihrer Loyalität zum Hof wurden Deutsche bevorzugt. Man schätzt, daß die Zahl der deutschstämmigen Ansiedler im Stichjahr 1787 900 000, also rund ein Zehntel der 9,2 Millionen starken Gesamtbevölkerung Ungarns betrug.[26]

Hand in Hand mit der Bildung der »loyalen Inseln« tüchtiger Deutscher ging aber auch eine Art »stille Einwanderung« vor sich. Im Norden kamen Slowaken und Ruthenen ins Land, im Osten und Südosten Rumänen, die in Siebenbürgen bereits die absolute Mehrheit bildeten, im Süden Kroaten und Serben. Der Anteil der Magyaren betrug nach den Katastrophen am Ende des Mittelalters und infolge der Türkenherrschaft nur mehr 35 bis 39 Prozent im Jahr 1787, je nach Schätzung beziehungsweise Zurechnung der einzelnen Gebiete.[27]

Diese Statistiken erklären die Schockwirkung des teils organisierten, teils illegalen Zustroms aus dem Ausland auf den mißtrauischen mittleren und niederen Adel. Obwohl Maria Theresia das Geltungsbedürfnis und den Stolz der ungarischen Aristokraten meisterhaft in ihren Dienst zu stellen verstand, hatte sie stets ein wachsames Auge auf ein eventuelles Aufflammen von rebellischen Gedanken oder Nostalgiegefühlen nach Kuruzzenführern. Dazu folgende Anekdote:

Eines Tages fuhr Graf Aspremont nach seinem Gut in Onod. Die schwere Reisekutsche versank tief im Sumpf, und die Pferde konnten sie nicht aus dem Schlamm herausziehen. Indessen preschten die Bauern auf dem Rückweg von der Messe in Onod mit ihren leichten Fuhrwerken vorbei. Keiner hielt an. Sie lachten nur über das Mißgeschick des im Schlamm steckengebliebenen und laut fluchenden Deutschen. Schließlich stieg der Graf auf den Kutschbock und rief den lachenden Bauern wütend zu: »So laßt ihr den Enkel von Rákóczi sich im Schlamm wälzen?« Als sie den Namen hörten, eilten sie sofort zur Kutsche, zerrten sie aus dem Sumpf und führten den Grafen jubelnd nach Onod. Die Nachricht von diesem Abenteuer vernahm man bald auch in Wien, und als der Graf am Hof erschien, rief ihm Maria Theresia rot vor Zorn zu: »Aspremont, höre Er. Ich verlange nicht, daß Er im Kothe steckenbleibt, aber die Possen mit dem Rákóczi lasse Er bleiben, sonst lasse ich Ihn einsperren!«[28]

Die von der Herrscherin geförderte massive Ansiedlung von Deutschen war weniger eine bewußte Germanisierungsbestrebung als Teil eines Versuchs, die Verwaltung Ungarns und darüber hinaus des Habsburger-Reiches absolutistisch zu zentralisieren. In diesem Sinne bedeutete der Reichstag von 1764, der letzte zu Lebzeiten der Königin, einen schicksalhaften Wendepunkt: Die Stände widersetzten sich hartnäckig und letztlich mit Erfolg dem Willen der Königin, die Kriegssteuer zu erhöhen, den adligen Eigenbesitz zu besteuern und die Lasten des Bauerntums zu verringern. Maria Theresia führte jedoch die von dem Reichstag abgelehnte »Urbarialverordnung« über die Höhe der bäuerlichen Verpflichtungen und das Verbot, diese zu verändern oder zu steigern, als königliche Verordnung ein. (Urbarium war im Mittelalter das Grund- und Hypothekenbuch.) Die Herrscherin trat gegen die Verfassung und den von kurzsichtigem Egoismus motivierten Widerstand des Adels zwar nicht offen auf, doch ließ sie von nun an einer für Ungarn ungünstigen, ja dieses immer mehr diskriminierenden Wirtschaftspolitik freien Lauf.

Die von vielen ungarischen Historikern beklagte Unterentwicklung als Folge des von Österreich erzwungenen Kolonialstatus wird heute anders und differenzierter gesehen. So wies zum Beispiel Domokos Kosáry darauf hin, daß die österreichische Zoll- und Wirtschaftspolitik die Lage Ungarns als eines rückständigen Agrarlands und Käufers von westlichen Industrieprodukten nicht schuf, sondern diese nur ausnutzte.[29] Der Reichstag wurde ab 1764 nicht mehr einberufen, und

Ungarn sank zunehmend zum Lebensmittel- und Rohstofflieferanten für andere Kronländer ab. Zwar gab es eine langsame wirtschaftliche Entwicklung, doch hat das Beharren des Adels auf Steuerfreiheit der Wiener Hofbürokratie willkommene Ausreden geliefert, um die ungarische Wirtschaft durch eine Zollgrenze von Österreich zu trennen und die an sich ungünstige Ausgangsposition Ungarns, letztlich auch in einer für die Gesamtmonarchie schädlichen Weise, bis 1848 bewußt zu verschlechtern.

Trotz ihrer Einwanderungs- und Wirtschaftspolitik war und blieb Maria Theresia aber eine allgemein bewunderte und vor allem geliebte Herrscherin. Dagegen löste das Schockerlebnis der von ihrem Sohn Joseph ohne Menschenkenntnis und unter Mißachtung der ungarischen Mentalität verfügten einschneidenden Reformen so weitreichende Folgen aus, daß eine Rückkehr zum alten Vertrauensverhältnis nicht mehr möglich war. Die ganz im Sinne der Aufklärung verfügten kaiserlichen Neuerungen verliehen im Gegenteil jenem ungarischen Nationalismus einen ungeheuren Auftrieb, der schließlich 1848 die politische Landkarte Mitteleuropas dramatisch verändern sollte.

XVII Der Kampf gegen den »König mit dem Hut«

Über keinen Habsburger gehen die Urteile so auseinander wie über Joseph II. (1780–1790). War er ein großer Reformer oder der erste Beamte seines Staates, ein Volkskaiser und Bauernbefreier oder ein »Glaubensfeger« und »Doktrinär«, ein »kaiserlicher Revolutionär« oder ein zutiefst tragischer Erbe der Krone, dessen Scheitern Stil und Gesinnung der österreichischen Führungsschichten bis heute überschatten? Gewiß ließ sich Joseph von einem echten Humanismus leiten, aber er war seiner Zeit weit voraus. Seine zutiefst in Traditionen verhafteten Völker vermochten diesem Freigeist nicht zu folgen, am allerwenigsten die von der Gegenreformation auf devote Frömmigkeit programmierten Katholiken. Der Kaiser stieß auf Unverständnis, als er mit dem Toleranzedikt Erleichterungen für die Protestanten, die Orthodoxen und nicht zuletzt für die Juden erzwang. Er verfügte die Aufhebung der Leibeigenschaft, die Ausweitung der persönlichen Freiheiten und der Berufswahl, die Förderung eines neuen Beamtentyps, aber auch des Bildungs- und Gesundheitswesens im ganzen Reich. Man hat errechnet, daß Joseph II. während seiner knapp zehnjährigen Regierungszeit 6000 Dekrete und 11 000 neue Gesetze erlassen hat.[1]

In die ungarische Geschichte ging er als »König mit dem Hut« (kalapos király) ein, weil er als einziger Herrscher von sich aus auf die Krönung mit der Stephanskrone verzichtete, um den Eid auf die ständische Verfassung, das Objekt seines Vernichtungsfeldzugs, nicht ablegen zu müssen. Mit einer wirklichkeitsfremden Rücksichtslosigkeit sondergleichen ließ er die Krone des heiligen Stephan (wie auch die böhmische Wenzelskrone) als simple museale Reliquie in die Wiener Schatzkammer bringen. Um freie Hand zu haben, berief Joseph II. den Reichstag nicht ein und ersetzte die Komitate mit ihren gewählten ständischen Amtsträgern durch eine straff zentralisierte Verwaltung aus zehn Bezirken, an deren Spitze kaiserlich-königliche Beamte ernannt wurden.

Des Herrschers Ideal war ein streng gleichgeschalteter Staat mit einer einheitlichen Verwaltung, Armee und politischen Ausrichtung. Joseph II. hat in seinem, wie er selbst schreibt, »Fanatismus für das

Wohl des Staates« versucht, die buntgemischten Länder der Monarchie »in eine einzige, in allen Einrichtungen und Lasten gleiche Provinz« umzugestalten, in »eine einzige Masse, welche auf gleiche Weise gelenkt wird«[2]. Das wichtigste Instrument der von einem autokratischen Weltverbesserungswillen angetriebenen Einigung sollte vom 18. Juni 1784 an überall im Reich die deutsche Amtssprache sein. Die Beamten hatten drei Jahre Zeit, Deutsch zu lernen.

Diese ohne Berücksichtigung der geschichtlichen Eigenart und der eingelebten Mentalität verfügten Maßnahmen, zusammen mit der Volkszählung und Landvermessung, die die Besteuerung des adligen Grundbesitzes vorbereiten sollten, haben eine allgemeine Empörung des gesamten ungarischen Adels ausgelöst. Es ging Joseph II. keineswegs um eine Germanisierung, sondern um eine hierarchisch gegliederte, verläßliche und selbstverständlich deutschsprechende Beamtenbürokratie, eine massive Gleichschaltung der Monarchie mit Hilfe des vorherrschenden deutschen Elements. Im übrigen war es ihm gleichgültig, welche Sprache die Ungarn, Kroaten, Slowaken oder Rumänen für ihren Privatgebrauch benutzten. Dieses Ziel fest im Blick, belehrte er den ungarischen Hofkanzler Graf Esterházy kalt und hart in einem königlichen Schreiben vom 26. April 1784:

> Der Gebrauch einer todten Sprache in allen Geschäften, wie die lateinische ist, dient ganz sicher einer Nation für ihre Aufklärung zur größten Schande, da es tacite [stillschweigend] beweist, daß die Nation entweder keine ordentliche Muttersprache hat, oder daß in selber kein Mensch weder lesen noch schreiben kann ... Wenn die hungarische allgemein in ganz Ungarn wäre, so könnte sich selber auch allein bedienet werden ... Es kann also wohl keine andere Sprache, als die deutsche, so zugleich jene der Monarchie sowohl bei Kriegs- als Politischem Fache ist, ausgewählt werden.[3]

Die unglückliche Außenpolitik des Kaisers, die Folgen des im Bündnis mit Rußland begonnenen Türkenkriegs, in dem Ungarn die Hauptlast zu tragen hatte, und des siegreichen Aufstands in den Österreichischen Niederlanden sowie die Umtriebe preußischer Agenten haben eine außerordentlich heftige Abwehr aller Schichten des Adels ausgelöst. Vor allem die für 1789 vorgesehene Einführung eines Steuersatzes von 12,22 Prozent auch für die adligen Grundbesitzer versetzte die Stände in einen gewaltigen Aufruhr. Die Komitate verweigerten sogar die Militärverpflegung. Das josephinische System des aufgeklärten Absolutismus erlitt in Ungarn einen offenen Schiffbruch. Auf seinem Sterbebett nahm dann der Kaiser all seine umstrittenen Reformen mit Ausnahme des Toleranzediktes, der Bauernbefreiung und der Volksseelsorge zurück, versprach die Einberufung des Reichstags und verordnete auch die Rückgabe der Stephanskrone an Ungarn.

Von Wien bis Buda brauchte der Geleitzug der Krone vier Tage. Im ganzen Land, vor allem in den Komitaten an der Route, waren die Menschen von einer Flut der Begeisterung mitgerissen. Der reformierte Geistliche József Keresztesi beschrieb in seinem Tagebuch die triumphale Fahrt über Kittsee, Györ, Esztergom nach Buda.[4] Er vermerkte auch, daß »aus diesem Anlaß unendlich viel Volk in Wien zusammengeströmt war, das den Abschied der Krone schon deshalb sehen wollte, weil hier die Deutschen selbst meinten, die große Teuerung sei die Strafe Gottes dafür, daß die ungarische Krone bei ihnen sei«.

Als der bereits von Hunderten Reitern und Fußsoldaten, berittenen Adligen und Gardisten, Abgesandten der Komitate und dem Stadtrat von Pest begleitete Festzug den königlichen Palast erreichte, trugen sechs ausgewählte Adlige die Krontruhe in den großen Saal des Palastes und stellten sie auf einen drei Treppen hohen, mit rotem Samt bezogenen Platz.

> Da hielt der Landesrichter Károly Zichy eine kurze Ansprache und wollte die Truhe öffnen, doch der Verschluß gab nicht nach. Auf deutsch bat er um einen anderen Schlüssel, worauf ein dort stehender ungarischer Herr, Zsigmond Nemes, sagte: »Gnädiger Herr, das ist ja keine deutsche Krone, sie versteht nicht deutsch; versuche es Eure Exzellenz ungarisch, sprechet sie so an, sie wird sich schon auftun!« Darüber mußten alle lächeln, und der Landesrichter öffnete die Truhe auf ungarisch, die Krone wurde herausgenommen und in der Halle des Palastes der versammelten Menge gezeigt. Danach wurde die Truhe vom Staub gereinigt und wieder verschlossen, und als da ein deutscher Lakai zusammenkehren wollte, sprach ihn ein junger Ungar an: »Fort mit dir, du Deutscher, wie getraust du dich, mit deutscher Hand zuzugreifen?« Dann kehrte er selbst zusammen.

Als Joseph II. am 20. Februar 1790 starb, hinterließ er seinem Bruder und Nachfolger Leopold II. (1790–1792) eine von mehreren Seiten gefährdete Herrschaft, eine fast vorrevolutionäre Situation. Dem neuen König gelang es mit großem taktischen Geschick, die Beziehungen zwischen der Dynastie und Ungarn zu entschärfen. Auf dem Reichstag 1790/91 wurde die ständisch-nationale Verfassung im Gesetzartikel 10 in allem bestätigt. Leopold versprach, Ungarn »nach seinen eigenen Gesetzen und nicht nach dem Muster anderer Länder zu regieren«. Während gerade in dieser Zeit die Sturmglocken der Französischen Revolution läuteten, glaubten die Stände ihre Privilegien auch weiterhin genießen zu können und mit der Wiederherstellung des alten Verwaltungssystems ihr Land von der neuen politischen und sozialen Entwicklung hermetisch isoliert zu haben. Nicht nur die Konzessionen Leopolds II., sondern wohl vor allem die gemeinsame Angst vor der Revolution haben dazu geführt, daß später weder die Koalitionskriege gegen die Revolution noch Napoleons Aufruf von 1809 aus Schönbrunn eine für die Wiener Zentralregierung gefährliche adlige Oppositionsbewegung zur Folge hatten. Eine Botschaft des Komitats Szabolcs brachte eine weitverbreitete Einstellung zum Ausdruck: »... so wie des Königs Macht kraftlos ist, wenn es keinen Adel gibt, kann auch der Adel nicht ohne den Herrscher bestehen«. Dabei konnte der ungarische Adel Argumente ins Feld führen, die dem französischen Adel nicht zur Verfügung standen: Die Verteidigung der Privilegien war gleichbedeutend mit der Wahrung der Interessen des Landes, dessen König im Ausland residierte.

Daß in Ungarn die Ideen der Aufklärung dennoch auf fruchtbaren Boden fielen, hing mit der langsamen Herausbildung einer wenn auch noch dünnen Intellektuellenschicht zusammen. Immerhin studierten zwischen 1700 und 1790 schätzungsweise 3000 junge Männer aus Ungarn vor allem an deutschen, aber auch an Schweizer, holländischen, sogar englischen Universitäten. Die Zahl der Intellektuellen betrug nach der offiziellen Volkszählung von damals weniger als 5000 (die der Geistlichen immerhin 18 487!), aber heute schätzen ungarische Historiker, daß es sich tatsächlich bereits um 15 000 bis 20 000 gehandelt haben muß, allerdings bei einer Gesamtbevölkerung von 9,2 Millionen.[5]

Eine besonders wichtige Rolle spielten die Freimaurer, in deren Reihen Intellektuelle mit aufgeklärten Adligen enge Kontakte knüpfen konnten. (Übrigens war auch Joseph II. Logenbruder.) Es gab um 1780 in Ungarn etwa dreißig Logen mit 800 bis 900 Mitgliedern. Auch die wachsende Zahl der Abonnenten der ungarischsprachigen Zeitungen sowie die in Pest-Buda (die beiden wurden erst 1872 verschmolzen), im administrativen Zentrum, tätigen rund 1500 Ärzte, Juristen, Beamten und progressiven Adligen bildeten einen fruchtbaren Boden für antifeudale Ideen.[6]

Zugleich erhielt die Kampagne für die nationale Sprache, die Bessenyei und seine Freunde noch zur Zeit Maria Theresias zum Programm erhoben hatten, durch den Widerstand gegen die als Germanisierungsversuch empfundenen Verordnungen Josephs II. einen mächtigen Auftrieb. Was als Verteidigung der lateinischen Amtssprache begann, schlug bald in leidenschaftliche Bemühungen um die Einführung des Ungarischen als Staatssprache um. Das wachsende Nationalbewußtsein der Magyaren wiederum führte zu Spannungen mit Serben und Rumänen, später freilich auch mit Slowaken und Kroaten. In der tonangebenden »Adelsnation« bildeten aber die Ungarn, im Gegensatz zur allgemeinen Bevölkerung, noch immer eine starke absolute Mehrheit, und ihr Kampf für die Einführung des Magyarischen als Verwaltungs-, Wissenschafts- und Unterrichtssprache überschattete die Konflikte mit dem Wiener Hof und seinen Verbündeten. Béla Grünwald, Historiker des »alten Ungarn«, charakterisierte die Zustände fast ein Jahrhundert später (1910) folgendermaßen:

> Ein fremdes feindliches Königtum, ein intolerant repressiver Klerus, ein entnationalisierter Hochadel, ein ungebildeter und in großer Masse gegenüber den nationalen Interessen gleichgültiger Kleinadel, ein geschrumpftes deutsches Bürgertum, eine unterdrückte arme Bauernschaft, ein verkaiserlichtes Soldatentum, ein dem Staate entfremdeter Protestantismus, Volksmassen – Rumänen, Ruthenen, Serben, Deutsche, Slowaken, welche von anderen Zentren angelockt werden – diese Elemente bestimmten den Charakter des öffentlichen Lebens in Ungarn.[7]

Es gab einen »Deutschenhaß«, weil der Ungar zu dieser Zeit unter »Deutschen« nur zwei Sorten von Fremden verstand: den Hof beziehungsweise die Regierungsvertreter, mit denen ein Durchschnittsungar kaum je in persönlichen Kontakt kam, und nach wie vor die Armee, die fremden Soldaten. Unabhängig davon, ob der Soldat ein Wallone, Italiener oder Spanier war, trug er als kaiserlicher Soldat für ungarische Augen das unauslöschliche Zeichen des Deutschtums. Alle Historiker weisen darauf hin, daß der kaiserliche Söldner auf ungarischem Boden Jahrhunderte hindurch in grausamer Weise wütete, und viele Berichte nach Wien bestätigen, daß »der Söldner unter der unglücklichen Bevölkerung ärger hauste als der Türke«[8]. Die Deutschen wiederum betrachteten die Magyaren als »abscheuliche Ketzer« (wegen des Kalvinismus) und als »treulose Rebellen« (wegen der Erinnerung an die Kuruzzenaufstände).[9] »Alles, was Haß, Verkennung und Mißgunst seit der Landnahme den Ungarn andichteten, erwachte plötzlich mit neuer, furchtbarer Lebhaftigkeit«, schreibt der Verfasser einer Monographie über das Ungarn der Barockzeit.

Leopold Alois Hoffmann, der von Wien an die Budapester Universitätsbibliothek versetzt wurde, für Leopold II. spionierte und mit der Feder gegen den revolutionären Geist der ungarischen Reformversammlung ankämpfte, sagte von den Ungarn: »Ein ungarischer Dorfadliger weiß kaum so viel wie ein Lastträger in Paris.«[10] Ein anderer deutscher Schriftsteller, J. Reimann, schrieb: »Die Ungarn haben jederzeit ein solches Naturelle gehabt, daß sie mehr auf ein gewandtes Pferd und einen blanken Säbel als auf ein curioses Buch gehalten.«[11] Wir kommen später noch auf die Theorien des »Kulturgefälles« und auf das wechselvolle Verhältnis zwischen Ungarn und Deutschen zurück. Wichtig ist, daß bereits in der Zeit der Aufklärung aus der geschichtlichen Katastrophe der Ungarn, aus der zweihundertjährigen Phasenverspätung, aus der fehlenden beziehungsweise nicht sofortigen Nachholung des Versäumten die literarischen Vertreter des Josephinismus eine Anklage gegen die Ungarn geschmiedet haben. Es fehlte jegliches Verständnis, geschweige denn Gefühl für die besonderen Verhältnisse in Ungarn.

Umgekehrt waren die besten Vertreter der ungarischen Kultur über den dramatischen und so sichtbaren zahlenmäßigen und proportionalen Rückgang des ungarischen Staatsvolkes verzweifelt. Der Dichter Sándor Kisfaludy berichtete von einer Reise, die er als junger Soldat 1792 unternahm, er habe soviel mehr Slowaken, Schwaben, Rumänen, Deutsche gefunden als reine Ungarn, daß er Sorge um »das Ende der ungarischen Nation« hätte.[12]

In diesem Jahr und wohl nicht zufällig erschien die düstere Prophezeiung Herders in seinem Buch *Ideen zur Philosophie der Geschichte der Menschheit* über die Zukunft der Magyaren: »Da sind sie jetzt unter Slawen, Deutschen, Wlacken und anderen Völkern der geringere Teil der Landeseinwohner, und nach Jahrhunderten wird man vielleicht ihre Sprache kaum finden.«[13] In den nächsten zwei Jahrhunderten wurde wohl nie ein fremder Beobachter so oft zitiert wie Herder: wegen der Mahnung des drohenden Verhängnisses wie auch als Fanal zum nationalen Freiheitskampf, damit sich ein so kleines Volk (»asiatischer Volkssplitter«) wie das der Ungarn in einer fremden und feindlichen Umwelt zu behaupten suche.

Daß es aber auch in Ungarn zu dieser Zeit für die Philosophie der

Aufklärung und die Französische Revolution in Intellektuellenkreisen viel Sympathie gab, zeigte jene Jakobinerverschwörung, die während der ersten Jahre der langen Regierung von Kaiser Franz II. (1792–1835) für ein gewaltiges Schockerlebnis sorgte und der mißtrauischen Haltung des Herrschers gegenüber den Ungarn ihren Stempel aufdrückte. Im Gegensatz zu seinem hochbegabten und geschmeidigen Vater war Franz nämlich ein »enger, trockener, verschlossener und in keiner Hinsicht sonderlich begabter Mensch, dessen politische Leistung in bewegter Zeit vor allem im Überleben bestand«[14].

XVIII Abt Martinovics und die Jakobinerverschwörung: Ein Geheimagent als revolutionärer Märtyrer

Am Mittwoch, dem 20. Mai 1795, in den frühen Morgenstunden rumpelten fünf hölzerne Karren, gezogen von jeweils vier Pferden, zur Generalswiese unterhalb der königlichen Burg in Buda. Sie brachten die vier Anführer (die sogenannten »Direktoren«) und den Gründer der Jakobinerbewegung und Hauptangeklagten, Titularabt Ignác Martinovics, zum Schafott. Die Karren wurden so aufgestellt, daß die zum Tode Verurteilten die Enthauptung ihrer Kameraden nicht sehen konnten. Einzig Martinovics mußte bei der Hinrichtung seiner Mitverschwörer, deren Beginn auf halb sieben Uhr anberaumt war, zuschauen.

Als erster beugte sich Graf Jakob Sigray über den Block. Doch der Henker brauchte drei Versuche, um den Kopf des jungen Grafen vom Rumpf zu trennen. Dann folgten Ferenc Szentmarjay, von Adel auch er, János Laczkovics, ein ehemaliger Husarenhauptmann, der fünf Jahre zuvor vom Reichstag in einem Gesuch mit anderen Offizieren die Einführung des Ungarischen als Kommandosprache und die Zuteilung von ungarischen Offizieren an ungarische Regimenter verlangt hatte, und schließlich der frühere Vizegespan, der Jurist Josef Hajnóczy, der bereits seit Jahren kritische Schriften über die Unhaltbarkeit der ungarischen Zustände verfaßt hatte. Der vierzigjährige Martinovics bekam einen epileptischen Anfall, als man ihn auf das Schafott zerrte. Das abstoßende Schauspiel erreichte seinen bizarren Höhepunkt, als die Scharfrichter Martinovics' Schriften feierlich verbrannten. Dem grausigen Spektakel wohnten mehrere hundert Schaulustige bei. Die Leichen wurden an einem geheimen Ort verscharrt.

Zwei Wochen später wurden am selben Ort noch zwei junge Organisatoren der Jakobinerbewegung enthauptet. Seitdem heißt die Wiese im Volksmund und später auch offiziell »Blutwiese«. Erst im Mai 1914, also 119 Jahre später, hat man die sterblichen Überreste der Märtyrer gefunden. Seit 1960 ruhen die Sieben in einem Ehrengrab am Kerepesi-Friedhof in Budapest.

Im Sommer 1794 wurden die Verschwörer, insgesamt 53 Adlige und Bürger, Schriftsteller und Professoren, Beamte und Juristen, verhaftet und des Hochverrats angeklagt. Nur einer war über 50, fünfzehn waren nicht einmal 25 Jahre alt. Zwei begingen Selbstmord. Von 18 Todesurteilen wurden elf in lange Kerkerstrafen umgewandelt. In Ketten geschlagen, verschwanden die Verurteilten in den berüchtigten Festungskerkern von Kufstein, Brünn und Munkács. Ferenc Kazinczy (1759–1831), der größte Erneuerer der ungarischen Sprache, der besser Deutsch schrieb als Ungarisch, der große Übersetzer und Bewunderer der deutschen Literatur, mußte 2387 Tage hinter Gittern verbringen; der Dichter Ferenc Verseghy sogar zehn Jahre, weil er es gewagt hatte, die Marseillaise ins Ungarische zu übersetzen.

Im Mittelpunkt der Bewegung stand von Anfang bis Ende die diabolische, in mancher Hinsicht aber nahezu geniale Figur des Ignác Martinovics, dessen bewegtes Leben wie eine Mischung aus psychiatrischer Fallstudie, Kriminalroman und einer Ideengeschichte der Französischen Revolution anmutet.[1] Entsprechend unterschiedlich waren auch die Meinungen über die Person und die Rolle dieses Mannes, der zwar menschlich ein in jeder Hinsicht zweifelhafter Charakter war, dessen in der westlichen Geschichtsschreibung fast völlig ignoriertes Wirken aber jahrzehntelang die Haltung des Hofes gegenüber Ungarn stark mitgeprägt hat.

Martinovics' Vorfahren kamen Ende des 17. Jahrhunderts mit Zehntausenden von Flüchtlingsfamilien aus Serbien nach Ungarn. Ob sein Vater ein albanischer Adliger im Militärdienst war, wie von ihm behauptet wurde, oder ein serbischer Schankwirt, ist unklar. Fest steht, daß Ignác Martinovics 1755 als Sohn einer kleinbürgerlichen Deutschen in Buda geboren und als Sechzehnjähriger auf Wunsch seiner inzwischen verwitweten, tiefreligiösen Mutter als jüngstes von sechs Kindern in den Franziskanerorden aufgenommen wurde. Martinovics legte die Gelübde als Mönch ab und absolvierte seine theologischen und naturwissenschaftlichen Studien mit glänzenden Resultaten. Doch bereits 1774 ersuchte der durch die Enge des Ordenslebens frustrierte junge Mann um die Erlaubnis, aus dem Kloster austreten zu dürfen. Auf Bitten des Priors zog Martinovics sein Gesuch zurück, aber es folgten weitere Konflikte mit Vorgesetzten und Ordensbrüdern. Schließlich verschafften ihm seine Offiziersverwandten den Posten eines Feldgeistlichen bei einem Infanterieregiment in Czernowitz.

Martinovics begab sich sofort in die Bukowina und suchte erst im nachhinein um die Genehmigung des Ordensvorstehers nach. In Czernowitz traf er auf Graf Ignác Potocki, der dann 1794 im polnischen Freiheitskampf Minister werden sollte. Der polnische Adlige war von dem sprachkundigen, hochgebildeten und geistreichen Priester so beeindruckt, daß er Martinovics einlud, ihn auf einer Studienreise durch Frankreich, England, die Schweiz und Deutschland zu begleiten. Als überzeugter Anhänger der Aufklärung knüpfte Graf Potocki überall Kontakte mit Gleichgesinnten. Als die beiden nach fast einem Jahr, Ende 1782, zurückkehrten, blieb Martinovics in Lemberg, pflegte enge Kontakte mit den Freimaurern und wurde 1783 von Joseph II. zum ordentlichen Professor der Naturwissenschaften an der Lemberger Universität und ein Jahr später bereits zum Dekan ernannt. Nun brach Martinovics offen mit dem Franziskanerorden und wurde zum weltlichen Geistlichen. Seine wissenschaftlichen Erfindungen und im Geist der Aufklärung verfaßten philosophischen Bücher und Studien machten seinen Namen auch im Ausland bekannt. Gegen Ende der achtziger Jahre gab er sich schon als Atheist, als Anhänger einer materialistischen Philosophie und demokratischer Reformer zu erkennen, als überzeugter Feind des Klerus und der Aristokratie. Zugleich erwartete er aber immer noch Reformen von oben, das heißt vom aufgeklärten Herrscher.

Unglücklicherweise ließ sich Martinovics in Lemberg jedoch in allerlei Konflikte verstricken. Sein unbändiger Ehrgeiz und seine maßlose Überschätzung der eigenen Position, gekoppelt mit Verachtung für die anderen, führten ihn in eine Sackgasse. Nach dem Verzicht auf das Dekanat versuchte er fünf Jahre lang vergeblich einen Lehrstuhl in Wien oder in Buda zu bekommen. Alle seine Bemühungen scheiterten zum Teil wegen seiner eigenen grenzenlosen Geltungssucht, zum Teil an den Intrigen der inzwischen wieder stärker gewordenen Jesuiten. Zumindest dürften hier die wahrscheinlichsten Gründe dafür liegen, daß dieser hochbegabte Wissenschaftler mit internationalem Ruf völlig kaltgestellt wurde.

In dieser Situation kam es im Juli 1791 in Wien zur entscheidenden Wende. Martinovics traf den ehemaligen Budapester Cafetier Ferenc Gotthardi, den bereits Joseph II. zum geheimen Polizeichef von Pest ernannt hatte. Nach der Thronbesteigung von Leopold II. stieg Gotthardi zum Chef der gesamten Geheimpolizei auf, mit direktem Zugang zum Kaiser, der sich als ein Meister in der Kunst des doppelten Spiels, der Irreführung und des verfeinerten, das ganze Reich umfassenden Spitzelwesens erwies. Während der Kaiser mit den ungarischen Ständen den Weg der Kompromisse und der demonstrativen Versöhnung einschlug, verfaßte er selber Flugschriften oder ließ solche unter allerhöchster Patronanz vertreiben, in denen er die Bauern zum Widerstand gegen die Grundherren aufforderte. Zugleich ließ Leopold auch den Ungarnhaß der stets kaisertreuen Serben schüren. Durch dieses gefährliche Spiel gedachte er die Stände unter Druck zu setzen und separatistische Tendenzen einzudämmen.

Polizeichef Gotthardi, aus konspirativen Gründen der kaiserlichen Hoftheaterverwaltung zugeteilt, baute ein dichtes Netz von Informanten auf. Zu diesen gehörten neben dem bereits erwähnten Hoffmann auch Universitätsprofessor Julius Gabelhofer, Direktor der Pester Universitätsbibliothek, namhafte Schriftsteller wie Graf János Majláth und Baron A. Mednyánszky, Aristokraten, Buchhändler und Geschäftsleute.[2] Sie konnten aber weder über die Illuminaten, Angehörige des Geheimbundes der Freimaurer, noch über die Jesuiten brauchbare Informationen liefern. Deshalb war Gotthardi hellauf begeistert, als ihm Martinovics von sich aus seine Mitarbeit anbot. Der Gelehrte hegte nicht unbegründete Hoffnungen, daß er durch seine vertraulichen und zugleich maßlos aufgebauschten Berichte über die Umtriebe der verschiedenen Geheimbünde die Aufmerksamkeit des Herrschers erwecken und auf diese Weise eine politische Karriere machen könnte. Dreimal soll ihn der Kaiser persönlich auf Empfehlung des Polizeichefs empfangen haben.

Mit blühender Phantasie und außerordentlichem Ehrgeiz erfand Martinovics in seinen Berichten ein bizarres Amalgam aller möglichen Verschwörungen, die von den Gegenpolen freimaurerischer Illuminaten und Jesuiten bis hin zu den Patrioten reichten. Alle wahren, halbwahren und erfundenen Informationen dienten aber nur dem einen Zweck, das Vertrauen des Herrschers[3] und dadurch politische Macht zu gewinnen. Durch immer neue Geschichten und die namentliche Denunziation von Vertretern der verschiedensten Richtungen wollte Martinovics seine Nützlichkeit, ja Unentbehrlichkeit unter Beweis stellen. Seine Schriften sollten den Kaiser zu Reformen bewegen, aber ausschließlich im Interesse der Monarchie und des Herrschers im Sinne eines aufgeklärten Absolutismus, bei gleichzeitiger scharfer Ablehnung der ständischen und nationalen Bestrebungen in Ungarn. Er sei, so der Historiker Kálmán Benda, ein Kosmopolit im heutigen Sinne des Wortes gewesen, der sich einmal als Ungar, ein andermal als Serbe bekannte. Kurz, er zeigte sich damals als aufgeklärter Reformer mit europäischer Perspektive, aber ohne Patriotismus. Leopold betraute ihn auch mit der Abfassung von zwei Flugschriften gegen die ungarische Verfassung, die Stände und den Klerus.

Ab Ende 1791 hielt sich Martinovics in erster Linie in Wien auf und empfahl sich wiederholt durch Vermittlung des ihm völlig verfallenen Polizeichefs Gotthardi als Sekretär des Kabinetts, als Lenker der Außenpolitik oder Berater der Hofkanzlei. Doch Kaiser Leopold II. winkte ab. Er sah in ihm bloß einen der besten Spitzel, der finanziell großzügig belohnt und sogar mit dem von Martinovics begehrten Titel des Hofchemikers ausgezeichnet wurde. Anfang 1792 beauftragte der Kaiser seinen Meisteragenten mit dem heimlichen Aufwiegeln des Landvolkes gegen die Grundbesitzer, um der Gefahr einer nationalen Gärung unter den ungarischen Adligen einen Riegel vorzuschieben. Martinovics sollte auch Mitarbeiter für dieses Geheimprojekt engagieren. Der Weg nach oben schien für den geltungssüchtigen Ex-Franziskaner endlich offen zu sein. Leopold II. konnte aber seine verborgenen und verschlungenen, durch einen »geheimen Mitarbeiterstab« ausgearbeiteten Pläne zur Umgestaltung Ungarns nicht mehr verwirklichen. Er starb unerwartet am 1. März 1792. Und das bedeutete auch das jähe Ende der erhofften Hofkarriere dieses ungewöhnlichen Agenten.

Kaiser Franz war weder an Gotthardi noch an Martinovics interessiert. Der neue Polizeichef stellte die Monatspauschale ein, das Duo Gotthardi-Martinovics fiel in Ungnade. Die beiden versuchten verzweifelt, die Gunst des Herrschers wiederzuerlangen. Gotthardi sagte dem Kaiser: »Es ist zwar wahr, daß Martinovics einer der Köpfe der Illuminaten ist, aber es ist auch wahr, daß er die anderen Führer namhaft gemacht hat… Wenn man ihn in die Hölle schickte, würde er auch dort noch Erfolge erzielen.« Martinovics sandte eine ganze Serie von Denunziationen und Denkschriften an Franz II., so zum Beispiel in einem verschlossenen Kuvert die Namen von zehn angeblich führenden österreichischen Illuminaten. Doch alles war vergeblich. Der neue Kaiser war an seinen Reformvorschlägen nicht im geringsten interessiert und gab die Briefumschläge ungeöffnet an den neuen Polizeichef weiter.

Die Berichte legen auch Zeugnis ab vom inneren Kampf Martinovics', von seinen wahren Gefühlen als aufgeklärter Reformer und seiner Geltungssucht. Er war stets bereit, seine Gesinnung über Bord zu werfen, um Karriere zu machen. Deshalb unterbreitete er immer wieder unterschiedliche, einander widersprechende Vorschläge und denunzierte seine engsten Gesinnungsgenossen. Zwar wird ein von der Kirche angestrengter Prozeß wegen seines unerlaubten Verlassens des Franziskanerordens eingestellt, zwar wird er sogar zum Titularabt von

Szászvár ernannt, zwar bekommt er schließlich ein Gnadengehalt vom Herrscher, doch es ist zu spät. Der bitter enttäuschte Martinovics sinnt bereits auf Rache.

Von Verbitterung, verletztem Stolz und Rachegelüsten getrieben, übernimmt er im Frühjahr 1794 die Führung einer patriotischen und zugleich revolutionären Bewegung. Kurz, er stellt sich an die Spitze derer, die er früher denunziert hat. Sein Schwung, sein Scharfsinn und vor allem seine Führungsstärke reißen die bis dahin eher theoretisierenden Intellektuellen und Adligen mit sich fort, auch jene, die ihn nicht mögen oder ihm nicht ganz trauen. Martinovics gründet zwei ihm direkt unterstehende Organisationen: die »Gesellschaft der Reformatoren Ungarns« und die »Gesellschaft für Freiheit und Gleichheit«. Er ist der Initiator, Organisator und Verfasser der sogenannten Katechismen der beiden Organisationen. Die erste Gesellschaft zielt auf die Gewinnung des Kleinadels ab und sieht die Errichtung einer Republik unter der Herrschaft des niederen Adels, also im Grunde die Vernichtung der Monarchie vor. Der Adel soll zwar seine Vorrechte behalten, doch gleichzeitig sollen aus den befreiten Bauern freie Pächter werden. Es geht Martinovics, wie ein halbes Jahrhundert später den 1848er Reformern, um eine Harmonisierung der Interessen der aufgeklärten und reformwilligen Adligen mit denen der bürgerlichen Radikalen.

Dann trat Martinovics plötzlich auch als Verfechter des ungarischen Patriotismus auf. Er verstand es meisterhaft, die alten Ressentiments des ungarischen Adels gegen die Habsburger und die konkreten Beschwerden in eine vernichtende Anklage gegen die Fremdherrschaft umzumünzen. Die Ungarn sollten nach dem Beispiel Polens einen heiligen Aufstand organisieren, Kaiser Franz die Königswürde aberkennen und die Republik ausrufen; Ungarn könne doch auch für sich bestehen! Die in einem sehr fruchtbaren Gebiet wohnenden neun Millionen Menschen seien durchaus fähig, sich zu halten, sowohl gegen die Türken als auch gegen die Deutschen, wenn sie sich nur organisierten.

Einen anderen Gedanken betrachtete der Historiker der Monarchie Julius Miskolczy als geradezu genial: In seinem Katechismus der Reformatoren fordert Martinovics dazu auf, die von der österreichischen Dynastie und ihrem Staat getrennte ungarische Adelsrepublik zu einer Bundesrepublik (»foederative res publica«) umzugestalten und jeder Nationalität ein eigenes Territorium mit besonderer politischer Verfassung zuzuweisen. Jede Nationalität habe das Recht auf den Gebrauch der eigenen Sprache und auf freie Religionsausübung. Die Territorien sollten untereinander durch ein enges Bündnis verbunden sein, nach außen hätten sie jedoch eine einheitliche, unauflösbare Republik zu bilden.

Den Weg zur Verwirklichung dieses Konzepts sah Martinovics in einem bewaffneten Aufstand. Doch sollte es Aufgabe der zweiten Geheimgesellschaft für Freiheit und Gleichheit sein, über das nationale Ziel hinauszugehen und die bürgerliche Umgestaltung unter der Führung der bürgerlichen Revolutionäre in die Wege zu leiten. Die Reformatoren freilich sollten nichts von der Existenz der zweiten Gesellschaft erfahren, da sie nur ein Werkzeug in deren Händen bleiben sollten. Bei dem zweiten Konzept ging es um das Gedankengut der Jakobiner, um ein Bündnis der Intellektuellen mit den Bauern.

Nach einigen Monaten schon hatten die beiden Gesellschaften an die dreihundert, wenn nicht mehr organisierte Mitglieder aufzuweisen. Die vier Direktoren sowie führende Mitarbeiter wurden von Martinovics wiederholt darauf hingewiesen, daß er seine Aufträge direkt vom Konvent in Paris bekäme und daß Aussicht auf finanzielle und Waffenhilfe bestünde. Sie wurden also bewußt irregeführt. In Wirklichkeit bestand die Tätigkeit der Gruppen in bloßen Diskussionen über Menschenrechte und Reformen sowie in der Verbreitung des Katechismus der Geheimgesellschaft der Reformatoren. Die Mitglieder der Bewegung waren überwiegend Adlige, zur Hälfte Intellektuelle mit einem Durchschnittsalter von zwanzig bis dreißig Jahren.

Trotz größter Geheimhaltung haben aber die Polizeiagenten über die Verbreitung von aufrührerischen Erklärungen in Ungarn berichtet. Der Oberkommandierende in den nördlichen Komitaten Ungarns befürchtete sogar einen bewaffneten Aufstand. Truppen wurden zusammengezogen und Verstärkungen nach Ungarn verlegt. Die Polizei schlug im Juli 1794 zu und verhaftete rund zwanzig Personen, darunter den früheren Geheimpolizeichef Gotthardi, den ehemaligen Mathematikprofessor des jungen Kaisers, Andreas Freiherr von Riedel, und Ignác Martinovics. Wie nicht anders zu erwarten, war es wieder Martinovics, der sogleich die ungarischen Jakobiner denunzierte. Vergeblich beteuerte der Titularabt bei den Verhören, daß er nur im Sinne des verstorbenen Kaisers Leopold II. gehandelt habe.

Die Jakobinerbewegung bestand in Wirklichkeit aus einer Handvoll hochgebildeter Idealisten, die Patrioten und zugleich Humanisten waren. Ohne Massenbasis und ohne finanzielle Mittel stellten sie keine echte Gefahr für den Staat und für die Monarchie dar. Daß aber

Martinovics bei den Verhören praktisch das gesamte offizielle Ungarn der Mitarbeit oder des Mitwissens beschuldigte, hatte weitreichende Folgen. Er behauptete, die Gesellschaft existiere bereits seit drei Jahren mit mehreren tausend Mitgliedern, wobei auch die Komplizenschaft hoher Würdenträger, wie die des Landesrichters Zichy oder des Zagreber Bischofs Verhovacz, angedeutet wurde. Ob Martinovics sich von der dramatisierenden Übertreibung seiner eigenen Gefährlichkeit Nachsicht erhoffte oder nur, wie so oft, von maßloser und unwiderstehlicher Geltungssucht angetrieben war, ist weniger wichtig als die unerwartete Folgewirkung.

Der kaum 22jährige Erzherzog Alexander Leopold, der anfänglich ungarnfreundliche Palatin Ungarns, war schockiert und zutiefst enttäuscht. Er setzte die sofortige Ablösung aller relativ gemäßigten ungarischen Würdenträger durch und arbeitete für seinen Bruder, Kaiser Franz II., ein extrem reaktionäres Programm aus. Darin wird sogar unterstellt, daß die Ungarn bereits auf dem Reichstag von 1790 nach Martinovics' Plan operiert hätten. Obwohl der junge Erzherzog kurz danach bei einem Unfall ums Leben kam, hat dieses Programm tiefe Spuren in der beschränkten Gedankenwelt des Kaisers hinterlassen. Der Wiener Hof stützte sich von nun an ausschließlich auf Zensur und Polizeigewalt, um in der Monarchie Ruhe und Ordnung zu bewahren.

»Es mußten Exempel statuiert werden, um dem Land einen Schrekken einzujagen«, schrieb später der Schriftsteller und langjährige politische Häftling Ferenc Kazinczy. Doch gerade deshalb blieb der Heldentod der ungarischen Jakobiner unvergessen. Und die rätselhafte Gestalt des Ignác Martinovics hat auch künftige Generationen noch intensiv beschäftigt. Die Aufständischen von 1848 sahen in ihm einen großen Vorläufer des revolutionären Gedankens; die Räterepublik ließ 1919 eine Briefmarke mit seinem Bild drucken und auf der Blutwiese eine Gedenktafel zu seinen Ehren aufstellen. Konservative oder rechtsgerichtete Historiker und Publizisten hingegen haben in Martinovics vor allem den gewissen- und prinzipienlosen Abenteurer und Geheimagenten des Kaisers gesehen.[4] Wahrscheinlich war er beides: ein von krankhaftem Ehrgeiz getriebener Spitzel und Denunziant, zugleich aber auch ein kühner Denker und verfrühter revolutionärer Organisator.

Tatsache ist, daß die von Martinovics so scharfsinnig formulierten Grundfragen absolutistischer Willkürherrschaft während der gesamten 43jährigen Regierungszeit Franz' II. aktuell blieben. Während der nationalsozialistischen und kommunistischen Ära berührte die Menschen die Problematik des mit einem diktatorischen oder autoritären Regime streitenden und paktierenden und schließlich in den Mühlen des Verrats verstrickten Intellektuellen.[5] Machte man nicht ganz ähnliche Erfahrungen? Deshalb ist der merkwürdige Fall des Titularabtes Martinovics auch mehr als eine Fußnote in der ungarischen Geschichte geblieben.

XIX Graf István Széchenyi und die »Reformära«: Aufstieg und Scheitern des »größten Ungarn«

In seinen *Weltgeschichtlichen Betrachtungen* unterscheidet Jacob Burckhardt zwischen den »siegenden« und den »unterliegenden großen Männern«: »Bei letzteren übernimmt das Gefühl der Nachwelt die Sühne und Rache, und holt das ganze Pathos nach, freilich oft nur um für sich selber zu demonstrieren.« Dann beschäftigt er sich mit dem Verhältnis zwischen Anfängern und Vollendern der »historischen Weltbewegung«:

> Diese Anfänger sind daher nie die Vollender, sondern werden verschlungen, weil sie die Bewegung auf deren anfänglichem Stadium darstellten und daher nicht mitkommen konnten, während das neue Stadium schon seine eigenen Leute bereit hält. In der Französischen Revolution, wo die Schichten merkwürdig genau abwechseln, [war] selbst wirkliche Größe [Mirabeau] dem zweiten Stadium nicht mehr gewachsen… Inzwischen reift, von Wenigen erkannt, zwischen gewaltigen Gefahren derjenige heran, welcher dazu geboren ist, die schon weit gediehene Bewegung zu einem Abschluß zu führen, deren einzelne Wogen zu bändigen und sich rittlings über den Abgrund zu setzen.[1]

Nie zuvor und nie seitdem spielte ein »unterliegender« großer Mann, ein »Anfänger«, kein »Vollender«, eine so entscheidende Rolle in der turbulenten Geschichte Ungarns wie Graf István Széchenyi in der aufregenden Zeit der »Reformära« zwischen 1825 bis 1830 und 1848. Sein Widersacher, Rivale und »Vollender« der Bewegung von der Reform zum Freiheitskampf, Lajos Kossuth, nannte Széchenyi 1840 »den größten Ungarn«. Historiker und Essayisten betrachten ihn als den »interessantesten«, »romantischsten«, manche auch als den »einsamsten« der Männer von Talent und Mut, welche die Politik dieser Jahrzehnte prägten. In seiner Persönlichkeit finden wir im Sinne Burckhardts das Zusammenspiel »des Allgemeinen und des Besonderen, des Verharrenden und der Bewegung«; in ihm »culminiert zusammen das Bestehende und das Neue [die Revolution]«.

Széchenyis einzige offizielle Funktion vor der Revolution war der Vorsitz der Verkehrskommission des Statthaltereirates ab August 1845. Vom März bis zu seinem Nervenzusammenbruch im September 1848 war er dann Verkehrsminister in der ersten Regierung Ungarns. Trotzdem schrieb Szekfü: »In der Geschichte der nationalen Staatlichkeit hat Széchenyi seine Rolle mit einem Erfolg gespielt wie seit dem heiligen Stephan kein zweiter Ungar.«[2] Der amerikanische Historiker ungarischer Herkunft Denis Sinor meinte: »... seit der Türkenzeit schuldet Ungarn keinem so viel wie ihm«[3].

Széchenyi war in der Tat ein einzigartiges Phänomen, noch dazu in einer Epoche, die eine in der ungarischen Geschichte einmalige Ansammlung herausragender, wenn auch sehr unterschiedlicher Politiker hervorbrachte. Um seine bahnbrechende Rolle zu begreifen, muß man allerdings die wechselseitigen Einflüsse, die internationale Entwicklung, die Haltung der Dynastie, die ungarische Politik, Wirtschaft und Kultur in Betracht ziehen. Erst vor diesem Hintergrund, vor allem im Hinblick auf den Kampf um die ungarische Sprache, werden der »Faktor Széchenyi« und seine enorme Bedeutung sowohl in der Geschichte wie auch in der Historiographie verständlich.

Ungarn war am Anfang des 19. Jahrhunderts eine Art österreichische Kolonie des schönen Scheins. Vielleicht waren die Ungarn in Wien nie so populär wie in der Zeit nach Maria Theresia und Joseph II., also um die Wende vom 18. zum 19. Jahrhundert. Es war aber nur die ungarische Adelsnation der Magnaten und der Grundbesitzer des mittleren Adels, welche die Eindrücke aus flüchtigen Begegnungen prägten. Das gilt auch für die geradezu begeisterten Beobachtungen des Berliner Verlegers und Publizisten Friedrich Nicolai in Wien:

> ...zeichnen sich die Ungarn vorteilhaft aus, so daß man sie mehrenteils kennt, auch wenn sie nicht in ihrer Nationaltracht gehen. Diese Nation ist bekanntlich gesund, robust, wohlgewachsen. Ein Ungar geht gerade und hat eine gewisse Art, das Haupt zu halten, welche bei einer anderen Nation wie Stolz aussehen würde. Sie ist es aber nicht und kommt vielleicht vom Bewußtsein, zu einer freien Nation zu gehören.[4]

Frei waren zu dieser Zeit freilich nur die Adligen, also von den 12,9 Millionen Einwohnern Großungarns (ohne Kroatien: 11,3 Millionen) nur 540 000 Menschen, zu vier Fünfteln Ungarn, der Rest Kroaten,

Deutsche und Rumänen. Sie waren zur Teilnahme am politischen Leben berufen. Latein war die Amtssprache und das Mittel der Kommunikation zwischen den vielsprachigen Angehörigen der natio Hungarica, der politischen Nation. Oberstes Organ war der Diät genannte Reichstag, der sich aus zwei Kammern, Magnatentafel und Ständetafel, zusammensetzte. Im Unterhaus saßen die gewählten Abgeordneten, die Deputierten des Adels aus den 52 Komitaten und auch der königlichen Freistädte. Jeder adlige Deputierte hatte eine Stimme. Die Stadtbewohner (576 000 Personen) hatten aber im Reichstag zusammen nur eine Stimme; das heißt, alle in der Ständetafel vertretenen Bürger hatten insgesamt soviel Gewicht wie ein einziger Edelmann!

Die Ablehnung der von Maria Theresia und Joseph II. befürworteten Reformen durch die ungarische Adelsnation war in jeder Hinsicht ein Pyrrhussieg. Durch den Verzicht auf alle Reformen blieb Ungarn »wirtschaftlich, sozial, geistig im Mittelalter stehen«, so wörtlich Harold Steinacker, der scharfe Kritiker des ungarischen Nationalismus.[5] Zwischen 1780 und 1840 hat sich die Industrieproduktion zwar vervierfacht, doch lieferte Ungarn (mit 55 Prozent der Landesfläche) noch immer bloß sieben Prozent der gesamten Industrieleistungen der Monarchie. In Ungarn im engeren Sinne, also ohne Siebenbürgen, Kroatien und die Militärgrenze, gab es selbst nach offiziellen Statistiken nur 548 Industriebetriebe (der Opposition zufolge waren es sogar nicht mehr als 412), während die Zahl der Fabriken in der Monarchie bereits auf über 10 000 anstieg. Anfang des Jahrhunderts wiesen alle Städte Ungarns gemeinsam weniger Einwohner auf als die Stadt Wien. Auch in den Städten herrschte eine feudale Sozialstruktur vor, gekoppelt mit einem überholten Zunftwesen. In Buda registrierte man 1830 nur eintausend Bürger mit allen Rechten. Mit Ausnahme der Bauernstädte der Tiefebene war das Bürgertum überwiegend deutsch. Lediglich jeder 89. der Gesamtbevölkerung betrieb Handel und Gewerbe, während es in Österreich jeder vierzehnte und in der Lombardei jeder neunte war.[6]

Das Grundübel war nach wie vor das ausschließliche Recht des Adels auf Landbesitz und seine Befreiung von jeder Steuerlast, gekoppelt mit dem System der Leibeigenschaft, die erst 1848 aufgehoben wurde. Einer der wenigen adligen Wirtschaftsreformer, Gergely (Gregor) Berzeviczy, wies 1806 auf die trostlose Situation des engeren Ungarn hin: »Der Adel besitzt vier Fünftel des Bodens, für den er keine Steuern zahlt, die übrigen 6 628 680 Einwohner sind politisch rechtlos, besitzen ein Fünftel des Bodens und haben sämtliche öffentliche

Lasten zu tragen.« Seine Vorschläge verhallten nicht nur ohne Echo; er wurde wegen seiner Kritik am System der Leibeigenschaft und am Frondienst sogar des »Landesverrates« beschuldigt ...[7]

Die Reichstage 1790 bis 1792 brachten allerdings eine politische Wende: die Eröffnung des immer leidenschaftlicheren Kampfes um die Einführung des Ungarischen als Staatssprache. Es ging schlicht um das Überleben der Nation. Die Aristokraten waren mit sehr wenigen Ausnahmen in Wien zu Hause; dort hatten sie ihre Stadtpaläste, dort verbrachten sie zumindest den Winter. Sie förderten das deutsche Theater und die italienische Oper. Dagegen interessierte sich nur ein Bruchteil für die Erneuerung der ungarischen Sprache. So nahmen im Reichstag 1811 mehrere Komitate gegen die Einführung des Ungarischen als Amtssprache Stellung, weil es, so wurde wörtlich protokolliert, »im Adel niemanden gebe, der Ungarisch könne«! Mit beißendem Spott wies der Historiker Béla Grünwald auf die kaum wahrgenommene Tatsache hin, daß Ungarn eigentlich über keine ungarische Hauptstadt verfügte:

> Es ist einzigartig in der Geschichte der Nationen, daß eine Nation eine Hauptstadt besitzt, in der ihre Sprache nicht verstanden wird. Die ungarische Hauptstadt war so deutsch, daß ein ungarischer Handwerker, der sich vor fünfzig Jahren hier niederließ, in einigen Jahrzehnten seine Muttersprache so vergessen hat, als wäre er nach Deutschland ausgewandert ... Wenn der König oder ein Mitglied des Herrscherhauses die ungarischen Hosen anzieht oder einige ungarische Worte sagt, wird die Versammlung, vor der das geschieht, zu Tränen gerührt und vergißt, daß die ungarischen Hosen und die paar ungarischen Worte nur dann kommen, wenn man die Ungarn braucht.[8]

Kurz, Preßburg war eine rein deutsche Stadt im Herzen eines überwiegend von Slowaken besiedelten Komitats. Die Magnaten zogen diese Stadt Buda vor, auch nachdem die Türkengefahr längst vorbei war, weil sie Wien viel näher lag, wo sie ihre prachtvollen Residenzen hatten. Es war einfach bequemer so, und man blieb in Preßburg unter sich.

Für die halbkoloniale Abhängigkeit Ungarns bezeichnend war auch die Tatsache, daß Kaiser Franz II. es dreizehn Jahre hindurch nicht für nötig hielt, einen Reichstag einzuberufen. Es war wohl Kanzler Metternichs Einsicht, daß der wachsende Widerstand der Komitate gegen das Anziehen der Steuerschraube und das in eine Inflation übergehende Ende der Kriegskonjunktur die Rückkehr zu einem Dialog mit den von wachsendem nationalen Selbstbewußtsein geprägten Ständen ratsam erscheinen ließen. So fand 1825 erstmals wieder ein Reichstag statt.

Die englische Reiseschriftstellerin Julia Pardoe vermittelt einen atmosphärischen Eindruck von einer solchen Ständeversammlung:

> Außer im Osten habe ich in der That nie malerischere Gruppen gesehen als die, welche eine Versammlung der ungarischen Stände bietet. Da sind die Bischöfe in ihren weiten Gewändern aus schwarzer Seide, ihren goldenen Ketten und Kreuzen und ihren carmesinrothen Mäntelchen; die älteren Landedelleute in ihren reich mit Pelz besetzten Wämmsern und ihren Astrachan-Kalpaks; die Beamten von Rang in ihren grünen oder scharlachrothen Pelzen, besetzt mit Gold, und ihren prachtvollen Czakos; die jüngeren und moderneren Mitglieder des Hauses in kostbar aufgeschlagenen Wämmsern, mit herabhängenden Beuteln von hellfarbigem Cashmir, in ihren prachtvoll gestickten Kopfbedeckungen, viele davon mit einer Reiherfeder geschmückt; und auf allen Seiten goldene Säbelgefäße, carmesinrothe Säbelgehänge, Waffen tragend, die Scheiden von poliertem Stahl, aus geschnitztem Elfenbein oder anderem reichen und kostbar gearbeiteten Material.
> Dieser Beschreibung eines allgemeinen Eindruckes der Kammer muß ich noch hinzufügen, daß es wahrscheinlich schwer sein würde, in irgendeinem anderen Lande Europas auf demselben Raume eine gleiche Anzahl schöner Köpfe beisammen zu finden.[9]

Wenngleich der Reichstag von 1825 oft als Anfang der Reformära bezeichnet wird, so besteht doch kein Zweifel, daß auch jene ungarischen Historiker recht haben, die den Beginn der so bedeutenden neuen Phase der ungarischen Geschichte ins Jahr 1830 verlegen. Trotzdem markiert das Jahr 1825 oder, präziser formuliert, der damals zusammentretende Reichstag insofern einen Wendepunkt, als er ein passendes Forum für die ersten aufsehenerregenden Auftritte des Grafen István Széchenyi darstellte.[10]

Es wirkte wie ein Schock, als der damals erst 34jährige Rittmeister Graf Széchenyi am 12. Oktober 1825 bei der Magnatentafel in Preßburg völlig unerwartet eine Rede in ungarischer Sprache hielt. Nicht was und noch weniger wie er es sagte, war wichtig, die Einzigartigkeit des Vorfalls bestand darin, daß ein Magnat, wenn auch nur radebrechend, überhaupt eine Rede auf ungarisch hielt – ein fürwahr unerhörtes, für die Hofschranzen geradezu skandalöses Ereignis.

Knapp drei Wochen später folgte sein zweiter Paukenschlag: Széchenyi stellte das gesamte Einkommen seiner Güter (fast 50 000 Hektar) während eines Jahres zwecks Gründung einer Akademie der Wissenschaften zur Verfügung. Es handelte sich um den ansehnlichen Betrag von 60 000 Gulden. Sein Auftritt elektrisierte die jüngeren Magnaten und führte zugleich zu einer ständigen geheimpolizeilichen Überwachung. Doch Széchenyi pflegte einen direkten Draht zu Metternich und übergab ihm bereits nach seinen dramatischen Auftritten im Reichstag zwei Denkschriften mit Reformvorschlägen, die vom allmächtigen Kanzler sofort abgelehnt wurden. Da aber Metternichs Frau, Gräfin Melanie Zichy, als junges Mädchen in den schneidigen Graf verliebt gewesen war, hielt sich ein gewisses Vertrauensverhältnis mit der Familie Metternich aufrecht.

Geboren 1791 in Wien, war Széchenyi bis 1826 Berufsoffizier und führte als Sproß eines der ältesten Adelsgeschlechter das sorglose Leben eines außerordentlich reichen, verwöhnten und in Liebesaffären verstrickten Aristokraten. Um 1814 begann der junge Offizier, der ungeachtet seines wiederholten Antichambrierens beim Kaiser nicht zum Major befördert wurde, ein Tagebuch zu führen. Er unternahm ausgedehnte Reisen nach England, Frankreich, Italien, Griechenland und Kleinasien, wobei außer zwei Dienern und einem Koch auch ein Landschaftsmaler zu seiner Begleitung gehörte. Der polyglotte Ungar tanzte mit der Königin von Neapel und mit der Prinzessin von Wales, spielte Whist mit königlichen Hoheiten und Lords, traf bei gesellschaftlichen Anlässen Chateaubriand, Lamartine und Wilhelm von Humboldt. Beim Wiener Kongreß notierte Széchenyi, wie Zar Alexander die ungarischen Schönheiten als »engelhaft«, »teuflisch« oder »kokett« klassifizierte. Er war anglophil und liebte Pferde – und die Frauen. Seinem testamentarischen Auftrag entsprechend hat später sein langjähriger Sekretär allerdings alle Hinweise, die über platonische oder poetische Liebeserklärungen beziehungsweise Enttäuschungen hinausgingen, sowie Bemerkungen, welche den Autor postum hätten in einem schiefen Licht erscheinen lassen, unbarmherzig aus den fast fünftausend Seiten der Notizen ausgemerzt oder unleserlich gemacht.

Trotzdem verraten diese Tagebücher keine Heldengestalt, sondern einen Menschen, der, stets zwischen Genius und Verzweiflung schwankend, bereits in jungen Jahren von Langeweile und tiefer Depression geplagt war und immer wieder mit Selbstmordgedanken spielte. Zu dieser inneren Zerrissenheit mag eine unglückliche Liebe zu seiner früh verstorbenen Schwägerin beigetragen haben und daß er sich jahrzehntelang nach einer verheirateten Frau sehnte, die er erst nach dem Tod ihres Mannes sehr spät heiraten konnte. Ab den frühen zwanziger Jahren kann man in seinem Tagebuch den Reifeprozeß des Patrioten verfolgen. Bitter berühren ihn seine schmerzhaften Erkenntnisse über die trostlose Zurückgebliebenheit des ungarischen Ständestaates. Später scheute Széchenyi auch vor Verletzung des Stolzes des Kleinadels, dieser »unwissenden rohen Bagage«, nicht zurück: »Zu sagen, außerhalb Ungarns sei kein Leben, ist eine unnütze und Lachen oder Mitleid erregende Rede.«

Da es in Ungarn damals nur ein deutsches Bürgertum gab, standen an der Spitze der Bewegung, die den Weg zu bürgerlichen Reformen, zur Modernisierung, aber auch zu einem liberalen Nationalismus, zur Durchsetzung des Ungarischen als offizieller Sprache freimachen sollte, die weitblickenden Privilegierten selbst, allen voran Graf Széchenyi. Er war nicht zuletzt deshalb ein einzigartiges Phänomen, und sein politischer Aufstieg wirkte wie ein nie wiederholtes Wunder in der ungarischen Geschichte, weil der weitgereiste Aristokrat anfänglich ungarisch weder fließend sprechen noch schreiben konnte. Infolge seiner Erziehung beherrschte Széchenyi eigentlich keine Sprache wirklich. Seine Tagebücher und ein Teil der politischen Arbeiten schrieb er deutsch, vermischt mit langen französischen Absätzen. Er sprach auch italienisch und Latein, obwohl ein Bericht der Geheimpolizei behauptete, sein Latein sei sehr schlecht, er könne deshalb nicht im Staatsdienst angestellt werden. Der Magnat perfektionierte seine Ungarischkenntnisse im Laufe der Jahre, aber im allgemeinen drückte er sich leichter in seinem ein wenig verwaschenen Deutsch aus; seine Tagebücher legen ein beredtes Zeugnis davon ab.[11]

Seine intimsten Gedanken formulierte Széchenyi in Stakkato-Phrasen, halben Sätzen, mit moralischem Pathos und wilden Gedankensprüngen. Gewiß war das internationale Umfeld für das Auftreten dieser außergewöhnlichen Persönlichkeit günstig. Es genügt, wenn wir hier auf Ereignisse hinweisen wie die französische Revolution von 1830, die Ausstrahlung des polnischen Freiheitskampfes vor allem ins traditionell polenfreundliche Ungarn, die wachsende Unzufriedenheit der Bauern, nicht zuletzt nach der Choleraepidemie, der mehr als 250 000 Menschen zum Opfer fielen. Zu Recht schreibt einer seiner Biographen:

Ohne Széchenyi hätte die Entwicklung erst später, wahrscheinlich viel später eingesetzt, und sie wäre zweifellos anders verlaufen. Széchenyi kam nicht, um eine reife Frucht zu ernten, die er bloß früher als andere erblickt hat; was er vollbrachte, waren Herkulestaten.[12]

Gerade in der Geschichte des ungarischen Vormärz und des Freiheitskampfes von 1848/49 darf man bei aller Würdigung der internationalen politischen und innerungarischen wirtschaftlichen und sozialen Entwicklungen die Bedeutung jener die Politik gestaltenden großen Einzelpersönlichkeiten nicht unterschätzen: der »unterliegenden« wie auch der »siegenden«. Es wäre töricht, ihren enormen Einfluß auf den Geschichtsverlauf zu leugnen, wie es zum Beispiel in der Zeit der erzwungenen Hochkonjunktur der marxistisch-leninistischen Geschichtsschreibung der Fall war. Das Reformzeitalter war und bleibt geprägt zuerst von Széchenyi und dann in der zweiten Phase von seinem großen Gegenspieler Lajos Kossuth, ob einem das ins »Weltbild« paßt oder nicht.

Széchenyi war kein praktischer Politiker im gewöhnlichen Sinne des Wortes. Er war sehr viel mehr: Im Grunde verkörperte er die nationale Erneuerungsbewegung, die moralische Energie und das Gewissen einer ganzen Nation. Der Siegeszug der ungarischen Literatur als mächtigstes Mittel der nationalen Selbstbehauptung wäre zwar ohne die ungeheure Arbeitsleistung des Spracherneuerers Ferenc Kazinczy nicht möglich gewesen, doch war der Wegbereiter dafür wie auch für den Anschluß an Europa in jeder Hinsicht Széchenyi. Von seiner ethischen Warte aus ging es ihm nicht bloß um die Verbesserung der bestehenden und die Schaffung neuer Institutionen, sondern auch um eine Radikalkur des ganzen seelischen Zustands seiner Nation, die er als krank bezeichnete. »Sein Name bedeutet in der Entwicklung der ungarischen Staatlichkeit und Nationalität ebensoviel wie jener eines Freiherrn vom Stein in der deutschen Entwicklungsreihe«, schreibt Szekfü.[13] Daß er mit der Veranstaltung von Pferderennen und der Einrichtung eines an englischen Clubs orientierten Pester Casinos (später in Nationalcasino umbenannt) den pittoresken Rahmen für eine Art Diskussionsgesellschaft der jungen Adligen schuf, war nur der Anfang. Bereits in den Jahren 1823 bis 1826 notierte er seine wirklichen Gedanken:

Ist aber Ungarn ein freies Land? Beim gerechten Gott, nein! Der Edelmann ist frei - der Bauer ein Diener, ein Sclave!...

> Die Verteidigung dieser antiliberalen Verfassung ist keine noble Unternahme. Wir sehen 400 000 Seelen, die ihre Vorrechte und ausschließlichen Privilegien gegen 10 000 000 Menschen, von denen im Landtag gar keine Rede ist, geltend machen wollen …
> … Und dann sprechen wir von der Emancipation der Menschheit, von Freiheit, von Liberalismus, von christlicher Philosophie! Nein, wir sind zu keinen Reformatoren geboren, wir müssen uns erst selbst reformieren. Wir müssen in die Schule der Demut und der Selbstverleugnung gehen … [14]

Széchenyi war ein Denker, der sich von christlicher Humanität, aber auch von mythischen nationalen Gefühlen leiten ließ. Als liberaler Nationalist war er nicht frei von den antisemitischen Vorurteilen seiner Zeit. Vielleicht wird ihm am ehesten die Charakterisierung »aufgeklärter Reformer mit romantischen Elementen« gerecht. Sein Wahlspruch lautete zwar: »Ungarn war nicht! Ungarn wird sein!«, doch sah er auch die Zukunft eines von ihm angestrebten Ungarn aus realpolitischen Gründen ausschließlich im Verbund der Habsburger Monarchie.

Er war aber vor allem ein Mann der Tat und nicht der Theorie. Er hatte vor seinem Auftreten geschworen, seine Nation zu neuem Leben zu erwecken. »Die Probe ist ein Menschenleben wert«, schrieb er seinem Freund, dem siebenbürgischen Baron Miklós Wesselényi, einem weiteren Wortführer der Reformbewegung, der später als im Kerker erblindetes Opfer der Willkürherrschaft und als Held der Pester Hochwasserkatastrophe vom März 1838 einen Platz in der Geschichte fand.

Széchenyi ging mit ungeheurer Energie und beispiellosem Mut zu Werke. Der Mann, der täglich seine Gedanken hektisch auf deutsch in seinem Tagebuch festhielt und des Ungarischen noch nicht ganz mächtig war, nahm 1830 das Wagnis auf sich, in einem in dieser Sprache geschriebenen Buch *Hitel* (Kredit) die geheiligten Tabus der Adelsnation über Bord zu werfen. Er setzte sich vehement für die Befreiung der Leibeigenen und für die Abschaffung der Steuerfreiheit des Adels ein. Er griff besonders das 600 Jahre alte Prinzip der Avitizität an, da das Verbot, adligen Grundbesitz als Sicherheit für Kredite zu verpfänden, die Entstehung normaler Kreditverhältnisse und die Beschaffung der für die Modernisierung der Landwirtschaft notwendigen Mittel von vornherein unterband.

Die Wirkung der in einem wenig kunstvollen Stil, aber trotz langer

Sätze gemeinverständlich dargelegten ketzerischen Gedanken haben Historiker mit einem »Blitzstrahl« oder »Erdbeben« verglichen. In einem Land, wo die besten ungarischen Bücher nur 200 Käufer fanden, hatten in fünf Monaten 2000 Leser Széchenyis erstes Buch erworben. In einem Jahr wurden vier Auflagen gedruckt und zwei deutsche Übersetzungen angeboten.[15]

In *Hitel* und zwei Folgebänden, *Világ* (Licht, 1831) und *Stadium* (1833), forderte der hochadlige Autor auch die Aufhebung der Zünfte, Monopole und sonstiger Beschränkungen sowie eine Verbesserung des Verkehrs. Mit dem zum geflügelten Wort gewordenen Aufruf »In seiner Sprache lebt ein Volk!« (Nyelvében él a nemzet!) brach er eine Lanze für die Einführung der ungarischen Sprache in Wirtschaft und Verwaltung. Über seine Publikationstätigkeit hinaus ließ Széchenyi den ersten Tierzuchtverein gründen, beschaffte Schiffe in England, ließ ausländische Fachleute kommen, schuf einen Hafen und eine Werft in Obuda. Damit war wenigstens ein Anfang gemacht. In zwei Jahrzehnten stieg die Zahl der Dampfschiffe auf 48. Sie verkehrten bald auch auf dem Plattensee. Die Regulierung der Theiß, die Schiffbarmachung der Donau am Eisernen Tor und vor allem die Errichtung der berühmten Kettenbrücke durch den schottischen Ingenieur Adam Clark, der ersten ständigen und winterfesten Verbindung zwischen Pest und Buda, waren Höhepunkte seiner Tätigkeit. Daß ein Gesetz *alle* Benutzer der Kettenbrücke, also auch die Adligen, zur Zahlung einer Gebühr in der Höhe von zwei Groschen verpflichtete, war eine erste symbolische »Durchlöcherung« der adligen Steuerfreiheit.

Wir können hier nur stichwortartig auf einige der zahlreichen weiteren Initiativen dieses großen Wirtschafts- und Sozialreformers verweisen: Der Bau eines Tunnels in Fortsetzung der Kettenbrücke durch den Budapester Berghügel zählt ebenso dazu wie öffentliche Promenaden in Pest, die Errichtung eines ungarischen Nationaltheaters, eines Konservatoriums und einer Gewerbeschule; es folgten die erste Dampfmühle, die erste moderne Maschinenfabrik und Eisengießerei, der erste Sportklub und ein Ruderverein. Und all dies – wie noch vieles andere – war direkt oder indirekt mit Széchenyis Namen verbunden.

Einer der großen ungarischen Dichter der Epoche, János Arany, hat in einer Ode an den toten Széchenyi die Bedeutung seiner drei Hauptwerke besungen:

> Nicht Bücher sind's, von Menschenhand geschrieben,
> sinnend, belehrend – nein, an jener Grenze,
> die Sein und Nichtsein trennt,
> dort ragen sie
> drei Pyramiden! – empor in den Himmel.[16]

Auch die von einer leidenschaftlichen Liebe zu seinem Volk geprägten Reden in der »langen Ständeversammlung« beeinflußten entscheidend die Debatten über die Zukunft Ungarns. So auch seine Rede vom 21. Januar 1833 über den Sprachenwirrwarr in der Gesetzgebung.

> Die Gesetzesfragen werden zuerst zu Hause diskutiert auf deutsch, dann debattiert in der Diät auf ungarisch, anschließend unterbreitet in Latein dem Thron, dann übersetzt ins Deutsche für die Berater, die weder Ungarisch noch Latein sprechen, es folgt die kaiserliche Verfügung, geschrieben in Deutsch, versandt in lateinischer Übersetzung an die Diät, die sie in Ungarisch erörtert, um schließlich das Gesetz in Latein zu verabschieden.

Fast alle Reformvorschläge scheiterten am Widerstand der Magnaten und des Königs beziehungsweise seines Kanzlers Metternich. Trotzdem war die durch Széchenyis Initiativen in Gang gesetzte Oppositionsbewegung auf Dauer nicht aufzuhalten. Die Dynamik der sich entwickelnden Nationalbewegung, vor allem was die Erhebung des Ungarischen zur offiziellen Landessprache betrifft, wurde zunächst völlig falsch eingeschätzt, und zwar nicht nur von Metternich und seinen Beratern. In Wien nannte man Széchenyi den »Grafen Stefi« und behandelte ihn als einen überspannten Phantasten. Sogar eine so außerordentliche Persönlichkeit wie Franz Grillparzer beurteilte die Ungarn und ihre Fähigkeiten ähnlich hochmütig. Beispielsweise schrieb er 1840 in sein Tagebuch:

> Die ungarische Sprache hat keine Zukunft. Ohne Zusammenhang mit irgendeinem europäischen Idiom und auf ein paar Millionen größtenteils unkultivierter Menschen beschränkt, wird sie – abgesehen davon, daß in der ungarischen Nation nie sich ein wissenschaftliches oder Kunsttalent bemerkbar gemacht hat – nie ein Publikum haben. Wenn Kant seine Kritik der reinen Vernunft in ungarischer Sprache geschrieben hätte, so hätte er vielleicht drei Exemplare ab-

> gesetzt… Ein Ungar, der nichts als Ungarisch kann, ist ungebildet und wird es bleiben, wenn seine Fähigkeiten auch noch so gut wären.[17]

Einige Jahre später notiert er nach einem Besuch bei der Reichstagssitzung in Preßburg in nicht minder despektierlicher Weise:

> Was die Ungarn wollen, wäre kaum zu tadeln, wenn sie ein Volk von dreißig Millionen ausmachten. Unter den wirklichen Verhältnissen ist der größte Teil ihrer Bestrebungen lächerlich.[18]

Diese und ähnliche Bemerkungen Grillparzers – »der Hauptfehler der Ungarn ist, daß sie langsam begreifen und schnell urteilen« – waren freilich nicht die Ausnahme. Selbst fortschrittliche Österreicher sahen in den Magyaren ein exotisches und chauvinistisches Volk hinter der »Chinesischen Mauer« ihrer unverständlichen Sprache. Hat Grillparzer nicht auch prophezeit:

> Die deutschen Provinzen Österreichs werden durch ihren Zusammenhang mit dem gebildeten Deutschland… eine solche Oberhand erhalten, daß alle diese slawischen und magyarischen Bestrebungen wie Seifenblasen zerplatzen werden.[19]

Gerade in den Jahren, in denen Grillparzer seine herablassenden Sätze niederschrieb, traten in Ungarn einige der größten Dichter auf den Plan, wie der 1848/49 europaweit bekanntgewordene Sándor Petőfi, Mihály (Michael) Vörösmarty, Mihály Csokonai-Vitéz; József Katona, der herausragende Dramatiker und Autor des Dramas *Bánk Bán*, war schon in dem Jahr gestorben, in dem Grillparzers *Ein treuer Diener seines Herrn* in Wien aufgeführt wurde.

In den Jahren des Metternichschen Absolutismus wurde der Kampf um das Überleben und die Erneuerung der ungarischen Sprache zum wichtigsten Hebel einer Abwehr der bis dahin unaufhaltsamen Germanisierung. Das beste Beispiel für das von Minderwertigkeits- und nationalen Komplexen geprägte Verhältnis zur deutschen Sprache und Kultur in der Zeit der nationalen Selbstbehauptung lieferte der berühmte Fall des Dichters László Pyrker, Patriarchs von Venedig und später Erzbischofs von Eger (Erlau).[20] In seiner in Briefform gehaltenen Autobiographie schrieb der Geistliche, daß er erst im Alter von zwanzig Jahren die deutsche Sprache erlernt habe. Doch schnell sandte er einen zweiten Brief hinterher, in dem er bat, man möge diese Mitteilung nicht veröffentlichen. Er fürchtete um sein Ansehen – schließlich hätte sich aus seinem späten Spracherwerb folgern lassen, daß er herkunftsmäßig nicht zur führenden Schicht Ungarns gehörte.

Die Kehrseite der Medaille war der lautstarke Konflikt, in den die jungen Schriftsteller gerade Pyrkers wegen mit dem Altmeister Kazinczy gerieten. Dieser hatte nämlich Pyrkers Epos *Perlen der heiligen Vorzeit* ins Ungarische übertragen. Daraufhin griff ihn der Wegbereiter der literarischen Erneuerung, der junge Kritiker Ferenc Toldy, mit außerordentlicher Schärfe an: Warum hat Kazinczy, so fragte er, das Werk eines deutsch schreibenden ungarischen Menschen übersetzt? Ein solcher Mensch sei eine Schande für seine Heimat. Die amüsante Pointe für die Eingeweihten war freilich die Tatsache, daß Toldy (ursprünglich Schedel) selbst einer deutschen Bürgerfamilie von Buda entstammte und sein erstes Werk – *Handbuch der ungarischen Poesie* – in Deutsch verfaßt hatte.

Doch Toldy wurde zum Pendant Pyrkers. Er entwickelte sich zum wichtigsten »Wahlungarn«, zum Begründer der ungarischen Literaturgeschichte und zum entscheidenden Weichensteller für den Aufschwung der ungarischen Kultur. Vor allem setzte er sich vehement für ein Zurückdrängen der deutschen Einflüsse ein. Auch Károly Kisfaludy, der volkstümliche Dichter, der in deutscher Sprache mit seinen Brüdern korrespondierte, wurde »Wahlungar«; er lehnte ein Angebot zur Mitarbeit an einer deutschsprachigen Zeitschrift empört ab.[21]

Vor diesem Hintergrund muß man die Minderwertigkeitskomplexe so vieler gebildeter Ungarn gegenüber der deutschen Kultur und auch den Aufschrei Széchenyis verstehen: »Ungarn wird mausetot ertrinken in deutscher Intelligenz« oder (in einem Brief an Wesselényi): »In Österreich viel Deutschtum und wenig Ungartum.« In diesem Sinne bemerkte sogar der betont deutschfreundliche Historiker Steinacker in seinem Rückblick auf den magyarischen Nationalismus: »Wie die Tschechen waren auch die Ungarn in Gefahr, sprachlich, geistig, bildungsmäßig überfremdet zu werden, und sie waren sich dessen angstvoll bewußt.«[22] Diesem Untergangsgefühl setzte Széchenyi seine unerschütterliche Zuversicht in eine große Zukunft Ungarns entgegen.

Széchenyi ersparte der Nation keine Wahrheit und keinen Tadel. Mit allen möglichen Mitteln, auch mit beißendem Hohn und pietätlos erscheinender Kritik, versuchte er die Adligen aus ihrer Selbstzufriedenheit, ihrer engstirnigen Gemütsruhe aufzurütteln. Seine scharfe Kritik und seine riskanten Vorschläge lösten oft heftigen Widerspruch aus; in manchen Komitaten haben aufgebrachte Kleinadlige seine Bücher verbrannt. Die immer breitere Kreise erfassende liberale Opposition hat ihn eher bewundert und geachtet denn geliebt.

Ein junger Zeitgenosse, der Schriftsteller Karl Maria Kertbeny, sah den Grafen in den späten dreißiger Jahren so:

> Überall und aus allem klang der Name Széchenyi wider. Und es war dies nicht der Name eines wesenlosen, unsichtbaren Deus ex machina – die Person des Reformators war an allen Ecken und Enden auftauchend und sichtbar, und wenn man so in den eben erst im Aufbau begriffenen Straßen längs der Donau oder in der altgewohnten Waiznergasse der City, dem Graben von Pest, daherwandelte und ruhig flanierte, kam plötzlich eine Gestalt dahergeschossen, eifrig, eilig, gestikulierend, meist mit einem oder mehreren Begleitern laut parlierend, nach allen Seiten hin flüchtig grüßend, manchmal auch rasch quer über die Straße schießend, jemanden anrufend und festhaltend – und alle die Vorbeiwandelnden grüßten hochachtungsvollst, und viele blieben stehen und sahen der merkwürdigen, quecksilbrigen Erscheinung eine gute Weile nach, dann sagte einer zum anderen der Vorübergehenden: *Das ist Széchenyi!*
> Man hatte sogar vor dem alten guten Palatinus von Ungarn kaum soviel ehrfurchtsvollen Respekt als vor dem edlen Grafen, der mit jedermann auf der Straße sprach, mit all den Bürgern wie seinesgleichen umging, in alle Läden lachend und laut sprechend eintrat und doch durch einen eigentümlichen Aristokratismus des Benehmens einen Nimbus um sich verbreitete, so daß sich alles tief verneigte.[23]

Um 1840 erreichte Széchenyis Popularität ihren Höhepunkt, und er wurde mit Ehrungen überhäuft. Doch war dieser Höhenflug trügerisch. Zwar verlieh ihm der im April 1840 nach einer dreijährigen Haft begnadigte Anwalt und Politiker Lajos Kossuth den Ehrentitel des »größten Ungarn«, aber der Konflikt zwischen dem aufsteigenden Stern aus dem besitzlosen Kleinadel und dem kosmopolitischen Aristokraten überschattete immer mehr die politische Szene. Széchenyi wollte die Reform und befürchtete die Revolution. Seine persönliche Abneigung gegen Kossuth, dessen Aufnahme in das Pester Casino und in die Akademie er schon früher verhindert hatte, verlieh dem Konflikt über die Zukunft Ungarns eine besondere Brisanz. Durch seine ungezügelten und immer leidenschaftlicheren öffentlichen Polemiken gegen Kossuth, dem er vorwarf, eine Revolution heraufzubeschwören, verlor Széchenyi zunehmend an Boden. Indessen wurde der Kampf um die ungarische Amtssprache zu einer zentrifugalen Kraft nicht nur gegenüber Wien, sondern auch im Verhältnis zu den nichtungarischen Einwohnern des historischen Ungarn. Das nationale Erwachen erfaßte nämlich auch die Slowaken, Rumänen, Kroaten und Serben, deren literarisch-intellektuelle Elite nicht bereit war, die Umwandlung der politischen Nation in eine ungarische Sprachgemeinschaft, die Gleichsetzung »Ungar = Magyar« zu akzeptieren.

In ihrem Streben, die Grenzen der eigenen Sprachnation mit den politischen Grenzen des Landes eins werden zu lassen, schlitterten die patriotischen Reformer in einen Zweifrontenkrieg, nämlich gegen Habsburg wie gegen die nichtungarische Mehrheit der Einwohner, der für sie und für das Land nur tragisch enden konnte. An diesem Konflikt um die Einführung der ungarischen Sprache als Amts- und Unterrichtssprache im ganzen Land ist schließlich das Königreich Ungarn zugrunde gegangen. Damals zog der erwachende Nationalgedanke auch Kossuth in seinen Bann. Gegen die Slowaken und Kroaten, die das Latein als Verwaltungssprache beibehalten wollten, berief er sich »auf das historische Recht eines Jahrtausends«. Es könne keinen Menschen in Ungarn geben, der in Zweifel zu ziehen wage, daß »über diesem Land die Obrigkeit der ungarischen heiligen Krone schwebt«, woraus er folgerte, daß die Verwaltungssprache nur die ungarische sein könne.[24]

Széchenyi gab in seinem Tagebuch seine geheimen Bedenken zu: »Fürchte, sie werden mich in Wien für zu ungarisch – hier für zu österreichisch halten.«[25] Trotzdem zögerte er nicht, gegen die gewaltsame Magyarisierung in der Eröffnungsrede zur Hauptversammlung der von ihm selbst gegründeten Akademie der Wissenschaften im November 1842 Stellung zu nehmen: »Wer die Sprache tauscht, tauscht darum nicht die Seele.« Niemand solle die Regel »aus dem Auge verlieren«, daß man einem anderen nie etwas antun darf, das man von ihm nicht gerne entgegennimmt.

> Ah, wie wenig sind wir an *Zahl* – so wird gejammert –, es ist fast unmöglich, in der großen Menge Deutscher und Slawen nicht aufzuschmelzen; Sprache und Nationalität müssen daher verbreitet werden. Ja, richtig! Doch ausschlaggebend ist das *Wie*, da nicht alle Methoden zum Ziele führen, ja die jetzt modischen uns davon ganz und gar entfernen. Mir hat es vor unserer *geringen Zahl* nie gebangt, um so mehr hat mich die Sorge um unseren Fortbestand geängstigt, aus dem Grunde – und dies soll schon einmal klar ausgesprochen

werden –, weil unserer Rasse materielle und geistige Existenz so sehr *gewichtslos* sei. Hier ist das Übel, und lassen wir uns endlich diese bitterste Portion der Selbstkenntnis hinunterschlucken – denn nur dann können wir gänzlich gesunden –: der Angelpunkt der Geisteskraft macht nicht die Menge, sondern die Qualität aus, und demnach läuft unsere Existenz nicht deswegen Gefahr, weil wir nicht zahlreich genug, sondern weil wir nicht gewichtig genug sind.[26]

Die meisten Adligen unterschätzten die Gefahren der vom Reichstag 1843/44 beschlossenen Erhebung des Ungarischen zur Amtssprache in einem Land, in dem auch Angehörige anderer, ebenfalls erwachender Sprachnationen lebten. Széchenyi machte keinen Hehl aus seiner Meinung, daß er jede Politik, welche die nationalen Leidenschaften ansprach, für gefährlich hielt. Er sagte auch voraus, daß eine Übertreibung der liberalen und nationalen Forderungen zur Katastrophe führen müsse.

Der friedliche, aber siegreiche Umbruch im März 1848, »die rechtmäßige Revolution« (so der Titel von István Deáks Buch[27]), erfüllte den verwirrten und von starken Depressionen geplagten Széchenyi, der in der Regierung das Verkehrsressort übernommen hatte, noch einmal mit Hoffnung, daß Ungarn auf evolutionärem Weg den Aufstieg innerhalb der Monarchie schaffen würde. Als er erkannte, daß die Wiener Reaktion die Reformen und auch die Aprilverfassung mit Hilfe der aufgehetzten Serben und Kroaten, letztlich aber durch die Armee rückgängig machen wollte, wurde er von nächtlichen Alpträumen verfolgt und erlitt am 4. September 1848 während einer Kabinettssitzung einen Nervenzusammenbruch. Es sah alles in Flammen aufgehen und »Blut, Blut und Blut überall«.

Tiefverwurzelte Schuldkomplexe, ein maßlos übertriebenes Verantwortungsgefühl für alles, was in und um Ungarn geschah, und Wahnvorstellungen trieben ihn schon damals zu Selbstmordversuchen, die sein Arzt und sein Sekretär auf dem Weg in eine private Irrenanstalt in Döbling verhindern konnten. Er verließ die Heilanstalt zwar nie wieder, wurde aber von den Psychosen um 1856 im Grunde geheilt und begann wieder politische Schriften zu verfassen. In einer anonymen Satire, die er in London erscheinen und nach Ungarn einschmuggeln ließ, griff Széchenyi die nach dem Zusammenbruch des Freiheitskampfes errichtete Willkürherrschaft im geknebelten Ungarn mit Hohn und großer Schärfe an. Die daraufhin einsetzenden Hausdurchsuchungen und Drohungen des Polizeichefs haben bei Széchenyi erneut Ängste und zum Teil Wahnvorstellungen ausgelöst. In der Nacht vom 7. auf den 8. April 1860 nahm er sich das Leben. Obwohl sein Begräbnis auf polizeiliche Weisung einen Tag vor dem bekanntgegebenen Termin in Nagycenk stattfinden mußte, nahmen rund 10 000 Menschen daran teil; zum feierlichen Requiem Ende April in Budapest kamen fast 80 000 Trauernde.[28]

Seit 1840 beschäftigte die Rivalität zwischen Széchenyi und Kossuth die Ungarn. In Politik und Geschichtsschreibung sah man die Grundpolarität der beiden immer wieder in »Herz gegen Hirn«. Wer hatte recht? Széchenyi wollte die Umwandlung ohne Konflikt mit Habsburg erreichen; Kossuth erhob Anspruch auf die nationale Selbstbestimmung, obwohl auch er bis 1848 nicht an eine Loslösung vom Haus Habsburg dachte. Die jeweilige Wertung der beiden Persönlichkeiten und ihrer diametral entgegengesetzten Linie war ein wichtiger Teil der späteren Instrumentalisierung der Geschichte durch die rechtskonservative Führungsschicht der Horthy-Ära (1920–1944) und dann durch die kommunistische Propaganda.

Széchenyi hat niemals eine starke politische Gruppierung um sich sammeln können. Dies blieb dem populären Volkstribunen Kossuth vorbehalten. Doch noch im Scheitern bewies Széchenyi, der friedliche Wegbereiter einer neuen Zeit, Format: »Der größte Ungar«, als den ihn sein Rivale und »Vollender« Kossuth bezeichnete, hatte mit unheimlicher Klarsicht bereits am 4. Juli 1823 in seinem Tagebuch festgestellt: »Man muß in der Welt Hammer seyn, oder Amboß. Ich bin das letztere …«

XX Lajos Kossuth und Sándor Petőfi: Symbole der Revolution von 1848

Zweimal in einem halben Jahrhundert, 1947 (nach dem Ende des Zweiten Weltkriegs) und 1991 (nach dem Zusammenbruch des Kommunismus), haben Meinungsforscher in einem repräsentativen Querschnitt der Bevölkerung die Frage nach der ruhmreichsten und der düstersten Epoche der ungarischen Geschichte gestellt. Während die Antworten bezüglich der finstersten Zeit sehr unterschiedlich ausfielen, war das Urteil über die glorreichste Periode verblüffend gleich: Beide Male sprachen sich 24 Prozent der Befragten für den 1848er Freiheitskampf aus, dann folgte mit einem Respektabstand die Zeit von König Matthias mit 20 beziehungsweise 13 Prozent.[1]

Daß der Stellenwert der Ereignisse von 1848 trotz der großen Umwälzungen und des Generationswechsels so unverändert hoch geblieben ist, liefert den überzeugenden Beweis dafür, daß die Ungarn ihrer nationalen Unabhängigkeit beziehungsweise den Unabhängigkeitsbestrebungen in ihrem Land nach wie vor absoluten Vorrang einräumen.

Es ging damals vor 150 Jahren nicht um schwer durchschaubare diplomatische oder militärische Verwicklungen, sondern um einen von den größten Dichtern und Schriftstellern des Landes dramatisierten Kampf, um den Unabhängigkeitskampf der Magyaren gegen das Haus Habsburg, und zwar gegen die mit den Österreichern verbündeten Kroaten, Rumänen und Serben und letztlich gegen das zu Hilfe gerufene Rußland. Die Haltung aller europäischen Großmächte war eindeutig ablehnend. Ungarn war völlig isoliert, und aus heutiger Sicht war die Niederlage unvermeidlich. Doch gerade deshalb wird die rechtmäßige Revolution der Ungarn im »Sturmjahr« 1848 nicht nur als ein epochales Ereignis, sondern auch als Quelle romantischer Traditionen empfunden, die in Krisenzeiten immer wieder bemüht wurden.

István Deák formulierte treffend: »Wir Heutigen wissen noch immer nicht genau, was in Wirklichkeit im Frühling 1848 geschah, aber Einigkeit besteht darüber, daß es etwas Wunderbares war... Der ungarische Frühling bedeutet jedem etwas anderes, aber etwas bedeutet er für jeden in diesem Land.«[2]

Dieses Revolutionsjahr 1848, der Freiheitskampf bis zur Kapitulation im Herbst 1849, der Widerstand im In- und Ausland gegen die Willkürherrschaft des neuen Absolutismus und schließlich der große Streit um die Sinnhaftigkeit des österreichisch-ungarischen Ausgleichs von 1867, all das war und ist bis heute mit keiner anderen Persönlichkeit so unauflöslich verbunden wie mit Lajos Kossuth. Kein ungarischer Politiker war je so sehr Gegenstand einer alle Schichten des Volkes umfassenden Heroisierung und zugleich Zielscheibe der Dämonisierung durch Politiker der Nachbarvölker wie der Mann, dessen langes Leben (1802–1894) mit den Siegen und Niederlagen seines Volkes gleichgesetzt wird.

In der internationalen Historiographie verzerren zeitgenössische Vorurteile und Fehlinformationen sein Bild ebenso wie die Spätwirkungen der Verteufelung durch seine ungarischen Gegner. Für Golo Mann war »dieser mitreißende, allzusehr von sich eingenommene Revolutionär der verrückteste Nationalist, der bis dahin erschienen war. Die nichtmagyarischen Völker stellte er vor die Wahl zwischen völliger Unterwerfung ohne politische Existenz oder Ausrottung.«[3] In ähnlicher Weise sah der britische Historiker A. J. P. Taylor die Rolle Kossuths: »Er war der erste Diktator, der durch die Prostitution des Idealismus im Dienste der nationalen Leidenschaften an die Macht kam.«[4]

Den Vogel schoß der englische Publizist und Historiker Edward Crankshaw in seinem Buch *Der Zusammenbruch des Hauses Habsburg* mit folgendem absurden Vergleich ab:

> Er will – wie Hitler ein Deutscher sein will, wie Mussolini ein Römer sein will – ein Ungar sein. Kossuth ist ein Slawe, ein bäuerlicher Slowake. Seine Mutter kann kein Ungarisch.[5]

Auch der deutsche Historiker Franz Herre wiederholt in seiner Franz-Joseph-Biographie die im vorigen Jahrhundert von österreichischen Publizisten verbreitete These, Kossuth sei Slowake gewesen, habe sich aber »mit der Inbrunst des Renegaten«[6] als Magyar gefühlt.

Wie nicht anders zu erwarten, haben ungarische Historiker Urkunden und Stammbäume bis 1263, bis in die Zeit von Béla IV., zurückverfolgt und eine Flut von Untersuchungen über die Ahnen Kossuths produziert, um das Gegenteil zu beweisen.[7] Fest steht, daß der Name »Kosut« slowakisch Ziegenbock bedeutet. Es ist also durchaus möglich, daß die weitverzweigte Kossuth-Familie zum Teil slowakischen Ursprungs war. Kossuths Mutter Karolina Weber kam aus einer Zipser, also deutschen Familie, die sich im oberungarischen Eperjes niedergelassen hatte. Kossuths Muttersprache war aber zweifellos Ungarisch, wenngleich er auch Deutsch gut beherrschte. Crankshaws Behauptungen über Kossuths Mutter stimmen nachweislich nicht; sie hat mit ihrem Sohn auf ungarisch korrespondiert. Die Mehrsprachigkeit war kein familiäres, sondern ein regionales Charakteristikum. Das eigenartige ungarisch-slowakische Zipser Umfeld ändert aber nichts daran, daß Kossuth selbst in einer Notiz schrieb: »Ich bin als Ungar geboren und als Ungar erzogen worden.« Die anderen Sprachen habe er als Fremdsprachen erlernt. Im hohen Alter betrachtete er es als »Eigenart« österreichischer Historiker, ihm eine slowakische Herkunft anzudichten, und einmal sprach er sogar von seiner – früher nie erwähnten – »urungarischen« Abstammung.

Wie dem auch sei, Zweifel am Ungartum Kossuths sind fehl am Platz. Da aber westliche Autoren eher über deutsche und tschechische als über ungarische Sprachkenntnisse verfügten, wurde das aus diesen Quellen zitierte Märchen von Kossuth dem »Überläufer« und »Renegaten« bis hin in unsere Tage verbreitet. Die Mehrsprachigkeit seiner früheren oder entfernten Familienmitglieder ist auch deshalb belanglos, weil es gerade in Oberungarn Dutzende Adelsfamilien slawischen oder deutschen Ursprungs gegeben hat, deren ungarisches Nationalbewußtsein im 19. Jahrhundert eindeutig war. Weniger überzeugend wirken freilich gelegentliche Hinweise auf Kossuths »typisch ungarische Eigenschaften« oder gar »typisch ungarische Gesichtszüge«. Für die ungarische Geschichte war und bleibt jedenfalls nur der Tatbestand wichtig, daß Kossuth sich selbst als hundertprozentigen Ungarn bekannte und daß sein Volk ihm trotz seines Scheiterns stets treu geblieben ist.

Es geschah in der Nacht zum 5. Mai 1837. Ein heftiger Sturm tobte über die Hügel von Buda, als die Soldaten das isolierte Gasthaus »Gottes Auge« umzingelten. Hier hatte der gefährliche Journalist Lajos Kossuth, der vertraulichen Berichten zufolge seit längerem eine Revolution vorbereitete, einige Tage zuvor Unterkunft genommen, um eine größere Arbeit fertigzustellen, während seine Familie auf der Pester Seite der Donau geblieben war. Nach monatelangen Vorbereitungen schlug die Obrigkeit zu. Kossuth wurde verhaftet und des Aufruhrs und Hochverrats angeklagt. Der bis dahin nur einem relativ kleinen Kreis von Abonnenten und Lesern seiner *Parlamentarischen Berichte* (zwischen 1832 und 1836 wurden 344 Ausgaben, zuletzt in 72 handgeschriebenen Exemplaren ausgeliefert) bekannte Anwalt und Publizist lehnte eine Verteidigung ab, da er als Adliger laut Verfassung überhaupt erst nach einem rechtskräftigen Urteil in einem Prozeß hätte in Haft genommen werden dürfen.

Diese Nacht wurde zum Wendepunkt im Leben des damals 35jährigen Anwalts. Der aus dem kleinen und überwiegend von Slowaken bewohnten Komitat Zemplén in Oberungarn stammende Sproß einer besitzlosen kleinadligen Familie, ein junger Mann mit Vollbart, blasser Gesichtsfarbe, dunkelbraunen Haaren und einer einzigartigen stilistischen und rhetorischen Begabung, wurde zum allenthalben bekannten Willküropfer. Seine Verhaftung wurde als weithin sichtbares Signal für den neuen harten Kurs der Wiener Ungarnpolitik gedeutet. Die Folge war ein Proteststurm im ganzen Land. Kossuth verteidigte sich mit solchem Geschick und solcher Beharrlichkeit, daß es erst nach zweijähriger Haft überhaupt zu einer Verurteilung kam. Die Strafe lautete auf drei Jahre Gefängnis, wurde allerdings von der höchsten Instanz später auf vier Jahre erhöht, was Kossuth zum Märtyrer werden ließ.

Die Aktion gegen Kossuth und Baron Miklós Wesselényi, den Führer der Opposition, erwies sich als Schlag ins Wasser. Fortan wurden die scheinbar rechtlichen Fragen der Reform mit der Sache der nationalen Freiheit identifiziert.

Die Haft war für Kossuth menschlich und intellektuell eine sehr fruchtbare Zeit. In der Kaserne von Buda war er zwar von der Außenwelt abgeschnitten – außer den Besuchen seiner Mutter waren ihm keinerlei direkte Kontakte erlaubt –, doch durfte er Briefe schreiben und empfangen, und vor allem bekam er regelmäßig Bücher. Im Zeichen einer Verbesserung der Haftbedingungen wurde später sogar die *Augsburger Allgemeine Zeitung* auf Staatskosten für Kossuth bestellt! Er befaßte sich vor allem mit den Werken Shakespeares, fertigte eine Teilübersetzung von *Macbeth* an und erlernte dadurch die englische Sprache so vollendet, daß er später im Exil seine englischen und amerikanischen Zuhörer ebenso leicht in seinen Bann zu ziehen vermochte wie seine Landsleute in Ungarn. Kossuth las in seiner Zelle auch die Gedichte von Byron und Lamartine, die Werke von Gibbon und Hume, Béranger und Racine, Voltaire und Jean Paul.

Inzwischen schlug die sogenannte Geheime Staatskonferenz, die die Regierungsgeschäfte an Stelle des geistig beschränkten Kaisers Ferdinand I. führte, einen gemäßigteren Kurs ein. Als Ausdruck dieser neuen politischen Linie wurde Kossuth am 10. Mai 1840 vorzeitig freigelassen. Wenige Monate später bekam er von der Druckerei Landerer das überraschende Angebot, eine Zeitung zu gründen und sie als Chefredakteur zu leiten. Landerer war, wie sich später herausstellte, ein Polizeispitzel, und sein Angebot an Kossuth erfolgte mit Zustimmung, höchstwahrscheinlich sogar auf persönliche Initiative Metternichs hin.

Die Motive für diesen Schritt sind nie eindeutig geklärt worden. Möglicherweise hoffte der Hof, die Angst, seine einträgliche Stellung wieder zu verlieren, werde den brillanten und umtriebigen Juristen von der aktiven Politik fernhalten. Mit dem bewährten zusätzlichen Mittel der Zensur meinte man zumindest seine Radikalität dämpfen zu können. Doch diese Annahme war ein gefährlicher Trugschluß.

In Wirklichkeit wurde die zweimal in der Woche erscheinende *Pesti Hirlap* (Pester Zeitung) ein beliebtes und angesehenes Sprachrohr der Opposition und zugleich ein kommerzieller Erfolg, für den Drucker wie für den Chefredakteur. Dank Kossuths ungewöhnlicher publizistischer Begabung und seinem staunenswerten Fleiß stieg die Auflage innerhalb von sechs Monaten von 60 auf 4000, bis Anfang 1844 sogar auf 5200 Exemplare. Angesichts des großen Interesses erreichte die Zeitung nach verläßlichen Schätzungen fast 100 000 Leser, und das in einem Land, wo das Wahlvolk 136 000 Stimmberechtigte betrug und die Zahl der Lese- und Schreibkundigen unter einer Million blieb.[8] Die Informationen aus allen Teilen des Landes kamen von Korrespondenten, aber fast alle Leitartikel – insgesamt 216 in dreieinhalb Jahren – schrieb, oft ungezeichnet, Kossuth selbst. Der Leitartikel auf der Titelseite war Kossuths Erfindung – zur Aufrüttelung der Leser, aber oft auch als Hinweis auf wichtige Berichte im Inneren des Blattes. Trotz des ständigen Tauziehens mit den Zensoren, die übrigens nur sieben Leitartikel Kossuths strichen, war der Journalismus damals, verglichen etwa mit den späteren Praktiken der extrem rechten oder der kommunistischen Regime, beinahe völlig frei.[9]

Das von Kossuth vertretene Motto lautete: »Nichts über uns ohne uns!« Oder anders ausgedrückt, er arbeitete auf die nationale Selbstbestimmung innerhalb der Monarchie hin. *Pesti Hirlap* trat ein für die Abschaffung der Steuerfreiheit des Adels und der Leibeigenschaft der Bauern, für humanitäre Reformen, auch in den Gefängnissen und Krankenhäusern, für die Union mit Siebenbürgen und für die Einführung des Ungarischen als Amtssprache im ganzen Land. Daß damals Siebenbürgens Bevölkerung bereits mehrheitlich aus Rumänen bestand, war für Kossuth, wie für fast alle radikalen oder konservativ gesinnten Reformer, belanglos. So schrieb er 1842 in *Pesti Hirlap*:

> In Ungarn muß das Ungarische Amtssprache werden, in der zivilen wie in der kirchlichen Verwaltung, in der Gesetzgebung und bei der Durchführung der Gesetze, in Regierung und Justiz sowie den Angelegenheiten der öffentlichen Sicherheit und der Polizei, in den direkten und indirekten Steuervorschriften und im Bereich der Wirtschaft... Sich mit weniger zu begnügen wäre Feigheit, mehr zu *befehlen* Tyrannei. Beides wäre für uns Selbstmord.[10]

Die Hauptfrage war damals, wie das Ungarische als Staatssprache gegen Wien zur Geltung zu bringen wäre, und nicht etwa die Magyarisierung der nichtungarischen Nationalitäten. Kossuth selbst hatte nichts dagegen, daß die Angehörigen der Minderheiten im Privatleben ihre eigene Sprache gebrauchten, und trat immer wieder gewaltsamen Assimilationsbestrebungen entgegen. Mochten die Slawen, Rumänen und Deutschen ihre eigenen Bräuche und ihre Sprache ruhig pflegen, wenn sie nur akzeptierten, daß es unter der Heiligen Krone nur eine Nation geben konnte, nämlich die ungarische.

Mit Besorgnis erfüllte die Reformer die Gefahr des Panslawismus. Wer hätte damals gedacht, wie tief später die Spaltung zwischen Russen, Polen, Tschechen, Kroaten und Serben reichen würde. Ungarn sah man als ein Land zwischen russischem und deutschem Einfluß. Zu den Mutmaßungen der *Augsburger Allgemeinen Zeitung* über den kommenden Kampf zwischen Deutschen und Slawen bemerkte Kossuth, in diesem Fall würde Ungarn die Partei der ersteren ergreifen, aber als eigenständige Nation und nicht in Verschmelzung mit den Deutschen. Wie fast alle Ungarn machte Kossuth nur bei den Kroaten eine Ausnahme; allerdings forderten diese nun von Wien bereits die gleichen Rechte, wie sie die Ungarn beanspruchten. Das Gesetz von 1844 erhob das Ungarische zur Amtssprache des Königreichs, mit Ausnahme Kroatiens. Die Romantiker des liberalen Nationalismus träumten von der Durchsetzung einer ungarischen Hegemonie in den Ländern der Heiligen Krone und übersahen dabei, daß sich ähnliche nationale Gefühle auch bei anderen Volksgruppen regten, die mangels eines selbständigen Staates den Weg zur Selbstbehauptung genauso in der Sprache suchten.

Die Sprache als Mittel der geistigen Erneuerung spielte also auch in den diversen slawischen Bewegungen des Vormärz eine zentrale Rolle. Der kroatische Schriftsteller Ljudevit Gaj versuchte seit den dreißiger Jahren einen großen südslawisch-illyrischen Staat und eine gemeinsame Schriftsprache zu gründen. Unabhängig davon, ob er tatsächlich ein bezahlter Agent der Österreicher war oder nicht, erwies sich sein »illyrisches« Projekt als ein Traum. Doch förderten Gajs Bemühungen die kulturelle Entwicklung in Kroatien ebenso, wie die sprachwissenschaftlichen Initiativen des großen serbischen Dichters Vuk Karadžić in Wien der südslawischen Literatur entscheidende Impulse verliehen. Auch bei den Slowaken meldeten sich in der ersten Hälfte des 19. Jahrhunderts Dichter und Schriftsteller wie Jan Kollár, Pavel J. Safarik und Lúdovit Stúr zu Wort, um die slowakische nationale Idee zu stärken.

Kossuth begnügte sich freilich keineswegs mit dem Kampf um die ungarische Amtssprache. Nicht zuletzt unter dem Druck der glänzend geschriebenen Artikel Kossuths und der Berichterstattung der *Pesti Hirlap* wurde die Frage der wirtschaftlichen Selbständigkeit im allgemeinen und das Problem der Zölle im besonderen zu einem ständigen Zankapfel zwischen Regierung und Opposition. Die Forderungen nach einer wirtschaftlichen Gleichstellung mit dem deutschsprachigen Österreich verhallten in Wien ungehört. So erklärte der einflußreiche Bankier Georg Sina:

> Es ist fraglich, ob Österreich etwas gewinnt, wenn Ungarn ein Kulturstaat wird. Jede Handvoll Getreide, jedes Stück Vieh, ja jedes Produkt Ungarns zahlt an der österreichischen Grenze einen hohen Zoll. Andererseits kauft Ungarn jedes, auch das schlechteste Industrieerzeugnis von Österreich.[11]

Die unnachgiebige und arrogante Haltung der Zentralbehörden gab dem radikalen Flügel der Reformbewegung um Kossuth immer mehr Auftrieb. Es ging der Opposition nicht mehr um die Abschaffung der Ungarn vom übrigen Reich trennenden »Schutzzölle«, sondern darum, diese Zollschranken – nun aber unter ungarischer und nicht mehr österreichischer Kontrolle – zu verstärken. Kossuth forderte nicht nur Schutzzölle, sondern er rief sogar zum Boykott österreichischer Produkte auf. Damit schlug er dem Faß den Boden aus. Metternich ließ den Druckereibesitzer in Pest wissen, daß er sich seines Chefredakteurs umgehend zu entledigen habe. Kossuth hatte zuerst angenommen, der Schritt des Eigentümers gegen ihn erfolge wegen der unter ihnen strittigen Frage seines Gewinnanteils, doch er mußte bald einsehen, daß ihm jeglicher Zugang zur Presse versperrt werden sollte.

So kam es im Mai 1844 am Wiener Ballhausplatz in den Amtsräumen des mächtigen Kanzlers zu einer denkwürdigen Begegnung mit dem um dreißig Jahre jüngeren Oppositionspolitiker. Das Gespräch dauerte zweieinhalb Stunden und war Metternichs letzter Versuch, Kossuth unter dem Deckmantel eines »unabhängigen Schriftstellers« indirekt, aber doch unmißverständlich zu »kaufen«. Kossuth schrieb noch im Juni an Wesselényi, Metternich sei ein »Diplomat im wahrsten Sinne des Wortes, der keinen Glauben an das Ehrliche im Charakter des Menschen hat, weil er in seinem Leben vielleicht nicht einmal zehn ehrlichen Menschen begegnet ist. Ich hoffe, er hat so viel von mir gelernt, daß nicht jeder Ungar käuflich ist.«[12]

Kossuth blieb auch ohne Zeitung Wortführer der Reformbewegung des Adels. Nun gründete er als geschäftsführender Direktor einen Gewerbeverein und einen Landesschutzverein mit Zweigstellen. Er gab die scheinbar bestechende Losung aus: »Kauft nur ungarische Waren!« Außerdem erfand er die noch populärere Losung »Ungarn ans Meer!« zwecks Baus einer Eisenbahnlinie von Pest bis Fiume. Kossuth ging dabei einem sprachgewaltigen jungen ungarischen Hochstapler aus der Hafenstadt auf den Leim. Der Mann verschwand im Herbst 1846 und hinterließ ungedeckte Schulden in Höhe von 150 000 Gulden. Die verschiedenen Vereine Kossuths brachen sofort zusammen; er selbst verlor nicht nur den Direktorenposten, sondern auch sein weniges Erspartes, um einige Aktionäre zu befriedigen. Trotz der offensichtlichen Fehlschläge war aber auch diese Kampagne geeignet, das Nationalgefühl immer breiterer Schichten anzustacheln.

Nach den gescheiterten Wirtschaftsexperimenten widmete Kossuth seine ganze Kraft wieder ausschließlich der Politik und stieg bald zum unbestrittenen Volkstribunen auf. Als einer der angesehensten und populärsten Politiker der liberalen Opposition spielte er eine wichtige Rolle in der Wahlkampagne für den nächsten Reichstag, der für den Herbst 1847 einberufen wurde. Die eigentliche Sensation bestand darin, daß Kossuth, ein Angehöriger des armen Kleinadels, also ein Mann ohne die für die Wahlwerbung notwendigen Geldmittel, ausgerechnet im Komitat Pest, dem wichtigsten Wahlkreis, kandidierte.

Mehrere liberale Magnaten, allen voran Graf Lajos Batthyány, der spätere Ministerpräsident, unterstützten die Kampagne des berühmten Kandidaten mit ansehnlichen Beträgen. Kossuth war nach übereinstimmenden Berichten ein glänzender Redner, der mal mit samtener Stimme und theatralischen Gesten, mal donnernd und mit pathetischer Übertreibung, stets schnell und instinktiv den Weg zu den Herzen des jeweiligen Publikums fand. Seine Gegner in Wien und

Pest, vor allem die konservativen Aristokraten, auch Széchenyi, waren über den wachsenden Einfluß Kossuths mehr und mehr besorgt. Einmal bemerkte Metternich in einem sehr persönlichem Gespräch mit Széchenyi, daß die Regierung vier Fehler gegenüber Kossuth begangen habe: Man ließ ihn einsperren und dann doch frei; man gab ihm eine Zeitung und nahm sie ihm dann wieder weg. Was sollte man tun? »Utilisieren oder aufhängen«, lautete die prompte Antwort Széchenyis. Eines Tages erzählte er in einem Anflug von Selbstironie Kossuth, was er Metternich geraten hatte! Die beiden Männer waren in ihren Verhaltensweisen, in ihrem Wesen so grundverschieden, daß Kossuth den Sarkasmus seines stets zu giftigen Bemerkungen neigenden Gesprächspartners überhaupt nicht begriff und ernsthaft dachte, Széchenyi habe ihn damit gefährlich bedroht. »Was will diese Schlange von mir? Und diese Schlange wird Mensch genannt!« schrieb Kossuth erregt in einer Aufzeichnung.[13]

Der Wahltag des 18. Oktober 1847, genauer: die Zeit zur öffentlichen Stimmabgabe, dauerte von neun Uhr morgens bis halb sieben am Abend. Für Kossuth waren die liberalen Magnaten, angeführt von Batthyány, mit ihren Bundschuhadligen, die Intellektuellen und die Bürgerlichen. Das Wahlergebnis war vorauszusehen: Kossuth erhielt 2948 und sein Gegenkandidat 1314 Stimmen. Im Komitat Pest mit seinen 600 000 Einwohnern gab es 14 000 wahlberechtigte Adlige. Nur ein Bruchteil der Stimmberechtigten hatte also vom Wahlrecht Gebrauch gemacht.

Der neugewählte Deputierte hatte bereits in den nächsten Monaten den Löwenanteil an der Offensive der Reformer, und seine Dynamik im Ringen mit dem kompromißbereiten Flügel im Reichstag bestätigte die schlimmsten Befürchtungen des stellvertretenden Obergespans des Komitats Pest:

> Kossuth ist ein Aufwiegler, kein friedliebender, gezügelter Mensch, wie ihn der gnädige königliche Einladungsbrief zu entsenden befahl. Kossuth ist ein Mensch, mit dem allein es mehr Schwierigkeiten geben wird als mit dem gesamten Reichstag.[14]

Der Sturm brach im Februar 1848 in Frankreich los. Die Nachricht von der Pariser Revolution löste in atemberaubendem Tempo politische und nationale Explosionen auf verschiedenen Schauplätzen im Habsburger-Reich aus. Reformer und Revolutionäre in Wien und Budapest, Preßburg und Zagreb, Mailand und Venedig beeinflußten einander in einer freilich nicht dauerhaften Atmosphäre der Solidarität. Der Übergang von der liberalen, konstitutionellen und sozial-agrarischen Revolution zu national-ethnischen Konflikten zwischen den elf Volksgruppen des Reiches lieferte bald und reichlich Beweise für die Stichhaltigkeit von Grillparzers Epigramm aus dem Jahr 1849: »Der Weg der neuen Bildung geht von Humanität durch Nationalität zur Bestialität.«[15]

Das ungarische Drama war Teil der großen europäischen Revolution. Die internationalen Umwälzungen bestimmten das Ausmaß und die Grenzen, die Möglichkeiten und die Beschränkungen der Geschehnisse in Ungarn. Diese wiederum beeinflußten das Schicksal der Monarchie und die Zukunft der Völker in diesem Raum in außerordentlich hohem Maße. Preßburg und Budapest (damals noch offiziell Pest-Buda) waren die Hauptschauplätze, und Kossuth war von Anfang an mit seiner unverwechselbaren Ausstrahlungskraft die bestimmende Persönlichkeit. Seine unbestrittene Hauptrolle und seine charismatische Führungsgabe wurden aber erst im September 1848, nach dem endgültigen Bruch mit Österreich, nicht nur von der breiten Bevölkerung, sondern auch von der politischen Elite der Reformbewegung vorbehaltlos anerkannt.

Als die Nachricht von der Pariser Revolution während der langatmigen Beratungen des Reichstags in Preßburg wie ein Blitz einschlug, riß Kossuth mit seinem einzigartigen politischen Spürsinn die Initiative sofort an sich. Am 3. März 1848 hielt er eine zündende Rede vor der Ständeversammlung, die Macartney mit Recht die »Eröffnungsrede der Revolution« nannte:

> Aus den Bleikammern des Wiener Systems weht eine verpestete Luft, die alles niederdrückt, vergiftet, unsere Nerven lähmt, unseren Geistesflug bannt.

Kossuth stellte ein Ultimatum an Wien und forderte auch für die österreichischen Erbländer eine eigene, der ungarischen ähnliche Verfassung: »Die Dynastie muß also wählen zwischen ihrem eigenen Interesse und der Aufrechterhaltung eines morsch gewordenen Systems.« Ferner proklamierte er unter anderem Neuwahlen zum Reichstag und ein diesem verantwortliches ungarisches Ministerium, eine Neuorganisierung der Armee, eine selbständige ungarische Finanzverwaltung, die Besteuerung des Adels, die Abschaffung der Leibeigenschaft und die gleichen politischen Rechte für städtische Bürger und die Bauern.[16]

Manche Historiker, wie etwa Edward Crankshaw, witterten hinter »dieser flammenden Kampfansage an Österreich« einen Vernichtungswillen, »beseelt von dem Catonischen Motiv, *Austriam (Carthaginem) delendam esse*, dieses Österreich ist zu zerschlagen. Nur über die Mittel und Wege dieser Zertrümmerung sind sich Magnaten und Volksmänner nicht einig.«[17] In Wirklichkeit stand Kossuth damals noch fest auf der Grundlage der Gesamtmonarchie und wollte ein modernisiertes, innerlich selbständiges Ungarn *innerhalb* der Monarchie.

Seine Rede schürte auch das revolutionäre Fieber in Wien. Der poetisch-aufrüttelnde Text wurde von Freunden sofort ins Deutsche übersetzt und in Wien verteilt, wo er auf den Straßen wiederholt verlesen wurde und bei den Studenten einen ungemein starken Widerhall fand. Am 13. März brach dann in Wien die Revolution aus, mit ungefähr fünfzig Todesopfern. Am selben Abend wurde Metternich aus dem Amt verjagt. Sein Sturz war das Signal für eine weitere Ausbreitung der Unruhen. Bereits am 14. März nahm der Reichstag in Preßburg den kurz zuvor noch von den Magnaten, auch von Széchenyi, abgelehnten Forderungskatalog Kossuths als Adresse an den Thron ohne Debatte an und billigte auch seinen neuen Vorschlag, eine aus Mitgliedern beider Häusern bestehende Delegation mit dieser Adresse zum König nach Wien zu entsenden.

Die Würfel fielen aber zuerst weder in Preßburg noch in Wien, sondern in Pest, und die Anführer der Revolution am 15. März waren nicht adlige Berufspolitiker, sondern junge Intellektuelle, an deren Spitze der radikale 25jährige Nationaldichter Sándor Petőfi stand. Was sich an diesem Tag in Budapest abspielte, ist das in allen seinen Einzelheiten am häufigsten beschriebene Ereignis der ungarischen Geschichte, das ungarische Schüler noch 150 Jahre danach auswendig lernen müssen und das die jeweilige Obrigkeit, ihrer politischen Orientierung entsprechend, würdigt und instrumentaliert.

Am Donauufer gedenken die Ungarn vor der Statue Petőfis und auf der Freitreppe des Budapester Nationalmuseums alljährlich des 15. März, dieses unvergeßlichen Auftakts zur wichtigsten und unumstrittensten Revolution in ihrer turbulenten Geschichte. Am 15. März eines jeden Jahres tragen Schüler, Gymnasiasten, Studenten und patriotische Erwachsene die rot-weiß-grüne Kokarde als Symbol des Nationalstolzes. Seit Menschengedenken zitterten die autoritären oder offen diktatorischen Regime vor dem zündenden Funken dieses Gedenktags. So fand zum Beispiel während des Zweiten Weltkriegs die mächtigste Unabhängigkeitsdemonstration gegen das Bündnis des autoritären Horthy-Regimes mit dem Dritten Reich am 15. März 1942 vor dem Petőfi-Denkmal statt. Auch unter dem kommunistischen Kádár-Regime wurde dieser Tag unter besonders strengen Sicherheitsvorkehrungen gefeiert. Trotzdem kam es im Anschluß an die offiziellen und abgeschirmten Veranstaltungen wiederholt zu unerlaubten Kundgebungen. Die Polizei rückte mit Schlagstöcken gegen die patriotische Lieder singenden und zu den traditionellen Gedenkstätten marschierenden Jugendlichen vor. Es ging freilich längst nicht mehr um die Habsburger, geschweige denn um die Österreicher, die damals die mit Abstand populärste fremde Nation in Ungarn waren, sondern – wie immer – um die Freiheit schlechthin.

Was also geschah an diesem denkwürdigen Tag im Jahr 1848?[18] Die Vorhut der revolutionären Bewegung in Pest, die die historische Wende einleitete, bestand aus etwa fünfzig jungen Schriftstellern, Publizisten, Beamten, Angehörigen der unteren Schichten der Mittelklasse und einer Handvoll Adligen. Ihr Wortführer, der berühmte Dichter Petőfi, war 25, der Schriftsteller Mór Jókai 23 und der Historiker Pál Vasvári erst 21 Jahre alt. Sie gehörten der »Gesellschaft der Zehn« an, einem von Petőfi gegründeten Klub, den sie dann »Jungungarn« nannten. Petőfis Ideen gingen schon damals weit über die Reformvorschläge Kossuths hinaus. Er war ein radikaler Republikaner, der in Wort und Schrift seinen Haß gegen Könige bekundete, ein Anhänger der Volksfreiheit und der Befreiung der entrechteten Klassen. Auf Anregung Kossuths formulierten die jungen Leute ein Zwölf-Punkte-Programm, das bald in einen mit neuen radikalen Vorschlägen angereicherten Forderungskatalog umgewandelt wurde. An allererster Stelle stand die Forderung nach Pressefreiheit und Abschaffung der Zensur, gefolgt von der Schaffung eines dem vom Volk gewählten Parlament verantwortlichen Ministeriums in Budapest; ferner ging es um die volle bürgerliche und religiöse Gleichheit, eine Nationalgarde, ein Geschworenengericht, eine Nationalbank, eine ungarische Nationalarmee, die Entfernung der ausländischen (sprich: österreichischen) Truppen aus Ungarn, die Freilassung der politischen Gefangenen und die Union mit Siebenbürgen. (Die nicht-magyarischen Einwohner des Landes wurden mit keinem Wort erwähnt.)

Als am 14. März aus Wien Nachrichten über Unruhen und eine beginnende Revolution auch in Budapest eintrafen, beschlossen die Jungungarn, die zwölf Punkte sofort öffentlich zu verlesen. Dazu kam noch ein patriotisches Gedicht, das Petőfi eigens für diese Gelegenheit geschrieben hatte:

> Auf, die Heimat ruft, Magyaren!
> Zeit ist's, euch zum Kampf zu scharen.
> Wollt ihr frei sein oder Knechte?
> Wählt! Es geht um Ehr und Rechte!
> Schwören wir beim Gott der Ahnen:
> Nimmermehr
> Beugen wir uns den Tyrannen!
> Nimmermehr![19]

Die Jungungarn trafen sich am Morgen des 15. März in ihrem Stammlokal, im Café Pilvax in der Pester Innenstadt, und verlasen die zwölf Punkte und das aufrüttelnde Gedicht Petőfis. Petőfi, Jókai und Vasvári mobilisierten an der Universität die Studenten und marschierten mit bereits 2000 Anhängern in Richtung der Druckerei Landerer-Heckenast, um Forderungen und Gedicht ohne Genehmigung der Zensur dort drucken zu lassen. Am frühen Nachmittag versammelten sich 10 000 Menschen vor dem Nationalmuseum, wo die Punkte und das Gedicht wieder verlesen wurden. Schließlich marschierten fast 20 000 Menschen durch die Straßen und zwangen den Magistrat von Pest und sogar die Statthalterei, ihre Forderungen zu billigen. Der einzige politische Gefangene, der sozialistische Agitator Mihály Táncsics, wurde befreit. Die Mitglieder der Statthalterei kapitulierten »bleich und zitternd« vor der revolutionären Atmosphäre, aus Angst vor der unübersehbaren demonstrierenden Menge, die immerhin rund die Hälfte der erwachsenen Männer in Pest ausmachte, und wohl auch deshalb, weil man sich auf die in der Hauptstadt stationierten Soldaten (hauptsächlich Italiener) nicht verlassen konnte.

Was aber schließlich den Reichstag in Preßburg und den Hof in Wien zur Annahme der radikalen Forderungen bewegte, war nicht der »große Tag« der Revolution, sondern die sich wie Lauffeuer verbreitenden Gerüchte, daß über 40 000 bewaffnete Bauern unter Führung von Petőfi die Ausrufung der Republik, möglicherweise für den Josephstag, zum Beginn des Marktes in Pest, einen Bauernaufstand planten. In Wirklichkeit fand der Markt erst einige Tage später statt, und die Nachricht über die bewaffneten Bauern und ihre aufrührerischen Pläne war völlig aus der Luft gegriffen. Sie strömten nach Pest, um Geschäfte zu machen, und die Verbindung zum Vorhaben der jungen Radikalen bestand bloß darin, daß diese ursprünglich zur Zeit des Marktes eine öffentliche Kundgebung abhalten wollten. Trotzdem bewährte sich das Gerücht als mächtiger Hebel zur überraschend schnellen Durchsetzung der politischen Ziele der ungarischen Reformer. Die Historiker wiesen später zwar Petőfis Behauptung zurück, daß die Abschaffung der Leibeigenschaft durch den Reichstag allein auf das Konto der von ihm geführten Pester Jungrevolutionäre gegangen sei, doch anerkennen alle Chroniken und historischen Werke den wichtigen Anteil von Petőfis »Gesellschaft der Zehn« nicht nur an der unblutig verlaufenen Pester Revolution, sondern auch am folgenden Durchbruch in Wien und Preßburg.[20]

Mit dem Leben und der Rolle Sándor Petőfis, des populärsten ungarischen Dichters (1823–1849) zur Zeit der Revolution und des Freiheitskampfes, haben sich Hundertschaften von Experten befaßt. Wir können es hier also dabei belassen, die Persönlichkeit jenes Nationaldichters nur kurz zu streifen, der in der Erinnerung der Nachwelt stärker als alle anderen Politiker (außer Kossuth) und Heerführer mit dem Geist der Revolution identifiziert wurde. Das starke und wiederholte Schreckgespenst eines von Petőfi angeführten Bauernaufstands rührte natürlich von den Reden und vor allem von der politischen Dichtung des leidenschaftlichen Revolutionärs her. Die radikalen Ideen der Französischen Revolution beflügelten Petőfi, den Plebejer, ebenso wie die der utopischen Sozialisten. Er hatte das Elend und die Entrechtung des Volkes am eigenen Leib erfahren. Petőfi mußte sich schon als Sechzehnjähriger selbst durchs Leben schlagen: als Laufbursche und Theaterdiener, Statist und Schauspieler in einer Wandertruppe. Zu Fuß zog er durchs ganze Land und lernte seine Heimat, vor allem auch die Probleme des Volkes kennen. 1844 erschien der erste Band der Gedichte des jungen Genies. Nun wurde Petőfi eine bekannte Persönlichkeit im Kulturleben. Mit Mut und Temperament, freilich nicht immer mit Augenmaß griff der begnadete Poet die Aristokraten und die Bürokraten, den Feudalismus und die Feinde der Revolution an. Am 30. März 1848 hörten nicht weniger als 20 000 Menschen vor dem Nationalmuseum Petőfis zündende Rede über die nahende Revolution. Zusammen mit gleichgesinnten Freunden stellte er eine jüdische Nationalgardekompanie auf und sprach sich auch scharf gegen die überwiegend von deutschen Bürgern und Gewerbetreibenden angezettelten antisemitischen Pogrome in Preßburg und Budapest aus. Als die Regierung unter dem Druck der antisemitischen Ausschreitungen den Rückzug in der Frage der Judenemanzipation (auf die wir noch zurückkommen werden) antrat, waren es wieder Petőfi, Táncsics und andere Radikale, die in ihrem Blatt *Március Tizenötödike* (Der fünfzehnte März) gegen diese »Regierung der Feiglinge« protestierten. Seine glühende republikanische Gesinnung, seine Sehnsucht nach der radikalen Revolution – der März war für ihn nur »der erste Akt« – und sein Haß auf gekrönte Häupter isolierten den jungen Dichter jedoch von der politischen Klasse und auch von Kossuth.

Aber das Volk hörte auf ihn und liebte ihn. Antal Szerb verglich ihn in seiner Literaturgeschichte mit Heine und Byron. Petőfi verhalf der Volkssprache und dem Volkslied zu einer bleibenden Aufwertung gegenüber der Kunstdichtung. Vor ihm hatte nur ein aus Ungarn stammender deutsch-jüdischer Dichter, nämlich Karl Beck in seiner dichterischen Erzählung *Janko, der ungarische Roßhirt* (1841), die Romantik der großen ungarischen Tiefebene verherrlicht. Petőfis anderes großes Thema war die Liebe. Gerade in seiner Liebeslyrik erweist er sich als vollendeter Meister des Liedes.[21]

Vor allem fühlte er sich mit dem Ungartum innig verbunden:

Ungar bin ich! Das schönste Land der Welt
Ist – eine Welt für sich – mein Vaterland;
Was Gott auf Erden irgend Schönes schuf,
Verlieh er uns mit reicher Vaterhand.
Von schneegekrönten Gipfeln schweift der Blick
In weite Fernen, bis ans blaue Meer,
Die Eb'ne dehnt sich fruchtbeladen hin,
Als ob des Segens kein Ende wär.

Ungar bin ich! Mein Antlitz brennt vor Scham,
Ich seh' mein Land vom Untergang bedroht.
Derweil es hier bei uns kaum dämmern will,
Erstrahlt ringsum der Freiheit Morgenrot.
Und doch! Von meiner Heimat laß ich nicht,
Um keinen Preis der Welt, trotz Lug und Trug,
Dem Ungarvolk – und läg's in tiefster Schmach –
Gehört mein Herz, mein letzter Atemzug!
(1846)

Sein tiefverwurzelter, leidenschaftlicher Patriotismus fand seinen Höhepunkt in den während des Freiheitskrieges geschriebenen Gedichten:

Von den Karpaten bis zur Nieder-Donau
Erbraust ein Brüllen, Wetter wüten drein!
Mit wirren Haaren, aus der Stirne blutend,
Steht in dem Sturm der Ungar ganz allein.
Wär' nicht als Ungar ich zur Welt geboren,
Zu diesem Volke stünde ich zur Stund,
Denn es ist ganz verlassen, so verlassen
Wie keins der Völker auf dem Erdenrund.

Dieser bis auf den heutigen Tag meistübersetzte und international bekannteste ungarische Dichter stammte allerdings aus einer ursprünglich serbischen, seit dem Urgroßvater bereits slowakischen Familie, und noch seine Eltern, ein Schlächter und eine Dienstmagd, sprachen nicht akzentfrei ungarisch. Er hieß ursprünglich Petrovics, erst ab 1842 benutzte der junge Dichter und Schauspieler den Namen Petőfi.[22]

Unter skandalösen Umständen wurde der Erfolg seiner Kandidatur für das Parlament im Juni 1848 in einer Kleinstadt der ungarischen Tiefebene vereitelt. Die örtlichen Adligen haben ihn nicht nur als »fanatischen Hetzer« angegriffen und praktisch aus der Ortschaft verjagt. Sie verbreiteten auch Gerüchte, Petőfi sei ein »russischer Spion«, der das Land den Slowaken zurückgeben wolle, wobei der volkstümliche und abwertende Begriff »tót« für die Slowaken verwendet wurde.

Der Dichter trat in die Honvédarmee* ein. Er avancierte zum Major und wurde Adjutant des polnischen Generals Bem, der die siebenbürgische Armee anführte. Im Kampf gegen die Übermacht des russischen Heeres fiel Petőfi in der Schlacht bei Segesvár (Schäßburg) am 31. Juli 1849. Da sein Leichnam auf dem Schlachtfeld nicht gesehen wurde beziehungsweise nicht gefunden werden konnte, wurde der Heldentod des knapp 26jährigen Dichters Teil der mündlichen und schriftlichen Legendenbildung, wobei jede politische Richtung seither den Märtyrer der Revolution vor ihren Wagen spannte. Von Mund zu Mund gingen zum Beispiel während des Ersten Weltkriegs die von ungarischen Kriegsgefangenen verbreiteten Gerüchte über ein Petőfi-Grab in Sibirien. Es gab auch Fotografien davon. Ein bekannter Unternehmer schickte nach der Wende 1989 sogar eine Expedition nach

* Honvédarmee, gegründet im Sommer (1848), war eine Heimatwehr und dann die ungarische Nationalarmee; Honvéd wurde im Laufe der Zeit gleichbedeutend mit Soldat.[1]

Rußland, um die sterblichen Überreste des Dichters zu finden und nach Ungarn zurückzubringen. Nach der allerletzten Legende soll Petőfi 1849 in Rußland um Asyl ersucht, dort die Tochter eines sibirischen Postbeamten geheiratet und unter dem russischen Namen »Alexander Petrowitsch« Gedichte geschrieben haben. Das Skelett, das der inzwischen bankrotte Geschäftsmann der ungarischen Öffentlichkeit als Petőfis Leichnam präsentierte, haben Anthropologen einer schwangeren Frau zugeordnet.[23]

Petőfis Verschwinden wurde zu einem Mythos, der selbst in 150 Jahren nicht verblaßte. Die Gestalt des Dichters verkörpert bis heute die Trauer um den verlorenen Freiheitskampf gegen die übermächtigen Feinde. Es gibt keinen Ungarn, der nicht wenigstens einige Zeilen der bedeutendsten Gedichte dieses wahrhaft nationalen Dichters rezitieren könnte.

XXI Siege, Niederlage und Zusammenbruch: Der verlorene Freiheitskampf 1849

Im Frühjahr 1848 waren Wien und Budapest noch vom gleichen revolutionären Fieber erfaßt. Augenzeugen beschrieben den begeisterten Empfang, der den am 15. März mit dem Dampfschiff aus Preßburg eintreffenden adligen Herren in Wien zuteil wurde. In ihrer strahlenden ungarischen Galauniform mit reichverzierten Säbeln an der Seite und Reiherfedern an den Hüten boten sie einen farbenfrohen Anblick. Nur Kossuth erschien wie immer in seiner schlichten schwarzen Nationaltracht. Die Delegation brachte den Text der schon im voraus formulierten Adresse vor den Thron:

> In dieser Stunde des Jubels kamen nun auch die feurigen Ungarn, Kossuth und Batthyány an der Spitze, in Wien an... Es ist kaum zu beschreiben, welch ein Jubel losbrach. Endlose Eljenrufe. Die Nationalfahne flattert durch die Luft, und während aus allen Fenstern der Jägerzeile und Stadt Tücher wehen, Kränze und Blumen fliegen, ziehen die Wagen langsam durch die Straßen hin... Das nächste Ziel des Zuges war die Universität, und hier wurde durch eine begeisternde Rede Kossuths, durch Säbelschwenken und alle erdenklichen Rufe und Freudenbezeugungen zuerst jene jubelvolle Verbrüderung gefeiert, die hoffen ließ, daß alle Schranken zwischen Österreichs Völkern gefallen seien und ein fester moralischer Verband sie künftig umschließen werde.[1]

Am Morgen des 17. März genehmigte Kaiser und König Ferdinand V. die Betrauung Graf Lajos Batthyánys mit der Bildung einer ungarischen Regierung sowie die Bestellung Erzherzog Stephans zum bevollmächtigten Statthalter und versprach, jedes Gesetz, das der Reichstag unter der Führung des Palatins beschließen würde, zu genehmigen. Abgesehen von späteren Komplikationen und offenen Fragen hatten die ungarischen Reformer damit ohne jedes Blutvergießen einen fast einzigartigen Erfolg errungen, und zwar nicht durch den Zerfall der Monarchie, sondern innerhalb der bereits 1791 rechtlich anerkannten Unabhängigkeit: Der König gewährte Ungarn nicht nur eine Verfassung, sondern auch das Recht auf eine Vereinigung mit Siebenbürgen, die Oberhoheit über Kroatien-Slawonien und die Eingliederung der Militärgrenze.

Binnen weniger Wochen hatten die Ungarn also gesiegt. Selbst Széchenyi gab am 17. März in einem vertraulichen Brief zu: »Kossuth setzte alles auf eine Karte und hat zumindest bisher soviel für die Heimat gewonnen, als was meine Politik vielleicht in zwanzig Jahren hätte nicht produzieren können.«[2] Laut der neuen Verfassung galt Ungarisch als offizielle Sprache des geeinten Staates; es wurden umfassende liberale Reformen eingeleitet und eine konstitutionelle Regierung eingesetzt, die einer in Kürze zu wählenden Volksvertretung verantwortlich war. Nach der Wahlrechtsreform erhielten sieben bis neun Prozent der Bevölkerung das Stimmrecht statt der bisherigen 1,6 bis 1,7 Prozent. Wenn man bedenkt, daß selbst in England nach der *Reform Bill* nur vier Prozent der Bevölkerung wählen durften, war die ungarische Lösung für die damalige Zeit beachtlich.[3]

Der Adel verzichtete, sei es aus Idealismus, sei es aus Angst vor Bauernaufständen (wie in Polen) oder aus einem ganzen Bündel von Motiven, auf seine Steuerprivilegien und genehmigte die Abschaffung der Leibeigenschaft. Die Masse der Leibeigenen, rund 60 Prozent, blieb allerdings ohne eigenen Landbesitz. In aller Eile wurden 31 Gesetze ausgearbeitet, die den feudalen Ständestaat in eine parlamentarische Demokratie westlichen Zuschnitts verwandeln sollten. Ungarn wurde auch die selbständige Finanzverwaltung, ein Außenministerium und ein eigener Kriegsminister zugestanden.

Der neue Ministerpräsident, Graf Batthyány, einer der reichsten Grundbesitzer des Landes, war ein bedeutender Staatsmann, wenn auch zu gemäßigt für die Pester Radikalen und zu progressiv für die Wiener Hofkreise. Kossuth wurde Finanzminister, Széchenyi Minister für öffentliche Arbeiten und Verkehr (»Man wird mich mit Kossuth zugleich aufhängen«, schrieb er in sein Tagebuch), Baron József Eötvös, der Schriftsteller und aufgeklärte Humanist, Minister für Kultur und Unterricht, Bertalan Szemere Innenminister (und später Ministerpräsident) und der angesehene liberale Politiker Ferenc Deák Justizminister. Die erste verfassungsmäßige Regierung Ungarns bestand aus vier Aristokraten und fünf Vertretern des niederen Adels – außer Kossuth alle reich oder wohlhabend. Außenminister wurde der konservative Fürst Pál Esterházy, der reichste Mann des Landes, der als verlängerter Arm des Hofes galt und Kossuth, »dieses tödliche Gift«, im Kabinett neutralisieren wollte.

Viele Fragen in bezug auf das Verhältnis Ungarns zur Gesamtmonarchie blieben offen, so auch die Abstimmung der Tätigkeit der beiden Außenministerien und der Militärbehörden. Dennoch bereitete die Regierung Batthyány den Weg für eine beeindruckende wirtschaftliche und kulturelle Entwicklung, befreite die Bauern und sicherte zugleich die führende Rolle und die wirtschaftlichen Existenzbedingungen des Adels. Der Gärung unter den Arbeitern und Bauern wurde ebenso ein Ende bereitet wie den antisemitischen Ausschreitungen. Trotz vielfältiger und wachsender Spannungen wurde schließlich auch ein neues und arbeitsfähiges Parlament gewählt, in dem die Anhänger der Reformbewegung eindeutig die Mehrheit stellten. Kossuth bewies seine außerordentlichen Fähigkeiten als ein entschlossener und gewissenhafter Finanzminister, der unter widrigen und verwirrenden Bedingungen eine eigenständige Finanzverwaltung aus dem Boden stampfte. Sein politischer Einfluß ging freilich weit über seine nominelle Position hinaus – nicht zuletzt deshalb, weil er ab Juli über eine eigene Zeitung verfügte und zuweilen als »Oppositionsführer in der Regierung« operierte.

Die Schicksalsfragen der ungarischen Revolution waren die spannungsgeladenen Beziehungen zu Österreich, zu Kroatien und zu den wichtigsten fremden Volksgruppen, wie den Rumänen, Serben und Slowaken. Die Ungarn hatten stets gegen die Zentralisierungsbestrebungen des Hofes und der österreichischen Regierung gekämpft. Ihre eigenen zentralisierenden Schritte lösten nun einen ähnlichen Widerstand der Slawen und der Rumänen aus. Im Gegensatz zu den Vertretern der nationalen Romantik betonen ungarische Historiker unserer Zeit, etwa Domokos Kosáry, daß die Radikalisierung dieser Nationalitäten nicht durch die Wiener Politik, durch den Panslawismus oder durch die Hetze fremder Agenten ins Leben gerufen wurde. Diese Volksgruppen hatten in ihrer eigenen gesellschaftlichen und politischen Entwicklung ein ähnliches Niveau des nationalen Anspruchs und des nationalen Gefühls erreicht wie die Ungarn. Andererseits waren Kossuth und die meisten maßgeblichen ungarischen Politiker nicht bereit, die Forderungen der Nationalitäten anzunehmen.[4] Erstens war ihr Ziel die Sicherung der territorialen Einheit der Länder der Stephanskrone und nicht deren Zerfall. Andererseits wohnten in den von den Nationalitäten beanspruchten Gebieten auch viele Ungarn, und im Falle eines Nachgebens wären diese unter eine Fremdherrschaft gekommen. Selbst die progressivsten und revolutionären

Ungarn glaubten so stark an die Wirkung sozialer Reformen und an die Kohäsionskraft der neugewonnenen Freiheit, daß sie keine ernsthaften Verwicklungen befürchtet hatten.

Die Verantwortung der Wiener Regierung lag darin, daß sie die nationalen Gegensätze im eigenen Interesse ausnützte und sich dabei vor allem der auch von Belgrad – damals noch autonomes Fürstentum im Rahmen des Osmanischen Reiches – unterstützten Serben und Kroaten bediente, um einen bewaffneten Konflikt mit Budapest zu provozieren. Der Hof wollte die ungarischen Reformen, die nach ihrer Lesart die Einheit der Monarchie zu zerstören drohten, von Anfang an rückgängig machen. Für Wien war völlig unwichtig, ob diese oder jene Volksgruppe erreichte, was sie wollte; es zählte nur, gegen die Ungarn Verbündete zu gewinnen.[5] Deshalb waren die Vertreter der Nationalitäten nach der Niederschlagung der Revolution auch so enttäuscht. Angeblich sagte später ein Kroate zu einem Magyaren: »Wir bekamen als Belohnung, was ihr als Strafe erhieltet.«[6]

Eines der hervorstechendsten Merkmale der Revolution und des Freiheitskampfes war die Verwirrung in der Armee, aber auch in der Aristokratie und in den kleinadligen Gesellschaftsschichten. Man muß von der oft übersehenen Tatsache ausgehen, daß im damaligen Ungarn, dessen Gebiet das Dreifache der heutigen Republik ausmachte, die Magyaren weniger als 40 Prozent der Bevölkerung stellten. Die Volksgruppen forderten bereits im Frühjahr 1848 Autonomie und Selbstverwaltung, zum Teil innerhalb Ungarns, zum Teil schon wie die Kroaten im Rahmen des Hauses Habsburg.

Es waren die vom Fürstentum Serbien unterstützten Serben in Südungarn, die territoriale Forderungen stellten und mit Hilfe von 10 000 bewaffneten »Irregulären« im Dienste der Belgrader Regierung als erste einen offenen Aufstand gegen die Budapester Regierung entfesselten. Sie griffen ungarische, deutsche und rumänische Siedlungen ohne Unterschied an. Zwei Drittel der ungarischen Infanterieregimenter dienten im Ausland, und von den zwölf Husarenregimentern war nur die Hälfte in Ungarn stationiert. Die Batthyány-Regierung forderte kaiserlich-königliche reguläre Truppen an und auch Einheiten der kurz zuvor gegründeten ungarischen Nationalgarde. Später stellte sich allerdings heraus, daß die serbischen Grenzer von habsburgischen Offizieren angeführt wurden und kaiserlich-königliche Fahnen trugen. Nun standen also habsburgische Truppen gegeneinander.[7] István Deák lieferte in seinem bereits zitierten Buch über die ungarische Revolution einige anschauliche Beispiele für die Schwierigkeiten, zwischen befreundeten und feindlichen Soldaten und Einheiten zu unterscheiden, und für das moralische Dilemma der kaiserlich-königlichen Offiziere. Oberst Friedrich Freiherr von Blomberg etwa widerfuhr folgendes:

> Im Sommer des Jahres 1848 befehligte Blomberg, selbst Deutschösterreicher, ein polnisches Ulanenregiment, das im Banat, also in Südungarn, stationiert war, wo eine gemischte Bevölkerung aus Deutschen, Magyaren, orthodoxen und katholischen Serben, Rumänen und Bulgaren lebte. Als Blomberg von serbischen Aufständischen bedroht wurde, wandte er sich um weitere Anweisungen an seinen kommandierenden General. Dieser, obwohl persönlich der Budapester Regierung nicht sehr gewogen, wies den Oberst an, gegen die Grenzer und ausländischen Freiwilligen zu kämpfen. Eine gleichlautende Aufforderung erging auch vom königlich-ungarischen Kommissar in diesem Gebiet, der seinerseits Serbe war. Blomberg kämpfte, und zwar erfolgreich, aber als der Anführer der serbischen Aufständischen, ein habsburgischer Oberst deutschösterreichischer Herkunft, Blomberg an seine Pflicht gegenüber dem Kaiser gemahnte, die über seiner Pflicht gegenüber dem König stünde (wobei Kaiser und König natürlich ein und dieselbe Person waren), befahl Blomberg seinen Polen, das Gebiet zu verlassen. Damit überließ er die deutsche Bevölkerung, die zufällig loyal auf seiten der Ungarn stand, dem Zorn der Serben. Völlig verunsichert wandte sich Blomberg an den österreichischen Kriegsminister: »Erbarmen sich Eure Exzellenz unserer zwangvollen Lage; ich bitte unterthänigst, rufen Sie uns ab aus diesem Lande… der Zwiespalt ist mehr, als man ertragen kann.« Aber Blomberg wurde nicht abberufen, da sein Regiment, wie ihn der österreichische Kriegsminister in seiner Antwort erinnerte, unter ungarischer Oberhoheit stand. Statt dessen wurde Blomberg angewiesen, »sein Gewissen zu befragen«. Das früher unter seinem Schutz stehende Gebiet wurde von den Serben besetzt, was nicht ohne Gewalt und Plünderungen vor sich ging, doch wurde es zweimal von den Ungarn befreit, zunächst unter dem Befehl eines ehemaligen habsburgischen Offiziers serbischer Nationalität und dann unter einem polnischen General.[8]

Als bezeichnende Fußnote fügt Deák hinzu, daß sowohl Blomberg als auch sein ehemaliger Gegner auf serbischer Seite später Generäle in der habsburgischen Armee wurden, während der ungarische Regierungsbeauftragte und der polnische General Józef Bem am Ende des

Krieges ins Exil gingen und der ungarische Kommandant serbischer Nationalität, General János Damjanich, von den Österreichern gehängt wurde.

Den stärksten organisierten militärischen Widerstand gegen die ungarische Revolution leisteten die Kroaten. Ihr Wortführer war der vom Oberst zum General beförderte und kurz zuvor zum Ban Kroatiens ernannte Josip Jelačić, kroatischer Patriot und ein zutiefst kaisertreuer und zugleich erbittert ungarnfeindlicher Offizier.

Eine Trennung von Österreich und die Absetzung der Dynastie stand ursprünglich und noch bis Herbst 1848 überhaupt nicht auf der Tagesordnung. Deshalb sorgten die Intrigen der sogenannten »Kamarilla«, der reaktionären Hofpartei und der hohen Militärs in Wien, deren wichtigstes und zu allem bereites Werkzeug Jelačić war, im Offizierskorps und bei den einfachen Soldaten für eine heillose Verwirrung.[9] Sofort nach der Ernennung verweigerte der neue Ban dem ungarischen Ministerpräsidenten und dem ungarischen Kriegsminister jeden Gehorsam. Der Kriegsminister, Husarenoberst Lázár Mészáros, war übrigens damals noch nicht einmal in Budapest, denn er kämpfte gerade in Italien unter Feldmarschall Radetzky im Dienste des Kaisers und konnte seinen neuen Posten erst im Mai antreten, weil der Oberkommandierende ihn nur ungern aus Italien entließ! Indessen erklärten die Ungarn General Jelačić mit Zustimmung des Kaisers und Königs zum Rebellen und enthoben ihn im Juni auf Drängen der Budapester Regierung aller seiner Posten. Doch bereits drei Monate später war der kroatische General wieder obenauf – als Speerspitze des österreichischen Angriffs.

Daß der ungarische Freiheitskampf ein sehr komplexes und für die Teilnehmer auf allen Seiten oft verwirrendes historisches Phänomen war, zeigt der Verlauf des Krisensommers. Die Beschlüsse des neugewählten Reichstags in Budapest – etwa die Gründung einer getrennten (Honvéd-)Armee, die Erstellung eines getrennten Staatshaushalts und die Ausgabe eigener Banknoten – waren eine Herausforderung der kaiserlichen Regierung.

Am 11. Juli 1848 hielt Lajos Kossuth, nominell »nur« Finanzminister, die wohl berühmteste Rede der ungarischen Geschichte. Er war krank, von hohem Fieber geschwächt und mußte gestützt werden, als er das Podium des Parlaments in Budapest bestieg. Als der Politiker gegen Mittag das Rednerpult verließ, sprangen alle Abgeordneten begeistert von ihren Plätzen auf. Zuerst mit zitternder, fast flüsternder, später aber immer stärkerer Stimme hatte er über Kroatien, die Serben, die russische Gefahr, die Beziehungen zu Österreich, England, Frankreich und dem neuen Deutschland gesprochen. Alle seine Argumente dienten dem einzigen Zweck, das Parlament möge der Regierung 42 Millionen Forint für die Aufstellung einer 200 000 Mann starken Nationalarmee zur Verfügung stellen. Kossuth zog alle Register, wie der erhalten gebliebene Text zeigt. Auch Zeitzeugen vermittelten den Eindruck eines rhetorischen Kunstwerks.

> Meine Herren! (Ausrufe: Setzen Sie sich!) Gestatten Sie bitte, erst wenn ich müder werde. Indem ich die Tribüne besteige, um Sie aufzufordern, das Vaterland zu retten, wirkt die Großartigkeit des Augenblicks beklemmend auf meine Seele. Mir ist zu Muthe, als hätte Gott in meine Hand die Posaune gegeben, um die Todten zu erwecken, daß sie, wenn sie sündhaft und schwach sind, wieder in den Tod zurücksinken, wenn aber noch Lebenskraft in ihnen ist, für die Ewigkeit erwachen. So steht in diesem Augenblicke das Schicksal der Nation!
> Ihnen, meine Herren, hat Gott mit dem Beschlusse, den Sie auf meinen Antrag fassen werden, die Entscheidung über Leben und Tod der Nation in die Hände gegeben! Aber eben weil der Augenblick so großartig ist, habe ich mir vorgenommen, zu der Waffe der Redekunst keine Zuflucht zu nehmen … Meine Herren, das Vaterland ist in Gefahr![10]

Kossuth schilderte in seiner großen Rede die serbische und kroatische Gefahr und die doppelzüngige Haltung der Dynastie (mit ironischen Seitenhieben über den »Zusammenstoß« des österreichischen Kaisers und des ungarischen Königs, das heißt ein und derselben Person), um dann ein düsteres Bild von der Isolierung Ungarns im damaligen Europa zu skizzieren. Er sprach von England, das die Magyaren erst dann unterstützen würde, wenn es seinen eigenen Interessen diente. Dann bekundete Kossuth »das höchste Mitgefühl« für die französischen Vorkämpfer der Freiheit, doch wollte er Ungarns Schicksal nicht von französischem Schutz abhängig wissen: »Auch Polen hat sich auf französische Sympathie gestützt, die Sympathie war wohl da, und doch ist Polen nicht mehr!«

Schließlich sprach Kossuth über die Beziehungen zum Deutschen Bund. Die Ungarn wiegten sich noch in Illusionen und entsandten zwei Politiker zur Frankfurter Nationalversammlung. Sie hofften auf den Anschluß Österreichs an den Deutschen Bund, weil sie meinten, in diesem Fall verlöre die Pragmatische Sanktion von 1722/23 ihre Gültigkeit und Österreich-Ungarn könne dann selbst über sein Schicksal entscheiden. Der König würde in Buda residieren und eine unabhängige ungarische Monarchie erhalten bleiben. Im Mai glaubten nach ungarischen Quellen sogar noch die Österreicher an ein deutsch-österreichisch-ungarisches Bündnis gegen die Slawen. Wie dem auch gewesen sein mag, Kossuth machte kein Hehl daraus, welche Bedeutung er der Möglichkeit eines Bündnisses mit Deutschland beimaß.

> Ich sage es offen, daß ich die natürliche Wahrheit dessen fühle: Die ungarische Nation sei berufen, mit der freien deutschen Nation, und die deutsche Nation sei berufen, mit der freien ungarischen Nation in innigen und freundschaftlichen Verhältnissen zu leben und vereint zu wachen über die Zivilisation des Ostens ... Aber weil eben die Frankfurter Versammlung noch in den Geburtswehen lag und noch kein Körper sich aus der Form entwickelt hatte, mit dem man die Unterhandlungen zum Ergebnis hätte bringen können, und dieses nur mit dem Ministerium geschehen kann, welches nach der Wahl des Reichsverwesers zu bilden ist, so ist noch jetzt einer unserer Gesandten dort, um in dem Augenblicke, wo jemand vorhanden sein wird, mit dem man sich in amtliche Berührungen einlassen kann, zu unterhandeln – jenes freundschaftlichen Bundes wegen, der unserem Wunsche nach zwischen uns und Deutschland bestehen soll; so aber, daß wir von unseren Rechten, unserer Selbständigkeit, von unserer nationalen Freiheit auch nicht ein Haar breit abweichen werden.

Nach dem frenetischen Beifall, mit dem am Schluß seiner Rede die Bitte um die nötigen Geldmittel quittiert wurde (»Wir geben sie!« riefen die Abgeordneten, von ihren Plätzen sich erhebend), fuhr der ermüdete und zu Tränen gerührte Kossuth fort:

> Diese Bitte wollte ich an Sie gerichtet haben. Doch Sie sind alle wie ein Mann aufgestanden, und ich beuge mich vor der Größe der Nation und setze nur hinzu: Soviel Kraft in der Ausführung, als ich Vaterlandsliebe bei dem Anerbieten erfahren habe, und selbst die Hölle wird Ungarn nicht überwinden können!

Trotz der pessimistischen Einschätzung der europäischen Lage in Kossuths Rede und trotz des Versiegens der revolutionären Flut von

Frankreich bis Polen setzte die radikale Linke die Regierung unter Druck. Vor allem sollte sie die Bitte des Königs, 40 000 Rekruten aus Ungarn zur Liquidierung des italienischen Freiheitskampfes bereitzustellen, ablehnen. Das Kabinett war gespalten, und die Gegensätze zwischen dem gemäßigten Batthyány und dem energischen und entschiedenen Kossuth wurden immer schärfer und auch öffentlich bekannt. Das Zögern in der Rekrutenfrage heizte den Konflikt mit dem Hof weiter an. Inzwischen hatte sich aber die Lage der Dynastie entscheidend verbessert. In Prag hatte Feldmarschall Windischgrätz einen Aufstand der Tschechen niedergeschlagen. Die ungarischen Politiker erkannten nicht oder zu spät die psychologische und politische Bedeutung der glänzenden Siege des greisen Feldmarschalls Radetzky bei Custozza gegen die piemontesische Armee und die Auswirkung der Rückeroberung der Lombardei auf die österreichische Kriegsmoral.

Die Würfel fielen am 11. September 1848. An diesem Tag überquerten unter der Führung des eine Woche zuvor vom Kaiser wieder in seine Position eingesetzten General Jelačić 50 000 kroatische Soldaten, Grenzer und Nationalgardisten die Drau und brachen unter schwarzgelben Fahnen nach Budapest auf, insgeheim von Mitgliedern des Hofes und dem Wiener Kriegsminister ermutigt. Es begann ein Krieg, in dem Habsburger Generäle die Truppen gegen andere Habsburger Generäle führten oder – wie der ungarische Aristokrat Graf Majláth die verworrene Situation im Sommer 1848 treffend beschrieb – »der König von Ungarn dem König von Kroatien den Krieg erklärt hatte und der Kaiser von Österreich neutral war und diese drei Monarchen ein und dieselbe Person waren«[11].

In diesen Tagen begab sich Kossuth auf eine politisch und psychologisch ungeheuer wichtige Rundreise durch die große ungarische Tiefebene. Mit unzähligen Reden in Siedlungen und Dörfern rekrutierte er Tausende Freiwillige für die Honvédarmee. Seine Werbereise war aber vor allem ein einzigartiges Erlebnis für die Bauern, das in der ungarischen Literatur und Kunst seinen Niederschlag fand. Keine andere Persönlichkeit hat das mißtrauische Volk der Pußta derart stark über ein Jahrhundert lang in ihren Bann gezogen. Fast jede größere Gemeinde in Ungarn hat eine Straße nach Kossuth benannt oder zu seinen Ehren ein Denkmal aufgestellt. Sein Mythos lebt bis heute in Volksliedern fort:

Lajos Kossuth – goldnes Lamm,
Auf dem Rücken goldne Lettern,
wer die Lettern lesen kann,
darf der Sohn von Kossuth sein.
Lajos Kossuth ist ein Schreiber,
der nicht braucht ein Lampenlicht.
Er kann schreiben seinen Brief
Bei dem sanften Sternenschein.[12]

In den Septembertagen spielte Kossuth bereits in allen Bereichen die Hauptrolle. Es gelang ihm auch, im Abgeordnetenhaus die Errichtung eines kleinen ständigen Sonderausschusses neben dem Ministerpräsidenten durchzusetzen. Aus diesem Gremium entstand dann jener Landesverteidigungsausschuß, der bald darauf, am 8. Oktober, unter der Führung des zum Präsidenten gewählten Kossuth die Regierung des Landes übernahm.

Der Hof betrachtete die Regierung nicht mehr als legitime Vertreterin Ungarns und ernannte Feldmarschalleutnant Graf Ferenc Lamberg, einen gemäßigten ungarischen Magnaten, zum königlichen Kommissar und Oberkommandierenden der gesamten Streitkräfte in Ungarn, während ein anderer kaum bekannter Politiker anstelle von Batthyány mit der Bildung einer neuen Regierung betraut wurde. Inzwischen dankten der Palatin und auch Batthyány ab. Die ohne die Gegenzeichnung des amtierenden Ministerpräsidenten erfolgte Ernennung von Lamberg löste allgemeine Empörung aus. Kurz nach seinem Eintreffen in Wien wurde der »Verräter« von einer aufgebrachten Menge in seiner Kutsche auf offener Straße gelyncht.

Kaiser Ferdinand löste daraufhin die ungarische Nationalversammlung auf, verhängte den Belagerungszustand über das Land und ernannte General Jelačić zum Bevollmächtigten und Oberkommandierenden. Der konnte aber die ihm übertragene absolute Macht nicht übernehmen, weil seine Armee am 29. September bei Pákozd, in der Nähe von Budapest, von einer ungarischen Einheit geschlagen wurde und seine Truppen in der Zwischenzeit nicht mehr nach Pest-Buda, sondern in die entgegengesetzte Richtung marschierten. Eine Woche später erlitt die zweite kroatische Armee eine vernichtende Niederlage bei Ozora südlich des Plattensees. Beide Siege, die die Hauptstadt und die Revolution vorübergehend gerettet haben, wurden in Gedichten und Theaterstücken gefeiert.

Einige Tage später erklärte das Parlament, wieder auf Vorschlag Kossuths, das königliche Manifest für ungültig. Der offene Krieg zwischen Ungarn und Österreich wurde unvermeidlich. Zugleich begann Kossuths Herrschaft.

Kossuth war zwischen September 1848 und April 1849 als Präsident des Landesverteidigungsausschusses de facto ein »vom Parlament abhängiger Diktator auf Zeit«, das heißt für die Zeit der Krise. Doch in Wirklichkeit wurde Kossuth nicht nur der politische Führer, sondern auch die Seele, der Organisator und Chefpropagandist des Kampfes. Daß die Revolution als Freiheitskampf fortgesetzt wurde und die Nation den Weg des bewaffneten Widerstandes gewählt hat, geschah zweifellos in erster Linie dank der außergewöhnlichen Ausstrahlung dieses echten Volkstribuns. Über seine negativen persönlichen Eigenschaften haben Historiker und ehemalige Weggefährten viel geschrieben: über seine Eifersucht und Eitelkeit, seine Kälte und seinen Egoismus, über sein Unvermögen, sich in die Lage des Gegners zu versetzen und ein Minimum an Verständnis für das Anliegen der Nationalitäten aufzubringen. Seine außenpolitischen Illusionen lassen sich vielleicht am ehesten damit erklären, daß Kossuth bis 1849 nie über Wien hinaus nach Westeuropa gekommen ist. Er hat unfähige Generäle begünstigt und den genialsten, nämlich Artúr Görgey, verfolgt; seine Heerführer hat er auch dann noch in die Schlacht getrieben, als keinerlei Hoffnung mehr bestand, den Krieg zu gewinnen.

Warum hat man dann Kossuth alles verziehen? Er war der Befreier schlechthin: Er war es, der die Überreste des Feudalismus beseitigte, die Bauern befreite, die Juden emanzipierte, die Industrie förderte. Vor allem aber verkörperte er – nicht nur für seine Landsleute – die *Idee der Unabhängigkeit.*[13]

Die Wiener Oktoberrevolution war ein Wendepunkt in der österreichischen Geschichte mit weitreichenden Auswirkungen auch auf die künftige Entwicklung in Ungarn. Der Aufstand der Arbeiter und Studenten brach am 6. Oktober los. Der Funke, der den angehäuften Zündstoff der Unzufriedenheit zur Explosion brachte, war die Meuterei eines Grenadierbataillons der Wiener Garnison, das Kriegsminister Latour zur Unterstützung für Jelačić nach Ungarn schicken wollte. Latour selbst wurde im Kriegsministerium überfallen und gelyncht; sein verstümmelter Leichnam wurde an einen Laternenpfahl gehängt. Der Kaiser, der Hof und die höchsten Beamten flüchteten nach Olmütz in Mähren.

Der Aufruf des revolutionären deutschen Dichters Ferdinand Freiligrath in seinem Gedicht *Wien* an die Deutschen, sich zu erheben, war ebenso vergeblich wie die Hoffnung, daß es den ungarischen revolutionären Truppen gelänge, die Belagerung Wiens durch kaiserliche Truppen aufzuheben. Die österreichisch-kroatische Armee schlug bei Schwechat die nach langem Zögern gegen Wien vorgerückten ungarischen Truppen. Am 30. Oktober marschierte Feldmarschall Windischgrätz in Wien ein, um den Aufstand in Blut zu ertränken und eine Militärdiktatur (bis 1853) zu errichten. Dem polnischen Revolutionär General Józef Bem gelang es zu fliehen, aber Oberleutnant Messenhauser, der sich geweigert hatte, mit Kanonen auf das Volk zu feuern, wurde hingerichtet, ebenso wie einige Radikale, unter ihnen Robert Blum, Abgeordneter der Frankfurter Nationalversammlung.[14]

Nun rüsteten beide Seiten zum Krieg. Österreich hatte mit Felix Fürst Schwarzenberg einen neuen Ministerpräsidenten bekommen. Der Diplomat und General, nebenbei Schwager des ehrgeizigen Windischgrätz, sei nach seiner Veranlagung »Abenteurer und politischer Hasardeur« gewesen, urteilte Robert A. Kann.[15] Radetzky kontrollierte Norditalien, und Windischgrätz wurde Oberkommandierender des bevorstehenden Feldzugs gegen die ungarischen Rebellen.

Gemeinsam mit Erzherzogin Sophie gelang es Schwarzenberg, Kaiser Ferdinand dazu zu bewegen, zugunsten von Erzherzog Franz, seinem achtzehnjährigen Neffen, abzudanken. Der Thronwechsel erfolgte am 2. Dezember 1848. Schwarzenberg, rücksichtslos, arrogant und imperialistisch – Széchenyi nannte ihn »einen bleichen Vampir« –, war entschlossen, Ungarn ein für allemal auf das Niveau einer Provinz herabzustufen. Der neue Kaiser, der seinem Namen Joseph hinzufügte, um seiner Anerkennung des aufgeklärten Josephinismus Ausdruck zu verleihen, vertraute Schwarzenberg wie kaum einem anderen Ratgeber nach ihm. Die Folgen dieses Vertrauens waren freilich mehr als zweifelhaft: so zum Beispiel die gewaltsame Auflösung des Reichstags von Kremsier und die Verhaftung mehrerer Abgeordneter im März 1849.

Indessen hatten sich die Magyaren Mitte Dezember geweigert, den neuen Kaiser als ihren König anzuerkennen, weil er nicht mit der Krone des heiligen Stephan gekrönt worden war und sich nicht mehr an den Krönungseid seines Vorgängers gebunden fühlte. Kossuth hatte diesen endgültigen Bruch zwar nicht beabsichtigt, aber im Inneren seines Herzens wohl begrüßt.

Im Dezember griffen österreichische Truppen Ungarn von allen Seiten an. Eine Friedensmission gemäßigter Politiker, des früheren Ministerpräsidenten Batthyány und des Justizministers Deák, in Wien scheiterte; Windischgrätz lehnte es brüsk ab, die beiden angesehenen Ungarn überhaupt zu empfangen. Die Ungarn waren von allen Seiten umzingelt. Von Norden griffen unter General Schlick Teile der österreichischen Armee aus Galizien an. Im Südosten schlossen sich die Rumänen und die Sachsen der Offensive an. Im Süden drangen die Serben vor, über die Drau und die Donau rückten Kroaten heran und von Westen Windischgrätz mit seiner starken Streitmacht. Im Januar 1849 besetzten sie Budapest. Kossuth flüchtete mit den Abgeordneten und Beamten – insgesamt etwa 2000 Menschen – nach Debrecen, 220 Kilometer östlich von Budapest.

Die provisorische Hauptstadt war in Wirklichkeit ein riesiges Dorf, in dem nur ein einziger Arzt eine Privatpraxis unterhielt. Ein Zentrum des Kalvinismus, galt diese am weitesten von den vordringenden österreichischen Truppen entfernte Stadt aber als Symbol des Widerstands gegen die katholischen Habsburger.

Zur Jahreswende schien die Sache der Magyaren verloren zu sein. Die Österreicher glaubten, die ungarische Revolution »wie in den Ringeln einer Boa Constrictor« erdrückt zu haben, schrieb Friedrich Engels in der *Neuen Rheinischen Zeitung*.[16]

Doch die Ungarn kämpften mit immer größerer Heftigkeit weiter, wenn auch zunächst mit wechselndem Erfolg. Windischgrätz erwies sich als nicht sehr durchschlagskräftiger Befehlshaber. Außerdem fiel er sowohl seiner grenzenlosen Eitelkeit wie auch der überlegenen Taktik der ungarischen revolutionären Generäle zum Opfer. Nach einem strategisch nicht bedeutenden Sieg bei Kápolna östlich von Budapest über die vom polnischen General Henryk Dembinski geführten Truppen glaubte der Fürst, die Ungarn hätten eine entscheidende Niederlage erlitten. In einer Meldung an den Hof, der damals noch in Olmütz residierte, kündigte Windischgrätz seinen bevorstehenden Einmarsch in Debrecen an. Sein Hochmut führte zur bereits erwähnten oktroyierten Verfassung vom 4. März, die den empörten Ungarn einen psychologisch ungemein wichtigen Auftrieb gab, ihren inzwischen siegreichen Feldzug gegen Österreich fortzuführen.

Am 14. April 1849 antworteten die Ungarn auf die Proklamation der oktroyierten Verfassung, die Ungarn seine alten Rechte nahm und ihm Kroatien-Slawonien, Dalmatien und Siebenbürgen absprach, mit einer psychologisch verständlichen, aber politisch unklugen »Unabhängigkeitserklärung«[17]: Hiermit erklärte der Reichstag in der Großen Reformierten Kirche in Debrecen das Haus Habsburg-Lothringen für abgesetzt. Kossuth wurde einstimmig zum »Gouverneur-Präsidenten« und Bertalan Szemere zum Regierungschef und Innenminister gewählt.

Ungarn war isoliert, dennoch kämpfte seine Armee mit solchem Erfolg weiter, daß viele von einem »Frühlingswunder« sprachen. Eine der Hauptforderungen der Revolutionäre war die Aufstellung einer Nationalarmee mit ungarischer Kommandosprache. Doch die Befehle mußten weiterhin in deutscher Sprache abgefaßt und übermittelt werden, weil ein beachtlicher Teil der wichtigsten Offiziere kein Wort Ungarisch verstand. Einer der leidenschaftlichsten Weggenossen Kossuths war zum Beispiel ein Engländer, General Richard Guyon, der vor der Revolution als Oberleutnant in einem ungarischen Husarenregiment gedient hatte und durch die Ehe mit einer Ungarin zum ungarischen Patrioten wurde. Unter den vielen ausländischen Berufsoffizieren könnte man noch General Graf Karl Leiningen-Westerburg erwähnen, der aus dem hessischen Herrscherhaus stammte, mit dem englischen Königshaus verwandt war, ebenfalls eine Ungarin heiratete und Ungar wurde.

Im Herbst 1848 kämpften rund 50 000 Angehörige der kaiserlich-königlichen Armee auf ungarischer Seite, darunter etwa 1500 Berufsoffiziere. Diese regulären Einheiten wurden nicht in die neue Honvédarmee integriert; die Soldaten behielten ihre Uniformen. Es gab viele tragikomische Mißverständnisse, da es oft unmöglich war, zwischen befreundeten und feindlichen Soldaten zu unterscheiden. Die Horn- und Trommelsignale waren gleich geblieben, ebenso das Exerzieren und, wie schon erwähnt, die Kommandosprache. Zumindest tausend Offiziere oder etwa zehn Prozent des habsburgischen Offizierkorps entschieden sich für die ungarische Seite. Der ungarische Militärhistoriker Gábor Bona schätzt, daß von den 830 Generälen und Stabsoffizieren der Honvédarmee 15,5 Prozent Deutsche, 4,2 Prozent Polen und 3,6 Prozent Serben und Kroaten waren.[18] Vom hoffnungsvollen Anfang bis zum bitteren Ende des Freiheitskampfes blieb der kosmopolitische Charakter der revolutionären Streitmacht aufrecht. Im allgemeinen standen Ungarndeutsche (außer den Siebenbürger Sachsen), viele Slowaken und ausnahmslos die auf ihre Emanzipation hoffenden Juden zu den Magyaren. Auch kämpften rund 3000 Polen für sie, unter ihnen zahlreiche Offiziere.

Es war aber vor allem Kossuth, der mit ungeheurer Energie, unverbesserlichem Optimismus und einzigartiger persönlicher Dynamik der bunt zusammengewürfelten Armee Zehntausende von Rekruten zuführte, zuerst Waffen und Munition aus dem Ausland beschaffte und schließlich in kurzer Zeit eine Kriegsindustrie aus dem Nichts hervorbrachte. Es gelang Kossuth, bis Juni 1849 eine Honvédarmee von 170 000 Mann aufzubieten.

In der Zeit revolutionärer Ebbe und der Festigung der höfischen Reaktion haben die glanzvollen Siege der Ungarn im Frühjahr 1849, die im Mai mit der Rückeroberung der Hauptstadt ihren Höhepunkt erreichten, ganz Europa bewegt. In Deutschland beschäftigten sich neben vielen anderen Marx und Engels, Heinrich Heine und Ferdinand Freiligrath damit. Die erste Nummer der *Neuen Rheinischen Zeitung* wurde in diesem Jahr mit dem *Ungarn*-Gedicht Freiligraths eröffnet:

> Nun flackert durch die Haide
> Der Lagerfeuer Brand;
> Nun blitzt die krumme Schneide
> In des Magyaren Hand;
> ...
>
> Seht her doch, ihr nach Westen!
> Ein Volk noch in der Welt,
> Das trotzig mit der festen
> Stahlhand am Aufruhr hält! ...[19]

Die bedingungslose Unterstützung der Magyaren durch Karl Marx und Friedrich Engels hing sowohl mit ihrer Bewunderung für die letzte noch aktive revolutionäre Bewegung wie auch mit ihrer Verachtung für die Südslawen zusammen. In einem programmatischen Artikel schrieb Engels in der *Neuen Rheinischen Zeitung* voller Bewunderung: »Zum ersten Mal seit langer Zeit finden wir einen wirklich revolutionären Charakter, einen Mann, der den Handschuh des Verzweiflungskampfes in Namen seines Volkes aufzunehmen wagt, der für seine Nation Danton und Carnot in einer Person ist – Ludwig Kossuth.«

Noch während sich die Ungarn im Herbst 1848 auf dem Rückzug befanden, wollte Engels in seiner Zeitung die öffentliche Meinung mobilisieren, die »den größten Mann des Jahres 1848« schützen sollte. Im April 1849 lobte er schon die »gut organisierte und vortrefflich geführte Armee« der Magyaren und nannte die Generäle Görgey und Bem »die genialsten Feldherren der Gegenwart«.

Zugleich drückte Engels (wie Marx) seine unverhohlene Verachtung für die Tschechen und vor allem für die Südslawen aus, also für Serben, Kroaten und Slowenen. Sie seien »geschichtslose Nationen«, lediglich »Anhängsel« der deutschen oder der ungarischen Nation. Die österreichischen Südslawen seien weiter nichts als ein »Völkerabfall« einer verworrenen »tausendjährigen Entwicklung«. Seit dem 11. Jahrhundert hätten sie selbst den »letzten Schein« einer nationalen Unabhängigkeit verloren; sie seien nichts mehr als ein »zerrissener Fetzen«, der von den Deutschen und Magyaren mitgeschleppt worden sei.[20]

Trotz der glänzenden Siege der von Görgey, Bem, Klapka und anderen begabten Offizieren geführten ungarischen Truppen, der Befreiung von ganz Siebenbürgen und dem größten Teil Ungarns nahte in diesem Frühjahr die unabwendbare Katastrophe: das Eingreifen Rußlands. Die Intervention war schon im März beschlossene Sache für den Fall, daß die österreichische Regierung allein nicht Herr der Lage würde. Sie war die natürliche Folge der engen Zusammenarbeit der Habsburger und der Romanows, die seit der Niederschlagung der polnischen Revolution 1830/31 besonders intensiviert wurde. Es war also nicht die Unabhängigkeitserklärung Kossuths, die den Einmarsch provoziert hatte.

Nach einer ganzen Reihe von dringenden Hilferufen aus Wien mußte Kaiser Franz Joseph in einem offiziellen und in der *Wiener Zeitung* am 1. Mai 1849 abgedruckten Brief Zar Nikolaus um Beistand gegen die ungarische Revolution »im heiligen Krieg gegen die Anarchie« bitten. Der Zar antwortete postwendend: Er habe den Vizekönig von Polen, Feldmarschall Fürst Iwan Paskewitsch, angewiesen, den österreichischen Waffenbrüdern dringend zu Hilfe zu eilen. Die österreichische Erniedrigung kulminierte in der Bestellung Franz Josephs nach Warschau, dort am 21. Mai mit gebeugtem Knie dem um 35 Jahre älteren Herrscher aller Reußen die Hand küssen zu dürfen. Der junge Kaiser berichtete seiner Mutter begeistert von diesem Erlebnis:

> Er hat mich unendlich gütig und herzlich empfangen, und ich habe um 4.00 Uhr mit ihm Tête-à-tête gespeist. Wir sind sehr schnell gereist, und besonders die russische Eisenbahn zeichnet sich durch Ordnung und gleichmäßiges Fahren aus. Überhaupt ist hier alles so ordentlich und ruhig, daß es wohltut.[21]

Die ungarischen und ausländischen Historiker und erst recht die Zeitgenossen diskutierten lange darüber, ob das für Österreichs Ansehen abträgliche Eingreifen Rußlands zum Sieg über die Revolution wirklich unerläßlich gewesen sei. Hauptmann Ramming von Riedkirchen, der Stabschef des Ende Mai zum neuen österreichischen Oberbefehlshaber ernannten Feldzeugmeisters Haynau, stellte in seinem Bericht über die Kampagne fest:

> Es wird immer wieder gefragt, ob der österreichische Staat ohne russische Hilfe in der Lage gewesen wäre, den ungarischen Aufstand niederzuschlagen, der nach seinen unerwarteten Erfolgen im Frühling 1849 so rapide um sich griff und so gewaltige Dimensionen annahm... Die bewaffnete russische Intervention in Ungarn und Transsylvanien war für eine entscheidende militärische Überlegenheit, wie sie auch auf allen außenpolitischen Gebieten erreicht wurde, unverzichtbar. Die mächtige und gewaltige Hilfe der russischen Armee hätte zu einem notwendigen Erfolg geführt, selbst wenn Österreichs Vorgehen weniger energisch und erfolgreich gewesen wäre.[22]

Der österreichische Historiker Zöllner ist auch der Ansicht, »der Sieg der monarchistisch konservativen Kräfte wäre ohne fremde Hilfe nicht möglich gewesen«[23]. Dagegen meint István Deák, die Österreicher hätten einen Sieg, wenn auch in einem längeren Zeitraum, selbst erringen können. Eine von ihm zitierte Aufstellung von Kriegsverlusten scheint seine These zu bestätigen.

> Die Österreicher führten die Listen ungenau, und die Ungarn sahen ganz davon ab. Anzunehmen ist, daß etwa 50 000 ungarische Soldaten und etwa ebenso viele Österreicher gefallen waren. Die russische Expeditionsarmee verlor in Gefechten nur 543 Tote und 1670 Verwundete; zugleich raffte die Cholera aus der Armee Paskewitschs 1128 Mann dahin.[24]

Dennoch: Das Eingreifen Rußlands besiegelte das Schicksal Ungarns. Gegen 194 000 Russen und 176 000 Österreicher mit insgesamt 1200 Geschützen standen die 152 000 (nach manchen Angaben 170 000) Honvéds mit 450 Geschützen auf verlorenem Posten. Immerhin dauerten die Kämpfe noch bis August an.

Die Ungarn waren in Europa völlig isoliert. Gouverneur Kossuth und sein Ministerpräsident Szemere richteten einen verzweifelten Aufruf an die Völker Europas: »Auf ungarischem Boden wird die Freiheit Europas entschieden. Mit diesem verliert die Weltfreiheit ein großes Land, mit dieser Nation einen treuen Helden!«[25] Auch die Beauftragten Kossuths in London und Paris, Graf László Teleki und Ferenc Pulszky, beide mit besten gesellschaftlichen Verbindungen, konnten nichts erreichen. Wie so oft vorher und danach in der ungarischen Geschichte (von 1241 bis 1956) rührte keine europäische Macht auch nur einen Finger im Interesse der Magyaren. Lord Palmerston war zum Beispiel stets ein Anhänger der Integrität der Monarchie. Wenn er auch nach der russischen Intervention im britischen Unterhaus öffentlich seine Besorgnisse äußerte, so gab er in einem Privatgespräch mit dem russischen Botschafter in London nur seiner Hoffnung Ausdruck, die Armee des Zaren möge rasch handeln ...[26]

Paskewitsch, Haynau und Jelačić drängten die ungarischen Einheiten von allen Seiten in den südöstlichsten Winkel des Landes zurück. Bis es soweit war, hielten die anwesenden Abgeordneten aber noch letzte Sitzungen der Nationalversammlung in der südungarischen Stadt Szeged ab. Am 28. Juli krönten sie ihre Arbeit mit zwei bedeutenden und vor allem symbolischen Beschlüssen über die Gleichberechtigung der verschiedenen Nationalitäten und der Juden. Das Nationalitätengesetz wurde verabschiedet, nachdem Kossuth im Juli sowohl mit der führenden rumänischen Persönlichkeit, dem liberalen Intellektuellen Nicolae Bálcescu, über die Möglichkeit einer Versöhnung und Kooperation wie mit serbischen Vertretern verhandelt hatte. Das Gesetz bekräftigte zwar das Ungarische als offizielle Sprache, doch sah es auch die freie Entwicklung aller Volksgruppen vor; jeder Bürger hatte das Recht, vor Behörden die eigene Sprache zu benützen; die Mehrheit bestimmte die Sprache, die bei der lokalen Verwaltung verwendet werden sollte; ferner war im Schulwesen der Unterricht in verschiedenen Sprachen vorgesehen.

Der Beschluß über die Emanzipation der Juden löste keine Debatte aus. Regierung und Abgeordnete erkannten jene Gruppe als gleichberechtigt an, die während der Revolution durch 10 000 bis 20 000 Freiwillige und zahlreiche Offiziere in der Honvédarmee und mittels ansehnlicher Spenden für die Rüstung mindestens so treu zur Nation gestanden hat wie die christlichen Ungarn. Nach dem Krieg zahlten die Juden einen hohen Preis für ihr Bekenntnis zum Ungartum; einige ihrer Führer wurden verhaftet, und einzelne Gemeinden mußten enorme Geldstrafen zahlen.[27]

Im Rückblick erscheint der Optimismus in Szeged unverständlich, fast gespenstisch: Die Regierung befand sich auf der Flucht; die müden und abgekämpften Einheiten waren zum Teil umzingelt, zum Teil auf dem Rückzug; Hunderte Abgeordnete hatten sich schon abgesetzt; mächtige feindliche Armeen waren auf dem Vormarsch – und doch herrschte in dieser zweiten provisorischen Hauptstadt noch immer eine hoffnungsvolle Atmosphäre! Ministerpräsident Szemere redete optimistisch vom »Erwachen« der Regierungen Englands und Frankreichs. Kossuth kündigte den versammelten Bauern an: »Aus dieser Stadt wird dereinst die Freiheit nach Europa ausstrahlen.«

Knapp zwei Wochen später war der Traum aus. Nach schweren Niederlagen bei Szeged und Temesvár dankte Kossuth ab und floh, als Kammerdiener eines polnischen Grafen verkleidet, den bekannten Bart und Schnurrbart abrasiert, die Haartracht verändert, mit zwei Pässen, einem ungarischen (»Tamás Udvardi«) und einem englischen (»James Bloomfield«), in die Türkei. Bereits am 11. August übergab der Gouverneur alle Vollmachten an Kriegsminister Görgey. Dieser, für einen Tag Staatsoberhaupt, ergab sich mit seiner geschrumpften Armee den Russen bei Világos in der Nähe von Arad mit elf Generälen, 1426 Offizieren, 32 569 Soldaten, 144 Geschützen und sechzig Kriegsfahnen.[28] Ob die Tatsache, daß Görgey es vorzog, die Waffen vor den Russen und nicht vor den Österreichern zu strecken, Wien zur schrecklichen Vergeltung gegen die Revolutionäre zusätzlich anstachelte, muß dahingestellt bleiben. Die Kapitulation bei Világos bedeutete jedenfalls das Ende der Revolution im Habsburger-Reich, nachdem einige Wochen zuvor sich auch die letzten deutschen Republikaner Preußen ergeben hatten. Heinrich Heine in Paris sah in dem Zusammenbruch Ungarns den Schlußpunkt im Scheitern der gesamteuropäischen Revolution: »Es fiel der Freyheit letzte Schanz…« Fürst Paskewitsch meldete dem Zaren: »Ungarn liegt Euer Majestät zu Füßen.« Der Zar ermahnte die Österreicher zur Milde gegenüber den geschlagenen Rebellen.

Der junge Kaiser feierte seinen neunzehnten Geburtstag in Bad Ischl. Die Mutter hatte alles, wie immer, schön vorbereitet: Auf dem Tisch stand eine große Torte mit neunzehn Kerzen, Tiroler Sänger stimmten das »Gott erhalte, Gott beschütze unseren Kaiser, unser Land« an, und das gutgelaunte Geburtstagskind erlegte sechs kapitale Gemsböcke. Doch anschließend, fuhr einer seiner Biographen fort, beging Franz Joseph einen folgenschweren Fehler. Er hörte, wie stets, auf den Rat seines unversöhnlichen und rücksichtslosen Ministerpräsidenten Schwarzenberg. Unter des Kaisers Vorsitz beschloß der Ministerrat am 20. August, daß alle ungarischen Anführer, vom Stabsoffizier aufwärts, vor das Kriegsgericht gestellt werden sollten.[29]

Die Durchführung der schrecklichen Vergeltung oblag dem berüchtigten General Julius Freiherr von Haynau, einem Deutschen, dem unehelichen Sohn des Kurfürsten Wilhelm I. von Hessen-Kassel. Er hatte sich in Italien den Ruf »Hyäne von Brescia« erworben, denn er ließ in der nach blutigem Straßenkampf eroberten lombardischen Stadt Frauen öffentlich auspeitschen, Priester vom Altar weg verhaften und in vollem Ornat erschießen. Der alte Feldmarschall Radetzky meinte: »Er ist mein bester General, aber er ist wie ein Rasiermesser, wenn man es benutzt hat, muß man es in sein Futteral zurückgeben.« Feldzeugmeister Haynau arbeitete rasch, gnadenlos und von seiner Aufgabe geradezu begeistert. »Ich bin der Mann, der Ordnung machen wird, mit ruhigem Gewissen lasse ich Hunderte erschießen«, schrieb er an Radetzky. Ursprünglich hieß die Weisung, kein Todesurteil zu vollstrecken, das nicht von Wien bestätigt worden sei. Der Kaiser und die Regierung gaben schließlich dem Drängen Haynaus nach: Es genüge, die vollzogenen Todesurteile anzuzeigen.

Am 6. Oktober 1849, am Jahrestag der Ermordung des Kriegsministers Latour, ließ Haynau im Festungsgraben von Arad dreizehn Generäle der ungarischen Revolutionsarmee hinrichten, neun durch den Strang, vier wurden erschossen. Ein vierzehnter ehemaliger Offizier des kaiserlichen Heeres wurde als ungarischer General auch zum Tode verurteilt, im letzten Augenblick aber begnadigt; er kam mit lebenslangem Kerker davon. Unter diesen Helden der Revolution, deren Todestag in Ungarn alljährlich gedacht wird, befanden sich ein nicht aus Österreich stammender Deutscher, ein Deutschösterreicher, zwei Ungarndeutsche, ein Kroate, ein Banater Serbe und zwei Magyaren armenischer Abstammung. Von den fünf »reinen« Magyaren konnte nicht jeder ungarisch sprechen oder verstehen. In Pest wurden sechs Zivilisten hingerichtet, darunter der gemäßigte ehemalige erste Ministerpräsident Ungarns, Graf Lajos Batthyány. Er hatte sich mit einem ihm von seiner Schwägerin zugesteckten Messer so schwer am Hals verletzt, daß ihm keine Schlinge umgelegt werden konnte und er deshalb urteilswidrig erschossen werden mußte.

Zweitausend Offiziere und zivile Patrioten wurden von Haynau, dem Militärstatthalter des geknebelten Landes, eingekerkert. Rund fünfhundert ehemalige habsburgische Offiziere, darunter 24 kaiserlich-königliche Generäle, hat er vor ein Kriegsgericht stellen lassen. Etwa vierzig Offiziere (allerdings keine weiteren Generäle) wurden hingerichtet, die meisten anderen zu schwerem Kerker verurteilt. Man schätzt, daß 120 Exekutionen vollstreckt wurden. Die Festungen, in denen die politischen Gefangenen ihre Strafen zu verbüßen hatten, waren überfüllt.

Der aus Österreich stammende amerikanische Historiker Robert A. Kann bewertete in seinem Standardwerk *Geschichte des Habsburgerreiches 1526–1918* die Repressalien sehr kritisch:

> Es gereicht der Regierung Schwarzenberg auf immer zur Schande, daß sie mit Ausnahme Görgeys sogar die Fürsprache des extrem reaktionären Zaren zugunsten der tapferen ungarischen Befehlshaber mißachtete ... Das Vorgehen der Regierung Schwarzenberg und ihrer Schergen steht im Gegensatz zu Grants großmütiger Haltung gegenüber den Offizieren des Südens nach der Übergabe bei Appomattox im amerikanischen Bürgerkrieg. Schwarzenberg gelang es, bei Engländern, Franzosen, Deutschen und sogar Russen in gleicher Weise ein Gefühl des Abscheus gegen sich und Haynau zu erregen; Haynau wurde während eines späteren »Freundschaftsbesuches« in Brüssel und London öffentlich insultiert.[30]

Haynau wurde bald auch am Hof untragbar und bereits 1850 pensioniert. Merkwürdigerweise kaufte der »österreichische Bluthund« (so ging er in die ungarischen Geschichtsbücher ein) ein Gut ausgerechnet in Ungarn und war sogar entrüstet, daß »der neue Gutsherr« (in einem Roman Jókais unter diesem Titel wurde er als Karikatur dargestellt) von den anderen Gutsbesitzern völlig ignoriert wurde. Er starb, offensichtlich geisteskrank, 1853 in Wien.

Die andere entscheidende Persönlichkeit der kaiserlichen Seite, Ban Jelačić, lebte ein paar Jahre länger, aber ebenfalls in geistiger Umnachtung. Als enttäuschter kroatischer Patriot hatte er sich und seine Sache aufgegeben, da nur sehr wenige Versprechungen der österreichischen Regierung an die Kroaten gehalten wurden. Jede historische Wende berührte den Jelačić-Mythos. So erhielt er 1866, noch vor dem kroatischen Ausgleich mit Budapest, ein Reiterdenkmal auf dem Hauptplatz von Zagreb, auf dem er mit dem Finger nach Norden, also in Richtung Ungarns, zeigte. Achtzig Jahre später, während der Tito-Ära, wurde 1947 die Statue abmontiert und die Stelle in »Platz der Republik« umbenannt. Nach der Wiedergeburt Kroatiens 1990 hat die Regierung das Denkmal wieder aufstellen lassen, allerdings mit dem Zeigefinger in Richtung Süden, also weder gegen den längst vergessenen ungarischen Feind noch gegen den neuen Erzfeind Serbien gerichtet. Der Platz heißt auch wieder »Platz Ban Josipa Jelačić«.

XXII Held Kossuth gegen »Judas« Görgey: Das »Gute« und das »Böse« in der Opfermythologie

Kaum war die Niederlage besiegelt, griffen gegensätzliche und doch im Kern untrennbar miteinander verbundene Tendenzen der Heroisierung und Dämonisierung um sich. Heldenkult und Totenkult haben in der ungarischen Geschichtsschreibung und Literatur zu allen Zeiten eine Rolle gespielt. Auch suchten und fanden die Ungarn immer wieder neue Sündenböcke für das Scheitern ihrer Illusionen und für die nationale Nostalgie. Zugleich neigte man gerade in kritischen Situationen dazu, die jeweiligen politischen Gegner zu Verrätern an der Nation zu stilisieren. Diese Art der Problembewältigung zieht sich als roter Faden durch die gesamte moderne ungarische Geschichte, von den Kuruzzenaufständen des 17. und 18. Jahrhunderts bis hin zu den Kontroversen um die Wertung der 1956er Revolution.

Das berühmteste und tragischste Opfer dieser verhängnisvollen Mythenbildung nach 1849 war Artúr Görgey, und der Erfinder dieses Mythos des Verrats hieß – Lajos Kossuth. Hundertfünfzig Jahre lang haben nicht nur Politiker und Historiker, sondern auch Schriftsteller in ihren Gedichten und Romanen, Dramatiker und Filmemacher darin gewetteifert, den Helden Kossuth dem Verräter Görgey, den Revolutionär dem Reaktionär gegenüberzustellen. Erst 1994 räumte ein 775 Seiten dickes, zweibändiges Opus von Domokos Kosáry mit diesem Unfug auf. Der damals achtzigjährige Präsident der Akademie der Wissenschaften, der dieses »heiße Eisen« schon 1936 in seiner Dissertation angefaßt hatte, analysierte in *Die Geschichte der Görgey-Frage* ohne Rücksicht auf geheiligte Tabus des Hauptproblems: »Wie stellten und wie stellen sich die Geschichtsschreibung, die Geschichtsauffassung und breiter gefaßt das historische Bewußtsein der Gesellschaft zu den Realitäten der Vergangenheit?«[1]

War die Reformbewegung zwischen 1840 und 1848 von der Rivalität Széchenyis und Kossuths geprägt, so wurde die Geschichte des Freiheitskampfes von dem unentwegten Streit zwischen Artúr Görgey und Lajos Kossuth überschattet. Nicht nur Friedrich Engels, sondern auch die große Mehrheit der Offiziere schwärmte für den wortkargen, ruhigen und gelegentlich sarkastischen General. Selbst Kossuth mußte, wenn auch widerwillig, dem genialen Strategen und mutigen Truppenführer nach seinen großen Siegen immer wieder Tribut zollen.

Kossuth hatte den um sechzehn Jahre jüngeren ehemaligen Husarenoberleutnant, der aus finanziellen Gründen den Militärdienst quittieren mußte und sich zum Diplomchemiker ausbilden ließ, nach bloß fünfmonatigem Dienst in der Revolutionsarmee am 1. November 1848 zum General und zum Oberkommandierenden der Hauptarmee ernannt. Im Gegensatz zum emotionalen, oft unüberlegt handelnden, aber genialen und schillernden Staatsmann war der damals dreißig Jahre alte Offizier, dessen Mutter – wie die Kossuths – aus einer verarmten Zipser deutschen Bürgerfamilie stammte, ein kalter, puritanischer und verschlossener Mensch. Seine Frau – Vater Franzose, Mutter Engländerin – hatte als Waisenkind in Nürnberg Deutsch gelernt und Görgey in Prag, wo sie als Sprachlehrerin und Gesellschaftsdame angestellt war, kennen- und liebengelernt. Görgey war in seinem Lebensstil stets sehr bescheiden und lehnte die ihm nach seinen Siegen von Kossuth angebotenen Geldgeschenke und prunkhaften Titel ab.

Als blendender Organisator, der auch auf dem Schlachtfeld in scheinbar aussichtslosen Situationen seine Kühnheit unter Beweis stellte, vertrat Görgey in zwei Grundsatzfragen eine der Linie Kossuths diametral entgegengesetzte Meinung: Er wollte eine reguläre, schlagkräftige, wenn auch kleine Armee aus Berufsoldaten, um sich nicht in erster Linie auf Freiwillige, Nationalgardisten und Hilfstruppen verlassen zu müssen. Ferner hielt Görgey, obwohl auch er ein glühender Patriot war, an der von König Ferdinand sanktionierten Verfassung fest und strebte eine Besserstellung Ungarns innerhalb der Monarchie an. Konkret geriet Görgey in den Verdacht der Untreue, als er am 5. Januar 1849, nach dem Wechsel mehrerer Offiziere auf die kaiserliche Seite, seine Treue zum Eid auf den Kaiser öffentlich bekundete. Er tat dies aus Sorge vor einem Zerfall seines Offizierkorps, erweckte damit aber das Mißtrauen Kossuths als Präsident des Landesverteidigungsausschusses und provozierte seine zeitweilige Ablösung durch den polnischen General Henryk Dembinsky. Es stimmt zwar, daß Kossuth sich wiederholt in militärische Fragen eingemischt und durch widersprüchliche und von Görgey oft ignorierte Weisungen Verwirrung gestiftet hatte, doch rief auch Görgey durch selbständige und mit der politischen Führung nicht koordinierte Entschlüsse und durch mangelnde Disziplin gegenüber den verschiedenen von Kossuth eingesetzten oder zeitweilig begünstigten Vorgesetzten Unruhe im Heer und Zwietracht in schwierigen Situationen hervor.[2] Mißverständnisse, Kommunikationsfehler und nicht zuletzt Intrigen der Umgebung Kossuths steigerten die Rivalität ins Unerträgliche.

Die Niederlage Ungarns wurde dadurch zweifellos beschleunigt, wenn auch keinesfalls besiegelt. Am 11. August 1849 trat Kossuth zurück, während Görgey mit allen Vollmachten ausgestattet wurde. Doch bereits am nächsten Tag richtete Kossuth wieder einen Brief an Görgey:

> Ich würde es als Verrat ansehen, wenn nicht alle vernünftigen Möglichkeiten versucht würden, die Nation zu retten. Ich würde es als Verrat ansehen, wenn Sie sich auf Feilscherei nicht im Namen der Nation, sondern im Namen der Armee und in Ihrem Interesse einließen.[3]

Von nationalistischer Romantik unbelastete Historiker sehen in diesem Brief einen wohlberechneten Schritt als Auftakt zum berühmtberüchtigten Brief Kossuths vom 12. September aus dem türkischen Asyl in Widin (heute Bulgarien) an die Gesandten und politischen Vertreter in England, Frankreich und den Vereinigten Staaten. In diesem Brief wird Görgey vor der Weltöffentlichkeit als »Judas Ungarns« abgestempelt. Aus Machtgier oder kaltem Egoismus habe er den Freiheitskampf verraten. Nicht einmal die vereinten Kräfte Österreichs und Rußlands hätten Ungarn schlagen können, wäre nicht Görgey ein Verräter gewesen. Die Fortsetzung des Kampfes hätte Erfolge gebracht; innere Wühlarbeit und nicht äußere Überlegenheit sei die Ursache der Niederlage gewesen. Kurz, Kossuth, der inzwischen seine Demission widerrufen hatte, brauchte einen Sündenbock, einen Verräter, um sein zerrüttetes Selbstvertrauen zurückzugewinnen und eine Grundlage für seine neue Führungsrolle in der Emigration zu schaffen. Seine Rechnung ging voll auf. Görgey hat sich von den Vorwürfen Kossuths nie befreien können.

Verwundert stellte Robert A. Kann in seiner *Geschichte des Habsburgerreiches* fest: »Der magyarische Nationalismus billigte immer, und mit Recht, den Entschluß Kossuths, dem österreichischen Galgen zu entfliehen, während er ungerechterweise Görgey für seine richtige Entscheidung, nutzloses Blutvergießen zu beenden, verurteilte.«[4]

Die Verratslegende hing freilich nicht nur mit Kossuths persönlichen Gefühlen gegenüber Görgey zusammen. Er brauchte den Verräter auch nicht ausschließlich als Mittel, um seinen Ruf und seine Popularität zu retten, wie es ihm der sozialistische Historiker der 1848er

Revolution Ervin Szabó noch vor dem Ersten Weltkrieg unterstellte. Es ging bei der These, die Nation habe nur durch eine List besiegt werden können, vielmehr darum, Hoffnung für die Zukunft zu schöpfen und Unterstützung für die Vorbereitung eines neuen Freiheitskampfes zu gewinnen.

Was aber ist mit Görgey selbst geschehen? Dank einer persönlichen Intervention von Zar Nikolaus entging Görgey nach dem Krieg einer Bestrafung. Feldmarschall Fürst Paskewitsch und der Zar persönlich hatten die Österreicher und den Kaiser um eine großmütige Haltung den Ungarn gegenüber gebeten, doch nur im Falle Görgeys wurde die Fürsprache respektiert. Görgey war offensichtlich überzeugt von dem im guten Glauben gegebenen Ehrenwort, daß Offiziere, die die Waffen niederlegten, nicht ausgeliefert würden. Daß er an jeden Truppenkommandeur und Festungskommandanten schrieb, sie sollten seinem Beispiel folgen und den Kampf aufgeben, weil das Vaterland Frieden brauche, und daß er schließlich sogar ein Säckchen mit 1100 russischen Imperial-Goldmünzen vom russischen Oberbefehlshaber als Zeichen seiner Hochachtung entgegennahm, statt das Geschenk zurückzuweisen – all das sorgte dafür, daß der ungarische General in einem schiefen Licht erschien. Tatsächlich hat Görgey den größten Teil des Geldes verteilt und das Leben Tausender Soldaten und Zivilisten gerettet. Weder er noch die Russen wollten die Offiziere und Soldaten mit der Kapitulation in eine Falle locken. Die Tragödie bestand allerdings darin, daß möglicherweise viele Offiziere der Hinrichtung oder Gefängnisstrafe hätten entgehen können, wenn sie ins Ausland geflohen wären und nicht dem enormen Charisma ihres Oberkommandierenden zum Opfer gefallen wären. Daß Görgey am Leben blieb beziehungsweise relativ großzügig behandelt wurde, ließ die so bestimmt formulierte Anschuldigung des Verrats in den Augen der erbitterten Zeitgenossen und der verblendeten Nachwelt einigermaßen glaubwürdig erscheinen.

Für die knapp zehn Monate Ruhm als einziger großer Feldherr des modernen Ungarn hatte er einen hohen Preis zu bezahlen. Ab September 1849 lebte er im Hausarrest in Klagenfurt: für volle siebzehn Jahre! 1852 veröffentlichte Görgey seine Memoiren unter dem Titel *Mein Leben und Wirken in Ungarn in den Jahren 1848/49*. Das Werk erschien zuerst in deutscher, später auch in englischer, italienischer und schwedischer Sprache; in Österreich war es verboten, und in Ungarn konnte es erst 1911 (!) herausgegeben werden. Engels bezeichnete das

Buch als »hundsgemein«, weil sich der Autor damit von den damals so gefeierten revolutionären Tendenzen distanzierte. Einer der angesehenen Literaturkritiker der damaligen Zeit, Jenö Péterfy, schrieb: »Es schien den aufgewühlten Herzen, daß der Angeklagte die Leiche, das heißt die Revolution, an deren Bahre damals die ganze wegen ihrer Zukunft verzweifelte Nation trauerte, kaltblütig obduzierte. Das größte Hindernis bei der Wahrheitsfindung ist, daß die öffentliche Meinung glaubt, je finsterer Görgey erscheint, um so mehr glänzt Kossuth.«[5]

Görgeys Bruder, ein Anwalt, hat sein ganzes Leben lang versucht, gegen die ungerechte Verfemung anzugehen. In drei dicken Bänden legte er die Wahrheit über das Wirken des Generals anhand von zahlreichen Dokumenten offen. Als Görgey nach seiner Rückkehr nach Budapest eine bescheidene Stelle als Kontrolleur der auf der Kettenbrücke eingenommenen Gebühren bekam, brach ein Sturm der öffentlichen Entrüstung los. Als Direktor eines Steinkohle- und Ziegelwerkes mußte er nach Protesten der Kollegen auch entlassen werden. Als er bei einem Bahnbauprojekt in Siebenbürgen die Aufsicht über mehrere hundert Arbeiter übernehmen sollte, wollten andere Beamte den »Verräter« nicht als Kollegen akzeptieren. Görgey war »Opfer der nationalen Eitelkeit und der nationalistischen Romantik«, schrieb der berühmte Kritiker Pál Gyulai und fügte hinzu: »Wir sind die Nation der Begeisterten und der Antipathie gegen die Richtung der unbarmherzigen Prüfungen.«

Görgey blieb Opfer der Nationalmythologie, wobei seine Gestalt, der jeweiligen politischen Richtung entsprechend, noch im 20. Jahrhundert instrumentalisiert wurde. In der Zwischenkriegszeit ließ das Horthy-Regime 1935 ein Reiterdenkmal in Buda errichten. Im Krieg beschädigt, wurde die Statue von den Kommunisten nicht repariert, sondern die Bronze für jenes Stalin-Denkmal verwendet, das zum Auftakt der 1956er Revolution am 23. Oktober gestürzt und von der Menge zerstückelt wurde. Fast vierzig Jahre später hat die postkommunistische Regierung eine zweieinhalb Tonnen schwere Reiterstatue Görgeys an der gleichen Stelle vor der Burg von Buda aufstellen lassen.

Trotz aller Bemühungen der Historiker wurde der General aber noch in einem 1958 herausgegebenen Geschichtsbuch – wie zu meiner Schulzeit – als abgefeimter Kapitulant dargestellt. Extreme Nationalisten und Kommunisten trafen sich in der eifrig betriebenen Dämonisierung Görgeys. Der Kossuth-Kult bestimmte zusammen mit der Apotheose des Märtyrers Petöfi das traditionelle Bild, und in dieses fügte sich eben auch »der Verrat« Görgeys.

Kosáry stellte in seinem bahnbrechenden Buch fest, daß Görgey kein Verräter, sondern ein hervorragender und bis zuletzt aufrichtig patriotischer Feldherr, eine außerordentliche Persönlichkeit gewesen sei. Wenn er auch zuweilen falsche Schritte unternommen oder Situationen falsch beurteilt habe, so habe er doch nie die politische Führungsposition im Sinne einer bestimmten Gegenkonzeption ergreifen wollen. Kurz, Görgey sei kein politischer Kopf, sondern ein begabter Militär gewesen. Der Historiker warnte davor, große und komplexe historische Zusammenhänge und internationale Faktoren in der Revolution wie im Freiheitskampf durch eine unsinnige und primitive Mythologie zu verzerren, in der die ungarischen Führer als Personifizierung des Guten und des Bösen miteinander kämpfen. Kossuths historische Bedeutung werde nicht kleiner, wenn man Görgey als ausgezeichneten Militär und guten Patrioten betrachte.

Die Dolchstoßlegende des ungarischen Freiheitskriegs und der Mythos des Verräters Görgey hielten sich so hartnäckig wie die Anschuldigungen Rákóczis gegen General Károlyi 1711. Die Parallelen zwischen den Kapitulationen von Majtény und Világos bildeten den Rahmen für die gleichlautenden Vorwürfe gegen die beiden angeblichen Verräter, Károlyi und Görgey. Als Görgey 1869 beim Begräbnis des verstorbenen Ministerpräsidenten Szemere erschien, wurde er im Parlament beschimpft, und erst nachdem 1884 269 Offiziere seine Rehabilitierung gefordert hatten, erhielt er endlich eine Rente von der Regierung. Dieser tragische Protagonist der ungarischen Geschichte starb im Alter von 98 Jahren im Mai 1916. Er wurde in der Halle des Nationalmuseums aufgebahrt, und Tausende Landsleute erwiesen ihm die letzte Ehre.

Nicht ganz so alt wurde Lajos Kossuth. Er überlebte den Freiheitskampf um 45 Jahre und übte auch aus dem Exil bis zu seinem Tod am 20. März 1894 einen nachhaltigen Einfluß auf die Ungarn aus. Die menschlichen Schwächen dieses großes Mannes, sein grenzenloser Ehrgeiz, sein oft verletzender Hochmut, seine Neigung zum Abenteurertum in internationalen Fragen bildeten einen äußerst lohnenden Nährboden für die Begleichung alter Rechnungen sowohl in der Emigration wie auch in der Heimat selbst. Den schärfsten Ton schlug der Schriftsteller Zsigmond Kemény an; er stellte Kossuth als einen von seinen Leidenschaften getriebenen Fanatiker hin, der sein Land dadurch in die Katastrophe stürzte. Der liberale Politiker Pál Nyáry nannte Kossuth einen »verfluchten Komödianten«. Der in Paris lebende frühere Innenminister und spätere Ministerpräsident Bertalan Szemere richtete fast manisch geprägte erbitterte Angriffe gegen Kossuth. In einem Buch, in zahlreichen Artikeln, in Leserbriefen an *The Times* und in diversen Rundschreiben prangerte er dessen Politik als Gouverneur-Präsident, aber auch seine außenpolitischen Umtriebe im Exil an.[6]

Dennoch blieben die Ausfälle und Nadelstiche aus Intellektuellenkreisen gegen Kossuth und seine Allüren auch in der Emigration ohne Wirkung auf die Massen in Ungarn oder auf sein enormes Ansehen in der angelsächsischen Welt und in den meisten europäischen Ländern. Nichts trug so sehr zur Legendenbildung um Kossuth und den toten Freiheitsdichter Petöfi bei wie das auf die brutale Vergeltung folgende Regime des Neoabsolutismus. Zum dritten Mal nach den gescheiterten Versuchen unter Leopold I. und Joseph II. wurde die berüchtigte »Verwirkungstheorie« angewandt. Sie bedeutete nichts weniger, als daß die Ungarn alle Ansprüche »verwirkt« hatten, was in der Praxis einer vollständigen Gleichschaltung aller Ungarn und dem Verlust ihrer verfassungsmäßigen Rechte gleichkam. Siebenbürgen, Kroatien, die Vojvodina und das Banat sowie die Militärgrenze wurden den Ungarn wieder weggenommen. Das von Innenminister Alexander Bach errichtete und nach ihm benannte System stützte sich auf die Bajonette von sechzehn Gendarmeriebataillonen, die Geheimpolizei und auf unzählige in die ungarischen Kronländer versetzte österreichische und tschechische Beamte. Die verhaßten Beamten hießen im Volksmund »Bach-Husaren«. Es ist dem Neoabsolutismus aber nicht gelungen, der Eindeutschung im Schulsystem und in der Verwaltung zum Durchbruch zu verhelfen. Im Gegenteil, die Abneigung gegen das Deutschtum führte oft zum Deutschenhaß.

Die versuchte Gleichschaltung verklärte die Erinnerung an den Freiheitskampf und an die Helden der Revolution. Weder die Unterdrückung noch die wirtschaftlichen Maßnahmen vermochten die passive Resistenz des Volkes zu brechen oder gar den wohlhabenden ungarischen Adel in die Knie zu zwingen. Ungarn hat den Freiheitskampf verloren, auf lange Sicht aber den Frieden gewonnen. Es war die bedeutendste Folge des verlorenen Krieges, daß angesichts der Opfer von 1848/49 nach Königgrätz keine österreichische Regierung dem Drängen auf eine ebenbürtige Position Ungarns in der Monarchie widerstehen und die nationale Hegemonie der Magyaren im historischen Ungarn gefährden konnte. An dieser Entwicklung hatten natürlich auch Kossuth und die ungarische Emigration durch ihre unermüdliche Tätigkeit einen direkten und indirekten Anteil gehabt.

Kossuths Aufstieg in der Emigration hing zum Teil mit seiner geradezu magischen Ausstrahlungskraft auf seine Zuhörer und Gesprächspartner in aller Welt zusammen, zum Teil mit der verspäteten, aber nachhaltigen Bewunderung des einsamen Kampfes der Ungarn gegen zwei Großmächte, Österreich und Rußland, wobei die extreme Brutalität der Vergeltung der Sache Ungarns zusätzliche Sympathien eintrug. Vor der sicheren Hinrichtung flohen Kossuth, Szemere, Bem und insgesamt 5000 Ungarn, überwiegend Offiziere und Soldaten, zuerst nach Widin in Bulgarien, damals unter türkischer Herrschaft. Ministerpräsident Szemere hatte die Stephanskrone mit einigen Getreuen in der Nähe der Grenzstadt Orschowa in der Erde vergraben. Als österreichische Polizeibeamte im September 1853 das Versteck der Krone fanden, verdächtigten einige Emigranten den in Paris lebenden Szemere, das Versteck verraten zu haben. In Wirklichkeit hatte die Wiener Oberste Polizeibehörde durch eine großangelegte Infiltration der Emigrantengruppe und die Bestechung eines Offiziers der revolutionären Armee, der seinerzeit mit Szemere die Krone vergraben hatte, den Weg zum Versteck gefunden. Der Spitzel, ein gewisser István Wargha, genoß nach seiner Rückkehr aus der englischen Emigration allgemeine Verehrung; er wurde Obernotar der Stadt Großwardein und Mitglied der Akademie der Wissenschaften. Als Wargha 1876 starb, wurde er unter allgemeiner Anteilnahme als ein Kämpfer und aufrechter Patriot begraben. Erst nach der Öffnung des kaiserlichen Geheimarchivs stellte sich heraus, daß Wargha ein gutbezahlter österreichischer Agent gewesen war.[7]

Von Anfang an widmete Innenminister Bach dem Aufbau der auch im Ausland operierenden Geheimdienste große Aufmerksamkeit. Mit Zustimmung des Kaisers schmiedeten Bach und seine Leute abenteuerliche Pläne, Kossuth in der türkischen Emigration zu entführen oder gar zu ermorden. Nicht weniger als sechzehn Polizeiagenten beobachteten und bespitzelten die Emigranten in der Türkei. Österreich und Rußland forderten die Auslieferung der Flüchtlinge. Der Sultan lehnte derlei Forderungen unter englisch-französischem Druck ab, doch erklärte er sich bereit, Kossuth und einige Emigranten in die Stadt Kütahya in Kleinasien zu verlegen und sie dort zu internieren. Nach einigen Wochen hatten die meisten Soldaten und Flüchtlinge das österreichische Amnestieangebot angenommen und waren in die Heimat zurückgekehrt. Nur einige hundert blieben in der Türkei, in der Stadt Schumla, heute Bulgarien. Inzwischen beschloß die österreichische Regierung, den Emigranten den Prozeß zu machen. Im September wurden Kossuth, Szemere, der letzte Außenminister Graf Kázmér Batthyány, der künftige Außenminister der Monarchie, Graf Gyula Andrássy, und andere prominente Revolutionäre in Abwesenheit zum Tode verurteilt: Ein Militärscharfrichter nagelte ihre Namen an den Galgen.[8]

Zu dieser Zeit war Kossuth schon mit 58 Getreuen an Deck der amerikanischen Fregatte »Mississippi« unterwegs nach London. An dem Tag, an dem im Pester Gefängnis sein Name an den allerersten Galgen genagelt wurde, erwartete ihn im Hafen von Marseille eine unübersehbare Menschenmenge. Die Regierung erlaubte dem gefährlichen Gast aber nicht, an Land zu gehen. Daraufhin sprang ein Schuhmacher namens Jean Baptiste Jonquil, der Kossuth die jubelnde Ehrenbezeugung des französischen Volkes persönlich übermitteln wollte, kurz entschlossen ins Wasser, schwamm zu der vor Marseille ankernden Fregatte, kletterte an Deck und warf sich vor Kälte zitternd – es war immerhin schon September – fast nackt vor Kossuth auf die Knie: »Jetzt bin ich bereit zu sterben, nachdem ich den Erlöser des Menschengeschlechts gesehen habe!« [9]

Kossuth absolvierte seine einzigartige Triumphfahrt nach England und dann von Dezember 1851 bis Juli 1852 in die Vereinigten Staaten als Gouverneur-Präsident. Kaum in Widin eingetroffen, hatte Kossuth nämlich seinen Rücktritt vom 11. August 1849 in Arad widerrufen, indem er erklärte, die Demission sei von Görgey unter Androhung des Todes erzwungen worden, und deshalb wollte er wieder als Gouverneur angesprochen und wie ein Staatsoberhaupt behandelt werden. Kurz, er ließ von Anfang an keine Zweifel über seine Position als der Sprecher der ungarischen Emigration aufkommen. Mit seinen in poetischem Englisch gehaltenen, mit Shakespeare-Zitaten angereicherten Reden in Southampton und London, Manchester und Birmingham eroberte er in knapp einem Monat, dem Oktober 1851, die Herzen der Briten im Sturm. Es folgte dann eine sieben Monate dauernde Rundreise durch die Vereinigten Staaten, wo er überall mit großer Begeisterung empfangen wurde. Man verglich Kossuth auf Fahnen und Transparenten mit Jesus Christus, Moses und George Washington. Als erster Ausländer seit General Lafayette sprach er vor beiden Häusern des Kongresses und wurde auch von Präsident Millard Fillmore empfangen, der freilich, wie die meisten offiziellen Gesprächspartner, kaum etwas über Ungarn wußte. Kossuth hielt über fünfhundert Reden, meistens auf englisch.

Politisch war die Reise ebenso erfolglos wie alle späteren Verhandlungen mit Napoleon III. und Cavour über französische und italienische Hilfe für einen Aufstand gegen die Habsburger. Die verschiedenen militärischen Erfolge der Generäle István Türr und György Klapka, des berühmten Kommandanten der Festung Komárom (Komorn), der erst Anfang Oktober 1849 kapitulierte, in Italien oder die spektakuläre Karriere der rund hundert ungarischen Offiziere, die sich im amerikanischen Bürgerkrieg als Feldmarschälle, Generäle und Obersten einen Namen gemacht haben, kamen dem internationalen Ansehen der Magyaren zugute. Doch all das, inklusive Manifeste und geheime Missionen, brachte die Befreiung der Heimat nicht näher. Kurz, das politische Ergebnis der zahllosen geheimen und nichtgeheimen, manchmal geradezu abenteuerlichen Missionen und der dilettantisch organisierten Verschwörungen in Ungarn selbst war ausnahmslos dasselbe: gleich null.[10]

Der illusionslose Rückblick der Historiker ändert aber nichts an der Tatsache, daß Kossuth mit der ganzen Strahlkraft seiner Persönlichkeit, seinen meisterhaften Reden auf englisch, seiner Beherrschung mehrerer Fremdsprachen, seiner Energie und erstaunlichen Belesenheit die interessanteste und von der Warte der absolutistischen Regime aus die gefährlichste Persönlichkeit der internationalen Emigration war. Natürlich wirkte er von Widin bis London und Turin als magnetischer Mittelpunkt und zugleich als Zielscheibe der Intrigen der anderen Emigranten und vor allem der österreichischen Geheimagenten. In der Emigration im demokratischen England hielten sich zu dieser Zeit auch unter vielen anderen Marx und Engels auf, der russische Patriot Alexander Herzen oder der italienische Revolutionär Giuseppe Mazzini. Herzen hinterließ in seinen *Erinnerungen* unter anderem die folgenden Eindrücke:

> Kossuth sieht viel besser aus als alle seine Porträts und Büsten: in seiner frühen Jugend ist er wahrscheinlich ein schöner Mann gewesen, und der besondere schwärmerisch-nachdenkliche Charakter seines Gesichts muß einen ungeheuren Einfluß auf Frauen gehabt haben. Seine Züge besitzen nicht die antike Strenge wie bei Mazzini, Salfi, Orsini, aber (und vielleicht gerade deshalb stand er uns Bewohnern des Nordens näher) in seinem traurig-sanften Blick offenbarte sich nicht nur ein starker Verstand, sondern auch ein tieffühlendes Herz; das gedankenvolle Lächeln und die ein wenig schwärmerische Sprache nahmen endgültig für ihn ein. Er spricht außerordentlich gut, wenn auch mit einem starken Akzent, der unverkennbar bleibt, ob er nun französisch, deutsch oder englisch

> spricht. Er redet sich nicht mit Phrasen heraus und stützt sich nicht auf abgedroschene Gemeinplätze; er denkt mit einem mit, hört einen bis zu Ende an und entwickelt seinen Gedanken fast immer originell, weil er von der Doktrin und vom Parteigeist freier ist als die anderen. Vielleicht ist in seiner Art der Argumentation und der Widerlegung der Advokat zu erkennen, aber das, was er sagt, ist ernst und überlegt.[11]

Aber es fanden sich auch viele Kritiker und Feinde. Daß er zum Beispiel in Marseille rief: »Es lebe die Republik!«, aber in Southampton: »Gott schütze die Königin!«, wurde Kossuth von Marx und Engels – und nicht nur von ihnen – verübelt. Die früheren Bewunderer Marx und Engels wurden zu strengen und in privater Korrespondenz derben Kritikern, als Kossuth bei Napoleon III., Garibaldi und sogar bei Bismarck Unterstützung für Ungarn zu gewinnen hoffte. Marx störte wenig, daß Kossuth mit Bonaparte konspirierte, sehr jedoch, daß er sich dabei täuschen ließ: »In der Politik darf man sich, um ein bestimmtes Ziel zu erreichen, mit dem Teufel selbst verbünden – nur muß man die Gewißheit haben, daß man den Teufel betrügt, und nicht umgekehrt.«[12]

Die beiden Revolutionäre verfolgten immer mehr mit Stirnrunzeln die hektischen Aktivitäten jenes Mannes, auf den sie noch kurz zuvor Lobeshymnen angestimmt hatten. Kossuth zeigte »Symptome schwankender Schwächlichkeit, unentwirrbarer Widersprüche und Doppelzügigkeit. Er besitzt alle anziehenden Tugenden, gleichzeitig aber auch alle weibischen Fehler des ›Künstlercharakters‹«, so Marx.[13]

Marx wurde durch seinen engen Freund Joseph Weydemeyer auch laufend über den begeisterten Empfang Kossuths informiert, der – wie Marx Engels mitteilte – in Begleitung der berühmten Tänzerin Lola Montez von Southampton nach New York gereist war. Über diese Reise berichten übrigens Kossuths Vertraute und der damalige Staatssekretär Ferenc Pulszky ebenfalls. In seinen Memoiren stellt er fest, daß die Tänzerin sehr zudringlich gewesen sei und zu Kossuth gesagt habe: »Herr General, wenn Sie wieder einmal in Österreich Krieg führen, dann geben Sie mir ein Husarenregiment.« Darauf soll Pulszky schnell geantwortet haben: »Fräulein, ich bin überzeugt, daß nur ein solches Sie befriedigen könnte …«[14]

Erst fast ein Jahrhundert nach den öffentlichen Streitigkeiten zwischen Marx, Kossuth und dem früheren Ministerpräsidenten Szemere hat ein ungarischer Historiker bei Recherchen in österreichischen, ungarischen, russischen und englischen Archiven und Korrespondenzen entdeckt, daß zwei ungarische Spitzenagenten der österreichischen Geheimpolizei nicht nur über die einzelnen führenden Emigranten berichtet, sondern darüber hinaus bewußt Zwietracht unter den wichtigsten Persönlichkeiten, vor allem in bezug auf Kossuth, gestiftet hatten.[15]

In Wirklichkeit waren die Österreicher bereits über die Emigration in der Türkei sehr gut im Bilde. So las Innenminister Bach, der die ungeheure Gefahr der »Umsturzpartei« ein anderes Mal an die Wand malte, bei einer Kabinettssitzung Einzelheiten aus den Originalberichten vor, um seine These zu unterstreichen. Manchmal sekundierte Fürst Schwarzenberg – fast kabarettistisch – mit Zitaten aus Briefen von Szemere. Nach dem Tode Schwarzenbergs übernahm Baron Kempen-Fichtenstamm als Polizeiminister die direkte Aufsicht über das Agentennetz.

Der schillerndste, stilistisch begabteste und vielleicht ehrgeizigste Agent Österreichs war der 1820 geborene Journalist und aktive Revolutionär Gusztáv Zerffi, der bereits im Herbst 1849 nach seiner Flucht in die Türkei als Spitzel engagiert wurde. Unter dem Decknamen »Dr. Piali« oder »Gustav Dumont« schickte der umtriebige Agent aus Belgrad beziehungsweise Konstantinopel bis Ende März 1851 ganze 260 Berichte nach Wien. Es war ihm sogar gelungen, das Vertrauen des Konsuls von Sardinien in Belgrad zu gewinnen, der ein loyaler Anhänger Kossuths war. Zerffi wohnte acht Monate im Haus des Konsuls, das als Schaltstelle für den Briefverkehr der Emigration aus der Türkei, in erster Linie für Kossuth selbst, diente. Zerffi spionierte für Österreich bis 1865 und lieferte in diesen fünfzehneinhalb Jahren nicht weniger als 1897 Berichte, üblicherweise an einen Decknamen, »poste restante Wien«. Jeder Bericht von drei bis fünf Seiten war übersichtlich gegliedert, mit Zwischentiteln am Rand.

Der überwiegende Teil kam aus London, gelegentlich aus Paris, oft mit handschriftlich kopierten Briefen und Dokumenten in der Anlage. Zerffi beschäftigte selbst auch Informanten, unter ihnen einen der berühmtesten ungarischen Schauspieler, Gábor Egressy, der während des Freiheitskampfes auch Offizier der Nationalgarde gewesen war. Als ein Historiker 1923 den Namen des Schauspielers auf einer Liste der Renten- und Gnadengehaltsbezieher der österreichischen Geheimpolizei in einem Wiener Archiv fand und in einer Fachpublikation der historischen Gesellschaft veröffentlichen wollte, verbot deren Präsident, der spätere Kulturminister Graf Kuno Klebelsberg, die Publikation mit der Begründung, man dürfe dem ungarischen Volk nicht alle Illusionen rauben…

Die Behörde war mit Zerffis Arbeit so zufrieden, daß er bereits 1851 mehr verdiente als die sechs anderen im Osten tätigen Agenten zusammen. Im Vordergrund seiner Berichterstattung standen die Informationen über Kossuth, wobei der begabte Schreiber Tatsachen, Erfindungen und kritische Bemerkungen so geschickt vermengte, daß seine Berichte auf höchster Ebene, das heißt zwischen Schwarzenberg und Kempen, diskutiert und von Zeit zu Zeit sogar an die Russen weitergeleitet wurden.

Ein anderer Spitzenagent aus Ungarn betätigte sich vor allem in Paris. Er hieß János Bangya und war verantwortlicher Redakteur der *Preßburger Zeitung* gewesen. Die beiden Spione hatten einander bereits im Frühjahr 1848 während der Revolution kennengelernt. Bangya wurde im Freiheitskampf sogar zum Oberst befördert und diente zuletzt als Polizeichef in der Festung Komárom. Nach deren Übergabe im Oktober 1849 wurde er, wie die meisten Emigranten, steckbrieflich gesucht und ging nach Hamburg. Dort wurde er österreichischer Agent, nachweisbar ab Frühjahr 1850. Bald danach übersiedelte Bangya nach Paris, von wo er über die ungarische und deutsche Emigration berichtete, zuerst nur für Wien, später aber angeblich auch für Preußen und für die Pariser Polizei. Durch seinen Eintritt in eine Freimaurerloge gelang es ihm, zusätzliche Informationen zu sammeln. Im Gegensatz zu Zerffi war Bangya aber unvorsichtig. Er verdiente 400 Forint monatlich, etwa dreimal soviel wie ein Universitätsprofessor, und sein aufwendiger Lebensstil machte ihn in Emigrantenkreisen irgendwann verdächtig. Rund anderthalb Jahre arbeiteten die beiden ungarischen Spitzel zusammen, um in erster Linie durch die Verbreitung falscher Informationen Kossuth zu isolieren und ihn möglichst zu diskreditieren. Die krankhafte Eifersucht und die tiefe Verbitterung Szemeres dienten den beiden dabei als willkommener Hebel. Szemere und der frühere Außenminister Kázmér Batthyány veröffentlichten offene Briefe in der Londoner *Times*. Bangya betreute mit einem Kollegen die Übersetzung von Szemeres Memoiren ins Deutsche, eine giftige Breitseite gegen Kossuth und Görgey. Kein Geringerer als Marx kontrollierte die deutsche Fassung.

Den beiden Agenten gelang es auch, ein Manuskript von Engels über die ungarische Revolution verschwinden zu lassen und sowohl Szemere wie Marx gegen Kossuth aufzuhetzen. Diese geschickte Politik der Desinformation fand ihren Niederschlag in diversen nachweislich falschen Behauptungen in den Artikeln von Marx und seinen Freunden über die politischen Aktionen Kossuths, vor allem bezüglich Frankreichs und Italiens.

Obwohl Marx wie auch die anderen deutschen und ungarischen Revolutionäre in London und Paris schließlich begriffen, daß Bangya ein Spitzel und letztlich ein Hochstapler war, erwiesen sich manche Schäden als irreparabel. Bangya, Edler von Illosfalva, begab sich 1854 in die Türkei, konvertierte zum Islam und trat unter dem Namen Mehmed Bey in die türkische Armee ein. Er heiratete – laut Marx – ein drittes Mal und wurde zu einem Anführer der Tscherkessenstämme, die gegen die Russen kämpften. Wieder des Verrats überführt, wurde er angeblich von einem Kriegsgericht zum Tode verurteilt. Aber es gelang ihm, durch ein Geständnis freizukommen. Die ganze Schuld schob er auf Kossuth. Über Bangyas weitere Aktivitäten ist nichts bekannt. Als sein Todesjahr wird 1868 angegeben.

Zerffi blieb zwar unbehelligt, sein Agentendasein fand aber Mitte der sechziger Jahre ein abruptes Ende. Allerdings wurde er nicht von den Opfern oder der Gegenseite entlarvt, sondern von seinem Arbeitgeber – er wurde vom Wiener Polizeiministerium wegen Unstimmigkeiten entlassen. Seine Beschwerdebriefe nach der Halbierung seines Gehalts und die Berichte über seinen Konflikt mit jenem Kontaktmann, der ihn 1849 engagiert hatte, gehören zu den wenigen bis heute in den Archiven verbliebenen aufschlußreichen Dokumenten.

Im Alter von 45 Jahren trat Dr. G. G. Zerffi, nunmehr britischer Staatsbürger, in einer neuen Rolle auf: als Wissenschaftler. Er machte sich als Autor mehrerer Bücher und als Professor der Kunstgeschichte an der Kunsthochschule in London einen Namen. Später hielt er zahlreiche Vorträge über Geschichte und Philosophie. Ende 1880 erreichte seine wissenschaftliche Karriere den Höhepunkt: Zerffi wurde zum Präsidenten der Royal Historical Society gewählt. Als er Anfang 1892 starb, brachte *The Times* zwei Tage später einen Nachruf mit einer ausführlichen Würdigung der wissenschaftlichen Karriere und einem nur kurzen Hinweis auf seine Rolle als Hauptmann während der ungarischen Revolution. Ein knapp zuvor, noch zu Lebzeiten Zerffis, erschienenes *Wiener Lexicon* beschrieb ihn hingegen ausschließlich als berüchtigten Verschwörer und Spion gegen Österreich, ohne ein Wort über seine Laufbahn in England zu verlieren. Er war zweifellos ein hochbegabter Mann mit vielen Masken, ohne Charakter und ohne menschliche Eigenschaften, aber mit einer höchst destruktiven Rolle in der Epoche der verlorenen Revolutionen.

Für Eduard Bernstein, den ersten Herausgeber des Briefwechsels zwischen Marx und Engels, war der Name Bangya so abstoßend, daß er jeden Hinweis darauf strich. Zerffis infame Rolle wurde aber erst viel später aufgedeckt; die Korrespondenz zwischen Marx und Szemere sowie Zerffis Briefe an Marx kamen zum Teil erst nach dem Zweiten Weltkrieg zum Vorschein. Ausführliche Studien über Zerffi beziehungsweise Marx-Kossuth-Szemere erschienen 1978 beziehungsweise 1985 in Wien und Budapest.

Vielleicht hat kein ungarischer politischer Emigrant dem internationalen Ansehen der revolutionären Emigration aus Ungarn soviel Schaden zugefügt wie Bertalan Szemere, der ehemalige Innenminister und letzte Ministerpräsident. Seine feindliche publizistische Tätigkeit und die Beeinflussung Marx' durch seine Briefe und Schriften waren zwar von der Gerüchteküche Bangyas und Zerffis mitgeprägt, aber die Initiative war von dem auf Kossuth immer eifersüchtigen, manisch-depressiven Szemere selbst ausgegangen. Weniger bekannt war die Tatsache, daß Szemere auch geschäftliche Kontakte mit Marx und vor allem mit Engels anknüpfen wollte. Der Ex-Ministerpräsident hatte nämlich durch riskante Spekulationen eines Vertrauten in Paris das ganze Vermögen seiner Frau, rund 150 000 Francs, verloren. In seiner Notlage versuchte Szemere sich durch Weinimporte und -exporte über Wasser zu halten. Er ließ Tokajer, Erlauer und Plattenseer Weine ankaufen und diese in England und Frankreich vertreiben. Er sandte Engels persönlich zwei Dutzend Flaschen nach Manchester, der die Weine allerdings viel zu süß fand. Jedenfalls erwies sich das Weingeschäft als Fehlschlag. Bei der Versteigerung des Nachlasses von Szemeres verstorbener Frau bot man 1865 in Paris öffentlich 250 Flaschen »ungarischer Weine, rot und weiß, guter Qualität« zum Verkauf an. Die Serie von Fiaskos beschleunigte den Prozeß einer schleichenden geistigen Umnachtung und zwang den kranken Staatsmann, nach Budapest zurückzukehren. Szemere verbrachte seine letzten Jahre in einer Irrenanstalt und starb 1869 im Alter von nur 57 Jahren. Eine der Prachtstraßen gegenüber dem Parlament trägt seinen Namen. Sein bleibendes Verdienst sind die Gesetze zur Judenemanzipation und Gleichstellung der Nationalitäten aus den letzten Tagen der Revolutionsregierung.

Auch Lajos Kossuth, dem Mann, dessen Persönlichkeit und vielfältige Aktionen nicht nur das eigene Volk, sondern auch so viele Staatsmänner in aller Welt in seinen Bann geschlagen haben, blieb Tragik nicht erspart. Der österreichisch-ungarische Ausgleich mit seinen tiefreichenden Folgen isolierte den im Exil lebenden Politiker und ließ ihn zunehmend resignieren. Kossuth verbrachte weitere 27 Jahre in Turin und Umgebung und machte in der Öffentlichkeit nur noch durch zwei politische Schritte von sich reden.[16] Sein engster und bis zu seinem Tode loyalster Mitarbeiter, der Journalist und spätere ungarische Abgeordnete Ignaz Helfy, ließ in einer Mailänder Zeitschrift Vorschläge Kossuths für die Schaffung einer Donauföderation, bestehend aus Ungarn, Kroatien, Serbien und den rumänischen Fürstentümern, veröffentlichen. Dieses Bündnis mit dreißig Millionen Einwohnern sollte einen abwechselnd in Budapest, Zagreb, Belgrad und Bukarest tagenden Gemeinsamen Rat für die Führung der gemeinsamen Außen-, Verteidigungs-, Finanz- und Handelspolitik haben. Jedes Dorf und jede Kommune in Ungarn sollte selbst die offizielle Sprache bestimmen. Die Einwohner Siebenbürgens sollten auch selbst entscheiden, ob sie mit Ungarn verfassungsmäßig einen Staat bilden oder nur durch eine Personalunion miteinander verbunden sein wollten. »Mit dem Motto ›Alle füreinander – einer für alle‹ legen wir nach dem Beispiel der Schweiz einen Schleier über die Vergangenheit«, hieß es in dem Artikel. In Ungarn wollte aber niemand einen eventuellen Sonderstatus für Siebenbürgen diskutieren; alle, auch die sich zu Kossuth bekennende Unabhängigkeitspartei, schwiegen sich über die Konföderationspläne aus. Kossuth selbst schwächte später die Grundidee ab, und andere haben die Verantwortung für die voreilige Publikation seinem jüdischen Vertrauten Helfy in die Schuhe geschoben.

Die zweite Initiative, die viel mehr Staub aufwirbelte, war der an Ferenc Deák, seinen einstigen Mitkämpfer und nachmaligen Wegbereiter der Idee der Versöhnung mit Österreich, gerichtete »Kassandrabrief« vom Mai 1867, in dem Kossuth im Sinne der griechischen Sage vor künftigem Unheil warnte. Österreich könne, so hieß es da, Ungarn keinen Schutz bieten gegen Gefahren von innen und von außen, gegen die zentrifugalen nationalen Kräfte und gegen den zaristischen Imperialismus. Sein Ruf verhallte damals ohne praktische politische Auswirkungen, blieb aber ein wichtiger Teil der immer wieder aufflammenden Diskussionen über die Vor- und Nachteile des historischen Kompromisses zwischen Wien und Budapest.

Kossuth war persönlich weiterhin sehr aktiv. Noch als Achtzigjähriger unternahm er bis zu sechsstündige Ausflüge in die Alpen, sammelte Pflanzen, studierte militärwissenschaftliche Werke; vor allem aber beantwortete er Tausende von Briefen und empfing zahlreiche offizielle Delegationen und Privatbesuche aus der Heimat. Der »Eremit von Turin«, wie ihn die Nation und die ungarische Presse nannten, überlebte nicht nur die meisten seiner Gegner und Weggefährten, sondern auch seine einzige Tochter und seine Schwester. Seine Söhne lebten in Italien, wo Lajos Präsident der italienischen Staatsbahnen wurde; Ferenc kehrte später nach Ungarn zurück und übernahm die Führung der Unabhängigkeitspartei; doch er entpuppte sich als ein unfähiger Politiker und schwacher Charakter.

Kossuth lebte sehr zurückgezogen und unter zunehmend schwierigen Verhältnissen. 1881 verlor er infolge einer italienischen Bankkrise zum dritten Mal fast sein ganzes Vermögen. Nur dank mehreren Verträgen für die Herausgabe seiner Memoiren und indirekten Hilfsaktionen seiner Getreuen, wie zum Beispiel dem vorzeitigen Ankauf seiner Bibliothek, konnte sich der noch immer kerzengerade alte Mann einigermaßen über Wasser halten. Schon fast blind, arbeitete Kossuth energisch und unentwegt weiter, um seine Verpflichtungen korrekt zu erfüllen.

In diese triste Atmosphäre brachte im Sommer 1884 plötzlich ein junges Mädchen ein wenig Sonnenschein. Kossuth lernte Sarolta kennen, die siebzehnjährige Nichte des Exilungarn József Zeyk, der zugleich amerikanischer Ehrenkonsul in Turin war.[17] Der berühmte Greis und das hübsche Mädchen aus Siebenbürgen bildeten ein höchst ungleiches Paar. Dennoch entfaltete sich nach der Abreise Saroltas eine gelegentliche, aber immerhin sieben Jahre dauernde Korrespondenz, in der Kossuth sehr persönliche Gedanken und Sorgen der letzten Turiner Jahre verriet. »Mehr als zwanzig Jahre lebe ich in dieser Stadt. Aber außer meinem Schneider und Schuster habe ich von den 300 000 Einwohnern mit keiner Sterbensseele Kontakt. Durch den Nebel der ewigen Einsamkeit, in der ich mich abquäle, dringt nie ein wärmender Sonnenstrahl ein.«

Obwohl Kossuth immer wieder in Abwesenheit ins ungarische Parlament gewählt und zum Ehrenbürger von 33 Städten, darunter auch Budapest, ernannt wurde, blieb er in Turin. Seine Heimatlosigkeit sei, so schrieb er der jungen Geliebten, »der lebendige Protest gegen das ungarische Königtum der Habsburger«. Nach seiner Flucht hieß es in einem Steckbrief der österreichischen Polizei, daß der gesuchte Kossuth »Deutsch, Ungarisch, Jüdisch, Griechisch, Türkisch, Englisch und ein wenig Russisch« könne.[18] Noch vierzig Jahre später wies Kossuth Sarolta darauf hin, daß seine Post von der k. u. k. Geheimpolizei geöffnet und er noch immer steckbrieflich gesucht werde. Sarolta solle also die Briefe sofort vernichten und überhaupt sehr vorsichtig sein:

> Wer heute in Ungarn Karriere machen will, der muß mich meiden wie der Teufel den Thymian. Als hätten sie noch immer Angst vor mir. Nicht etwa, daß meine alten Knochen so gefährlich wären. Aber das ungarische Volk denkt immer noch voller Hingabe an mich, und sie fürchten, daß diese Opferbereitschaft eines Tages jene Idee, die mit meinem Namen verbunden ist, aus dem Grabe der Vergangenheit heraufbeschwören wird.

In Ungarn selbst wurden die beiden unversöhnlichen Erzfeinde Kossuth und Franz Joseph im Laufe der Zeit freilich in einem unentwirrbaren Geflecht miteinander verbunden und zugleich dem tagespolitischen Streit entrückt. Diese symbolische Versöhnung kam in einer merkwürdigen und von Szekfü in einem Essay über den alten Kossuth als »unbewußte und natürliche Lüge« verurteilten Erklärung des Bürgertums der Stadt Vác (Waitzen) zum Ausdruck. Vác verlieh dem ehemaligen Gouverneur, der nie resigniert und mit dem König keinen Frieden geschlossen hatte, 1894 die Ehrenbürgerschaft und ehrte in ihm den Schöpfer des konstitutionellen Lebens nach der düsteren Zeit, dessen Werk vom apostolischen König Franz Joseph fortgesetzt worden sei!

Diese bizarre gemeinsame Verherrlichung der beiden hat allerdings die Kluft zwischen dem Rebellenführer und dem inzwischen eisgrau gewordenen Monarchen auch nicht überwinden können. Als Kossuth am 20. März 1894 im Alter von 92 Jahren starb, ordnete Franz Joseph trotz heftiger Protestdemonstrationen keine Staatstrauer an; Regierung und Parlament durften offiziell nicht in Erscheinung treten.[19] Die Stadt Turin übergab den Leichnam mit großem Pomp einer Delegation des Budapester Rathauses, das die Überführung in einem Sonderzug nach Budapest organisierte und offizielle Trauer bekundete. Trotzdem war die Hauptstadt drei Tage lang in Schwarz gehüllt. Zehntausende Bauern aus der Provinz verbrachten die Nacht auf den Straßen, um ihrem toten Helden die letzte Ehre zu erweisen. Der Sarg mit den sterblichen Überresten war in der Vorhalle des Nationalmuseums aufgebahrt und wurde am 1. April in Anwesenheit von einer halben Million Menschen zu Grabe getragen.

Kossuths letzte schriftliche Botschaft vor seinem Tode lautete:

> Der Uhrzeiger reguliert nicht den Gang der Zeit, er zeigt sie uns an. Auch mein Name ist ein Uhrzeiger, der die Zeit anzeigt, die kommen wird, die kommen muß, wenn das Schicksal die Zukunft für die ungarische Nation nicht aufhält. Diese Zukunft heißt: ein freies Vaterland für ungarische Bürger! Diese Zukunft ist: die staatliche Unabhängigkeit.[20]

Kossuth war im wahrsten Sinne des Wortes eine Jahrhundertfigur; in seinem Wirken und in seiner Person verdichtete sich 1848/49 die Geschichte. Er hinterließ die beseelende und zugleich äußerst gefährliche Botschaft, die Ungarn seien zu einer besonderen Tragödie und zu besonderem Ruhm berufen. Trotz aller menschlichen Schwächen klebte kein Blut an seinen Händen. Man fand bei ihm keine Spur von Zynismus und Grausamkeit, Verlogenheit und Seelenlosigkeit, die so manche seiner Nachfolger unterschiedlicher politischer Herkunft kennzeichnete.

Im Jahr 1952, auf dem Höhepunkt des menschenverachtenden Stalinismus, ließ der Diktator Mátyás Rákosi im Namen der herrschenden kommunistischen Partei zum 150. Geburtstag Kossuths eine zweibändige Essaysammlung herausbringen. Der Chefideologe des Regimes, József Révai, ging so weit, Kossuth zur Legitimation der eben angelaufenen gewaltsamen Aussiedlung unzuverlässiger bourgeoiser Elemente aus Budapest und anderen Städten in entlegene Gebiete des Landes zu mißbrauchen. Zu Recht sei die KP als Vollenderin seines Werkes zu betrachten. Ein Mitarbeiter des Jubiläumsbandes verstieg sich sogar zur blasphemischen »Dreifaltigkeit«: Stalin – Rákosi – Kossuth!

Die Kommunisten hatten aber immer ein schier unüberwindliches Problem, das ihnen bereits bei der Hundertjahrfeier Sorgen bereitete: die Rolle Rußlands bei der Unterdrückung des Freiheitskampfes. Hier konnte weder Heroisierung noch Dämonisierung, sondern nur die Phantasie helfen. So fand ein begabter und berühmter ungarischer Schriftsteller den Weg von Kossuth und Petőfi nicht nur zu Stalin und seinem »besten ungarischen Schüler«, Rákosi, sondern auch zu einem russischen Freiheitshelden, Kapitän Alexej Gusew.

XXIII Wer war Kapitän Gusew? Russische »Freiheitskämpfer« zwischen Minsk und Budapest

Im ungarischen Freiheitskampf starben Polen und Ungarndeutsche, Österreicher und Engländer, Kroaten und Slowaken, ja sogar Serben als Offiziere und Soldaten der Honvédarmee und der Nationalgarde. Bis 1945 wußte aber niemand, daß auch russische Offiziere der zaristischen Armee 1849 gegen die Intervention in Ungarn rebelliert haben und von einem Kriegsgericht zum Tode beziehungsweise zu lebenslänglicher Verbannung verurteilt wurden. Die ersten Informationen über die in der ungarischen Geschichtsschreibung nie erwähnten Ereignisse enthielt eine 55-Seiten-Broschüre mit dem Titel *Ungarisch-russische historische Beziehungen*[1], die 1945 in der Serie »Bibliothek der guten Nachbarschaft« von der kurz zuvor gegründeten ungarisch-sowjetischen Kulturgesellschaft in Budapest herausgegeben wurde.

Zwei aus der sowjetischen Emigration zurückgekehrte Intellektuelle, der Philosoph Béla Fogarasi und der Schriftsteller Béla Illés, beschäftigten sich in acht kurzen Aufsätzen mit verschiedenen, in Ungarn nicht hinreichend bekannten Beweisen für die freundschaftlichen Gefühle, die die Russen gegenüber dem ungarischen Volk hegten. In einem Kapitel »Russische Offiziere für Lajos Kossuth«[2] schilderte Béla Illés das Schicksal des Artilleriekapitäns Alexej Gusew und seiner Kameraden.

Die wissenschaftlichen Mitarbeiter der historischen Abteilung der weißrussischen Akademie der Wissenschaften in Minsk, so hieß es da, fanden 1936 beim Ordnen des Archivs der zaristischen Verwaltung ein vergilbtes Aktenbündel mit der Aufschrift: »Kriminalfall Alexej Gusew, Kapitän der Artillerie, und Konsorten, Mai–August 1849«. Der Aktendeckel enthielt zwei Dokumente: die Anklageschrift gegen Alexej Gusew und seine fünfzehn Gefährten sowie das Urteil. Die Geständnisse der Angeklagten waren nicht bei den Akten, aber die vorhandenen Papiere bezeugten die wichtigsten Fakten.

Demnach wurden Gusew und die fünfzehn anderen Offiziere im Mai 1849 verhaftet, weil sie in der zur Niederwerfung des ungarischen Freiheitskampfes entsandten russischen Armee Propaganda gegen die Intervention und zugunsten der ungarischen Freiheitsbewegung getrieben hatten. Laut Anklageschrift hatten Gusew und seine Kameraden Lajos Kossuth und die »anderen Rebellen« verherrlicht. Sie hatten in Kontakt mit den Feinden Seiner Majestät des Zaren gestanden und sich dadurch des Hochverrats schuldig gemacht. Im Urteil war aber nicht von Kontakten mit Kossuth die Rede; offensichtlich befanden sich die Verhafteten erst auf dem Weg von ihren Garnisonen nach Ungarn. Das Urteil zitiert aber einige Sätze aus dem Verhör Gusews, die nach Ansicht der Richter als Geständnis angesehen werden mußten.

> Wir sollen gegen die Ungarn kämpfen, weil sie die Feinde des Habsburgkaisers sind? Das ist doch kein Grund, russisches Blut zu vergießen. Das russische Volk hat keinen Grund, freundliche Gefühle für den Habsburgkaiser zu hegen; es hat hingegen allen Grund, die Habsburger, welche die kleinen slawischen Völker unterdrücken, als Feinde zu betrachten. Oder sollten wir deshalb gegen die Ungarn kämpfen (wie wir es ständig hören), weil die Ungarn die dort lebenden Slawen unterdrücken? Wenn wir die Ungarn besiegen, befreien wir damit die im Habsburger-Reich lebenden Slawen nicht, sondern erreichen nur, daß außer den Slawen auch die Ungarn Sklaven der Deutschen sein würden. Wir müssen nicht dafür, sondern dagegen kämpfen. Wenn die ungarische Freiheitsbewegung siegt, werden die Ungarn für den Schutz der durch blutige Opfer erkämpften Freiheit die Freundschaft der slawischen Nachbarn brauchen. Und so würde der Sieg der ungarischen Sache jenes Resultat erbringen (die Befreiung der im Habsburger-Reich lebenden Slawen), das wir, so hört man, dadurch erreichen sollen, daß wir die ungarische Bewegung in Blut ersticken.

Gusew soll laut Anklage auch die Schriftsteller und Redner der Französischen Revolution fleißig gelesen haben.

Der Prozeß vor dem Militärgericht in Minsk dauerte, so referierte Illés, zwei Tage: Er begann am 29. Juli und endete bereits am 30. mit der Urteilsverkündung. Sieben der sechzehn Angeklagten wurden degradiert, aus der Armee ausgeschlossen und gehenkt. Neun wurden nach Sibirien verbannt. Die mildeste Strafe betrug fünfzehn Jahre. Hauptmann Gusew mußte vor seiner eigenen Hinrichtung zuschauen, wie seine sechs Kameraden gehenkt wurden. Das Urteil wurde am 16. August im Hof der Preobrazhenski-Kaserne in Minsk vollstreckt. Fürst Galicin, der Gouverneur, war anwesend. Da die zaristischen Behörden Verhaftung, Prozeß, Urteil und Hinrichtungen streng geheimgehalten hatten, verbot Fürst Galicin auch, die Angehörigen der Verurteilten über das Schicksal ihrer Verwandten zu informieren. Zum Schluß merkte Béla Illés an, er wisse nicht, ob die historischen Dokumente des Geschehens den »deutschen Banditen, die Minsk in Brand gesteckt haben, zum Opfer fielen«, aber es sei sicher, daß auszugsweise Kopien der Dokumente des Minsker Prozesses im Archiv des Leningrader Kriegsgeschichtlichen Museums aufzufinden seien.

Vier Jahre nach Erscheinen des längst vergessenen Bändchens brachte das Zentralorgan der inzwischen allein herrschenden Kommunisten, *Szabad Nép* (Freies Volk) mit einer Auflage von fast 800 000 Exemplaren, am 16. August 1949 einen langen, beinahe die ganze siebte Seite füllenden Artikel *Zum hundertsten Jahrestag des Gusew-Prozesses* von Béla Illés. In diesem Artikel wiederholte der Autor wörtlich Einzelheiten aus seinem vier Jahre zuvor veröffentlichten Kapitel, allerdings ergänzt durch neue Fakten, wie etwa Informationen über den sowjetischen Kommissar für Unterricht, Lunatscharski, der 1927 die russischen Historiker darauf aufmerksam machte, daß man sich in der Umgebung von Minsk immer noch von den russischen Offizieren erzählte, die gehenkt worden seien, weil sie »zur ungarischen Religion konvertierten«. Diese Legende lebte in der Tat bis heute weiter und hätte die Forscher veranlaßt, der Sache auf den Grund zu gehen.

Illés fügt hinzu, daß nach dem Zweiten Weltkrieg noch andere »fragmentarische Akten« über landesverräterische Offiziersgruppen aufgetaucht seien. Jedenfalls zeigten selbst die bruchstückweise verfügbaren Dokumente, daß die ungarnfreundliche Offiziersbewegung ein viel größeres Ausmaß gehabt habe, als es das Urteil im Gusew-Prozeß vermuten ließ, zumal da in zwei neuentdeckten Aktenstücken Querverbindungen zum Fall Gusew festzustellen seien.

Laut einer weißrussischen Überlieferung, schrieb Illés, brach am Tag der Hinrichtung Gusews und seiner Kameraden ein Großbrand im Gebäude der Minsker Militärverwaltung aus. Obwohl es den ganzen Tag regnete, konnte der Brand nicht gelöscht werden, das Gebäude brannte vollkommen aus. Illés räumt ein, daß die Historiker der Stadt Minsk nichts über diesen Brand wüßten, doch die Legende habe recht, da die Feuer, die Gusew und die russischen Freiheitskämpfer angezündet hätten, ohnehin alle Festungen der zaristischen Tyrannei in Asche legten.

Die Redaktion wies in einer Fußnote noch darauf hin, daß die Volksarmee der russischen Offiziersfreunde des ungarischen Freiheitskampfes in würdiger Weise gedenken werde. »Am Gebäude des Ministeriums für Schwerindustrie wird um elf Uhr durch Generalleutnant László Sólyom eine Gedenktafel enthüllt, die Straße wird nach Gusew benannt, und zwei Tage später findet eine Gusew-Gedenkfeier im Haus der Volksarmee statt, wo Generalleutnant Sólyom über den heldenhaften russischen Hauptmann Gusew eine Gedenkrede halten wird.«

Generalstabschef Sólyom wurde knapp ein Jahr später im Zuge der Säuberung der Armeeführung nach einem Geheimprozeß hingerichtet. Die Gedenktafel blieb, und auf der Straßenseite gegenüber wurde sogar ein Relief mit dem Bild Kapitän Gusews und dreier 48er-Honvéds errichtet. Bei den diversen Revolutionsfeiern sprachen dann andere Generäle und Parteifunktionäre, es wurden Kränze oder rote Nelken niedergelegt. Als der sowjetische Staatspräsident Mikojan in Ungarn weilte, vergaß er nicht, in einer großen Rede im Parlament das Vermächtnis Gusews und seiner heldenhaften Kameraden in Erinnerung zu rufen.

Indessen hielten sich hartnäckige Gerüchte, daß Gusew, der Held, nach dem man auch in einer ganzen Reihe von Städten Straßen benannt hatte, in Wirklichkeit nie existiert habe. Er sei ein im Parteiauftrag erfundenes Produkt der blühenden Phantasie von Illés gewesen!

Béla Illés war in der Tat bekannt als der vielleicht letzte große Anekdotenerzähler. Geboren 1895 in Kassa, spielte er in der kommunistischen Räterepublik eine Rolle und emigrierte 1923 in die Sowjetunion. Er war Autor mehrerer Romane mit sozialrevolutionär-politischen Themen und viele Jahre Generalsekretär des Weltbundes der proletarischen Schriftsteller. Als Sekretär des später hingerichteten Führers der ungarischen KP, Béla Kun, fiel auch er in Moskau in Ungnade, wurde kurz verhaftet und aus der Partei ausgeschlossen. Nach Kriegsausbruch meldete er sich als Freiwilliger zum Volkssturm und betrieb an der vordersten Front so tapfer und so einfallsreich Zersetzungspropaganda, daß die Partei und die Armee ihn wieder in ihre Reihen aufnahmen. Als Oberstleutnant der Roten Armee war Illés Chefredakteur der ungarischsprachigen Armee- und Besatzungszeitungen und amtierte schließlich während der schlimmsten Zeit des Stalinismus, zwischen 1950 und 1956, als Chefredakteur der während des Tauwetters so wichtig gewordenen Wochenzeitung *Irodalmi Ujság* (Literaturzeitung).

Ist es möglich, daß ein angesehener, altgedienter Kommunist in einer politisch so heiklen Frage wie der Geschichte eines ungarnfreundlichen russischen Helden nicht nur das ungarische Volk, sondern auch die sowjetischen Genossen zum Narren gehalten hat?

Fast zwanzig Jahre nach Illés' Tod und zum hundertsten Jahrestag seines Geburtstags meldete sich, wohlgemerkt Jahre nach dem Zusammenbruch des Kommunismus, ein Kronzeuge zu Wort: Gábor Goda, Schriftsteller und Essayist, war 1949 Stadtrat für Kultur.[3] Er mußte seinerzeit die Rede anläßlich der Umbenennung der Sas-utca (Adlerstraße) in der Innenstadt in Gusewstraße halten. Goda hatte nie von ihm gehört, und seine Sekretärin konnte nur herausfinden, daß angeblich Illés etwas über Gusew geschrieben hatte. Der Stadtrat war nicht zu besorgt, da er schon viele Gedenktafeln und Straßenschilder enthüllt hatte, und üblicherweise waren ohnehin nur ein paar Dutzend Verwandte, Kollegen und neugierige Passanten anwesend. In seinem Gedenkartikel erzählte der ehemalige Stadtrat dann folgendes:

> Es war ein verblüffender Anblick in der ruhigen Gasse der Textilbranche. Ich habe noch nie so viele Offiziere, Generäle und Marschälle auf einmal beisammen gesehen. Die Straße war von all den vielen Lampassen (Generalsstreifen) rot. Militärkapelle, Ehrengarde, langer roter Teppich verliehen der Veranstaltung eine noch feierlichere Note. Und ich hatte keine Ahnung, was ich über Gusew sagen sollte, weil ich nicht wußte, wer er war. Ich fragte meinen Freund, den Historiker und Militärbischof, wer denn dieser Gusew sei. Er wußte es auch nicht. Dann habe ich den Schleier von der Gedenktafel gehoben und den Text erblickt: »Kapitän Gusew... der im Freiheitskampf 1848/49 die Seite gewechselt hat.« Das genügte für meine Rede. Illés war im Spital, wie immer zu heiklen Zeiten, und nahm das Telefon nicht ab. Nach dem Fest ging ich ins Spital und mißachtete die Tafel an der Tür: »Besuch streng verboten!« und stellte Illés die Frage nach Gusew...

Dem Stadtrat nannte Illés dann die gleichen »Fakten«, die auch die Originalgeschichte enthielt. Später reisten sogar junge ungarische Historiker nach Minsk, um über Gusew zu recherchieren. Illés war nicht beunruhigt darüber, da er wußte, daß das Archiv in Schutt und Asche lag, meinte Goda. Als die jungen Forscher schon alle Hoffnungen aufgegeben hatten, entdeckten sie eine ernste wissenschaftliche Abhandlung in der offiziösen sowjetischen Monatszeitschrift *Voproszi Istori* (Fragen der Geschichte) über den Fall Gusew. Doch bereits die erste

Fußnote lautete »Béla Illés, Delo Guszeva«. Als sie dann zu Onkel Béla gingen, um endlich Gewißheit zu erlangen, antwortete dieser mit der ewigen Pfeife im Mund: »Fahrt nach Minsk, da waren die Akten... Oder fahrt doch nicht hin, da alles im Krieg in Asche gelegt wurde.«[4]

Goda und die anderen Autoren der Erinnerungen an Illés gingen von der Annahme aus, daß die Kommunistische Partei, die eine ganze Serie von großangelegten Veranstaltungen zur Hundertjahrfeier der Revolution organisiert hatte, »Kapitän Gusew« brauchte, um von der Schande der Niederschlagung des Freiheitskampfes durch die Russen irgendwie abzulenken. Ich wurde erst durch die Fußnote in der monumentalen Görgey-Studie von Domokos Kosáry auf das genaue Datum beziehungsweise auf die »Urgeschichte« des Gusew-Prozesses aufmerksam. Illés hatte also bereits 1945 sozusagen von sich aus Gusew erfunden und mußte 1949 die alten »Fakten« nur erneuern und zusätzliche Ergänzungen zu diesem festlichen Anlaß fabulieren.

In Moskau soll ein damals noch immer dort lebender kommunistischer Dichter Antal Hidas, der Schwiegersohn von Béla Kun, den auf Besuch weilenden Illés zur Rede gestellt haben: »Sag mal, Béla, warum hältst du die Welt zum Narren? Gusew hat doch nie existiert.« Worauf Illés antwortete: »Gusew existierte... Und wenn er nicht existierte, dann existierten andere Russen.«[5]

So wurde aus dem legendären und lange gefeierten russischen Helden Gusew ein Phantom und in der Diskussion zur Zeit des Kommunismus ein Tabuthema, zumindest solange Illés noch am Leben war. Der nach der 1956er Revolution jahrelang inhaftierte und später in der Schweiz lebende einstige Moskauer Emigrant und Dramatiker Gyula (Julius) Háy schrieb in seinen Memoiren: »Illés war ein Mann, von dem ich trotz seiner vielen menschlichen Fehler nur mit Sympathie sprechen kann... Der mutigste Mann im Krieg und der größte Feigling im Zivilleben. Ein Lügner, der aber mit Phantasie und Leidenschaft log.«[6]

Als im Sommer 1956 der gefürchtete Diktator Mátyás Rákosi gestürzt wurde, saß Illés als Chefredakteur in seinem Redaktionszimmer. Tränen flossen über sein zerfurchtes Gesicht, während er seinen jungen Kollegen mit stockender Stimme zurief: »Ihr wißt nicht, Burschen, wieviel Angst wir hatten und wieviel wir gelogen haben, dreißig Jahre hindurch - draußen!«[7]

Nach dem Sturz Rákosis blieben die Straße, die Gedenktafel und das Relief mit Gusews Name noch jahrzehntelang unangetastet. Erst in den frühen neunziger Jahren hat die kleine Straße zusammen mit vielen anderen wieder ihren alten Namen »Sas-utca« zurückbekommen.

Und der Erfinder Gusews? Er starb 1974. Ein Spottgedicht sagt über die Inschrift auf seinem Grabstein:

Hier ruht Illés Béla,
wenn es wahr ist…

XXIV Elisabeth, Andrássy und Bismarck: Der Weg zur Versöhnung von Österreich und Ungarn

Am 8. Juni 1867, am Krönungstag, war ganz Budapest (bis 1872 noch offiziell dreigeteilt in Pest, Buda und Altbuda) um fünf Uhr auf den Beinen.[1] Bereits im Morgengrauen strömten festlich gekleidete Menschen vom Land in die Stadt, um sich entlang der Straßen an beiden Donauufern aufzustellen. Um sieben Uhr setzte sich der Krönungszug von der Burg aus in Bewegung. Zuerst kam mit schmetternden Trompeten eine Abteilung Husaren durch das Burgtor geritten, dann folgten die Hofpagen, die Leibwache, die Großen des Reiches, hochadlige Fahnenträger, der Ministerpräsident, Graf Gyula Andrássy, mit der heiligen Krone in der Hand, dahinter die Bannerherren mit den Reichinsignien und schließlich Franz Joseph in der Uniform eines ungarischen Generals, alle zu Pferd. Unbestrittener Höhepunkt des Zuges von der Burg zur Matthiaskirche in Buda war die Königin, die in einer von acht Schimmeln gezogenen, bekrönten gläsernen Kutsche saß. Der *Pester Lloyd*, die deutschsprachige liberale Zeitung, beschrieb ihren Auftritt so:

> Auf dem Haupte die diamantene Krone, das leuchtende Symbol der Hoheit, aber den Ausdruck der Demuth in der gebeugten Haltung und die Spuren tiefster Ergriffenheit in dem edlen Antlitze, so schritt oder vielmehr schwebte sie dahin, als wäre eines von den Bildern, welche die heiligen Räume schmücken, aus dem Rahmen gestiegen und lebendig geworden. Das Erscheinen der Königin rief hier an heiliger Stätte einen tiefen und nachhaltigen Eindruck hervor.

Die Krönungszeremonie in der Kirche dauerte eine knappe Stunde. Der Kirchenchor sang alte Psalmen und die vom berühmtesten Wahlungarn, Franz Liszt, für diesen Anlaß komponierte Krönungsmesse. Bei der feierlichen kirchlichen Handlung wurde Franz Joseph von Fürstprimas János Simor gesalbt; dann setzten die beiden höchsten Würdenträger, der Primas von rechts und der als stellvertretender Palatin agierende Ministerpräsident Andrássy von links, die Krone auf das Haupt des knienden Königs. Auch Elisabeth wurde gesalbt; Andrássy hielt nach altem Brauch die Krone über ihre rechte Schulter. Dann trat er vor in den Altarraum und rief nach alter, geheiligter Sitte: »Es lebe der gekrönte König!« Und dreimal erscholl der Eljenruf, der in der Kirche und dann in der Stadt tausendfachen Widerhall fand.

Nach der Krönung zogen die Männer über die Kettenbrücke zur verfassungsmäßigen Eidesleistung zum Schwurplatz auf der Pester Seite. Alle Teilnehmer, auch die Bischöfe, waren zu Pferd. Der König ritt seinen Krönungsschimmel, die Krone des heiligen Stephan auf dem Haupt, dessen Prunkmantel um die Schultern und dessen Schwert an der Seite. Der Augenzeuge Ludwig von Przibram berichtete:

> Was da an Pracht der Nationalkostüme, an Reichtum der Pferdegeschirre und des Sattelzeuges, an Wert der Edelsteine in Agraffen, Wehrgehängen und Spangen, an alten Waffen, mit Türkisen, Rubinen und Perlen besetzten Säbeln usw. aufgeboten wurde, entsprach mehr einem Bilde von orientalischer Prachtentfaltung als den Schilderungen von der Verarmung und Aussaugung des Landes, wie sie zur Verbrämung der Adreßdebatte [im ungarischen Reichstag] aufgewendet wurden. Der Gesamteindruck aber war doch der einer feudal-aristokratischen Heerschau. Man glaubte sich förmlich ins Mittelalter versetzt beim Anblick dieser mit Prunk beladenen Reichsbarone und Bannerherren, denen in stummer Unterwürfigkeit die gewappneten Vasallen und Mannen Heerfolge leisteten. Insbesondere das Banderium [Reitergruppe] der Jazygier und Kumanier, die teils in Panzerhemden, teils in Bärenfelle gekleidet waren und als Hauptschmuck Tierköpfe oder Büffelhörner trugen, gemahnte an die Zeiten, da sich das christliche Europa der Einfälle aus dem heidnischen Osten zu erwehren hatte. Von bürgerlichen Elementen, von Zünften, Gewerben keine Spur.

Die Magnaten entfalteten den ganzen Pomp des Hochadels. Graf László Batthyány führte ein eigens für diesen Anlaß gefertigtes massiv silbernes Reitzeug vor, die Pferdedecke allein wog 24 Pfund. Sein Bruder Elemér hatte seine Tracht von einem Maler nach mittelalterlichen Zeichnungen rekonstruieren lassen. Er trug ein silbernes Panzerhemd, das in Handarbeit aus 18 000 Ringen zusammengesetzt war. Graf Elemér Zichy trug den Familienschmuck, mit Smaragden, groß wie Hühnereier.

Die alte Zeremonie der ungarischen Krönung wurde bis ins klein-

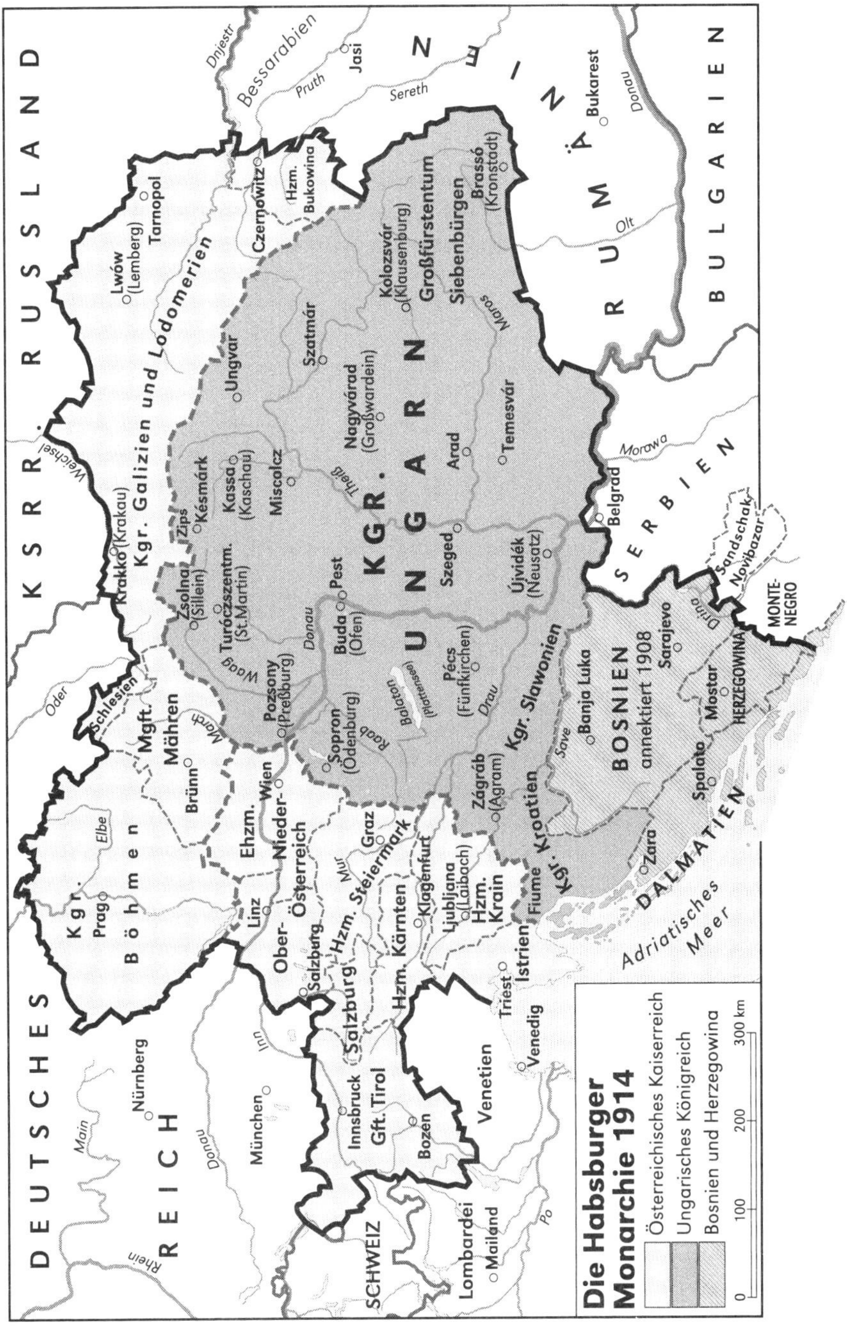

Die Habsburger Monarchie 1914
Österreichisches Kaiserreich
Ungarisches Königreich
Bosnien und Herzegowina
0
100
200
300 km
DEUTSCHES REICH
KSRR. RUSSLAND
RUMÄNIEN
BULGARIEN
SERBIEN
MONTE-NEGRO
SCHWEIZ
Bessarabien
Kgr. Böhmen
Mgft. Mähren
Schlesien
Kgr. Galizien und Lodomerien
Hzm. Bukowina
Ehzm. Nieder-Österreich
Ober-Österreich
Hzm. Salzburg
Hzm. Steiermark
Hzm. Kärnten
Hzm. Krain
Gft. Tirol
Istrien
Kgr. Kroatien
Kgr. Slawonien
KGR. UNGARN
Großfürstentum Siebenbürgen
BOSNIEN annektiert 1908
HERZEGOWINA
DALMATIEN
Sandschak Novibazar
Lombardei
Venetien
Adriatisches Meer
Prag
Brünn
Wien
Linz
Salzburg
Innsbruck
Bozen
Graz
Klagenfurt
Ljubljana (Laibach)
Triest
Fiume
Zágráb (Agram)
Pozsony (Preßburg)
Sopron (Ödenburg)
Zsolna (Sillein)
Turóczszentm. (St. Martin)
Krakkó (Krakau)
Lwów (Lemberg)
Tarnopol
Czernowitz
Zips
Késmárk
Kassa (Kaschau)
Miscolcz
Ungvar
Szatmár
Nagyvárad (Großwardein)
Kolozsvár (Klausenburg)
Brassó (Kronstadt)
Arad
Temesvár
Szeged
Újvidék (Neusatz)
Buda (Ofen)
Pest
Pécs (Fünfkirchen)
Balaton (Plattensee)
Banja Luka
Sarajevo
Mostar
Spalato
Zara
Belgrad
Bukarest
Jasi
Nürnberg
München
Mailand
Venedig
Weichsel
Oder
Elbe
March
Waag
Donau
Theiß
Raab
Drau
Save
Mur
Inn
Main
Rhein
Po
Maros
Olt
Morawa
Drina
Pruth
Sereth
Dnjestr

ste Detail nachvollzogen. Auf dem Platz war eine Schwurtribüne errichtet und mit kostbaren Teppichen bedeckt. Auf beiden Seiten nahmen die Mitglieder der beiden Häuser des Reichstages Aufstellung. Hier unter freiem Himmel sprach Franz Joseph dem Fürstprimas, der die Worte vorsagte, den Eid nach: »Die Rechte, die Verfassung, die gesetzliche Unabhängigkeit und territoriale Integrität Ungarns und der Nebenländer werden Wir unverletzt aufrechterhalten.«

Nun bestieg der König wieder sein Pferd, und der Festzug bewegte sich zum Krönungshügel. Der Kettenbrücke gegenüber, am Pester Donauufer, war aus Erde, die aus allen Komitaten des Landes stammte, ein Krönungshügel nach dem Vorbild in Preßburg errichtet worden. Hier erfolgte der sogenannte »Königshieb«: Nach dem traditionellen Ritt im Galopp auf den Hügel schwang der König den Säbel nach allen vier Himmelsrichtungen und Weltgegenden, als Zeichen dafür, daß er dieses Land gegen jeden, von welcher Seite auch immer drohenden Feind verteidigen werde.

Das eigentliche Volksfest fand dann am Abend im Pester Stadtwäldchen statt. Gebratene Ochsen und Wein gab es gratis. Der verfassungsmäßigen Krönungsfeier folgte am nächsten Tag, dem Pfingstmontag, das Freudenfest der Hauptstadt, die Majestäten betrachteten vom Balkon des königlichen Schlosses aus den Umzug der Ungarn in Nationaltracht und mit den Geschenken des Volkes. Der berühmteste ungarische Schriftsteller der Epoche, der vom Revolutionär zum habsburgtreuen Monarchisten gewordene Mór Jókai, schloß seine Beschreibung der Königskrönung in einem zum 25. Jahrestag herausgegebenen Band mit folgenden Worten ab: »Ein so erhabenes Schauspiel aus dem ungarischen Volksleben bekommt man nur einmal im Leben zu sehen, um es dann nie wieder zu vergessen!«

Der zur Schau gestellte Pomp der Königskrönung stand freilich im krassen Gegensatz zur Armut der Bauern und vieler Städter. Ausländische Beobachter wie der Schweizer Gesandte waren daher weniger begeistert als die hauptstädtischen Zeitungen:

> Der ganze Zug machte trotz seiner Pracht und wirklichen Großartigkeit auf den unbeteiligten Zuschauer doch etwas den Eindruck eines Faschingsmummenschanzes… Dieses Stück Mittelalter paßt nun einmal nicht in unsere Zeit.

Auch die Frau des belgischen Gesandten sah den Glanz des Festes mit gemischten Gefühlen: »…In alledem bleibt ein Rest von Barbarei.«

Die Krönung war die Besiegelung einer in der europäischen Geschichte wohl einmaligen Entwicklung, eines atemberaubenden politischen Szenenwechsels, voll von Dramatik und Überraschungen. Persönliche Momente, Haß und Zuneigung der handelnden Personen waren ebenso wichtig wie die großen Weichenstellungen in der europäischen Politik infolge des unaufhaltsamen Aufstiegs Preußens. Die außenpolitischen Mißerfolge der Monarchie in Italien führten zunächst zu einer schrittweisen Lockerung der polizeilichen und administrativen Unterdrückung in Ungarn und in den frühen 1860er Jahren auch zu verfassungsrechtlichen Zugeständnissen, die aber vom ungarischen Reichstag einhellig abgelehnt wurden. Kossuth pochte in der Emigration auf die völlige Unabhängigkeit Ungarns im Sinne der Entthronungsbeschlüsse von 1849. In den schweren Jahren der passiven Resistenz stieg dann jedoch der einstige Justizminister in der Batthyány-Regierung, Ferenc Deák, zur politischen Leitfigur der Opposition auf. Der bescheidene, schlichte, ruhige, zugleich aber außerordentlich intelligente Politiker wurde in einer scheinbar ausweglosen Situation zum »Weisen der Nation«. Das Volk hing an Kossuth, der auch aus der Ferne die Menschen in Bann hielt. Einige der fähigsten Denker freilich betrachteten ihn als Symbol der ungarischen Krankheit, des »Strohfeuers«. Dagegen bestand Deáks Taktik in der passiven Resistenz im Zeichen der Kontinuität des Rechts von 1848. Er war der Vertreter eines nüchternen Realismus.

Der Dichter Mihály Babits nannte ihn in seinem Essay im Sammelband *Was ist ein Ungar?* den »charakterischesten ungarischen Politiker«. Dieser korpulente und ungewöhnlich geschickte Landedelmann aus Zala, dem Südwesten Transdanubiens, strebte nie nach Ruhm und Macht und lebte auch als führender Politiker der liberalen Partei nur in einem kleinen Appartement des Hotels »Königin von England« in Budapest.

Daß sich Franz Joseph schließlich mit dem Dualismus abfand, war allerdings nicht Deáks Verdienst allein, sondern vor allem das Werk Bismarcks.[2] Die Niederlage bei Königgrätz und die endgültige Verdrängung Österreichs aus Deutschland boten den Ungarn eine einmalige Chance, und Deák ließ sie nicht ungenutzt verstreichen. Die Bedeutung Ungarns in der Monarchie wurde mit der Verschiebung des politischen Schwerpunktes des Habsburger-Reiches nach Osten und Südosten wesentlich größer. Die Frage, ob dieses auf lange Sicht als Großmacht im Herzen Europas zwischen Deutschland und Rußland würde überleben können, hing im wesentlichen von der Verständigung und später von der endgültigen Versöhnung mit der stärksten »historischen Nation« der Monarchie ab. Franz Joseph hatte nach den Niederlagen von 1859 und 1866 erkennen müssen, daß der Weg der absolutistischen Gleichschaltungsversuche nicht mehr gangbar war. In dieser Situation bot Deák mit seinem einzigartigen Sinn für das Machbare eine für beide Seiten ohne Gesichtsverlust annehmbare Lösung an.

Sein berühmter »Osterartikel«, erschienen am 16. April 1865 in der Tageszeitung *Pesti Napló* (Pester Tagebuch), war der Auftakt zum Ringen um den »Ausgleich« zwischen Wien und Budapest auf der Grundlage der Rechtskontinuität, das heißt der Anerkennung der vom Hof gebilligten 1848er Verfassung. Deák legte den ungarischen Standpunkt mit besonnener Festigkeit, zugleich aber in eindrucksvoll verbindlichem Ton dar. Selbst ein Ungarn gegenüber äußerst kritischer Historiker wie Steinacker erkannte die staatsmännische Leistung des ungarischen Politikers an:

> Die einzigartige Autorität, mit der er diese Lösung durchsetzte, dankt er einer in seinem Volke seltenen Eigenschaft: er besaß Maß. Unabhängig vom Wandel der Machtverhältnisse und der öffentlichen Stimmung, hielt er an seiner Linie unerschütterlich fest. Er hatte einen untrüglichen Kompaß an seinem unbeirrbaren Rechtssinn, der sich nicht in seiner vielleicht etwas formalistischen, aber meist durchschlagenden juristischen Logik erschöpfte, sondern auf dem klaren Grund einer starken sittlichen Persönlichkeit ruhte und sich durch Interessen oder Wünsche nicht verdunkeln ließ. Deák paßte sich ungünstigen Lagen nicht an, sondern wartete, bis sie sich wandelten. Eine einfache Natur, aber ein großer Mensch, einmalig in seiner Art, wie nur Széchenyi.[3]

Der Kaiser reagierte entgegenkommend, und der Hof war bereit, die berüchtigte »Verwirkungstheorie« aufzugeben, die Ungarn nach der Revolution von 1848/49 aller staatsrechtlichen Privilegien für verlustig erklärte. Nach der Niederlage bei Königgrätz traten die zuerst schleppend und inoffiziell geführten Verhandlungen in die entscheidende Phase. In diesem Sinne hatte in der Tat Bismarck durch den Sieg über das Haus Habsburg den Weg zum Ausgleich frei gemacht. »Was fordert Ungarn?« hatte der Kaiser Deák bei der ersten Audienz in Schönbrunn nach der Katastrophe gefragt. »Nach Königgrätz nicht mehr als vor Königgrätz«, antwortete der bedeutendste ungarische Politiker in seiner ruhigen Art.

Zu Anfang des Jahres 1867 kam es zu einem Wechsel an der Spitze der österreichischen Regierung. Ministerpräsident Graf Richard Belcredi, der den sich anbahnenden Dualismus ablehnte und für einen föderalen Staatenbund aus fünf politischen Einheiten plädierte, wurde durch den früheren sächsischen Ministerpräsidenten Ferdinand von Beust ersetzt. Dieser verstand sich gut mit Graf Gyula Andrássy, dem 1858 aus dem Exil nach Ungarn zurückgekehrten temperamentvollen und beredten, nach Deák wichtigsten ungarischen Politiker. So kam es, daß der Kaiser den anderthalb Jahrzehnte zuvor zum Tode verurteilten und »in effigie« an den Galgen genagelten Andrássy im Februar 1867 auf Vorschlag Deáks zum ungarischen Ministerpräsidenten ernannte.[4]

Eine beinahe paradoxe Situation.

Daß Kossuths Einfluß trotz seiner im berühmten »Kassandrabrief« vom Mai 1867 an Deák ausgesprochenen Warnungen vor den künftigen Gefahren von innen und von außen weitgehend ausgeschaltet werden konnte und auch die Proteste von Erzherzogin Sophie gegen Abmachungen mit dem verhaßten »Rebellenpack« wirkungslos blieben, hing mit der Rolle Kaiserin Elisabeths zusammen. Robert A. Kann stellt in seiner Analyse der Ausgleichsverhandlungen fest:

> In Ungarn hätten weder Deáks Ehrlichkeit noch Andrássys Geschicklichkeit, weder die Beliebtheit beider Männer noch der gute Wille Franz Josephs genügt, wenn nicht die Königin-Kaiserin Elisabeth vermittelt hätte, die eine Saite in den ritterlichen Herzen der magyarischen Adligen erklingen ließ.[5]

Schon für die Zeitzeugen war die Rolle Elisabeths offensichtlich. So schrieb anläßlich der Krönung der *Pester Lloyd*:

> Und wer sollte es verkennen, daß die Liebe der Nation auch ganz und ungetheilt der Königin zugewendet ist? Wird doch die anmuthsvolle Frau wie eine wahre Tochter Ungarns betrachtet. Ist man ja überzeugt, daß in ihrem edlen Herzen die Gefühle der Vaterlandsliebe wohnen, daß sie wie die ungarische Sprache so auch die ungarische Denkweise sich angeeignet, daß sie stets eine warme Fürsprecherin der Wünsche Ungarns gewesen.[6]

Und der Schweizer Gesandte stellte in seinem Bericht über die Königskrönung fest, daß Elisabeth »gegenwärtig die populärste Persönlichkeit«

im Land sei. Zwei Gnadenakte hätten »ganz Ungarn in einen fast frenetischen Enthusiasmus« versetzt. Zum einen erließ der Kaiser eine allgemeine Amnestie für alle politischen Vergehen seit 1848; und zum anderen wurde das traditionelle Krönungsgeschenk, immerhin eine Summe von 100 000 Gulden, auf Antrag Andrássys den Witwen, Waisen und Invaliden der Honvédarmee zugesprochen, also den Hinterbliebenen jenes Heeres, das gegen die kaiserliche Armee gekämpft hatte.

Daß diese Gesten in Cisleithanien, also der westlichen Reichshälfte, kritisch aufgenommen wurden, zeigt der empörte Ausbruch in einem Brief des Generaladjutanten Crenneville an seine Frau: »... es ist eine Niederträchtigkeit. Ich möchte schon lieber tot sein, als solch eine Schmach zu erleben. Wo werden wir hinkommen? Das heißt nicht regieren, solcher Canaillen Ratschläge zu befolgen. Andrássy verdient den Galgen mehr als 1849.« In einem anderen Brief beschwerte sich ein ungarnfeindlicher Hofschranze aus Budapest, Elisabeth wolle nach der Krönung unbedingt einen Ball bei Andrássy besuchen, »der vielleicht kein Verräter mehr ist, aber doch eine falsche, von Weibern beeinflußte Canaille«. Bereits ein Jahr zuvor hatte der wachsame Höfling anläßlich einer Reise des kaiserlichen Paares nach Budapest vermerkt, die Kaiserin habe beim Hofball in der Burg eine Viertelstunde lang mit Andrássy in ungarisch gesprochen. Mit Betonung fügt er dem Brief an seine Frau noch hinzu, daß »die Hofdamen nichts verstanden!!!«

Im Mittelpunkt der Tratschgeschichten von damals und im literarischen Kitsch der folgenden Jahrzehnte stand die Beziehung Sissis, wie sie im Volksmund genannt wurde – sie selbst schrieb »Sisi« –, zu Andrássy. Dazu vermerkt die Historikerin Brigitte Hamann, die in ihrer zum Standardwerk gewordenen Biographie *Elisabeth – Kaiserin wider Willen* alle neu zugänglichen Quelle berücksichtigte:

> Trotz riesiger Neugier und geradezu kriminalistischem Spürsinn mancher Hofchargen, einen »Fehltritt« der Kaiserin mit Andrássy nachweisen zu können, ist dies doch nie gelungen. Beide, sowohl die Kaiserin wie Andrássy, standen ständig unter der keineswegs wohlwollenden Kontrolle vieler, vieler Höflinge. Daß die (unzweifelhafte) Liebe der beiden auch nur ein einziges Mal zu eindeutiger »Verfehlung« geführt hätte, ist nach Aussage der Quellen geradezu undenkbar – ganz abgesehen davon, daß Elisabeth keine Frau war, die in körperlicher Liebe etwas Erstrebenswertes sah, und Andrássy immer und in jeder Situation ein wohl kalkulierender Politiker blieb.[7]

Dies ändert aber nichts an der Tatsache, daß Elisabeth in der Tat eine leidenschaftliche Fürsprecherin der ungarischen Sache war und gerade bei der Beschleunigung der staatspolitischen, ja historischen Entscheidungen am Hof eine Schlüsselrolle gespielt hat. Brigitte Hamann führt die Sympathie für Ungarn auf ihre Opposition gegen den Wiener Hof und insbesondere gegen die mächtige Schwiegermutter, Erzherzogin Sophie, zurück. Statt die tschechische Sprache zu studieren, wie von der Erzherzogin gefordert, bestand Sisi auf Ungarisch und setzte ihren Willen im Februar 1863 durch. Die Einwände des Kaisers und seiner Mutter, Ungarisch sei viel zu schwierig und sie werde es nie erlernen, beflügelten die Kaiserin erst recht. Besonders wichtig war dann die enge Freundschaft mit Ida Ferenczy, einer aus Kecskemét stammenden, um vier Jahre jüngeren Angehörigen des niederen Adels. Sie wurde wegen zu geringer Herkunft keine Hofdame, nur »Vorleserin«, blieb aber 34 Jahre lang, bis zur Ermordung der Kaiserin in Genf, ihre engste Freundin, weit über das Höfische hinaus. Hamann meint, Idas Einzug in die Wiener Hofburg war der Beginn von Elisabeths begeistertem Engagement für den ungarischen Ausgleich. Ida soll die Vertraute Deáks und Andrássys gewesen sein, und so konnten die ungarischen Liberalen die Isolierung der jungen Kaiserin für ihre Zwecke nutzen. Im Juni 1866 bekam Elisabeth durch die Vermittlung von Ida Ferenczy ein Porträt Deáks mit eigenhändigem Namenszug aus Ungarn; es hing bis an ihr Lebensende über ihrem Bett in der Hofburg.

In diesem Zusammenhang ist die Tatsache interessant, daß der Kaiser in seinem Appartement in der Hofburg ein Gemälde von der Hinrichtung des ehemaligen ungarischen Ministerpräsidenten Batthyány hatte aufhängen lassen. Der Schriftsteller István Lázár bemerkte dazu, es sei eine Frage für Psychoanalytiker, warum Franz Joseph dieses Bild aufbewahrte, um es Tag für Tag zu betrachten. War er so sehr vom Haß durchdrungen? Oder war es eine merkwürdige Art von Buße?[8]

Fest steht jedenfalls, daß Elisabeth bereits als fünfzehnjährige Kaiserbraut historische Lektionen von dem gebürtigen Ungarn Graf Johann Mailáth erhielt, unter anderem über die ungarischen Sonderrechte und die 1849 aufgehobene Verfassung. Die Ungarnreisen 1857, 1865 und vor allem 1866 verstärkten ihre Sympathie für das Land und seine Bewohner, und die Ungarn wiederum führten jede politische Lockerung direkt oder indirekt auf den Einfluß der jungen Kaiserin zurück.

Im Januar 1866 kam es dann zu der denkwürdigen Begegnung der 28jährigen Sisi mit Andrássy, damals 42 Jahre alt, als eine Delegation des ungarischen Reichstags der Kaiserin Geburtstagswünsche und eine Einladung nach Ungarn überbrachte. Die Ungarn waren zunächst überrascht und gerieten dann in helle Begeisterung, als sich Elisabeth, in ungarischer Nationaltracht, für die Glückwünsche des Fürstprimas in freier Rede in fehlerlosem Ungarisch bedankte. Andrássy war ein hochgewachsener, dunkelbärtiger, glutäugiger Märchenprinz im goldbestickten, pelzverbrämten Prachtgewand der ungarischen Aristokratie, kurz ein mittelalterlich kostümierter Magyar aus dem Bilderbuch. Bereits am Abend nach der Hoftafel kam es zu einer angeregten Unterredung in ungarischer Sprache zwischen der Kaiserin und dem attraktiven Gast.

Andrássy, der die Jahre bis zu seiner Begnadigung vorwiegend in Paris verbracht hatte, wußte Eindruck zu machen. In den Salons der französischen Hauptstadt nannten ihn die Damen den »schönen Gehenkten« (le beau pendu), weil er ja im September 1851 zusammen mit Kossuth und anderen Rebellen in Abwesenheit zum Tode verurteilt und in Budapest symbolisch gehängt worden war. Dank der Unterstützung durch seine Mutter hatte der sprachkundige Aristokrat, im Gegensatz zu den meisten anderen ungarischen Emigranten im Exil, aber nie Geldprobleme gehabt und beste Beziehungen zu Diplomaten und zur Presse geknüpft. Die dabei entwickelte Weltgewandtheit sollte ihm später von Nutzen sein. Nach seiner Amnestierung durch den Kaiser kehrte er 1858 heim und wurde bald der engste Weggefährte Deáks. Der Mann mit dem Ruf des »Unwiderstehlichen« war auf der mehrwöchigen Ungarnreise des Kaiserpaares im Februar 1866 der bevorzugte Gesprächspartner Elisabeths. »Die Schwärmereien Idas für Andrássy bestärkten Sisi in ihrer ganz offensichtlichen Verliebtheit, und all diese Gefühle setzte sie nun für die ungarische Sache ein«, so Hamann.

In der für Österreich kritischen und für den Ausgleich entscheidenden Zeit nach Königgrätz im Sommer 1866 weilte Elisabeth mit kurzen Unterbrechungen fast zwei Monate in Ungarn. Sie unterstützte brieflich und mündlich, direkt und indirekt die ungarische Seite, wobei sie den Kaiser sehr geschickt beeinflußte. Der abgetakelte Ministerpräsident Belcredi schrieb in seinen Aufzeichnungen, sie habe die Niedergeschlagenheit des Kaisers ausgenutzt, um die von ihr schon lange, aber bisher erfolglos geförderten »spezifisch und egoistisch ungarischen Bestrebungen mit noch mehr Nachdruck zu unterstützen«. Als Franz Joseph zögerte, Deák und Andrássy zu treffen, schrieb sie sogar aus Budapest an den ungarischen Hofkanzler Georg von Mailáth nach Wien und beschwor ihn, den Kaiser zur Ernennung Andrássys zum Außenminister oder »wenigstens« zum Minister Ungarns zu bewegen. Mit welch persönlichem Engagement sie am Werke war, zeigen die letzten Zeilen ihres Briefes: »Bringen Sie das zuwege, was mir nicht gelang, dann werden Millionen Sie segnen, mein Sohn aber wird täglich für Sie beten, wie für seinen größten Wohltäter.« Noch leidenschaftlicher wandte sich Sisi an den Kaiser in einem langen, überschwenglichen Brief vom 15. Juli 1866 aus Budapest nach einer Unterredung mit Andrássy:

> Er sprach seine Ansichten klar und deutlich aus. Ich habe sie verstanden und die Überzeugung gewonnen, daß, wenn Du ihm vertraust, aber ganz, so sind wir, und nicht Ungarn allein, sondern die Monarchie zu retten. Du mußt *jedenfalls* selbst mit ihm reden, und zwar gleich, denn jeder Tag kann die Verhältnisse so gestalten, daß er es am Ende gar nicht mehr übernehmen würde... Aber wie jeder Ehrenmann, ist auch er bereit, in dem Moment, wo der Staat dem Schiffbruch nahe ist, alles, was in seiner Macht steht, zur Rettung beizutragen; was er hat, seinen Verstand, seinen Einfluß im Land wird er Dir zu Füßen legen... Zum letztenmal bitte ich Dich im Namen Rudolfs, versäume den letzten Moment nicht... Sagst Du »nein«, willst Du in der letzten Stunde nicht einmal mehr einen uneigennützigen Rat hören,... dann bleibt mir nichts mehr übrig, als mich mit dem Bewußtsein zu beruhigen, daß ich, was immer auch geschah, Rudolf einmal ehrlich sagen kann: »Ich habe alles getan, was in meinen Kräften stand. Dein Unglück habe ich nicht am Gewissen.«[9]

Franz Joseph gab den Forderungen seiner Frau nach und empfing zu getrennten Audienzen zuerst Deák und einen Tag später Andrássy. Der Kaiser blieb aber mißtrauisch: »Sie begehren alles im weitesten Sinne und bieten keine sicheren Garantien des Gelingens...« Der einsame und deprimierte Herrscher erbat von Sisi Verständnis für seine Lage, »da es gegen meine Pflicht wäre, mich auf Deinen ausschließlich ungarischen Standpunkt zu stellen und diejenigen Länder, welche in fester Treue namenlose Leiden erduldeten und gerade jetzt der besonderen Berücksichtigung und Sorgfalt bedürfen, zurückzusetzen«.

Sisi ging aber für Andrássy durchs Feuer und nützte im wahren Sinne des Wortes alle Mittel einer schönen Ehefrau, um den Kaiser zu Konzessionen zu zwingen: »Hoffe bald von Dir hören zu können, daß die ungarische Sache endlich ins Reine kam und wir uns bald in Ös-

Budavara befinden werden. Wenn Du schreiben wirst, daß wir hingehen, wird mein Herz beruhigt sein, da ich dann weiß, daß das ersehnte Ziel erreicht ist.«

In ihrer Biographie sieht Hamann die Kaiserin als »ein williges, ja geradezu fanatisches Werkzeug« der Person und der Politik Andrássys. »Er verstand es überaus geschickt, in ihr das Gefühl zu erwecken, die Retterin Österreichs (und Ungarns) zu sein.«

Neben dem direkten und geheimen Draht zwischen Elisabeth und Andrássy, der über Ida Ferenczy lief, gab es ab Herbst 1866 noch einen äußerst wichtigen, über den Journalisten Miksa (Max) Falk, der von der Kaiserin gebeten worden war, ihr Ungarisch-Unterricht zu erteilen. In Wirklichkeit handelte es sich aber eher um Lehrstunden zur ungarischen Geschichte und Literatur. Über Falk entstand auch eine Verbindung zu dem liberalen Schriftsteller und Politiker Baron József Eötvös, der 1848 Kultus- und Unterrichtsminister gewesen war (und diesen Posten auch nach dem Ausgleich 1867–1871 bekleiden sollte). Zu der offiziell über Ida Ferenczy geführten Korrespondenz mit Andrássy kam nun eine für die Augen Elisabeths bestimmte Korrespondenz zwischen Falk und Eötvös hinzu.

Miksa Falk, dessen jüdische Herkunft allgemein bekannt war, hatte bereits mit Graf Széchenyi in dessen letzten Lebensjahren enge Kontakte gepflegt.[10] Deshalb wurde er 1860 »polizeibekannt«. Bei einer Hausdurchsuchung hatte die Geheimpolizei seine gesamte Korrespondenz beschlagnahmt. Falk mußte auch einige Zeit wegen »Pressedelikten« ins Gefängnis. Als Bankangestellter wohnte er damals in Wien und galt als enger Freund Andrássys. Die Bedeutung dieser direkten und zum Teil verborgenen Kontakte mit den großen Männern Ungarns kann kaum überschätzt werden. Hamann geht sicher nicht fehl, wenn sie Elisabeth im »Bannkreis der Ungarn« sieht: Sie »arbeitete mit einem Fanatismus und einer Energie ohnegleichen nur für ein Ziel, den ungarischen Ausgleich, so wie ihn Deák und Andrássy wollten«.

Falk selbst war einer der herausragenden ungarischen Publizisten. Seine außenpolitischen Leitartikel und Berichte erschienen in den wichtigsten Budapester Zeitungen. Seine allgemein bekannten Initialen »Fk« wurden zu einem Markenzeichen für Qualität und Originalität. Nach der Krönung wurde Falk Chefredakteur des angesehenen *Pester Lloyd*, der unter seiner Führung bald 10 000 Abonnenten gewinnen konnte – eine große journalistische und verlegerische Leistung in der damaligen Zeit. Falk wurde auch ein einflußreicher Parlamentsabgeordneter.

Nach seinem Tod trug sogar eine Straße in der Budapester Innenstadt seinen Namen. 1943 erschien Miksa Falk wohl wegen seiner Herkunft nicht mehr genehm, und so wurde die Straße umbenannt. Nach dem Krieg hat man Miksa Falk »rehabilitiert«, das heißt, die Straße bekam den alten Namen zurück. Aber nicht für lang: 1953 erwies sich die Volksarmee als attraktiver… Erst nach dem Zusammenbruch des Kommunismus wurde Miksa Falk wieder salonfähig, und die Straße wurde ein drittes Mal nach ihm benannt.[11]

Elisabeth hielt die Kontakte mit den großen Geistern Ungarns – Deák, Andrássy, Eötvös und Falk – auch später aufrecht und machte aus ihrer Bewunderung kein Hehl. So schrieb sie 1869 an den Kaiser: »Heute kommt Deák zum Essen, eine große Ehre für mich.« Daß die Königin an der Bahre des toten Deák 1876 weinte, wurde auf einem berühmten Gemälde von Mihály Zichy verewigt. Es wurde auf Bestellung der ungarischen Regierung für das Nationalmuseum angefertigt. Auf dem Bild bekränzt Elisabeth den Katafalk Deáks, während über ihren Kopf der Genius der Nation einen Sternenkranz hält.

Erstaunlicherweise wurden nach 1867 immer wieder Versuche unternommen, eine ungarische Abstammung des Herrschers nachzuweisen. Feierlichkeiten im Zusammenhang mit der »Abstammung Franz Josephs aus dem Hause der Arpaden« sollten aus dem Kaiser einen »Ungarn« machen. Ahnenforscher gaben schon zur Zeit seiner Krönung bekannt, daß er eigentlich ein Nachfahre von Béla III. (aus dem Hause der Arpaden) und Anna von Antiochien sei. Deshalb ließ Franz Joseph seine »königlichen Ahnen« auf eigene Kosten in der Burg von Buda wieder beisetzen. In der abgesonderten Kapelle wurde neben dem Grabmal eine Marmortafel mit der Genealogie von Árpád bis Franz Joseph angebracht. Auch bei den vielpublizierten Millenniumsfeierlichkeiten 1896 trat der Kaiser als »neuer Árpád« auf…[12]

Während diese erfindungsreichen Bemühungen den Kaiser nicht wirklich populär machen konnten, fand der Kult um seine Frau einen starken Widerhall im ungarischen Gemüt. Schon anläßlich der Hochzeit wurde erwähnt, daß die neue Kaiserin die fünfzehnte Enkelin der ungarischen Königstochter Elisabeth (Erzsébet) sei, die 1321 gestorben und später heiliggesprochen worden war. In der festlichen Rhetorik um die Jahrhundertwende erschien die Königin als zweite heilige Elisabeth.

Ein weithin sichtbares Zeichen der ungarischen Zuneigung war auch der Beschluß, dem Königspaar zur Krönung das in den dreißiger

Jahren des 18. Jahrhunderts von Graf Grassalkovich erbaute Schloß Gödöllö im Namen der ungarischen Nation zu schenken. Sisi hatte bereits zuvor, in einer Zeit größter finanzieller Not, den Kaiser zum Kauf des in der Nähe von Budapest gelegenen Schlosses angeregt. Das 10 000 Hektar große Waldgebiet eignete sich geradezu ideal für Reitjagden. Doch der Kaiser hatte den Erwerb des Schlosses mit etwa 100 Räumen aus Geldmangel abgelehnt. Das Geschenk der Nation war also eine nicht bloß symbolische Anerkennung der Bemühungen der Königin um die Durchsetzung der Anliegen der Magyaren.

Vor dem Ausgleich verbrachte Sisi nur insgesamt 114 Tage in Ungarn. Nach der Krönung zur ungarischen Königin soll sie sich nach Berechnungen ungarischer Historiker 2549 Tage in Ungarn aufgehalten haben, überwiegend in Gödöllö und zum Teil in Buda. In einem Brief an Jókai schrieb sie, hier in Ungarn fühle sie sich immer frei.[13]

Weder während der schwierigen Verhandlungen um den Ausgleich noch später, zur Zeit ihrer wachsenden Melancholie und ihres Rückzugs aus der Politik, änderte sich ihre Haltung gegenüber den Magyaren. Sie blieb bis zu ihrem Lebensende der Sache Ungarns im besonderen und des Liberalismus im allgemeinen eng verbunden. Ihre zahlreichen in Nachahmung Heines verfaßten, geheimgehaltenen Gedichte mögen dilettantisch sein – diese über fünfhundert Seiten enthalten aber »intimste und persönlichste Aussagen Elisabeths über sich selbst, ihre Umwelt und ihre Zeit« (Brigitte Hamann). Deshalb gewinnt ein Gedicht Elisabeths – »O könnt ich euch auch den König geben!« – eine besondere politische Brisanz. Die schwangere Königin ließ sich nach der Krönung 1868 nämlich drei Monate vor der Geburt in Budapest nieder, und der Schweizer Gesandte berichtete nach Bern über «den allgemeinen Wunsch, das zu erwartende Kind möchte ein Mädchen sein, denn man verhehlte sich nicht, daß trotz Pragmatischer Sanktion und aller später geschlossener Pacte, ein von der Königin von Ungarn in der Ofner Burg geborener Knabe der künftige König von Ungarn sein werde und dadurch mit der Zeit die Trennung der Länder der ungarischen Krone von Österreich herbeigeführt werde«. Der exaltierte Ton des Gedichtes bestätigt die damals weit verbreiteten Befürchtungen:

O Ungarn, geliebtes Ungarland!
Ich weiß dich in schweren Ketten,
Wie gerne böt ich meine Hand,
Von Sklaverei dich zu retten!

Es starben für Freiheit und Vaterland
Der hehren Helden nicht wenig.
Könnt knüpfen ich mit euch ein inniges Band,
Euren Söhnen jetzt schenken den König.

Er sollte ein Ungar von echtem Stamm,
Ein Held sein von Stahl und von Erz,
Mit klarem Verstand, ein starker Mann,
Für Ungarn nur schlüge sein Herz.

Frei macht er euch, trotz allem Neid,
Ein stolzfreies Ungarn für ewig!
Und er teile mit allen Freud und Leid,
So soll er sein – euer König![14]

Was heute als eine bizarre Idee erscheinen mag, wurde damals sehr ernst genommen. Deshalb gab es große Erleichterung in Wien, daß Sisis jüngstes Kind nicht ein Sohn, sondern eine Tochter, Marie Valerie, wurde. Die verhaßte Schwiegermutter, Erzherzogin Sophie, vermerkte in ihrem Tagebuch die Freude der kaisertreuen Ungarn, denn die Geburt eines Sohnes in Buda »hätte ein Vorwand sein können zur Lösung Ungarns von der Monarchie«.

Jedenfalls verheimlichte Königin Elisabeth nie, daß sie die Repressalien der Sieger im Revolutionsjahr 1848/49 zutiefst verurteilte. Sie sagte einmal mit unglaublicher Offenheit dem Bischof Mihály Horváth: »Glauben Sie mir, wenn es in unserer Macht stände, mein Mann und ich wären die ersten, die Ludwig Batthyány und die Arader Blutzeugen ins Leben zurückrufen würden.« Auch der Thronfolger Rudolf wurde in diesem Geist erzogen. Bereits seine erste politische Denkschrift war ein Bekenntnis zu Andrássys Politik und zu seiner faszinierenden Persönlichkeit.[15]

Andrássy selbst notierte in seinem Tagebuch am 30. Juli 1866: »Sicher ist, daß, wenn ein Erfolg erreicht wird, Ungarn der schönen Vorsehung, welche über ihm wacht, mehr zu danken haben wird, als es ahnt.« Auch später hatte die »schöne Vorsehung« viel für Ungarn und insbesondere auch für Andrássy getan.

Der österreichische Historiker Friedrich Engel-Janosi schrieb über die Neuordnung der Monarchie: »Man kann Ungarn beneiden, daß ihm in diesen entscheidenden Jahren zwei Persönlichkeiten von der Bedeutung Deáks und Andrássys zur Verfügung standen.«[16] Doch ohne die von Bismarck vollzogene und durch Waffengewalt erzwungene Trennung Österreichs von Deutschland und ohne den Glücksfall einer der Faszination der Ungarn verfallenen Kaiserin wäre der »Ausgleich« wohl nicht so glatt über die Bühne gegangen.

Der rumänisch-französische Kulturphilosoph E. M. Cioran glaubt noch ein anderes interessantes Motiv für Sisis Liebe zu Ungarn entdeckt zu haben:

> Es gibt eine spezifische ungarische Traurigkeit. Das Ungarische hat Sisi unheimlich fasziniert. Vielleicht war es das einzige, was sie wirklich gefesselt hat. Ihre Vorliebe für Ungarn war politisch gesehen ein Selbstmord, denn die ungarische Politik, der ungarische Chauvinismus war der Hauptgrund des Zusammenbruchs der Monarchie. Sie hat immer die Ungarn auf Kosten der anderen Volksgruppen privilegiert, deren Revolte sich nicht hauptsächlich gegen Wien, sondern gegen Budapest richtete. Politisch gesehen war Sisis Verhalten ein großer Irrtum. Sie war von allem, was bei den Ungarn so verführerisch ist, wie verzaubert … Der Hauptgrund, das kann man wohl verstehen, war die Mentalität, die Sprache, die Menschen, die sie sehr gefesselt haben. Es ist ja auch kein Zufall, daß gerade dieser Baum in Gödöllö sie so anzog, das heißt, ihr bester Freund war ein ungarischer Baum! Die Phantasien, Launen, Sonderbarkeiten einer Sisi … bildeten sozusagen den Hintergrund der hereinbrechenden Katastrophe, deren alle sich mehr oder weniger bewußt waren. Deswegen ist diese Gestalt so bedeutsam und großartig![17]

Cioran meint, daß Brahms und Elisabeth die Gipfel der Melancholie im 19. Jahrhundert darstellten und beide eine abgöttische Vorliebe für alles Ungarische gehabt hätten. Auch der große ungarische Dichter Mihaly Babits schrieb, daß für die Ungarn nicht zynische Verbitterung, sondern die achselzuckende, ein wenig melancholische Resignation, gemildert durch gutmütigen Humor, kennzeichnend ist. Nicht zufällig heißt es in einem ungarischen Sprichwort: Weinend erlustigt sich der Magyar (Sirva vigad a magyar).

XXV Sieg in der Niederlage: Der Ausgleich und die Folgen für die Doppelmonarchie

Am 10. Dezember 1867, einige Monate nach der Krönung und der Annahme des als Ausgleich bekanntgewordenen historischen Kompromisses zwischen Wien und Budapest, hielt Ferenc Deák, der »Weise des Vaterlandes« und einflußreichste Politiker Ungarns, eine Grundsatzrede. Vor einer Bürgerdelegation der Hauptstadt zog der Wortführer der Liberalen eine äußerst positive Bilanz:

> Man kann sagen, daß die Länder der Stephanskrone seit der Niederlage bei Mohács nie so eng beisammen waren wie jetzt. Man kann sagen, daß, seitdem die österreichische Dynastie herrscht, die Beziehung zwischen Herrscher und Nation noch nie so vertrauensvoll gewesen ist. Man kann sagen, daß es noch nie so wenig Unstimmigkeiten und Verbitterung zwischen uns und Österreich gegeben hat wie jetzt. Man kann sagen, daß das Auslandskapital, das bisher nicht einmal die Landesgrenze zu erreichen wagte, nun in größerem Ausmaß und leichter ins Land fließt und unser Volk tüchtig und gescheit genug ist, dies für das Vaterland auszunutzen. Wenn wir das alles umwerfen wollen, dann greifen wir die Grundlage des Ausgleichs an, und das Ganze wird dann wahrscheinlich gekippt.[1]

Damit spielte der Schöpfer der bahnbrechenden Vereinbarung, ohne den Namen des im Exil grollenden Kossuth zu erwähnen, auf die Kritik der nationalen Opposition an, wonach das Land keine echte Unabhängigkeit errungen habe:

> Die meisten europäischen Mächte sind von solcher Größe und verfügen über eine so beträchtliche Macht, daß Ungarn zwischen ihnen als einzelnes, unabhängiges Land ohne Bündnis, das eine sichere Stütze bietet, nicht bestehen könnte. Das Schicksal setzte unser Land zwischen Großmächte, von denen jede einzelne, wenn sie glaubte, wir stünden ihren Wünschen und Plänen im Wege, uns, falls wir auf unsere eigene Kraft allein vertrauten, mit ihrer gewaltigen Kraft sicherlich hinwegfegen würde.

War also der am 27. Mai 1867 durch das ungarische Parlament mit 209 gegen 89 Stimmen angenommene und vom »Kaiser von Österreich und Apostolischen König von Ungarn« am 12. Juni in Kraft gesetzte Ausgleich ein »Sieg in der Niederlage«? Oder doch eine folgenschwere Kapitulation vor Österreich – gar »der Tod der Nation«, wie Kossuth in seinem Offenen Brief aus Paris, abgedruckt drei Tage vor der Abstimmung, behauptete?

Generationen von Politikern, Historikern und Intellektuellen haben in Budapest und Wien über den Charakter und die Folgen der Umwandlung des »Kaisertums Österreich« in die »Österreichisch-Ungarische Monarchie« gestritten. Die meisten hatten, wenn auch aus jeweils unterschiedlichen Motiven, kaum etwas Gutes über die dualistisch gegliederte Monarchie zu sagen. Die österreichischen und deutschen Vertreter der Gesamtmonarchie und darüber hinaus die überwältigende Mehrheit der nichtungarischen Historiker sind sich einig, daß es sich im Grunde um einen Sieg der Ungarn handelte. Georg Stadtmüller schrieb noch in seiner 1963 herausgegebenen Ostkunde: »Mit diesem Zurückweichen verzichtete das Deutschtum auf die politische Führung und Ordnung des mittleren Donauraumes.«[2] Weniger »völkisch«, aber um so eindeutiger formulierte es Franz Herre in seiner Franz-Joseph-Biographie: Das »Entgegeneilen in der Panik nach Königsgrätz« sei ein folgenschwerer politischer Fehler gewesen, »nichts anderes als die Annahme der ungarischen Bedingungen«[3].

In der österreichischen Reichshälfte waren viele maßgebliche Persönlichkeiten denn auch eher empört, wie Aufzeichnungen oder Tagebücher zeigen. So klagte zum Beispiel der Diplomat Alexander von Hübner: »Das mit Hilfe von Rußland eroberte Ungarn wurde so 1867 in die Hände der besiegten Revolutionäre von 1849 gegeben.« Franz Joseph habe sich den Rebellen von einst ausgeliefert.[4] Die Doppelmonarchie der »im Reichsrat vertretenen Königreiche und Länder« (Cisleithanien) und der »Länder der Heiligen Ungarischen Krone« (Transleithanien) sei eine »Monarchie auf Kündigung«, hieß es in einem oft zitierten Bonmot. Der französische Historiker Louis Eisenmann prägte 1904 die griffige, aber wissenschaftlich umstrittene Formel, der Ausgleich bedeute in den gemeinsamen Angelegenheiten: »Parität der Rechte, zwei Drittel der Kosten für Österreich, drei Viertel des Einflusses für Ungarn«. Der Eindruck vom Übergewicht Ungarns und seiner verhängnisvollen Rolle beim Niedergang und Zusammenbruch der Monarchie fand einen Niederschlag auch in den Werken herausragender österreichischer Schriftsteller der Jahrhundertwende und der ersten Hälfte des 20. Jahrhunderts wie Rilke, Kafka, Werfel und vor allem Joseph Roth.

Die Doppelmonarchie war in der Tat ein äußerst kompliziertes Gebäude, mit von den Ungarn kunstvoll eingebauten Fallen, Fußangeln und Schwächen. Allein die Abkürzungen waren eine »Geheimwissenschaft« für sich. Die gemeinsamen Institutionen nannte man »kaiserlich und königlich«, abgekürzt »k. u. k.«; die Ungarn hatten auf dem Bindewort *und* bestanden, das sie als Kennzeichen der Gleichberechtigung betrachteten. Die ausschließlich österreichischen Ämter hießen »kaiserlich-königlich«, kurz »k.k.«; die rein ungarischen »k.«, für königlich; und in Ungarn sagte man meist »magyar királyi« (ungarisch königliche) oder kurz »magy. kir«.

Über das heillose Durcheinander der Bezeichnungen und das schmerzliche Verschwinden des »Österreichischen« schrieb Robert Musil in seinem Roman *Der Mann ohne Eigenschaften*:

> Es bestand nicht etwa aus einem österreichischen und einem ungarischen Teil, die sich, wie man dann glauben könnte, ergänzten, sondern es bestand aus einem Ganzen und einem Teil, nämlich aus einem ungarischen und einem österreichisch-ungarischen Staatsgefühl, und dieses zweite war in Österreich zu Hause, wodurch das österreichische Staatsgefühl eigentlich vaterlandslos war. Der Österreicher kam nur in Ungarn vor, und dort als Abneigung; daheim nannte er sich einen Staatsangehörigen der im Reichsrat vertretenen Königreiche und Länder der österreichisch-ungarischen Monarchie, was das gleiche bedeutet wie einen Österreicher mehr einem Ungarn weniger diesen Ungarn, und er tat das nicht etwa mit Begeisterung, sondern einer Idee zuliebe, die ihm zuwider war, denn er konnte die Ungarn ebensowenig leiden wie die Ungarn ihn, wodurch der Zusammenhang noch verwickelter wurde.
>
> Denn die Ungarn waren zuerst und zuletzt nur Ungarn, und bloß nebenbei galten sie bei anderen Leuten, die ihre Sprache nicht verstanden, auch für Österreich-Ungarn; die Österreicher dagegen waren zuerst und ursprünglich nichts und sollten sich nach Ansicht ihrer Oberen gleich als Österreich-Ungarn oder Österreicher-Ungarn fühlen, – es gab nicht einmal ein richtiges Wort dafür. Es gab auch Österreich nicht. Die beiden Teile Ungarn und Österreich paßten zu einander wie eine rot-weiß-grüne Jacke zu einer schwarz-gelben Hose; die Jacke war ein Stück für sich, die Hose war aber der Rest eines nicht mehr bestehenden schwarz-gelben Anzugs, der im Jahre achtzehnhundertsiebenundsechzig zertrennt worden war.[5]

Diese Zitate (und andere Reflexionen Musils) über »Kakanien« sowie dessen politische und nationale Kämpfe lassen uns noch heute spüren, warum damals so viele Deutsch-Österreicher den Ausgleich aus tiefstem Herzen verabscheuten, und zwar in Form *und* Substanz. Selbst ein so ausgewogener Chronist der Geschichte des Habsburgerreiches wie Robert A. Kann stellte fest, daß »Österreich der politische Gefangene der ungarischen Auslegung des Kompromisses wurde«[6]. Daß die in der Monarchie lebenden Slawen, die 47 Prozent der Gesamtbevölkerung ausmachten, und die Rumänen (mit 6,4 Prozent) die Teilung der Macht zwischen Deutschen (24 Prozent) und Magyaren (20 Prozent) in Bausch und Bogen ablehnten, ist verständlich: Schließlich wurden sie dadurch zu zweitrangigen Nationen. Um so komplizierter und umstrittener erscheint die Frage, warum sich die öffentliche Meinung, bedeutende Historiographen und viele Politiker im Land der vermeintlichen »Siege«, also in der ungarischen Reichshälfte, so nachdrücklich über die untergeordnete Stellung, die politische und wirtschaftliche Abhängigkeit und oft sogar über die angeblich »koloniale Position« Ungarns beklagten.

Um die künftige Entwicklung, vor allem das offenkundige und politisch so brisante Mißverhältnis zwischen Tatsachen und Gefühlen, zwischen objektiven Gegebenheiten und subjektiven Eindrücken in Ungarn zu verstehen, müssen wir die wesentlichen Bestimmungen des Ausgleichs näher betrachten. Dieser war mehr als eine Personalunion, das heißt eine Verbindung zwischen zwei Staaten mit einem gemeinsamen Herrscher; es war eine »Realunion«, ein Vertrag zwischen zwei separaten, aber keineswegs in allen Fragen unabhängigen Staaten. Der französische Historiker Victor-Lucien Tapié bezeichnete das Übereinkommen »nach Inhalt und Art als eine der seltsamsten konstitutionellen Urkunden des 19. Jahrhunderts«[7]. Auch viele Staatsrechtler zerbrachen sich den Kopf, was denn der »Dualismus«, die Doppelmonarchie, rechtlich bedeutete. Der Ausgleich schuf jedenfalls weder einen Bundesstaat noch einen Staatenbund. Es gab keinen Gesamtstaat, der den zwei Teilstaaten übergeordnet gewesen wäre wie in einem Bundesstaat, noch waren sie vollkommen unabhängig wie in einem Staatenbund. Überdies waren die österreichische und die ungarische Fassung der Verfassungsgesetze nicht vollkommen gleich, was natürlich für zusätzliche Komplikationen sorgte.

Es war in der Tat eine besondere Konstruktion: Beide Reichshälften hatten ihre Zweikammerparlamente, eigene Regierungen, mit je einem

1 Am 10. August 955 errangen die Deutschen auf dem Lechfeld bei Augsburg den entscheidenden Sieg über die Ungarn, die für fast ein halbes Jahrhundert Angst und Schrecken in West- und Südeuropa verbreitet hatten. Die Ungarn verschwanden aber nicht, wie andere Reiterscharen, sie übernahmen die westliche Kultur und wählten zwischen Rom und Byzanz die katholische Kirche.

2 Das monumentale Gemälde des berühmten Malers Mihály Munkácsy (1893, Ausschnitt) zeigt die triumphale Ankunft des Staatsgründers Árpád im Moment der »Landnahme«. Das weiße Pferd ist in den ungarischen Sagen ein besonders wichtiges Element.

3 János Hunyadi (1407–1456), der größte Heerführer in der ungarischen Geschichte; Reichsverweser von Ungarn (1446–1452).

4 König Matthias (Mátyás) I. Corvinus (1440–1490), Sohn Hunyadis, Feldherr und Kunstfreund, Eroberer von Mähren, Schlesien, Lausitz, Niederösterreich mit Wien und Wiener Neustadt; ein Renaissancefürst, populärster Herrscher der ungarischen Geschichte.

5 Folterung und Hinrichtung des rebellischen Bauernführers György Dózsa 1514.

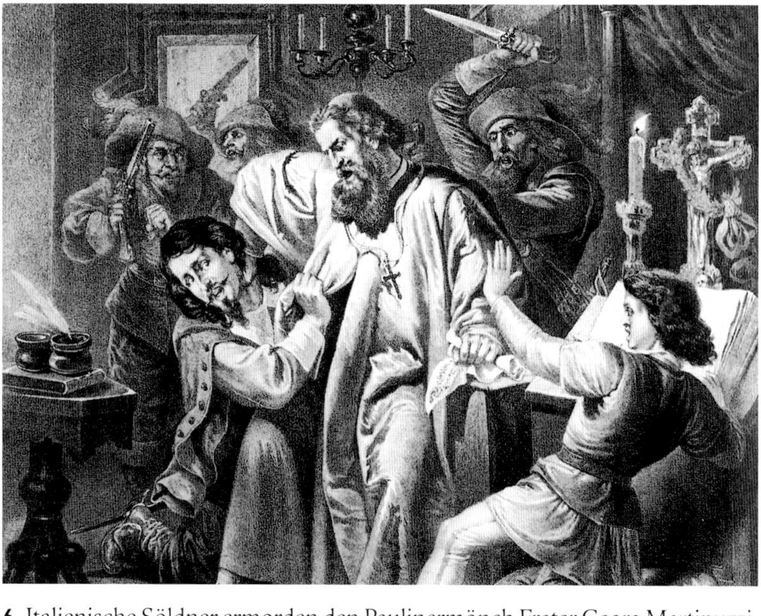

6 Italienische Söldner ermorden den Paulinermönch Frater Georg Martinuzzi, den Verfechter der Einheit Ungarns, 1551.

7 István Bocskai, Magnat und Haiducken-Führer, Fürst von Siebenbürgen 1605–1606.

8 Gábor Bethlen von Iktár, bedeutender Staatsmann und Fürst von Siebenbürgen 1613–1629.

9 Graf Miklós Zrinyi (1620–1664), Feldherr und Dichter; Banus von Kroatien (1647–1664).

10 Kuruzzenführer Imre Thököly (1657–1705), Fürst von Oberungarn und Siebenbürgen (1682–1685).

11 Ferenc II. Rákóczi (1676–1735), Freiheitskämpfer, Fürst von Siebenbürgen (1705: der Konföderation).

12 Graf István Széchenyi (1791–1806), »der größte Ungar«, Staatsmann und Reformpolitiker.

13 Die Hinrichtung von Ignác Martinovics, dem Haupt der Jakobinerverschwörung, und seinen Mitverschwörern auf der Blutwiese in Buda, 20.5.1795.

14 Sándor Petöfi (1823–1849), Dichter und Revolutionär, fiel im Freiheitskampf gegen die Russen.

15 Lajos Kossuth (1802–1894), treibende Kraft der Revolution und Reichsverweser (1848/49).

16 Lajos Kossuth und Palatin Stephan werden am 15. März 1848 in Wien begeistert empfangen.

17 Hinrichtung von Graf Lajos Batthyány (1807–1849), Ministerpräsident im Jahr 1849.

18 General Artúr Görgey (1818–1916), Oberbefehlshaber der Honvédarmee, 1848/49.

19 Ferenc Deák (1803–1876), Justizminister 1848, Architekt des Ausgleichs von 1867.

20 Graf Gyula Andrássy (1823–1890), Ministerpräsident von Ungarn und k.u.k. Außenminister.

21 Königin Elisabeth an der Bahre von Ferenc Deák, Gemälde von Mihály Graf Zichy, 1906.

22 Krönung des österreichischen Kaisers Franz Joseph zum ungarischen König 1867.

23 König Franz Joseph und Königin Elisabeth unterwegs zum Westbahnhof, bei dem letzten Besuch Elisabeths in Budapest 1897, Fotomontage.

24 Festzug während der Millenniumsfeiern am 8. Juni 1896, auf der Margitbrücke von Buda nach Pest.

25 Einem Verdächtigen werden Handschellen angelegt, 1896. Die Gendarmen waren die gefürchteten Symbole der Staatsgewalt, damals und bis 1945.

26 Endre Ady (1877–1919), wahrscheinlich der größte ungarische Dichter des 20. Jahrhunderts; ein Revolutionär in der Poesie und in der Politik.

27 Sándor Wekerle (1848–1921), deutscher Herkunft, der erste nichtadlige Ministerpräsident in der ungarischen Geschichte. Finanzminister (1889–1895) und mehrfacher Regierungschef.

28 Baron Zsigmond Kornfeld (1852–1909) war einer der einfluß-reichsten geadelten jüdischen Bankiers, der Ungarn mehrmals vor dem Staatsbankrott gerettet hat. Das Foto zeigt ihn in Gala 1905.

29 Die ungarische Generalität 1913, rechts vorne Baron Sámuel Hazai, Verteidigungsminister 1910–1917; der Sohn eines jüdischen Schnapsfabrikanten wurde 1917 ranghöchster Offizier der Monarchie nach dem Generalstabschef.

30 Graf István Tisza, Ministerpräsident 1903–1905 und 1913–1917, wurde Ende Oktober 1918 von Unbekannten ermordet.

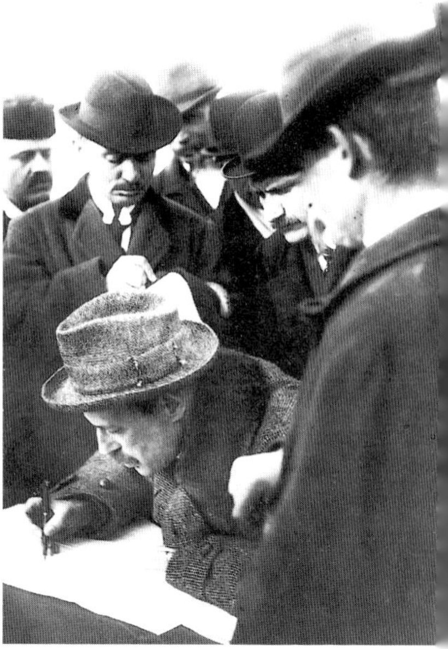

31 Graf Mihály Károlyi, Präsident der ersten ungarischen Republik, unterschreibt die Urkunde zur Verteilung seines Landguts, 23.2.1919.

32 Kommunistenführer und Kommissar Béla Kun bei einer Rede vor den Arbeitern der Csepel-Maschinenwerke, nach der Verstaatlichung im April 1919.

33 Admiral Miklós Horthy zieht an der Spitze der Nationalarmee in Budapest ein, 16.11.1919.

34 Prinz Lajos Windischgrätz, Hauptangeklagter der Prozesse wegen Geldfälschung, verläßt das Gerichtsgebäude 1926.

35 Ministerpräsident Graf István Bethlen (links) bei der Ankunft in London Juni 1930, begleitet von einem britischen Diplomaten.

36 Der österreichische Bundeskanzler Engelbert Dollfuß und der ungarische Ministerpräsident Gyula Gömbös mit Benito Mussolini bei einem Dreiertreffen in Rom, 17.3.1934.

37 Béla Bartók (1881–1945), der größte ungarische Komponist, ein überzeugter Demokrat und Nazi-Gegner, verließ Ungarn 1940 und siedelte in die Vereinigten Staaten über.

38 Miklós Radnóti (1909–1944), ein Katholik jüdischer Herkunft, schrieb seine schönsten Gedichte auf dem Todesmarsch.

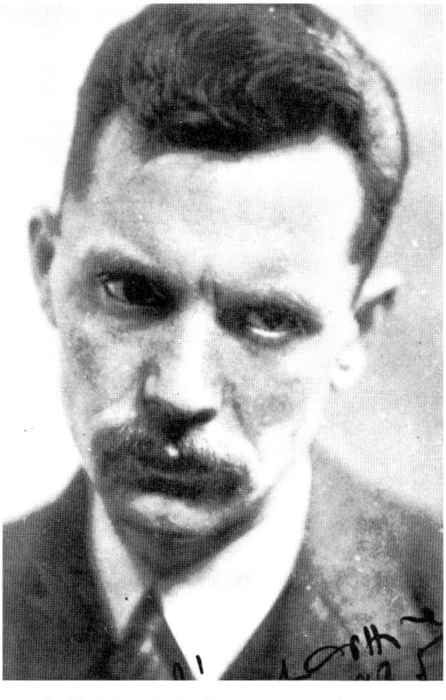

39 Attila József, der herausragende Dichter der Zwischenkriegszeit, warf sich 32jährig vor einen Güterzug.

40–43 Ignaz Trebitsch-Lincoln (1879–1943) war möglicherweise der genialste internationale Hochstapler im 20. Jahrhundert. Geboren im südungarischen Paks, aus einer orthodoxen jüdischen Familie, wirkte er als presbyterianischer Missionar (links oben) in Montreal, britischer Abgeordneter, bankrotter Geschäftsmann, Spion in Berlin (rechts) und buddhistischer Abt Tschao-Kung in den frühen 1930er Jahren in Peking und Shanghai (unten).

44 Nach dem ersten Wiener Schiedsspruch am 2. November 1938 von links der tschechoslowakische Außenminister František Chvalkovsky, Graf Galeazzo Ciano und Joachim v. Ribbentrop, die Außenminister der Achsenmächte, und der ungarische Außenminister Kálmán Kánya.

45 Lord Rothermere, der britische Zeitungsmagnat, wird wegen seiner proungarischen Haltung vor dem Parlament in Budapest gefeiert.

46 Er begleitet den Reichsverweser Horthy bei seinem triumphalen Einzug nach Kassa (Košice) am 11. November 1938.

47 Admiral Miklós Horthy auf Staatsbesuch in Deutschland, August 1938, hier in Kiel mit Hitler.

48 Pfeilkreuzlerführer Ferenc Szálasi trifft nach der Machtübernahme mit deutscher Hilfe vor dem Gebäude der Ministerpräsidentschaft am 15. Oktober 1944 ein. Er wurde 1946 nach einem öffentlichen Prozeß hingerichtet.

49 Deportation der Juden aus der westungarischen Stadt Köszeg im Sommer 1944. Zwischen dem 15. Mai und dem 7. Juli wurden 427 402 Juden nach Auschwitz deportiert; nur ein Bruchteil kehrte zurück.

50 Exhumierung der Opfer eines am 12. Januar 1945 begangenen Massenmordes in einem jüdischen Spital in Budapest. Vor den Leichen stehen die verhafteten Mörder, 22.4.1945.

51 Bei einem Landeskongreß der besten Arbeiter im Jahr 1951: Parteichef Mátyás Rákosi in der Mitte vor seinem eigenen Bild, flankiert von Stalin- und Lenin-Fotos.

52 Der neue Ministerpräsident Imre Nagy verkündet den Reformkurs, nach Stalins Tod im Juli 1953. Links Parteichef Rákosi, der alles unternimmt, um die Abrechnung mit dem Stalinismus und eigenen Verbrechen zu verhindern.

53 Am 23. Oktober 1956 bricht ein spontaner Volksaufstand aus: Als erstes wird das verhaßte Symbol der Fremdherrschaft und des Kommunismus, das massive Stalin-Denkmal am Rande des Stadtwäldchens, gestürzt und zerlegt.

54 Nach den erbitterten Kämpfen Ende Oktober 1956 am Budapester Joseph-Ring wird ein stark beschädigter Sowjetpanzer von Aufständischen kontrolliert.

55 Der ungarische Parteichef János Kádár nimmt am Budapester Flughafen Ferihegy innigst Abschied von dem Generalsekretär der KPdSU, Leonid Breschnew (links), nach dessen Freundschaftsbesuch in Ungarn 1979.

Ministerpräsidenten und diversen Ressortministern; beide hatten in einem beschränkten Ausmaß eigene territoriale Streitkräfte (Honvéd/Landwehr) und eine selbständige Finanzverwaltung. Außerdem gab es drei gemeinsame »kaiserliche und königliche« (k. u. k.) Ministerien, nämlich für Äußeres, für die Armee und für die zur Kostendeckung der *gemeinsamen* Angelegenheiten (zum Beispiel Außenpolitik und Verteidigung) dienenden Finanzen. Die gemeinsamen »k. u. k Reichsministerien« waren sogenannten Delegationen verantwortlich: Ausschüssen von je 60 Mitgliedern, die vom Reichsrat und dem ungarischen Reichstag gewählt wurden. Alle gemeinsamen Angelegenheiten mußten die drei k. u. k. Minister mit den getrennt tagenden und einmal im Jahr abwechselnd in Wien und in Budapest zusammentretenden Delegationen beraten. Die Ausschüsse verkehrten miteinander schriftlich und tagten gemeinsam nur zum Zweck der Abstimmung in strittigen Fällen. Die Magyaren verlangten diese nicht gerade wirksame Methode, um zu unterstreichen, daß es kein übergeordnetes parlamentarisches Gremium gab. Der Außenminister mußte also seinen Rechenschaftsbericht vor beiden Delegationen gesondert ablegen und den Abgeordneten zweimal Rede und Antwort stehen, bevor ein gleichlautender Beschluß angenommen werden konnte. Die Delegationsbeschlüsse erhielten durch die Bestätigung des Kaisers Gesetzeskraft.

Was die Verteidigung betraf, so bestimmte jeder Staat die Anzahl der in seinem Bereich einzuberufenden Rekruten, die Durchführung der allgemeinen Wehrpflicht und die Organisation der nationalen Milizen. Im Gegensatz zu 1848 blieb aber die Einheit der k. u. k. Armee erhalten. Die Kommandosprache sollte in der Armee Deutsch sein, eine Regelung, die nach Ansicht der Ungarn den Status der Gleichheit beeinträchtigte und vierzig Jahre später bei der letztlich gescheiterten Kampagne für eine absolute Militärhoheit abgeschafft werden sollte. Die Bewilligung des Heeresbudgets und des Rekrutenkontingentes wurde bei den alle zehn Jahre stattfindenden Ausgleichsverhandlungen gern als Druckmittel eingesetzt.

Die Frage der Bemessung der beiderseitigen Anteile an der Kostendeckung der gemeinsamen Angelegenheiten, das Ringen um die sogenannte »Quote«, war das zentrale Problem überhaupt. Bei den Verhandlungen im Jahr 1867 hatte man den ungarischen Anteil mit 30 Prozent festgesetzt. Ungarns Beitrag zu den gemeinsamen Ausgaben stieg 1907 schließlich auf 36,4 Prozent. Während österreichische Historiker in diesem Bereich eine Bevorzugung Ungarns witterten, betrachtete der gerade in Fragen der Monarchie äußerst gemäßigte ungarische Forscher Péter Hanák die erwähnte Steigerung um 6,4 Prozent als »ein reelles Maß der Annäherung des Wirtschaftsniveaus an das entwickeltere Österreich«[8]. Trotz eines eindrucksvollen Wirtschaftsaufschwungs produzierte die österreichische Reichshälfte noch immer doppelt soviel Güter und Dienstleistungen wie die ungarische. Bei den Ausgleichsverhandlungen kamen auch Zölle, Währungsfragen und durch beide Staaten führende Eisenbahnlinien aufs Tapet.

Die turnusmäßigen Auseinandersetzungen über die »Quote« stellten alle zehn Jahre den Zusammenhalt, fast schon das Überleben der Monarchie auf die Probe. Karl Lueger dürfte vielen Deutsch-Österreichern im Unterhaus aus dem Herzen gesprochen haben, als er 1895 feststellte: »Ich betrachte den Dualismus als Unglück, ja als das größte Unglück, das mein Vaterland je ertragen mußte, selbst als ein größeres Unglück als die verlorenen Kriege.«[9] Trotz dieser düsteren Aussage wurden die Schwierigkeiten immer wieder überwunden, zum letzten Mal im Jahr 1917, mitten im Ersten Weltkrieg.

Zu den Lenkungsorganen der Doppelmonarchie gehörte neben der ungarischen beziehungsweise der österreichischen Regierung als dritte Kraft noch ein gemeinsames Gremium. Die drei »Reichsminister« und die Ministerpräsidenten der beiden Reichshälften bildeten unter dem Vorsitz des Außenministers den gemeinsamen Ministerrat. Damit war zumindest indirekt die Teilhabe an der Führung der auswärtigen und anderer gemeinsamer Angelegenheiten sichergestellt.

Der Ausgleich erkannte die staatsrechtlichen Forderungen der Magyaren an, zuvörderst die Integrität und politische Einheit des historischen Staatsgebiets der »Länder der Heiligen Ungarischen Krone« samt Siebenbürgen, der heutigen Slowakei, der Karpato-Ukraine, der Batschka und dem Banat sowie dem Königreich Kroatien und Slawonien einschließlich der Militärgrenze. Auf einem Gesamtterritorium von 325 411 Quadratkilometern lebten rund 15 Millionen »Transleithanier«. Davon waren etwa 40 Prozent Ungarn (bei der offiziellen Volkszählung 1850/51 sogar nur 36,5 Prozent), 14 Prozent Südslawen (Kroaten und Serben), 14 Prozent Rumänen, 9,8 Prozent Deutsche, 9,4 Prozent Slowaken und 2,3 Prozent Ruthenen. Ohne Kroatien-Slawonien, das über volle innere Autonomie verfügte, betrug das Gebiet Ungarns 282 870 Quadratkilometer, und der Anteil der Magyaren stieg auf 41,6 Prozent. Bei der Berechnung des ungarischen Anteils an der Gesamtbevölkerung wurde Kroatien praktisch stets ausgeklammert. Dadurch konnte der prozentuale Anteil bis 1890 auf 48,6 und bis zur letzten Volkszählung 1910 sogar auf 54,5 Prozent gesteigert werden. Nahm man das offizielle Territorium der Stephanskrone als Ausgangspunkt, lauteten die entsprechenden Zahlen lediglich 42,8 (1890) beziehungsweise 48,1 Prozent (1910). Oder in Worten ausgedrückt: Die anderen Nationalitäten stellten also noch immer die absolute Mehrheit der inzwischen auf 20 886 487 gestiegenen Gesamtbevölkerung. Alles in allem fällt das rasche Anwachsen der Zahl der Magyaren in diesen sechzig Jahren ins Auge: Ihre prozentuale Zunahme erreichte 106 Prozent gegenüber knapp 60 Prozent für die Gesamtmonarchie. Infolge der größeren natürlichen Bevölkerungszunahme und der massiven Magyarisierung erhöhte sich der Anteil der Ungarn innerhalb der Völker der Doppelmonarchie von 15,5 Prozent auf 20,6 Prozent.

Die religiöse Gliederung Ungarns (ohne Kroatien) sah 1910 folgendermaßen aus: römische Katholiken fast 50, Orthodoxe 12,8, griechische Katholiken 11, Kalvinisten 14,2, Evangelische 7,2 und Israeliten 5 Prozent. Bei den Magyaren selbst (also ohne die Nationalitäten) ergab sich ein anderes Bild: Römisch-Katholische 59, Kalvinisten 26 und Israeliten 7 Prozent.[10] Der Kalvinismus galt als »die magyarische Religion«, und die Rolle der Kalvinisten (wie auch die der Juden) im kulturellen und politischen Leben lag weit über ihrem zahlenmäßigen Anteil.

Während in Cisleithanien die deutsche Hegemonie sowohl hinsichtlich des Anteils an der Gesamtbevölkerung (man registrierte einen Rückgang von 36,2 auf 35,6 Prozent) als auch hinsichtlich der politischen und wirtschaftlichen Verhältnisse zunehmend schwächer wurde, gab es in der ungarischen Reichshälfte eine gegensätzliche Tendenz. Es kam zu einem Ausbau der politischen, wirtschaftlichen und kulturellen Hegemonie der Magyaren.

Was nun die Rolle der Magyaren in der Doppelmonarchie anbelangt, so war sie vor allem in der gemeinsamen Außen- und Finanzpolitik bedeutend, zuweilen sogar entscheidend. Es genügt, auf die Tätigkeit des ersten ungarischen und zugleich erfolgreichsten Außenministers der Doppelmonarchie, Graf Gyula Andrássy (1871–1879), hinzuweisen. Es war übrigens eine besondere Ironie des Schicksals, daß sein gleichnamiger Sohn, Gyula Andrássy jun., der vorletzte Außenminister der Monarchie für ganze zehn Tage war: vom 24. Oktober bis zum 2. November 1918. Er war es, der der Entente erfolglos einen Sonderfrieden angeboten hat.

In den fünfzig Jahren von 1867 bis 1918 waren von den zehn Außenministern drei, von den fünfzehn gemeinsamen Finanzministern fünf Ungarn. Im Jahr 1914 belief sich der Anteil der Magyaren im Außenministerium und im diplomatischen Dienst auf 27,5 Prozent. Ein ungarischer Kleinadliger, Benjamin Kállay, war der längstdienende gemeinsame Finanzminister (1882–1903), zugleich war er noch für die Verwaltung des 1878 okkupierten Bosnien-Herzegowina verantwortlich.

Betrachtet man die politischen, wirtschaftlichen und finanziellen Fakten objektiv, so waren die Ungarn wohl weniger Opfer denn Nutznießer dieser Periode ihrer Geschichte. Erstmals seit der Katastrophe von Mohács bestimmten die Ungarn wieder über ihr eigenes Schicksal. Viel, wenn nicht alles hing davon ab, welche Politik die ungarische Führungsschicht, vor allem in der nationalen und sozialen Frage, im Rahmen der gegenseitigen Abhängigkeit betrieb. Auf diesen Punkt hat vor allem Domokos Kosáry hingewiesen, während C.A. Macartney bedauerte, daß die realen und großen Vorteile, die der Ausgleich den Ungarn zugeschanzt hatte, vor den Augen der Nation verborgen blieben: verdeckt »durch Nebelschwaden des Verdachts, erzeugt durch Jahrhunderte, in denen die österreichische Verbindung so viele Nachteile mit sich gebracht hat«[11].

Die »Achillesferse des Dualismus« war die Armee und die damit verbundene Rolle des Kaisers/Königs als »Dreh- und Angelpunkt der politischen Struktur« der Doppelmonarchie. Angesichts der komplizierten, labilen und zugleich schwerfälligen Institutionen, »durch welche sowohl die Selbständigkeit Ungarns als auch die Lebensbedingungen der Sicherheit und des Fortbestandes des Reiches unversehrt gewahrt werden« (Einleitung zum Gesetzesartikel XII von 1867), spielte der gemeinsame Herrscher als letzte Instanz in allen strittigen Fragen, von vielen Beobachtern und Zeitzeugen übersehen, doch eine entscheidende Rolle. Die ungarische Regierung legte die wichtigeren Anträge nicht unmittelbar dem Parlament, sondern nach einer genauen Regelung zuerst dem Monarchen zur sogenannten »Vorsanktionierung« vor. Franz Joseph besprach die Vorschläge der beiden Regierungen mit Mitgliedern der königlichen Familie, mit seinen aristokratischen und nicht zuletzt militärischen Ratgebern. Die gleiche Methode wandte der Herrscher bei strittigen Fragen an, über die die »Delegationen« der beiden Parlamente keine gemeinsame Entscheidung zu treffen vermochten. Der ungarische Historiker László Péter stellte dazu fest:

> Die Kontrolle des Souveräns über die Armee – die hauptsächlich außerhalb der konstitutionell-legalen Sphäre lag – gab Franz Joseph normalerweise freie Hand in allen Angelegenheiten, die für die Monarchie als Großmacht entscheidend waren: in der Außenpolitik, der Verteidigungspolitik und bei den kaiserlichen Finanzen. In der höchsten Sphäre der Staatspolitik blieb Franz Joseph auch nach 1867 ein Autokrat. Er traf Entscheidungen, nachdem er sich vom Ministerrat für Gemeinsame Angelegenheiten (manchmal auch als Kronrat bezeichnet) hatte beraten lassen, der eher eine konsultative als eine exekutive Körperschaft mit ungenau definierter Mitgliedschaft ohne formellen verfassungsmäßigen Status war.[12]

In seinem grundlegenden, in der amerikanischen Emigration verfaßten Werk über den Zerfall der Habsburger-Monarchie betonte der Sozialwissenschaftler Oscar Jászi, daß es verglichen mit anderen Staaten in der Monarchie kein einziges gemeinsames Ideal oder Gefühl gegeben habe, das die Völker zu irgendeiner politischen Solidarität hätte vereinigen können. Daß der Herrscher seine Entscheidungen oft zur Zufriedenheit der Magyaren traf, hing vor allem in der Zeit der Deák-Andrássy-Ära mit der Überzeugungskraft und Mäßigung dieser beiden großen Staatsmänner und wohl auch mit der weiterhin ungarnfreundlichen Einstellung Königin Elisabeths zusammen. Sagte sie doch selbst einmal zu Andrássy: »Sehen Sie, wenn des Kaisers Angelegenheiten in Italien schlecht gehen, so schmerzt es mich, wenn aber das gleiche in Ungarn der Fall ist, so tötet mich das.«[13]

Der österreichische Historiker Hugo Hantsch drückte eine weitverbreitete Meinung aus, als er konstatierte: »Die großen Existenzfragen der Monarchie galten den ungarischen Politikern immer weniger als die Interessen des eigenen nationalen Staatswesens.« Während die miteinander zerstrittenen österreichischen Parteien zu ihrem großen Verdruß den wachsenden Einfluß der ungarischen Reichshälfte und die Lockerung der nach ihrer Meinung unerläßlichen Bindungen Ungarns an die Reichseinheit mit ansehen mußten, prägte der spätere sozialistische Staatskanzler und Theoretiker der nationalen Frage, Karl Renner, die Formel: »Organgemeinschaft ohne Willensgemeinschaft«. Wenn der Monarch in so vielen Fragen zeitweilig eher zur ungarischen Auffassung neigte, sprach man hinter vorgehaltener Hand in Wien »vom Absolutismus des ungarischen Königs gegen den Kaiser von Österreich«.

Nur im Schlüsselbereich »militärische Angelegenheiten« verblieb dem Kaiser und seinen engsten Beratern, fast wie in den »guten alten Zeiten« vor dem Ausgleich, praktisch die ausschließliche Verfügungsgewalt. Franz Joseph war der oberste Kriegsherr und übte die uneingeschränkte Kontrolle über die in deutscher Kommandosprache befehligte Armee aus; er allein hatte das Recht, einen Krieg zu erklären oder einen Frieden zu schließen. Die k. u. k. Armee, dieses »Reichsheer ohne Reich«, stellte »das letzte Band des Zusammenhaltes der zerspaltenen Monarchie« dar. Der österreichische Militärhistoriker Johann Christoph Allmayer-Beck sah das Hauptverdienst der k. u. k. Wehrmacht darin, daß »sie auch nach dem Ausgleich eine Reichsanstalt geblieben ist, eine einzigartige und unersetzliche Schule eines gesamtösterreichischen Staatsbewußtseins, und dies in einem Heere, das auf 100 Soldaten 24 Deutsche, 20 Magyaren, 13 Tschechen, 11 Serbokraten, je 9 Polen und Ruthenen, 6 Rumänen, 4 Slowaken und je 2 Slowenen und Italiener zählte«[14].

Gerade dieser »gesamtösterreichische« Charakter war aber ein Reizwort für die Ungarn und keineswegs nur für Nationalisten. Wenn man die Sozialpsychologie des Nationalismus näher unter die Lupe nimmt, dann trifft Hanáks Wort von der Armee als »Achillesferse« der Monarchie in hohem Maße zu.[15] In der Zeit von 1867 bis 1918 war kein einziger Ungar Kriegsminister. Im Personal des Kriegsministeriums waren die Magyaren bloß mit 6,8 Prozent vertreten. In der Generalität erreichte ihr Anteil nie mehr als 10 Prozent. Nach offiziellen Armeestatistiken waren vier von fünf Berufsoffizieren Deutsche und nur zwischen 8 bis 9 Prozent Ungarn. Der amerikanische Historiker István Deák behauptet in seinem Buch *Der K. (u.) K. Offizier* allerdings, dieser Prozentsatz sei weit überhöht, nach seinen Berechnungen habe der Anteil der deutschen Berufsoffiziere nur 55 Prozent betragen.[16]

Wie dem auch sei, diese Armee wurde in Ungarn als eine selbständige, ungarnfeindliche Macht innerhalb des Staates, sogar als eine Art Besatzungstruppe betrachtet. Die ungarische Regierung hatte keinen Einfluß auf die Führung, Organisation und Verwendung der gemeinsamen Armee oder auf die Leitung und Politik des Kriegsministeriums. In diesem sensitiven Bereich blieb Ungarn also von den herrschenden Kreisen des Hofes und Cisleithaniens abhängig.

Ministerpräsident Andrássy wollte das große Werk der politischen Parität nicht gefährden und setzte die militärischen Abmachungen im Parlament durch. Er mußte aber versprechen, die Regierung werde sich mit allen verfügbaren Mitteln um eine größere militärische Autonomie bemühen. Das von Ungarn gestellte Rekrutenkontingent betrug zunächst jährlich 40 000 von insgesamt 100 000. Die k. u. k. Armee stieg von rund 250 000 Mann in Friedenszeiten auf 500 000 1914 und im Krieg auf 1,5 Millionen an. Während des Tauziehens um das Kriegsministerium gelang es Andrássy, Franz Josephs Zustimmung zur Aufstellung einer Landwehr in Österreich und Ungarn (samt Kroatien) zu gewinnen. Diese Honvédség genannte Truppe sollte eigene Insignien und Flaggen haben und vor allem Ungarisch als Kommandosprache verwenden. Die Honvédség war als Kern einer Nationalarmee vorgesehen, aber gerade deshalb gestand ihr der Monarch nicht einmal eine eigene Artillerie zu. Diese territoriale Streitmacht verfügte über nicht mehr als 10 000 bis 12 000 Soldaten; 1912 – bei Ausbruch des Ersten Balkankriegs – erreichte ihre Truppenstärke 25 000 Mann, und erst zu dieser Zeit bekam sie auch Artillerie.[17]

Die alle zehn Jahre leidenschaftlich geführten Diskussionen über die Armeegesetze erwiesen sich für die labile Konstruktion der Doppelmonarchie als eingebaute Sprengsätze. Das staatsrechtliche Verhältnis zu Österreich im allgemeinen und die Frage einer eigenen Armee unter ungarischem Kommando im besonderen galten als die Lebensfragen der Nation. Der schon vom Tod gezeichnete Andrássy hielt am 5. April 1889 seine letzte große Rede im Oberhaus gegen die Schaffung einer eigenen Armee. Der ehemalige Honvédoberst, der 1848 bei Schwechat gegen die kaiserliche Armee gekämpft hatte, sagte seinen Landsleuten: »In den großen internationalen Fragen, in den Fragen des europäischen Gleichgewichts, von denen heute die Sicherheit eines jeden Staates abhängt, entscheiden ausschließlich die Großmächte, und zwar nicht vom rechtlichen Standpunkt, sondern als militärische Großmächte.« Daher sei es notwendig, »daß jeder Angehörige des Heeres, Offizier wie Soldat, in der Armee das Bollwerk all dessen erblickt, was er zu Hause lieben gelernt, was in der Monarchie zu Recht besteht. Die gemeinsame Armee kann nicht etwas Fremdes, Drittes im Staate sein, sondern nur die gemeinsame Schutzwehr und das gemeinsame Eigentum beider Teile der Monarchie.«[18]

Als großer Erfolg wurde übrigens gefeiert, daß die Armee in k. u. k., also »kaiserlich und königlich«, umbenannt und nicht mehr bloß als »kaiserlich-königlich« bezeichnet wurde. Franz Josephs berühmter Tagesbefehl von Chloppy im September 1903 war eine offene und nachdrückliche Warnung an »einseitige Bestrebungen«, das »gediegene Gefüge« des Heeres zu lockern; unmißverständlich wiederholte er seine Absicht, die Armee »gemeinsam und einheitlich« zu belassen. Heute ist es müßig, darüber zu spekulieren, ob mit ein wenig Flexibilität der ganze Armeestreit hätte vermieden werden können. Im Ersten Weltkrieg, dessen Hintergrund und Verlauf hier nicht geschildert werden können, haben ungarische Truppen sowohl in der k. u. k. Armee als auch bei Honvédség tapfer gekämpft. Eine ironische, von Deák hervorgehobene Tatsache war die folgende Begebenheit: »Die letzten Kampftruppen der Habsburger-Monarchie waren zum größten Teil Slawen, Rumänen und Italiener, theoretisch also Alliierte der Entente-Armeen.«

Die im Laufe der Zeit immer härter aufeinanderprallenden Auffassungen über das Heer waren zugleich Folgen und Triebkräfte des Ringens um die Hegemonie der beiden führenden Nationen. Erschwerend kam hinzu, daß der Kampf der untereinander teilweise ebenfalls zerstrittenen Nationalitäten gegen die Vormachtstellung der Deutschen beziehungsweise der Magyaren umfassende Reformen verhinderte – und auf diese Weise die nationale Frage verewigte. Musil hat das Problem auf den Punkt gebracht:

> Die nationalen Kämpfe … waren so heftig, daß ihretwegen die Staatsmaschine mehrmals im Jahr stockte und stillstand, aber in den Zwischenzeiten und Staatspausen kam man ausgezeichnet miteinander aus und tat, als ob nichts geschehen wäre … Man handelte in diesem Land – und mitunter bis zu den höchsten Graden der Leidenschaft und ihren Folgen – immer anders, als man dachte, oder dachte anders, als man handelte. Kakanien war der fortgeschrittenste Staat; es war der Staat, der sich selbst irgendwie nur noch mitmachte, man war negativ frei darin … [19]

Ein Blick auf die ethnische Vielfalt und die relevanten Ziffern zeigt, wie der Ausgleich sowohl eine nationale föderative Lösung wie auch eine nationale Autonomie personaler und territorialer Natur vereitelt hat. Zugleich gibt es starke Argumente für die Stichhaltigkeit der Sichtweise des ungarischen Historikers Julius Miskolczy. Zum einhundertsten Jahrestag lautete sein Fazit: »Für die Dynastie und die Monarchie war im Jahre 1867 der Ausgleich nicht die beste, sondern überhaupt die einzige Lösung, mit der die Großmachtstellung noch bewahrt werden konnte.«[20]

Daß Vergleiche zwischen der Monarchie und den Vereinigten Staaten oder der Schweiz von heute grundsätzlich verfehlt sind, zeigt die ethnische Vielfalt. Nach der Statistik von 1910 waren von den elf größeren in der Monarchie vertretenen Nationalitäten – den Deutschen

(23,9 Prozent), Magyaren (20,2), Tschechen (12,6), Kroaten (5,3), Polen (10), Italienern (2), Serben (3,8), Slowaken (3,8), Slowenen (2,6), Ruthenen (7,9) und Rumänen (6,4) – nur sechs, nämlich die Deutschen, Kroaten, Italiener, Serben, Ruthenen und Rumänen, in beiden Reichsteilen vertreten. Der Versuch einer Föderalisierung in der westlichen Reichshälfte wäre, mit den Worten Kanns, »ein unglücklicher Torso« geblieben.

Im Gegensatz zu den stürmischen nationalen Kämpfen gegen die traditionell führende Stellung der Deutsch-Österreicher verlief die Geschichte der nationalen Bewegung im einheitlich von den Magyaren dominierten Ungarn scheinbar viel reibungsloser. In Wirklichkeit war freilich die »Ruhe und Ordnung« in Ungarn viel gefährlicher als der Lärm der parlamentarischen Stürme in Wien. Im ungarischen Parlament vertraten von 413 Abgeordneten ganze acht die Nationalitäten; nach der Bevölkerungsstärke hätten es 215 Ungarn und 198 Nationalitätenvertreter sein müssen. Die fast vollständige Ausschaltung legaler Interessenvertretungen der Rumänen, Serben und Slowaken sowie die nur sehr begrenzte und auf Autonomiefragen beschränkte Zulassung der Kroaten haben die nationale Opposition schon frühzeitig in monarchiefeindliche, subversive, irredentistische Kanäle gelenkt, deren Ziel nicht die nationale Reform, sondern der Zerfall der Österreichisch-Ungarischen Monarchie war.[21]

Im Hinblick auf die Entwicklung in der östlichen Reichshälfte darf vom Zusammenbruch am Ende des Ersten Weltkrieges nicht ohne weiteres auf eine verzweifelte oder dramatische Ausgangssituation im Jahr 1867 geschlossen werden. Das Kabinett Andrássy ging mit Schwung und Energie daran, seine Vorstellungen von einer Gleichberechtigung im Geiste des Liberalismus in die Tat umzusetzen. Der Ministerpräsident, ein Mann großer Konzepte und taktischer Flexibilität mit einem unnachahmlichen Fingerspitzengefühl für die Kunst des Möglichen in der Außenpolitik, konnte sich dabei auf das ungeheure Ansehen Ferenc Deáks stützen, obwohl dieser dem Kabinett nicht angehörte. Man hatte Deák das Amt des Ministerpräsidenten und die einmalige Ehrung angeboten, beim Krönungsakt an Stelle des Palatins und zusammen mit dem Fürstbischof neben dem Thron zu stehen. Er lehnte beides ab und schlug Andrássy dafür vor. Als der König ihn fragte, ob er irgendeinen Wunsch hätte, lautete die Antwort: »Ich möchte nur, daß Eure Majestät nach meinem Tod über mich sagen könnte: Ferenc Deák ist ein anständiger Mensch gewesen.«

Das intellektuell bedeutendste Regierungsmitglied und zugleich der Verfasser der wichtigsten Gesetze war Baron József Eötvös, der Unterrichts- und Religionsminister, der den gleichen Posten schon 1848 in der Batthyány-Regierung bekleidet hatte. Wegen der deutschsprachigen Umgebung seiner Kindheit lernte er überhaupt erst als Zwölf- oder Dreizehnjähriger ungarisch sprechen. Als Staatsphilosoph und Schriftsteller korrespondierte Eötvös mit Montalembert und Tocqueville in Paris und amtierte in Andrássys Abwesenheit als dessen Stellvertreter. Miksa Falk, sein Freund, charakterisierte Eötvös als einen »sein Vaterland heiß liebenden Staatsmann mit dem Verstand eines deutschen Philosophen und dem Gemüt eines Weltdichters«[22].

Eötvös, Deák und auch Andrássy waren nicht nur dem Namen nach echte Liberale. Die Gesetze zur Judenemanzipation, zur Nationalitätenfrage und zum kroatisch-ungarischen Ausgleich (Nagodba) zeigten in ihren Absichten, wenn auch nicht in allen Fällen der späteren Anwendung, den Einfluß dieser herausragenden Staatsmänner. Von Deák und Eötvös bis Kossuth im Exil haben sich damals alle ungarischen Politiker dafür ausgesprochen, den rund 540 000 Juden die bereits 1849 in den letzten Tagen der revolutionären Regierung zugesagten uneingeschränkten staatsbürgerlichen Rechte nun endgültig gesetzlich zuzuerkennen. »Keine Nationalität ist loyaler zu uns gestanden als die Juden; keine haben wir unfairer behandelt als sie«, sagte Petőfis Freund, der Schriftsteller Mór Jókai. Eötvös und Deák waren begeistert, als die ersten Juden als gewählte Abgeordnete ins Parlament einzogen.

Das Nationalitätengesetz von 1868 sollte ein vielversprechender Anfang zur Bewältigung der bitteren Erfahrungen von 1848/49 sein, als sich die anderen Nationalitäten (außer den meisten Donauschwaben und Slowaken) an der Zerschlagung der Revolution beteiligten; und zugleich sollte es die Versprechungen des mit der Judenemanzipation in Szeged verabschiedeten Nationalitätengesetzes in die Tat umsetzen. Die Verfasser, in erster Linie Deák und Eötvös, waren die besten Vertreter des liberalen hohen und mittleren Adels und betonten, daß die Staatsgewalt nicht Mittel der Magyarisierung und des magyarischen Nationalismus gegen die nichtmagyarischen Völker sein dürfe. Bereits Széchenyi hatte im Reformzeitalter davor gewarnt, durch übereifrige Magyarisierungsversuche die anderen Nationen Ungarns zu entfremden, denn wenn das »ungarische Tongeschirr« an den deutschen und slawischen »Eisentopf« geschlagen würde, läge das ungarische Geschirr bald in Scherben.

Kossuth selbst präsentierte, wie schon erwähnt, im Exil den Plan einer Donaukonföderation als Alternative zur Habsburger Monarchie. Sein einstiger Gesandter in Paris, Graf László Teleki, ging noch weiter und sprach sich sogar für einen Interessenausgleich zwischen den kleineren Nationen Mitteleuropas bei gleichzeitiger Aufgabe »historischer Rechte« durch Ungarn aus. Nach seiner erzwungenen Rückkehr aus der Emigration (er wurde durch österreichische Agenten aus Dresden verschleppt) und der Amnestierung durch den Kaiser beging er 1861 in Budapest wegen der scheinbar ausweglosen Situation Selbstmord.

Das Nationalitätengesetz legte unter Rückgriff auf den ständisch-übernationalen Begriff der natio hungarica fest, daß »sämtliche Landesbürger Ungarns auch nach den Grundprinzipien der Verfassung in politischer Hinsicht eine Nation [bilden], die unteilbare einheitliche ungarische Nation, deren gleichberechtigtes Mitglied ein jeder Bürger des Vaterlandes ist, zu welcher Nationalität er auch gehört«[23].

Allerdings hieß es in der Präambel auch, diese Gleichberechtigung könne nur im Hinblick auf den offiziellen Gebrauch der im Lande gebräuchlichen Sprachen und nur insoweit einer besonderen Regelung unterworfen werden, als dies die Einheit des Landes, die praktischen Erfordernisse der Regierung und der Verwaltung sowie eine gerechte Rechtsprechung notwendig machen. Diese formalen Feststellungen erwiesen sich später als sehr bedeutungsvoll, als nämlich das Gesetz von den folgenden Regierungen, vor allem ab 1875, als Instrument der Magyarisierung eingesetzt wurde.

Obgleich das Ungarische zur offiziellen Sprache der Regierung und des Reichstages, der Verwaltung, auch in den örtlichen Komitaten, bei Gericht und in höheren Schulen erklärt wurde, geben heute sogar kritische Autoren zu, daß das Gesetz dem einzelnen Staatsbürger anderer Nationalität so weitgehende sprachliche, kulturelle und kirchenpolitische Rechte einräumte, wie sie außerhalb der Donaumonarchie damals fast nirgends zu finden waren. Das von Eötvös durchgesetzte Volksschulgesetz hatte 1868 die allgemeine Schulpflicht für alle Kinder vom sechsten bis zum zwölften Lebensjahr und den Unterricht in der Muttersprache der ortsansässigen Bevölkerung eingeführt. Das Nationalitätengesetz hat den Gebrauch der nichtmagyarischen Sprachen in den Verwaltungs- und Justizorganen erster Instanz geregelt, den Nationalitäten den Unterricht in ihrer Muttersprache, das Recht auf Schaffung nationaler Kulturinstitutionen und Vereine nichtpolitischen Charakters gesichert und die Autonomie nationaler Kirchen (zum Beispiel der serbischen und der rumänischen orthodoxen Kirche) anerkannt. Der Unterricht der Staatssprache als Lehrfach wurde nicht einmal in den Volks- und Mittelschulen vorgeschrieben und den nichtmagyarischen Sprachen in den Kirchen Freiraum gewährt. Zur liberalen Nationalitätenpolitik gehörte auch die Bestimmung, wonach jede Minderheit, die mindestens 20 Prozent der Bevölkerung stellte, den Gebrauch einer zweiten oder dritten Sprache in der jeweiligen Gemeinde beantragen konnte.

Obwohl das Gesetz hinsichtlich der Vereinigungs- und Versammlungsfreiheit ein sehr breites Betätigungsfeld eröffnete und der dort festgeschriebene Minderheitenschutz mancher Regierung in der Zwischenkriegszeit und nach dem Zweiten Weltkrieg (zum Beispiel in der Tschechoslowakei, in Rumänien und Jugoslawien) zur Ehre gereicht hätte, wurde es sogar von den gemäßigten Nationalitätensprechern in Bausch und Bogen abgelehnt.

Selbst die liberalen ungarischen Staatsmänner hielten aber kollektive Rechte oder eine territorial-administrative Autonomie für die Nationalitäten mit der »ungarischen nationalen Staatsidee« und der historischen Integrität des Königreiches für unvereinbar. Statt der Anerkennung der von den Serben und Slowaken, Rumänen und Ruthenen geforderten Gleichberechtigung der Nationen waren sie nur bereit, innerhalb der Einheit der »politischen Nation« den Angehörigen der nichtungarischen Nationalitäten prinzipielle Gleichberechtigung in kulturellen Angelegenheiten und auf einer persönlich-individuellen Basis anzubieten.

Auch der am 17. November 1868 vom Reichstag beschlossene staatsrechtliche Ausgleich mit Kroatien-Slawonien erwies sich als eine für die meisten Kroaten unbefriedigende Lösung, weil die Kroaten von Budapest im Grunde die gleichen Rechte erhalten wollten, welche den Ungarn von Wien zugesprochen wurden. Sie mußten aber auf den erhofften Status einer unabhängigen politischen Einheit innerhalb der Monarchie verzichten. Das Land blieb mit Ungarn verbunden, und der Ban, der dem Sabor, dem kroatischen Landtag, verantwortlich war, wurde weiterhin auf Vorschlag des ungarischen Ministerpräsidenten vom König ernannt. Daß der Hafen Fiume (heute Rijeka) und das Gebiet von Muraköz (Mur) bei Ungarn blieben, war ein weiterer Stein des Anstoßes für die Kroaten.

Andererseits waren sie in den inneren Angelegenheiten wie Verwaltung, Justiz, Kultus und Unterricht völlig autonom. Landessprache war ausschließlich das Kroatische. Auch in den Kontakten mit den zentralen Behörden sowie im Reichstag, wo vierzig vom kroatischen Landtag delegierte Abgeordnete die kroatischen Interessen vertraten, durften sich die Kroaten ihrer eigenen Sprache bedienen. Trotzdem fanden sie den sogenannten »Kleinen Ausgleich« ebenso ungerecht wie die Ungarn ihren Kompromiß mit Wien.

Angesichts der späteren Verschärfung des ohnehin gespannten Verhältnisses zwischen Ungarn und Kroaten war für mich als politischen Beobachter die häufige Berufung der national gesinnten kroatischen Kommunisten auf die ungarischerseits gewährten Autonomierechte von vor hundert Jahren aufschlußreich und amüsant. Ihr Streit mit den Serben beziehungsweise den zentralistischen Kräften bereits in der Tito-Ära war ein untrüglicher Indikator des sich abzeichnenden, aber unaufhaltsamen Zerfalls des Zweiten Jugoslawien.

Doch bei aller späteren Anerkennung für die – im Vergleich zur großserbischen Vorherrschaft der Zwischenkriegszeit – staatsrechtlich doch sehr weitgehende Autonomie Kroatien-Slawoniens wurde das Verhältnis zwischen Budapest und Zagreb durch Mißgriffe einer immer intoleranter auftretenden ungarischen Regierungspolitik zunehmend belastet. Der Liberalismus von Eötvös und Deák geriet in der Nationalitätenfrage in eine folgenschwere Opposition zum Nationalismus der Mehrheit der ungarischen Führungsschicht. Liberales Gedankengut war immer weniger gefragt und wurde zunehmend zum Rückzug gezwungen. Das erlebte selbst ein Mann von der Autorität eines Ferenc Deák in einer scheinbar nebensächlichen, aber in Wirklichkeit symbolträchtigen Frage. Es ging dabei um eine Budgetsubvention für das ungarische Nationaltheater. Prompt forderten die Vertreter der serbischen Volksgruppe einen ähnlichen Zuschuß für ein serbisches Theater in der Vojvodina. Deák hat beide Subventionen befürwortet und lehnte es strikt ab, nur für die Förderung des ungarischen Theaters zu stimmen. Er wurde von der Mehrheit überstimmt, obwohl die Liberalen, damals sogar Deák-Partei genannt, über eine knappe Zweidrittelmehrheit verfügten.

Mit dem Tod Eötvös' und der Berufung Andrássys zum gemeinsamen Außenminister, gefolgt von Deáks Rückzug aus der Tagespolitik, gewannen jene Politiker die Oberhand, die die Magyarisierung zum Staatsziel erhoben und in den Nationalsprachen beziehungsweise Nationalitätenforderungen pauschal nur Tendenzen eines latenten Separatismus oder Verrats witterten.

Die aus der Vereinigung der alten Deák-Partei und der sogenannten »Linken Mitte« hervorgegangene Liberale Partei schlug unter der Führung Kálmán Tiszas, der als Ministerpräsident von 1875 bis 1890 die längste Amtsperiode in der ungarischen Geschichte aufweisen konnte, einen Kurs zum Ausbau des »ungarischen Nationalstaates« ein. Diese ebenso korrupte wie geschickt lavierende Regierung und ihre kurzlebigeren Nachfolger verfielen zwei Generationen lang einer Staatsidee, die sich nur als »Größenwahn« (Oscar Jászi) bezeichnen läßt. Die Hauptmerkmale dieser verhängnisvollen Politik waren: Unterschätzung der Rolle Österreichs und besonders der Slawen, Überschätzung der Bedeutung der Magyaren, Nichtbeachtung der Nationalitäten Ungarns, Streben nach völliger Magyarisierung des öffentlichen Lebens und nach Beschränkung der politischen und kulturellen Entwicklung der nichtmagyarischen Nationen.

Nur mit Kroatien war der ungarische Adel zumindest anfänglich bereit, als ebenbürtigem Partner, »von Nation zu Nation« (so Deák 1861), zu verhandeln. In seiner Grundsatzrede anläßlich der parlamentarischen Behandlung des Nationalitätengesetzes am 24. November 1868 hob Deák unter allgemeiner Zustimmung hervor, daß sich dieses Gesetz nicht auf Kroatien-Slawonien bezöge, weil dieses über eigenes Territorium verfüge und in politischer Hinsicht eine eigene »politische Nation« bilde; außerdem sei der ungarisch-kroatische Ausgleich auch hinsichtlich des Sprachgebrauchs gültig und bindend.

Deák sah das ungarisch-kroatische Verhältnis als Staatsfrage und nicht als Nationalitätenfrage an. Mit staatsmännischer Klugheit und Mäßigung sagte er bereits 1861: »... Croatien besitzt sein eigenes Territorium, es nimmt eine gesonderte Stellung ein, und war niemals Ungarn einverleibt, sondern es stand in einem Verbande zu uns, es war unser Gefährte, der an unseren Rechten, unseren Pflichten, an unserem Glück und unseren Drangsalen Theil nahm.«[24]

Die Tatsache, daß im ungarisch-österreichischen Ausgleich Dalmatien an Cisleithanien und Fiume sowie die Militärgrenze an Ungarn gingen, sorgte für dauerhafte Verstimmung. Es waren aber die Mißgriffe des Budapester Ministeriums in den »gemeinsamen Angelegenheiten«, die Ausdehnung der Magyarisierungsmaßnahmen auf Kroatien, die Abschaffung der zweisprachigen Ortstafeln und Bahnhofsschilder und die Einsetzung von der kroatischen Sprache nicht mächtigen Beamten, die Empörung auslösten. Als ein politischer Bumerang erwiesen sich Bestrebungen gegenüber der mächtigen kroatischen Opposition, die scheinbar loyalen Serben als Verbündete der Budapester Regierung (gegen die Kroaten) ins Spiel zu bringen.

Schließlich mußten die von den Ungarn ernannten Bane meist absolutistisch, also ohne Sabor, regieren.

Besonders verhaßt war das korrupte Regime unter Graf K. Khuen-Héderváry (1883–1903), das der österreichische Sozialdemokrat Otto Bauer sarkastisch als »Magyar Paschalik« (nach der türkischen Provinz, wo der Pascha die Christen unterdrückte) bezeichnete. Die Magyarisierung der kroatischen Staatsbahnen ausgerechnet unter Minister Ferenc Kossuth, dem unfähigen Sohn des Freiheitshelden, hat genauso leidenschaftliche Proteste ausgelöst wie (1909) der peinliche Schauprozeß gegen kroatische und serbische Politiker, denen subversive Verbindungen mit Serbien durch gefälschte Dokumente nachgewiesen werden sollten. Die Besetzung (1878) und spätere Annexion (1908) von Bosnien-Herzegowina haben durch die kurzsichtige ungarische Politik das eigentliche Ziel – die Schaffung eines starken kroatisch-bosnischen Gegengewichts gegen die serbische Expansion – nicht nur nie erreicht, sondern durch die Dreispaltung des kroatischen Volkes (Dalmatien, Slawonien und Bosnien) den serbischen Störmanövern zusätzlichen Spielraum verschafft. Diese Auffassung vertrat der Historiker und ehemalige ungarische Außenminister Gusztáv Gratz in seinem zweibändigen Werk *Das Zeitalter des Dualismus* (1934). Gratz, der selbst Ungarndeutscher war, schrieb von einer »tragischen Entwicklung«, zumal da man »Kroatien zu Recht als Ungarns Achillesferse« bezeichnet hatte.[25]

XXVI Grenzenlose Verblendung: Das ungarische Sendungsbewußtsein und die Nationalitäten

Die Lage der »anderen«, der nichtungarischen Bevölkerungshälfte, gestaltete sich keineswegs nach den liberal-humanistischen Grundlegungen des Nationalitätengesetzes. Die Umwandlung eines Nationalitätenstaats in einen rein magyarischen National- und Zentralstaat war ein höchst dynamischer Prozeß, angetrieben von einem wachsenden ungarischen Sendungsbewußtsein. Ministerpräsident Kálmán Tisza fühlte sich von den gesetzlichen Verpflichtungen entbunden und erklärte (1875) ohne Umschweife: »Innerhalb Ungarns kann es nur eine lebensfähige Nation geben: Diese politische Nation ist ungarisch. Ungarn kann niemals eine Schweiz des Ostens werden, dann würde es aufhören zu existieren.«[1]

Was das für die »anderen«, also die Slowaken und Ruthenen, Rumänen und Serben, Kroaten und Deutschen, bedeutet hat, umhüllen auch die ungarischen Historiker – im Gegensatz zur Zeit des romantischen Nationalismus – nicht mehr mit dem Mantel des Schweigens. Széchenyis geflügeltes Wort »In Ihrer Sprache lebt die Nation« meinte die Einheit der nationalen Gemeinschaft und der Sprachengemeinschaft innerhalb der historischen Staatsgrenzen. Die »anderen«, die Nationalitäten, blieben bei dieser Definition von Nation und Staat, die dem französischen Staatsrecht entnommen wurde, außen vor. Als Kennzeichen der »Nation« galt hier die zentral ausgebildete Nationalsprache. Nation und Staat bildeten eine Einheit.

Bereits 1790/91 wurde die Umgestaltung Ungarns in Richtung einer »allgemeinen Alleinherrschaft der magyarischen Staats- und Unterrichtssprache betrieben«, meint Lajos Gogolák in seiner profunden Studie über die Nationalitätenfrage in Ungarn.[2] Die Kehrseite des Aufblühens der modernen ungarischen Nation, das im Sprachlichen und Dichterischen besonders deutliche Spuren hinterließ, war die endgültige Entfremdung der gebildeten, national gesinnten Elite der »anderen« Bevölkerungshälfte. Sie folgten immer mehr den Tendenzen des Panslawismus, des Tschechoslowakismus, des Dakoromanismus, der serbischen Irredenta oder der illyrischen Idee.

Eine eindrucksvolle Wiedergeburt des Ungartums im Zeichen der

Muttersprache wurde zum weithin sichtbaren Symbol einer triumphalen Überhöhung der nationalen Identität. Die tragische und unabwendbare Folge war aber die permanente Herausforderung der anderen Hälfte der Gesamtbevölkerung, vor allem im Alltagsleben. Der Staatspatriotismus der Vergangenheit war an der Magyarisierung als allgemeingültiger Staats- und Existenzidee gescheitert. Nun sollte die Muttersprache »auf allen Seiten« zum Wesen und Inbegriff der ethnisch-nationalen Identität und zugleich der politischen Existenz werden. Die Katastrophe von 1918/19 – Ungarns Zertrümmerung – war also im Grunde seit mehr als einem Jahrhundert programmiert.

Die Schulgesetze von 1879, 1883 und 1891 machten den Unterricht der ungarischen Sprache in Kindergärten, Volks- und Mittelschulen obligatorisch. Im slowakischen Nordungarn gab es bald keine slowakischen Mittel- und Bürgerschulen mehr, die Zahl der kirchlichen Schulen ging zwischen 1880 und 1890 von 1700 auf 500 zurück. Zwischen 1869 und 1891/92 stieg die Zahl der rein magyarischen Volksschulen in Ungarn von 42 auf 56 Prozent, während die der nichtmagyarischen auf 14 Prozent fiel; die anderen waren gemischtsprachig. Daß kein noch schnellerer Durchbruch erfolgte, hing damit zusammen, daß vier von fünf Volksschulen konfessionelle Schulen waren und für eine vollständige Verstaatlichung aller konfessionellen sowie Gemeindeschulen nichtmagyarischer Sprachausrichtung die materiellen Mittel fehlten.

Die schärfsten Vorgaben für die Magyarisierung und Sanktionen gegen unfähige oder unwillige Volksschullehrer wurden von Graf Albert Apponyi durchgesetzt, Unterrichtsminister von 1906 bis 1910, einem polyglotten Humanisten und überzeugten Katholiken. Aufgrund der berüchtigten »Lex Apponyi« halbierte sich die Zahl der Nationalitätenschulen zwischen 1899 und 1914; nur mehr in 20 Prozent aller Volksschulen Ungarns erteilte man nicht-magyarischsprachigen Unterricht.[3] Die Magyarisierung wurde von Béla Grünwald, Historiker und Wortführer der härtesten Zwangsassimilation, in einer Schrift über Oberungarn mit dem Bild vom Fleischwolf illustriert: Am einen Ende werden die Bauernsöhne der Nationalitäten hineingepreßt, während sie am anderen Ende als geschliffene und ihrer Volksgruppe entfremdete magyarische Herren wieder herauskommen. Grünwald, selbst Sproß einer alten karpatendeutschen Familie, empfahl sogar die Aufhebung des Nationalitätengesetzes. Er war der Ansicht, daß die Nichtmagyaren »keines eigenständigen Fortschritts fähig« seien; es sei »das Schicksal des Magyarentums«, sie »zu assimilieren, sie in ein höherstehendes Volk zu absorbieren« und dadurch eine »Pflicht der Ungarn gegenüber der Menschheit« zu erfüllen, »sie emporzuheben, als wären wir die Meister der Zivilisation.«[4]

Das Übergewicht der Magyaren spiegelte sich auch darin, daß 84 Prozent der Absolventen der acht Mittelschulklassen und 89 Prozent der Studenten Magyaren waren. Zur Jahrhundertwende betrug der Anteil der Magyaren 48,1 Prozent der Bevölkerung Transleithaniens und 54,5 Prozent Ungarns (ohne Kroatien). Politisch noch brisanter waren die Angaben über die Zusammensetzung des öffentlichen Dienstes. 1910 waren von den Staatsbeamten 96 Prozent ungarischer Muttersprache, von sämtlichen öffentlichen Bediensteten 91,2, von den Richtern und Staatsanwälten 96,8, von den Mittelschullehrern 91,5 und von den Ärzten 89. Ähnliche Prozentsätze weist die sprachliche Aufteilung bei den Bibliotheken, Verlagen und Zeitungen auf.[5]

In den neunziger Jahren hatte Ministerpräsident Bánffy die Illusion des einheitlichen Nationalstaates sozusagen zum Regierungsprogramm entwickelt. Die öffentliche Meinung begriff die Bedeutung und das Wesen des Nationalitätenproblems immer weniger. Oscar Jászi hat daraufhin hingewiesen, daß die meisten Bürgerlichen und Intellektuellen überzeugt gewesen seien, in Ungarn gebe es nicht nur keine nationale Unterdrückung, sondern im Gegenteil: die magyarische Nation gewähre den »minderwertigen« Volksgruppen, mit denen sie zusammenlebte, so viele Freiheiten und Privilegien, daß ihr Liberalismus in der Geschichte beispiellos sei. Ihnen mußte es als unerhörte Undankbarkeit erscheinen, daß zweitrangige Leute auf diese Großzügigkeit mit Unzufriedenheit reagierten und die öffentliche Meinung des Auslands durch Anschuldigungen und Verleumdungen gegen die magyarische Nation aufzubringen versuchten. Laut Jászi sei die Öffentlichkeit bona fide aus Überzeugung, durch Erziehung und Presseberichterstattung dieser Ansicht gewesen. Auch gebildete und politisch interessierte Kreise hatten keine Kontakte mit der Intelligenz der anderen Volksgruppen; sie hatten keine Ahnung, wie diese dachten, selbst wenn sie in der gleichen Stadt lebten.

Als typisch dafür beschreibt Jászi eine Szene, die er selber in der »besseren« ungarischen Gesellschaft in einer überwiegend von Slowaken bewohnten Gegend erlebt hatte. Von einer Bahnfahrt zurückgekehrt, empört sich ein distinguierter Magyar: »Es ist einfach untragbar, mit welcher Offenheit und Frechheit diese Panslawen sich zu benehmen beginnen. Heute mußte ich ein Erste-Klasse-Abteil mit fünf Panslawen teilen, die nicht einmal verheimlicht haben, was sie waren.« Als sich Jászi nach den näheren Umständen dieser schrecklichen Erfahrung erkundigte, stellte sich heraus, daß sich diese Herren in slowakischer Sprache zu unterhalten herausgenommen hatten, was allein schon den Verdacht panslawistischer Umtriebe begründe...

Während der Jahrzehnte des forcierten Assimilierungsprozesses sei die Kluft zwischen den sogenannten »historischen Klassen« und den Nationalitäten so groß geworden, daß sogar die Idee der nationalen Unterdrückung durch die magyarische Oberschicht absurd erschienen sei, meint Jászi. In dieser Zeit des nationalen Begeisterungsrausches, der seinen Höhepunkt mit den Millenniumsfeiern 1896 erreichte, bekannte selbst der Schwager und Nachfolger von Eötvös als Minister für Kultur und Unterricht, Ágoston Trefort, der seinem Ressort sechzehn Jahre vorstand: »Ich will niemanden gewaltsam magyarisieren, dennoch muß ich offen bekennen, daß in Ungarn der Staat nur als ein magyarischer bestehen kann. Die Aspirationen auf einen polyglotten Status sind politische Plumpheiten, mit denen man kurzen Prozeß machen muß.«[6]

Trotz »des magyarischen Sprachchauvinismus« (Moritz Csáky), trotz behördlicher Verbote und Presseprozesse, trotz vereinzelter blutiger Übergriffe (in der slowakischen Gemeinde Cernova kamen bei der versuchten Weihe einer Dorfkirche durch den nationalistischen Priester und Slowakenführer Andrej Hlinka infolge des Eingreifens der Gendarmerie 15 Menschen ums Leben), muß man den Ungarn zweierlei zugute halten: Die Magyarisierung oder die Unterdrückung der Nationalitäten war nie »rassisch-völkisch«, sondern kulturell bedingt. Das Merkmal des Ungartums war einzig und allein die Sprache! Ein jeder, der sich zum Ungartum bekannte, hatte in der Tat, ungeachtet seiner Abstammung, die gleichen Chancen. Und: Es ging damals im allgemeinen um politische und nationale, nicht um persönlich ausgerichtete und in die Privatsphäre hineinreichende Beschlüsse. Sie können deshalb auch nicht auf einen gemeinsamen Nenner mit den kollektiven und terroristischen Maßnahmen in den Nachfolgestaaten der Zwischen- und Nachkriegszeit gebracht werden.

Trotzdem war es eine verhängnisvolle Illusion zu glauben, daß die sich nun organisierenden politischen Eliten und die neue, wenn auch noch schwache Mittelklasse der einzelnen Volksgruppen ihre Zukunft in einem rein magyarischen Staat als gemeinsamem Vaterland sehen würden. Die Vision neuer Nationalstaaten auf den Ruinen des historischen Ungarn nahm immer mehr für sich ein. Selbst ein Mann wie Kronprinz Rudolf, von Kindheit an in ungarnfreundlichem Geist erzogen, übte in seiner privaten Korrespondenz und in seinen unter verschiedenen Decknamen verfaßten und nur zum Teil veröffentlichten politischen Schriften scharfe Kritik an der ungarischen Nationalitätenpolitik:

> Das Traurige für Ungarn ist das Nichteinsehenwollen und Nichtbegreifenwollen aller Magyaren, daß man mit schlechter Behandlung, mit Verachtung und mit momentanen vehementen Maßregeln nichts erreicht Nationalitäten gegenüber, die an Zahl überlegen sind und die man absolut braucht, um den ungarischen Staat zu erhalten, in derselben Größe, die er heute noch besitzt... In vielen, fast den meisten Teilen der Länder der Stephanskrone sind nur der Adel, die Beamten und die Juden Ungarn, das Volk aber gehört anderen Stämmen an.
> In ihrer grenzenlosen Verblendung vergessen auch die maßgebenden ungarischen Kreise die Tatsache, daß noch im Jahre 1849 Serbien und Rumänien zur Türkei gehörten, noch ganz unkultivierte und politisch unreife Länder waren, während jetzt die Königreiche Serbien und Rumänien sowie das nahe Bulgarien auch in die Reihe der europäischen Staaten eingetreten sind und Bildung, Kultur und Wohlhabenheit große Fortschritte gemacht haben; mit diesen Ländern sind die ungarischen Rumänen und Slawen, welche sich selbst auch um vieles weiterentwickelten, in steter Berührung; das ist für Ungarn heute eine große Schwierigkeit, von der das alte Ungarn noch keine Ahnung hatte, welches auch daher mit diesen unterjochten Völkern damals ganz anders umgehen konnte.[7]

Angesichts der antisemitischen Wirren in den achtziger Jahren in Ungarn ging Rudolf, ein unerbittlicher Kritiker des Antisemitismus und Freund vieler österreichischer und ungarischer Juden, noch weiter. In einem ungezeichneten Artikel im *Neuen Wiener Tagblatt* warnte der Kronprinz: »In Ungarn droht sich ein Abgrund zu bilden, und in diesen Krater kann vieles stürzen, was man jetzt noch für lebensfähig hält.«[8]

Die Übergriffe und das mangelnde Verständnis aller ungarischen Regierungen für den Wunsch nicht nur des einzelnen, sondern auch der nationalen Gruppen nach Identität beziehungsweise nach territorialer oder persönlicher Autonomie, die Einschränkung des Wahlrechts von 6,7 Prozent auf 5,9 Prozent (1870–1874) der Gesamtbevölkerung und die korrupten Praktiken der politischen Klasse haben dem internationalen Ruf Ungarns unermeßlichen Schaden zugefügt. In seinem 1986 herausgegebenen Buch *Das verlorene Prestige* stellte der spätere Außenminister Géza Jeszenszky die massive Verschlechterung des Ungarnbildes in Großbritannien zwischen 1896 und 1918 im Spiegel der Presse- und diplomatischen Berichte dar. Vor allem die Artikel und Bücher von Wickham Steed und R.W. Seton-Watson, der auch unter dem Decknamen Scotus Viator publizierte, lösten ein ungeheuer starkes Echo aus. Das erwähnte »Massaker« von Cernova in der heutigen Slowakei im Jahr 1907 sei der Wendepunkt gewesen, schreibt der Autor und zitiert den Leitartikel der Londoner *Times*: »Das liberale Ungarn übernimmt die Politik des russischen Despotismus.«[9]

Dennoch wäre es falsch, hinter dem hemmungslosen Ausbau eines ungarischen Nationalstaats nur Chauvinismus und Arroganz zu sehen. Es waren auch edle, idealistische und in Illusionen befangene Persönlichkeiten, und nicht nur verblendete Verfechter der magyarischen Überheblichkeit, die eine verfehlte und tragische Rolle bei der Zuspitzung der nationalen Gegensätze gespielt haben. Infolge der historischen Schicksalsschläge, wie wir sie in früheren Kapiteln beschrieben haben, gab es stets Angstkomplexe, die in der Literatur, aber auch in der Politik sowohl gegenüber Wien wie hinsichtlich der Nationalitäten einen prägenden Einfluß hatten. Széchenyi schrieb einmal: »Viele glauben, wenn sie in Wien ein Tier mit zwei Hörnern sehen, daß es ein Teufel sei, obwohl es nur ein Ochse ist.« Anders gesagt, es war nicht immer böser Wille, sondern auch Dummheit und Ineffizienz, die in der Vormärzperiode 1848 die Politik des Hofes gegenüber Ungarn geprägt hatten...

Die doppelte Existenzangst vor Wien und vor den zahlenmäßig so starken, aber kulturell und bildungspolitisch den Ungarn unterlegenen Nationalitäten war die Kehrseite einer von der nationalen Romantik genährten Machtpsychose. Dichtende Politiker und politische Dichter haben auf allen Seiten den schwierigen Prozeß der Nationswerdung mitgeprägt. Es ging mehr denn je um den jeweiligen »Primat« einer Volksgruppe: bei den Ungarn um das Vorrecht der Landnahme, bei den Slowaken und Rumänen um das Prinzip der Ureinwohnerschaft noch vor der magyarischen Eroberung. Das historisch-politische, später ethnisch-rassische Gefühl der Überlegenheit des Eigenen war untrennbar verbunden mit Haß und Verachtung für die »anderen«. Der allem Wirklichkeitssinn spottende romantische Glaube an die Sendung und die Unteilbarkeit des ungarischen Nationalstaats war so etwas wie eine »nationale Laienreligion« (Lajos Gogolák). Es läßt sich aber auch nachweisen, daß sich die Zertrümmerung des historischen Ungarn bereits 1848, wahrscheinlich sogar noch früher, anbahnte. Die gegen die ungarische nationale Wiedergeburt gerichteten politisch-geistigen Nationalismen der kleineren Volksgruppen wurden zum Sprengsatz, der mit der Niederlage im Ersten Weltkrieg die Katastrophe herbeiführte.[10]

Der Ausgleich, also der Kompromiß oder die Versöhnung des Herrschers mit dem Hoch- und mittleren Adel auf dem Rücken der Südslawen, Slowaken und Rumänen, öffnete dieser Verblendung und Maßlosigkeit Tür und Tor. Für die politische Klasse Ungarns ergab sich daraus eine Verlockung zur politischen Blindheit, wobei die Grundidee der Staatseinheit bereits von Kossuth 1848 und Deák 1867 ausgesprochen wurde: »In Ungarn gibt es Nationalitäten, aber nur eine Nation.«

Nur ein einziger Abgeordneter, Lajos Mocsáry, warnte mit bewundernswerter Standfestigkeit vor den Folgen der Magyarisierung; er allein forderte in zukunftweisenden Stellungnahmen immer wieder Gleichheit, Toleranz und die Durchführung der Bestimmungen des Nationalitätengesetzes. Dieser magyarische Edelmann, unbestechlich und unerschrocken als Mensch wie als Politiker, wurde aus seiner eigenen Partei ausgeschlossen und aus dem politischen Leben verjagt.[11]

Dagegen fanden die Wortführer, ja die Erfinder von sonderbaren »Blüten« eines romantischen Nationalismus Nachahmer. Bis in die Gegenwart hinein reicht ihre geistige Gefolgschaft, die unbeirrt die historisch-heroische Tradition eines Großungarn vertritt.

Daß selbst die liberalsten Ungarn die Wucht der Nationalitätenbewegung entweder nicht begriffen oder, wie Gusztáv Gratz es formulierte, »in der Nationalitätenfrage völlig ratlos waren«, hing mit der von einer nationalen Romantik getragenen Literatur und vor allem mit der ungarischen Geschichtsschreibung des 19. Jahrhunderts zusammen. Nach dem Ausgleich wurde das für die ungarische Dichtung so typische tragische Lebensgefühl des Besiegt- und Bedrohtseins durch einen vom Wunschdenken beseelten, naiven Optimismus überlagert.

»Die Geschichte ist das Reich der wahren Lüge«[12], schrieb Antal Szerb. Die besonderen Fallstricke der dichterisch verewigten Anfänge der ungarischen Geschichte hat bereits Friedrich Schlegel in seinen 1812 gehaltenen Wiener Vorträgen thematisiert. Mit Hinweisen auf die alten Heldensagen, die in Prosa aufgelösten Heldenlieder und die Dichtung von Anonymus und Kézai, die Attila-Legenden bis zu König Matthias, »der seine Ungarn mit einem Male ganz lateinisch und italienisch machen wollte«, aber auch mit Beispielen aus Chroniken und den *Nationalsagen* des zeitgenössischen Dichters Sándor Kisfaludy warnte er davor, aus alledem »staatsrechtliche Folgerungen zu ziehen oder Streitigkeiten daran zu knüpfen«[13].

Ob Schlegel von dem »genial-manischen« zeitgenössischen Historiker István Horvát (1784–1846) gehört oder ihn gekannt hat, wissen wir nicht, aber die historische Mythenschaffung Horváts übertraf selbst die Phantasie der mittelalterlichen Chronisten bei weitem. Seine Bücher über die ungarische Urgeschichte und seine Vorträge an der Universität entflammten eine ganze Generation. Aufgrund einiger ähnlich lautender Worte suchte er die Ahnen der Magyaren in Persien, Griechenland und Italien. Er behauptete, selbst Adam und Eva hätten im Paradies ungarisch gesprochen. Daß Homer und Herkules eigentlich Magyaren gewesen seien, verstand sich für ihn von selbst. Die Urungarn seien so riesengroß gewesen, daß man sie »Giganten« und »Titanen« genannt hätte. Daß dieser Mann zwischen 1823 und 1845 Universitätsprofessor in Pest war und daß diese Absurditäten auch noch auf offene Ohren stießen, »sagt etwas über die optimistische Selbstdarstellung der Nation aus«, so Szerb. Und genau dieser Optimismus »bereitete so viele verblüffende politische Fehlentscheidungen der kommenden Generation vor«. Es war jedenfalls bezeichnend für Horváts ungeheuren Einfluß, daß anläßlich seines Todes kein Geringerer als Eötvös einen begeisterten Nachruf verfaßte.[14]

Wenngleich Horvát eine bizarre Ausnahme in der ungarischen Historiographie geblieben ist, bewirkten derlei Beschwörungen der glorreichen Vergangenheit und das ständige Bekunden der politisch-kulturellen Überlegenheit der Magyaren gegenüber den anderen Volksgruppen eine besorgniserregende Übersteigerung ihres Nationalbewußtseins. Hier lag der Grund für jenes »Nichteinsehenwollen und Nichtbegreifenwollen aller Magyaren«, über das sich Kronprinz Rudolf beklagte.

Wenn man die Reden maßgeblicher ungarischer Politiker oder die Leitartikel und Geschichtswerke aus dieser Periode nach dem Ausgleich liest, rufen manche Phrasen die Warnung Paul Valérys vor der Gefahr einer Verführung durch Geschichte in Erinnerung:

> Die Geschichte ist das gefährlichste Produkt, das die Chemie des menschlichen Gehirns verfertigt hat … Es bringt die Völker ins Träumen, versetzt sie in Rausch, gaukelt ihnen eine Vergangenheit vor,

> übersteigert ihre Reflexe, hält ihre Wunden am Schwären, stört sie in ihrer Ruhe auf, treibt sie zu Größenwahn oder auch zu Verfolgungswahn und macht, daß die Nationen verbittert, auftrumpfend, unausstehlich und eitel werden... Die Geschichte rechtfertigt, was immer man will. Sie klärt schlechterdings nichts, denn es gibt nichts, was sich mit ihr nicht belegen ließe.[15]

Wenn es sich bei manchen absurden Behauptungen über die ungarische Geschichte nur um Polemiken zwischen Historikern oder Staatsrechtlern gehandelt hätte, könnte man die Bücher der nationalistischen Romantik vergessen. Aber sie waren äußerst wichtige Bestandteile der politischen Ideen und Handlungen. Sie bildeten die ideologische Grundlage der ungarischen Hegemonie im transleithanischen Großungarn zu einer Zeit (1880), als der Bevölkerungsanteil der Magyaren bloß 41,6 Prozent betrug. Die Frage der historischen Kontinuität seit der Landnahme und der Verfassung (eine schriftliche gab es weder vor noch während der Doppelmonarchie) gewann deshalb nach dem Ausgleich eine besondere Brisanz. So teilte Graf Albert Apponyi seinen Kollegen bei einer Sitzung der Interparlamentarischen Union in Saint Louis, Missouri, mit, daß Ungarn die älteste repräsentative Regierung in ganz Europa besitze. Die ungarische Verfassung sei so alt wie die Magyaren selbst; obwohl nie niedergeschrieben, sei sie organisch gewachsen und habe das Problem der Stärkung der Monarchie ohne Aufopferung der Freiheit besser gelöst als jede andere.

Ein anderer Politiker, Graf Gyula Andrássy jun., schrieb in einer dreibändigen Geschichte seines Landes wörtlich:

> ... läßt sich die heutige Verfassung Ungarns in ununterbrochenem Nacheinander bis auf die Freiheit des Nomadenzeitalters zurückführen... Von den Völkern, die bis zum 9. Jahrhundert in Europa Staaten gründeten, gelingt es nur uns..., die Staatseinheit vom ersten Moment der Landnahme an in ununterbrochener Kontinuität und unter dauernder Wahrung... der Hegemonie der Nation bis heute aufrechtzuerhalten.[16]

Die Ungarische Akademie der Wissenschaften hat dem Buch Andrássys (1911) ihren höchsten Ehrenpreis zuerkannt. In Zeitungsartikeln war der Autor freilich noch offenherziger: »Das ungarische Volk übertrifft bei weitem alle Nationen unter seinen Verbündeten hinsichtlich seiner politischen Begabung und der Fähigkeit, einen Staat zu behaupten.«[17]

In einem staatsrechtlichen Handbuch, das in acht Jahren fünf Auflagen erlebte, behauptete der Autor Ernö Nagy »einen Triumph des ungarischen Staatsrechtes,... weil die zivilisierten Staaten im großen und ganzen jene staatliche Organisation angenommen haben, die auf dem Kontinent allein in Ungarn auf historischen Grundlagen ruht«[18].

Andere ungarische Staatsrechtler beriefen sich darauf, daß die Ungarn seit dem »Urvertrag« bei Pusztaszer 896 die erste europäische Nation gewesen seien, die den Weg zu einer parlamentarischen Kontrolle der Vollzugsorgane geebnet hätten. In der *Ungarischen Rechtsgeschichte* hieß es: Ungarn »bewahrte das Freiheitsbewußtsein der Nationen und verhinderte die Entstehung eines universalmonarchischen Absolutismus. Ohne Ungarn wird in Europa entweder der Germane oder der Slawe Herr.«

In einigen mit beißender Ironie verfaßten Studien unterzog seinerzeit der bereits zitierte österreichische Historiker Harold Steinacker diese und zahlreiche ähnliche Darstellungen einer vernichtenden Kritik: »Die Magyaren halten sich für das auserwählte Volk der Verfassungsgeschichte.« Er warf seinen ungarischen Kollegen vor, daß sie es »nicht wagen, das Feuer des Chauvinismus zu dämpfen, sondern sie gießen noch Öl ins Feuer, übertroffen nur von den geschichteschreibenden Politikern«.

Die Theorien der Professoren bildeten dann die Grundlage für populistische Zukunftsszenarien. Der berühmte Chefredakteur der einflußreichen Tageszeitung *Budapesti Hirlap* (Budapester Tagblatt), Jenö Rákosi, rief in einem vielzitierten Artikel 1899 aus: »Was wir brauchen, sind dreißig Millionen Ungarn! Dann würden wir den Osten Europas haben... Deshalb sollte jeder Ungar, Politiker wie Nichtpolitiker, an seine Fahne heften: dreißig Millionen Ungarn – und alle unsere Probleme wären mit einem Schlag gelöst...! Die ungarische Nation muß sich zur Höhe einer herrschenden Nation aufschwingen, und sie kann das erreichen, wenn sie in allen ihren Gliedern und Institutionen unbarmherzig ungarisch wird, wenn jeder Mensch aus seiner ganzen Seele unerschütterlicher ungarischer Chauvinist wird.«[19]

Daß dieser Spitzenjournalist, der das Ungartum ständig im Mund führte und als Sprachrohr des Nationalismus galt, selber deutscher Abstammung war (er hieß ursprünglich Kremsner) und erst im 18. Lebensjahr mit dem Deutschtum brach, hörte er im nachhinein nicht mehr so gern. Aber derlei war fast eher die Regel als die Ausnahme. Neben dem Ideologen der Magyarisierung, dem bereits erwähnten Grünwald, ist in diesem Zusammenhang auch der einflußreichste konservative Schriftsteller, Ferenc Herczeg (1863–1954), zu erwähnen; der Autor der bis heute populärsten patriotischen Jugendromane, Géza Gárdonyi (1863–1922), hatte zumindest einen deutschen Vater.[20]

Gleichzeitig mit Jenö Rákosi taten sich noch zwei weitere nationalistische Politiker als Buchautoren hervor. Gusztáv Beksics schrieb fast eine kleine Bibliothek über die glänzende Zukunft. Nach seiner Meinung sollte Ungarn dank seiner höheren Geburtenrate und der (forcierten) Assimilation bis etwa 1950 24 Millionen Einwohner aufweisen, davon 17 Millionen reine Magyaren. Ungarn brauche, so argumentierte Rákosi, nur eine zahlenmäßige Überlegenheit, um zur Führungsmacht für Österreich, Tschechien, Rumänien, Serbien, Bosnien und Dalmatien zu werden.

Pál Hotsy verfaßte schließlich die Vision eines »Großungarn«: Ungarn könne nie zerstückelt werden; es werde immer ungarisch bleiben, »es könnte ja nichts anderes sein«. Dieser ungarische Staat werde in kurzer Zeit die südlichen und östlichen Nachbarn in seine Interessensphäre einbinden. Die ungarische Nation werde Serbien ihren Willen aufzwingen, auch wenn sie es vielleicht nicht besetzen würde. Es hänge von den Serben ab, ob sie die Gewalt abwarten oder von sich aus nachgeben wollten, da sie die zur unabhängigen nationalen Existenz notwendigen Qualitäten nicht besäßen. Auch Bulgarien werde früher oder später die ungarische Suprematie anerkennen müssen. »Unsere Nachkommen könnten vielleicht erleben, daß die ungarische Sprache auch in Sofia gesprochen und der ungarische Einfluß direkt zur Geltung kommen wird. Ähnlich wird sich Rumäniens Verhältnis zu uns gestalten«, lautete Hotsys im Jahr 1902 veröffentlichtes Wunschbild.[21]

Angesichts dieser und ähnlicher Phantasiegebilde stellte Gratz zu Recht fest, der Realismus sei nie die starke Seite der politischen Ideenwelt des Ungartums gewesen. Die »ungesunde Vermischung von Politik, Recht und Geschichte«, die Steinacker am Beispiel der Apponyi-Rede konstatierte, blieb leider nicht nur im Hochgefühl des trügerischen Erfolgs von 1867, sondern auch nach dem Zusammenbruch 1918/19 ein immer wiederkehrendes Motiv, sogar für die ungarische Geschichtsschreibung. Das Krebsgeschwür des Nationalismus und seine Verästelungen in der ungarischen Politik des 19. und 20.

Jahrhunderts wurden erst nach 1945 von den großen Historikern und Denkern von István Bibó bis Jenö Szücs, von Domokos Kosáry bis Péter Hanák in zukunftsweisender Form aufgezeigt und analysiert. Das gilt auch für die Wurzeln und Folgen der Erfolgsgeschichte dieses halben Jahrhunderts zwischen 1867 und 1918, für den Durchbruch der Assimilation der Deutschen und Juden und ihre Rolle beim Aufblühen von Wirtschaft, Wissenschaft und Kultur in Ungarn.

XXVII Die »Goldene Zeit« des Millenniums: Modernisierung mit Schattenseiten

Zum Jahreswechsel 1895/96 läuteten um Mitternacht in ganz Ungarn die Kirchenglocken; ein zweites Läuten um fünf Uhr früh verkündete in Budapest, daß für das Land der erste Tag des zweiten Jahrtausends der ungarischen Geschichte angebrochen sei: Tausend Jahre zuvor, 896, waren die Magyaren, angeführt von Árpád, in Ungarn eingedrungen, um das Land zu erobern und sich dort anzusiedeln. Seit fünfzehn Jahren, wenn nicht länger, bereiteten sich Regierung und Opposition, Historiker und Künstler, Architekten und Geschäftsleute auf die »Millenniums«feier vor. Dabei war sogar der Anlaß, nämlich das Datum der Landnahme, zunächst höchst umstritten.

Die 1882 von Unterrichtsminister Trefort befragten Historiker vermochten sich nur darauf zu einigen, daß die Landnahme »irgendwann« zwischen 888 und 900 abgeschlossen gewesen sein dürfte. Schließlich einigte man sich auf das Jahr 895; doch bereits 1893 »verschob« die Regierung, wegen des schleppenden Fortgangs diverser Projekte, das Jahr der Landnahme endgültig auf 896. So wurde 1896 zum Jubiläumsjahr und 896 das offizielle Datum des Überquerens der Karpaten.[1] Im letzten Augenblick gelang es dem Wirtschaftspolitiker Gábor Baross, der das gesamte Transport- und Bahnsystem erneuert hatte, die von einem leicht größenwahnsinnigen Magnaten vorgeschlagene Idee einer Weltausstellung zu vereiteln und das Hirngespinst eines ganzjährigen Veranstaltungsprogramms durch eine Landesausstellung und die Errichtung öffentlicher Bauten zu ersetzen.

Insgesamt stand dieses Gedenkjahr im Zeichen eines ungestümen nationalen Selbstbewußtseins, einer großangelegten Bekräftigung der ungarischen Staatsidee gegenüber Wien, aber auch gegenüber den sich immer unruhiger gebärdenden Nationalitäten. Zum wichtigsten Kunstwerk wurde das Millenniumsdenkmal erklärt, dessen Bau am Heldenplatz zwar im Jubiläumsjahr begonnen, jedoch erst 1929 nach vielen systembedingten Änderungen fertiggestellt wurde. Den zentralen, bis heute unveränderten Kern bildet die Reitergruppe der sieben landnehmenden Stammesführer mit Fürst Árpád in der Mitte. Rechts und links davon sind im Halbkreis mehrere Statuen angeordnet, von denen aber nur Árpád und der heilige Stephan an ihrem ursprünglichen Platz geblieben sind. Die Habsburger wurden nach dem Zweiten Weltkrieg durch große Persönlichkeiten der ungarischen Geschichte ersetzt, so zum Beispiel Franz Joseph durch seinen unversöhnlichen Gegner Lajos Kossuth. An der Stelle, wo das Denkmal heute steht, war 1896 der festliche Eingang zur Landesausstellung. In Großungarn wurden von Dévény (heute Devin in der Slowakei) bis Brassó (Braşov/Kronstadt) und Zimony (Zemun in Jugoslawien) an verschiedenen Orten sieben nationale »Erinnerungssäulen« als Symbol der ungarischen Staatsidee errichtet.

Zur Eröffnung der Landesausstellung am 2. Mai wurden die erste Untergrundbahn* Europas, die Galerie der schönen Künste und der letzte Teil der Pester Ringstraße fertiggestellt. Auch der repräsentative zentrale Trakt des Parlaments mit dem Kuppelsaal konnte vollendet werden. (Die Bauarbeiten an diesem weltgrößten Parlament – in einem Land, das bis 1990 keine wirklich freien Wahlen gekannt hat – waren allerdings erst 1902 abgeschlossen.) Im Laufe des Jahres 1896 wurden ferner das berühmte »Eiserne Tor« an der unteren Donau, je eine Donaubrücke in Budapest und Preßburg sowie der Palast des Obersten Gerichtshofs der Öffentlichkeit übergeben und mit dem Bau eines neuen Flügels der Burg begonnen. Es wurden zahlreiche Konferenzen und internationale Kongresse abgehalten, unter anderem tagten die Zahnärzte, Stenographen, Geologen, Kunsthistoriker, Schneider sowie ein Presse-, ein Bergbau- und ein Friedenskongreß. Obwohl die meisten »Ereignisse« in der Hauptstadt stattfanden, wurden in vielen Städten und Gemeinden des Landes Feiern organisiert, vor allem anläßlich der Einweihung von 400 neugegründeten Volksschulen, aber auch von Denkmälern und Gedenktafeln.

Doch das alles überschattende Fest war die Millenniums-Landesausstellung im Stadtwäldchen mit 234 Gebäuden. Auf einer Gesamtfläche von 4850 Quadratmetern wurden etwa 14 000 Exponate gezeigt, die von 832 ungarischen und 48 ausländischen Sammlern zur Verfügung gestellt worden waren. Die Ausstellung bestand aus zwei Hauptteilen, einem historischen und einem modernen. Noch heute existiert die in einer eklektizistischen Stilmischung errichtete Burg Vajdahunyad, die inzwischen das Museum für Landwirtschaft beherbergt.

* Diese Strecke Deák F. – Hösök Tere ist bis heute in Betrieb, wobei die besonders niedrigen, ratternden Wagen der »M 1« allein schon eine Fahrt wert sind – von den Jugendstilstationen ganz zu schweigen.

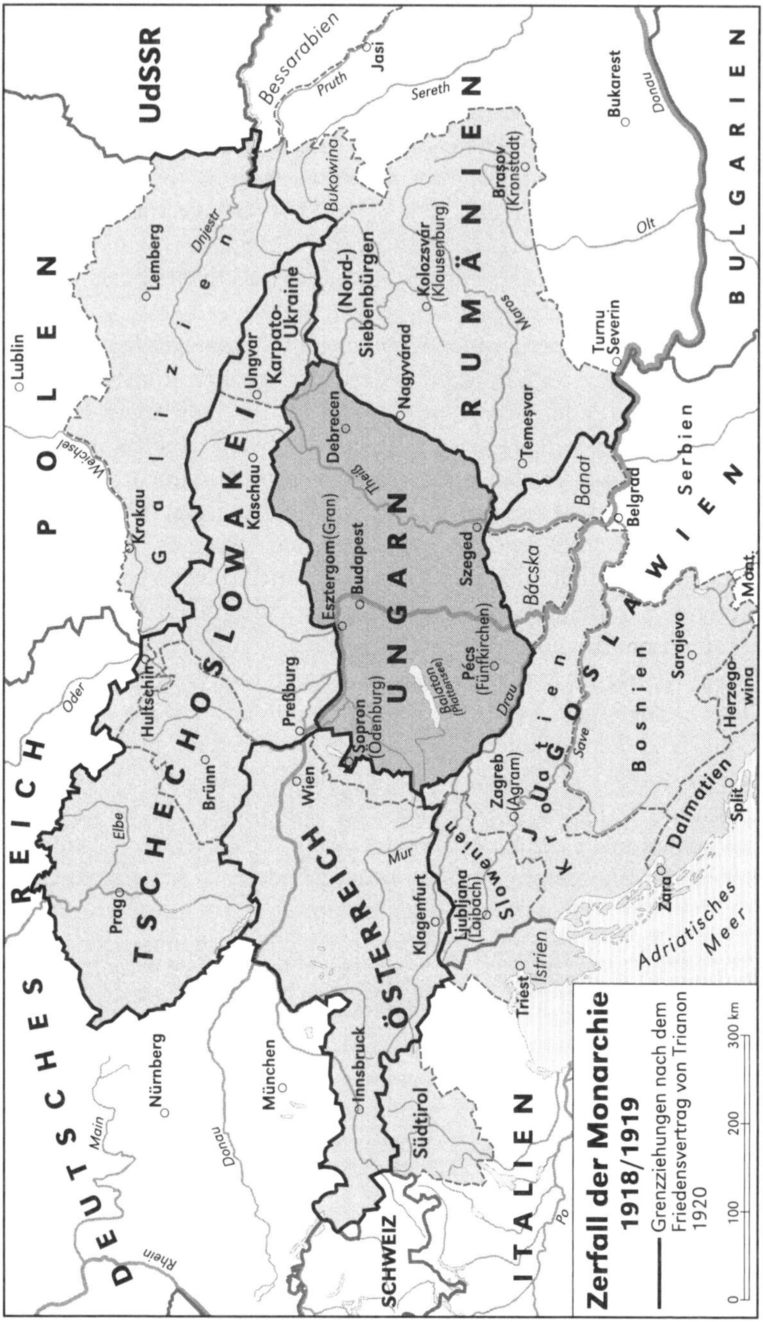
Zerfall der Monarchie 1918/1919
Grenzziehungen nach dem Friedensvertrag von Trianon 1920
0
100
200
300 km
UdSSR
Bessarabien
Pruth
Jasi
Sereth
RUMÄNIEN
Bukarest
Donau
BULGARIEN
POLEN
Lublin
Lemberg
Dnjestr
Galizien
Krakau
Weichsel
Bukowina
Brașov (Kronstadt)
Olt
Kolozsvár (Klausenburg)
Maros
(Nord-) Siebenbürgen
Karpato-Ukraine
Ungvar
Nagyvárad
Turnu Severin
Temeșvar
Debrecen
Theiß
Kaschau
TSCHECHOSLOWAKEI
UNGARN
Esztergom (Gran)
Budapest
Szeged
Banat
Belgrad
Serbien
Bácska
Pécs (Fünfkirchen)
Balaton (Plattensee)
Drau
Sopron (Ödenburg)
Preßburg
Hultschin
Oder
Brünn
Wien
DEUTSCHES REICH
Elbe
Prag
ÖSTERREICH
Mur
Klagenfurt
Ljubljana (Laibach)
Slowenien
Zagreb (Agram)
Kroatien
Save
JUGOSLAWIEN
Bosnien
Sarajevo
Herzegowina
Mont.
Dalmatien
Split
Zara
Adriatisches Meer
Istrien
Triest
Nürnberg
Main
München
Donau
Innsbruck
Südtirol
ITALIEN
Po
SCHWEIZ
Rhein

Die Landesausstellung wurde am 2. Mai von Franz Joseph und Elisabeth feierlich eröffnet. Zahlreiche Erzherzöge und Erzherzoginnen und viele Würdenträger, angeführt von Ministerpräsident Baron Miklós Bánffy, begleiteten das Herrscherpaar. Unter den Honoratioren fehlte nur eine Persönlichkeit: die Frau des Regierungschefs. Die liberale Tageszeitung *Pesti Napló* (Pester Tagblatt) enthüllte in einem Leitartikel, daß sie sich auf einer längeren Italienreise befinde. Sie war nämlich ausgebildete Lehrerin und hatte vor ihrer Eheschließung auch tatsächlich als solche gearbeitet. Die Aristokraten fanden es »unannehmbar«, daß eine solche Frau die Rolle der »ersten Dame« Ungarns bei einem so festlichen Anlaß spielen sollte. »Die Blaublütigen hätten den Ministerpräsidenten in anonymen Briefen vor die Alternative gestellt, entweder sei sie weg – oder weg mit dem ganzen Millennium!« hieß es in dem scharf formulierten ungezeichneten Aufsatz.[2]

Der Monarch begann seinen Rundgang fünf Minuten nach halb zwölf und verbrachte laut Zeitungsberichten genau zweieinviertel Stunden auf dem Ausstellungsgelände. In der Nähe des historischen Pavillons standen auch Strohhütten und nachgebaute Bauernhöfe. Vor einem der Häuser stand in strammer Haltung ein junger Bauer. Franz Joseph zeigte auf das Haus: »Sind Sie von hier?« – »Gott sei Dank, Majestät, nur so lange das Millennium dauert«, sagte der Bauer, »dann kann ich endlich nach Hause gehen …«

Im ganzen Land fanden Bälle, Empfänge und Feste statt. Am Vormittag des 9. Mai nahmen der Hof und alle Würdenträger an einem festlichen Te Deum in der kurz zuvor restaurierten Krönungskirche teil, das vom Erzbischof von Esztergom, Kolos Vaszary, zelebriert wurde. Seine Predigt, die in allen Zeitungen abgedruckt wurde, war ein rhetorisches Meisterwerk zum Thema Bündnis zwischen dem Monarchen und Ungarn. Auch die jüdische Gemeinde feierte das Millennium mit einem Gottesdienst: in der damals größten Synagoge der Welt. Stolz berichtete das Blatt der Kultusgemeinde, daß 8000 Männer und Frauen in Frack beziehungsweise eleganten Kleidern anwesend gewesen seien. In den ersten Sitzreihen hatten neben Vertretern der Regierung in den Adelsstand erhobene Magnaten, bekannte Bankiers und Industrielle Platz genommen; die meisten trugen Galauniform mit um die Schulter geworfenem Dolman, edelsteingeschmückter Verschnürung und Reiherfeder, dazu Säbel sowie goldene oder silberne Sporen an den Stiefeln.

Die zweite Veranstaltungsserie fand am 8. Juni, dem Tag des Krönungsjubiläums Franz Josephs, statt. Sie begann mit einer farbenprächtigen Parade berittener Delegationen der hohen Würdenträger aus den Komitaten und Städten vor dem königlichen Paar (Franz Joseph in der weißen Uniform eines ungarischen Husarengenerals). Dann fuhr es in der gläsernen Krönungskutsche aus Maria Theresias Zeiten von der Burg nach Pest zum noch unvollendeten neuen Parlament, wohin in einem Festzug auch die heilige Stephanskrone und die Krönungsinsignien gebracht wurden. Bei einer feierlichen Sitzung wurde das Gesetz über das Millennium verkündet; die beiden Häuser huldigten dem König, und nach seiner Antwort donnerten die Kanonen zum Salut.

Wie bei der Überführung der Krone nach dem Tod Josephs II. vor über hundert Jahren kam es aber auch diesmal zu einer Panne: Wiederum vermochten die hochadligen Kronhüter das stark verrostete Schloß der alten eisernen Lade nicht zu öffnen. Weitere Würdenträger versuchten sich an dem Schlüssel, dann ihre Adjutanten und Diener. Alles vergeblich! So mußte ein Schlosser geholt werden, der die Lade aufbrach. Der minutiös ausgearbeitete und von allen Zeitungen angekündigte Ablauf der Feierlichkeiten geriet in heillose Unordnung. Es dauerte über eine Stunde, bis es in der ärgsten Mittagshitze gelang, die Kiste zu öffnen. Unterdessen machten unter den Zehntausenden von Schaulustigen Schreckensnachrichten die Runde: Mit der Krone oder mit dem König sei etwas passiert… Letztlich gingen dann aber alle Feiern mit einiger Verzögerung doch noch über die Bühne. Wie fast dreißig Jahre zuvor versammelten sich am Abend wieder die Volksmassen auf der großen Blutwiese unter der Burg; der Wein floß in Strömen, und an riesigen Spießen wurden für die Bevölkerung gratis Ochsen gebraten.

Was man nicht sah: Hinter der glänzenden Fassade der Millenniumsfeiern schwelten der althergebrachte und immer wieder neu aufgeflammte Gegensatz zwischen der heidnischen Tradition der Stammesfürsten und der sakralen Funktion des im Namen Gottes gesalbten und gekrönten Königs, zwischen Árpád und dem heiligen Stephan, weiter. Noch schärfer trat er trotz der schönfärberischen kaisertreuen Stellungnahmen und Schriften des greisen Jókai zwei Jahre später zutage, anläßlich der beiden »runden« Jubiläen: hier fünfzig Jahre Freiheitskampf und Revolution, dort fünfzig Jahre Regierung Franz Josephs. Der Konflikt zwischen dem von oben halbherzig gesteuerten und durch die jahrzehntelange Vertrautheit von unten akzeptierten Kult um den Herrscher und der von Lajos Kossuth verkörperten nationalen Heldenverehrung, der breite Schichten der Bevölkerung anhingen, war im Grunde unauflösbar.

Die wirklichen Gefühle der Ministerpräsidenten und Minister gegenüber dem Monarchen, dem sie nach außen so loyal und so beflissen dienten, blieben zumeist verborgen. Um so aufschlußreicher ist, was der berühmte Schriftsteller Géza Gárdonyi am Tag der Jubiläumsfeier seinem Tagebuch anvertraute:

> Habe keinen Frack angezogen. Mit Ekel schaute ich, wie die deutsche Familie die Huldigung »meiner Ungarn« empfing. Der König wie ein Geieradler mit Glatze… Beim Anblick ist mir übel geworden, mußte mich nach dem Essen hinlegen. Am Abend bei Bánffy. Wir plaudern darüber, wie der König die ungarische Nation an diesem Tag erniedrigt hat. Plötzlich hält er inne, mit Tränen in seinen Augen. Mir passiert das gleiche. Dann nehme ich das Taschentuch von meinen Augen und rufe aus: »Ein österreichischer Schurke!« Ich habe mir gedacht, es macht mir nichts aus, wenn man mich dafür aufhängt. Aber ich sah nur, daß Bánffy bereits aufgestanden war und durch das Fenster blickte, als ob er meine Bemerkung nicht gehört hätte… Ich verneigte mich und ging.[3]

Daß an einem solchen Tag ein solches Gespräch im Arbeitszimmer des ungarischen Ministerpräsidenten überhaupt stattfand und daß Bánffy, ein Zuchtmeister aus Siebenbürgen, dem jedes Mittel recht war, Proteste und Widerstand gegen die Regierung zu unterdrücken, den leidenschaftlichen Ausbruch gegen den König schweigend zur Kenntnis nahm, spricht Bände. Es zeugt von den in tiefe Schichten des Bewußtseins reichenden, schwärenden Wunden in den Seelen so vieler Magyaren.

Anders war bis zuletzt das Verhältnis zu Königin Elisabeth. Obwohl seit vielen Jahren auf der Flucht vor dem Hof und vor sich selbst und aus der Politik völlig ausgeschieden, kämpfte sie hinter ihrem schwarzen Schleier mit den Tränen, als sie beim Te Deum den vom Fürstprimas ausgesprochenen Dank der Nation hörte, daß »ihre mütterliche, zarte Hand einstmals das goldene Band webte, mit dem nun das magyarische Volk und sein heißgeliebter König unzertrennlich miteinander verbunden sind«.

Als zwei Jahre später, im Krisenjahr 1898, ein italienischer Anarchist Elisabeth in Genf erstach, trauerte die ganze ungarische Nation um sie. Sisi war in Ungarn eine so populäre, legendäre Gestalt, daß man ihr in der Burg mit Zustimmung des Königs ein kleines Museum einrichtete. Sogar während der Jahrzehnte des Kommunismus konnte die Erinnerung an sie nicht ausgemerzt werden. Und es war ein weithin beachtetes Zeichen der Entkrampfung in der Habsburg-Frage und der fortschreitenden politischen Lockerung, als ihr Denkmal in den späten 1970er Jahren in der Nähe der nach ihr benannten Budapester Hängebrücke wieder aufgestellt wurde.

Die Millenniumsausstellung war nicht nur ein Bekenntnis zur Kontinuität und zur Eigenständigkeit der ungarischen Nation, sie veranschaulichte auch den rasanten Aufstieg der ungarischen Wirtschaft, Technik und Kultur. Die wahren Dimensionen dieses allgemeinen Aufbruchs konnten freilich erst Wirtschaftshistoriker und Nationalökonomen unserer Zeit glaubwürdig und ohne nationale Scheuklappen erfassen und schildern. Damals erlebten 3,3 Millionen Menschen die Ausstellung als eine Art Offenbarung, wie zeitgenössischen Zeitungsberichten und Büchern zu entnehmen ist. Die Wirkung auf breiteste Bevölkerungsschichten muß enorm gewesen sein, zumal da sich Ungarn knapp 30 Jahre nach dem Ausgleich und ein halbes Jahrhundert nach dem verlorenen Freiheitskampf, vor allem die erst 25 Jahre zuvor vereinigte Hauptstadt, im wahrsten Sinne des Wortes auf Europas Überholspur befand.

Jahrzehntelang galt es als Binsenweisheit, daß Ungarn so etwas wie eine »glorifizierte Kolonie« gewesen sei. Selbst ein so aufgeschlossener Liberaler wie Oszkár Jászi beschrieb in seinem Werk über die Monarchie die Rolle Wiens als die »einer wirtschaftlichen Gewaltherrschaft, die den Fortschritt in den ungarischen, slawischen und rumänischen Gebieten der Monarchie verhindert hat… und dem Wohlergehen der Bevölkerung im Wege gestanden ist«. Auch andere ungarische Autoren haben behauptet, daß Ungarn durch den ungleichen Warenaustausch von Österreich ausgeplündert worden sei. Heute wird diese These von den meisten Wirtschaftsgeschichtlern, auch in Ungarn, abgelehnt und die Meinung vertreten, daß sowohl Österreich als auch Ungarn vom Ausgleich wirtschaftlich profitiert haben.

Die Schätzungen über das Tempo der wirtschaftlichen Entwicklung unterscheiden sich voneinander.[4] So stellte die erste umfassende Studie (von Iván T. Berend und György Ránki) fest, daß die jährliche Wachstumsrate des Nationaleinkommens zwischen 1867 und 1914 3,2 Prozent betragen und sich demnach vervierfacht habe. Andere Untersuchungen (László Katus) nahmen das Bruttoinlandsprodukt (BIP) zur Grundlage, wonach bei einer jährlichen Steigerungsrate von 2,4 Prozent sich das BIP in der gleichen Periode verdreifacht habe. Die jährliche Wachstumsrate lag mit 1,7 Prozent pro Kopf höher als im europäischen Durchschnitt und wurde nur von Deutschland, Dänemark und Schweden, hinsichtlich der Industrie- und Agrarproduktion sogar nur von Schweden übertroffen.

Im internationalen Vergleich blieb Ungarn freilich insgesamt noch immer hinter den west- und mitteleuropäischen Staaten zurück. Das Pro-Kopf-Einkommen war vor dem Ersten Weltkrieg um die Hälfte niedriger als in Deutschland oder Frankreich und betrug nur 85 Prozent des österreichischen Niveaus. Berechnungen aus dem Jahre 1920 (nach dem Verlust von zwei Dritteln des Territoriums und fast drei Vierteln der Bevölkerung) wiesen eine Pro-Kopf-Wirtschaftsleistung (etwa 372 US-Dollar) aus, die um 31 Prozent unterhalb des europäischen Durchschnitts und um 52 Prozent unter der Deutschlands lag...

Als Folge des schnellen Wachstums befand sich Ungarn auf dem Weg von einem reinen Agrarland zu einem agroindustriellen Staat. Der Anteil landwirtschaftlicher Erzeugnisse fiel von 80 Prozent auf 56 Prozent des Bruttoinlandsprodukts, während Industrie, Bergbau und Handwerk von 18,4 auf 30,4 Prozent stiegen und Handel und Verkehr sich von 7,2 auf 13,2 Prozent fast verdoppelten. Es kam natürlich auch zu beträchtlichen Umschichtungen in der Beschäftigungsstruktur. Der Anteil der in der Landwirtschaft Tätigen fiel von 75 Prozent im Jahr 1869 auf 60 Prozent 1910. Dagegen stieg im gleichen Zeitraum der Anteil der in Industrie und Bergbau Beschäftigten von 10 auf 18,3 Prozent, in Handel und Verkehr von 1,9 auf 6 und bei sonstigen Dienstleistungen von 13 auf 15,6.

Ungarns Wirtschaft hat aber nicht nur absolut, sondern auch relativ, also im Vergleich zu Österreich, bedeutende Erfolge erzielt. 1841 erzeugte Ungarn 41,9 Prozent der landwirtschaftlichen Produktion der Monarchie, 1911 bis 1913 waren es bereits 47,8 Prozent. Der Anteil Ungarns an der gesamten Industrieproduktion Österreich-Ungarns machte 1841 21,5 Prozent, 1858 23,5 Prozent und 1913 bereits 28,2 Prozent aus. Zwar blieb Ungarn noch am Vorabend des Ersten Weltkriegs beträchtlich hinter Österreich zurück, doch ging langfristig die Tendenz in Richtung einer Verringerung der bestehenden Niveauunterschiede. Für Ungarn war der große Markt der Monarchie und der Kapitalimport aus Österreich ein außerordentlich wichtiger Antriebsfaktor. Vom gesamten Außenhandel Ungarns entfielen 75 bis 80 Prozent auf die westliche Reichshälfte.

Das von Ferenc Deák in der zitierten Rede angedeutete Interesse des Auslandskapitals hat bei der Industrialisierung und Modernisierung eine außerordentlich wichtige Rolle gespielt. Etwa die Hälfte des zwischen 1867 und 1914 in der ungarischen Wirtschaft angelegten Auslandskapitals in Höhe von acht Milliarden Kronen stammte aus Cisleithanien. Die Investitionen flossen vor allem in den Eisenbahnbau, in Industrieanlagen, aber auch in den Großgrundbesitz und in Bankgründungen.

Der Eisenbahnbau war eine der bedeutendsten Antriebskräfte der Modernisierung. Das Schienennetz wuchs zwischen 1867 und 1913 von 2200 Kilometern auf 22 000 Kilometer an; pro 100 000 Einwohner lag Ungarn Ende des Jahrhunderts damit bereits vor Deutschland, Österreich und Spanien. Der dynamische Verkehrs- und Transportminister Gábor Baross reformierte das gesamte Transportsystem von Grund auf. Durch eine geschickte Neustaffelung der Streckengebühren und eine Verringerung der Fahrzeiten erreichte er eine Vervielfachung des Personen- und Güterverkehrs. Die Fahrzeit des berühmten Orient-Expreß von Wien nach Budapest betrug zum Beispiel Anfang des 20. Jahrhunderts nur wenig mehr als die der internationalen Schnellzüge in den 1980er Jahren. Angesichts ihres heutigen trostlosen Zustandes ist es schwer zu glauben, daß die beiden großen Budapester Bahnhöfe, der West- und der Ostbahnhof (1878 beziehungsweise 1883 erbaut), damals zu den größten und modernsten Europas gehörten.

Der Zustrom des Auslandskapitals fand seinen Niederschlag auch in der stürmischen Aufwärtsentwicklung des Bankwesens. Die Zahl der Banken, Sparkassen und diversen Kreditinstitute sprang von 107 im Jahr 1867 auf 2700 bis zur Jahrhundertwende, um sich dann bis 1913 wieder mehr als zu verdoppeln. Hatten Kapital und Einlagen bloß 17 Millionen Kronen zur Zeit des Ausgleichs betragen, so erreichte ihr Volumen bis 1900 2,5 Milliarden und bis 1913 sogar 6,6 Milliarden Kronen. Banken wie die Erste Ungarische Handelsbank und die Ungarische Kreditbank genossen einen europaweiten Ruf, und ihre Generaldirektoren gehörten, wie wir noch an persönlichen Beispielen zeigen werden, zur absoluten Spitzenklasse der internationalen Bankiers. Fünf Großbanken verfügten über 58 Prozent des Gesamtkapitals im Bankensektor. Die prunkvollen Bauten des Finanzkapitals dienten nach dem Zweiten Weltkrieg unter anderem als Botschaftsgebäude Großbritanniens, als zeitweilige Zentrale der Kommunistischen Partei und bis heute als Sitz des einst gefürchteten Innenministeriums. Am Anfang der schwungvollen Industrialisierung kontrollierten ausländische Investoren zwei Drittel und noch 1900 die Hälfte der ungarischen Industrie. Vor dem Ausbruch des Ersten Weltkriegs fiel ihr Anteil auf ein Drittel. Die Konzentration der Großindustrie war schon früh sehr ausgeprägt, weniger als ein Prozent der Unternehmen beschäftigten 44 Prozent der Industriearbeiter und lieferten fast zwei Drittel der Gesamtproduktion.

Allerdings war die Infrastruktur weniger günstig als in Österreich, und der Produktionswert der österreichischen Industrie übertraf den der ungarischen noch immer um das Dreifache. Das Nettoinlandsprodukt in Kronen betrug 1913 pro Kopf der Bevölkerung 435 in Ungarn und 516 in Cisleithanien; es stieg in der Kategorie »Alpenländer«, also im heutigen Österreich, auf 790 Kronen, während es in Ungarn auf dem Staatsgebiet nach 1920 nur 521 Kronen aufwies.[5] Es gab also sowohl eine Annäherung an das österreichische Wirtschaftsniveau als auch – trotz allem – ein ausgeprägtes Zurückbleiben. Ungarn war zwar kein von der westlichen Reichshälfte ausgebeutetes Land, doch mußte es sich bei seiner Modernisierung den in der Monarchie gegebenen Vor- und Nachteilen anpassen. Das wiederum bedeutete die Zementierung des Vorrangs der Landwirtschaft und einer äußerst ungesunden Sozialstruktur, vor allem auf dem Lande.

Trotz der dynamischen Entwicklung in den Bereichen Industrie, Finanzen und Verkehr blieb der Aufbruch in vielen Belangen auf Budapest beschränkt. Die Hauptstadt war *die* Werkstatt der Gründerzeit und der Verbürgerlichung. Der Aufstieg dreier noch 1848 getrennter Gemeinden zur Hauptstadt Transleithaniens mit Anfang des Jahrhunderts kaum 60 000 Einwohnern – Wien hatte damals bereits mehr als eine Viertelmillion! – zur siebtgrößten europäischen Metropole, mit einer auf fast das Zwanzigfache (!) gewachsenen Bevölkerung bis 1914 verlief einzigartig schnell. Aber dies konnte dennoch nicht über die feudale Gesellschaftsstruktur und den agrarisch-bäuerlichen Charakter des Landes hinwegtäuschen. In keinem Land, außer in Polen vor der Teilung und in Rußland, haben die feudale Kirche und der Adel solche Macht besessen wie in Ungarn, meinte Jászi.[6]

Einige Ziffern reichen aus, um diese Behauptung zu erhärten und das außerordentliche Übergewicht des Adels im wirtschaftlichen und politischen Leben zu verdeutlichen. Vor allem befand sich auch zwischen 1867 und 1914 über ein Drittel des Landes in weltlichem und kirchlichem Großgrundbesitz. Nach den Angaben von Graf Mihály

Károlyi, dem Präsidenten der Ersten Republik, verfügten 324 Großgrundbesitzer 1818/19 über rund zwanzig Prozent der landwirtschaftlichen Nutzfläche, im Schnitt über etwa 20 000 bis 25 000 Hektar. Die römisch katholische Kirche besaß fast eine Million Hektar Land und war mit dem Erzbischof von Esztergom und Kalocsa sowie dem Bischof von Nagyvárad verfügungsberechtigt über Zehntausende Taglöhner.[7]

Die reichsten Magnaten lebten wie Maharadschas, allerdings in westlichem Stil, in ihrer eigenen Welt eines heute fast unvorstellbaren Luxus und der Abkapselung, selbst vom mittleren Adel. Die paar hundert Aristokraten waren oft nichtungarischer Herkunft, wozu Szekfü bemerkte: »Es gab kaum einen Geheimrat, Kriegsführer oder Höfling deutscher oder italienischer Abstammung, der es nicht zum Herrn von Großbesitz mit Tausenden Hektar in Ungarn gebracht hat. Bis 1715 kennen wir 250 solche fremdländischen Familien.« Die Grafen Schönborn, der Prinz von Coburg-Gotha oder österreichische Erzherzöge hatten ihren immensen Grundbesitz als *Fideikommiß* organisiert: als unteilbares Familienvermögen, das immer an ein männliches Mitglied der Familie fiel.

Viele dieser rund 2000 Großgrundbesitzer, davon 800 Aristokraten, waren so unermeßlich reich, daß sie nicht einmal wußten, was genau und in welchem Land sie es besaßen. Die meisten verbrachten mehr Zeit in Wien und Paris, bei Pferderennen in Ascot oder am Hof in Schönbrunn als in Ungarn. Fürst Esterházy besaß über 300 000 Hektar Land, vom Neusiedler See bis in die ungarische Tiefebene. Auf dem Höhepunkt ihrer Macht gehörten den Esterházys über 700 Dörfer und 21 Schlösser.[8]

Auch Károlyi entstammte einem der reichsten Aristokratengeschlechter. Nur die Károlyi-Familie hatte das Recht, eine elfzackige statt der üblichen neunzackigen gräflichen Krone in ihrem Wappen zu führen. Er selbst besaß rund 13 000 Hektar Wald und 17 000 Hektar Weide- und Ackerland, ein berühmtes Heilbad bei Parád, mehrere Jagdreviere und ein Stadtpalais in der Budapester Innenstadt mit 75 Zimmern. Sein Vermögen soll nach eigenen Angaben mindestens hundert Millionen Goldforint betragen haben.[9]

Mihály Károlyi fragte seinen Freund, Fürst Sándor Esterházy, was er denn vom neuen Werk Gerhart Hauptmanns halte. Der Magnat, der später Hofmarschall bei Kaiserin Zita wurde, antwortete ohne Umschweife: »Es kann mich irgendwie nicht interessieren, wenn ich über das Privatleben und über Liebesprobleme von Leuten lese und höre, denen ich nie begegnet bin. Hauptmann schreibt doch meistens über Professoren, Architekten, Ärzte und ähnliches.«

»Ähnliches« sei für ihn eine »graue Masse« gewesen, fügte Károlyi in seinen Memoiren hinzu. Als der Prince of Wales auf der Jagd in Ungarn war und im Haus eines bekannten jüdischen Bankiers weilte, lehnte der Bruder von Károlyis Stiefmutter, Graf Miklós Pálffy, die Einladung zu einem Empfang mit dem Bemerken ab, er setze doch seinen Fuß nicht in ein jüdisches Haus. Einer der Grafen Károlyi (natürlich nicht das »schwarze Schaf« der Familie, auf das wir noch zurückkommen werden) hatte die Mentalität des ungarischen Hochadels in einem Gespräch mit dem deutschen Generalkonsul in Budapest zu Beginn dieses Jahrhunderts treffend ausgedrückt. Am Ende seines Besuches im Familienschloß fragte ihn der deutsche Gast, warum die Mitglieder der Károlyi-Familie, die Bewohner des Schlosses, nicht musizierten; prompt erwiderte der Graf, dazu seien ja die Zigeuner da. »Wie wir uns Zigeuner halten, damit sie musizieren, weil wir selbst zu faul sind, halten wir uns auch Juden, damit sie statt unser arbeiten.«[10]

Der Anspruch auf die Führungsrolle des Adels ging, wie schon früher erwähnt, auf den Juristen Verböczy zurück. Der Adel zog die politische Macht an sich: Er allein war, wie im sogenannten Tripartitum 1514 festgelegt, das Volk, der »populus«; er beherrschte uneingeschränkt die Bauern, die »misera plebs contribuens«. Diese traditionelle adlige Wertordnung, die sich trotz der großen Reformgeneration von Széchenyi, Eötvös, Festetics, Deák und Kossuth und trotz des Vormärz weitgehend unverändert erhalten hatte, war mit der Verbürgerlichung und der Modernisierung in vieler Hinsicht unvereinbar. So betonte Baron Zsigmond Kemény, Schriftsteller und während und nach der Revolution von 1848 Politiker (übrigens einer der Schöpfer der »Dämonisierung« Kossuths), daß in der modernen Wirtschaft zwar jeder von eigenen Interessen geleitet werde, »der Egoismus des Großbürgers jedoch oft eine kosmopolitische Färbung erhält, während der Egoismus des Grundbesitzers eher im Mantel des strengeren Patriotismus erscheint«. Auch der bedeutende liberale Politiker und Schriftsteller Károly Eötvös, der als Verteidiger im berüchtigten Ritualmordprozeß von Tiszaeszlár die Manipulationen entlarvt und die Freilassung der jüdischen Angeklagten 1883 durchgesetzt hatte, teilte diese Meinung: Der deutsche und der jüdische Kaufmann oder Bankier strebe das Vermögen, der ungarische Adlige dagegen den Grundbesitz an.[11]

Und Péter Hanák stellte in seinem Buch *Der Garten und die Werkstatt* fest:

Das ungarische Nationalbewußtsein und die Nationalcharakterologie wurden von den führenden adligen Schichten bestimmt. Auf dem Gipfel der traditionellen adligen Wertordnung standen der Besitz von Grund und Boden sowie deren »Bewirtschaftung«, die Herrschaft über die Legionen von Hörigen, Gesinde, Dienern und Vieh, was mit einem Kult der Pferdezucht und Pferderennen, der Hundezucht und Jagd einherging. Als dem Rang angemessene Beschäftigungen galten darüber hinaus noch die politische Betätigung auf Landes- oder Komitatsebene in entsprechenden Ämtern sowie eine militärische, diplomatische oder klerikale Laufbahn. In der adligen Prestige-Rangordnung fehlten dagegen die Gewerbetätigkeit, der Handel, die Spekulation mit Geld und Waren, der Bankierberuf und im allgemeinen jede Art beruflicher »Geschäftemacherei«... Den Handel und die Geschäfte überließ »der Ungar« dem Griechen, Serben, Deutschen und Juden, aber dann sah er sie mit scheelen Augen an und verachtete sie sogar zornig, wenn sie sich im Handel auch noch bereicherten.[12]

Diese Denk- und Lebensweise bestimmte nicht nur die Spitze der Adelshierarchie. Man muß davon ausgehen, daß rund sechs Prozent der gesamten Bevölkerung in Ungarn und Siebenbürgen und zwölf bis dreizehn Prozent der Magyaren dem Adel angehörten. Der überwiegende Teil davon bestand aus armen Bauern- oder Bundschuhadligen, Handwerkern oder besitzloser Intelligenz. Als Kleinadlige bezeichnete man die »Einhufner«, die keine Untertanen hatten, sondern ihr kleines Gut zumeist auf einer bäuerlichen Stufe bewirtschafteten und nach dem Ausgleich Opfer der Modernisierung wurden. Unter den 30 000 Adelsfamilien gab es außer den rund 2000 Großgrundbesitzern etwa 7000 »mittlere« Grundbesitzer mit 100 bis 500 Hektar Grund (ungefähr 4000 bis 5000 gehörten dem Adel an); sie besaßen 1910 insgesamt mehr als sieben Millionen Hektar Land. Diese Familien, vor allem die sogenannten »Tausend-Joch-Herren«, die über Güter von mindestens 575 Hektar verfügten (1 Joch = 0,5754 Hektar), betrachteten sich als die einzigen berufenen Vertreter der Nation.[13]

Der Hochadel dominierte während der ganzen Zeit des Dualismus in der Politik. Unter den fünfzehn Ministerpräsidenten befanden sich neun Aristokraten, vier adlige Grundbesitzer und nur zwei von bürgerlicher Herkunft. Der deutschstämmige Sándor (Alexander) Wekerle war der erste nichtadlige bürgerliche Politiker Ungarns, der 1892 das höchste politische Amt erlangte. Aristokraten beziehungsweise Mittel- und Kleinadlige mit Grundbesitz stellten 44 Prozent der Mitglieder der ungarischen Regierungen zwischen 1867 und 1914. Die »Tausend-Joch-Herren« waren das Bindeglied zwischen dem Hochadel und dem seit 1875 als »Gentry« (mit einem aus dem Englischen übernommenen Begriff) bezeichneten Landadel, den oft verschuldeten und verarmten Mittel- und Kleinadligen. Ein Drittel der leitenden Komitatsbeamten kamen auch aus den Reihen des Adels. Im Parlament (48 Prozent), bei den Obergespanen und Gespanen der Komitate (58 bis 77 Prozent) sowie bei der Postenbesetzung vom Stuhlrichter aufwärts oder im Offizierkorps dominierten die Angehörigen der Gentry.[14]

Die sogenannten »Herren«, die »historische«, später »christliche Herrenmittelklasse«, bestanden nicht wie in anderen Ländern aus selbstbewußten Bürgern, sondern zunächst fast ausschließlich und später immer noch mehrheitlich aus den rund 500 000 Angehörigen der Gentry. Nach vorsichtigen Schätzungen stieg die Zahl der Staats- und Gemeindeangestellten in Budapest zwischen 1867 und 1910 von 15 000 bis 20 000 auf rund 100 000. Die verarmten Mittel- und Kleinadligen, die ihre Güter ganz oder teilweise verloren hatten, fanden in der ausufernden Bürokratie des Landes, der Hauptstadt, der Agrarstädte und der Komitate ein bequemes Auffangbecken.

Die Situation der Adligen in Ungarn unterschied sich grundlegend von der in anderen europäischen Ländern. Mitte des 19. Jahrhunderts kam in Böhmen auf 828 Einwohner ein Adliger, in den Alpenländern auf 350, in der Lombardei und Venedig auf 300, in Ungarn auf 16 und unter den Magyaren gar schon auf 8 Einwohner. Kein Wunder also, daß die Angehörigen dieser breiten Schicht mit ihrem Nationalismus und historisch bedingten Hochmut zum Sujet literarischer Beschäftigung wurden. Vorurteile, Überlegenheitsgefühl, Standesdünkel, Frivolität und spielerischer Leichtsinn erwiesen sich als ergiebiger Stoff sogar für die größten Schriftsteller der Epoche wie Kálmán Mikszáth und Zsigmond Móricz. Die überschwengliche Gastfreundschaft der Adelsfamilien, ihr Hang zum heiter-traurigen, mit Zigeunermusik garnierten Mulatsag (einem ausgelassenen Fest, bei dem am Schluß Geschirr zertrümmert wird), ihr bescheidenes Arbeitspensum im Staatsdienst – in der Regel vier bis fünf Stunden täglich – wurden in Kabarett und Varietészenen, in Operetten und später in Filmen persifliert.[15]

Daß der ungarische wie der k. u. k. Staatsdienst in zwölf Dienstgrade eingeteilt war, mit den Aristokraten auf den höchsten Stufen und der Gentry auf den Stufen vier bis neun oder zehn, war zumindest reichlich kompliziert. Einzigartig aber waren die Rangstufen in den Anredeformeln von unten nach oben und von oben nach unten. Im Staatsdienst erhielten die höchstrangigen Beamten die Anrede *kegyelmes* (Gnädiger Herr), die des nächsten Grades *nagyméltóságu* (Eure Große Würde = Exzellenz), die der Grade drei bis fünf *méltóságos* (Euer Gnaden), *nagyságos* (Hochwohlgeboren), *tekintetes* (Werter). Es gab auch noch andere abgestufte Titel für die Geistlichen, für den jungen und den alten Gutsbesitzer, ja sogar für die einfachen Bauern (*Kend*). Außerdem verfügt die ungarische Sprache über drei Anredeformen (*Te, Maga, Ön*; die letzte Form eine höfliche und angeblich von Széchenyi erfundene oder verbreitete gehobenere Variante des Sie). Die richtige Anrede und Sprachwahl gegenüber Angehörigen unterschiedlicher gesellschaftlicher Schichten ist bis in unsere Tage eine heikle Aufgabe geblieben.[16]

Zum Bild der Gentry wie überhaupt zum Kodex der ungarischen Verhaltensnormen gehörten die aus der ritterlichen Tradition stammenden Begriffe Tapferkeit und Ehre. Sie lieferten die Grundlage für die sich auch in der Epoche der Verbürgerlichung unaufhaltsam ausbreitende Gesellschaftskrankheit des Duellierens. Mikszáth schrieb einmal: »Ein Mitglied des Parlaments ist leicht erkennbar: Der Mann beschäftigt sich mit der Vorbereitung eines Duells, an dem entweder er selbst oder ein wichtiger Freund beteiligt ist.« Die erste Frage lautete immer, ob der Gegner überhaupt standesgemäß, also satisfaktionsfähig sei. Dann kam die Frage nach den Sekundanten, nach der Art des Duells (mit Säbel oder mit Pistole) und nach Ort und Zeit der großen Konfrontation. Obwohl das Duellieren seit 1878 gesetzlich verboten war, galten Strafen für Duellanten als Kavaliersdelikte, und die Gefängniswärter fungierten eher als Lakaien für die hochgestellten oder hochmögenden Häftlinge. In seiner monumentalen Geschichte der Juden in Ungarn berichtete der ungarischamerikanische Professor der Judaistik Raphael Patai mit verhaltenem Stolz, daß der jüdische Anteil der als Duellanten verurteilten Personen im Jahr 1880 dreizehn Prozent betrug, das heißt dreimal soviel, als der Anteil der Juden in der Gesamtbevölkerung ausmachte.[17]

Trotz des wirtschaftlichen Niedergangs des größten Teils des Adels drückte die Gentry auch den Verhaltensweisen und der Lebensform der aufstrebenden Groß- und Mittelbourgeoisie ihren Stempel auf. Nach diversen Schätzungen gab es neben den Aristokraten und adligen Großgrundbesitzern ein sich rasch entwickelndes Großbürgertum von etwa 800 bis 1000 Familien. Dessen inneren Kern bildeten die vielfach miteinander versippten und seit dem Ausgleich geadelten 100 bis 150 Familien, die die Banken und die wichtigsten Industriezweige kontrollierten. In der Zeit des Dualismus haben Franz Joseph und Karl rund 2000 Familien in den Adelsstand erhoben, darüber viele in Ungarn ansässige Deutsche und Griechen, Schweizer und Serben, die in der Wirtschaft oder in der Armee Karriere gemacht hatten.

Vor 1918 erwarben 346 jüdische großbürgerliche Familien einen Adelstitel, 28 den eines Barons, die meisten kauften auch Grundbesitz. Vor dem Ersten Weltkrieg war ein Fünftel des Landes in jüdischem Besitz, und ein beträchtlicher Teil der großen Gutskomplexe wurde von jüdischen Pächtern verwaltet. Die Finanzbourgeoisie bestand in erster Linie aus Juden, die um die Jahrhundertwende etwa 55 Prozent der Vorstandsposten der Banken, an der Börse und im Industriellenverband besetzten. Im Sinne eines ungeschriebenen Paktes mit dem Hochadel blieb ihr gesellschaftlich-politischer Einfluß jedoch gering. Zugleich nahmen Vertreter der Aristokratie nach außen Schlüsselstellungen in der sich schnell entwickelnden kapitalistischen Wirtschaft ein. Um die Symbiose der feudalen Stände mit dem Großunternehmer zu illustrieren, kann man auf die gräflichen Familien Zichy und Széchenyi sowie die Markgrafen Pallavicini verweisen, deren Mitglieder in 34, 29 beziehungsweise 27 Banken und Industriefirmen lukrative Führungsposten innehatten. Der ungarische Adlige akzeptierte also die Verbürgerlichung, doch hielt er an der tradierten Wertordnung fest und dachte nicht im Traum daran, sich das kapitalistische Prinzip des Arbeitsfleißes und des schonungslosen Gelderwerbs zu eigen zu machen.[18]

Die Flucht der Gentry in die Welt des schönen Scheins mit Hilfe der vielfältigen Querverbindungen zur höheren Verwaltung nahm der Schriftsteller Lajos Hatvany aufs Korn:

> Der ungarischen Gentry wurde in die Schuhe geschoben, daß sie unbeholfen sei. Zu Unrecht! Denn gibt es eine größere Lebenstüchtigkeit als die, ohne Arbeit auszukommen, ja überall für sich gebackenes Brot vorzufinden? Und wenn schon nicht überall, dann in Wien. Der moderne Kurutze bekommt sein nötiges Lebenselixier aus Wien. Dies war die Kraft des Ministerpräsidenten Tisza: die hinfällige Klasse der Ungarn, die er mit dem ganzen ungarischen Volk verwechselte, mit österreichischer Hilfe zu regieren ...[19]

Hatvany selbst war Sproß einer sehr reichen jüdischen Mühlen-, Zucker- und schließlich Bankiersdynastie, die schon früh geadelt und später sogar in die Baronie erhoben wurde. Lajos war aber kein Geschäftsmann, sondern ein hochbegabter Schriftsteller, der neben der Gründung der einflußreichsten literarischen Zeitschrift in der ungarischen Geschichte, *Nyugat* (Der Westen), auch als freigiebiger Gönner der beiden herausragenden Dichter des 20. Jahrhunderts, Endre Ady und Attila József, eine außerordentlich wichtige Rolle in der ungarischen Kultur und Literatur gespielt hatte. Man kann es als eine symbolträchtige Fußnote zur Geschichte der Zwischenkriegszeit betrachten, daß Baron Hatvany nach seiner mutigen Rückkehr aus der Emigration (er war Mitstreiter Károlyis vor der bürgerlichen Revolution von 1918, hatte aber nichts mit dem darauffolgenden kommunistischen Regime zu tun) 1928 wegen »Schmähung« der Nation zu sieben Jahren Gefängnis verurteilt wurde.

Daß aber auch aus Wiener Sicht das Bild der Gentry der obigen sarkastischen Skizze von Hatvany ähnlich war, zeigen die saloppen, aber treffenden Bemerkungen des österreichischen Autors Otto Friedländer über die Ungarn:

> Ein echter Ungar wird nur Landwirt, Politiker oder Soldat. Schreiber, Handwerker oder Kaufmann wird er nicht. Da werden eben die Schwoben und die Juden Beamte, Fabrikanten und Händler. Der echte Ungar ist ein Herr oder ein Bauer, und sonst gar nichts. Daß aber diese wenigen echten Ungarn die ihnen an Zahl und Kultur überlegenen Deutschen und Juden zu chauvinistischen Magyaren gemacht haben, ist schon eine Leistung. Dabei muß man denken, daß die magyarischen Herren nicht einen Tag ohne die Arbeit der deutschen Beamten, der jüdischen Kaufleute und der slawischen Handwerker leben können und – sie sind doch die Herren. Ja, Herren sind sie schon – ganz anders.
> Sie herrschen auf ihren Gütern, in ihren Komitaten im Land... Sie sind große, große Herren, die ungarischen Magnaten, große gewaltige Herren, mächtige Redner, furchtlose Kämpfer – vielleicht die letzten Herren, die es auf dieser Welt gibt... denen die Größe, die Kraft und die Herrlichkeit der Macht als Gnade von oben gegeben sind – verliehen ohne Kampf, ohne Schweiß, als Auszeichnung und als Aufgabe.[20]

Infolge der ständischen Struktur und des vererbten feudalen Selbstbilds entstanden zwei bis in unsere Zeit nachwirkende große Trennungslinien zwischen den »historischen« (sprich: christlichen) und assimilierten bürgerlichen (sprich: jüdischen) Schichten einerseits und zwischen der sogenannten »Herren-Gesellschaft« und den unteren Klassen, das heißt dem Volk, andererseits. »In Ungarn steht der Geist des Ständewesens noch in voller Blüte, was den Gegensatz zwischen Herr und Bauer betrifft... Der Herr sieht den Bauern nicht als ganzen Menschen, sondern nach der alten Ständeauffassung als halbes Rindvieh.« Diese Zeilen stammen nicht von einem radikalen Agitator, sondern von einem katholischen Bischof, von Ottokár Prohászka, aus dem Jahr 1899. Er wurde später zu einem der führenden ungarischen Nationalisten slowakischer Herkunft und zum Wortführer der Bewegung »Christliches Erwachen«. Dem »modernen« Antisemitismus diente dieser Begriff als geflügeltes Wort.[21]

Trotzdem gaben Prohászkas Worte die trostlose Realität auf dem Lande wieder. Obwohl die großangelegte Regulierung der Flüsse (die »zweite Landnahme«) den Ackerboden um 3,9 Millionen Hektar vergrößerte, machte das bäuerliche Grundeigentum noch 1914 nicht einmal die Hälfte der Gesamtfläche des Landes aus. Ein Drittel der Bauern waren in Wirklichkeit Halbproletarier mit einem Zwergbesitz von weniger als drei Hektar. Ein besonderes Kennzeichen der ungarischen Gesellschaft war der hohe Anteil des Agrarproletariats. 1910 zählte man drei Millionen arme Bauern, und wenn man die Halbproletarier hinzurechnet, waren es sogar vier Millionen. Die Mehrheit bestand aus Saisonarbeitern und Tagelöhnern.

Die Not nahm um 1890 zu, als die großangelegten Erdarbeiten für Flußregulierung und Eisenbahnbauten aufhörten und zugleich die Verbreitung der Dreschmaschinen und des Hackenpfluges die Möglichkeiten für landwirtschaftliche Lohnarbeit einschränkte. Die Verelendung der Landarbeiter zwang viele zur Auswanderung, und die zunehmend kritische Lage der Daheimgebliebenen führte zu den großen agrarsozialistischen Bewegungen im Gebiet zwischen Theiß und Maros in Südostungarn. Eine Verbürgerlichung der Bauern zeichnete sich nur in den westlichen Teilen von Transdanubien und in den Agrarstädten der Großen Tiefebene ab.

Im Tiefland entwickelten sich im 19. Jahrhundert Agrarsiedlungen, wie es sie in West- und Mitteleuropa so gut wie nirgends gab: Riesendörfer mit 20 000 bis 30 000 Einwohnern. Als Prototyp können Debrecen, Kecskemét oder Hódmezövásárhely gelten. Ein Drittel, manchmal sogar die Hälfte der Einwohner dieser »Städte« wohnte außerhalb des urbanen Kerns in Einzelhöfen.[22]

Eine andere charakteristische Siedlungsform der landwirtschaftlichen Lohnarbeiterschaft bildeten die sogenannten »Pußten« oder

Meiereien, in denen Zehntausende Landarbeiter völlig abgeschnitten von der Umwelt lebten. Einer der größten ungarischen Dichter und Dramatiker des 20. Jahrhunderts, Gyula Illyés, beschrieb in *Das Volk der Pußta* das Leben und Denken dieser Menschen:

> Fast die Hälfte von Ungarns gesamter Anbaufläche wurde vom Gesinde der Pußtas bestellt. In ihren Sitten und Gebräuchen, in ihrer Weltanschauung, ja selbst in ihrem Gang und der Art und Weise, ihre Arme zu bewegen, unterschied sich diese Volksschicht scharf von allen anderen. Selbst in der Nähe eines Dorfes lebten sie gleichsam versteckt in vollkommen abgeschlossener Isoliertheit. Da sie den ganzen Tag, ja selbst an Sonntagen beschäftigt waren, verließen sie die Pußta sozusagen nie; andererseits war es infolge der großen Entfernungen, der schlechten Wege, der spezifisch ungarischen Verhältnisse und ihres angeborenen Mißtrauens ein schwierigeres Unternehmen, bis zu ihnen vorzudringen, als einen mittelafrikanischen Eingeborenenstamm zu erforschen. Die große Öffentlichkeit begann sich erst nach dem Ersten Weltkrieg mit ihnen zu beschäftigen.[23]

Anfang des 20. Jahrhunderts lebten ungefähr 15 Prozent der Magyaren in Einzelhöfen und auf den Pußten der Großgüter, 30 bis 35 Prozent in den Städten oder Agrarstädten, 50 bis 55 Prozent aber in Dörfern.

Während die traditionelle Ordnung des Dorflebens und vor allem die völlig unverhältnismäßige, aus der feudalen Zeit vorgegebene Besitzverteilung bis 1918 im Grunde unangetastet (sogar bis 1945 nur geringfügig korrigiert) blieben, wurde Budapest, wie schon kurz erwähnt, ein dynamisch wachsendes Industriezentrum mit 880 000 Einwohnern; zusammen mit den Vorstädten überschritt die Einwohnerschaft 1,1 Millionen. Vielleicht in keinem einzigen Land Europas konzentrierte sich die Entfaltung des modernen Industrie- und Finanzkapitalismus in solch starkem Ausmaß in der Hauptstadt wie in Ungarn. Groß-Budapest stellte 1910 zwar nur 5,1 Prozent der Gesamtbevölkerung, beherbergte aber 28 Prozent der Fabrikarbeiter und zwei Drittel der Großbetriebe. 62 Prozent der Bankaktiva des Landes befanden sich in den Panzerschränken der Budapester Geldinstitute. Budapest war nicht nur die Stadt der 600 Kaffeehäuser, der vierzig Bordelle und der meisten Mühlen in der Welt, sondern auch die der Elendsviertel für saisonale Hilfskräfte, ungelernte Arbeiter und Tagelöhner, meist Slowaken und Deutsche. Zur Zeit der Jahrhundertwende wohnte ein Viertel der Bevölkerung unter solch miserablen Verhältnissen, daß sechs Personen auf je ein Zimmer entfielen.[24] Selbst in der Hochstimmung der Millenniumsfeiern erinnerte der Abgeordnete Károly Váradi bei einer Plenarsitzung des Parlaments an die Petition der Budapester Bäcker:

> Obwohl die Lehrlinge, die jünger als vierzehn Jahre alt sind, laut Gesetz nur zehn, und die unter sechzehn Jahren nur zwölf Stunden täglich arbeiten dürften, werden in vielen Bäckereien jeweils fünf bis sieben Lehrlinge gezwungen, sechzehn bis achtzehn Stunden täglich zu arbeiten. Auch die erwachsenen Arbeiter beschweren sich, daß neun Personen auf drei Betten liegen müssen und daß die Meister für sieben bis acht Arbeiter bloß zwei Handtücher pro Woche zuteilen.[25]

Vom Standpunkt der ungarischen Vormachtstellung aus war es besonders wichtig, daß 1910 86 Prozent der Budapester offiziell das Ungarische als Muttersprache pflegten. 1880 waren es nur 58,6 Prozent gewesen, 1850 sogar nur ein Drittel. Mit 22 Tageszeitungen, davon fünf deutschsprachigen, durfte Budapest während der Gründerzeit auch als Zeitungsmetropole gelten. Die Budapester Universität war hinsichtlich der Studentenzahl die zweitstärkste in der Monarchie und die fünftgrößte in Europa – wobei man sich in Erinnerung rufen muß, daß es 1850 nur 810 magyarische Hochschüler in der Doppelmonarchie gab; 1914 waren es bereits 16 300![26]

Budapest stand im doppelten Sinne für die Magyarisierung und für die Verbürgerlichung im Zeichen der Modernisierung. Zum Durchbruch in den Städten trugen in erster Linie, neben der Assimilation der dort geborenen oder länger dort lebenden deutschen Bürgerschaft, die Ansiedlung und Assimilation der Juden bei. Daß der Bevölkerungsanteil der Magyaren in 252 Ortschaften mit mehr als 5000 Einwohnern bereits 1880 63,5 Prozent erreichte, während er im Landesdurchschnitt nur 46,6 Prozent betrug, war eine Folge der nicht erzwungenen, sondern freiwilligen, ja begeisterten Assimilation der jüdischen Bevölkerung. Im Jahr 1910 machte sie 12,4 Prozent der Stadtbevölkerung aus. In Budapest stellte sie sogar 23 Prozent, obwohl der jüdische Anteil an der Gesamtbevölkerung nur 4,5 Prozent war.

Insgesamt war die Magyarisierung ein durchschlagender Erfolg. Die Statistiker stellten zwischen 1880 und 1910 ungefähr 700 000 Juden, 600 000 Deutsche, 400 000 Slowaken und je 100 000 Rumänen und

Südslawen sowie 100 000 Personen anderer Herkunft fest, die sich neu zum Ungartum bekannten.[27] Ohne diese »demographische Revolution« wäre der geradezu sensationelle Aufstieg der Hauptstadt und das so schnelle Aufblühen der Wirtschaft und Kultur, der Medien und der Wissenschaft kaum möglich gewesen. Die ungarisch-jüdische Symbiose war zweifellos eine in jeder Hinsicht – keineswegs nur statistisch – vitale Stärkung der nationalen, politischen, wirtschaftlichen und kulturellen Position Ungarns in der Monarchie. In seiner Emotionalität kann das ungarisch-jüdische Verhältnis nur mit dem deutsch-jüdischen verglichen werden. Die ungarischen Juden waren in ihrem überwiegenden Teil, ähnlich wie die deutschen Juden in Deutschland, geradezu in Ungarn »vernarrt« (Sebastian Haffner).[28] Freilich beruhte das Liebesverhältnis hier wie dort auf demselben verhängnisvollen Irrtum: Es blieb einseitig.

XXVIII »Ungarischer Jude oder jüdischer Ungar?« Die einmalige Symbiose zwischen Adel und Judentum

»Im gesamten östlichen Teil Mitteleuropas gibt es kein anderes Beispiel für eine solch vollständige, schnelle und, allem Anschein nach, so erfolgreiche Assimilation und Gleichstellung wie die der ungarischen Juden.«[1] Das schrieb Robert A. Kann 1945, also *nach* dem Untergang des europäischen Judentums.

Freilich wurde dieses Phänomen auch von der entgegengesetzten Warte aus registriert. So erfand der antisemitische Wiener Bürgermeister Karl Lueger bereits in der Zeit um die Jahrhundertwende die Ausdrücke »Judäo-Magyaren« und »Judapest« für Budapest. »Ich habe das Wort Judäo-Magyarismus geprägt und bin heute noch stolz darauf, daß mir damals so etwas Gescheites eingefallen ist«, erklärte Lueger später über »die Verbindung der beiden Übel des Reiches«[2]. Die bekannten groben Ausfälle gegen die »Totengräber« der Monarchie hatten insofern einen zutreffenden Kern, als sie auf die Qualität und nicht auf die quantitativen Aspekte des magyarisch-jüdischen Verhältnisses zielten. Zwar vollzog sich der Assimilationsprozeß in Deutschland und Österreich in ähnlicher Weise, doch kam es den dortigen Antisemiten nicht in den Sinn, deshalb etwa von den »Judäo-Deutschen« zu sprechen. Zu Recht wies Rolf Fischer[3], der sich jahrelang mit der Erforschung des ungarischen Antisemitismus befaßt hatte, darauf hin, der Begriff »Judäo-Magyar« habe jene Qualität der magyarisch-jüdischen Symbiose unterstrichen, die vor dem Ersten Weltkrieg in Mittel-, Ost- und Südosteuropa nicht ihresgleichen hatte.

Die Zielvorstellung der Juden, die sich in Groß-Ungarn niedergelassen hatten, war von Anfang an klar: ungarischer Staatsbürger jüdischer Konfession zu sein. Da aber unter den besonderen Verhältnissen das Bekenntnis zum Ungartum die politisch entscheidende Option war, lautete die bereits vor hundertfünfzig Jahren von dem jüdischen Schullehrer in Pécs, Lipot Hartmann, formulierte Fragestellung im Titel seiner Schrift: *Ungarische Juden oder jüdische Ungarn?* Nach dem verlorenen Freiheitskampf und infolge des im Jahr 1867 verabschiedeten Emanzipationsgesetzes bekannte sich ein immer größerer Teil des zahlenmäßig besonders schnell wachsenden Judentums als

»Magyare mosaischen Glaubens« oder als Ungar »israelitischer Konfession«. Die Religion war der ausschlaggebende Zugehörigkeitsfaktor: Die Juden bildeten keine separate Volksgruppe oder nationale Minderheit, sondern waren ein integraler Bestandteil der politischen Nation, nur eben mosaischer Konfession.

Dieses Konzept wurde, wenn auch erst 1895, durch ein Gesetz juristisch besiegelt, das die israelitische Religion in die Reihe der staatlich geschützten, der sogenannten »rezipierten« Konfessionen aufnahm. Die Folge dieser politisch-juristischen Lösung war, daß die Juden in den ethnischen, nach Muttersprachen gegliederten Nationalitätenstatistiken nicht getrennt ausgewiesen wurden. Die bereits erwähnte »demographische Revolution« zugunsten der Magyaren wäre ohne die Massen der jüdischen Assimilanten nicht möglich gewesen.

Das große Angebot des ungarischen Liberalismus und des bis 1918 herrschenden liberalen Adels war die im Paragraph 1 des Emanzipationsgesetzes bekundete völlige bürgerliche und politische Gleichberechtigung mit den christlichen Einwohnern. Viele Kenner der jüdischen und der ungarischen Geschichte hoben die Besonderheiten des »ungarischen Weges« hervor. Es handelte sich weder um eine karitative Einstellung des Adels noch um eine Verschwörung der Juden, um die Wirtschaft und Finanzmacht zu übernehmen, wie später, ja bis in unsere Tage, von antisemitischen Ideologen behauptet wurde. Das einzigartige Verhältnis zwischen Ungarn und Juden entstand einerseits, weil sich die Juden bereits zur Zeit der Revolution mit der ungarischen Nationalbewegung, mit der ungarischen Sprache und zum überwiegenden Teil mit der ungarischen Kultur identifizierten. Andererseits brauchte Ungarn Menschen, die politisch loyal waren und statistisch das ungarische Gewicht innerhalb der Länder der Stephanskrone stärkten. Was das für den Ausbau der ungarischen nationalen Hegemonie und die Umwandlung einer relativen statistischen Mehrheit in eine absolute bedeutet hat, zeigen die folgenden Zahlen.

Zwar lebten Juden im Karpatenbecken nachweislich und fast ununterbrochen seit über tausend Jahren, doch vollzog sich ihre massive Ansiedlung erst im 18. und 19. Jahrhundert. Ihre Zahl betrug 1787 80 000 und verdreifachte sich bis 1840 auf 238 000. Nach der Verdoppelung der jüdischen Gemeinde auf über eine halbe Million in den Jahren kurz nach dem Ausgleich erreichte sie 1910 bereits 911 000. Damit gehörten rund fünf Prozent der Bevölkerung Ungarns (ohne Kroatien-Slawonien) zur israelitischen Glaubensgemeinschaft. Noch wichtiger war die Tatsache, daß 705 000 oder über 75 Prozent das Ungarische als Muttersprache angaben und daß nicht weniger als sieben Prozent der Magyaren der jüdischen Konfession angehörten.[4]

Zusammen mit den Deutschen und Slowaken bildeten vor allem die Juden die Speerspitze der von der adligen politischen Elite bewußt angestrebten Magyarisierung. Die Zunahme der jüdischen Bevölkerung war keineswegs nur die Folge der Einwanderung. Vor allem in den letzten Jahrzehnten des 19. Jahrhunderts spielten auch solche Faktoren eine wichtige Rolle wie die höhere Geburtenrate und die Gesundheitspflege, die sie vor den Auswirkungen der letzten großen Cholera-Epidemie 1872 bis 1874 besser schützte als den Rest der Bevölkerung.

Der Aufschwung von Budapest war sowohl eine Folge wie auch ein Teil der Anziehungskraft der Hauptstadt zuerst auf die jüdischen Händler und Gewerbetreibenden, später auf die Facharbeiter und Intellektuellen. Die Statistiken zeigen den massiven Zuzug von Juden: Er stieg von 13,8 Prozent zur Zeit der 1848er Revolution auf 23 Prozent bis 1910; in absoluten Zahlen von 18 000 auf 203 000 Juden. Jeder fünfte Jude Ungarns wohnte also nach der Jahrtausendwende in der Hauptstadt. Kronprinz Rudolf nannte in einem privaten Brief Ungarn »das England des Ostens; ein ähnlich freier Hort der Aufklärung und des Fortschritts«. In Budapest gibt es »Leben, Aufschwung, Selbstbewußtsein und Vertrauen in die Zukunft, Eigenschaften, welche jede liberale Ära mit sich bringen und die man hier mit Freude und Behagen beobachten kann und welche leider drüben zwischen den schwarzgelben Grenzpfählen fast vollends fehlen«[5].

Selbst die rasante Steigerung der jüdischen Wohnbevölkerung vermittelt kaum einen Eindruck von der wirklichen Bedeutung des ungarischen Judentums als Wegbereiter und Träger des wirtschaftlichen und kulturellen Umbruchs. Die Juden stellten den Hauptteil der Mittelschicht zwischen der Gutsbesitzeraristokratie, der verarmten »Gentry« sowie der von dieser beherrschten Staatsbürokratie einerseits und den Millionen von Landarbeitern und Kleinbesitzern andererseits. Nicht zuletzt die freie Entfaltung des kulturellen und wissenschaftlichen, finanziellen und beruflichen Einflusses der Juden ließ Budapest zum größten Finanz- und Medienzentrum Europas östlich von Wien werden. In der ungarischen Hauptstadt erschienen 1906 bereits 39 Tageszeitungen, verglichen mit 24 in Wien, 25 in London und 36 in Berlin.

Die eingewanderten, sprachlich und kulturell magyarisierten Juden haben die Entstehung des neuen Bürgertums entscheidend mitgeprägt. Sie wirkten als Motor jenes Modernisierungsprozesses, der in der so lange versteinerten Struktur des Landes gesellschaftliche Umwälzungen zur Folge hatte und letztlich jeden einzelnen betraf, ob er wollte oder nicht. Die Merkmale einer sich rapide verbürgerlichenden, urbanen Gesellschaft – etwa das Streben nach Erneuerung, Erfolgs- und Leistungsorientierung, das Hinterfragen aller bestehenden Werte und auch tiefverwurzelter Traditionen – wurden in bewußt oder unbewußt antisemitischen Schriften und Romanfiguren oft als »typisch jüdische« Eigenschaften interpretiert. Keine als Fremde eingeschätzte Bevölkerungsgruppe hat sich so schnell assimiliert wie die ungarischen Juden, trotzdem blieb ihre gesellschaftliche Diskriminierung am längsten wirksam. Moderne Wissenschafter, die sich mit diesem komplexen Beziehungsgeflecht beschäftigen, so beispielsweise Viktor Karády, haben die widersprüchlichen Züge des Assimilierungsprozesses herausgearbeitet und darauf hingewiesen, daß selbst in den »erfolgreichen« Assimilationsphasen nur eine beiderseitige Heuchelei die Spannungen verschleiern beziehungsweise verleugnen konnte.[6] Die größenmäßigen Dimensionen des sozialen und kulturellen Aufstiegs waren mehr als eindrucksvoll. Ausgangspunkt dafür war zweifellos die durchschnittlich bessere Schulbildung. Laut offiziellen Statistiken konnten 1910 72 Prozent der Einwohner lesen und schreiben; bei den Juden waren es 90 Prozent. An den höheren Handelsschulen stellten sie über die Hälfte und an den Gymnasien und Realschulen 23 Prozent der Schüler. Vor dem Ersten Weltkrieg betrug der Anteil der jüdischen Studenten bei den Medizinern 46 Prozent, bei den Juristen 27 Prozent, an den Technischen Hochschulen rund 33 Prozent.

Das Ausmaß und die Geschwindigkeit der jüdischen Assimilation haben ähnliche Prozesse in anderen Staaten des mittel- und osteuropäischen Raumes weit übertroffen. Die Juden waren nämlich gleichzeitig Träger der Verbürgerlichung und der staatspolitisch so ungeheuer wichtigen Magyarisierung. Als eine Art Ersatzbürgertum waren sie in den freien Berufen besonders stark vertreten. 1910 stellten sie fast die Hälfte der Anwälte und Ärzte, über 40 Prozent der Journalisten, ein Drittel der Ingenieure und ein Viertel der Künstler und Schriftsteller.

Daß die großen jüdischen Bankiers- und Industriellenfamilien das Finanzsystem und die Großindustrie weitgehend kontrollierten, daß mehr als die Hälfte der Besitzer von Handelsunternehmen, 85 Prozent der Direktoren und Besitzer von finanziellen Institutionen Juden waren, traf zu und wurde von den Antisemiten auch hochgespielt. Sie verschwiegen aber geflissentlich, daß die Kapitalisten, Grundbesitzer und Pächter einen ebensolchen verschwindend winzigen Teil der jüdischen Gemeinde darstellten wie etwa die Großgrundbesitzer unter den nichtjüdischen Magyaren. Gleichzeitig gehörten über 70 Prozent der erwerbstätigen Juden dem Kleinbürgertum oder der Arbeiterschaft an (38,3 Prozent Kleinbürger, 34,4 Prozent Arbeiterschaft, davon 16,4 Prozent Industriearbeiter), 20 Prozent den freien Berufen und der Beamtenschaft. Und doch muß man feststellen, daß sich die Sozialstruktur des Judentums wesentlich von der nichtjüdischen Bevölkerung unterschied, nicht nur hinsichtlich der Landwirtschaft, in der noch zu Beginn des Jahrhunderts rund zwei Drittel der Gesamtbevölkerung, jedoch weniger als 5 Prozent der Juden beschäftigt waren.[7] Darüber hinaus war die jüdische Beteiligung an der politischen und administrativen, zentralen und lokalen Bürokratie lange Zeit minimal. So zählte man 1883 nur zehn Juden im Regierungsapparat, keinen einzigen in der lokalen Verwaltung und gerade einmal fünf in den beiden Häusern des Parlaments.[8] Obwohl sich die Situation in den nächsten Jahrzehnten zugunsten der Juden verschoben hat, blieb die »Arbeitsteilung« zwischen der politischen Macht der Aristokratie und der Gentry einerseits und der finanziell-industriellen Vormachtstellung der Juden im Grunde unverändert. Es war leichter für einen begabten Mann jüdischer Herkunft, nach dem Glaubenswechsel zur christlichen Religion Universitätsprofessor, Adliger oder sogar katholischer Bischof (wie etwa der Historiker Vilmos Fraknói) zu werden, als den hierarchisch unbedeutenden, aber für die Gentry so wichtigen Posten eines Stuhlrichters in einer Kleinstadt oder die Mitgliedschaft in einem Gentry-Kasino zu ergattern.

Historiker und Soziologen hoben die besonderen Umstände des jüdischen Durchbruchs in Gesellschaft und Wirtschaft hervor:

> Aus bescheidenen Anfängen als Geldverleiher, Krämer, Vieh- und Landproduktenhändler nahmen sie die sich reichlich bietenden, von der Gentry nicht genützten Möglichkeiten zum Geldverdienen wahr, zeigten sich assimilationsbereit und vollzogen auch den sprachlichen Magyarisierungsprozeß vom Jiddischen über das Deutsche konsequent. Zionistische Gedankengänge waren unter ihnen kaum verbreitet; der Wunsch, in das neu entstehende Bürgertum aufzusteigen, aber auch der Dank für die gebotene Rechtssicherheit und das breite wirtschaftliche Betätigungsfeld ließen sie zu überzeugten Vertretern der ungarischen Nationalstaatsdoktrin werden. Da die verarmte Gentry, die auf das Geldverdienen angewiesenen Adligen, meist nur

> die Tätigkeit im öffentlichen Dienst als standesgemäß ansah, nahm das in den dynamisch wachsenden Städten sich konzentrierende Judentum niemandem Verdienst und Positionen weg.... Der sich als Anerkennung und aus Dankbarkeit unter den Juden ausbreitende magyarische Nationalismus entsprang keinesfalls nur Opportunitätserwägungen, sondern er war – wie bei anderen Assimilierten auch – getragen von einem zweifellos echten, häufig sich enthusiastisch äußernden Bekenntnis zum neuen Vaterland.[9]

Die antisemitische Agitation zwischen 1919 und 1945, deren Wurzeln freilich schon früher erkennbar waren, hat mit nebulösen und manipulativen Begriffen wie dem von der »tiefmagyarischen Rasse«, der »magyarischen Seele« und »magyarischen Nation« oder dem »magyarischen Genius« entweder den Grad der Assimilation und die zutiefst emotionale Loyalität zur ungarischen Heimat geleugnet oder im Falle von herausragenden Persönlichkeiten der Kultur und Wissenschaft als »Mimikry« geschmälert. Zu Recht wies Rolf Fischer in seiner bereits zitierten Antisemitismusstudie darauf hin, daß unter denen, die von der »magyarischen Seele« faselten, bezeichnenderweise nicht wenige waren, deren Familien noch vor einigen Jahrzehnten im Schwarzwald oder sonstwo beheimatet gewesen seien.[10] So vollzog der in Deutschland in Fachkreisen noch immer zitierte Literaturhistoriker Julius von Farkas (Gyula Farkas) als Direktor des ungarischen Instituts in Berlin und Professor an der Berliner Universität im Dritten Reich eine jähe Kehrtwendung. In seinem Buch *In der Zeit der Assimilation* habe er mit der Methode eines politischen Agitators seine Grundüberzeugung vertreten, daß »die guten Rasseungarn die Juden immer verabscheut und diese diesen Abscheu verdient hätten«, warf ihm 1940 der angesehene ungarische Kritiker Aladár Komlós in einer vernichtenden Rezension vor: Dieses antisemitische Machwerk »eines deutschen Assimilanten« versuche mit Hilfe von verfälschten Zitaten und verschwiegenen Tatsachen rückwirkend bis 1848 die schädliche Wirkung jüdischer Autoren und Wissenschaftler nachzuweisen, und zwar im krassen Gegensatz zu Farkas' in Budapest einige Jahre zuvor herausgegebener Geschichte der ungarischen Literatur. Einen antisemitischen Ton schlug Farkas übrigens auch in den von ihm redigierten Ungarn-Jahrbüchern seines Instituts an, wobei der bereits zitierte Aufsatz Sándor Eckhardts über das Ungarnbild in der Welt in der deutschen Übersetzung von Heine-Zitaten und kritischen Hinweisen auf den deutschen Einfluß sorgfältig »bereinigt« wurde.[11]

Gerade wegen dieser und ähnlicher Praktiken einer systematischen antisemitischen Propaganda ist es wichtig, das in weiten Bereichen auch für die Ungarn außerordentlich fruchtbare Zusammenleben mit dem ungarischen Judentum in Erinnerung zu rufen. Der greise Graf Gyula Andrássy sagte auf dem Höhepunkt der antisemitischen Agitation im Zusammenhang mit dem berüchtigten Ritualmordprozeß von Tiszaeszlár (1882), er wünsche sich mehr Juden in Ungarn, nicht weniger. Ministerpräsident Kálmán Tisza bezeichnete die Juden damals als »den fleißigsten und konstruktivsten Teil der ungarischen Bevölkerung«. Die einzigartige Doppelfunktion der Juden als Triebkräfte der Modernisierung und der Magyarisierung war der Grund dafür, daß der Pakt zwischen der politischen Elite des liberalen Adels und den gegenüber der ungarischen Staatsidee loyalen jüdischen Aufsteigern bis zum Zusammenbruch der Monarchie hielt.

In den Randgebieten Ungarns, in denen die Nationalitäten die überwiegende Mehrheit bildeten, fungierten die jüdischen Ungarn sozusagen als »Außenstellen« der ungarischen Kultur. In den rumänischen oder slowakischen Dörfern waren die jüdischen Geschäftsinhaber oder Ärzte oft die einzigen Personen, die Ungarisch sprachen. Dadurch wurden sie wohl oder übel die natürlichen Verbündeten der Beamten, Gendarmen und anderer Vertreter der Budapester Regierung.

Das Schicksal dieser Menschen, die zum ungarischen Kulturkreis gehörten und von denen damals jeder zweite auch Deutsch sprach, war in der Folgezeit besonders tragisch. Sie waren weiterhin Zielscheiben des althergebrachten sozialen und religiösen Antisemitismus und sozusagen doppelt verhaßt, weil sie auch in den Nachfolgestaaten Rumänien, Tschechoslowakei und Jugoslawien stolze Ungarn blieben und zumeist nicht bereit waren, sich zur jeweiligen Mehrheitsnation zu bekennen. So bekamen sie als »jüdische Ungarn« eine neuerliche Quittung, als sie einige Jahre nach dem Wiener Schiedsspruch der Achsenmächte und der Rückgliederung der in Trianon verlorenen Landstriche im Frühjahr 1944 als erste nach Auschwitz deportiert wurden.[12]

In der »goldenen Zeit« des ungarischen Liberalismus waren die Einwanderung und die Verbürgerlichung der Juden von der politischen und gesellschaftlichen Elite aus Gründen des langfristigen Interesses jedoch gern gesehen. Selbst Szekfüs von antisemitischen Ressentiments nicht freies Werk *Drei Generationen*, geschrieben nach dem Zusammenbruch der Doppelmonarchie, konzediert: »Ohne die Gründung der Fabriken durch die Juden wäre Ungarn entweder zur Kolonie des österreichischen Kapitals geworden oder auf dem Agrarniveau der sechziger Jahre stehengeblieben.«

Es war durchaus ein von beiderseitigem Interesse getragener Pakt. Der erste bekannte jüdische Dichter und Gründer der wichtigsten literarischen Zeitschrift vor der Jahrhundertwende, József Kiss, schrieb ein Gedicht über »das gelobte Land Ungarn«. Die jüdischen, deutschen, griechischen und andere Assimilanten haben die lukrativen Gebiete der Finanzen, des Handels und der Industrie überhaupt erst geschaffen – auf bewußten, ausdrücklichen Wunsch des Staates und seiner tragenden politischen Schicht. Natürlich war das auch ein »gehobenes« Tauschgeschäft. Der politische Apparat brauchte die moderne Wirtschaft für Macht, Status und Prestige, und die einzelnen Angehörigen der politischen Elite profilierten sich durch ihre Mitgliedschaft in Aufsichtsräten und lukrative Direktorenposten. So hatten zum Beispiel im Jahr 1896 nach offiziellen Angaben 55 liberale Abgeordnete 77 Stellen bei der Bahn und anderen Verkehrsunternehmen, während weitere 86 liberale Politiker 193 Posten bei Banken und diversen Industrieunternehmen bekleideten. Es ging aber nicht nur um materielle Aspekte. Das nationale Moment war, wie schon erwähnt, geradezu lebenswichtig, da ohne das fünfprozentige Gewicht auf der ungarischen Seite die Magyaren als Minderheit in ihrem eigenen Land in das 20. Jahrhundert eingetreten wären. Dazu kam die politische Loyalität bei den Wahlen. In Budapest etwa war jeder zweite Wähler Jude, und die liberalen Abgeordneten erreichten beachtliche Mehrheiten auch dann noch, als die Wähler in anderen Bezirken gegen die Regierung Stellung bezogen.[13]

Die Regierungen sicherten nicht nur Rahmenbedingungen für die profitable Entwicklung der jüdischen Firmen, sie haben darüber hinaus den Philosemitismus zum Merkmal der liberalen Ära gemacht. Und dabei handelte es sich keineswegs nur um eine leere Phrase. Als in den 1880er Jahren eine große antisemitische Welle die Länder Mitteleuropas überrollte, verurteilte Kálmán Tisza dies nicht nur als »schändlich, barbarisch und der nationalen Ehre abträglich«; er setzte auch seinen Apparat gegen die antisemitische Partei des abtrünnigen Abgeordneten Győző Istóczy ein. Darüber hinaus wurde die Judenemanzipation gerade in dieser Zeit auch mit der Gleichstellung der israelitischen Gemeinden mit der katholischen und der protestantischen Konfession vollzogen und mit der Regelung der Vertretung der jüdischen Gemeinden im Oberhaus vollendet.

Unabhängig von der frühen Spaltung des ungarischen Judentums in eine sogenannte neologe und eine orthodoxe Richtung (die letztere vor allem, aber nicht ausschließlich in der Karpato-Ukraine und den nördlichen Randgebieten Siebenbürgens) blieb der Zionismus in Ungarn eine statistisch kaum wahrnehmbare, winzige Bewegung. Nichts könnte das damalige besondere Verhältnis der Juden zum ungarischen Staat besser illustrieren als die Tatsache, daß im Heimatland Theodor Herzls und Max Nordaus die Ideen dieser bedeutendsten Exponenten des Zionismus ohne Widerhall geblieben sind. Ein Judenstaat in Palästina erschien den ungarischen Juden nicht zwingend oder erstrebenswert. In dieses Bild fügt sich auch der Umstand, daß es 1897 in der k. u. k. Armee 1993 jüdische Reserveoffiziere gab, was fast einem Fünftel des gesamten Reserveoffizierskorps entsprach. Während in Preußen keine jüdischen Offiziersanwärter zum Reserveoffizier befördert wurden, war die österreichisch-ungarische Armee bereit, jüdische Einjährig-Freiwillige zu Offizieren zu ernennen. Anders sah es bei den Berufsoffizieren aus: 1897 gab es insgesamt bloß 178 oder 1,2 Prozent jüdische Berufsoffiziere. Die von István Deák in seinem Werk über die k. u. k. Armee zitierten Dokumente zeigen[14], daß der ranghöchste jüdische Offizier in der k. u. k. Armee, der in Ungarn geborene Feldmarschalleutnant Eduard Ritter von Schweitzer, nie konvertierte. Laut zeitgenössischen Quellen besuchte der alte Schweitzer regelmäßig die Synagoge in Budapest, hielt sich an koschere Kost und suchte um die Erlaubnis nach, verbotene Speisen zu essen, wenn er mit dem Kaiser dinierte.

Der erfolgreichste Offizier jüdischer Herkunft diente in der ungarischen Landwehr. Baron Sámuel Hazai (ursprünglich Kohn) wurde 1851 als Sohn eines wohlhabenden Spirituosenhändlers geboren. Er und seine beiden Brüder traten als Gemeine in die Honvédarmee ein. Hazai wurde 1867 Leutnant und konvertierte kurz darauf. 1900 wurde er zum Oberst im Generalstab befördert und der Honvédarmee zugeteilt. 1910 bereits General, diente er ab da bis 1917 als ungarischer Verteidigungsminister. Kaiser und König Karl beförderte ihn 1917 zum Generaloberst und Chef des Ersatzwesens für die gesamte bewaffnete Macht. In dieser Funktion war Hazai der zweitwichtigste Offizier der Monarchie nach dem Chef des Generalstabs.

Die ungarischen Juden bewiesen ihre Treue auch im Ersten Weltkrieg. Rund 10 000 fielen an der Front. Zehntausende wurden verwundet und erhielten für ihre Tapferkeit hohe Auszeichnungen. Neben Generaloberst Hazai zählte man weitere 24 jüdische oder konvertierte jüdische Generäle; General Márton Zöld gehörte zu den höchstdekorierten Offizieren der Armee. »Das grausamste Paradoxon der Geschichte des mitteleuropäischen Judentums spiegelt sich in den Orden und Photographien von der Front wider, die jüdische Veteranen des Ersten Weltkrieges an den Wänden ihrer arisierten Wohnungen zurückließen, als sie im Dritten Reich den Weg in die Gaskammern antreten mußten«, stellte Deák fest.[15]

Die bittere und im Rückblick unbestreitbare Tatsache ist: Je mehr sich die Juden magyarisierten und zugleich verwestlichten, desto mehr Neid, Abneigung und letztlich Haß schlug ihnen entgegen. Dieser Konkurrenz-Antisemitismus richtete sich nicht, wie so oft behauptet, gegen die »Galizianer«, die Ostjuden, die rund 160 000 jiddischsprechenden und vor allem in den Randgebieten Nordungarns und Siebenbürgens lebenden orthodoxen Juden, sondern in erster Linie gegen die assimilierten, erfolgreichen und sprachkundigen Juden und allen voran gegen das jüdische Bürgertum in der Hauptstadt. Der Historiker Ignác Acsady: »Abgesehen von den neiderfüllten und befangenen deutschen Spießbürgern fand die antisemitische Bewegung das stärkste Echo in den Reihen der in wirtschaftliche Schwierigkeiten geratenen mittleren Grundbesitzer. Die Bereicherung der Juden fiel unglücklicherweise zeitlich mit der Verarmung des Adels zusammen.«[16]

Im Gegensatz zu den meisten anderen europäischen Ländern erwarben jüdische Entrepreneurs auch immer mehr landwirtschaftliche Güter. Vor dem Ersten Weltkrieg gehörte bereits ein Fünftel des Großgrundbesitzes Juden, und – noch wichtiger – 73 Prozent der großen Pächter waren Juden. Ein konservativer Abgeordneter formulierte in seiner Parlamentsrede mit brutaler Offenheit: »Die Wahrheit ist, meine Herren, daß ein christlicher Pächter am Jahresende kommt und an deine christliche Bruderschaft und Nachsicht appelliert. Andererseits kann man sicher sein, daß der jüdische Pächter den Pachtzins auch dann bezahlen wird, wenn seine Frau und Kinder frieren oder kein Essen haben.«[17]

Theodor Herzl, der noch als kleines Kind in Budapest ungarische Briefe an seinen Vater geschrieben hatte, stritt mehrmals mit patriotischen Juden in seiner einstigen Heimatstadt und betrachtete den unverhältnismäßig hohen Anteil der Juden am landwirtschaftlichen Grundbesitz und an Immobilien als enormen Fehler. Und er sagte einen Antisemitismus in seiner virulentesten Form voraus für den Fall, daß die liberale, mit Hilfe des jüdischen Kapitals an der Macht gehaltene Regierung eines Tages stürzen sollte.[18] Die Problematik wurde in der antisemitischen Presse vor allem durch gehässige Karikaturen von Vorläufern des *Stürmer* thematisiert. Das ungarische klerikale Witzblatt *Herkó Pater* (Pater Herkó) zeigte 1894 die Wandlung des Judenbildes und tiefsitzende Bedrohungsängste als Ursache des Antisemitismus sehr einprägsam auf: Der jüdische Hausierer aus der Mitte des 19. Jahrhunderts ist noch ein bescheidener und bemühter Bittsteller, den der Besitzer des ländlichen Herrenhauses von oben herab behandelt. Am Ende des Jahrhunderts jedoch ist es genau umgekehrt: Der Hausierer ist Großgrundbesitzer geworden, er ist der neue Herr des versteigerten Herrenhauses, der bereits den schnurverzierten Mantel und eine ähnliche Hose trägt wie die verarmte Gentry, Pfeife raucht und die einstigen Noblen hochmütig und herabwürdigend behandelt.[19]

Nach der Jahrhundertwende begannen die Söhne und Enkel der erfolgreichen Unternehmer den gleichen Weg einzuschlagen wie die Sprößlinge des etablierten deutschen Bürgertums. Innerhalb eines Jahrzehnts stieg die Zahl der Juden in der Verwaltung von Null auf 5,2 Prozent, wobei diese Zahl Konvertiten nicht miterfaßt. Im Parlament von 1910, unter István Tisza, saßen bereits 84 Abgeordnete jüdischer Herkunft (jeder Fünfte). Die Konversion galt auch in Ungarn als »Eintrittskarte«. Vor dem Ersten Weltkrieg zählte man in der Regierung außer General Hazai mindestens fünf weitere Minister und neun Staatssekretäre jüdischer Herkunft. Der Oberbürgermeister von Budapest (ab 1913), Ferenc Heltai, war übrigens Herzls Neffe.[20]

Die Auswirkungen der Assimilation und vor allem die Tatsache, daß 346 konvertierte jüdische Familien Adelstitel erhielten – allein während der vier Jahre der zweiten Tisza-Regierung 200 (!) –, öffnete den Weg zu Mischehen zwischen bekannten Aristokratenfamilien und der jüdischen Hochfinanz. Über die Zahlen und Namen hinaus kann man an einzelnen Karrieren den ungeheuer schnellen Wandel in der gesellschaftlichen Position der Gründer und der Nachkommen berühmter Familien ablesen.[21]

Als sich der junge Rabbiner Aaron Chorin, aus Mähren gebürtig, nach Abschluß der Jeschiwa (Talmudschule) von Mattersburg 1789 in der Stadt Arad in Siebenbürgen niederließ, hätte er sich wohl nie träumen lassen, daß bereits sein Enkel Ferenc, der bei seinem Tod zwei Jahre alt war, zur Schlüsselfigur des ungarischen Kapitalismus werden würde. Geboren 1842 in Arad, studierte Ferenc Rechtswissenschaft in Budapest und im Ausland und wurde dann Anwalt und Gründer der

Tageszeitung *Alföld* (Die Tiefebene), die sich gegen die Habsburger-Politik richtete. Kaum 25 Jahre alt, wurde Chorin 1867 als Vertreter der linken Mitte ins Parlament entsandt. Als feuriger ungarischer Patriot war er eine Zeitlang Kritiker des Ausgleichs. Nachdem Ministerpräsident Kálmán Tisza nicht mehr auf der Gründung einer unabhängigen ungarischen Notenbank bestehen wollte, brach Chorin als liberaler Abgeordneter 1875 mit der Regierungspartei und schloß sich der Opposition an. Inzwischen betätigte sich Chorin auch als eifriger Industrialisierer, in erster Linie im Kohlenbergbau. Als Vorstandsvorsitzender der Bergbaugesellschaft Salgótarján kontrollierte er schließlich 40 Prozent der gesamten Braunkohleförderung Ungarns. 1901 gründete er den Landesverband der Industriellen und mußte deshalb wegen neuer gesetzlicher Bestimmungen aus dem Parlament ausscheiden. Nach einer mehr als ein Vierteljahrhundert währenden Tätigkeit als Abgeordneter und nach Erreichen einer herausragenden Position in der industriellen Welt beschloß der fast Sechzigjährige den Übertritt zum Katholizismus. Dieser für viele überraschende Schritt demonstrierte die unwiderstehliche Anziehungskraft der Aristokratie. Der Taufschein galt als »Eintrittskarte« in die begehrten Kasinos des Hochadels und der Gentry. Zwei Jahre später rückte Chorin ins Oberhaus auf. Söhne und Töchter der Familie Chorin heirateten Mitglieder anderer reicher und zum Teil geadelter jüdischer Familien. Der Urenkel des Arader Rabbiners spielte in der ungarischen Wirtschaft eine herausragende Rolle und gehörte zum engeren Freundeskreis jenes Reichsverwesers Miklós Horthy, dessen Regime für den Niedergang und schließlich die Vernichtung des größten Teils des ungarischen Judentums mitverantwortlich war. Chorin hatte – wie mancher andere jüdische Industriekapitän – bis zum deutschen Einmarsch unbeirrt zu Horthy gehalten.

Eine der buntesten und einflußreichsten Figuren im ungarischen Wirtschaftsleben war der 1852 im böhmischen Golcuv Jenikov geborene Zsigmond Kornfeld. Als Sproß einer bettelarmen Familie mußte er bereits als elfjähriger Bub in einer Prager Bank arbeiten. Im Alter von zwanzig Jahren war der geniale Junge schon Direktor des Böhmischen Bankvereins in Wien und pflegte enge Kontakte mit dem Haus Rothschild. Dieses hat 1878 die Ungarische Allgemeine Kreditbank vor der Pleite gerettet und den 26jährigen Kornfeld als Generaldirektor eingesetzt. Im selben Jahr organisierte der junge Bankmanager mit Hilfe der Rothschilds eine Anleihe von 150 Millionen Kronen für den fast bankrotten ungarischen Staat. Dreimal noch, 1881, 1888 und 1892, arrangierte Kornfeld sehr günstige Umschuldungsoperationen für Ungarn, und die Kreditbank wurde de facto ungarische Staatsbank. Unter seiner Ägide hat sich die Bank dann in Bahn-, Schiffahrts-, Mühlen- und Zuckerprojekten, später im Hafen von Fiume und auch in der Expansion des wichtigen Eisen- und Maschinenwerkes Ganz engagiert.

Dieser Mann, der erst mit 26 Jahren nach Budapest gekommen war, wurde 1891 auch Mitglied der Budapester Börse. Kornfeld, inzwischen des Ungarischen kundig, schlug einen Plan zur Magyarisierung der Börse vor. Diese patriotische Haltung sei für die Juden Ungarns, auch für solche, die im Ausland geboren waren, zutiefst charakteristisch gewesen; »ein neuerworbenes, aber um so mehr geschätztes Merkmal«, merkte Raphael Patai in seiner Chronik des ungarischen Judentums an. 1899 wurde Kornfeld zum Präsidenten der Börse gewählt, 1902 zum Mitglied des Oberhauses ernannt und knapp vor seinem Tod, 1909, in den Rang eines Barons erhoben.

Trotz seiner vielfältigen Aktivitäten blieb Kornfeld aber bekennender Jude. Er war Vizepräsident der Neologen, der reformistischen Israelitischen Kultusgemeinde also, und überzeugter Philanthrop. Als er am Vorabend des Russisch-Japanischen Kriegs 1904/05 im Namen der österreichisch-ungarischen Regierung über einen beträchtlichen Kredit für Rußland verhandelte, lehnte er eine ihm angebotene russische Auszeichnung ab. Kornfeld teilte dem Botschafter des Zaren mit, er habe die Verhandlungen als Bankier auf Wunsch seiner Regierung geführt, aber als Jude könne er kein Zeichen der Gunst von einem Land annehmen, in dem Juden verfolgt und sogar massakriert würden, wie zuletzt bei den Pogromen von 1903. Auch eine Remuneration für seinen Beitrag zu den Verhandlungen hat er zurückgewiesen. Da ihm in seiner Jugend die Vorteile höherer Bildung versagt blieben, suchte er die Gesellschaft der größten jüdischen Wissenschaftler seiner Zeit. Daß Zsigmond Kornfeld ein Mann von außergewöhnlicher Begabung war, ist unbestritten; ob er aber eine solche Karriere und eine solche landesweite Bedeutung in einem anderen Land als Ungarn hätte erlangen können, sei dahingestellt.

Sein Sohn, Baron Móric Kornfeld, war ebenfalls Industrieller: Er machte sich einen Namen als Generaldirektor der Maschinenbaufirma Ganz-Danubius und als Präsident des Verbandes der Eisen- und Maschinenindustrie; daneben war er Kunstsammler, bedeutender Gönner der ungarischen Akademie der Wissenschaften und nach seiner Konversion zum Christentum Mitglied des Oberhauses sowie Autor konservativ-nationalistischer soziologischer Studien.

Eine besondere Stellung im Trio der größten jüdischen Kapitalisten nahm die Familie Csepeli Weisz ein. Der erste Weisz war in den 1820er Jahren ein bescheidener Erzeuger von Pfeifenbeschlägen in einem Außenbezirk von Pest gewesen. Sein Sohn Adolf arbeitete als Reisender und handelte mit Getreide und Spirituosen. Obwohl es ihm gelang, seinen jüngsten Sohn Manfréd an eine deutsche Universität zu entsenden, war er weder prominent noch besonders erfolgreich gewesen. Die Familie wurde erst nach 1882 bedeutsam, als Adolfs ältester Sohn Berchtold Ungarns erstes Fleischkonservenwerk nahe Budapest gründete. Nach 1885 erhielten Berchtold und Manfréd den ersten Staatsauftrag, den ungarischen Anteil an der Versorgung der k. u. k. Armee mit Gulaschkonserven zu übernehmen. Bald erzeugten die Weisz-Brüder auch andere Konserven und Büchsen für die Armee. 1892 gründeten sie auf der Csepel-Insel in der Donau, südlich von Budapest, eine Munitionsfabrik. Sie wurde so erfolgreich, daß die Brüder ihre Interessen splitten mußten. Während Berchtold sich mit Textilien (eine Fabrik produzierte Zelte für die Armee) und mit der Getreidebörse beschäftigte und einen Sitz im Parlament gewann, gründete Manfréd eine Metallfabrik, um sich von der Abhängigkeit von ausländischen Metallproduzenten zu befreien. 1896 wurde Manfréd Weisz geadelt.

Seine Söhne und Töchter heirateten Mitglieder aus den Industriellen-und Bankiersfamilien Kornfeld und Chorin. König Karl verlieh dem inzwischen zum wichtigsten Rüstungsfabrikanten gewordenen Weisz den Titel eines Barons. Mit diesen drei Familien an der Spitze kontrollierten auch in der Zwischenkriegszeit rund zehn miteinander verwandte und auch mit einigen der ältesten Adelsgeschlechter versippte, ursprünglich jüdische, aber mehrheitlich konvertierte Familiendynastien rund die Hälfte der ungarischen Industrie.

Ein antisemitischer deutscher Autor hatte bereits zwischen 1900 und 1918 26 alteingesessene Aristokraten identifiziert, deren Frauen jüdischen Industriellenfamilien entstammten. So kam zum Beispiel die Frau des Ministerpräsidenten Baron Géza Fejérváry aus einer jüdischen Familie; die Tochter eines anderen, Lászlo Lukács, heiratete in die bekannte Zuckerdynastie der Hatvani-Deutsch ein; und so fort.[22]

Die vielfältigen Verbindungen mit der Aristokrate und vor allem ihr unermeßliches Vermögen ermöglichten es 47 Mitgliedern der Familien Weisz, Chorin, Kornfeld und Mauthner, inmitten der auf Hochtouren laufenden Vernichtungsoperation in Ungarn im Frühjahr 1944 über Wien und Stuttgart nach Portugal und in die Schweiz zu gelangen. Es handelte sich um ein kompliziertes Arrangement, geschlossen hinter dem Rücken der ungarischen Behörden und des deutschen Außenministeriums zwischen der SS und den Familien. Mit der Zustimmung des Reichsführers-SS Heinrich Himmler sicherte ihnen Standartenführer Kurt Becher im Austausch für den von den nichtjüdischen Familienmitgliedern gehaltenen 51prozentigen Anteil an einer neugegründeten »Hausverwertungs- und Verwaltungs AG« – ihr Kernstück waren die riesigen Weisz-Manfréd-Werke in Csepel, ein schwerindustrieller Rüstungskomplex mit 40 000 Arbeitern – freies Geleit zu. Die SS sollte für einen Zeitraum von 25 Jahren als Treuhänderin fungieren und dafür fünf Prozent der Bruttoeingänge als Honorar erhalten. Laut dem am 17. Mai 1944 unterschriebenen Vertrag hatten die ausreisenden Familienmitglieder 600 000 US-Dollar und 250 000 Reichsmark von der SS zu erhalten. Letztlich kamen alle aufgezählten ungarischen Partner mit heiler Haut davon; allerdings konnte die SS wegen der »Umstände« 400 000 US-Dollar nicht mehr, wie vorgesehen, in mehreren Raten an sie überweisen.

Das Tauziehen zwischen SS und Außenministerium im Dritten Reich, die Korrespondenz der damaligen Regierung Ungarns in einem von der Wehrmacht bereits besetzten und kontrollierten Land mit den deutschen Stellen über die Länge der treuhänderischen Verwaltung und die Ernennung von ungarischem Führungspersonal – all das liest sich heute wie das Szenario für ein absurdes Theaterstück. Doch damals ging es um die totale Auslieferung der Industrie- und vor allem der Rüstungskapazität Ungarns an das Dritte Reich unter direkter Kontrolle der SS. Während also insgesamt 437 402 Juden, zu je 70 Personen in Viehwagen gepfercht, aus Ungarn nach Auschwitz deportiert wurden, flanierten die Mitglieder der »Familiengruppen«, wie sie vom Chefunterhändler Chorin bezeichnet wurden, an der Bahnhofstraße in Zürich und an der Prunkstraße in Lissabon, mit von der SS gefälschten schweizerischen und portugiesischen Visen in ihren Reisepässen. Gegen eine Pro-Kopf-Zahlung von tausend Dollar hat die SS am 30. Juli 1944 knapp vor dem Abschluß der Deportation 1684 wohlhabenden und prominenten Juden erlaubt, in einem überfüllten Sonderzug das Land in Richtung Schweiz zu verlassen. Selbst in der finstersten Periode der Geschichte des ungarischen Judentums galt also die Orwellsche Gleichung: Alle waren gleich, aber einige doch »gleicher als die anderen«. Auf diese Zeit und die Rettung der Reichen gehen die tiefe Spaltung und die bis heute anhaltenden Kontroversen um die Rolle der Judenräte und ihrer Führungspersönlichkeiten (wie des 1957 in Israel ermordeten Zionistenführers Rezsö Kastner) zurück.[23]

Es wäre allerdings völlig verfehlt, die jüdische Rolle auf Wirtschaft und Finanzen oder die zuweilen tragikomischen Anpassungsbemühungen der geadelten Enkel oder Urenkel der einstigen Schankwirte oder Rabbiner zu beschränken. Die jüdischen Ungarn fanden nämlich von Anfang an, das heißt bereits während des Freiheitskampfes 1848/49, ein weiteres Betätigungsfeld in der Wissenschaft, Kunst und Literatur. In deutsch- und englischsprachigen Studien über Mitteleuropa oder Ungarn scheinen vor allem Namen auf wie György (Georg) Lukács, der als Sohn eines geadelten jüdischen Bankiers zum berühmten und umstrittenen marxistischen Philosophen und kommunistischen Politiker wurde, oder Ferenc (Franz) Molnár, der bis heute weltweit meistgespielte ungarische Bühnenautor. Weniger bekannt oder fast vergessen sind jene, die der »Generation der Riesen« (so Aladár Komlós) in der Wissenschaft gegen Ende des 19. und Anfang des 20. Jahrhunderts angehörten.

Kein ungarischer Jude hat solche Erniedrigungen und solche Würdigungen erlebt wie Ármin Vámbéry, der große Orientalist und Schriftsteller. Seit seiner Geburt 1832 in Dunaszerdahely in der heutigen Slowakei an einem Fuß gelähmt, beschrieb der Wissenschaftler in seinen zuerst in englischer Sprache veröffentlichten Memoiren, wie er zwölfjährig als Schneidergeselle gearbeitet, dann studiert und sich ganz jung als Hauslehrer in sieben Sprachen (Latein, Ungarisch, Deutsch, Slowakisch, Hebräisch und sogar Französisch und Italienisch) verdingt hatte.[24] Später eignete er sich noch Spanisch, Dänisch und Schwedisch als weitere Fremdsprachen an. Er hatte ein geradezu phänomenales Gedächtnis und konzentrierte sich auf Türkisch, Arabisch und persische Dialekte, weil er besonders am Ursprung der Ungarn interessiert war.

Vámbéry muß eine fast magische Attraktivität an den Tag gelegt haben. Kaum wurde er 22jährig Baron József Eötvös, dem Kulturminister, vorgestellt, verschaffte ihm dieser ein Stipendium für Konstantinopel. Der türkische Außenminister Mehmet Fuad Pascha stellte ihn dann sogar als seinen Sekretär an. Vámbéry gewann auch die Sympathie von Sultan Abdul Hamid II. Um voll akzeptiert zu werden, konvertierte er zum Islam.

Während der sechs Jahre in der Türkei hat er ein deutsch-türkisches Wörterbuch herausgegeben und mehrere wissenschaftliche Werke verfaßt. Seit 1860 Mitglied der Akademie, begab sich Vámbéry 1861 als erster Europäer, als Derwisch verkleidet, auf eine siebeneinhalb Monate währende Reise nach Armenien, Persien, Afghanistan, Kiwa, Buchara und Turkestan. Nach seiner Rückkehr veröffentlichte er in englischer Sprache 1864 *Travels and Adventures in Central Asia* (Reisen und Abenteuer in Mittelasien), einen faszinierenden Bericht über die dortigen Sprachen, Dialekte, Religionen, Volksbräuche und politischen Systeme. In Persien pflegte er bereits Kontakte mit der britischen Gesandtschaft, und seine Berichte über Indien und andere Länder wurden direkt an Premierminister Lord Palmerston weitergeleitet.

Die größte persönliche Beleidigung für Vámbéry war, daß er nach seiner Rückkehr nur nach einer persönlichen Intervention von Minister Eötvös und im Gegenzug für die Deponierung seiner wertvollsten Manuskripte von der Akademie Geld für eine Reise nach England bekommen konnte. Dort wurde der Orientalist als ein Held gefeiert und geehrt.

Oft nach Schloß Windsor eingeladen, war er bald ein persönlicher Freund des Prince of Wales, des späteren Königs Edward VII. Treue zu einer Religion gehörte allerdings nicht zu seinen hervorstechenden Eigenschaften. Im Westen wurde er wieder Christ, um einen Lehrstuhl für orientalische Sprachen an der Budapester Universität zu bekommen, den er von 1864 bis 1905 innehatte. Alle bekannten ungarischen Wissenschaftler auf diesem Gebiet waren seine Schüler.

Trotz seiner außergewöhnlichen Popularität in England und auch in der Türkei kehrte er stets nach Ungarn zurück. Er hat zwei Autobiographien auf englisch geschrieben, die 1885 und 1904 erschienen. Als er 1862, aus Konstantinopel kommend, bei Mohács wieder ungarischen Boden betrat, fiel er weinend auf die Knie und küßte die heimatliche Erde, heißt es in seinen Memoiren. Doch bald erkannte der Weltbürger und Freidenker, der sich seit seiner Kindheit als ungarischer Patriot gefühlt hatte, daß man ihm eher zutraute, ein Derwisch denn ein treuer Ungar zu sein. Er sah sich stets mit religiösem Fanatismus, mit antisemitischen Vorurteilen und bösen Unterstellungen konfrontiert, obwohl er unter Wissenschaftlern und Diplomaten weltbekannt war. Theodor Herzl hat er auf dessen Wunsch mit Sultan Abdul Hamid bekannt gemacht. Als sich der englische Thronfolger bei einem Budapester Besuch zuallererst nach seinem Freund Vámbéry erkundigte, wurde dieser, wie bereits erwähnt, ins exklusivste Kasino als Mitglied aufgenommen. Aber nicht genug damit: Als der Prince of

Wales merkte, daß sein Freund von den Aristokraten nicht mit dem in England üblichen Respekt behandelt wurde, gab er einen Empfang und trat Arm in Arm mit Vámbéry, »meinem Freund«, in den Empfangssalon.

»In Ungarn kann ein Jude kein Ungar sein, obwohl ich schon lange ein Agnostiker bin und unter Todesgefahr die Ursprünge der ungarischen Sprache erforscht hatte«, schrieb Vámbéry verbittert in seiner Autobiographie. Als ihn Königin Viktoria eingeladen hatte, brachte der Thronfolger ihm einmal Wasser in einem Krug. »Nicht schlecht, habe ich mir gedacht: Prinz bedient den einstigen jüdischen Bettelstudenten.« Und auch in Paris, wo ihn Napoleon III. zu einer langen Audienz empfing, kontrastierten seine Erfahrungen diametral mit der oft verletzenden Behandlung in der Heimat. Dennoch antwortete kein Geringerer als der berühmteste ungarische Schriftsteller seiner Epoche, Mór Jókai, auf die Frage nach seiner Lieblingslektüre: »Die Bibel, Shakespeare und Vámbéry«! In den Augen des Literaturhistorikers Komlós symbolisierte das Schicksal Vámbérys trotz aller Erfolge doch eher das Scheitern als den Erfolg der Assimilation.

Daß Heines prägnante Situationsbeschreibung – »Der Taufzettel ist das Entréebillett zur europäischen Kultur« – auch für das Ungarn des ausgehenden 19. Jahrhunderts galt, zeigt das unglaubliche Schicksal des 1850 in Székesfehérvár geborenen Wunderkindes Ignác Goldziher. Bereits im Alter von zwölf Jahren veröffentlichte er eine Studie über die Ursprünge und die Zusammensetzung der hebräischen Predigten (die Druckkosten wurden vom Vater bezahlt), und vier Jahre später nahm ihn Vámbéry als Studenten auf. Nach seiner Promotion in Leipzig und weiteren Studien in Oxford und Cambridge wurde Goldziher Privatdozent an der Budapester Universität. Mit einem Stipendium, das ihm Minister Eötvös besorgt hatte, unternahm er eine Reise nach Damaskus und Kairo. Im Gegensatz zu Vámbéry bekannte sich Goldziher aber als Jude und wurde trotzdem zum Studium am höchstrangigen religiösen Institut der moslemischen Welt zugelassen. Goldzihers meisterhafte Beherrschung der arabischen Sprachen und Kenntnisse der islamischen Religionsphilosophie und Rechtswissenschaft versetzten seine ägyptischen Kollegen in Erstaunen. Inzwischen hatte er nicht nur türkische und persische Dialekte, sondern auch Sanskrit und Russisch gelernt.

Dennoch konnte Goldziher als Jude nach seiner Rückkehr an der Universität Budapest nicht Professor werden (ein Privatdozent durfte Vorträge halten, erhielt aber kein Gehalt). Goldziher mußte dreißig

Jahre als Sekretär der Israelitischen Kultusgemeinde arbeiten, bis er endlich 1905, im Alter von 55 Jahren, einen Lehrstuhl bekam. Er hatte während seiner unendlich langen Dienstzeit bei der Kultusgemeinde seine Chefs als vulgär, beschränkt und verachtenswert hassen gelernt. Dennoch lehnte er jede Auslandsberufung – nach Wien und Prag, Leiden und Berlin, Oxford und Cambridge – ab und blieb lieber seiner »Sklaverei« in Budapest treu. Man kann sich die Frage stellen, inwieweit diese Selbstüberwindung mit seinem ungarischen Patriotismus zu tun hatte.

Wie dem auch sei, Goldziher verfaßte gerade in dieser so schweren Zeit, nach acht bis zehn Stunden Arbeit für »Dummköpfe«, seine wichtigsten Werke, überwiegend in deutscher Sprache. Er wurde zum Mitglied aller wissenschaftlichen Akademien in Europa, auch der ungarischen, gewählt. Seine literarische Produktion war so immens, daß einer seiner Schüler in Paris 1927 eine Bibliographie mit 580 Büchern und großen Studien zusammenstellen konnte. Seine Arbeiten über den Islam haben weltweit Anerkennung gefunden und wurden noch hundert Jahre später neu herausgegeben.

Trotzdem zeigen die von seiner Frau »bereinigten« und erst fünfzig Jahre nach seinem Tod veröffentlichten Tagebuchnotizen einen in vieler Hinsicht krankhaft eifersüchtigen, fast paranoiden Menschen, der in seine eigene Schwiegertochter verliebt war und nur giftige Bemerkungen für nicht minder begabte Kollegen und nicht zuletzt für seinen einstigen Gönner Vámbéry übrighatte. Diesen nannte er sogar »Schwindelderwisch«...

Zwei weitere und im Ausland nicht so bekannte Spitzenwissenschaftler und ehemalige Vámbéry-Schüler waren Ignác Kúnos und Bernát Munkácsy, die über die türkische Sprache beziehungsweise über die Ural-Altai-Verwandten der Ungarn, die Ostjaken, Tschuwaschen und Wogulen, bahnbrechende Bücher, allerdings nur auf ungarisch, veröffentlicht und später eine international anerkannte orientalistische Zeitschrift gegründet hatten. Aber auch diese beiden genialen Forscher wurden nicht richtig gewürdigt. So berief man erst 1918 Kúnos 58jährig (!) zum Ordinarius in der Hauptstadt; er zog sich allerdings schon zwei Jahre später– wohl wegen der damals vehement antisemitischen Atmosphäre – wieder zurück. Sein Kollege Munkácsy wurde zwar »schon« mit fünfzig Jahren Akademiemitglied, schaffte aber nie den Sprung auf einen Universitätslehrstuhl.

Heute gelten die beiden genialen Forscher als fast gleichrangig mit Vámbéry und Goldziher. Das hindert aber nicht, daß die finnisch-ugrischen Wurzeln der ungarischen Sprache von nationalistischen und engstirnigen Pseudowissenschaftlern und Scharlatanen nicht zuletzt deshalb in Frage gestellt, ja bestritten werden, weil die meisten und größten Sprachwissenschaftler auf diesem Gebiet jüdischer oder deutscher Herkunft waren, meint Károly Rédei, Finno-Ugrist an der Universität Wien.[25]

XXIX »Wird Ungarn deutsch oder magyarisch?« Die besondere Rolle der Deutschen

Kein ausländischer Autor hat in Ungarn mit einem einzigen Buch so große Empörung ausgelöst wie der Münchner Universitätsprofessor Franz von Löher mit seinem 1874 erschienenen Werk *Die Magyaren und andere Ungarn*[1]. Man kann nur mit wörtlichen Zitaten jenen frevelhaften Übermut wiedergeben, der in den siebziger und achtziger Jahren des 19. Jahrhunderts die antiungarische Kampagne prägte und das Ungarnbild im deutschen Sprachraum auch langfristig beeinflußte. Das Buch war eine geschickt präsentierte Mischung aus persönlichen Eindrücken, Reisebildern und keinen Widerspruch duldenden, von unverkennbaren Ressentiments triefenden Pauschalbeschimpfungen.

> Es gibt keine einzige Kulturidee – sei es im Rechts-, Kriegs- und Staatswesen, in Religion und Sitte, in Kunst und Wissenschaft, oder auf welchem Gebiete immer es sein möge –, ja es gibt nicht einmal irgendein eigentümliches Erzeugnis der Industrie oder des Handelsverkehrs, die von Ungarn aus ihren Weg zu der gebildeten Welt genommen hätte. Es ist ein merkwürdiger Zug bei den Magyaren, daß sie nirgends Spuren hinterlassen …
> Es ist wirklich wahr: das Magyarenvolk steht noch so ziemlich auf derselben gewerblichen Stufe, die es vor mehr als tausend Jahren einnahm, als seine Zelte noch über die weite asiatische Steppe glänzten … Wenn die ganze magyarische Literatur plötzlich von der Erde verschwunden wäre, würde die Welt wirklich um ein paar Ideen ärmer sein?

Nach einem Rückblick auf die »Raubzüge voll Gier nach Blut und Brand«, welche »selbst die geduldigen Deutschen mit solchem Zorn und Ekel erfüllten, daß sie nach der großen Schlacht der Abrechnung todte und lebende ›Hunnen‹ in ein Loch warfen«, und nach einer Zusammenfassung der deutschen Einwanderungswellen zieht Löher seine unumstößlichen Schlußfolgerungen in einem Kapitel mit der bezeichnenden Überschrift: »Wird Ungarn deutsch oder magyarisch?«[2]

> Die Magyaren waren und werden… doch nimmer ein Kulturvolk. Die magyarische Natur hegt in sich allein keine inneren energischen Keime von höherer Bildung, kein eigentümliches Streben danach… Andere sollen eine Sprache annehmen, die ewig eine Mundart bleibt, und einem Volke sich opfern, das seiner ganzen Geschichte, Natur und Lage gemäß unter den tonangebenden Völkern immer bloß nachahmend hintenantreibt.

Der scharfe Ton und der beißende Sarkasmus waren zum Teil eine Reaktion auf die zunächst kulturell angelaufenen Magyarisierungsbestrebungen. Wie könne sich ein zurückgebliebenes, primitives Volk überhaupt anmaßen, die »Deutschen und Slowaken« magyarisch zu machen, damit diese magyarische Bücher lesen, so lauteten die Argumente gegen die herrschsüchtigen, verschwenderischen und ungebildeten Ungarn. Mancher Herr aus der alten Zeit scheue sich förmlich, Bücher zu berühren, als könnte er sich daran die Finger verbrennen, meinte Löher.

Ein ganz anderes Ziel verfolgten die populären Romane des in Wien lebenden Banater Schwaben Adam Müller-Guttenbrunn (1852–1923). Sie sollten dazu beitragen, das antiungarische Deutschtum zu stärken und die Dynamik der Assimilation der 1,9 Millionen Deutschen abzuschwächen. Der fleißige schwäbische Bauer siedelt sich auf dem von den Türken verwüsteten Land an, während der pfeiferauchende und ständig betrunkene ungarische Herr als Kontrastfigur auftritt. Daß Ungarn ein Land des »Kulturgefälles ohne eigenständige Kultur« sei, diese These hing auch mit dem von der Romantik, insbesondere von den »Wahlungarn« Lenau und Liszt, ungewollt verbreiteten Zerrbild von Pußta und Paprika, Zigeuner und Csikós, dem Pferdehirten, zusammen. Bis in unsere Zeit hat sich dieses Klischee behauptet, neuerdings noch verstärkt durch Fremdenverkehrsbroschüren, die heutzutage nicht nur Europa überschwemmen.

Schon Eckhardt meinte in seinem Essay über das Ungarnbild: »Diese asiatische Komponente haben wir dem Ausland fast aufgezwungen.« Freilich war der wilde, hochmütige und leichtsinnige Ungar als komische Figur etwa in den Wiener satirischen Blättern noch immer eine sympathischere Gestalt als in einer Beschreibung vom Beginn des 18. Jahrhunderts, welche im Heimatmuseum von Bad Aussee in der Steiermark zu besichtigen ist. Der unbekannte Künstler hatte zehn Figuren in ihrer Nationaltracht gemalt, denen insgesamt siebzehn typische Merkmale zugeordnet werden. Da finden sich Spanier und Deutsche, Engländer und Türken, und eben auch Ungarn, die als »untreu und verräterisch, aufrührerisch, grausam und blutgierig, ohne Verstand und müßiggängerisch« bezeichnet werden.

Als eigentlicher Schöpfer des von Romantik geprägten Magyarenbildes in der deutschsprachigen Literatur wurde jedoch Nikolaus Lenau (1802–1850) ausgemacht, der seine Kinder- und Jugendjahre zum großen Teil in Ungarn verbracht hat. Seine berühmten Gedichte (*Die Heideschenke, Die drei Zigeuner, Der Räuber vom Bakony, Mischka an der Theiß*) besingen die ungarische Tiefebene, ihre naturverbundenen, noch nicht verdorbenen Menschen, den Csikós, den Betyár (Räuber), die Husaren und vor allem die Zigeuner. National gesinnte ungarische Historiker und Literaten warfen ihm vor, durch sein romantisch und »übertrieben« ausgemaltes Bild des Zigeuners das Ungartum verfälscht und die Identifizierung der Zigeuner mit den Magyaren in der populären deutschen Vorstellung bewirkt zu haben.[3]

In Wirklichkeit war Lenau, der sein Pseudonym aus Niembsch von Strehlenau ableitete und heute als bedeutendster österreichischer Lyriker des 19. Jahrhunderts gilt, keineswegs der Wegbereiter einer »Pußta-Romantik«, sondern ein Dichter des Aufbegehrens gegen den Metternich-Staat; seine Helden waren Rebellen, Ketzer, Revolutionäre, Außenseiter und Gegner der weltlichen wie geistigen Obrigkeit: Faust, Savonarola, die Albigenser und Rákóczi.[4] Lenau, der bereits 42jährig in geistige Umnachtung fiel, wurde im Laufe der Zeit je nach herrschender politischer Großwetterlage »bis zu seinem letzten Herzschlag ungarisch«, dann »ungarisch Deutscher«, »Ungarndeutscher« und ab Mitte der dreißiger Jahre nur Deutscher, manchmal sogar »Dichter des südostdeutschen Volkstums«. In einer Studie wies der ungarische Germanist Antal Mádl nicht nur auf die Fehldeutungen und die Instrumentalisierung dieses großen Dichters hin, sondern auch auf seinen Platz neben Heine und Petöfi »als bedeutendster Vorkämpfer des gesellschaftlichen Fortschritts und der revolutionären Gesinnung des mitteleuropäischen Vormärz«[5].

Zu den Vorwürfen aus Ungarn gehörte ferner die Tatsache, daß Franz (Ferenc) Liszt von Lenau so stark beeinflußt war, daß er in seinem berühmten und in Ungarn berüchtigten Buch über die Zigeuner die französische Übersetzung von Lenaus *Drei Zigeunern* abdruckte und durch seine ungarischen Rhapsodien die Vorstellung im Ausland förderte, daß Zigeuner und Ungarn identisch seien.[6]

Franz Liszt war zweifellos der berühmteste und zugleich stolzeste

Wahlungar. Obwohl er in seinem ganzen Leben nur Deutsch und später Französisch sprach, bekannte er sich stets zu seinen ungarischen Vorfahren und zu Ungarn. Die englische Reiseschriftstellerin Julia Pardoe beschrieb in einem ganzen Kapitel[7], mit welchem Jubel die Budapester Liszt 1839 empfingen und wie fünftausend Ungarn den Künstler nach seinem Auftritt von der Bühne bis zu seinem Quartier begleiteten. Auf dieser triumphalen Tournee überreichte man ihm nach seinem Konzert im Theater einen kostbaren, reich mit Juwelen besetzten Säbel, der einst dem Fürsten von Siebenbürgen, Stephan Báthory, gehört hatte. Mit Tränen in den Augen erklärte Liszt, er verstehe diesen Säbel als einen Auftrag, sein Volk, das sich früher durch Waffentaten ausgezeichnet habe, auf dem Gebiet der Künste zu Weltruhm zu führen. Sollten die Ungarn am Aufbau ihrer Nation gewaltsam gehindert werden, so müßten die Säbel wieder aus der Scheide gezogen werden, und »unser Blut sei bis zum letzten Tropfen vergossen für unser Recht, für König und Vaterland«.

Daß sich Liszt während des ungarischen Freiheitskampfes 1848/49 an den Hof eines deutschen Kleinstaats zurückzog und sein Säbel in der Kommode blieb, bot Heine reichlich Stoff für das Spottgedicht *Im Oktober 1849*[8]. Liszt betonte aber immer wieder, so auch in einem Brief vom 7. Mai 1873: »Man darf mir wohl gestatten, daß ungeachtet meiner beklagenswerten Unkenntnis der ungarischen Sprache ich von Geburt bis zum Grabe im Herzen und Sinne Magyar bleibe.« Er hatte übrigens 1829 angefangen, Ungarisch zu lernen, aber nach der fünften Stunde bei dem Wort *tántorithatatlanság* (Unerschütterlichkeit) entnervt aufgegeben. Immerhin komponierte er 1867 die Krönungsmesse und übernahm 1875 den Posten des Präsidenten der Ungarischen Musikakademie.[9]

Wenn es Franz Liszt auch nicht gelungen war, die Sprache seines geliebten Volkes zu erlernen, so machte die Magyarisierung trotz der Proteste von deutschbewußten Politikern und Intellektuellen auch unter den verstreut lebenden deutschen Einwohnern Ungarns unerwartet große Fortschritte. Um die Situation zu verstehen, muß man sich vor Augen halten, daß sich die Lage der Deutschen von der der anderen Nationalitäten in Ungarn wesentlich unterschied[10]:

- Sie bildeten keine synchron entstandene, feste Gemeinschaft. Die ältesten Einwohner kamen in der Arpadenzeit nach Siebenbürgen (Sachsen) und Oberungarn (Zipser Sachsen in der heutigen Slowakei). Nach der Türkenherrschaft wanderten die Schwaben, in Wirklichkeit auch viele aus anderen Gebieten im 18. und 19. Jahrhundert, in das Banat, die Batschka und die sogenannte »Schwäbische Türkei« (die westungarischen Komitate Baranya mit Pécs und Tolna) ein. Die Unterschiede in der Mundart, in ihrer wirtschaftlichen Situation und in den Siedlungsbedingungen haben einen engen Zusammenhalt verhindert.

- Im Gegensatz zu Slowaken, Serben, Rumänen und natürlich den Kroaten waren die Deutschen über das ganze Land verstreut. Mit Ausnahme der Siebenbürger Sachsen fehlte ihnen nicht nur ein geschlossenes Siedlungsgebiet, sondern auch gemeinsame sprachliche, kulturelle und historische Traditionen.
- Auch ihre Sozialstruktur war völlig uneinheitlich. Es gab zum Beispiel zwischen dem deutschen Bürgertum in den Städten und den Bauern in den Dörfern kaum Kontakte. Die soziale Differenzierung wurde durch die besondere Rolle des städtischen Deutschtums in der ungarischen Verbürgerlichung noch stärker gefördert.
- Schließlich bedeutete die sprachliche Gemeinschaft mit den Österreichern im Habsburger-Reich und mit den Einwohnern Deutschlands auch das Bewußtsein von natürlichen Verbündeten in diesen Ländern, eine Tatsache, die die deutschnationale Bewegung in Ungarn mitprägte. Dieser Faktor spielte aber erst nach dem Zusammenbruch der Monarchie und erst recht mit der Entstehung des Dritten Reichs eine wichtige, zum Teil schicksalhafte Rolle.

Im Grunde bedeutete das von Széchenyi einprägsam formulierte *egyedül vagyunk!* – das Gefühl, wir sind allein! – gleichzeitig eine Abgrenzung gegen die Türken wie gegen die Deutschen; später gegen die Slawen und gegen die Deutschen beziehungsweise Deutschösterreicher. Das deutsch-ungarische Verhältnis war also ein »zwiespältiges«. Es ging dabei um ähnliche, mit dem Landesausbau und den deutschen Kolonisten verbundene Probleme wie in Polen und in den tschechischen Ländern, meinte der Historiker Günter Stöckl in seinem Buch *Osteuropa und die Deutschen*.

> Diese Probleme wurden einerseits gemildert durch die gemeinsame Front, in der sich Ungarn und Deutsche vielfach gegen Slawen und Rumänen befanden; sie wurden andererseits verlängert und verstärkt durch die habsburgische Herrschaft, die von den Ungarn als deutsche Herrschaft empfunden wurde und die auch in der Tat einiges

> zur Stärkung des deutschen Elements beigetragen hat, wenn es auch weniger bewußte Germanisierungsbestrebungen waren, die von Wien ausgingen, als Versuche, die Verwaltung des Habsburgerreiches zu zentralisieren.[11]

Der Anteil der Deutschen ging von 13,6 Prozent der Gesamtbevölkerung im Jahr 1880 auf 10,4 Prozent 1910 in Ungarn (ohne Kroatien-Slawonien) zurück. Es gab drei Gründe für diese Abnahme der deutschen Bevölkerung: die niedrige Geburtenrate, den größeren Anteil an der Auswanderung und die zunehmende Assimilierung. Die Magyarisierung hat auch auf das deutsche Schulwesen (Siebenbürgen ausgenommen) starke Auswirkungen gehabt. 1910 existierte in Budapest keine deutsche Volksschule mehr. 1850 hatten noch fast zwei Drittel (1848 sogar drei Viertel) der Bewohner der Hauptstadt Deutsch zur Muttersprache, 1880 noch immer über ein Drittel, dagegen 1910 nur neun Prozent. Die Ungarndeutschen besaßen 1906/07 nicht eine einzige Mittelschule.[12]

Vor diesem Hintergrund müssen die Entstehung und die Aktivitäten des Deutschen Schulvereins in Berlin und der Ungarländischen Deutschen Volkspartei und anderer Organisationen der deutschen Minderheit sowie die Veröffentlichung der Bücher von Löher und dem sächsischen Abgeordneten aus Siebenbürgen, Guido von Baußnern (*Das Erwürgen der deutschen Nationalität in Ungarn*), gesehen werden.[13] Die Bemühungen um eine Mobilisierung von Unterstützung aus Deutschland schlugen aber fehl. Das hing mit der erfolgreichen Abwehr der von tschechischer Seite zuerst vielversprechend betriebenen Föderalisierung (Trialismus statt Dualismus) durch Ministerpräsident Andrássy 1870/71 zusammen. Ungarns Position wurde dann direkt und indirekt durch die enge Zusammenarbeit zwischen Andrássy, nun als Außenminister, und Bismarck gestärkt. Die Staatsräson war für die deutsche Außenpolitik unvergleichlich wichtiger als das Schicksal der Ungarndeutschen. Bismarck selbst beruhigte die ungarische Regierung, daß sich die deutsche Regierung nicht in innerungarische Angelegenheiten einmischen werde. Man wolle sich des deutschen Elements in Ungarn nicht annehmen, da – wie es hieß – das Deutsche Reich »auf die Stärke und Einheitlichkeit des ungarischen Reiches einen so hohen Wert« lege, daß die »Gemütsbedürfnisse dagegen zurücktreten müssen«[14].

Bismarck hat nicht vergessen, daß Andrássy als Außenminister 1871 im Deutsch-Französischen Krieg nicht gegen, sondern für das Deutsche Reich war und daß er die Versöhnung der Feinde von Königgrätz vorbereitet und schließlich ein österreichisch-deutsches Bündnis, den »Zweibund« von 1879, noch vor seinem Rücktritt als Außenminister realisiert hat. Auch später wollte Bismarck einen willigen Verbündeten haben und nahm gegen die nationalen Bestrebungen der Siebenbürger Sachsen Stellung. Andererseits war die von Bismarck nahegelegte und von Andrássy betriebene Besetzung (1878) und spätere Annektierung (1908) Bosnien-Herzegowinas ein schicksalhafter Fehler, da sie die Doppelmonarchie zum verhaßtesten Feind der Südslawen machte. Böse Zungen haben immer wieder behauptet, Bismarck habe diese Abdrängung Österreich-Ungarns auf den Balkan forciert, um die Deutschösterreicher aus dem Reich herauszuhalten.

Wortführer der deutschen Nationalbewegung in Ungarn, etwa der ehemalige Reichstagsabgeordnete Edmund Steinacker (Vater des gleichnamigen Historikers), bemühten sich, über den engeren Beraterkreis des Thronfolgers Franz Ferdinand auf eine Liquidierung der magyarischen Vorherrschaft und auf Reformen innerhalb der Monarchie hinzuwirken.[15] Der Erzherzog seinerseits versuchte brieflich und mündlich, den befreundeten Kaiser Wilhelm, der ihn in seinen Briefen stets »Mein lieber Franzi« nannte, gegen die Ungarn einzuspannen. In einem langen Brief, geschrieben am 7. August 1909, ließ er seinen Gefühlen freien Lauf:

> Das ist nun wieder zum so und sovieltausendsten Mal der Beweis für meine stets aufgestellte Behauptung, daß der sogenannte edle, ritterliche Magyare der infamste, antidynastischeste, verlogenste und unverläßlichste Geselle ist, und daß alle Schwierigkeiten, die wir in der Monarchie haben, ausschließlich ihren Ursprung bei den Magyaren haben.
> ... diese Präponderanz der Ungarn zu brechen! Sonst werden wir mit apodiktischer Sicherheit ein slawisches Reich.

Doch Kaiser Wilhelm hatte seit eh und je eine Vorliebe für die Ungarn. Ehrenhalber war er Inhaber des Kaschauer Infanterieregiments Nr. 34 und der 7-er Husaren. Diese besuchte er bei den Manövern, wobei er bei Attacken persönlich kommandierte. Ottokar Graf Czernin berichtete dem Erzherzog, er wisse aus dem Mund des Fürsten Max Egon Fürstenberg, der zu Wilhelm II. in freundschaftlichen Beziehungen stand, daß Kaiser Wilhelm niemals gegen die Ungarn intervenieren werde. Der Kaiser fürchte nur die slawische Gefahr, die Magyaren liebe er aber sehr, und Österreich werde auf seine Unterstützung gegen Ungarn niemals rechnen können, was bedauerlicherweise in ungarischen politischen Kreisen ganz genau bekannt sei.[16]

Unter diesen Umständen war es also nicht überraschend, daß neben den Juden die deutsche Volksgruppe einen besonderen Platz im Prozeß der ungarischen Verbürgerlichung und Modernisierung eingenommen hat. Es gab ein merkwürdiges Dreiecksverhältnis zwischen Ungarn, Juden und Deutschen. »Der ungarische Herr aus der Provinz mochte den deutschen Bürger nicht besonders, beide verabscheuten den slowakischen, rumänischen oder serbischen Kaufmann, Gewerbetreibenden oder Bauern, und alle waren sich in einem einig: Sie haßten die Juden.« So faßte Péter Hanák in seiner Studie *Das Bild vom anderen* die Verhaltensweisen – wohl richtig – zusammen.[17] Zwischen 1850 und 1910 befanden sich unter den zum Magyarentum Assimilierten ungefähr 700 000 Juden und 600 000 Deutsche. Dazu kam, daß jeder vierte Jude noch 1910 deutschsprachig war. Wir hatten schon gesehen, daß historisch vom Mittelalter bis zum Assimilationsprozeß über die Pogrome von 1848/49 und 1883 hinweg die Städte auch Schauplätze von Auswüchsen des »Konkurrenz-Antisemitismus« waren.

Im Gegensatz zu den Juden fanden aber die assimilierten Deutschen beziehungsweise ihre Nachkommen relativ leicht Stellen im Beamtenapparat, im Offizierskorps und in der Kirche. Zwischen 1890 und 1910 stieg der Anteil der Deutschstämmigen in den vier wichtigsten Ministerien von 23,7 Prozent auf 26,4 Prozent der Beamtenschaft. Im Jahr 1930 schätzte man, daß 15 bis 20 Prozent der gebildeten Mittelklasse deutscher Abstammung waren.[18]

Die Magyarisierung der Namen half, wie bei den Juden, die Herkunft zu verschleiern. Abgesehen vom hohen Anteil der deutschen Facharbeiter, waren auch die größten Brauereien, Papier- und Agrarmaschinenfabriken, die erfolgreichsten Bauunternehmen und die berühmtesten Konditoreien beziehungsweise Restaurants, wie zum Beispiel Gundel und Kugler, von deutschen Einwanderern gegründet worden. Der Komponist der ungarischen Nationalhymne und mehrerer Opern, Ferenc Erkel (Franz Erkl), der berühmteste Schriftsteller, Ferenc Herczeg (Franz Herzog), und sein jüngerer Kollege Sándor Márai (Alexander Großschmid), eine der beliebtesten Schauspielerinnen im 20. Jahrhundert, Gizi Bajor (Gisela Beyer), und vor allem die angesehensten Architekten, die das bis heute dominierende Stadtbild geprägt haben, nämlich József Hild, Ödön Lechner, Mihály Pollack,

Frigyes Schulek, Imre Steindl und Miklós Ybl, waren ebenso deutscher Herkunft wie Mihály Munkácsy, der berühmteste ungarische Maler des 19. Jahrhunderts.[19]

Die größte Karriere hatte der Finanzexperte Sándor (Alexander) Wekerle aufzuweisen. Nach fast 25jährigem Dienst im Finanzministerium als Abteilungsleiter, Staatssekretär und schließlich ab 1889 als Ressortchef wurde Wekerle 1892 als erster bürgerlicher Politiker zum Ministerpräsidenten ernannt. Unter seiner Ägide wurde gegen starken Widerstand der Kirchen, der Aristokratie und des Hofs die Reform der Kirchenpolitik, die bürgerliche Eheschließung und die Gleichberechtigung der jüdischen Religion mit den anderen Konfessionen durchgesetzt. Wekerle mußte deshalb demissionieren, aber er wurde noch zweimal zum Regierungschef bestellt, zuletzt 1917/18 vor dem Zusammenbruch. Insgesamt stand der Sproß einer schwäbischen Familie fast acht Jahre an der Spitze von drei Regierungen. Da er die Tochter eines »Tausend-Joch-Adligen« und Obergespans des Komitats Zemplén geheiratet hatte, gehörte der geschickte Politiker der obersten sozialen Schicht an. Daß man ihm weder die Herkunft noch die liberale Haltung »verziehen« hatte, zeigten übrigens zwei gehässige Karikaturen: Unter dem Titel *Die Mecklenburger Ahnen* sah man einen frühen Wekerle in charakteristischer deutscher Bauerntracht, in Kniehose, Pantoffeln und mit Zipfelmütze, wie er die Ratten ausrottet. Der zweite Teil (*Die skythischen Enkel*) stellt den zum Ungarn gewordenen Nachkommen dar, in Ehrentracht auf dem ministeriellen Samtsessel – in seinem Schoß und auf seinen Schultern tummeln sich überall häßliche kleine Juden-Ratten, die sich über die Einführung der bürgerlichen Ehe und die Rezeption des mosaischen Bekenntnisses freuen. Über die grobe antisemitische politische Anspielung hinaus deutet die Karikatur an, daß sich der eingewanderte Deutsche nur in seinem Äußeren zu magyarisieren verstand.

Auch der Außenminister nach dem Ersten Weltkrieg und Botschafter in Wien, Gusztáv Gratz, Autor grundlegender Werke über die Monarchie und die Revolutionen von 1918/19, war gebürtiger Schwabe. Er gehörte allerdings bereits zum »schwebenden Volkstum« (Harold Steinacker), war völlig zweisprachig, mit »zwei Seelen in zwei verschiedenen Gefühls- und Vorstellungswelten« verwurzelt und gab bei Volkszählungen Ungarisch als Muttersprache an.[20]

Die pathetische Frage Löhers, ob Ungarn »deutsch oder magyarisch wird«, hat die Geschichte zum Teil unter tragischen Umständen klar beantwortet. Nach dem Zweiten Weltkrieg mußte die Minderheit einen hohen und zutiefst ungerechten Preis dafür bezahlen, daß Hitlerdeutschland die Ungarndeutschen für die Waffen-SS und den nationalsozialistisch geführten Volksbund zu mobilisieren versuchte. Alle, die sich 1941 bei der Volkszählung zum Deutschtum bekannten, wurden 1946 pauschal nach Deutschland ausgewiesen. Über 135 000 wurden in die Bundesrepublik, 60 000 bis 70 000 in die Sowjetunion vertrieben. Die in Ungarn Verbliebenen waren bis 1950 de jure, in Wirklichkeit aber bis 1955 rechtlos und kraß diskriminiert. Derzeit leben 200 000 bis 220 000 Deutsche, etwa 2,5 Prozent der Gesamtbevölkerung, in Ungarn. Die meisten sind voll assimiliert, das heißt völlig zweisprachig; zugleich genießen sie großzügige Unterstützung für kulturelle und Bildungszwecke aus Deutschland. Vielleicht wird sich das Volkslied aus der Zeit der »Schwabenzeugen« im späten 18. Jahrhundert bewahrheiten:

Das Ungarland ist' reichste Land,
dort wächjst viel Wein und Treid,
so hat's in Günzburg man verkünd't,
die Schiff stehn schon bereit,
dort geits viel Vieh und Fleisch und G'flüg,
und taglang ist die Weid,
wer jetzo ziehnt ins Ungarland,
dem blüht die goldne Zeit.[21]

XXX Vom Weltkrieg zur »Diktatur der Verzweiflung«: Der rote Graf und Lenins Agent

Die Ermordung des Thronfolgers Erzherzog Franz Ferdinand und seiner Frau in Sarajewo am 28. Juni 1914 durch den serbischen Studenten Gavrilo Princip löste in der ungarischen Öffentlichkeit keine allzu starken Trauergefühle aus, zumal da jeder wußte, daß der Tote ein zu allem entschlossener Gegner des ungarischen Hegemonieanspruchs innerhalb Transleithaniens gewesen war. Daß der entschiedene Fürsprecher der Slawen einem Anschlag im Auftrag des südslawischen Geheimbundes »Schwarze Hand« zum Opfer fiel, war eine tödliche Ironie des Schicksals, war Teil jenes sonderbaren Konfliktbogens, der im Auseinanderbrechen der Donaumonarchie zum Vorschein kam. Wer also hätte in Ungarn schon an einen Krieg denken können und wollen, um den Tod eines verhaßten Erzherzogs zu vergelten? Sterben für einen Habsburg, noch dazu für einen Ungarnfresser wie Franz Ferdinand?

Man denke nur an die Szene in Joseph Roths *Radetzkymarsch*, als das bloße Gerücht über die Ermordung des Thronfolgers die Nationalitätengegensätze auch bei den Offizieren des Grenzbataillons aufbrechen läßt:

> Der betrunkene Graf Battyanyi begann hierauf, sich mit seinen Landsleuten auf ungarisch zu unterhalten. Man verstand kein Wort. Die anderen blieben still, sahen die Sprechenden der Reihe nach an und warteten, immerhin ein wenig bestürzt. Aber die Ungarn schienen munter fortfahren zu wollen, den ganzen Abend; also mochte es ihre nationale Sitte heischen. Man bemerkte, obwohl man weit davon entfernt war, auch nur eine Silbe zu begreifen, an ihren Mienen, daß sie allmählich anfingen, die Anwesenheit der anderen zu vergessen. Manchmal lachten sie gemeinsam auf... Jelachic, ein Slowene, geriet in Zorn. Er haßte die Ungarn ebenso, wie er die Serben verachtete... Er trat an den Tisch und schlug mit der flachen Hand auf die Platte: »Wir bitten die Herren«, sagte er, »die Unterhaltung auf deutsch fortzusetzen.« Benkyö, der gerade gesprochen hatte, hielt ein und antwortete: »Ich will es auf deutsch sagen: Wir sind übereingekommen, meine Landsleute und ich, daß wir froh sein können, wann das Schwein hin ist!«[1]

Trotzdem wurden die Note, das Ultimatum und schließlich die Kriegserklärung an Serbien auch in Ungarn mit ähnlicher Begeisterung aufgenommen wie in der österreichischen Reichshälfte. Vor allem die Tatsache, daß man endlich auch der »zaristischen Barbarei« für die Niederlage von 1848 eine Lektion erteilen könne, entfachte die nationalen Emotionen. Was Hugo von Hofmannsthal in einem Brief bekundete, dürfte mit sehr wenigen Ausnahmen wohl auch im Sinne der intellektuellen Elite Ungarns gewesen sein: »Glauben Sie mir und sagen Sie es allen unseren Freunden, daß wir alle hier, bis zum letzten Holzknecht, in diese Sache und in alles, was daraus werden möge, mit Entschlossenheit, ja einer Freude hineingehen, wie ich sie nie erlebt habe, ja nie für möglich gehalten hätte.«[2]

Daß zwischen dem Attentat und der Kriegserklärung ein Monat verging, hing allerdings mit der erst nach dem Krieg bekannt gewordenen ablehnenden Haltung des ungarischen Ministerpräsidenten Graf István Tisza zusammen. Im Unterschied zu den deutsch-österreichischen und deutschen Annexionsstrategen hielt Tisza den Zeitpunkt für ungeeignet und den Vorwand für unzulänglich. Ihm ging es um die Bewahrung der führenden Stellung der Magyaren in Ungarn. Eine Ausweitung des Krieges oder auch nur eine mögliche Erhöhung des slawischen Bevölkerungsanteils konnte letztlich die Gefährdung des Dualismus bedeuten, das heißt der ungarischen Vorherrschaft im historischen Ungarn. Die außenpolitischen Stellungnahmen der ungarischen Führung fielen entsprechend lau aus. Schließlich mußte Tisza aber doch dem vereinten Druck aus Wien und Berlin nachgeben. Er stimmte dem Ultimatum an Serbien mit dem Vorbehalt zu, daß das eroberte Serbien nicht von der Monarchie annektiert werden dürfe.[3]

Da Tisza in der Innenpolitik als Befürworter der starken Hand gegen die Opposition galt, der Abgeordnete bei zuviel Obstruktion sogar schon durch Polizisten gewaltsam aus dem Sitzungssaal hatte entfernen lassen, betrachtete man ihn im In- und Ausland als Kriegstreiber. Am Tag der bürgerlichen Revolution, am 31. Oktober 1918, wurde er in seiner Villa unter immer noch ungeklärten Umständen von mehreren bewaffneten Soldaten ermordet. Erst Jahre später bewiesen die Protokolle des Gemeinsamen Ministerrates, daß Tisza in Wirklichkeit als einziger Spitzenpolitiker der Monarchie vor den Konsequenzen des Krieges gewarnt hatte. Nachdem er sich aber der Entscheidung gebeugt hatte, blieb er bis zuletzt auch in dieser Hinsicht ein richtiger »Einpeitscher« des Hofes.

Er sei ein unbestechlicher Mann von entschlossenen Fähigkeiten und politischer Blindheit gewesen, meinte Robert A. Kann.[4] Daß ihm selbst in den allerletzten Stunden der Monarchie das Verständnis für das Anliegen der Nationalitäten (und auch für das Wahlrecht) fehlte, bewies sein legendärer Besuch im September 1918 in Sarajewo. Bei einem Treffen mit bosnischen Politikern, die ihm ein Memorandum überreichten, hatte der in Uniform eines Husarenobersten gekleidete Tisza (inzwischen von König Karl als Premier abgelöst) der Delegation keinen Sitz angeboten. Er herrschte sie an: »Vielleicht gehen wir zugrunde, aber seien Sie versichert, bevor wir zugrunde gehen, werden wir die Kraft finden, die Männer zu zermalmen, die sich im Inland dazu hergeben, das Spiel unserer Feinde zu machen.« Ob der Bericht stimmt, daß er dabei sogar mit seiner Peitsche auf das Memorandum eingeknallt habe, wurde von anderen Quellen nicht bestätigt.[5]

Während der ersten Hälfte des Krieges behielt Tisza als Führer der parlamentarischen Mehrheit die Kontrolle über die Regierung fest in der Hand. Je länger der Krieg andauerte, um so mehr bekam jedoch die Bevölkerung die Verschlechterung der Wirtschafts- und Ernährungslage zu spüren. Die Reallöhne der Arbeiter und Angestellten fielen um 47 Prozent beziehungsweise 67 Prozent. Rund 3,4 Millionen Männer aus Ungarn und Kroatien wurden in die Armee eingezogen. 530 000 fielen, und 1,4 Millionen wurden verwundet. Die Zahl der Kriegsgefangenen aus Groß-Ungarn erreichte 833 000.[6] Es gab aber keine Aufschlüsselung nach ethnischen Kriterien, so daß man keine gesicherten Statistiken über die Verluste der einzelnen Volksgruppen besitzt.

Unzufriedenheit und Erbitterung breiteten sich aus. Es kam zu Hungerprotesten und Demonstrationen, später auch zu Streiks. Die Gewerkschaften zählten 1917 schon über 200 000 Mitglieder, und neben den Sozialdemokraten forderten auch andere Oppositionsgruppen grundlegende innenpolitische Reformen. Als der 86jährige Franz Joseph I., der den Nationen der Doppelmonarchie 68 Jahre lang als symbolische Klammer gedient hatte, am 21. November 1916 starb, ging eine Epoche zu Ende. Im Vielvölkerstaat an der Donau redete man von Freiheit, von einer neuen Zeit. Nach der russischen Revolution im Februar und der Abdankung des Zaren im März 1917, nach den Friedensproklamationen des amerikanischen Präsidenten Wilson und der hoffnungslosen Stagnation an der Süd- und Ostfront kam es auch in Ungarn zu politischen Spannungen und zur Bildung neuer Linksgruppierungen.

Seit der europäischen »Urkatastrophe« (George Kennan) entstanden ganze Bibliotheken von Werken, die sich mit dem Zusammenbruch der Doppelmonarchie beziehungsweise den vielfältigen Folgen des Ersten Weltkriegs beschäftigten. Die meisten behaupteten, daß die Monarchie damals schon von einem Hauch der Verwesung umweht gewesen sei. Neuere Werke bestreiten, daß der Begriff »Niedergang« für die Geschichte der Habsburger-Monarchie im 19. und frühen 20. Jahrhundert richtig sei; vielmehr sei sie untergegangen, weil sie einen entscheidenden Krieg verloren habe.[7] Selbst ein Kenner der Monarchie vom Range eines Louis Eisenman schrieb noch 1910 über die »Lebenskraft der Monarchie« und vertrat die Meinung, daß »alle österreichischen, ungarischen und austro-ungarischen Fragen aus eigener Kraft beigelegt werden können. Hierin liegt der Fortschritt, hier liegt die große Sicherheit für die Zukunft.«[8]

Heute vertreten die meisten ungarischen Historiker die Ansicht, daß die Ursachen des Zerfalls in der Dynamik des modernen Nationalismus lagen. Dabei waren die Form der Auflösung der Monarchie, auch des historischen Ungarn, und die Konturen der neuen Ordnung keineswegs vorbestimmt, sie hingen aber vom Ausgang des Krieges, von den strategischen Interessen der Großmächte und den internen Verhältnissen in dem vom revolutionären Fieber erfaßten Land ab.[9] In seinen abschließenden Bemerkungen über den Auflösungsprozeß der Monarchie stellte Kann fest: »Als Österreich-Ungarn sich zum Krieg mit Serbien entschloß und auf diese Weise aus Angst vor dem Tode Selbstmord beging, verlor die Doppelmonarchie ihre einzige Möglichkeit zu überleben: nämlich mit Hilfe der Zeit als solcher.«[10]

Die Worte Churchills variierend, kann man nicht einmal behaupten, daß die letzten von Kaiser/König Karl eingesetzten Kabinette in Wien und Budapest den Zerfall des Reiches vollendeten – sie konnten ihm nur zusehen. Am 16. Oktober 1918 erklärte der Wortführer der Opposition, Graf Mihály Károlyi, im Budapester Parlament: »Den Krieg haben wir verloren; jetzt ist es wichtig, den Frieden nicht zu verlieren.« 24 Stunden später kam der Paukenschlag: Tisza, der noch immer einflußreichste ungarische Politiker, erklärte zur Verblüffung seiner Partei: »Ich gebe zu, was Graf Mihály Károlyi in seiner gestrigen Rede sagte: ich gebe zu, wir haben diesen Krieg verloren.« Über die Wirkung dieser Worte schrieb als wohl unverdächtiger Kronzeuge Károlyi selbst in seinen Memoiren:

Dieser Satz schlug bei der erschütterten Mehrheit wie ein Blitz ein. Es war offensichtlich, Tisza brach unter dem Eindruck der Ereignisse und dem Gewicht seiner enormen Verantwortung zusammen. Das war der größte vorstellbare Schlag gegen die Reaktion. Tiszas Ankündigung verbreitete sich wie ein Lauffeuer im Lande, in den Schützengräben und hinter der Front. Es gab viele, die erst jetzt die Wahrheit zur Kenntnis nahmen, bloß deshalb, weil Tisza sie ausgesprochen hatte.[11]

Die Revolutionen im Oktober 1918 und im März 1919, aber auch die Konterrevolution von 1919/20 waren direkte Folgen der Niederlage. Es handelte sich nicht oder nicht in erster Linie um eine klassenbedingte soziale Revolution, sondern um Spannungen, die aus nationalen Rivalitäten und als ungerecht empfundenen Maßnahmen der Alliierten resultierten.

Was in Ungarn in knapp fünfzehn Monaten passierte, illustriert die »Krise des Unvorhergesehenen« (Paul Valéry) geradezu modellhaft. Als man den französischen Dichter und Essayisten 1932 bat, Mutmaßungen anzustellen über das, was in fünfzig Jahren sein könnte, wies er zunächst auf das Motto eines Dissertationsthemas hin: »Wir gehen rückwärts in die Zukunft«, um hinzuzufügen: »Es wird immer gefährlicher, sich auf gestern und vorgestern zu stützen, um Voraussagen zu machen; aber es bleibt weise, sich auf alles oder fast alles gefaßt zu machen.«[12]

Nicht anonyme Kräfte und große Ideologien dominierten die politische Bühne, sondern Persönlichkeiten, denen zwar die politische Größe im Sinne Jacob Burckhardts fehlte, in denen sich aber doch die Geschichte verdichtete. Zu diesen Hauptfiguren zählte vor allem die »Sphinx« der ungarischen Politik in der entscheidenden Übergangsperiode nach dem Zusammenbruch der Monarchie: der damals 43jährige Graf Mihály Károlyi.[13]

Politik im alten Ungarn ähnelte einer komischen Oper mit einer Handvoll Aristokraten als Akteuren, die ihre politischen Positionen oft nach Laune oder ihren wechselseitigen persönlichen Bedingtheiten ändern. István Tisza war zwar bei weitem die stärkste politische Persönlichkeit und ein konsequenter Verfechter des Bündnisses mit Deutschland. Doch in den Augen des Hochadels, vertreten durch Familien wie die Károlyi, Apponyi, Andrássy, Esterházy, Zichy und Pallavicini, war und blieb er ein Emporkömmling (Tisza war erst Ende des 19. Jahrhunderts in den Grafenstand erhoben worden) und Vertreter der engstirnigen Gentry. Die Magnaten waren gegen Tiszas harte Linie und wollten eine zumindest marginale Öffnung in Richtung Demokratisierung. König Karl drang auf die Einführung des allgemeinen, gleichen und direkten Wahlrechts, wie es seit 1907 in Cisleithanien galt; doch darauf war man in Ungarn nicht erpicht. Der sächsische Gesandte Alfred Freiherr von Nostitz lag in seinem Bericht sicher nicht falsch, als er schrieb: »Wer indessen die ungarischen Verhältnisse auch nur einigermaßen kennt, wird stark bezweifeln, ob das Spiel der Opposition ehrlich gemeint ist, denn die Andrássy und Apponyi sind im Inneren einer Emanzipation der nichtmagyarischen Nationalitäten, wie sie die Folge eines freien Wahlrechts sein würde, genauso abgeneigt wie Tisza!«[14]

Im Parlament bekleideten die Aristokraten die höchsten politischen Ämter. Graf Albert Apponyi, der übrigens die Kriegserklärung mit dem lauten Ruf »Endlich!« im Sitzungssaal begrüßt hatte, charakterisierte die politischen Leidenschaften seiner Landsleute in folgender Weise: »Sobald drei Ungarn über Politik sprechen, bilden sie eine Partei: der eine ist Präsident, der andere Vizepräsident, der dritte wird Generalsekretär, der es als seine Pflicht ansieht, bei jeder Gelegenheit eine wichtige Erklärung abzugeben.«[15] Die Abspaltung von Klüngeln und Fraktionen von einer Gruppe gehörte also fast zum Alltag dieses sonderbaren Parlamentarismus, wobei nur sechs Prozent der Bevölkerung (in Siebenbürgen nur drei, in Kroatien zwei Prozent) überhaupt (freilich bei offener Stimmabgabe) wählen durfte.[16] Als die bürgerliche Revolution von 1918 unter Führung des Grafen Mihály Károlyi gesiegt hatte, hieß es nicht zufällig, in Ungarn sei selbst an der Spitze der Revolution ein Magnat zu finden.[17] Wenn die Politik vor Kriegsausbruch auch anfänglich als eine »Spielwiese der vier Grafen« (Andrássy, Apponyi, Károlyi, Tisza) erschien, wurde während des Weltkriegs Károlyis Politik immer mehr zu einem unberechenbaren Faktor.

Nichts deutete in Károlyis Jugend auf seine spätere bedeutsame und höchst umstrittene Karriere hin.[18] Als Sproß einer der ältesten und reichsten Aristokratenfamilien wuchs der junge Graf (1875–1955) standesgemäß auf. Sein Taschengeld entsprach dem Gehalt des damaligen Ministerpräsidenten. Er sprach zwar fließend Englisch, Französisch, Deutsch und verstand auch Italienisch, doch brachte er es weder hier noch in seiner Muttersprache je zu richtiger Beherrschung der Schriftsprache. Bis zu seinem Eintritt ins Parlament verbrachte der junge Aristokrat die Wintermonate mit seinem Onkel in Menton an der französischen Riviera. Er führte ein Leben der Ausschweifungen zwischen Paris, London, Wien und Budapest und galt als leidenschaftlicher Kartenspieler. Unglaubliche Summen hatte er verloren, und vor seiner Eheschließung 1914 mit Katinka, der um fast zwanzig Jahre jüngeren Stieftochter von Gyula Andrássy, erreichten seine Schulden die schwindelerregende Höhe von zwölf Millionen Kronen. Er war von Anfang an ein Kämpfer und ein Spieler und tat alles mit vollem Einsatz. Möglicherweise kompensierte er damit eine angeborene Sprachstörung, die auch mit einer Operation des Gaumens durch Professor Billroth in Wien nicht gänzlich behoben werden konnte. Je leidenschaftlicher Károlyi in öffentlichen Reden den Sprachfehler zu bekämpfen suchte, desto schwieriger wurde es für seine Zuhörer, ihn zu verstehen.

Bereits vor Kriegsausbruch galt er als ein Entente-freundlicher Politiker, der 1914 auf einer ausgedehnten Vortragsreise durch die Vereinigten Staaten für sein Konzept einer demokratischen Umgestaltung und Föderalisierung Ungarns geworben hatte. Im Herbst 1917 vertrat er seine Ideen in der neutralen Schweiz. Károlyi wurde Anfang 1914 sogar vom französischen Staatspräsidenten Poincaré zu einem langen persönlichen Gespräch empfangen. Seine außenpolitische Orientierung stand im krassen Gegensatz zur Linie seines Stiefvaters und der Apponyis. Im Juli 1916 kam die politische Wende: Károlyi trat mit 23 anderen Abgeordneten aus der oppositionellen Vereinigten Unabhängigkeitspartei aus und gründete die Neue Unabhängigkeitspartei. Im Juni 1917 folgte die Errichtung eines »Wahlrechtsblocks« zusammen mit der kleinen Demokratischen Partei des späteren Justizministers Vilmos Vázsonyi sowie den Sozialdemokraten und Bürgerlichradikalen (unter Oszkár Jászi), die damals im Parlament allerdings überhaupt nicht vertreten waren.

Die Memoiren der handelnden Personen und die späteren Betrachtungen der Kampf- und Zeitgenossen lassen mit seltener Klarheit die operettenhaften Facetten inmitten einer politischen Umwälzung und nationalen Tragödie erkennen. Károlyi selbst gibt Jahrzehnte später in seinen Memoiren zu: »Wenn ich auf die ein, zwei Monate vor dem Sturz der Habsburger-Monarchie zurückblicke, kann ich die historische Blindheit Ludwigs XVI. bei der Einnahme der Bastille besser verstehen.« Im September 1918, am Vorabend des Zusammenbruchs und in einer sich abzeichnenden revolutionären Atmosphäre, ging der Führer der Opposition nämlich mit der Andrássy-Familie auf die Jagd in das Gyalu-Hochgebirge in Siebenbürgen. In einem Brief vom 25. September schrieb er an einen Freund, vor dem Frühjahr sei keine

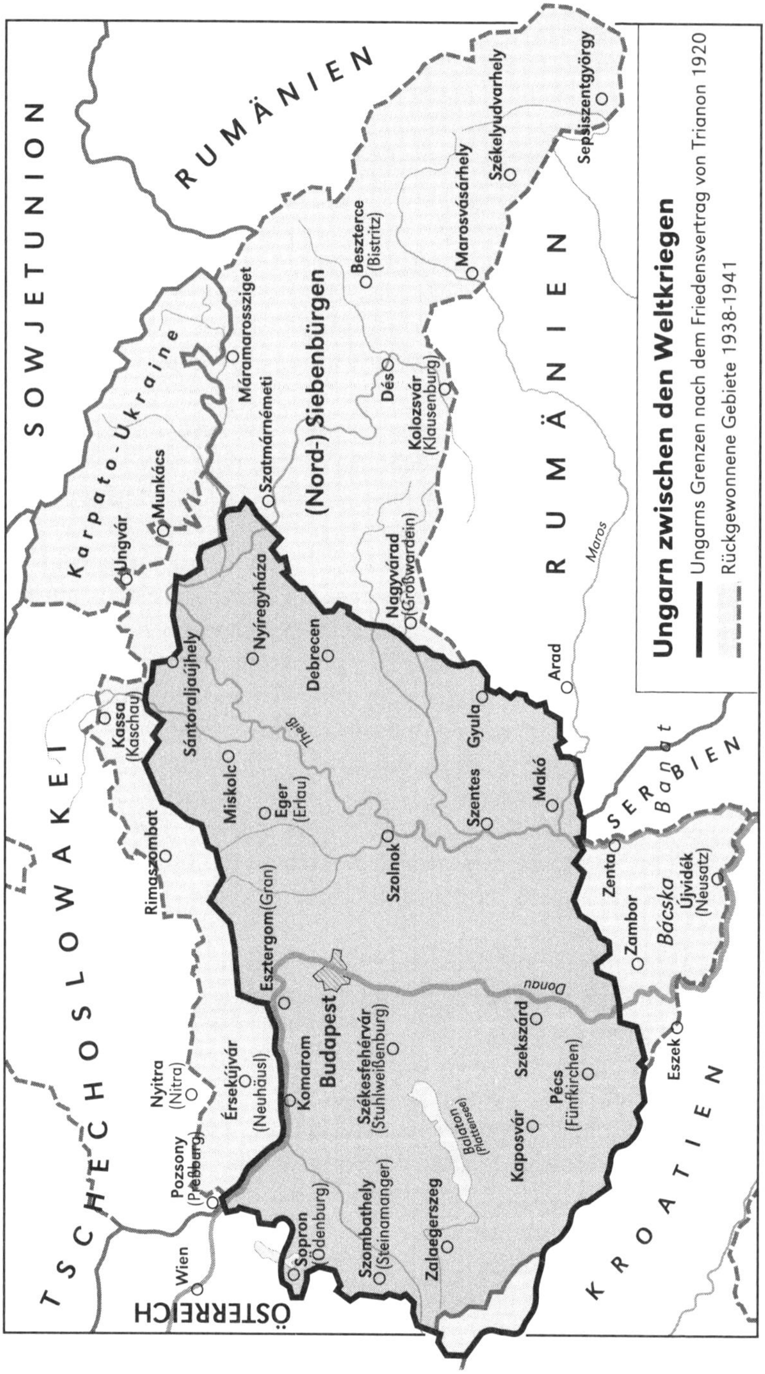

Ungarn zwischen den Weltkriegen
Ungarns Grenzen nach dem Friedensvertrag von Trianon 1920
Rückgewonnene Gebiete 1938-1941
SOWJETUNION
RUMÄNIEN
RUMÄNIEN
TSCHECHOSLOWAKEI
ÖSTERREICH
KROATIEN
SERBIEN
Karpato-Ukraine
(Nord-) Siebenbürgen
Banat
Bácska
Ungvár
Munkács
Máramarossziget
Szatmárnémeti
Beszterce (Bistritz)
Marosvásárhely
Székelyudvarhely
Sepsiszentgyörgy
Dés
Kolozsvár (Klausenburg)
Nagyvárad (Großwardein)
Arad
Maros
Nyíregyháza
Debrecen
Sátoraljaújhely
Kassa (Kaschau)
Rimaszombat
Miskolc
Eger (Erlau)
Theiß
Gyula
Szentes
Makó
Szolnok
Esztergom (Gran)
Budapest
Donau
Zenta
Zambor
Újvidék (Neusatz)
Eszek
Szekszárd
Pécs (Fünfkirchen)
Kaposvár
Balaton (Plattensee)
Székesfehérvár (Stuhlweißenburg)
Komarom
Érsekújvár (Neuhäusl)
Nyitra (Nitra)
Pozsony (Preßburg)
Wien
Sopron (Ödenburg)
Szombathely (Steinamanger)
Zalaegerszeg

wesentliche Änderung zu erwarten. Andrássy machte sich Hoffnungen auf den Posten des k. u. k. Außenministers. Sein Traum war, in seines Vaters Fußstapfen zu treten.

Am 26. September kapitulierte Bulgarien, und die Balkanfront brach zusammen. Damit wurde der französischen Saloniki-Armee der Weg in den Donauraum geöffnet. Während Ministerpräsident Wekerle einen Sonderzug schickte, der Andrássy abholen sollte, ritt Károlyi mit seinen Freunden einen Tag früher in die nächstgelegene Stadt, um den Zug nach Budapest zu nehmen. Er kam am 29. September in der Hauptstadt an und wurde in den frühen Morgenstunden bereits von einer Delegation am Bahnhof erwartet. Dazu Károlyi später: »Der Kalender der Revolutionen wird immer nur nachträglich fertiggestellt... Ein Freund warf mir später vor: Wie konntest du damals auf die Jagd gehen? Also: Damals war damals nicht ›damals‹.«

Der Wettlauf mit der Zeit und um die Gunst des Königs spielte sich zum Teil in der engeren Familie Károlyi-Andrássy ab. Katinka Károlyi erwies sich dabei als treue und leidenschaftliche Kampfgefährtin ihres Mannes. Andrássy war nämlich teils wegen eigener Ambitionen, teils durch enge Kontakte zu König Karl und seiner Umgebung der größte Gegner der politischen Pläne seines Schwiegersohns. Die beiden Männer stritten miteinander beim Familienfrühstück über Politik und Positionen, und Katinka berichtete ihrem Mann, was sie in ihrer eigenen Familie über die Intrigen des Stiefvaters ausspionieren konnte.

Inzwischen überstürzten sich die Ereignisse. Während König Karl Andrássy zuerst auf eine sinnlose Erkundungsreise in die Schweiz schickte, sperrte sich die Regierung noch immer gegen die von der Károlyi-Gruppe und den Massen geforderten grundlegenden Reformen. Viel zu spät, erst am 25. Oktober, gründeten die Partei Károlyis, die Bürgerlich-Radikalen und die Sozialdemokraten den »Ungarischen Nationalrat«. Unter der Führung Károlyis war dieses Gremium bereit, die Verantwortung zu übernehmen. Ein von Oszkár Jászi formuliertes Zwölf-Punkte-Programm forderte den sofortigen Abschluß eines Sonderfriedens, die Unabhängigkeit, die Versöhnung mit den Nationalitäten ohne Verletzung der territorialen Integrität des Landes, die Einführung des allgemeinen Wahlrechts und eine Bodenreform.

Die alte Führungsschicht – allen voran Andrássy – wollte aber Károlyis Ernennung zum Ministerpräsidenten mit allen Mitteln verhindern. Andrássy war auch bereit, ungarischer Ministerpräsident zu werden; dann hätte er den Mann seiner Stieftochter sofort verhaften lassen können, da er in ihm bereits das Haupt der Revolution erblickte.

Immerhin gelang es Andrássy, den König zu überreden, nicht Károlyi, sondern den Grafen János Hadik zum Premier und ihn selbst zum gemeinsamen Außenminister zu ernennen. Der Familienkrach war perfekt. Der verzweifelte Károlyi schickte zwar noch seine Frau zum Bahnhof, um Andrássy vor dessen Fahrt nach Wien zu überreden, seine Ernennung zum Premier nicht weiter zu blockieren, aber alles war vergebens. Andererseits verfügten Hadik und Andrássy über keine Machtbasis. Immer mehr Menschen demonstrierten für Károlyi und die Verwirklichung seines Programms. Aber dieser wartete noch immer ab und verlor darüber kostbare Zeit.

Der Zerfall der Monarchie und des ungarischen Königreichs war aber nicht mehr aufzuhalten. Noch vor dem Machtwechsel in Budapest verkündeten die Rumänen und die Tschechen, die Kroaten, Slowaken und Ukrainer ihren Austritt aus der Doppelmonarchie. Indessen siegte in der Nacht zum 31. Oktober in Budapest die unblutige demokratische »Astern-Revolution«: Die militärischen Einheiten, die sich dem Nationalrat angeschlossen hatten, besetzten die Post, die Telefon- und Telegraphenzentrale, die Bahnhöfe und andere strategische Punkte. König Karl blieb nichts weiter übrig, als Károlyi am 31. Oktober doch noch zum Ministerpräsidenten zu ernennen. Mit der Unterzeichnung des Waffenstillstandsabkommens am 3. November 1918 in Padua ging für die Österreichisch-Ungarische Monarchie der Erste Weltkrieg zu Ende.

Károlyi stieg vor allem infolge seiner pazifistischen Haltung und seiner wirkungsvollen Oppositionsrolle zum populärsten Politiker Ungarns auf. Nachdem Kaiser Karl am 11. November »auf jeden Anteil an den Regierungsgeschäften« verzichtet hatte und am Tag danach die Republik Deutschösterreich proklamiert worden war, rief auch die Regierung Károlyi am 16. November die Republik aus. Vom Nationalrat wurde er am 11. Januar 1919 zu ihrem Präsidenten gewählt.

Trotz guter Absichten und der Berufung einiger der fähigsten Politiker und Fachleute in die Regierung blieben alle wichtigen Reformvorhaben wie Bodenreform oder neues Wahlgesetz auf der Strecke. Die Lage war aussichtslos, weil sämtliche Vorbedingungen für eine Verwirklichung der gewaltigen politischen und sozialen, wirtschaftlichen und nationalen Aufgaben fehlten. In *Magyariens Schuld, Ungarns Sühne – Revolution und Gegenrevolution in Ungarn*, seiner zutiefst erbitterten, emotionalen Analyse der Ereignisse, machte Jászi, neben Károlyi die Schlüsselfigur in jenen Monaten, eines ganz klar: Das Krebsübel war von Anfang an die Verletzung der Waffenstillstandsabmachungen durch tschechische und rumänische, serbische und französische Truppen:

> Die gesamte Öffentlichheit war davon überzeugt, daß die Entente den großen und aufopfernden Kampf, den Michael Károlyi während des ganzen Krieges gegen die imperialistische Politik der Mittelmächte geführt hatte, honorieren werde und daß die Nationalitäten meine loyale Friedenspolitik mit Verständnis aufnehmen werden. Es hat sich freilich bald herausgestellt, daß beide Annahmen bloße Illusionen waren. Die Belgrader Waffenstillstandsverhandlungen vom 8. November, das rohe, böswillige, säbelrasselnde und ungebildete Auftreten Franchet d'Espereys [des französischen Oberbefehlshabers], der uns aufoktroyierte unbarmherzige Waffenstillstandsvertrag haben die Ungarn... zutiefst verbittert... Unser Hauptübel bestand eigentlich nicht darin, daß wir einen schlechten Waffenstreckungsvertrag erhielten, sondern daß man auch diesen schlechten Vertrag nicht einhielt.
> Das leuchtende Versprechen des Wilsonschen Völkerbundes, der gerechte Friede, das Selbstbestimmungsrecht der Völker, das Plebiszit zerplatzten auf einmal wie Seifenblasen... [19]

Auch im Rückblick erscheint Jászis Diagnose zutreffend: Das Militär, die Studenten und die Arbeiterschaft der Munitionsfabriken waren »das eigentliche Ferment der revolutionären Handlungen«. Die Revolution sei anfangs eine militärische und nationale gewesen. Sie wurde erst viel später »sozial, sozialistisch, ja sogar kommunistisch«. Nach dem Zusammenbruch der Fronten vermehrten die demobilisierten oder aus der Gefangenschaft zurückkehrenden Soldaten das Heer der Flüchtlinge aus Siebenbürgen und Oberungarn beziehungsweise aus anderen besetzten Gebieten. Die Wiederherstellung von Ruhe und Ordnung, Maßnahmen gegen Plünderungen und deshalb die Aufstellung eines republikanischen Heeres aus der in Auflösung begriffenen alten Armee gehörten zu den vordringlichsten Aufgaben der Károlyi-Regierung. Kriegsminister war ein Oberst des Generalstabes, Béla Linder, der jene denkwürdigen Worte sprach, die immer wieder gegen ihn und die ganze Regierung zitiert wurden: »Ich will keine Soldaten mehr sehen!« Diese Erklärung des zuständigen Ministers inmitten der Angriffe fremder Truppen und angesichts der Gefährdung der Kerngebiete erwies sich als Fiasko. Ein womöglich noch größeres waren Jászis Verhandlungen über die Umwandlung Ungarns in »eine Schweiz des Ostens« zu einer Zeit, als die Nationalitäten entweder schon ihre neuen Staaten bildeten oder im Begriff waren, sich an die bestehenden Nachbarstaaten anzuschließen.

Als weitere Achillesferse der Károlyi-Regierung erwies sich die ungelöste Bodenfrage.[20] Zwar ging Károlyi bereits als neuer Präsident mit gutem Beispiel voran und begann am 23. Februar 1919 auf seinen Latifundien in Kálkápolna persönlich mit der Landverteilung. Doch war das Gesetz für die Tagelöhner, Häusler und das ganze Agrarproletariat zu schwerfällig und zu nachgiebig (gegen Entschädigung erst die über 150 Hektar hinausgehenden Güter zu enteignen), für die Großgrundbesitzer freilich viel zu »radikal«. Inzwischen sammelten sich die konservativen und rechtsgerichteten Kräfte zum Teil um den Bruder des Präsidenten, während radikale Offiziere unter Führung des Hauptmanns im Generalstab und späteren Ministerpräsidenten Gyula Gömbös Geheimbünde gründeten.

Die größte und direkteste Gefahr drohte aber von links. Am 16. November 1919, als der Journalist und Versicherungsangestellte Béla Kun, verkleidet als Militärchirurg, zusammen mit acht anderen Genossen aus der russischen Gefangenschaft in die Hauptstadt zurückkehrte, zeichnete es sich nur für die wenigsten ab, daß diese winzige Gruppe knapp vier Monate später die Weichen für die Verschmelzung der großen Sozialdemokratie mit der kleinen, am 24. November gegründeten Kommunistischen Partei und die Errichtung einer Räterepublik stellen würde.[21] Die Kommunisten, deren Zahl übrigens Jászi selbst auf dem Höhepunkt ihrer kurzlebigen Herrschaft auf maximal 5000 Aktivisten schätzte, übten wachsenden Druck aus und waren die Nutznießer der chaotischen Verhältnisse. In diese durch nationale Erniedrigung, soziale Verelendung und grenzenlose Demagogie aufgepeitschte Stimmung schlug am 20. März 1919 der letzte Funke von außen ein: In einer berühmt-berüchtigten Note, die Károlyi vom französischen Oberstleutnant Vyx überreicht wurde, ordneten die Alliierten einen weiteren Rückzug zu neuen Demarkationslinien im Südosten an, die auch alte magyarische Gebiete von Ungarn abtrennten. Vyx fügte auf Anfrage noch hinzu, die neue Linie sei als endgültige politische Grenze zu betrachten. Auch wenn der französische Offizier später, nach einem Sturm der Entrüstung, seinen Erläuterungszusatz ableugnete, war die Wirkung dieser politischen Bombe enorm. »Wir haben uns nicht nur als Besiegte, Niedergebrochene, Ausgeplünderte, sondern, was massenpsychologisch noch viel schlimmer ist, als Beschwindelte, Aufgesessene und Betrogene gefühlt!« notierte Jászi.[22]

In aussichtsloser Lage mit dem Scheitern seiner gesamten, auf Entente-Freundschaft gebauten außenpolitischen Konzeption konfrontiert, beschloß Károlyi zu demissionieren und die Macht dem inzwischen von den vereinigten Sozialdemokraten und Kommunisten gegründeten Revolutionsrat zu übertragen. In Wirklichkeit hatte Károlyi eine rein sozialdemokratische Regierung (»für die Arbeiterklasse«) einsetzen wollen. Er wußte nicht, daß hinter seinem Rücken die Mehrheit der Sozialdemokraten einen Pakt mit den seit einigen Wochen inhaftierten kommunistischen Funktionären über die Errichtung einer Sowjetregierung abgeschlossen hatten. Károlyi behauptete bis zu seinem Tod, er habe die ihm zugeschriebene Erklärung über die freiwillige Machtübergabe, die abgedruckt und auch auf der Sitzung des Revolutionsrates verlesen wurde, nie unterzeichnet. Er distanzierte sich damals aber auch nicht öffentlich von der Räterepublik, die der österreichische Sozialdemokrat Otto Bauer eine »Diktatur der Verzweiflung« nannte[23], und verließ Ungarn erst im Juli 1919 in Richtung Prag.

Binnen weniger Monate wurde aus dem Erlöser und gefeierten Helden der Nation, der letzten Hoffnung eines aus tausend Wunden blutenden Landes, ein Verräter, ein Hasardeur, der aus Geltungssucht alles aufs Spiel gesetzt habe. Wie 1849 Görgey mußte Károlyi jetzt als Sündenbock für alles herhalten, was danach kam: für die Ungeheuerlichkeiten des roten Terrors, ja sogar für die viel längere weiße Schreckensherrschaft.[24]

Heute ist klar, daß Károlyi das weithin sichtbare Symbol, aber nicht der Lenker der Revolution war. In seinem kurz nach dem Zusammenbruch verfaßten »psychologischen Versuch« über den »vom legendären Helden zum verhaßten und verachteten Missetäter gewordenen« Károlyi verglich ihn Jászi mit Prinz Myschkin aus Dostojewskijs *Idiot*, der deswegen so genannt wurde, weil er Prinzipien und Charaktere mit kindlicher Naivität ernst nahm.

> Demokratie, Sozialismus, Pazifismus waren für ihn keine politischen Schlagworte, sondern sittliche Wirklichkeiten, gewaltige Persönlichkeiten sozusagen, mit denen er in fast mystischem Zusammenhang steht. (Eine wirklich fatal gefährliche Situation für einen solchen Politiker, der mit den wahrhaften Realitäten des Lebens nie zu tun hatte, der Menschen und Dinge immer aus der Exterritorialität seines aristokratischen Heimes betrachtet hatte.)[25]

Bereits am Anfang der Emigrationszeit, schreibt Jászi, erzählte ihm Károlyi, wie er aus »einem Gefühlssozialisten zu einem marxistischen

Revolutionär« geworden sei. In seinem Exil zuerst in Prag, dann an der dalmatinischen Küste (er verfügte bis 1946 über einen jugoslawischen Reisepaß), in Paris und schließlich in London war er kein Kryptokommunist, sondern eher ein wenn nicht kritikloser, so doch konsequenter typischer Mitläufer. Als »Graf der Komintern« hatte er vor allem in der zweiten Hälfte der zwanziger und Anfang der dreißiger Jahre eng mit der ungarischen KP zusammengearbeitet. Sein Verhältnis zu Béla Kun, dem Volkskommissar für Außenpolitik der Räterepublik und langjährigen Chef der Exil-KP, der Károlyi einmal salopp als »ungarischen Kerensky« bezeichnet hatte, war allerdings nie ein herzliches.

In einem Prozeß ließ das Horthy-Regime das Vermögen des wegen Landesverrats angeklagten Aristokraten konfiszieren sowie durch ein Sondergesetz einen Teil der Latifundien an die Familie seines Bruders übertragen. Daß es ein Cousin des »Verräters«, Graf Gyula (Julius) Károlyi, war, der im Juni 1919 die erste Gegenregierung gebildet und Konteradmiral Horthy als Kriegsminister »erfunden« hatte, der als Reichsverweser wiederum den »guten« Károlyi 1931/32 tatsächlich zum Ministerpräsidenten ernannte, ist eine weitere interessante Facette in der Geschichte dieser merkwürdigen Familie.[26] Der aufrichtige Idealist ohne staatsmännische Fähigkeiten, der Don Quichotte der mitteleuropäischen Politik wurde erst nach 27 Jahren durch ein Sondergesetz des ersten frei gewählten ungarischen Parlaments im Februar 1946 voll rehabilitiert; die seinerzeitigen Urteile wurden als ungerecht und ungültig verworfen. Er bekam sein berühmtes Palais in der Károlyi-Straße im Herzen der Hauptstadt und als Widerständler auch 150 Hektar Land zurück. Obwohl schon über siebzig Jahre alt, war er bereit, als ungarischer Botschafter nach Paris zu gehen. Daß er noch den Schauprozeß gegen Kardinal Mindszenty Anfang 1949 als Botschafter mittrug und erst nach der Verhaftung des kommunistischen Außenministers László Rajk und seiner engsten Pariser Mitarbeiter mit dem Budapester Regime brach, nahmen ihm einige alte Freunde sehr übel, so Jászi, damals Geschichtsprofessor am Oberlin College in den USA. 1955 starb Károlyi im französischen Exil.

Nach einem persönlichen Treffen seiner Witwe, der »roten Gräfin« Katinka, mit Parteichef János Kádár im Jahr 1961 erlaubte das auf westliche Anerkennung erpichte Regime das postume Begräbnis der sterblichen Überreste Károlyis und seines als englischer Pilotenschüler verunglückten Sohnes in Budapest. Die kurz danach in einem kleinen Park vor dem Parlament errichtete Statue des moralisch und menschlich so eindrucksvollen, politisch so umstrittenen und letztlich erfolglosen »aristokratischen Enfant terrible« (Robert A. Kann) erinnert an eine dramatische Epoche, deren Folgen noch heute spürbar sind.

Und die Räterepublik, die kommunistische Diktatur? Sie dauerte bloß 133 Tage und war in Wirklichkeit ein doppeltes Geschenk sowohl an die begehrlichen neuen Nachbarstaaten, die die Zerstückelung des verhaßten Ungarn mit antibolschewistischer Rhetorik bemänteln konnten, wie auch an das nachfolgende, nicht minder harte Regime der autoritären Rechten, die ein Vierteljahrhundert lang Demokratie und Liberalismus mit Bolschewismus und Terror, Kritik mit Verrat identifizierte. Die wirkliche Tragödie lag darin, daß das kurzlebige kommunistische Regime auf den Trümmern der bürgerlichen Revolution errichtet wurde, als ob es eine natürliche, organische Folge davon gewesen wäre.[27]

Man muß darauf hinweisen, daß es sich bei der Geburt der ungarischen Räterepublik nicht um einen revolutionären Umsturz, sondern um eine geradezu verzweifelte Übergabe der Macht an eine in sich mehrfach gespaltene Gruppe aus Linkssozialisten, Zentristen und von revolutionärer Rhetorik geblendeten frischgebackenen Kommunisten handelte. Da Béla Kun als Kriegsgefangener an der russischen Oktoberrevolution teilgenommen und die erste kommunistische Exilparteigruppe innerhalb der bolschewistischen Partei gegründet hatte, galt er, zumal da er mit Lenin und seiner Familie persönlich befreundet war, in Rußland als einer der einflußreichsten ausländischen Sozialisten. Es war also fast selbstverständlich, daß Kun, obwohl formell nur für die Außenpolitik zuständig, in jeder Hinsicht als *der* starke Mann im Revolutionsrat agierte.

Obwohl er ein guter Redner und geschickter Organisator war, versagte Kun als Führungspersönlichkeit völlig. Auf Schritt und Tritt versprach er die Hilfe Sowjetrußlands und der immer näher rückenden Roten Armee. Doch blieb die erwartete Einschüchterung der Alliierten aus. Vielmehr erwies sich die rote Diktatur von der Warte der ungarischen Nationalinteressen aus als Bumerang. Kun setzte auf die Weltrevolution, so daß französische Scharfmacher, die für Ungarn von Anfang an keinen Platz inmitten der von ihnen zusammengezimmerten »Kleinen Entente« sahen, das Schreckgespenst des Bolschewismus an die Wand malen konnten. Auch Wilson und Lloyd George ließen sich bei der Pariser Friedenskonferenz für die Stärkung der »rumänischen Zitadelle« gegen das »rote« Ungarn gewinnen.[28]

Kun konnte die Hoffnungen, die er zum Teil auch in der Mittelklasse und erst recht im Proletariat weckte, nicht erfüllen. Die Räteregierung beging folgenschwere Fehler auf jedem Gebiet, vor allem aber in der Agrarpolitik und in der Haltung zu den Kirchen. Statt eine radikale Bodenreform zu verwirklichen, hat man das Land nationalisiert, desgleichen die mehr als zwanzig Arbeiter beschäftigenden Betriebe. Manche positive Schritte im Kulturressort (unter Volkskommissar György [Georg] Lukács), etwa im Kampf gegen den Analphabetismus und in der Sozialpolitik, wurden bald überschattet von der anhaltenden und sich vertiefenden Wirtschaftskrise und dem Aufbau eines Unterdrückungsapparats.

Die einzige, auch international beachtete Leistung war das unerwartete Aufbäumen der Ungarn gegen die immer weiter vordringenden tschechischen und rumänischen Truppen. Es gelang Kun, dem Oberkommandierenden Vilmos Böhm, einem Sozialdemokraten, und dem Generalstabschef Aurel Stromfeld, einem ehemaligen Obersten im Generalstab, innerhalb weniger Wochen ein Heer von 200 000 Mann aus dem Boden zu stampfen.[29] Die vom Stromfeld glänzend geführte Armee, in deren Reihen Dutzende spätere Generäle der Horthy-Armee als junge Offiziere mitkämpften, leitete im Norden eine siegreiche Offensive ein und warf die Tschechen weit zurück. Mit ungarischer Unterstützung wurde am 16. Juni in Eperjes (Prešov) sogar eine Slowakische Räterepublik proklamiert.

Die Rote Armee Ungarns hatte freilich nicht für die Weltrevolution, sondern für das bedrohte Vaterland gekämpft. Ein Ultimatum der Ententemächte stoppte die Offensive: Bei einem Rückzug der ungarischen Truppen auf die alte Demarkationslinie sollten sich auch die rumänischen Truppen in ihre Ausgangsstellungen zurückziehen. Um internationale Anerkennung zu gewinnen und auch angesichts der schwierigen Versorgungslage und der wachsenden innenpolitischen Opposition setzte Kun den Rückzug der Roten Armee durch. Böhm, Stromfeld und viele Offiziere quittierten aus Protest den Dienst. Der Rückzug hatte die Armee demoralisiert. Zugleich hielten die Rumänen ihre Versprechungen wieder einmal nicht ein und blieben entlang der Theiß stehen. Als Kun mit einem Überraschungsangriff die peinliche Scharte auswetzen und die Räumung der Gebiete jenseits der Theiß erzwingen wollte, gelangten die Pläne durch Verrat in die Hände der Rumänen, die die Rote Armee in eine ungeordnete Flucht schlugen.

Nach 133 Tagen war das Experiment trotz des wütenden Terrors in der Spätphase zu Ende. Kun und die meisten Führer flohen nach Österreich, und am 4. August zogen die Rumänen in Budapest ein.

Nach einer eher erfolglosen Karriere in der russischen Partei beziehungsweise im Kominternapparat beendete Kun wie so viele andere ehemalige Kommissare und kommunistische Aktivisten sein Leben in einem Gefängnis Stalins. Im Juni 1937 wegen parteifeindlicher Tätigkeit verhaftet, wurde er 52jährig hingerichtet. Jahrzehntelang haben die ungarischen Kommunisten nach der Machteroberung 1948 die wirkliche Rolle Kuns und sein tragisches Schicksal verschwiegen. Der damals noch im zweiten Glied agierende Mátyás Rákosi, inzwischen zum allmächtigen Diktator Ungarns aufgerückt, wurde rückwirkend fast zur Schlüsselfigur der Räterepublik stilisiert; Kun verschwand in der Versenkung. Erst Anfang 1956 hat die Moskauer *Prawda* als vielsagendes Zeichen für die Eingeweihten, vor allem in Ungarn, die bisherige Unperson Kun anläßlich seines siebzigsten Geburtstags als »eine herausragende Persönlichkeit der internationalen Arbeiterbewegung« gewürdigt. Später hat man Kun postum auch hohe Auszeichnungen, einschließlich des »Ordens der Roten Fahne«, verliehen und sie durch den sowjetischen Botschafter im April 1964 seiner in Ungarn lebenden Witwe (die viele Jahre in der zentralasiatischen Verbannung hatte verbringen müssen) feierlich überreicht. Zum 45. Jahrestag der Ungarischen Räterepublik wurden sogar im damaligen Leningrad eine Schule und eine Straße nach ihm benannt.[30]

Trotz feierlicher Rehabilitierung sorgte der tote Kun sonderbarerweise noch 1979 für einen peinlichen Zwischenfall. In einer ersten umfassenden und sachlichen Biographie hatte György Borsányi einige unbekannte Einzelheiten aus Kuns Leben erzählt. So hatte Kun als junger sozialdemokratischer Aktivist in Siebenbürgen 110 Kronen Spesen für eine nicht unternommene Reise verrechnet und nach Aufdeckung des Skandals den Betrag an die Parteikasse zurückzahlen müssen; noch peinlicher war, daß er während einer Reise von Moskau nach Wien eine Aktentasche, voll mit geheimen Unterlagen über die im Untergrund tätigen ungarischen Genossen, in einem Wiener Taxi vergessen und keine Vorkehrungen zur Benachrichtigung der Betroffenen beziehungsweise der Parteistellen unternommen hatte. Der »Taxler« lieferte übrigens die ungarischsprachigen Akten bei der ungarischen Gesandtschaft in Wien ab. Dort lichteten sofort aus Budapest herbeigeholte Detektive die brisanten Papiere ab, ehe die Originale an

Kun und seine Wiener Gastgeber zurückgegeben wurden. Die Folgen für die illegale Parteiarbeit waren katastrophal.

Bei den Fraktionskämpfen in der ungarischen Partei denunzierte Kun nicht weniger als zwanzig innerparteiliche Gegner auf einmal als »trotzkistische Verschwörer« und setzte ihre Verhaftung durch. Damals, im Jahr 1929, konnte man aber noch die eigene Unschuld beweisen und die Freilassung erreichen. Einige Jahre später hätte man diese Genossen ebenso ohne Umschweife erschossen, wie es im November 1939 mit Kun selbst geschah. Über all das und ähnlich kompromittierendes Material also konnte man sich in der Biographie informieren.

Man hätte in Ungarn wahrscheinlich der ganzen Sache keine große Beachtung geschenkt, wenn die Familie Kun in der Parteizentrale und angeblich auch bei der sowjetischen Botschaft nicht energisch gegen diese »beschämende und provokante« Vorgehensweise, noch dazu am Vorabend einer offiziellen Ungarnreise des sowjetischen Parteichefs Leonid Breschnew, protestiert hätte. Die zuständige ZK-Abteilung handelte schnell. Die noch vorhandenen Exemplare der Biographie wurden eingesammelt und über Nacht eingestampft. Das Buch war nirgends mehr zu finden; nur eine kaum lesbare Xerokopie erhielt ich von meinem Freund, dem Schriftsteller István Eörsi. So konnte ich am Tag der Ankunft Breschnews in Budapest zum Ärger der Agitprop-Funktionäre in meiner Zeitung noch melden: »Breschnew kam – Kun verschwand!«

XXXI Der Admiral auf dem Schimmel: Trianon – die Todesurkunde des Stephansreiches

Ein einziges Wort symbolisiert für alle Ungarn bis heute die größte Tragödie ihrer Geschichte: *Trianon*. Im Lustschloß Trianon, im Park von Versailles, haben die Alliierten die Todesurkunde des tausendjährigen Stephansreiches ausgestellt, und zwei Vertreter Ungarns, deren Namen längst vergessen sind, mußten das Diktat im Auftrag von Regierung und Parlament unterzeichnen. An diesem schicksalhaften Tag, dem 4. Juni 1920, läuteten im ganzen Land die Glocken, schwarze Fahnen wehten von den Gebäuden, der Verkehr stand still, die Zeitungen erschienen mit einem schwarzen Trauerrand, und in den Kirchen wurden Trauergottesdienste abgehalten.

Trianon bedeutete die Amputation der ungarischen Nation und das Ende des historischen Ungarn. Dem nunmehr selbständigen »Königreich Ungarn« verblieben nur 93 000 von den 282 000 Quadratkilometern des alten Reiches (mit Kroatien umfaßte es sogar über 325 000 Quadratkilometer) und nach dem Zensus von 1920 7,6 Millionen Einwohner anstelle von ehemals 18,3 (mit Kroatien 20,9). Die Sieger verteilten die Beute unter drei Nachbarstaaten: Rumänien, dessen Regierung 1918 genauso rechtzeitig die Fronten gewechselt hatte wie 1944, bekam ein Gebiet von 102 000 Quadratkilometern mit 5,24 Millionen Einwohnern, das heißt ganz Siebenbürgen mit dem Székler Land, das östliche Banat, den größten Teil der Komitate Körös und Tisza sowie den südlichen Teil von Máramaros. Der Tschechoslowakei hatte Ungarn 63 000 Quadratkilometer zu überlassen – mit 3,5 Millionen Menschen. Dem neuen Königreich der Serben, Kroaten und Slowenen wurden die Bácska, die Baranya, der westliche Teil des Banats mit 21 000 Quadratkilometern und 1,5 Millionen Einwohnern zugeteilt. Österreich, selbst zerstückelt, sprach der Vertrag das heutige Burgenland mit rund 4000 Quadratkilometern und fast 300 000 Einwohnern zu. Nur über die Zugehörigkeit von Sopron (Ödenburg) und Umgebung wurde eine nach österreichischer Ansicht sowohl hinsichtlich ihrer Vorgeschichte als auch ihrer Durchführung umstrittene Volksabstimmung abgehalten, bei der rund zwei Drittel der Stimmen auf Ungarn entfielen.

Seit der Teilung Polens sind die Großmächte mit keinem Staat Europas so unbarmherzig und ungerecht umgegangen wie mit dem historischen Ungarn. Über drei Millionen Ungarn (genau: 3 227 000) lebten fortan unter fremder Oberhoheit, obwohl die Hälfte von ihnen an den Grenzen der drei Nachfolgestaaten ihre *geschlossenen* Siedlungsgebiete behielten.

Fast jede ungarische Familie war von der Trianon-Tragödie direkt betroffen. Die Krönungsstadt Pozsony, symbolträchtiger Inbegriff der ungarischen Geschichte, hieß plötzlich Bratislava, Kolozsvár, Kassa oder Temesvár wurden umbenannt in Cluj, Košice und Timişoara. Und die dort lebenden Verwandten und Freunde waren von einem Tag auf den anderen »Ausländer«. Das Volk war wie traumatisiert. Zwischen 1918 und 1920 flüchteten oder verließen rund 350 000 bis 400 000 Menschen, vor allem Beamte, Offiziere und Vertreter der Mittelklasse, die abgetrennten Gebiete. Zehntausende mußten monatelang mit Notquartieren in Waggons auf den Bahnhöfen oder in improvisierten Baracken vorliebnehmen. Diese aus der Herrenschicht zu Heimatlosen degradierten, politisch wachen Menschen bildeten ein Sammelbecken für Extremisten aller Art, für populistische Rattenfänger und die Todesschwadronen radikal nationalistischer und antisemitischer Offiziere.

Trianon war ein Schock, von dem sich die Ungarn – ohne Rücksicht auf die jeweilige politische Einstellung – im Grunde bis heute nicht erholt haben. In den Kindergärten und Schulen, bei Gottesdiensten und in der Presse wurde der Gedanke an eine Rückgliederung der an die verachteten Nachbarn verlorenen Gebiete wachgehalten. Die Tag für Tag wiederholten Parolen »Nein, nein, niemals!« und »Rumpf-Ungarn ist kein Reich, Groß-Ungarn das Himmelreich« prägten selbst zwanzig Jahre nach Trianon das tägliche Leben in den Schulen. Der Unterricht begann und endete mit der ungarischen Glaubensformel, in der ein Wiedererstehen des alten Ungarn als »Gottes ewige Wahrheit« in das Bewußtsein der Schüler eingeprägt wurde:

Ich glaube an einen Gott,
Ich glaube an ein Vaterland,
Ich glaube an eine ewige göttliche Gerechtigkeit.
Ich glaube an ein Wiederauferstehen Ungarns!
Amen.

Nach Trianon und wohl auch im Hinblick auf die Einkreisung des besiegten Rumpfstaats durch die Kleine Entente (das von Frankreich gegründete und geförderte Bündnis der Tschechoslowakei, Rumäniens und Jugoslawiens) schrieb der aus Budapest stammende Arthur Koestler: »Vielleicht erklärt sich aus dieser exzeptionellen Einsamkeit die seltsame Intensität seiner Existenz: Ungar zu sein ist eine kollektive Neurose.«

Immerhin wurde Rumpf-Ungarn national ein homogener Staat. Nach der Volkszählung von 1920 waren in ihm nur 10,4 Prozent der Bevölkerung, darunter 552 000 Deutsche (6,9 Prozent) und 142 000 Slowaken (1,8), mit einer anderen Muttersprache als Ungarisch verblieben. Für Trianon-Ungarn galt auch, ja vielleicht in erster Linie, der von dem Politologen Ernest Gellner für Mitteleuropa angestellte Vergleich: Vor dem Zusammenbruch ähnelte Ungarn einem Gemälde von Kokoschka – verschiedene Farben, ein Muster von großer Diversität, Pluralität und Komplexität, die ethnographische Karte des amputierten Ungarn erinnerte eher an Modigliani – nur wenige Farbabstufungen, klare Flächen, voneinander geschieden; Mehrdeutigkeiten und Überlappungen sind so gut wie verschwunden.[1]

Wirtschaftlich stand Rumpf-Ungarn 1920 am Rand des Bankrotts. Es umfaßte zwar immer noch 56 Prozent der industriellen Kapazität, sogar 82 Prozent des Maschinenbaus sowie 70 Prozent der Bankaktiva Großungarns, und doch war zugleich die in der Hauptstadt konzentrierte Großindustrie von den Rohstoffquellen wie den natürlichen Märkten abgeschnitten. Mit 82 Einwohnern je Quadratkilometer wies Trianon-Ungarn die größte Bevölkerungsdichte im Karpatenraum auf, wobei ein Sechstel der Bevölkerung in der überdimensionierten Hauptstadt lebte. Wie Wien war auch Budapest ein »Wasserkopf« in einem dramatisch geschrumpften Land.[2]

In der inneren Entwicklung erwies sich Trianon als »ein verhängnisvolles Hindernis für die Demokratisierung« (Thomas von Bogyay). Nach dem Versagen der bürgerlichen Revolution und den bitteren Erfahrungen mit dem törichten Experiment der Kommunisten boten politische Unsicherheit, wirtschaftlicher Niedergang, soziale Demoralisierung, wachsende Kriminalität und andere Krisenerscheinungen einen geradezu idealen Nährboden für die historisch bekannte Umwandlung des Nationalismus von einer Befreiungsideologie zu einer Ablenkungsideologie. Demütigung und Drangsalierung einer einstmals gefürchteten oder beneideten Gruppe prägten in einem fatalen dialektischen Kreislauf das Verhältnis zwischen Minderheit und Mehrheit. Diesen Rollenwechsel mußten etwa 3,5 Millionen Ungarn nach dem Ersten und Zweiten Weltkrieg in Rumänien, in der Tschechoslowakei und in Jugoslawien sogar dreimal vollziehen: Auf die jähe Metamorphose von Herrschenden zu Gejagten folgte nach den Wiener Schiedssprüchen der Achsenmächte (1938 und 1940) die teilweise Rückeroberung der verlorenen Gebiete und schließlich, nach 1945, der Rückfall in die Position einer besonders verdächtigen, potentiell irredentistischen Minderheit ohne wirksamen Minderheitenschutz.

In dem ab 1918 größtenteils vom Feind besetzten Land gab es keinen schnellen Ausweg aus dem allgemeinen Chaos. In Budapest konnten die rumänischen Besatzungstruppen zwischen August und November 1919 praktisch ungestört plündern. Sie rafften zum Beispiel 4000 Telefone – sogar aus Privatwohnungen – zusammen. Der Wert der von der rumänischen Soldateska verschleppten Güter, vor allem Lokomotiven, Waggons, Maschinen und Zugtiere, betrug etwa drei Milliarden Goldkronen, das Zwölffache der Anleihe, mit der Ungarn vier Jahre später finanziell saniert wurde.[3] Der verhaßte Vertrag sorgte auch für eine dauerhafte Demütigung. Obwohl Ungarn von viel größeren Staaten – Rumänien war mehr als dreimal so groß, Jugoslawien fast dreimal, die Tschechoslowakei anderthalbmal – umgeben war, wurde ihm nur ein Berufsheer von 35 000 Mann ohne schwere Artillerie, Panzer und Kampfflugzeuge zugestanden. Ungarn mußte der Zahlung von Reparationen zustimmen, und eine alliierte Kontrollkommission hatte die diversen Auflagen zu überwachen. Ohne Zustimmung des Völkerbunds durfte Ungarn in keiner Form seine Unabhängigkeit aufgeben, das heißt sich mit Österreich wiedervereinigen.[4]

Die einzige Frage, die in den nächsten Jahren und Jahrzehnten die überwiegende Mehrheit der Ungarn dies- oder jenseits der neuen Grenzen beschäftigte, war, ob die Revision des Vertrags von Trianon auf friedlichem Wege oder nur durch einen siegreichen Krieg zu erreichen sei. Der britische Premier Lloyd George hat bei der Pariser Friedenskonferenz 1919/1920 zweimal vor den künftigen Gefahren gewarnt, die ein auf Vergeltung sinnendes Ungarn für den Frieden in Mitteleuropa bedeuten würde: »Es wird in Südosteuropa nie Frieden geben, wenn jeder dieser jetzt entstehenden Kleinstaaten eine bedeutende ungarische Minderheit aufweist.« Ein Jahr später warnte er noch einmal davor, ein Drittel der ungarischen Gesamtbevölkerung unter fremde Herrschaft zu stellen: »Es wird kein Friede herrschen, wenn sich nachträglich herausstellt, daß Ungarns Ansprüche gerechtfertigt sind und daß ganze ungarische Volksgruppen wie Rinderherden an die

Tschechoslowakei und an Siebenbürgen [gemeint war: Rumänien] übertragen wurden, nur weil die Konferenz die Behandlung der ungarischen Frage abgelehnt hatte.«[5]

Auch nach der Veröffentlichung der relevanten Dokumente und Protokolle bleibt unbestritten, daß die Politiker der drei Nachfolgestaaten, vor allem der damalige tschechoslowakische Außenminister Eduard Benes, mit allen Mitteln maximale Gebietsgewinne erreichen wollten und daß sie dabei primär von Frankreich und während der ganzen Konferenz auch vom britischen Außenministerium, das sich in der Ungarn-Frage gegen den eigenen Premier gestellt hatte, unterstützt wurden. Die innenpolitischen Umwälzungen in Ungarn selbst spielten keine substantielle Rolle mehr. Die Großmächte in Paris hatten letztlich nur die vollendeten Tatsachen (Besetzung Ungarns) zu akzeptieren.

Was war der Grund dafür, daß Ungarn in einer schicksalhaften Stunde seiner Geschichte weder bei den Siegern noch in der öffentlichen Meinung des Westens Unterstützung fand? War es die alte Führungsschicht aus Magnaten, der Gentry, dem hohen Klerus und der gegen Ende des 19. Jahrhunderts auftretenden Großbourgeoisie, welche durch einen chauvinistischen Kurs zuerst das Vertrauensverhältnis zu den Nichtmagyaren und dann das nach dem unterdrückten Freiheitskampf 1848/49 so hohe Ansehen Ungarns in der Welt zerstörte? Oder verübelte man den Ungarn, daß sie den österreichischen und deutschen Generälen und Diplomaten blind in den Krieg gefolgt waren? Bekam also Ungarn die Quittung für seine total verfehlte Nationalitäten- und Außenpolitik der letzten fünfzig Jahre?

Die Antwort auf solche Fragen in der ungarischen Öffentlichkeit war damals ein schallendes Nein! Die Schuldtragenden waren allein die Verräter der alten Ordnung, allen voran Graf Mihály Károlyi, der ein früher Agent der Entente, namentlich der Franzosen, gewesen sei. Als Sündenböcke wurden ferner seine jüdischen Handlanger ausgemacht, etwa der liberale Jászi und der Linkssozialist Zsigmond Kunfi. Die von Béla Kun angeführten jüdischen Bolschewisten aber figurierten als Hauptschuldige an der Fehlentwicklung. »Die jüdischen Agenten des Weltbolschewismus«, die alle nationalen und christlichen Werte zersetzenden jüdischen Intellektuellen und die jüdischen Schwarzmarktmillionäre, die von dem Elend der Nation und der Frontsoldaten profitierten, hätten Ungarn ins Unglück gestürzt. Kurz, die Juden, und allein sie, hätten Trianon und die ungarische Tragödie zu verantworten.

Daß Revolutionäre jüdischer Herkunft, die sich übrigens als Atheisten betrachteten und niemals etwa im Interesse des Judentums handelten, in der Arbeiterbewegung Mittel- und Osteuropas eine herausragende Rolle spielten, war keineswegs eine spezifisch ungarische Erscheinung. Namen wie Rosa Luxemburg und Leo Trotzki, Viktor Adler und Otto Bauer, Eduard Bernstein und Karl Radek sprechen für sich. Über die Gründe, warum Juden – und Angehörige von Minderheiten überhaupt – in Vielvölkerstaaten weit über ihren jeweiligen prozentualen Anteil hinaus in revolutionären Bewegungen vertreten waren, wurden zahlreiche Studien verfaßt, übrigens auch über die widersprüchliche Haltung der Sozialisten und Kommunisten zur Judenfrage. Der jüdische Messianismus, die bewußte oder unbewußte Absage an die jüdischen Wurzeln, die bewußte Assimilation, die Aufhebung des Nationalen in der Entfremdung durch den Internationalismus, der jüdische Selbsthaß, die besonders unbarmherzige Verfolgung des jüdischen Klassenfeindes und nicht zuletzt die Erlösung der Menschheit durch die bevorstehende Weltrevolution – all das traf auf die maßgeblichen Akteure in Ungarn zu. Es würde den Rahmen dieser Betrachtungen sprengen, wenn wir eine breitgefächerte Analyse über die jeweiligen Beweggründe und die spätere Karriere der handelnden Personen anstrebten. Politisch bedeutsam war jedenfalls nicht die Frage nach dem »Warum«, sondern die offensichtliche Tatsache, daß die Mehrheit der kommunistischen Kommissare (die Schätzungen schwanken zwischen 60 und 75 Prozent) Juden oder konvertierte Juden waren. Auch in der sogenannten »zweiten Reformgeneration« nach der Jahrhundertwende, in den Reihen der Vordenker bei den herausragenden Zeitschriften wie *Nyugat* (Der Westen) oder *Huszadik Század* (Zwanzigstes Jahrhundert) waren viele jüdische Intellektuelle und Wissenschaftler zu finden. Das gleiche galt für den »Galilei-Kreis« und den »Verein der Freidenker«. Diese Publikationen und Gruppierungen waren allerdings elitäre Initiativen bürgerlich-radikalen Charakters; weit von der politischen Macht entfernt und bei den breiten Bevölkerungsschichten unbekannt.

Während der 133 Tagen der »Kommune«, wie die Ungarn die Räterepublik nannten, erschienen aber zum erstenmal Juden als Machthaber, als Träger eines internationalistischen, atheistischen und bolschewistischen, das heißt auch prorussischen Regimes. Das brutale Vorgehen der Roten Garden und das Treiben der Revolutionstribunale, vor allem nach der Niederschlagung der sich häufenden Aufstandsversuche und Streiks, kurz der »rote Terror«, wurde in erster Linie den für die innere Ordnung zuständigen Funktionären Tibor Szamuely und Otto Korvin zur Last gelegt. Der erste beging Selbstmord, der zweite wurde hingerichtet; beide waren Juden. Die Zahl der politisch motivierten Hinrichtungen betrug zwischen 300 und 400, die höchste seriöse Schätzung sprach von 580 Opfern.[6]

Vergeblich versuchten Vertreter der jüdischen Gemeinde, aber auch gemäßigt-konservative Politiker und unabhängige Autoren nachzuweisen, daß sich die meisten Juden mit dem Bolschewismus nicht nur nicht verbündet hatten, sondern im Gegenteil unter ihnen viele Industrielle, Gutsbesitzer und Gewerbetreibende enteignet, inhaftiert oder als Geiseln verfolgt wurden. Judentum, Kommunismus und »roter Terror« wurden während der folgenden 25 Jahre unwiderruflich gleichgesetzt. »Die Erfahrungen von 1918/19 haben der Reaktion und der Restauration die Arbeit nur allzu leicht gemacht und trugen wesentlich dazu bei, daß die für Westeuropa charakteristische, allmähliche und allgemeine Demokratisierung in Ungarn ausblieb.«[7]

Die Revolution und Trianon haben also den historischen Pakt zwischen der herrschenden politischen Klasse und dem ungarischen Judentum zerstört. Es war freilich nicht nur der jüdische Anteil an den revolutionären Umwälzungen, der zur Wende führte. In seinem großen Werk über den Zerfall der Habsburger-Monarchie legt Jászi die wahren Gründe offen: Die Magyarisierung sei nicht mehr erforderlich und erwünscht gewesen, damit auch eine Mithilfe der Juden im Kampf gegen die Nationalitäten, und deshalb änderte sich auch die öffentliche Meinung so radikal. Plötzlich gab es keine großen nationalen Minderheiten mehr, sondern einen konkurrierenden jüdischen Mittelstand. Das nationale Schreckgespenst wurde durch das jüdische Schreckgespenst ersetzt, so Jászi.

»Uns haben nicht äußere Feinde, uns haben innere Feinde zugrunde gerichtet«, hieß es in einer Zeitung des christlich-sozialen Lagers wenige Tage nach der Veröffentlichung der Friedensbedingungen für Ungarn Anfang 1920.[8] Diese ungarische »Dolchstoßlegende« war von ungeheurer Bedeutung für die Dynamik des ungarischen Antisemitismus der Zwischenkriegszeit. Die verhängnisvollen Folgen des grundlegenden Übels, nämlich der Emanzipation und der Förderung der Assimilation der Juden durch die Liberalen, hätten allein die frühen Antisemiten rechtzeitig erkannt, lautete das Argument. Die »Judenrepublik« im März 1919 markiere also nur den Endpunkt dieser Entwicklung, wobei die Assimilation eine rein äußerliche geblieben sei, wie die Ereignisse bewiesen hätten. Der Jude war jetzt nicht mehr nur der von Gott Verdammte, der Wucherer, der Preistreiber, sondern der Todfeind der ungarischen Nation schlechthin.

Die Greuel, die nach dem 19. März 1944, dem deutschen Einmarsch, zum Teil freilich auch schon früher, geschehen sind, die Begleitumstände des organisierten Massenmordes von weit über einer halben Million Menschen haben nur zu sehr deren tieferen Wurzelgrund verdeckt. Deshalb muß man sich die vielfach vergessene chaotische Geburtsstunde jener ein Vierteljahrhundert andauernden Ära in Erinnerung rufen, die mit dem Namen des am 1. März 1920 zum dritten (nach János Hunyadi und Lajos Kossuth) Reichsverweser des Königreichs Ungarn gewählten Miklós Horthy identifiziert wird.

Bei strömendem Regen zog die neuorganisierte »Nationale Armee« am 16. November 1919 in die auf Drängen der Alliierten von den rumänischen Truppen geräumte Hauptstadt ein. An der Spitze ritt in voller Admiralsuniform der Oberbefehlshaber, zeitweilig auch Kriegsminister der bereits im Juni in Szeged gegründeten gegenrevolutionären Regierung, Miklós Horthy de Nagybánya, auf einem Schimmel*. Nach der Blutspur, die die ihm unterstehenden Offizierskommandos vor allem im Süden und Südwesten des Landes gezogen hatten, warteten viele mit Spannung, und die große jüdische Gemeinde mit unverhohlener Angst, auf die erste Rede des starken Mannes der Gegenrevolution.

In seiner Antwort auf die Begrüßungsrede stellte Horthy eine Anklage in den Mittelpunkt, die zum geflügelten Wort des »christlich-nationalen« Kurses wurde. Der Admiral, der besser deutsch als ungarisch sprach, nannte Budapest »a bünös város«, die »schuldige« oder »sündige« Stadt; bünös bedeutet nämlich beides. Die Hauptstadt habe »ihre tausendjährige Geschichte verleugnet,… ihre Krone, ihre nationalen Farben in den Dreck gestoßen und sich in rote Lumpen gehüllt«.[9]

Der damals 51jährige Vizeadmiral und letzte Kommandant der österreichisch-ungarischen Kriegsmarine war politisch ein unbeschriebenes Blatt. In seinen Memoiren zeichnete Horthy die Zeit, als er einer der vier Flügeladjutanten Franz Josephs gewesen war, als die »fünf schönsten Jahre« seines Lebens. Der greise Kaiser war sein Vorbild: als »die nobelste, ritterlichste und anständigste Persönlichkeit«,

* Man erinnere sich, welche Rolle das weiße Pferd in der früheren Geschichte der Magyaren gespielt hat. Horthy wurde dann immer wieder als der »neue Árpád« bezeichnet.

der er in seinem Leben je begegnet sei; sein Wegweiser in allen schwierigen Situationen.[10] Trotz seiner stets bekundeten unerschütterlichen Treue zum Haus Habsburg verhielt sich Horthy zwiespältig, als König Karl IV. unerwartet und unangekündigt am Ostersonntag, dem 27. März 1921, in Budapest auftauchte, um seinen Thron einzunehmen. Ermutigt durch ungarische Legitimisten war er bereits einen Tag vorher aus dem Schweizer Exil in Szombathely erschienen und dann in Begleitung von Graf Antal Sigray, dem Regierungskommissar für Westungarn, in die Hauptstadt gereist. Der letzte Herrscher aus dem Hause Habsburg war redlich und anständig, jedoch politisch unerfahren, schlecht beraten und zwanzig Jahre jünger als der Admiral, der ihm im November 1918 bei ihrer letzten Begegnung im Schloß Schönbrunn mit tränenerstickter Stimme seine ewige Loyalität bekundet hatte. Nach einem zweistündigen Gespräch unter vier Augen, über dessen Inhalt völlig gegensätzliche Versionen verbreitet wurden, kehrte Karl in die Schweiz zurück. Seine Behauptung, daß die Entente, namentlich der französische Ministerpräsident Aristide Briand, mit seiner Rückkehr einverstanden sei, wurde von der französischen Regierung sofort offiziell dementiert. Jedenfalls machte Horthy unter Berufung auf eine drohende militärische Intervention der Kleinen Entente und der Großmächte klar, daß er trotz aller Königstreue den ihm offensichtlich liebgewordenen Posten eines Reichsverwesers nicht ohne weiteres aufzugeben gedenke.

Karl hatte die machtpolitischen Verhältnisse und die Möglichkeiten in Ungarn und Mitteleuropa verkannt und den seinerzeit von Horthy ihm gegenüber geschworenen Treueid wörtlich genommen. Deshalb erschien er bereits knapp sieben Monate später, am 20. Oktober 1921, schon wieder in Westungarn, ließ mit Hilfe des Regionskommandanten, Oberst Anton Lehár, des Bruders des Komponisten und Kampfgefährten Horthys aus den Tagen des »weißen Terrors«, die dort stationierten Truppen auf sich vereidigen und eine Regierung bilden. Der Vormarsch Karls und seiner königstreuen Truppen ähnelte freilich eher einer Operette als einer ernsthaften militärischen Operation. So dauerte die Fahrt des gepanzerten Sonderzugs von Sopron nach Györ, eine Strecke von 80 Kilometern, wegen der vielen Feiern und Begrüßungen in diesem traditionell habsburgfreundlichen Landesteil volle zehn Stunden. Horthy und sein seit April 1921 amtierender Ministerpräsident Graf István Bethlen hatten unterdessen reichlich Zeit, dem Protest der Großmächte und der Nachbarstaaten Folge zu leisten und loyale Armee- und paramilitärische Einheiten zu mobilisieren.

Nach einem ersten Zusammenstoß vor Budapest, mit einigen Toten und Verwundeten, ließ der siegreiche Horthy Karl gefangennehmen und durch die Briten in die Verbannung auf die portugiesische Insel Madeira verschicken, wo er am 1. April 1922 starb.[11]

Das im Januar in freien, geheimen (allerdings von den Sozialdemokraten wegen des »weißen Terrors« boykottierten) Wahlen gewählte Parlament beschloß bereits am 6. November 1921 die Entthronung des Hauses Habsburg. Horthys Verhalten gegenüber Karls Restaurationsversuchen beschwichtigte den Argwohn der Nachfolgestaaten und der Großmächte. Nun war Horthy unbestrittener Herr in der Burg von Buda, mehr als ein konstitutioneller Monarch im Westen, aber keinesfalls ein Diktator.

Nichts in Horthys beruflichem Werdegang deutete auf seine spätere wichtige, zuweilen sogar ausschlaggebende Rolle in der ungarischen und sogar mitteleuropäischen Geschichte hin. Sein Ruhm als siegreicher Marinekommandeur beim Seegefecht von Otranto in der Adria und als gefeiertster ungarischer Kriegsheld, aber auch seine letzte Stellung als Kommandant der Österreichisch-Ungarischen Kriegsmarine waren wohl entscheidend dafür, daß dieser Berufsoffizier aus kalvinistischem Mitteladel von den diversen konterrevolutionären Gruppen in Wien und in Szeged noch vor dem Sturz des kommunistischen Regimes einhellig zum Oberbefehlshaber der Szegeder Nationalen Armee bestimmt wurde. Trotz seiner Beteiligung an verschiedenen konterrevolutionären Schattenregierungen hatte es Horthy geschickt verstanden, stets seinen eigenen Weg zu gehen. So gelangte er durch den Zusammenschluß mit den in Transdanubien von Oberst Lehár befehligten Verbänden an die Spitze einer auf 50 000 Soldaten angewachsenen Armee – und damit an die Macht.

Die erstaunliche späte Karriere verdankte der Reichsverweser nicht nur der Gunst der Stunde, sondern zweifellos auch seinen persönlichen Qualitäten. Fast alle ausländischen Gesprächspartner, Diplomaten und Besucher lobten seine verbindlichen Umgangsformen, seine Aufrichtigkeit, Freundlichkeit, Gradlinigkeit und natürliche Autorität. Als junger Marineoffizier hatte Horthy die ganze Welt bereist und militärische internationale Wettbewerbe im Fechten und Tennis gewonnen; er war ein guter Reiter, Jäger und Bridgespieler. Viel half ihm auch seine Sprachbegabung. In Pula war kein Geringerer als James Joyce sein Englischlehrer, wobei die Frage offenbleiben muß, ob Horthy die Quelle für die diversen ungarischen Obszönitäten in *Ulys-*

ses gewesen ist... Horthy sprach aber auch Französisch, Italienisch, Kroatisch und ein wenig Slowakisch. Von seinen vielen Reisen hatte der junge Offizier eine lebenslange Bewunderung für England mitgebracht – und eine große Tätowierung, die seinen linken Arm und einen Teil seines Körpers überzog. Zu den Vergnügungen des jungen Horthy hatte auch Singen gehört, wobei ihn in Pula häufig sein Freund Franz Lehár begleitete, der damalige Kapellmeister der Marine.[12]

Die Erinnerungen von dessen bereits erwähntem Bruder Antal und das Tagebuch eines der berüchtigtsten Kommandanten der Todesschwadronen, Pál Prónay, sowie die inzwischen zugänglichen Berichte von Horthys diplomatischen Gesprächspartnern und andere Dokumente bringen allerdings auch die unerfreulichen, ja finsteren Kapitel seiner Laufbahn ans Licht. Aufschlußreiche Details über die zahlreichen krassen Widersprüche und Ungereimtheiten in seinem Leben lassen ein Janus-Gesicht erkennen, einen inneren Zwiespalt, der sich in Schwankungen zwischen rechtsextremem Radikalismus und Konservatismus alten Stils, zwischen Gefühl und Vernunft äußert.[13]

Der Ausgang solch inneren Ringens hing häufig genug von der jeweiligen politischen Situation ab, zum Teil auch davon, wer gerade den größten Einfluß auf ihn hatte. Davon zeugte das Auf und Ab im politischen Dreieck zwischen Horthy und seinen beiden wichtigsten Ministerpräsidenten, Graf István Bethlen (1921–1931) und Gyula Gömbös (1932–1936). Und auch in den schicksalhaften Pendelschlägen zwischen einer gemäßigten oder einer radikalen Haltung in der Judenfrage während der vierziger Jahre machte sich Horthys Zwiespalt bemerkbar.[14]

Die anfängliche Angst vor Horthy und einer Militärdiktatur war keineswegs unbegründet. Sie hing mit jenem »weißen Terror« zusammen, den der deutsche Ungarn-Historiker Jörg K. Hoensch charakterisierte als »die Untaten der von Horthy gedeckten und niemals strafrechtlich zur Rechenschaft gezogenen rechtsradikalen Gruppen, deren Ausschreitungen den vorausgegangenen ›roten Terror‹ an Grausamkeit und in der Zahl der Menschenopfer um ein Vielfaches übertrafen«. Die Opfer waren vor allem Juden, wirkliche oder vermeintliche Kommunisten, aber auch viele Bauern, die es gewagt hatten, sich gegen die Großgrundbesitzer zu erheben. Es liegen keine exakten Angaben vor, aber Schätzungen belaufen sich für die frühen zwanziger Jahre auf eine Gesamtzahl von 2000 bis 5000 Todesopfern. Rund 70 000 Menschen waren kürzere oder längere Zeit interniert beziehungsweise verhaftet.[15]

Zahlreiche in- und ausländische Berichte, Zeugenaussagen und Dokumente schildern, wie ohne auch nur einen Schein von Legalität völlig unschuldige Männer und Frauen zusammengeschlagen und verhaftet, gefoltert und aufgehängt wurden. Zwei Redakteure der sozialdemokratischen Tageszeitung *Népszava* (Volksstimme), Béla Somogyi und Béla Bacsó, ermordete man knapp zwei Wochen vor der Wahl Horthys zum Reichsverweser; ihre verstümmelten Leichen wurden in die Donau geworfen. Die Mörder waren unter den Offizieren der Sonderkommandos Prónay und Ostenburg zu suchen, die am Wahltag ein Spalier zum Parlamentsgebäude bildeten. Die Kommandanten und einige andere Offiziere begaben sich mit geöffneter Pistolentasche und Handgranaten im Gürtel in den Sitzungssaal des Parlaments. Horthy erhielt 131 von 141 abgegebenen Stimmen.[16]

In den Jahren 1919 und 1920 stand er unter dem direkten Einfluß jener rechtsextremistischen jüngeren Offiziere, die in der Tat eine faschistische Militärdiktatur anstrebten. Zugleich gab es Dutzende Geheimbünde der extremen Rechten; 1920 zählte man 101 solche Vereinigungen. Zu den wichtigsten Organisationen gehörten die »Erwachenden Ungarn« (Ebredö Magyarok), der ungarische Landesschutzverband (nach den ungarischen Initialen MOVE genannt); zu den Geheimbünden der »Bund von Etelköz«, benannt nach einem frühen Siedlungsgebiet der Magyaren an der Don-Mündung, und der »Doppelkreuz-Blutbund«. Als ideologisch-politische Schlüsselfigur galt der ehemalige Hauptmann und frühere Staatssekretär in Horthys kurzzeitigem Szegediner Kriegsministerium, Gyula Gömbös.[17]

Kein Wunder also, daß Horthy zu Vertretern der Gentry wie Gömbös und Umgebung beziehungsweise der von dieser geprägten Mittelschicht ein entspannteres Verhältnis pflegte als zu den ihm gesellschaftlich und oft auch intellektuell überlegenen Aristokraten. Jedenfalls deckte er bis zuletzt die mörderischen Offizierskommandos, und es gelang ihm auch, die angesichts der internationalen Empörung angeordnete Untersuchung jenes Doppelmords durch den damaligen Innenminister zu sabotieren. Dieser enthüllte die Wahrheit 1925 in einer sensationellen Artikelserie und deutete auch die Mitwisserschaft Horthys an, wurde dafür zu drei Jahren Gefängnis verurteilt, kam aber nach drei Monaten wieder auf freien Fuß. Die Zeitung blieb verboten.[18]

Einige Monate nach der Wahl Horthys brachte sein damaliger Ministerpräsident Graf Pál Teleky, ein überzeugter, aber »gemäßigter« Antisemit das erste antisemitische Gesetz in Europa nach dem Ersten

Weltkrieg im Budapester Parlament ein. Dieses Numerus-clausus-Gesetz, das am 22. September 1920 verabschiedet wurde, beschränkte die Zulassung jüdischer Studenten an Universitäten auf einen Anteil von sechs Prozent. Zur Verschlechterung des Ansehens der Teleky-Regierung trug ferner die fast gleichzeitig beschlossene Einführung der Prügelstrafe bei. Der sogenannte »Gedanke von Szeged« (a szegedi gondolat) war das national-rassisch bestimmte Programm einer durchgreifenden »Wachablösung«, als deren Leitprinzipien Gömbös den »christlichen Gedanken, den wir kurz als Rassenschutz bezeichnen« und den »agrarischen Gedanken« hervorhob. Tatsächlich handelte es sich um den für alle sichtbar gewordenen Beginn des offiziellen Antisemitismus der christlich-nationalen, rechtskonservativen Gegenrevolution, eines Antisemitismus, welcher der liberalen Elite und dem Ungarn des Vielvölkerstaates fremd gewesen war.[19]

Die Vorstellung von Ungarn als einem christlichen Bollwerk gegen Bolschewismus, Judentum und Liberalismus mag damals auch den eher schwachen Intellekt des Reichsverwesers geprägt haben. 1922 wurde der Generalsekretär der jungen amerikanischen Christen (YMCA) von Horthy mit den Worten empfangen: »Es freut mich, das Haupt einer so wichtigen antisemitischen Organisation begrüßen zu dürfen.« Als im selben Jahr die ungarische Krone an Wert verlor, erklärte das Staatsoberhaupt im Gespräch mit dem österreichischen Botschafter, dies sei das Werk der »Weisen von Zion«. Nachdem sie den Bolschewismus nicht hätten etablieren können, versuchten sie die ungarische Wirtschaft zu untergraben. Von den Nationen in der Nachbarschaft hielt er – außer von den Polen und zum Teil auch von den Bulgaren – nichts. Zur Zeit des großen britischen Bergarbeiterstreiks setzte der über Streiks und Arbeiterproteste stets empörte Horthy dem britischen Militärattaché auseinander, die Welt wäre seiner Regierung zu Dank für einen unübertrefflichen Dienst verpflichtet, hätte man K. Cook, den Anführer der Bergleute, nur kurzerhand erschossen![20]

Ein bizarres Erzeugnis der rassenschützerischen Bewegung war die Idee des »Turanismus«. Diese gegen den Westen gerichtete Idee strebte eine Vereinigung der dritten, »turanischen« Welt mit Osteuropa an. Sie proklamierte die Einheit der turanischen Völker (darunter Türken, Tataren, Bulgaren, Usbeken, Finnen und Lappen) und verstand die Magyaren als ihre westlichsten Repräsentanten. »Nordische Moral« und »turanische Urkraft« sollten als Grundlage eines neuen Ungarn dienen.[21]

Die romantisch-nationalistische, populistische, rassistische, antiliberale, antiintellektuelle und antizivilisatorische Stimmung, gekoppelt mit den jahrelang laufenden Säuberungen und Denunziationen von (keineswegs nur jüdischen) Professoren und Lehrern, Beamten und Angestellten, führte in den zwanziger Jahren zu einem beispiellosen Aderlaß im wissenschaftlich-kulturellen Milieu. In seinem anregenden Buch *Budapest 1900*[22] wies der aus Ungarn gebürtige Historiker John Lukacs auf die unvergleichliche Weltkarriere so vieler genialer Vertreter der Budapester Generation vor oder um 1900 hin (für Details vgl. Kap. XXXV, S. 514 ff.).

Viele im Land gebliebene Persönlichkeiten, wie der Komponist Zoltán Kodály, der Dichter Mihály Babits und der Schriftsteller Zsigmond Móricz, die Wissenschaftler Gyula Pikler, Zsigmond Simonyi und Lajos Fülep, wurden zeitweilig zu Zielscheiben von Repressalien. Dem größten modernen Dichter Endre Ady ist durch seinen frühen Tod das Schicksal seiner Freunde erspart geblieben. Gehetzt wurde gegen diese leidenschaftlich antifeudale und revolutionäre Stimme dennoch: Adys Seele sei mit dem »jüdischen Serum geimpft« worden, stellte Bischof Ottokár Prohászka auf dem Katholikentag von 1920 fest.[23]

Trotzdem wäre es falsch, die Leistungen der Horthy-Ära, vor allem die Konsolidierung unter der zehnjährigen Regierung von Graf István Bethlen, zu übersehen. Beobachter haben immer wieder die Frage gestellt, wie es Horthy gelingen konnte, in einer Region, in der Putsch und Umsturz die Regel waren und politische Stabilität die Ausnahme, das Heft so lange fest in der Hand zu behalten. Der Reichsverweser war weder sehr gebildet noch sehr intelligent, aber doch schlau und geschickt genug, dem Rat der Klügeren zumindest zeitweilig zu gehorchen und in schwierigen Zeiten einen mittleren Weg zu suchen.[24] Daß er trotz mancher Krisensituationen das Regieren ein Jahrzehnt lang dem zweifellos fähigsten Politiker der Zwischenkriegszeit, nämlich Bethlen, überlassen und sich im Grunde auf die repräsentativen Funktionen eines Staatschefs beschränkt hat, war ein Beleg dafür, daß Horthy, trotz gelegentlicher absurder Ideen, bereit war, seine extremistischen Freunde einzubremsen, den Scharfmacher Gömbös kaltzustellen und dem kompromißbereiten liberal-konservativen Kurs der Bethlen-Regierung freien Lauf zu lassen.

Durch das Zurückdrängen des Rechtsradikalismus, die Entwaffnung der Terroristenkommandos, Kompromisse mit der »gezähmten« Sozialdemokratie und die Entmachtung der gespaltenen Partei der Kleinen Landwirte bereitete der Ministerpräsident den Boden für eine restriktive Wahlrechtsreform. Unter dem neuen Wahlsystem besaßen nur 27,3 Prozent (statt 39,2 im Jahr 1920) das Wahlrecht, und die Wiedereinführung der offenen Stimmabgabe (ausgenommen in den großen Städten) sicherte langfristig eine bequeme Mehrheit für die in »Einheitspartei« umbenannte christlich-soziale Gruppierung. Die innenpolitische Konsolidierung und Bethlens offene und scharfe Stellungnahme in seinen ersten beiden Parlamentsreden gegen jede Form von Antisemitismus und religiöser Verfolgung ermöglichte es dem Premier, das Vertrauen der internationalen Finanzwelt zu gewinnen. 1923 nahm der Völkerbund Ungarn als Mitglied auf und gewährte ihm eine Anleihe von 250 Millionen Goldkronen. Die Staatsfinanzen wurden stabilisiert, ab 1927 eine Währungsreform durchgeführt, und nach einem bescheidenen Wirtschaftsaufschwung lag 1929 der Produktionswert der Industrie um zwölf Prozent über dem Vorkriegsniveau.

Der weltgewandte und hochgebildete Aristokrat aus Siebenbürgen operierte mit großem taktischem Geschick und politischem Augenmaß in der Innen- und Außenpolitik und erwies sich als ein hervorragender Techniker des parlamentarischen Kräftespiels. Alle Parteien, von den Sozialisten bis zu den Faschisten, waren im Parlament vertreten. Nur die kommunistische Partei blieb verboten. Doch wurden während des ganzen Horthy-Regimes weit weniger Spitzenfunktionäre verhaftet, geschweige denn hingerichtet, als im »Vaterland des Proletariats« während Stalins Säuberungen. Die Presse war fast völlig frei (allerdings waren knapp eine Million Erwachsene Analphabeten), die Gerichte waren unabhängig und die Reise- und Bewegungsfreiheit uneingeschränkt. Trotz der antisemitischen Agitation der äußersten Rechten wurde sogar die berüchtigte Numerus-clausus-Regelung aus dem Jahr 1920 stillschweigend verwässert, und der Prozentsatz jüdischer Universitätsstudenten stieg 1929/30 von 5,9 auf 10,5 Prozent. Auslandsdiplome wurden problemlos anerkannt.[25]

Bethlen ließ aber die Vermögens- und sozialen Verhältnisse unangetastet. Nach wie vor verfügten 2400 Großgrundbesitzer über 36 Prozent des Landes; dagegen besaßen 72,7 Prozent der Bauern nur 10 Prozent des Bodens. Die bescheidene Landreform änderte kaum etwas an der miserablen Lage der ganz oder nahezu landlosen Bauern, die noch immer 46 Prozent der rund 4,5 Millionen Bauern ausmachten. Verglichen mit den Nachbarländern Rumänien, Jugoslawien und der Tschechoslowakei, war der Anteil der ärmsten landlosen Bauern in Ungarn fünf- bis sechsmal größer! Auch die Reallöhne der Arbeiter erreichten nur 80 bis 90 Prozent des Vorkriegsniveaus. Zugleich waren die sozialen Gegensätze zwischen den oberen »52 000« und den Massen schärfer denn je. Die 0,6 Prozent der Bevölkerung ausmachende oberste Schicht verfügte 1930/31 über 20 Prozent des privaten Einkommens. Dieser Anteil war wesentlich höher als die vergleichbaren Prozentsätze für Deutschland oder die Vereinigten Staaten. Trotz des offiziellen Antisemitismus konnte die jüdische Finanz- und Industriebourgeoisie ihre Vormachtstellung ebenso behaupten wie etwa die Groß- und »Tausend-Joch«-Grundbesitzer.[26]

Die Weltwirtschaftskrise und Hitlers Machtergreifung setzten dieser verhältnismäßig ruhigen Periode und der langsamen Konsolidierung der Wirtschaft ein jähes Ende. Bethlen trat 1931 zurück, ein Jahr später kam Gyula Gömbös, der Wortführer der extremen Rechten, mit einem radikalen Programm an die Macht. Trotz seiner engen Beziehungen zu Mussolini und später zu Hitler war seine Rhetorik gefährlicher als seine Taten. Vor seinem unerwartet frühen Tod 1936 hat Gömbös zwar keine drastischen innenpolitischen Änderungen vorgenommen, doch bei den Begegnungen mit Hitler und Mussolini stellte er bereits die Weichen für Ungarns künftige Außenpolitik.

Infolge des Revisionskurses gegenüber den Nachfolgestaaten und der Stärkung des extrem rechten Lagers geriet Ungarn immer mehr ins politische und wirtschaftliche Schlepptau des Dritten Reiches. Mit Hilfe der Achsenmächte (der Begriff soll von Gömbös stammen) begab sich Ungarn auf den Weg zur Rückgewinnung von Teilen des alten Königreichs. Dieser Weg führte, wie wir noch sehen werden, zu beträchtlichen territorialen Änderungen zugunsten Ungarns, aber auch zum Kriegseintritt gegen die Sowjetunion mit schweren Verlusten an ungarischen Menschenleben. Anfang Dezember 1941 ließ auch Horthys geliebtes Großbritannien (Churchill: »Unter den Ungarn haben wir doch so viele Freunde!«[27]) einem Ultimatum die Kriegserklärung folgen. Daraufhin erklärte die ungarische Regierung am 13. Dezember unter dem Vorsitz Lászlo Bárdossys, der 1946 als Kriegsverbrecher hingerichtet wurde, den Vereinigten Staaten den Krieg. Das war die Geburtsstunde des berühmtesten ungarischen Witzes während des Krieges, der möglicherweise in einer BBC-Sendung für Ungarn erfunden wurde. Es geht um eine Unterredung zwischen Präsident Roosevelt und Außenminister Hull (in anderen Versionen mit dem ungarischen Gesandten in Washington):

Hull: Ich muß Ihnen leider mitteilen, Herr Präsident, daß Ungarn uns den Krieg erklärt hat.
Roosevelt: Ungarn? Was ist das für ein Land?
Hull: Es ist ein Königreich.
Roosevelt: Wer ist der König?
Hull: Sie haben keinen König.
Roosevelt: Ein Königreich ohne König? Wer ist das Staatsoberhaupt?
Hull: Admiral Horthy.
Roosevelt: Admiral? Haben wir also nach Pearl Harbor wieder eine Flotte am Hals?
Hull: Nein, Herr Präsident. Ungarn hat keine Flotte, nicht einmal eine Meeresküste.
Roosevelt: Merkwürdig. Was wollen sie denn von uns? Haben sie vielleicht territoriale Ansprüche?
Hull: Nein. Sie wollen Land von Rumänien.
Roosevelt: Haben sie Rumänien den Krieg erklärt?
Hull: Nein, Herr Präsident. Rumänien ist ihr Verbündeter.[28]

XXXII Abenteurer, Geldfälscher, Thronanwärter: Ungarn als Störenfried im Donaubecken

Nach dem gescheiterten Kapp-Putsch in Berlin (12.–17. März 1920) und inmitten des Bürgerkriegs in Rußland war Horthys Ungarn, das Land der siegreichen Gegenrevolution, die letzte Hoffnung der extremen Rechten. Die Kapp-Putschisten erhielten Hilfe aus Ungarn, und es war kein Zufall, daß General Walter von Lüttwitz nach der »kabarettreifen Groteske« in Richtung Ungarn entschwand. Auch die Mörder von Reichsaußenminister Walther Rathenau und von Finanzminister Matthias Erzberger fanden zuerst zeitweilig Zuflucht in Ungarn. General Erich Ludendorff setzte auf die Unterstützung des gerade gewählten Reichsverwesers Horthy. Nach geheimen Beratungen rechtsradikaler Militärs und Politiker im kleinen Kreis in Stephanskirchen (nahe Rosenheim) fielen die Würfel. Ludendorffs Konzept für eine »Weiße Internationale« sollte Horthy durch zwei Sondergesandte persönlich unterbreitet werden.[1]

Der Reichsverweser empfing die Delegation am 17. Mai 1920 und war begeistert von der Idee, durch eine enge Zusammenarbeit von bayerischen, österreichischen und ungarischen Freikorps die sogenannten Friedensverträge zu annullieren beziehungsweise die revolutionären und sozialistischen Elemente in Österreich und danach auch in Preußen zu liquidieren. Durch eine gemeinsame ungarisch-österreichisch-bayerische Militäroperation sollte sodann die Tschechoslowakei zerschlagen werden. Ungarn würde finanzielle Hilfe und Ausbildungseinrichtungen zur Verfügung stellen und als Belohnung für seine Schlüsselrolle die Vorkriegsgrenzen zurückerhalten. All dies wäre freilich auch das Vorspiel zu einem massiven militärischen Kreuzzug gegen den Bolschewismus in Rußland gewesen. Die Armee der Weißgardisten sollte aber schon vorher durch gefälschte »Duma-Rubel« finanziert werden. Zwei Millionen solcher »weißer« Banknoten wollten die Verschwörer in Ungarn fälschen. Horthy ersuchte um weitere Details und beauftragte seine engsten Mitarbeiter, Gömbös und Prónay, Kommandanten der Todesschwadronen, die Verhandlungen mit den Emissären Ludendorffs fortzuführen. Bereits am 1. Juni, also drei Tage vor der Unterzeichnung des Vertrags von Trianon, teilte

Gömbös den in Budapester Luxushotels untergebrachten Gästen aus Deutschland mit, Horthy sei völlig einverstanden, »so daß wir jetzt Dinge konkret angehen können«.

Zwischen Herbst 1920 und Frühjahr 1921 sollte ein Zentralkomitee für Waffenbeschaffung und die Aufstellung von Freiwilligenkorps in den drei Ländern sowie ein zentrales Pressebüro für die Koordinierung der Propaganda verantwortlich sein. Indessen knüpfte auch der Sprecher der russischen Monarchisten, General Vladimir Biskupski, Kontakte mit der ungarisch-deutschen Gruppe an. Horthy empfing zu getrennten Audienzen sowohl Biskupski als auch wieder die deutschen Verschwörer und lud sogar den Ludendorff-Vertrauten Oberst Max Bauer und einen Abgesandten des rechtsextremen bayerischen Ministerpräsidenten Gustav von Kahr zum Mittagessen ins königliche Sommerschloß Gödöllö ein. Bauer und Prónay planten später auch die Entsendung von ungarischen und bayerischen Freikorps zu Weihnachten 1920 in die Slowakei und ins Sudetenland, um eine Rebellion und den Zusammenbruch der Tschechoslowakei zu provozieren. Horthy versprach seinen Besuchern weitere Unterstützung für die »Weiße Internationale« und kündigte seine Bereitschaft an, Getreidelieferungen und Geld für die Anschaffung von Waffen aus Deutschland zur Verfügung zu stellen. Das ungarische Außenministerium und vor allem der Minister und spätere Premier Graf Pál Teleki lehnten die Pläne zum Druck von gefälschten Rubelnoten in Ungarn jedoch rundheraus ab. Nicht einmal für eine indirekte Unterstützung Ludendorffs über die Organisation der »Erwachenden Ungarn« und MOVE waren sie zu haben.

Inzwischen verbreiteten sich auch Gerüchte in Wien und Berlin, Paris und London, vor allem aber in Prag über die phantastisch anmutenden, gleichwohl besorgniserregenden Verschwörungspläne. Schließlich sorgte der Präsident der Tschechoslowakei, Tomáš Masaryk, höchstpersönlich für den europaweiten Paukenschlag. Er ließ Kopien von rund fünfzig Originaldokumenten – von Konzepten, dem Briefwechsel zwischen Ludendorff und Horthy sowie Tagungsprotokollen von ungarisch-deutschen Geheimtreffen – über seinen alten Freund, den britischen Ostexperten R.W. Seton-Watson, der Chefredaktion der Londoner *Times* zuspielen. Am 28. Dezember 1920 begann die Zeitung mit dem Abdruck einer dreiteiligen Serie *Europäische Verschwörung entlarvt.* Der tschechoslowakische Außenminister Eduard Benes war so besorgt, daß er schon vorher militärische Vorsichtsmaßnahmen angeordnet hatte.

Die *Times*-Serie und die internationalen Pressekommentare ließen auch die Schlüsselrolle eines gewissen Ignác Trebitsch-Lincoln erkennen, der bei allen wichtigen Treffen von Ludendorff, Horthy und Biskupski anwesend gewesen war und offenbar als einer der Vordenker der bizarren Pläne der »Weißen Internationale« fungierte. Und die Groteske ging noch weiter: Es war in Wirklichkeit dieser Mann, der engste Mitarbeiter von Oberst Max Bauer, der das ganze Bündel von Akten und Notizen für 500 000 Kronen (zum heutigen Kaufwert etwa 70 000 bis 80 000 D-Mark) an die tschechoslowakischen Behörden verkauft hatte.

Wer war Trebitsch-Lincoln? Und warum verriet er seine Mitverschwörer? Der 1879 in der Kleinstadt Paks in Südungarn geborene Mann nannte sich in seinen 1931 in Wien (anschließend in New York auf englisch) veröffentlichten Memoiren »den größten Abenteurer des 20. Jahrhunderts«. Bereits 1916 war er zu internationalem »Ruhm« gelangt, als er mitten im Ersten Weltkrieg in englischer Sprache eine ähnliche Mischung aus Fakten und Erfindungen mit dem Titel *Erfindungen eines internationalen Spions* in New York publizierte. Deshalb herrschte trotz aller Empörung auch Schadenfreude von Prag bis London, daß preußische Offiziere einem solch berüchtigten Hochstapler auf den Leim gegangen waren.

In der Tat genoß Trebitsch-Lincoln bereits seit Jahren den berechtigten Ruf eines Gauners. Er war aber viel mehr als nur ein geldgieriger Hochstapler. Von Budapest bis Shanghai wurden über keinen Ungarn so viele Bücher und Reportagen veröffentlicht wie über diesen Mann. Doch erst jetzt, nach Öffnung der Geheimdossiers des britischen Außenministeriums und dem Erscheinen der auf deren Grundlage verfaßten Trebitsch-Biographie des britischen Historikers Bernard Wasserstein, ist es möglich, das faszinierende Leben dieses in mancher Hinsicht genialen Psychopathen etwas genauer zu erfassen.[2]

Sproß eines angesehenen jüdischen Getreidehändlers, war Trebitsch der Reihe nach ein kleiner Dieb, der sich in Budapest und Triest auf goldene Herrenuhren spezialisiert hatte, kurzzeitig Schüler an der Königlichen Schauspielakademie in Budapest, Journalist, nach seinem Übertritt zum presbyterianischen Glauben zu Weihnachten 1898 im »Missionshaus Jerusalem« in Hamburg Missionar, später Diakon der anglikanischen Kirche in Montreal, wo er jüdische Einwanderer in öffentlichen Reden auf deutsch und jiddisch, ungarisch und englisch zum Konvertieren aufrief, und schließlich Hilfsgeistlicher im kleinen

Dorf Appledore in der englischen Grafschaft Kent. Nach einer Prüfung durch den Erzbischof konnte Trebitsch, der inzwischen auch den Familiennamen Lincoln (laut seinen Memoiren aus Bewunderung für den amerikanischen Präsidenten) angenommen hatte, kaum auf eine baldige Priesterweihe hoffen. Er trat aus dem Klerus aus und brauchte die kleine Erbschaft seiner deutschen Frau Margarethe auf. Sie hatte Trebitsch bereits bei seinem ersten Aufenthalt in Hamburg kennengelernt und später in Montreal geheiratet.

Der Wendepunkt in seinem Leben kam 1906, als der britische Kakao- und Süßwarenproduzent B. S. Rowntree, ein Millionär und Philanthrop, den sprachbegabten Ungarn als Forschungsassistenten und Privatsekretär zwecks Materialsammlung auf dem Kontinent für ein großes Projekt über Bodenbesitz und Besteuerung anstellte. Nach Abschluß dieses Forschungsprojekts gab Rowntree seinem Assistenten zum Abschied sogar einen mehr als großzügigen Kredit ohne Sicherheit, dessen Wert heute etwa eine Million Mark ausmachen würde. Die Rowntree-Verbindung öffnete Trebitsch auch den Weg in die Politik.

Im April 1910 nominierte die örtliche Organisation der Liberalen Partei im Bezirk Darlington Trebitsch, dem erst einen Monat später die britische Staatsbürgerschaft verliehen wurde, als Kandidaten für die nächsten Unterhauswahlen. Gleich danach begab sich Trebitsch-Lincoln nach Budapest und von dort nach Belgrad. In beiden Städten mußte die britische Botschaft auf ein entsprechendes Empfehlungsschreiben aus dem Londoner Außenministerium für ihn Termine mit Regierungsmitgliedern und anderen hochrangigen Persönlichkeiten organisieren. Trebitsch, der damals schon einen Anflug von Größenwahn zeigte, brachte große Pläne zur Gründung einer englisch-ungarischen und englisch-serbischen Bank mit und schwadronierte über mögliche Millioneninvestitionen. Die Berichte der Diplomaten waren niederschmetternd; die Bankiers, deren Namen er als Investoren angab, hatten nie von ihm gehört.

Inzwischen war Trebitsch-Lincoln aber bei kurzfristig vorgezogenen Wahlen in Darlington am 15. Januar 1910, wenn auch mit einer winzigen Stimmenmehrheit von 29 Stimmen, zum Mitglied des Unterhauses gewählt worden. Das Resultat war aus mehreren Gründen eine Sensation. Zum einem hatten die Liberalen ihre absolute Mehrheit verloren. Zum anderen war erstaunlich, daß ein junger mittelloser Ausländer mit starkem Akzent, der noch nie an einer britischen Unterhauswahl teilgenommen hatte und über keinerlei politische Erfahrung verfügte, gleich beim ersten Versuch den Sprung ins Parlament schaffte.

Der junge Abgeordnete begab sich sofort wieder nach Budapest, um seine verwitwete Mutter zu treffen. In einem großen Interview mit dem *Pester Lloyd* kündigte er großangelegte anglo-ungarische Wirtschaftsprojekte an. Aus diesen Ideen wurde freilich genausowenig etwas wie aus anderen phantastischen Trebitsch-Projekten. Der frischgebackene Abgeordnete (damals gab es noch keine Bezüge für Parlamentarier) lebte auf großem Fuß. Er beschäftigte zwei Privatsekretäre und mußte drei nach England geholte Verwandte mitversorgen (sie reisten aber bald enttäuscht ab).

Trebitsch-Lincolns politische Karriere ging schnell zu Ende, weil bereits für Dezember vorzeitige Wahlen ausgeschrieben wurden und die Liberalen ihn nicht mehr aufstellten. Der österreichisch-ungarische Botschafter in London hatte inzwischen den Außenminister über die kriminellen Jugendsünden des Abgeordneten informiert. Zudem war er bankrott. Aus politischen Rücksichten haben die Gläubiger ihm ein Gerichtsverfahren erspart.

Trebitsch aber war ein Stehaufmännchen, ein Blender mit unheimlicher Überzeugungskraft. Er mietete ein Haus mit vierzehn Zimmern in der Stadt Watford in Südengland, beschäftigte sechs Hausbedienstete und gründete 1911/12 zwei Privatfirmen und zwei Aktiengesellschaften, um Ölvorkommen in Rumänien und Galizien zu erschließen und Bohrgeräte zu importieren. Durch seine Kontakte und durch sein Auftreten gelang es ihm, angesehene Geschäftsleute - unter ihnen ein Prinz Radziwill und ein Prinz Lobkowitz - als Vorstandsdirektoren für das Projekt in Galizien zu gewinnen. Man fand kaum Öl. So wurde Trebitsch, der zeitweilig auch in Bukarest ein großes Haus führte, während des Balkankriegs wieder zahlungsunfähig. Im Frühjahr 1914 beging er in London, unter anderem zu Lasten seines früheren Gönners Rowntree, Urkundenfälschung.

Nach Kriegsausbruch schlug der ehemalige Journalist, Missionar und Hilfsgeistliche, gescheiterte Politiker und bankrotte Geschäftsmann, von baldiger Verhaftung als Betrüger bedroht, jene Laufbahn ein, die ihn schließlich weltberühmt machte: die eines internationalen Spions. Trebitsch bot sich im Dezember 1914 dem britischen Geheimdienst als Doppelagent an. Einem mißtrauischen Hauptmann präsentierte er den folgenden phantastischen Plan: Er, Trebitsch, werde in die damals neutralen Niederlande fahren und sich als Spion den dort operierenden Deutschen anbieten, ihr Vertrauen gewinnen und dadurch die Flotte Wilhelms II. in einen Hinterhalt in der Nordsee locken, wo die britische Marine sie leicht vernichten könne. Trotz einer kühlen

Absage begab sich Trebitsch auf eigene Faust nach Rotterdam, wo er seine Dienste dem deutschen Generalkonsul anbot und sogar ein langes deutschsprachiges Memorandum über Kommunikationsmethoden hinterließ. Nach seiner Rückkehr bot er den britischen Behörden angebliche deutsche Geheimcodes an. Die Engländer wollten aber mit dem Betrüger nichts zu schaffen haben. Über die deutsche Reaktion liegen keine Dokumente vor.

Biograph Wasserstein weist überzeugend nach, daß Trebitsch trotz seiner eigenen Prahlereien zuvor nie wirklich in Spionage involviert gewesen sei. Jedenfalls setzte er sich im Januar 1915 per Schiff nach New York ab. In den Vereinigten Staaten halfen ihm mehrere neue Freundinnen und seine drei dort lebenden Brüder. Im Mai 1915 konnte er dann zwei sensationelle Artikel in den Wochenendbeilagen der New Yorker Boulevardzeitung *World* über seine Spionagetätigkeit für die Deutschen plazieren. Ein ehemaliger britischer Unterhausabgeordneter als Agent Berlins! Obwohl eine Mischung aus zum Teil lächerlichen Erfindungen, waren die groß angekündigten Berichte ein Propagandacoup ersten Ranges für die deutsche Seite. Nun traten die erzürnten Briten in Aktion, und Trebitsch wurde verhaftet. Die Bearbeitung des Auslieferungsantrags jedoch zog sich hin. Unter dem Vorwand der Dechiffrierung von deutschen Codes, von der er in Wirklichkeit nichts verstand, konnte Trebitsch sogar in der Haft angenehm leben. Fünf Tage vor Veröffentlichung seiner *Enthüllungen eines internationalen Spions* im Januar 1916 gelang ihm sogar die Flucht.

Nach 35 Tagen wieder festgenommen, wurde Trebitsch nach England ausgeliefert, wo er wegen Betrugs zu drei Jahren Gefängnis auf der Insel Wight verurteilt wurde. Erst im Juni 1919 sollte er freigelassen werden. Seine Naturalisierung hatte man schon vorher rückgängig gemacht. Im letzten Augenblick blieb er allerdings doch in Haft. In Ungarn herrschte damals noch die kommunistische Räterepublik. Der Abwehrchef von Scotland Yard warnte, Trebitsch sei äußerst gefährlich, er könne »eine Art Lenin Mitteleuropas« werden. Jedenfalls ließ man ihn erst neun Tage nach dem Sturz des Kun-Regimes frei. Doch Trebitsch ging nicht nach Ungarn, sondern nach Deutschland.

Dort gelang es ihm binnen weniger Wochen, mit Artikeln für die rechtsradikale *Deutsche Zeitung* und durch Kontakte zur Umgebung des im holländischen Exil lebenden Kaisers beziehungsweise Kronprinzen (obwohl er keinen der beiden je sprechen, geschweige denn interviewen konnte) die internationale Aufmerksamkeit wieder auf sich zu lenken. Vor allem vermochte er ein außerordentlich enges Vertrauensverhältnis zu Oberst Bauer und durch ihn auch zu den Verschwörern herzustellen. Am ersten Tag des Kapp-Putsches erschien Trebitsch-Lincoln dann vor der verblüfften internationalen Presse als Pressechef und oberster Zensor des Außenministeriums. Er schrieb die Berichte britischer Journalisten um oder warf sie einfach in den Papierkorb. Als der Spuk vorbei war, schrieb der Korrespondent des *Daily Telegraph*, es habe etwas Olympisches über diesem Gauner geschwebt, dem ungarischen Juden, der mit den virulentesten Antisemiten gemeinsame Sache gemacht habe. Es ging das Gerücht, er sei ein russischer, britischer und französischer Spion – vielleicht stimmten alle drei Versionen!

Das also war der Hintergrund zur Schlüsselrolle von Trebitsch bei der Lancierung der »Weißen Internationale«. Aber er hatte stets auch seine Feinde in den Reihen der deutschen extremen Rechten. Dort fürchtete man, er sei ein als »deutscher Nationalist maskierter englischer Spion«, was Unsinn war, aber als Jude war Trebitsch doch für manche ein rotes Tuch. Jedenfalls bekam er Wind von einem Brief, in dem ein Mitverschwörer, Major Franz von Stephani, später rechtsradikaler Abgeordneter im Reichstag, ohne Umschweife vorschlug, Trebitsch in Budapest aus dem Weg zu räumen.

Trotz Bauers Beteuerungen, ihm könne nichts passieren, verschwand Trebitsch bald danach in Wien – samt einem Koffer voller brisanter Dokumente. Als das erwartete Echo zunächst ausblieb, wollten die Tschechen die versprochene zweite Rate seines Honorars (immerhin 300 000 Kronen) nicht bezahlen. Trebitsch verklagte die Prager Behörden und drohte mit Enthüllungen. Daraufhin behaupteten die Tschechen, er habe ihnen gefälschte Papiere verkauft. Das stimmte zwar nicht, doch blieb der Mann, der die Dokumente über die »Weiße Internationale« zuerst auch den Franzosen, den Briten und den Amerikanern angeboten hatte, vier Monate in österreichischer Untersuchungshaft. Er wurde im Juni 1921 in Wien freigelassen und ausgewiesen. Nach einem Bericht des britischen Konsuls in Triest sei Trebitsch dort, angeblich im Besitz von sechs verschiedenen Reisepässen (drei davon ungarische), gesehen worden.

Unterdessen setzte er sich nach China ab. Auf dem Schiff gelang es ihm, wieder von einem leichtgläubigen amerikanischen Millionär 15 000 US-Dollar für ein phantasievolles Projekt zu ergattern. Anschließend war er Berater für mehrere chinesische Generäle und unternahm mit ihnen auch Reisen nach Europa. Trebitsch konnte im Reich der Mitte seine überdies echte Neigung zu Übernatürlichem, zu mystischen spirituellen Bindungen ausleben. So wurde er unter dem Namen Tschao Kung im Mai 1931 zum buddhistischen Mönch geweiht. Lange Jahre hindurch begleiteten Tschao Kung zwölf Novizen, Frauen und Männer aus Europa, die sich ihm als Buddhisten anschlossen, mit ihm unter spartanischen Verhältnissen in Shanghai lebten oder nach Europa reisten, um Glaubensgenossen zu treffen. Im Dezember 1937 schickte Tschao Kung eine seiner Anhängerinnen, die aus Litauen stammende Nonne »Tao Lo«, mit einem Brief an Horthy nach Budapest.[3] Als Geschenk hatte sie ein mit einer handgeschriebenen ungarischen Widmung versehenes Exemplar von Tschao Kungs jüngstem Buch *Dawn or Doom of Humanity* dabei. Trebitsch wollte nämlich in seine Heimat zurückkehren. Als das Budapester Boulevardblatt *Az Est* (Der Abend) berichtete, die Japaner wollten Tschao Kung zum Kaiser von China krönen, dementierte der Mönch: Es handle sich um eine Namensverwechslung. Er selbst wolle den Rest seines Lebens in Ungarn verbringen. Tschao Kung endete mit den Zeilen aus Vörösmartys *Mahnruf*: »Von Lieb und Treu zum Vaterland/Bleib, Ungarn, stets erfüllt.«

Trebitsch-Tschao Kung war möglicherweise manisch-depressiv mit einer krankhaften Überschätzung der eigenen Persönlichkeit. Sein letzter Biograph verglich ihn mit einem »Pseudo-Messias«. Daß er auch als Tschao Kung ein pittoresker, aber ruheloser Mensch geblieben war, belegt, daß er noch 1941 nach Berlin fliegen wollte, um mit Hitler über Tibet, Indien und China zu sprechen. Zwietracht unter den nationalsozialistischen Dienststellen von Shanghai bis Berlin war die Folge – sogar auf der Ebene Heydrich-Ribbentrop. Die Einreisegenehmigung nach Berlin wie auch nach Ungarn wurde ihm verweigert. Aber das Horthy gewidmete Buch Tschao Kungs überlebte, die Ränder angesengt und der Leineneinband angeschimmelt, die Belagerung und den Brand des Palastes. Es wird mit dem Rest von Horthys Büchern in der Parlamentsbibliothek am Pester Donauufer aufbewahrt.

Die Geschichte mit der »Weißen Internationale« samt den Umtrieben von Trebitsch-Lincoln war längst vergessen, als eine Eilmeldung aus Den Haag am 14. Dezember 1925 wie ein Blitz aus heiterem Himmel in die ungarische Politik einschlug: Der pensionierte Oberst Aristid Jankovics war bei dem Versuch, eine gefälschte Tausend-Franc-Note in einer Bank zu wechseln, festgenommen worden. Bei seinem Verhör bekannte der ungarische Offizier, daß er nicht als Privatperson, sondern als Kurier des ungarischen Außenministeriums mit französischen Banknoten im Nominalwert von zehn Millionen in seinem Diplomatengepäck nach Holland gekommen sei. Die holländischen Behörden informierten umgehend ihre Kollegen in Paris. Noch im Dezember traf der Pariser Polizeichef Beniot, begleitet von mehreren hohen Beamten und Detektiven, in Budapest ein. Die französische Regierung hatte die ungarischen Stellen aufgefordert, eine sofortige Untersuchung einzuleiten.[4]

Der Skandal zog immer weitere Kreise. Die Polizeirecherchen und die Erhebungen einer nach scharfen Auseinandersetzungen ins Leben gerufenen parlamentarischen Untersuchungskommission ließen einen äußerst brisanten internationalen und innenpolitischen Hintergrund erkennen. Die Fäden führten wieder zu den rechtsradikalen deutschen Offiziersgruppen um General Ludendorff. Sie hatten ursprünglich die Idee gehabt, Frankreich mit »Blüten« zu überschwemmen. Nach dem gescheiterten Putschversuch Hitlers in München im November 1923 waren die Ludendorff-Leute bereit, über ihre alten Kontakte zur Gömbös-Gruppe die Druckmaschinen an ihre ungarischen Freunde abzutreten. Ungarische Regierungskreise hatten übrigens bereits 1920/21 versucht, russische, jugoslawische und tschechoslowakische Noten zu fälschen. Das Ziel war immer das gleiche: den betroffenen Ländern Schaden zuzufügen und die irredentistische Propaganda in diesen Gebieten zu finanzieren.

Die Schüsselrolle spielte Fürst Lajos Windischgrätz, eine schillernde und berüchtigte Figur. In seiner turbulenten Karriere hatte er mit allen politischen Gruppen von links bis extrem rechts kokettiert. Im Herbst 1918, knapp vor der bürgerlichen Revolution, war er als Minister für Lebensmittelversorgung in der letzten von König Karl eingesetzten Regierung in die Schweiz entsandt worden. Seine Aufgabe dort war, die Lieferung von größeren Mengen Kartoffeln zur Linderung der Hungersnot in Budapest zu arrangieren. Der Minister soll allerdings den ihm zur Verfügung gestellten Millionenbetrag für private Zwecke und auch für die Finanzierung der konterrevolutionären Propaganda mißbraucht haben. Der Volksmund hat ihm damals den Spottnamen »Kartoffelfürst« verliehen. Noch die Károlyi-Regierung leitete ein Verfahren gegen ihn ein; dieses wurde jedoch später durch das konterrevolutionäre Regime vertuscht. Windischgrätz revanchierte sich als Drahtzieher und Kronzeuge der Hexenjagd gegen Károlyi als angeblichen französischen Spion.

Der Plan wurde im Sommer 1923 mit Wissen Bethlens ausgearbeitet. Windischgrätz verhandelte mit Ludendorff und Hitler, die dann den deutschen Ingenieur Arthur Schultze nach Budapest schickten. Er half beim Ankauf der Maschinen in Leipzig. Das Papier hatte in Köln Dezsö Rába, der Sekretär von Windischgrätz, auch mit deutscher Hilfe gekauft. Die Fälscherwerkstatt wurde dann im Keller des staatlichen Kartographischen Instituts mit Wissen und Zustimmung des Leiters, des früheren Ministerpräsidenten Graf Pál Teleki, eingerichtet. Der deutsche Experte hat dort mit Hilfe der Fachleute des Instituts die Klischees fertiggestellt. Nach sorgfältigen Vorbereitungen wurde 1924 mit dem Druck begonnen. Bis Herbst 1925 konnten rund 30 000 bis 35 000 französische Tausend-Franc-Noten fertiggestellt werden.

Die Verantwortung für die Plazierung übernahm der oberste Polizei- und Sicherheitschef, Imre Nádossy. Die Bündel von gefälschten Banknoten wurden vom katholischen Bischof István Zadravetz sogar feierlich gesegnet. Beide, Nádossy und Zadravetz, gehörten übrigens dem rassistischen geheimen »Bund von Etelköz« an. Der Sicherheitschef übernahm dann persönlich in einem Lieferwagen den heiklen Transport ins Außenministerium und die Weiterleitung via Diplomatengepäck in den Westen.

»Was enthalten die Packungen?« fragte dort ein Beamter.

»Falschgeld natürlich«, antwortete Nádossy.

Die Beamten amüsierten sich königlich über den Humor »des guten alten Onkels Imre«, und die Sendung wurde ordnungsgemäß abgefertigt.

Mit dem Geld wollten die Drahtzieher irredentistische Propagandaaktionen, vor allem in der Tschechoslowakei, unterstützen, jederzeit einsetzbare Freikorpseinheiten organisieren und nicht zuletzt dem verhaßten Frankreich, dem Hauptschuldigen an Trianon, schaden. Die Hoffnung der Opposition und der politischen Emigration, daß der Franc-Skandal den Sturz der Bethlen-Regierung auslösen würde, wurde nicht erfüllt. Windischgrätz und Nádossy erhielten am 26. Mai 1926 eine je vierjährige Gefängnisstrafe, die anderen Angeklagten kamen mit Freiheitsstrafen von vier Monaten bis zu einem Jahr davon. Die zwei Hauptangeklagten wurden Anfang 1928 bereits begnadigt.

Wider Erwarten hat Bethlen die Krise überlebt, da weder die Westmächte noch die liberale Opposition eine Wachablösung durch eine extrem rechte Regierung riskieren wollte. Horthy akzeptierte das in einem privaten Brief unterbreitete Rücktrittsangebot Bethlens nicht. Auch Graf Teleki passierte nichts. Großbritannien und Frankreich haben sich für die Fortführung des Bethlen-Kurses ausgesprochen. Indessen zog einer der Kronzeugen, der Sekretär von Windischgrätz, seine frühere Aussage vor dem Berufungsgericht zurück. Die Legitimisten arbeiteten zwar konsequent auf Bethlens Sturz hin, doch kam ihnen ihr wichtigster Belastungszeuge abhanden. Er starb nach einer Einladung zum Tee bei Gömbös infolge einer Vergiftung. Die 1972 veröffentlichten Geheimdokumente aus dem Bethlen-Archiv lassen darauf schließen, daß zahlreiche hochrangige Persönlichkeiten von Anfang an in die Geschichte verstrickt waren. Windischgrätz und Gömbös sowie rechtsradikale Kreise haben die Affäre ausgenützt, um Bethlen subtil zu erpressen.

Nur anderthalb Jahre nach dieser unerfreulichen Affäre erzielten die ungarischen Bestrebungen zur Mobilisierung der Weltöffentlichkeit gegen den Trianon-Vertrag und zur Rückgewinnung der verlorenen Territorien einen völlig unerwarteten bedeutenden Erfolg.

Am 21. Juni 1927 erschien in der Londoner Tageszeitung *Daily Mail* ein ganzseitiger Artikel mit dem Titel: *Ungarns Platz unter der Sonne*. Der Autor war Lord Rothermere selbst, der Besitzer des Blattes und anderer Zeitungen mit Millionenauflage. Der damals 59jährige Pressezar hatte mit seinem Bruder, Lord Northcliffe, die britische Presselandschaft revolutioniert. Der Aufsatz mit einer detaillierten Landkarte forderte eine friedliche Revision des ungerechten Trianon-Diktats. Ansonsten könne man in Mitteleuropa den Frieden auf lange Sicht nicht aufrechterhalten. Die wirtschaftlich sinnlosen und ethnisch ungerechten Grenzen, die zu einem weiteren Krieg führen könnten, müßten durch international überwachte Volksabstimmungen geändert werden, hieß es. Konkret schlug Rothermere die Rückgabe jener angrenzenden Gebiete durch die Tschechoslowakei, Rumänien und Jugoslawien vor, in denen mindestens zwei Millionen Ungarn lebten. Auf der Landkarte wurden mit leichter Übertreibung eine Million Ungarn in der Südslowakei, 600 000 in Siebenbürgen und 400 000 in der Vojvodina angegeben.

Der auch sonst ausgesprochen ungarnfreundliche Aufsatz schlug auf dem Kontinent, allen voran in Ungarn und in den Ländern der Kleinen Entente, wie eine Bombe ein. Wie nicht anders zu erwarten, löste der Vorstoß der bekannten britischen Zeitung Gegenreaktionen und schließlich einen bis 1929 dauernden Pressekrieg aus. Das britische Außenministerium war irritiert und verlegen; Frankreich und diverse Kleinstaaten reagierten empört, und selbst die Regierung Bethlen gab sich kleinlaut, zumal da die offizielle Linie unter der Devise des

»Alles zurück!« (Mindent vissza!) auf die Wiederherstellung des Stephansreichs hinauslief.[5] Doch war Rothermeres Artikel, dem bald ein zweiter Aufsatz mit der reißerischen Überschrift *Europas Pulverfaß* folgte, für den Kampf Ungarns gegen das Unrecht unvergleichlich wichtiger als die nicht immer professionellen Propagandaaktionen des Budapester Außenministeriums.

Während die Stimme der britischen Regierungskreise, die Londoner *Times*, über die dilettantischen Bemühungen des Boulevardblattes die Nase rümpfte und in einem Leitartikel bereits am 27. Juli vor enormem Schaden für alle Beteiligten warnte, geriet die ungarische Öffentlichkeit in fieberhafte Aufregung. Alle Zeitungen schickten Sonderkorrespondenten nach London. Der greise, leidenschaftlich nationalistische Publizist Jenö Rákosi, der bereits vor der Jahrhundertwende von einem 30 Millionen starken Ungarn träumte (vgl. Kapitel XXVI), stellte seine einflußreiche Zeitung *Pesti Hirlap* voll in den Dienst der Rothermere-Kampagne.

»Rothermere allein wird ein ganzes Kapitel in der ungarischen Geschichte sein!« schrieb Rákosi in seinem Blatt. Der konservative Romancier Ferenc Herczeg, später Präsident der neugegründeten »Revisionsliga«, die in kurzer Zeit in 900 Branchen fast zwei Millionen Mitglieder zählte, ging in seinem überschwenglichen Lob für Rothermeres pro-ungarische publizistische Aktivitäten noch weiter: »Seit Gutenberg den Druck erfunden hat, übte keine einzige Schrift eine solche Wirkung auf die menschlichen Herzen aus wie Rothermeres Aufsätze über Ungarn!« Jedes Wort des fernen Pressezaren wurde in der ungarischen Presse ehrfurchtsvoll wiedergegeben, so auch seine Weihnachtsbotschaft: »Der Tag der Befreiung kommt.« Aus Palm Beach in Florida teilte der Lord den Ungarn mit: »Mein Treffen mit den öffentlichen Meinungsträgern hier hatte mich überzeugt, daß die Sympathie der Welt auf der Seite der Ungarn ist, wenn Ungarn die gerechte Forderung nach einer Revision des Trianon-Vertrages stellt.«[6]

Die Begeisterung der Ungarn für Rothermere kannte keine Grenzen. Er selbst bekannte später, daß er mehr als 200 000 Briefe, Karten und Telegramme aus Ungarn beziehungsweise von Ungarn aus aller Welt bekommen habe. Auf dem Höhepunkt der Kampagne mußte er zeitweilig zwei ungarische Sekretäre für die Korrespondenz beschäftigen. Kunstvolle Stickereien und einfache Holzschnitzereien, ein goldener Füllhalter von den Stadtvätern von Budapest, eine alte Kossuth-Fahne und der wertvolle Säbel General Hadiks, der seinerzeit Friedrich den Großen mit seinem Husarenstreich in Berlin in Harnisch gebracht hatte, gehörten zu den unzähligen Geschenken, mit denen der Lord überschüttet wurde. Über 1,2 Millionen Ungarn unterzeichneten ein Dankesschreiben, das ihm samt allen Unterschriften in 25 kostbar gebundenen Lederfolianten durch eine hochrangige Delegation überreicht wurde. Horthy schrieb später in seinen Memoiren: »Wäre nicht bereits ein Datum für die Überreichung festgesetzt gewesen, so hätte sich wahrscheinlich die ganze Nation eingetragen.«

Was hat Rothermere bewogen, für die Sache der Ungarn publizistisch und persönlich eine Lanze zu brechen? Was oder wer gab die Initialzündung für die Kampagne? In seinem 1939 veröffentlichten Buch *My Campaign for Hungary* erzählte Rothermere, daß er zu Pfingsten 1927 mit Freunden in Budapest weilte und durch die zufällig zu dieser Zeit abgehaltene jährliche Protestversammlung gegen Trianon tief beeindruckt worden sei. Auch habe er die ungarische Nation aus mehreren Gründen sehr sympathisch gefunden…

Erst fünfzig Jahre später wurde ein vom 30. April 1928 datierter Brief Rothermeres an Prinzessin Stephanie Hohenlohe bekannt, der das Rätsel der Initialzündung löste:

> Wie ich Ihnen schon bei verschiedenen Gelegenheiten sagte, wurde mein Interesse an Ungarn in erster Linie durch die Gespräche mit Ihnen geweckt. Ich hatte keine Vorstellung, daß die Aufzählung der Leiden und Benachteiligungen Ungarns ein so weltweites Mitgefühl auslösen würde.[7]

Rothermeres Engagement für die Sache Ungarns begann Anfang 1927 am Roulettetisch im Casino von Monte Carlo. Er hat dort die attraktive, lebenslustige und hochintelligente »Steph«, wie sie von engsten Freunden genannt wurde, kennen und schätzen gelernt. Bei diesem ersten Gespräch beschwerte sich der Lord, daß es in der letzten Zeit keine interessanten Geschichten in seiner *Daily Mail* gäbe. Daraufhin erzählte ihm die Prinzessin vom auch menschlich erschütternden Schicksal der Ungarn: daß Familien getrennt, Bauernhöfe zweigeteilt und überwiegend von Ungarn bewohnte Landstriche durch den Vertrag von Trianon den gierigsten Nachbarländern zugesprochen worden seien. Bei einem nachfolgenden Mittagessen in Rothermeres Villa vermochte Steph, da keine Landkarte zur Verfügung stand, dem neugierigen Lord nur anhand einer kleinen Abbildung in der *Encyclopædia Britannica* überhaupt zu zeigen, wo Ungarn lag.

Damals tat Rothermere, der auch seinen Pressesekretär zum Lunch eingeladen hatte, den denkwürdigen Ausspruch: »Wissen Sie, meine Liebe, bis heute habe ich nicht einmal gewußt, daß Budapest und Bukarest zwei verschiedene Städte sind...«

Was waren aber die Motive der Prinzessin? Sicherlich nicht, wie sie später behauptete, »ihre patriotischen Gefühle für die ungarische Nation« oder für das Land Ungarn. Sie sprach nämlich kein Wort Ungarisch und hatte auch nie in diesem Land gelebt. Allerdings reiste sie zeitlebens mit einem ungarischen Paß!

Einige Jahre vor der Jahrhundertwende (die Angaben über ihr Geburtsjahr sind widersprüchlich) in Wien als Stephanie Richter geboren, soll sie (nach eigener Auskunft nur von seiten der Mutter) jüdischer Herkunft gewesen sein. Durch ihren Vater, einen bekannten Rechtsanwalt, wurde das aufgeweckte und frühreife Mädchen mit Hilfe einer Prinzessin Metternich in die aristokratischen Kreise eingeführt. Nach einem angeblichen Verhältnis mit Erzherzog Franz Salvator, dem Schwiegersohn des Kaisers, hat man rechtzeitig eine Ehe mit dem schwer verschuldeten Militärattaché der Doppelmonarchie am russischen Hof, Prinz Franz Hohenlohe, arrangiert. Die beiden haben im Mai 1914 in London geheiratet, sich aber während des Krieges (sie war Krankenschwester) kaum gesehen, und so wurde die Ehe 1920 geschieden. Nach dem Zusammenbruch optierte der in Ungarn geborene Hohenlohe aus familiären Gründen für die ungarische Staatsbürgerschaft. Damit wurde Steph eine Paß-Ungarin und Trägerin des Titels. Als sie Rothermere traf, wohnte sie in Paris und besaß angeblich auch eine Villa in Biarritz. Jedenfalls verfügte sie von Paris bis London, von Wien nach Budapest über ausgezeichnete Verbindungen und führte, aus welchen Geldquellen immer, ein aufwendiges Leben.

Zweifellos war sie der Anstoß für Rothermeres Engagement für Ungarn. Sie wirkte über ein Jahrzehnt als seine Beraterin und Freundin. Vor allem war sie die direkte Kontaktperson zu Adolf Hitler, dem Rothermere regelmäßig schriftlich, etwa zum Jahrestag der Machtergreifung, zur Besetzung Österreichs und zur Vernichtung der Tschechoslowakei, gratulierte. Sie organisierte Rothermeres Treffen mit Hitler und hatte unter anderen auch ein Verhältnis mit Hitlers persönlichem Adjutanten, Hauptmann Wiedemann, für den sie vor Kriegsausbruch sogar einen Termin bei dem britischen Außenminister Lord Halifax arrangieren konnte. Der damalige tschechische Botschafter (später Außenminister) Jan Masaryk schilderte erbittert die Rolle dieser Drahtzieherin:

> Wenn noch etwas von Anstand in dieser Welt verblieben ist, dann wird es eines Tages einen großen Skandal geben, sobald die Rolle aufgedeckt wird, die Steffi Hohenlohe, geborene Richter, bei Wiedemanns Besuch gespielt hat. Diese weltbekannte Geheimagentin, Spionin und Schwindlerin, die eine Volljüdin ist, bildet heute den Mittelpunkt der Hitler-Propaganda in London. Wiedemann hat bei ihr gewohnt. Auf ihrem Tisch steht Hitlers Fotografie mit der Aufschrift »Für meine liebe Prinzessin Hohenlohe – Adolf Hitler«, und daneben steht eine Fotografie von Horthy, gewidmet der »großen Staatsmännin«.[8]

Im turbulenten Leben der Abenteurerin nahm die Ungarn-Verbindung ihres Freundes und zeitweiligen Arbeitgebers einen wichtigen Platz ein. Dabei ging es 1927/28 auch um den Plan, Lord Rothermere oder seinen jungen Sohn, Esmond Harmsworth, zum König von Ungarn krönen lassen. Die vor allem von Rákosi und habsburgfeindlichen Kreisen ventilierte Idee mag heute lächerlich klingen. Vor dem Hintergrund der damaligen Rothermere-Hysterie in Ungarn war es aber keineswegs nur ein Gerücht. Rothermere selbst schrieb in seinen Memoiren, daß militärische und Wirtschaftskreise, und namentlich Chefredakteur Rákosi, den er mehrmals in London, Paris und Venedig getroffen hatte, ihm ihre Bereitschaft mitteilten, Rothermere oder seinen Sohn als Kandidaten aufzustellen. Er zeigte sich jedenfalls sehr geschmeichelt, die Gründung einer Harmsworth-Dynastie überhaupt in Erwägung ziehen zu dürfen: »... zutiefst gerührt durch die Ehre, die mir meine ungarischen Freunde erwiesen, indem sie meinen Namen für einen der ältesten und historischen Throne Europas vorschlugen.«

In einer undatierten persönlichen Note an Steph deutete Rothermere 1928 die Richtung seiner Bestrebungen offener an, als er das in seinen umständlichen Artikeln oder Interviews für ungarische Zeitungen tat: »Wenn Sie die Monarchie in Ungarn retten wollen, so gibt es nur einen Mann, der dazu fähig ist – Esmond Harmsworth. Kein Habsburger oder königlicher Prinz von sonstwo schafft es.« Seit Ungarn im April 1927 einen Freundschaftsvertrag mit Mussolinis Italien abgeschlossen und seine außenpolitische Isolation durchbrochen hatte, spielte auch Mussolini in der ungarischen Königsfrage eine nicht unwichtige Rolle. Vor allem Rákosi wollte ihn einbinden, aber auch Rothermere hatte den Diktator schon früher getroffen.

Die Ungarnreise Harmsworths war der eigentliche Probegalopp. Er sollte nur eine seinem Vater von der Universität Szeged verliehene Ehrendoktor-Urkunde in Empfang nehmen. In Wirklichkeit wurde der junge Mann wie ein König oder Thronfolger empfangen.[9]

Bei der Ankunft in Budapest begrüßten der Bürgermeister, mehrere ehemalige Ministerpräsidenten und andere Würdenträger den Sohn Rothermeres. Zu seinen Ehren erschienen rund 100 000 Menschen vor seinem Hotel. Dann schritten Tausende Pfadfinder, Postler und Eisenbahner in Uniform, Heimatvereine und Bauernabordnungen aus den Dörfern um Budapest in Tracht an ihm vorbei. Der Reichsverweser, der Ministerpräsident und der Kardinal empfingen den jungen Mann getrennt zu Essen und Audienzen. Von den rechten »Erwachenden Ungarn« bis zu den jüdischen Frauenvereinen waren alle Organisationen bei den verschiedenen Feiern vertreten. Ein Feuerwerk auf der Zitadelle von Buda und eine von Trachtenmädchen symbolisch dargestellte Landkarte vom alten und amputierten Ungarn auf dem Rasen eines Fußballstadions vervollständigten den Budapester Veranstaltungsreigen.

Sodann fuhr Harmsworth mit seiner Begleitung in einem Sonderzug nach Debrecen und Szeged, wo eine Straße nach Rothermere umbenannt wurde. Noch zahlreiche Straßen, Parks, Gärten, Siedlungen und sogar ein Tennispokal sollten den Namen des Lords tragen; die Artikel über ihn, die Lieder und Gedichte zu seinen Ehren sind schlechterdings kaum zu überblicken.

Nach dieser auch international beachteten Reise des Rothermere-Sohns versuchte Rákosi anläßlich eines langen England-Aufenthalts und anschließend bei einem Interview mit Mussolini die Rothermeres ins Spiel um den vakanten ungarischen Thron zu bringen. Rothermere erzählt, auf seinen Einwand, Ungarn brauche keinen der Landessprache nicht mächtigen fremden König, habe der greise Journalist auf das Beispiel Bulgariens hingewiesen: Dort war 1879 Prinz Alexander von Battenberg, der Sohn von Prinz Alexander von Hessen und Neffe des russischen Zaren Alexander II., zum ersten Herrscher des unabhängigen Fürstentums Bulgarien gewählt worden. Rákosis Versuch, Mussolini für die Unterstützung seiner (und wohl auch Rothermeres) Idee zu gewinnen, war trotz gegensätzlicher Andeutungen in seinen Artikeln ein völliger Fehlschlag. Er sei zwar gegen die Thronbesteigung eines der drei Habsburger Erzherzöge Otto, Albrecht oder Joseph, aber er halte es für ausgeschlossen, daß die stolze ungarische Nation einen Journalisten und obendrein einen Ausländer auf den Thron setzen werde, teilte Mussolini dem ungarischen Gesandten in Rom mit.[10]

Horthy, Bethlen und Gömbös waren von Anfang an sowohl gegen eine Habsburg-Restauration eingestellt wie auch vorsichtig, aber unmißverständlich gegen die diversen monarchistischen Ideen Rothermeres. Der ungarische Botschafter meldete bereits im Sommer 1929 an Bethlen, er habe den Eindruck, daß der noble Lord vorläufig auf seine königlichen Aspirationen verzichtet hätte. Prinzessin Hohenlohe versuchte jedenfalls noch 1932 unter Berufung auf ihre »selbstlose Arbeit für Ungarn« vergeblich, eine Jahrespauschale von der Budapester Regierung zu ergattern. Dafür entschädigte sie jedoch ab 1932 eine jährliche, äußerst großzügige Apanage von Rothermere. Sie beging den wohl größten Fehler ihres Lebens, als sie Lord Rothermere wegen der Einstellung der Zahlungen mit Jahresbeginn 1939 verklagte; den Prozeß hat sie nach Kriegsbeginn prompt verloren.

Wenn der Lord in den dreißiger Jahren auch sein Interesse auf Hitlerdeutschland konzentrierte, so sponserte er doch zusammen mit einem ungarischen Fabrikanten den in der ungarischen Geschichte berühmten und mit großem Propagandaaufwand gefeierten Nonstop-Flug eines auf »Gerechtigkeit für Ungarn« getauften Flugzeugs von Neufundland nach Budapest. Er gratulierte Hitler auch zum Wiener Schiedsspruch der Achsenmächte zugunsten Ungarns und wohnte am 11. November 1938 dem Einzug Horthys auf einem Schimmel in Kassa bei.

Es war also wohl eine Mischung aus persönlichen Motiven, nicht zuletzt auch Eitelkeit, gekoppelt mit seiner Sympathie für die Diktatoren Hitler und Mussolini, der Anziehungskraft einer attraktiven Prinzessin, einem unerwartet mächtigen internationalen Echo und der überschwenglichen genuinen Reaktion der ungarischen Öffentlichkeit, die Rothermeres Haltung in der Trianon-Frage von Anfang bis Ende prägten. Keinesfalls spielten materielle Interessen eine Rolle. In seinen Memoiren beschrieb er, mit welch unglaublicher Begeisterung die Ungarn ihn noch im November 1938 an der Grenze, in Budapest (über 100 000 Menschen auf dem Platz vor dem Parlament) und in Kassa gefeiert hatten. Wegen des Kriegsausbruchs mußte er sein Buch, das mit Lob für Hitler nicht geizte, kurz nach Erscheinen wieder aus dem Verkehr ziehen. So wurde auch die Beschwerde Stephs, daß Rothermere ihre Rolle in Ungarn verschwiegen hätte, bald irrelevant.

Lord Rothermere als Thronprätendent mag in seiner Heimat zeitweilig der Lächerlichkeit der Eingeweihten preisgegeben gewesen sein, in Ungarn selbst war und blieb er eine Legende, ein Märchenprinz aus der Welt des Scheins. Alles, was sich um Rothermere und seinen Sohn 1927/28, sogar noch 1938 abspielte, offenbarte jenen Charakterzug, den die Magyaren »délibáb« nennen, was wörtlich Fata Morgana, Trugbild bedeutet. Dieser Hang zum Wunschträumen, eine Tendenz, die der Psychoanalytiker Sándor Ferenczi als »magisches Denken« bezeichnete, diese Gabe des Tagträumens prägte die Haltung der Elite und des Volkes in historischen Krisensituationen wie 1848/49, 1918/19 und erst recht während des Zweiten Weltkriegs. William M. Johnston merkte in seiner *Österreichischen Kultur- und Geistesgeschichte* zum délibáb-Phänomen an:

> Die Bereitwilligkeit, die Welt durch eine rosarote Brille anzusehen, verleitete die Ungarn dazu, ihre Größe zu übertreiben, während sie das Elend der unterworfenen Völker nicht zur Kenntnis nahmen… Ihre Fähigkeit zum Träumen hat die Ungarn zu herausragenden Advokaten gemacht, stets bereit, Ungarn als Ausnahme unter den Nationen zu verteidigen.[11]

XXXIII Im Gleichschritt mit Hitler: Triumph und Untergang. Von der Judenvernichtung zur Herrschaft des Pöbels

Am 3. April 1941 um 9 Uhr 15 gab die ungarische Nachrichtenagentur MTI eine kurze Eilmeldung heraus: »Der ungarische königliche Geheimrat, der ungarische königliche Ministerpräsident Graf Pál Teleki ist heute nacht mit tragischer Plötzlichkeit gestorben.« Etwas später lief ein kurzer Bericht über den Fernschreiber, der kurz beschrieb, wie sein Diener den Regierungschef um 6 Uhr 45 tot in seinem Bett aufgefunden hatte. Beide Meldungen verschwiegen die wichtigste Tatsache: daß nämlich der 61jährige angesehene Staatsmann keines natürlichen Todes gestorben war. Teleki hatte seinem Leben mit einem gezielten Kopfschuß ein Ende gesetzt – ein Protest des verzweifelten und von seinem obersten Kriegsherrn und Freund, dem Reichsverweser, im Stich gelassenen Regierungschefs gegen den bereits beschlossenen und bevorstehenden deutsch-ungarischen Überfall auf das südliche Nachbarland Jugoslawien.[1]

Um 9 Uhr tagte der Ministerrat unter dem Vorsitz des Innenministers und faßte den einhelligen Beschluß, den Selbstmord geheimzuhalten, da das »einen peinlichen Eindruck bei den Deutschen erwecken könnte. Das wäre jetzt gefährlich; die deutsche Öffentlichkeit könnte sich gegen uns wenden«. Unausgesprochen schwang dabei die Sorge mit, was dann aus den für eine militärische Zusammenarbeit in Aussicht gestellten Gebietszusagen im Süden werden würde.

Aus Angst vor »Mißverständnissen« in den deutsch-ungarischen Beziehungen in dieser heiklen Situation wurde zuerst nicht einmal der deutsche Botschafter, Otto von Erdmannsdorf, informiert. Sein Telegramm mit dem Vorschlag, Hitler und Ribbentrop sollten dem Reichsverweser, dem Außenminister und der Witwe Kondolenztelegramme schicken, traf um 14 Uhr in Berlin ein. Erst bei seinem Kondolenzbesuch im Außenministerium wurde er »streng vertraulich« über den Selbstmord informiert. Als Grund gab der Vizeminister Telekis Sorge um die schlechte Wirtschaftslage, gesundheitliche Überanstrengung und Angstzustände wegen der schweren Herzkrankheit seiner Frau an.

Inzwischen verbreitete sich die Nachricht von den Todesumständen wie ein Lauffeuer in der Hauptstadt. Die Regierung begriff, daß weiteres Schweigen verdächtiger und störender gewirkt hätte als die Bekanntgabe der Wahrheit. Achteinhalb Stunden nach dem Auffinden der Leiche kam dann um 15.17 Uhr ein wahrheitsgemäßes zweites Kommuniqué mit ärztlichem Attest heraus. Am 7. April fand ein feierliches Staatsbegräbnis statt. Einen Tag später griffen die Deutschen Jugoslawien an, und am 11. April, einem Karfreitag, überquerten ungarische Einheiten die südliche Grenze.

Hitler hielt sein Wort: Ungarn bekam die Bácska (heute Teil der Vojvodina), das Baranya-Dreieck und das Murgebiet: insgesamt 11 475 Quadratkilometer mit 1 030 000 Einwohnern. Der Anteil der Ungarn betrug allerdings nur 39 Prozent (nach der jugoslawischen Volkszählung sogar bloß 30 Prozent); die Deutschen machten 19 und die Serben 16 Prozent der Bevölkerung aus (laut jugoslawischen Statistiken gab es 47 Prozent Südslawen).

Teleki war bereits einmal unter Horthy Ministerpräsident gewesen und galt als eigentlicher Architekt der sogenannten revisionistischen Politik. Einst habsburgtreuer Legitimist, aber auch Schöpfer des ersten »Numerus clausus«-Gesetzes und Mitverfasser der »Judengesetze« von 1938 und 1939, betrieb der Aristokrat aus Siebenbürgen zugleich jedoch eine maßvolle, zwischen seiner tiefverwurzelten Sympathie für England und der Realität des wachsenden deutschen Einflusses immer schwieriger gewordene »Schaukelpolitik«.

Im Rahmen dieser Diplomatie der kleinen Schritte hatte Ungarn im Dezember 1940 einen Vertrag der »ewigen Freundschaft« mit Jugoslawien geschlossen. Als die jugoslawische Regierung am 25. März 1941 den deutsch-italienisch-japanischen Dreierpakt, dem die drei Nachbarn Ungarn, Rumänien und Bulgarien schon beigetreten waren, unterzeichnete, stürzten in Belgrad patriotische Offiziere die Regierung und die Regentschaft und setzten den jungen König Peter auf den Thron. Hitler war wütend und beschloß, Jugoslawien sofort anzugreifen. Die Italiener, Ungarn und Bulgaren sollten bei der Zerstückelung des von den serbisch-kroatischen Spannungen fatal geschwächten Landes mitwirken. Teleki war es bis dahin gelungen, Ungarn als »nichtkriegführenden« Staat aus dem Zweiten Weltkrieg herauszuhalten. In einem geheimen Brief an seine Gesandten in London und Washington faßte er das Hauptbestreben seiner Außenpolitik zusammen:

> Um jeden Preis müssen wir uns aus dem Konflikt heraushalten. Der Ausgang des Krieges ist zweifelhaft. In jedem Fall aber ist es für Ungarn am wichtigsten, in der Zeit nach Beendigung des europäischen

Konflikts unversehrt dazustehen … Das Land, unsere Jugend, unsere Armee dürfen wir nur für uns selbst aufs Spiel setzen und für niemand anderen.[2]

Teleki geriet in eine verzweifelte persönliche Lage. In einem kurz vor seinem Tod geschriebenen Brief an einen Verwandten sprach der Regierungschef seine Befürchtungen offen aus: »Wir verlieren unsere Ehre vor der Welt, wenn wir Jugoslawien angreifen. Aber meine Lage ist sehr schwierig, weil der Reichsverweser, die halbe Regierung und die parlamentarische Mehrheit gegen mich sind.« Selbstverständlich trat auch er für eine Rückgewinnung der an Jugoslawien verlorenen Gebiete ein, aber nicht als Helfershelfer Hitler-Deutschlands und nicht zum Preis eines unwiderruflichen Bruches mit Großbritannien und den Vereinigten Staaten. Er sah sein Lebenswerk darin, die Weltöffentlichkeit für die gerechte Sache der Revision des Trianon-Vertrags zu gewinnen. Nun aber siegte das von dem fanatisch prodeutschen Generalstabschef Henrik Werth (er selbst bekannte sich zum deutschen Volkstum) vertretene Konzept. Horthy war begeistert, nun auch im Süden sein Werk der »Landesvermehrung« fortsetzen zu können.

Teleki hinterließ einen Brief und ein separates Demissionsschreiben an Horthy für den Fall, daß sein Vorhaben mißlingen und er am Leben bleiben sollte:

Eure Durchlaucht!
Wir wurden wortbrüchig – aus Feigheit – gegenüber dem Vertrag der ewigen Freundschaft. Die Nation spürt es, und wir haben ihre Ehre weggeworfen. Wir stellten uns an die Seite der Schufte – weil von den sogenannten Greueln kein Wort wahr ist! Gegen die Ungarn, nicht einmal gegen die Deutschen haben solche stattgefunden. Leichenfledderer werden wir! Die jämmerlichste Nation. Ich habe Dich nicht zurückgehalten. Ich bin schuldig.
3. April 1941 Pál Teleki[3]

Telekis dramatische Warnungen und schließlich sein Freitod konnten aber die Entwicklung nicht mehr beeinflussen. Auch die für einen Diplomaten außergewöhnlich scharf formulierten Worte des britischen Botschafters Sir Owen O'Malley anläßlich seines Kondolenzbesuchs beim Reichsverweser am 3. April hatten keine Wirkung. Horthy betonte die »heilige Pflicht, Ungarns Grenzen wiederherzustellen«. Von

Großbritannien sei keine Hilfe zu erwarten. Ungarn müsse äußerst vorsichtig sein, um Berlin nicht zu verärgern und einer späteren Vergeltung durch Deutschland vorzubeugen. Der britische Diplomat war sehr enttäuscht und warnte den Reichsverweser: Wenn er »ein solch korruptes Geschäft mit Deutschland abschließt oder in irgendeiner Form als der ungarische Schakal des deutschen Löwen gegen einen Staat handelt, mit dem er soeben einen ewigen Freundschaftsvertrag unterzeichnet hat, dann kann sein Land keine Nachsicht, keine Sympathie und keine Gnade von einem siegreichen Großbritannien und den Vereinigten Staaten erwarten und er selber würde verdiente Verachtung und Entehrung erfahren«[4].

Horthy blieb davon unbeeindruckt, sein Entschluß sei gefaßt. Knapp zwei Monate später hatten die vom deutschen Endsieg überzeugten Militärs auch den ersehnten Kriegseintritt gegen die Sowjetunion erreicht. Einen willkommenen Anlaß zu dessen Durchsetzung lieferte dem Nachfolger Telekis, dem früheren Außenminister László Bárdossy, die bis heute ungeklärte Bombardierung der Stadt Kassa, wahrscheinlich von deutschen Flugzeugen.

Die schrittweise Anlehnung an das Dritte Reich, die schließlich zum verhängnisvollen Kriegsbündnis mit Deutschland führte, hing mit der Erkenntnis zusammen, daß nur mit Hitlers Hilfe eine von der ganzen Öffentlichkeit gewünschte Revision der Grenzen von 1920 möglich sei. Die Rückgewinnung von 40 Prozent der in Trianon verlorenen Gebiete zwischen November 1938 und April 1941 erfolgte im Rahmen eines kontinuierlichen Prozesses, der noch vor Ungarns Kriegseintritt abgeschlossen war.

Der am 2. November 1938 gefällte Wiener Schiedsspruch durch die Außenminister der Achsenmächte Ribbentrop und Ciano bedeutete einen territorialen Gewinn von 11 927 Quadratkilometern Land mit 1 060 000 Einwohnern, von denen nach der ungarischen Volkszählung (1941) 84 Prozent, nach der tschechoslowakischen von 1930 jedoch nur 57 Prozent Magyaren waren. Preßburg (Pozsony/Bratislava) blieb zum Verdruß der ungarischen Öffentlichkeit bei der Slowakei, dem neuen Staat von Hitlers Gnaden. Bei der endgültigen Zerschlagung der Tschechoslowakei ergriffen Horthy und die Teleki-Regierung die von Hitler gebotene Chance, auch in der Karpato-Ukraine das Gebiet, das einst zum Ungarn der heiligen Stephanskrone gehört hatte, schnell zu besetzen. Das »zurückgekehrte Land« umfaßte 12061 Quadratkilometer mit fast 700 000 Einwohnern. Allerdings waren selbst nach ungarischen Angaben bloß 10 Prozent (1941), nach tschechoslowakischen Erhebungen (1930) gar nur 5 Prozent Ungarn: rund 70 bis 75 Prozent bekannten sich als Ruthenen (Ukrainer). Strategisch wichtig war der Landstrich für die Ungarn, weil dadurch eine gemeinsame polnisch-ungarische Grenze erreicht werden konnte.

Diese Erwägungen wurden allerdings bereits sechs Monate danach mit dem deutschen Überfall auf Polen irrelevant. Nun wagte die Teleki-Regierung aber doch einen kleinen Akt des Widerstandes, indem sie aus Gründen der traditionellen Freundschaft mit Polen und auch aus Rücksicht auf Großbritannien den deutschen Militärzügen die Durchfahrt verweigerte und nach der polnischen Niederlage die Grenzen für weit über 100 000 Flüchtlinge öffnete. Die meisten zogen weiter und schlossen sich via Jugoslawien den britisch-französischen Streitkräften an, ein beträchtlicher Teil blieb aber bis zum Kriegsende in Ungarn.

Trotzdem waren der Beitritt zum Antikominternpakt und der Austritt aus dem Völkerbund deutliche Signale, daß Ungarn immer mehr in den Sog Deutschlands geriet. Hitler verstand es prächtig, die kleinen Staaten Mittel- und Osteuropas, die sich in den Wettlauf um seine Gunst verstrickten, gegeneinander auszuspielen. Bereits Ende 1938 formulierte er als Politik gegenüber Ungarn und Rumänien, »beide Eisen im Feuer zu halten und je nach Entwicklung der Dinge im deutschen Interesse zu gestalten«[5].

Mit dem sowjetischen Ultimatum vom Juni 1940 an Rumänien für die Rückgabe von Bessarabien und der Nord-Bukowina gerieten die Dinge in Südosteuropa in Bewegung. Da Rumänien ein wichtiger Erdöllieferant Deutschlands war, bedrohte der immer stärkere ungarische Druck auf Rumänien, das übrigens den Beistandspakt mit Großbritannien und Frankreich aufgekündigt hatte, auch die deutschen Interessen. Die Gefahr eines sowjetischen Eingreifens im Falle eines bewaffneten Konflikts zwischen Rumänien und Ungarn gab schließlich den Ausschlag zum Zweiten Wiener Schiedsspruch.

Nach erfolglosen bilateralen Verhandlungen entschieden Ribbentrop und Ciano am 30. August 1940, daß Rumänien Nordsiebenbürgen und das Széklerland, insgesamt 43 104 Quadratkilometer mit 2 577 000 Einwohnern, an Ungarn abtreten müsse. Mindestens zwei Fünftel der Bevölkerung (nach rumänischen Angaben fast die Hälfte) waren Rumänen. Zugleich betrug die Zahl der in Südsiebenbürgen gebliebenen Ungarn über 400 000. Die Rumänen betrachteten den Zweiten Wiener Schiedsspruch als nationale Katastrophe und setzten alles daran, die Gebiete durch beispielhafte Ergebenheit gegenüber

Hitler im Laufe des Krieges wieder zurückzugewinnen. Hitler hat General Antonescu, den rumänischen Staatschef, während des Krieges zwanzigmal getroffen, Horthy nur viermal.

Der Jubel der Ungarn war unbeschreiblich. Der 72jährige Reichsverweser ritt an der Spitze der ungarischen Armee am 15. September wieder auf seinem Schimmel in Kolozsvár (Klausenburg/Cluj) ein. Dennoch wollten viele Ungarn so schnell wie möglich auch noch Süd-Siebenbürgen an Ungarn angeschlossen sehen, doch Hitler gelang es, die Budapester Regierung von einem militärischen Vorgehen abzuhalten. Ungarn habe eigentlich mit jedem Kompromiß einverstanden zu sein, so Hitler am Vormittag des 28. August 1940 auf dem Berghof zu Graf Ciano, da es seine Revisionserfolge lediglich dem Faschismus und dem Nationalsozialismus verdanke.[6]

Überall wurden die ungarischen Soldaten von den Menschen begrüßt, die zwei Jahrzehnte von der Nation und der Heimat getrennt hatten leben müssen und in den meisten Fällen vielfältiger Diskriminierung ausgesetzt gewesen waren. Man darf auch nicht übersehen, daß Großbritannien und die Vereinigten Staaten nur nach dem Zweiten Wiener Schiedsspruch Protest einlegten beziehungsweise seine Gültigkeit in Frage stellten. Erst der Überfall auf Jugoslawien Seite an Seite mit Deutschland führte zum Abbruch der diplomatischen Beziehungen. Die politische und kulturelle Elite im Lande selbst betrachtete die Serie der territorialen Gewinne ohne Krieg als ein ununterbrochenes »Erfolgserlebnis«[7]. Man hatte sich nicht mit den internationalen Auswirkungen, geschweige denn mit dem von Hitler geforderten enorm hohen Preis, auseinandergesetzt.

Zu diesem gehörten die Anerkennung des von Berlin aus gelenkten Volksbundes der Deutschen in Ungarn und die in einem Sonderabkommen mit dem Deutschen Reich festgelegten erweiterten Rechte für die deutsche Minderheit in Ungarn. Bei der Volkszählung von 1941 bekannten sich von den 720 000 deutschsprachigen Einwohnern 533 000 zur deutschen Nationalität. Die Waffen-SS durfte unter den Deutschen Freiwillige anwerben. Auch wirtschaftlich gestaltete sich die Abhängigkeit von Deutschland immer drückender.

Bereits 1938 wurde die Hälfte des Außenhandels mit Deutschland abgewickelt. 1942 gingen 90 Prozent der Bauxit- und über 50 Prozent der Ölproduktion und ein ähnlich großer Anteil der Agrarproduktion nach Deutschland. Im bilateralen Außenhandel betrug bis Ende 1941 das deutsche Defizit 140 Millionen Mark, 1943 bereits eine Milliarde, und im nächsten Jahr stieg es auf 1,5 Milliarden. Da das Reich die

Schulden nicht mehr bezahlte[8], kam es zu einer erhöhten Papiergeldemission und natürlich zur Inflation.

Jedenfalls erreichte in den Monaten nach dem Zweiten Wiener Schiedsspruch die Popularität Horthys, den man als »országgyarapító« (Landesvermehrer) feierte, einen absoluten Höhepunkt. Dabei ist zu bedenken, daß Ungarn mit deutscher Unterstützung innerhalb von zweieinhalb Jahren sein Staatsgebiet von 93 073 Quadratkilometern auf 171 753 Quadratkilometer steigerte. Auch die Bevölkerung erhöhte sich sprunghaft um 5 Millionen (davon 2 Millionen Magyaren) auf 14 683 000 Einwohner.

Diese bedeutende Erweiterung des Territoriums und der Gesamtbevölkerung verwandelte den nach Trianon homogenen Nationalstaat schlagartig wieder in einen Vielvölkerstaat. Der Anteil der Nationalitäten erhöhte sich zwischen 1938 und 1941 von 7,9 Prozent auf 22,5 Prozent der Bevölkerung. Weniger bekannt war die politisch bedeutsame Tatsache, daß selbst nach der Volkszählung von 1941 49,5 Prozent der Einwohner der zurückgewonnenen Gebiete keine Ungarn waren. Eine gewisse kosmetische Korrektur wurde durch die Differenzierung zwischen Muttersprache und Nationalität erreicht, da 520 000 mit fremder Muttersprache sich zur ungarischen Nationalität bekannt hatten (vor allem Kroaten und Slowenen).[9]

Eine zweite und für die Betroffenen tragische Folge war, daß sich die Zahl der Juden um 80 Prozent auf 725 000 erhöht hatte. Das Bekenntnis zum mosaischen Glauben war aber unter den Bedingungen des dritten Judengesetzes (August 1941) überholt. Man hatte nicht nur die Quotenregelung verschärft, sondern auch – und das bedeutete eine schwere Niederlage für die christlichen Kirchen – die nationalsozialistische Rassenideologie als Grundlage für Diskriminierung und Verfolgung eingeführt. Wie Raoul Hilberg, der Historiker des Holocaust, im Ungarn-Kapitel seines Standardwerkes betont, hatte damit die ungarische Gesetzgebung in ihrer Härte sogar die Nürnberger Gesetze übertroffen. Alle Personen, bei denen mindestens zwei Großeltern jüdischer Religion waren, wurden als Juden betrachtet. In Deutschland – anders als in Ungarn – wurde ein Halbjude, der nicht der jüdischen Religion angehörte und mit einem Vierteljuden verheiratet war, nicht als Jude eingestuft. Ähnlich gravierend waren die Bestimmungen über Eheverbot und außerehelichen Geschlechtsverkehr als »Rassenschande«. Als die Fragebogen der Volkszählung unter diesem Gesichtspunkt 1944 ausgewertet wurden, hat man die Zahl der als Juden qualifizierten Christen von 34 500 auf 100 000 erhöht. Die Zerstörung der beruflichen Existenz und später die »Endlösung« bedrohte also insgesamt 825 000 Menschen.[10]

Neben der gemeinsamen Linie des territorialen Revisionismus und der wirtschaftlichen Abhängigkeit bestand auch eine ausgeprägte politisch-ideologische Nähe zwischen Nationalsozialismus und dem rechtsradikalen Teil der Elite in Ungarn, vor allem im Offizierskorps. Schon der seinerzeitige Ministerpräsident Gömbös gratulierte Hitler zu seiner Bestellung als Reichskanzler mit dem Hinweis, er und Hitler seien »alte Rassenschützler, die eine gemeinsame Ideologie vertreten«[11].

Dabei lieferte gerade Gömbös, den man wegen seiner Freundschaft mit Mussolini spöttisch »Gömbölini« nannte, ein treffliches Beispiel für einen sehr willkürlichen Umgang mit genealogischen Daten. Denn er selbst stammte aus einer schwäbischen Familie, sein Vater hieß Knöpfle und war ein biederer Volksschullehrer. Der Sohn, ein ehrgeiziger Aufsteiger, soll den Adelstitel »jákfai« ebenso erdichtet haben wie manche seiner Kriegsauszeichnungen. Als die Judengesetze in Kraft traten, mußten Millionen Menschen Geburtsurkunde, Taufschein und so weiter besorgen. Der Schriftsteller und Literaturhistoriker István Nemeskürty über die Atmosphäre im Sommer 1938 in einem Rückblick sechzig Jahre später:

> Diese Verordnung hat die ganze Bevölkerung aufgewühlt und in den krankhaften Zustand der Identitätsverwirrung hineingehetzt. Es hat sich herausgestellt, daß fast jeder österreichische, deutsche, slawische, rumänische, dalmatinische Ahnen hat; wieso und wie wird dann jemand zum Ungarn? Die Verwirrung wurde dadurch gesteigert, daß die Gesetzgeber keine genaue Definition gefunden haben, wer *nicht* Jude ist. Jeder, der beweisen konnte, daß es unter seinen Vorfahren einschließlich der Großeltern keinen Menschen jüdischer Religion (oder Rasse) gab, wurde als »Christ« bezeichnet. Auch jener, der vielleicht mohammedanisch oder konfessionslos war. So hat das Wort Christ nicht nur den Gläubigen einer Religion, sondern jeden bezeichnet, der nicht Jude war. In dieser Weise wurde das Wort Christ zu einer irrtümlichen, falschen *rassistischen Definition …* Obendrein breitete sich gerade in diesen Jahren die aggressive Propaganda des Deutschen Reiches aus, Staatsbürger mit deutschnamigen Ahnen wurden ermuntert, sich als Deutsche zu bekennen. Solche wurden dann sofort in die deutsche Armee eingemustert, oder in die SS, mit ungarischer behördlicher Zustimmung! Parallel verstärkte sich die

> Pfeilkreuzlerbewegung: Ihre Gefolgsleute fühlten, sie würden in dieser Weise zu nachgewiesenen »Ungarn«, andererseits genossen sie so die Unterstützung des Deutschen Reiches. Es gab solche, die ihren Namen zurückgermanisierten; andere argumentierten, daß ihre slawisch klingenden Namen in Wirklichkeit urungarisch seien; viele suchten in der fernen Vergangenheit Urahnen, Adelsbriefe und heraldische Bestätigungen mit Hilfe von »Fachleuten«, die diese massenhaft erzeugten und fälschten... [12]

Nach der kommunistischen Machtergreifung sollte sich dieser Alptraum wiederholen, wenn auch mit anderen Vorzeichen: Die Menschen wurden diesmal nach ihrer sozialen Herkunft abqualifiziert, entlassen, verfolgt, entrechtet und Anfang der fünfziger Jahre sogar aus den Städten in die Pußta ausgesiedelt.

Damals, in der Zeit der hektischen Ahnenforschung, konnten die demokratischen, antifaschistischen Kreise einen kleinen Punktsieg gegen eine der übelsten politischen Figuren, gegen Béla Imrédy, erringen. Dieser hochbegabte Finanzfachmann, früherer Finanzminister und Notenbankpräsident, hatte in den Worten seines Vorgängers Bethlen[13] einen beispiellosen Salto mortale vollzogen. Nach seiner Bestellung zum Ministerpräsidenten im Mai 1938 schwenkte der ehrgeizige Mann nicht nur vorbehaltlos in das deutsche Lager über; er wurde sogar zum Haupt der Neuen Rechten, einer radikalfaschistischen Gruppe, in der von ihm später gespaltenen Regierungspartei. Nach Bethlens Ansicht hat kein anderer Politiker in der ungarischen parlamentarischen Geschichte soviel Unheil ausgelöst wie Imrédy. Mit geradezu pittoresker Grausamkeit hatte er den Entwurf des zweiten Judengesetzes zu Weihnachten 1938 vorgelegt und dazu erklärt, »ein Tropfen jüdisches Blut« sei ausreichend, um den Charakter und den Patriotismus eines Menschen zu verderben.[14]

Kurz danach teilte Bethlen dem Reichsverweser mit, ein Budapester Blatt bereite die Veröffentlichung von Urkunden vor, wonach in den Adern Imrédys mehr als »ein Tropfen jüdischen Blutes« fließe; seine Urgroßmutter sei eine deutsch-böhmische Jüdin gewesen. Um einen Skandal zu vermeiden, so Horthy in seinen Memoiren, habe er den Ministerpräsidenten zu sich kommen lassen und ihm das aus der Tschechoslowakei stammende Dokument gezeigt. Imrédy sei so erschüttert gewesen, daß er an Ort und Stelle in Ohnmacht gefallen sei und sodann um seinen Rücktritt ersucht habe. Die Geschichte mit der jüdischen Urgroßmutter – Horthy erwähnte einen Urgroßvater... – belustigte sogar die ausländischen Leser und Radiohörer. Die bizarre Episode sorgte für eine kleine Atempause. Imrédy kehrte aber bald in die politische Arena als Führer einer nationalsozialistischen Gruppierung zurück. Obwohl er inzwischen mit neuen Dokumenten seine arische »Unschuld« nachweisen konnte, wurde er von seinen Pfeilkreuzler-Rivalen wegen des »jüdischen Blutes« fortan offen bekämpft.[15]

Übrigens beweisen gerade die rabiatesten ungarischen Rechtsradikalen, daß Armin Vámbérys Diktum, die Ungarn seien das am meisten vermischte Volk in Europa, keineswegs unbegründet war. Nach den Angaben des amerikanischen Historikers Andrew Janos waren 1941 21 von 27 Zwei- und Drei-Sterne-Generälen deutscher oder slowakischer Abstammung, desgleichen nicht weniger als neun katholische Erzbischöfe und Bischöfe, einschließlich des Kardinalprimas Jusztinián Serédi (Spoucek), des Armeebischofs Zadrawetz und des extrem rechten Ideologen Prohászka.[16]

Unter den ungarischen Bedingungen der ethnischen Verschmelzung und nach den Judengesetzen ähnlichen Kriterien waren ein Drittel der Regierungsmitglieder zwischen 1932 und 1944 keine Magyaren. Die nach der deutschen Besetzung am 19. März 1944 eingesetzte Marionettenregierung wurde von dem bisherigen ungarischen Botschafter Döme Sztójay geleitet. Er hieß ursprünglich Stojakovic und war kroatischer Herkunft. Während sich Gömbös und Imrédy auf radikalisierte Beamte und Militärs stützten, bauten die Pfeilkreuzler mit Unterstützung der sozialen und politischen Randgruppen, aber auch vieler städtischer Arbeiter eine Massenpartei von unten auf. Als die »Bewegung« im Herbst 1944 von den deutschen Besatzern an die Macht gebracht wurde, hätte nur jeder fünfte Minister in ihrer Regierung einen »Magyaren-Nachweis« erbringen können. Das Haupt der Pfeilkreuzler, der ehemalige Major Ferenc Szálasi, der »Führer der Nation« (nemzetvezetö), hieß ursprünglich Salosjan. Der in Kassa geborene, aus einer Offiziersfamilie stammende Mann, der sich als »messianische Erlösungsgestalt« (Margit Szöllösi-Janze) begriff, hatte laut Horthy armenische, slowakische und deutsche Vorfahren und sei höchstens ein »Viertel-Ungar« gewesen. Ein ungarischer Abgeordneter behauptete 1938 im Parlament, daß Szálasi nicht nur keinen Tropfen ungarisches Blut, sondern nicht einmal die ungarische Staatsbürgerschaft besessen habe.[17]

Wie auch immer, die Ungarn lebten zwischen 1938 und 1944 in einer absurden, verkehrten Welt, in der oft Träger deutscher und slawischer Familiennamen im Namen der magyarischen Rasse die Massen gegen Menschen aufhetzten, die dieser Rasse ebensowenig entstammten wie die Agitatoren selbst, die jedoch größtenteils bereits ungarische Namen trugen. Später wurden auf den von Eichmann und seinen ungarischen Helfershelfern organisierten Todesmärschen u.a. der große Lyriker Miklós Radnóti, die herausragenden Schriftsteller und Kritiker Antal Szerb, Gábor Halász und György Sárközi, ungarische Patrioten und gläubige Christen aus konvertierten jüdischen Familien, erschossen.

Es wäre allerdings falsch zu behaupten, ausschließlich die Deutschen hätten Ungarn zum Kriegseintritt gegen die Sowjetunion oder zu den Judengesetzen gezwungen. Der große und in seinem Urteil unbestechliche Denker István Bibó legte in einem 1948 veröffentlichten, aber erst vierzig Jahre später einer breiteren Öffentlichkeit zugänglichen Essay seinen Finger auf die bis heute nicht verheilte Wunde, darauf nämlich, daß die Judengesetze den »moralischen Verfall der ungarischen Gesellschaft« markierten:

> Diese Gesetze bedeuteten für breite Schichten des Mittel- und Kleinbürgertums eine Möglichkeit, sich ohne persönliche Anstrengung, dank des Staates und zu Lasten anderer Existenzen, selbst ein vorteilhaftes Vorankommen zu schaffen. Breite Schichten der ungarischen Gesellschaft freundeten sich mit der Idee an, daß eine Existenz nicht nur mit Arbeit und Unternehmergeist geschaffen werden kann, sondern auch, indem man sich eine andere Existenz heraussucht, den Betreffenden anzeigt, seine Ahnen ausforscht, seine Entlassung veranlaßt, sein Unternehmen beansprucht, letztlich also durch eine vollkommene Inbesitznahme einer solchen Existenz.

Bibó bilanzierte »ein erschreckendes Bild der Habgier, der hemmungslosen Verlogenheit und im besten Fall des berechnenden Strebertums eines beträchtlichen Teils dieser Gesellschaft. Nicht nur für die betroffenen Juden, sondern für alle Ungarn von Anstand bedeutete dies eine unvergeßliche Erschütterung!«[18]

Die Arisierung und die stufenweise Ausschaltung der Juden aus dem Wirtschaftsleben diente also der »Wachablösung« im Zeichen des Aufstiegs einer neuen »christlichen Mittelklasse«. Es gab aber auch andere Faktoren, die im Mai 1939 bei den ersten geheimen (wenn auch nicht freien) Wahlen seit 1920 einen Erdrutsch zugunsten der Neuen Rechten und der Pfeilkreuzler brachten. Der Stimmenanteil der Pfeilkreuzler erreichte 18 Prozent der Mandate, aber sogar 25 Prozent der Stimmen, in der Hauptstadt 30 Prozent und im sogenannten »Roten Gürtel« um Budapest einen schwindelerregenden Prozentsatz von 41,7 Prozent gegenüber bloß 17 Prozent für die Sozialdemokraten. Daß die übrigens auch stark nach rechts gerückte regierende Einheitspartei dennoch 70 Prozent der Mandate errang, war dem herrschenden Mehrheitswahlrecht und verschiedenen Manipulationen zuzuschreiben. In Wirklichkeit betrug ihr Stimmenanteil nur 50 Prozent. Diesen verhängnisvollen Schwenk schrieb der frühere Premier István Bethlen in seiner fünfzig Seiten langen Denkschrift, die erst vierzig Jahre später auf englisch und vier Jahre später auf ungarisch erschien, den Aktivitäten des inzwischen abgesetzten Imrédy, den Fehlern Telekis und dem ständig wachsenden deutschen Druck zu.

Die Pfeilkreuzler waren eine von den Faschisten und Nationalsozialisten beeinflußte Bewegung mit spezifisch ungarischem Einschlag. Anfänglich trugen sie Braunhemden und verwendeten Hakenkreuz und Hitler-Gruß. Nach deren Verbot 1933 stiegen sie um auf Grünhemd und Pfeilkreuz, das Heereszeichen von König László dem Heiligen (1077–1095). Ihr Parteigruß hieß »Durchhalten!« (Kitartás!). Sie artikulierten die Unzufriedenheit, ja den Haß breiter heterogener Schichten, die von abstiegsbedrohten Beamten und radikalisierten, oft arbeitslosen und frustrierten Intellektuellen bis zu schlecht bezahlten Armeeoffizieren, in ihren Aufstiegschancen gehinderten Studenten und nicht zuletzt zu städtischen Arbeitern bis zum Lumpenproletariat reichten. Der Masse der armen Leute versprachen die Pfeilkreuzler die Erlösung von der Unterdrückung durch jüdische Kapitalisten und aristokratische Großgrundbesitzer. Kurz, sie bildeten eine Protestbewegung gegen das Machtkartell der feudalen Schicht, der Hochfinanz und der obersten Bürokratie; 1938/39 zählten sie 250 000 bis 300 000 Mitglieder. Trotzdem hatten sie gegen die »Herrengesellschaft« und gegen deren Symbol und Garanten, nämlich den Reichsverweser, keine Chance, die Macht zu erobern.[19]

Die Rückgewinnung so beträchtlicher Gebiete wie Oberungarn, Siebenbürgen und Südungarn bot auch Möglichkeiten, die staatliche Bürokratie aufzublähen und die dortigen Verwaltungspositionen neu zu besetzen. Teleki und seine jungen Mitarbeiter versuchten zwar, der überwiegend nichtungarischen Region Karpato-Ukraine ein hohes Maß an Gebietsautonomie zu gewähren und gesetzlich verankerten Schutz für die Nationalitäten zu sichern. Vergeblich, denn die nach so vielen Jahren der chauvinistisch-nationalistischen Erziehung und Propaganda eingesetzten Offiziere und Staatsbeamten hatten aus den Fehlern der Vergangenheit nichts gelernt. Ihre Magyarisierungs- und Drangsalierungsmaßnahmen und Enteignungen von Nichtmagyaren stießen auf Widerstand und scharfe Ablehnung.[20]

Die Ausweitung der staatlichen Bürokratie ermöglichte die Zuteilung von Posten für die nach 1919 und 1920 geflüchteten Beamten und für jene Grundbesitzer, die durch die Landreform ihren Besitz gänzlich oder teilweise in den Nachfolgestaaten verloren hatten. Darüber hinaus waren alle Regierungen bestrebt, den arbeitslosen nichtjüdischen Freiberuflern und Jungakademikern Anstellungsmöglichkeiten zu bieten. Die Zahl der Staatsbeamten verdoppelte sich zwischen 1937 und 1943 auf 93 800. Es gab 1914 einen Staatsbeamten auf je 377 Einwohner; 1921 war das Verhältnis zu 134 und 1942 schließlich zu 100.

Die alten und neuen Beamten, die arbeitslosen Studenten und die vielfältigen Auswirkungen einer »Akademikerschwemme« bildeten die Massenbasis der rechtsextremen Gruppierungen. Die von Statistiken untermauerten, ständig, ja immer lauter wiederholten Vorwürfe, der jüdische Anteil in den freien Berufen sowie bei Industrie- und Bankangestellten sei noch immer unerträglich hoch, fielen nicht auf taube Ohren. Gyula Juhász, Experte für Ideologie- und Nationalitätenfragen, ein exzellenter Kenner der Außenpolitik der Zwischenkriegszeit, stellte fest, für die Mehrheit der ungarischen Intelligenz sei rassistische Ideologie vor allem auch ein Vehikel dafür gewesen, Stellen besetzen zu können, welche die »Assimilierten« aufgeben mußten.[21]

In diesem Zusammenhang ist auch die Tatsache nicht zu unterschätzen, daß Ungarn zeitweilig von der Kriegskonjunktur profitiert hat. Die Industrieproduktion wurde 1939, also in einem einzigen Jahr, um 20 Prozent gesteigert, das war ein größerer Anstieg als in den vergangenen zwanzig Jahren zusammen. Zugleich stiegen die Reallöhne um fast zehn Prozent. Der Einfluß der Pfeilkreuzler wurde im Zeitraum von 1942 bis 1944 wesentlich schwächer. Eine große potentielle Gefahr selbst zu der Zeit, als das Pendel des Horthy-Regimes von den Radikalen zu den Gemäßigten umschlug, bedeutete aber die extrem prodeutsche Haltung der Armeeführung und der Offiziere. Bereits im Oktober 1938 berichtete ein britischer Beobachter (und Freund Telekis) an das Londoner Außenministerium, daß 80 bis 90 Prozent der Armeeangehörigen Nationalsozialisten seien und die jungen Offiziere sich an Deutschlands Ruhm berauschten. Daß rund die Hälfte der militärischen Elite aus den in Trianon abgetrennten Gebieten stammte, wog dabei möglicherweise mehr als die deutsche Herkunft.

Die Hoffnung, einen Krieg sozusagen aus der Loge führen zu können, mußte Ungarn unter dem starken Druck des deutschen Oberkommandos bald aufgeben und bis Mitte 1942 eine ganze Armee an die russische Front entsenden. Inzwischen hatte Horthy im Februar 1942 seinen älteren Sohn István, der wie sein Bruder Miklós probritisch und nazifeindlich eingestellt war, vom Parlament zum stellvertretenden Reichsverweser wählen lassen. Goebbels bezeichnete in seinem Tagebuch die Bestellung des jungen Horthy als ein »großes Unglück, weil der Sohn noch judenfreundlicher ist als der Vater«. Horthy läßt in seinen Memoiren durchblicken, daß der Absturz seines Sohnes im August an der Ostfront möglicherweise auf eine deutsche Sabotageaktion zurückzuführen gewesen sei.[22] Politisch wichtiger war die Ablösung des gegenüber Berlin viel zu beflissenen und konzessionsbereit agierenden Ministerpräsidenten Bárdossy durch einen Vertrauensmann Horthys, den nazifeindlichen Politiker Miklós Kállay.

Die Vernichtung der 207 000 Mann starken, schlecht ausgerüsteten Zweiten Ungarischen Armee bei Woronesch am Don im Januar 1943 war der politische und psychologische Wendepunkt in der ungarischen Beteiligung am Zweiten Weltkrieg. Über 40 000 Soldaten fanden den Tod, 35 000 wurden verwundet, viele verschwanden, und 60 000 fielen in sowjetische Gefangenschaft. Obwohl das ganze Ausmaß dieser Tragödie offiziell beschönigt und nur aus den ungarischsprachigen Sendungen der Londoner und Moskauer Sender zu erfahren war, waren fast alle Familien direkt oder indirekt betroffen. Besonders schwere Verluste erlitten die unbewaffneten Arbeitsdienstler mit den gelben Armbinden, mangelhaft gekleidet, schlecht ernährt und oft von grausamen Unteroffizieren zu Tode gequält. So auch Attila Petschauer, der für Ungarn eine olympische Goldmedaille im Fechten gewonnen hatte. Nur 6000 bis 7000 von den der Zweiten Ungarischen Armee zugeteilten 25 000 Arbeitsdienstlern kehrten zurück. Die Konvertiten unter ihnen mußten eine weiße Armbinde tragen; aber ihre Behandlung war später kaum besser als die der »Volljuden«.

Während die Kállay-Regierung mit Wissen Horthys Fühler in die neutralen Hauptstädte ausstreckte und auch durch Sonderemissäre mit den Alliierten Kontakt aufnahm, organisierten sich auch die konservativ-liberalen antifaschistischen Gruppen, die Sozialdemokraten und die Partei der Kleinen Landwirte, ferner die paar hundert Kommunisten. Nach einer großen Verhaftungswelle gründeten diese unter dem Namen »Friedenspartei« eine neue illegale Gruppierung unter der Führung des jungen Metallarbeiters János Csermanek, der sich später »Barna« und schließlich Kádár nannte. Es gab zwar vereinzelte Protestaktionen mutiger Intellektueller, aber keine massive Opposition und bis zu den letzten Tagen des Zweiten Weltkrieges keinen nennenswerten bewaffneten Widerstand.

Ein ominöses Vorzeichen für künftige Grausamkeiten war das Blutbad, das die ungarische Armee in der Vojvodina in der Stadt Ujvidék (Novi Sad) und Umgebung Anfang 1942 unter unbewaffneten serbischen und jüdischen Zivilisten veranstaltete. Die Bilanz: über 4000 Tote, davon 1250 Juden. Die schuldigen Generäle und Offiziere wurden zwar später vor ein Militärgericht gestellt und verurteilt, doch gelang es den meisten, nach Deutschland zu flüchten. Von diesem Massaker hinterließ Danilo Kiš in seiner Trilogie ein beklemmendes Zeugnis. Weniger bekannt ist die Tatsache, daß im Herbst 1944 nicht nur viele Deutsche, sondern auch Ungarn unschuldige Opfer von Repressalien der siegreichen Tito-Partisanen wurden.

Jedenfalls praktizierte der gemäßigte und pro-westliche Regierungschef Kállay eine geschickte Schaukelpolitik zwischen dem bedrohlichen Dritten Reich und den skeptischen Alliierten, die in der politischen Umgangssprache der Zeit das »Kállay-Doppel« hieß. Doch die Mehrheit der ungarischen Führungsschicht und der Offiziere setzte noch immer auf den deutschen Endsieg. Auch die Dankbarkeit, die ein beträchtlicher Teil der öffentlichen Meinung gegenüber Deutschland und namentlich Hitler für die Rückgewinnung der im Trianon-Vertrag verlorenen Gebiete fühlte, spielte eine gewisse Rolle. Hinzu kamen die Angst vor den Sowjets und die offensichtliche Schwäche der liberalen und demokratischen Kreise.[23] Zugleich war aber auch die zunehmende Kriegsmüdigkeit nicht mehr zu übersehen; ebenso die auffälligen Aktivitäten jener konservativ-liberalen Kräfte, die an einen – völlig illusionären – Separatfrieden mit dem Westen dachten und insgeheim die Ankunft britisch-amerikanischer Streitkräfte erwarteten. Verräter und Spione in den höchsten Regierungskreisen hielten Hitler und seinen Apparat über die amateurhaften Sondierungen der Ungarn auf dem laufenden.

Zugleich wurde die »Judenfrage« im deutsch-ungarischen Verhältnis immer mehr zu einem entscheidenden Faktor. Bei der ersten Kleßheim-Konferenz am 17. und 18. April 1943 erklärte Ribbentrop auf Horthys Frage, »was er denn mit den Juden machen solle« (»erschlagen könne er sie doch nicht«), ohne Umschweife, sie müßten »entweder vernichtet oder in Konzentrationslager gebracht werden«. Goebbels hielt Anfang Mai in seinem Tagebuch fest, Hitler habe gegenüber den Reichs- und Gauleitern geäußert, die »Judenfrage« werde »am allerschlechtesten von den Ungarn gelöst«; Horthy, der »mit seiner Familie außerordentlich stark jüdisch verfilzt« sei, werde sich auch in Zukunft mit Händen und Füßen dagegen sträuben, das Judenproblem wirklich tatkräftig in Angriff zu nehmen. Das deutsche Kalkül war im Spiegel der verschiedenen Berichte klar: Durch die Auslieferung des ungarischen Judentums würde man Ungarn auf Gedeih und Verderb an den »Abwehr- und Existenzkampf des Reiches« binden, deutete in einem Vorbericht der spätere »Bevollmächtigte« Hitlers, SS-Standartenführer Veesenmayer, an.[24]

Der Plan »Margarethe«, die Besetzung Ungarns durch die Wehrmacht, war von langer Hand vorbereitet.[25] Heute wissen wir fast alles über die Vorgeschichte dieser Okkupation: über das Ultimatum Hitlers an den 76jährigen Horthy, der bei den Gesprächen im Schloß Kleßheim am 18. März in die Falle gelockt wurde; den Befehl zum Einmarsch von acht deutschen Divisionen am 19. März; das in Berlin entworfene Szenario für die »Bereinigung der Judenfrage« (Veesenmayer) durch SS und Gestapo, vor allem durch das Eichmann-Sonderkommando. Es kamen rechtsextreme bewährte Freunde Hitlerdeutschlands zum Zug. Rund 3000 patriotische und pro-westliche Politiker und Beamte, Aristokraten und Intellektuelle wurden binnen weniger Tage von der Gestapo und der mit dieser kollaborierenden ungarischen Gendarmerie und Polizei verhaftet und in Konzentrationslager nach Deutschland verschleppt. Bethlen fand Unterschlupf bei Freunden auf dem Land; dem abgesetzten Kállay wurde in der türkischen Gesandtschaft Zuflucht gewährt.

Es gab keinen militärischen oder zivilen Widerstand. Nur ein einziger Mann griff zur Waffe, als ihn die Gestapo-Schergen bereits am ersten Tag, am 19. März, in seiner Wohnung auf dem Attila-Boulevard in Buda verhaften wollten. Schüsse knallten, und der Gesuchte, der Abgeordnete Endre Bajcsy-Zsilinszky, wurde, von zwei Schüssen verletzt, zum wartenden Auto geschleppt. Er konnte noch der stummen Menschenmenge auf der Straße zurufen: »Es lebe das unabhängige Ungarn!«[26]

Bajcsy-Zsilinszky, geboren 1886, war vielleicht die eindrucksvollste, jedenfalls bei weitem mutigste Gestalt in der ungarischen Politik der

Kriegsjahre. Er hatte ab Herbst 1919 zum Kreis um Gömbös gehört und galt als ein radikaler Rassenschützler, der die Bethlen-Regierung von rechts in Wort und Schrift scharf kritisierte. Im krassen Gegensatz zu den meisten seiner Kameraden fand er aber später den Weg in Richtung Humanität und Patriotismus. Er wurde ein unerbittlicher Kritiker des wachsenden deutschen Einflusses unter Hitler und trat offen gegen die Judengesetze und das Massaker in Ujvidék auf. Horthy, den er gut gekannt hat, forderte er zum Kurswechsel auf. Unermüdlich kämpfte er für die Rettung der zum Arbeitsdienst an der Front einberufenen jüdischen Journalisten und Intellektuellen. Unter diesen Umständen könne ein anständiger Mensch nicht mehr Antisemit sein, schrieb Bajcsy-Zsilinszky einmal an Teleki.

Er wurde freilich auch 1944 kein Linker, sondern ein humanistischer Romantiker, ein Patriot, der noch immer – wie fast alle Ungarn – glaubte, daß durch rechtzeitige Aktion der Großteil der zurückgewonnenen Gebiete doch in irgendeiner Form bei Ungarn bleiben würde. Freigelassen im Oktober, wurde er im November Vorsitzender des Nationalen Befreiungskomitees im Untergrund. Bereits zwei Wochen später wurde er mit mehreren Offizieren von den Pfeilkreuzlern verhaftet und am 23. Dezember 1944 in Sopronköhida zum Tod verurteilt und hingerichtet. Ein großer Boulevard auf der Pester Seite wurde 1945 nach ihm benannt. Sein leider isoliert gebliebenes Beispiel zeigt die Chancen, die üble Figuren vom Schlage eines Imrédy blockiert und vernichtet haben. Dadurch wurde der Boden für die spätere Schreckensherrschaft des Pöbels und den Massenmord vorbereitet.

Als Anhang seines Standardwerkes über die Vernichtung des ungarischen Judentums zählt Randolph Braham 107 Verordnungen auf, die nach dem deutschen Einmarsch erlassen wurden.[27] Mit Genugtuung konnte Veesenmayer nach Berlin melden, daß das antijüdische Gesetzeswerk »mit einer für hiesige Verhältnisse ungewöhnlichen Schnelligkeit« verabschiedet wurde.

Doch die Juden waren nicht die einzigen Opfer. Bis zum bitteren Ende im Frühjahr 1945 starben Zehntausende sinnlos geopferte Soldaten ebenso wie Widerstandskämpfer und Deserteure, katholische Nazi-Gegner und Sozialdemokraten, Adlige und Kommunisten. Zehntausende Ungarn, Soldaten, aber auch Zivilisten, gingen in der sowjetischen Gefangenschaft zugrunde. Infolge der im April 1944 angelaufenen Bombenangriffe starben 20 000 Menschen.

An der Feststellung des aus dem ehemals ungarischen, heute rumänischen Städtchen Sighet in Siebenbürgen stammenden Friedensnobelpreisträgers Elie Wiesel ist jedoch nicht zu rütteln: »Nicht alle Opfer waren Juden – aber alle Juden waren Opfer.« Nirgends in Mittel- und Osteuropa konnten (die Konvertierten mitgerechnet) über 800 000 Juden (trotz der Judengesetze) so lange in relativer Sicherheit leben wie in Ungarn. Nirgends in Mittel- und Osteuropa wurden die Juden aber so schnell und so brutal in den Tod geführt wie in Ungarn.

Unter der Oberaufsicht Adolf Eichmanns und seiner Schergen haben ungarische Gendarmen und Detektive von der Karpato-Ukraine bis Nordsiebenbürgen und zur ungarischen Tiefebene die Juden und jene Christen, die nach den Rassengesetzen als solche galten, in improvisierten Ghettos, überwiegend in Ziegeleien, zusammengezogen und brutalsten Verhören und Folterungen unterzogen. Ob diese Wertsachen vergraben beziehungsweise bei befreundeten christlichen Familien versteckt hatten? Dann mußten die »Abgefertigten« zum Bahnhof marschieren, wo bereits Viehwaggons warteten. Nachdem je 70 Personen in einen Waggon gepfercht worden waren, versiegelten ihn die Gendarmen und vermerkten die genaue Anzahl der Insassen außen mit Kreide. Diese fanden in ihren Waggons einen Kübel mit Wasser und einen anderen für Exkremente. Die ungarischen Verantwortlichen haben ihren deutschen Meistern stolz gemeldet, daß sie zwischen dem 15. Mai und dem 7. Juli mit 147 Zügen insgesamt 437 402 Juden nach Auschwitz deportieren ließen.

Besonders perfid gingen die deutschen NS-Propagandisten vor, als sie im Sommer 1944 in der Schweiz einen Film darüber zeigten, wie brutal die ungarischen Gendarmen die Deportierten beim Abtransport behandelt hatten. Jedenfalls verbreiteten sich die Nachrichten über die Judenverfolgung um die Welt und setzten auch der besonderen Rolle Ungarns in der ersten Kriegshälfte ein jähes Ende. Bis dahin war Ungarn eine Insel der relativen Sicherheit für viele gewesen. Oppositionelle Zeitungen konnten trotz Zensur erscheinen und kritische sozialdemokratische und liberale Abgeordneten das Wort ergreifen.

Der ungarische Historiker György Ránki wies darauf hin, daß sich die Juden nirgends in Osteuropa mit einer Nation so identifiziert haben wie in Ungarn, weshalb die Tragödie des Judentums auch eine Tragödie des Ungartums gewesen sei. In den Fußstapfen der Nationalsozialisten sprach der faschistische Regierungskommissar am 15. Juni zum Beispiel das Todesurteil über die »jüdischen Bücher«. Er begann bei einer Pressekonferenz mit dem Einstampfen von 447 627 Exemplaren. Graf Bethlen, der ehemalige Premier, merkte in seiner Denkschrift an: Bebel soll gesagt haben, der Antisemitismus sei der Sozialismus der Dummen; dann müßte für Ungarn gelten: »der besonders Dummen«.

Was hat nun Horthy in dieser Zeit der Deportationen und des Massenmordes getan? Die Saat des Bösen, der 25jährigen primitiven und umfassenden Haßkampagne ging auf. István Deák hierzu:

> Horthy bemerkte in seinen Memoiren, er sei damals völlig machtlos gewesen und hätte deshalb die nicht von Ungarn, sondern von Eichmann und Genossen durchgeführten Deportationen nicht stoppen können, und daß er vom eigentlichen Bestimmungsort der Juden nichts gewußt habe. Was die Machtlosigkeit betrifft, so stimmte das wohl, aber alles andere war Lüge. Er erfuhr schon frühzeitig, was es mit Auschwitz auf sich hatte, zog es aber vor, das zu ignorieren. Das galt jedoch nicht für die Budapester Juden! Als diese im Juni/Juli 1944 an die Reihe kamen, ging er mit militärischen Mitteln gegen die Gendarmen vor, die, wie er befürchtete, auch einen Staatsstreich gegen ihn planten. Letztlich überlebten mehr als 40 Prozent der ungarischen Juden. Horthy war kein Monstrum, aber auch kein Humanist. Er war kein Demokrat, versuchte aber nie, sich zum Diktator aufzuschwingen. Nach eigener Aussage war er lebenslang Antisemit gewesen. Dennoch überlebten unter seiner Amtszeit, und trotz der Deportationen, mehr Juden den Naziterror als in jedem anderen Land in Hitlers europäischem Machtbereich.[28]

Im Gegensatz zu Rumänien schaffte Ungarn den Seitenwechsel im Jahr 1944 nicht. Anders ausgedrückt: Horthy war es aus dem einfachen Grund verwehrt, so zu handeln wie König Michael, weil das Oberkommando und die meisten Offiziere wesentlich deutschfreundlicher waren als die rumänischen. Darüber hinaus war Horthys versuchter Absprung am 15. Oktober 1944 nach dem Abschluß eines Waffenstillstandes durch eine Delegation in Moskau dilettantisch, ja operettenhaft gewesen. Horthy hatte wirklich geglaubt, mit einer einzigen Rede im Radio und ohne entsprechende militärische und politische Vorbereitung einen Umschwung herbeiführen zu können. Die Deutschen hatten natürlich alles vorher gewußt und ließen Miklós Horthy jun. am Tag der versuchten Kapitulation entführen. Um die Freilassung seines Sohnes zu erreichen, mußte der greise Reichsverweser nachgeben, seine Proklamation widerrufen und die Machtübernahme des Pfeilkreuzlerführers Szálasi legalisieren.

Die Schreckensherrschaft der Pfeilkreuzler kostete in den letzten Monaten des Krieges noch Zehntausenden Menschen das Leben. Während der »Führer der Nation« im weißen Marmorsaal der Burg den Eid auf die Krone im Zivilanzug mit grünem Hemd und grüner Krawatte vor nur 55 Abgeordneten und nicht viel mehr Oberhausmitgliedern, diese in traditioneller ungarischer Galauniform, geschmückt mit Säbel und von einer Reiherfeder besetztem Hut, ablegte, tobten auf den Straßen der Hauptstadt schon seine Mordkommandos, die Tausende Menschen am Donauufer erschossen oder sie mit Handschellen aneinander gefesselt zu zweit oder zu dritt in die eiskalte Donau warfen. Erschossen wurde dabei nur einer, der beim Sturz ins eisige Wasser die anderen mit in den Tod riß.

Man schätzt, daß es während der Szálasi-Herrschaft rund 50 000 jüdische Todesopfer in Budapest gab. Dazu kamen die Opfer auf den berüchtigten, von Eichmann organisierten Todesmärschen in Richtung Österreich. Das Wegsehen und Weghören und nicht die aktive Mitwirkung war die Haltung der großen Mehrheit der Ungarn. Auf nennenswerten Protest stießen die Deportationen und der Todesmarsch nirgendwo. Trotz der Schwäche des ungarischen Widerstandes muß man aber auch sehen, daß rund 25 000 Menschen zum Teil mit falschen Papieren, zum Teil von Freunden und nichtjüdischen Verwandten versteckt in Budapest überleben konnten.

Die Hauptstadt zahlte einen hohen Preis für die Pfeilkreuzlerherrschaft und Hitlers Befehl, die »Festung Budapest von Haus zu Haus« zu verteidigen. Erst am 13. Februar 1945 gingen die sinnlosen Kämpfe auch im Burgviertel zu Ende. In der Nacht zum 13. Januar hatten die Deutschen bereits alle Donaubrücken in die Luft gesprengt. Über 30 000 Gebäude wurden zerstört. Als Folge der Taktik der »verbrannten Erde« mußten noch Zehntausende Zivilisten sowie ungarische, deutsche und sowjetische Soldaten sterben.

Szálasi und sein Stab verließen das Land (samt der Stephanskrone) am 29. März. Verblüffend war die in der jüngeren Geschichte wohl einmalige Flucht der ganzen militärischen und zivilen Verwaltung nach dem Westen. Sie kamen den Evakuierungsbefehlen der Deutschen und der Pfeilkreuzler nach; auch die Furcht vor der sowjetischen Armee spielte dabei eine Rolle. Insgesamt flohen rund eine Million Zivilisten, in erster Linie Angehörige der Mittelklasse. Viele kehrten später zurück, doch blieben rund 100 000 für immer im Westen. Die acht Monate dauernden Kämpfe auf ungarischem Territorium, der Abtransport beweglicher Güter durch die Deutschen und die Pfeilkreuzler sowie die Beschlagnahmen durch sowjetische und rumänische Truppen haben Schäden verursacht, die dem Fünffachen des Nationaleinkommens von 1938 beziehungsweise 40 Prozent des Nationalvermögens entsprachen. Rund die Hälfte der Fabrikausrüstungen, 40 Prozent des Schienennetzes, zwei Drittel der Lokomotiven, 44 bis 80 Prozent des Rinder-, Pferde-, Schweine- und Schafbestandes wurden zerstört oder gingen verloren. Man schätzt, daß 6,2 Prozent der 14,5 Millionen Einwohner Ungarns (1941), also etwa 900 000, starben.[29] Die Schätzungen der jüdischen Opfer belaufen sich insgesamt im vergrößerten Ungarn von 1941 auf 564 000, davon 297 000 im Trianon-Ungarn (rund 100 000 in Budapest).[30] Etwa 600 000 Ungarn befanden sich in sowjetischer Gefangenschaft (davon 100 000 bis 120 000 Zivilisten), und 300 000 Soldaten kapitulierten vor den angelsächsischen Truppen. Bei diesen Zahlen darf man freilich die Tatsache nicht außer acht lassen, daß etwa 100 000 Soldaten den Eid auf Szálasi abgelegt hatten. Zwölf ungarische Divisionen kämpften bis zum bitteren Ende auf deutscher Seite.[31]

Ungarn befand sich wegen des traurigen Erbes von Trianon und wegen der nationalen Frage in einer viel schwierigeren Lage als die Nachbarländer. »Bei uns war das Schwierigste, die nationalen Ziele und den antifaschistischen Kampf zu verbinden. In den Nachbarstaaten genügte es seinerzeit, wenn sich jemand als Pole, Tscheche oder Jugoslawe fühlte. Das Nationalgefühl genügte für den Kampf gegen Hitler. Bei uns war das Nationalgefühl zu wenig für einen Antifaschismus, dazu mußte man zumindest Demokrat sein«, schrieb Gyula Juhász. Das Regime Horthys schlitterte in eine Sackgasse, ohne einen Schutz vor dem deutschen Imperialismus zu wissen, und es vermochte die wiedergewonnenen Gebiete nicht auf Dauer zu behalten (Ungarn verlor später sogar noch zusätzlich drei Dörfer an die Tschechoslowakei). Als Trost könnte man Deáks Worte zitieren: es sei unwahrscheinlich, daß ein anderes Regime besser agiert hätte, anderen in Hitlers Europa sei es viel schlimmer ergangen.[32]

Und Horthy? Im Oktober 1944 in deutsche »Schutzhaft« genommen, verließ der gebrochene Staatschef für immer sein Land. Im Frühjahr 1945 haben ihn die Amerikaner aus der Haft befreit. In seinen Memoiren beschreibt Horthy, wie er in den verschiedenen Lagern sein Bett zu machen und sein Eßgeschirr zu schrubben lernte. Ein jugoslawisches Auslieferungsbegehren (wegen des Massakers in der Vojvodina) wurde von den Amerikanern abgewiesen; die Ungarn und die

Sowjets hatten kein Interesse an einem Verfahren. Immerhin hatte er den Absprung versucht und die Deportation der Budapester Juden verhindert. Horthy ließ sich mit seiner Familie in Estoril in Portugal nieder. Er verfügte über kein eigenes Vermögen, da er im Gegensatz zu vielen Königen und autoritären Staatschefs der Zwischenkriegszeit in Mittel- und Osteuropa persönlich unbestechlich war. Der Reichsverweser mag ein lebenslanger Antisemit gewesen sein, doch konnten er und seine Frau vor allem dank der großzügigen Unterstützung durch zwei jüdische Familien lange Jahre ein komfortables Leben im Exil führen. Horthy starb am 9. Februar 1957, einige Monate nach der ungarischen Revolution vom Oktober 1956. Doch blieben er und sein Regime Teile der unbewältigten Vergangenheit Ungarns. Die nur aus familiären Gründen erfolgte Rückführung seiner sterblichen Überreste nach Ungarn und die feierliche Bestattung am 4. September 1993 mit ihrer emotionalen und politischen Begleitmusik zeigten, daß der »Admiral auf dem Schimmel« nach wie vor eine höchst umstrittene Gestalt der ungarischen Geschichte ist.

XXXIV Sieg in der Niederlage: 1945 bis 1990

Die Szene an diesem Samstag nachmittag war beeindruckend. Rund eine Viertelmillion Menschen füllten am 28. September 1946 den riesigen traditionsreichen Heldenplatz vor dem Millennium-Denkmal in Budapest. Viele schwenkten rote und ungarische Fahnen. Transparente forderten die »Entfernung der Volksfeinde aus der Koalition« und: »Vorwärts zur Volksdemokratie!« Es war der feierliche Auftakt zum ersten legalen Kongreß der am 24. November 1918 gegründeten Ungarischen Kommunistischen Partei (MKP).[1] Pünktlich um 14.30 Uhr hielt ein blonder junger Mann namens János Kádár, stellvertretender Generalsekretär, die Begrüßungsrede; hinter ihm auf der Tribüne saßen die führenden Funktionäre der Partei und die in- und ausländischen Gäste.

Zweieinhalb Stunden später fand in der Staatsoper eine Festsitzung statt, bei der ausländische Delegationschefs und die Vertreter der anderen ungarischen Parteien Grußadressen verlasen. Am Sonntag versammelten sich die 386 Delegierten, die 4800 lokale Parteiorganisationen mit 650 000 Mitgliedern vertraten, im symbolträchtigen Kongreßsaal des Parlaments zu ihrem dreitägigen Kongreß.

Bereits zu Pfingsten 1945 hatten die Kommunisten bei ihrer Parteikonferenz behauptet, über 150 000 Mitglieder zu verfügen, dann aber bei den ersten freien, geheimen und allgemeinen Wahlen im November 1945 nur als drittstärkste Gruppierung abgeschnitten: mit knapp unter 17 Prozent, hinter der bürgerlich-bäuerlichen Kleinlandwirte-Partei mit 57 Prozent und den Sozialdemokraten mit 17,4 Prozent. Dennoch demonstrierten sie Stärke, und der selbstbewußte, zuweilen aggressive Ton der Rechenschaftsberichte ließ keine Zweifel daran, daß sie die ungarische Politik bestimmen und schon jetzt aufs Ganze gehen wollten.

Die bürgerlichen Politiker und viele Sozialdemokraten beobachteten den schwindelerregenden Aufstieg der Kommunisten mit Sorge. Die stolz verkündeten Mitgliederzahlen der Kommunisten gaben Rätsel auf. Und in der Tat glichen sie einem politischen und statistischen Wunder. Kádár selbst räumte viele Jahre später ein, daß es während des

Krieges nur einige hundert (nie mehr als tausend), nach einer Verhaftungswelle 1942/43 sogar nur noch 70 bis 80 Parteimitglieder gab, von denen er selbst bloß mit acht bis zwölf Aktivisten in ständigem Kontakt gewesen sei.[2] Trotzdem erreichte die Zahl der KP-Mitglieder bereits im Februar 1945 30 000 und stieg bis Ende des Jahres auf eine halbe Million. Es war freilich ein offenes Geheimnis, daß sich die hauptsächlich von jüdischen Moskowitern geführte Kommunistische Partei vor allem auf die »kleinen Pfeilkreuzler« (Kisnyilasok) stützte, also auf Leute aus den Randschichten – ungelernte Arbeiter, Kleinbürger und Beamte –, die sich durch den Umbruch und zum Teil die unerwartete Rückkehr jüdischer Besitzer von »arisierten« Geschäften, Werkstätten und Wohnungen gefährdet fühlten. Im Frühsommer äußerte ein Leitartikel der Parteizeitung *Szabad Nép* (Freies Volk) sogar ein gewisses »Verständnis« für die verwirrten »kleinen Pfeilkreuzler«, und der kryptokommunistische Schriftsteller József Darvas, offiziell von der Nationalen Bauernpartei, blies ins gleiche Horn.[3]

Freilich vermittelten auch die stolzen Mitgliederstatistiken der anderen Parteien den Eindruck einer geradezu wundersamen Vermehrung. Bereits im Sommer 1945 reklamierten die Sozialdemokraten für sich stolz eine halbe Million Mitglieder. Nur: Was sollte man davon halten, daß in einer Stadt, in der noch zwischen Oktober 1944 und Februar 1945 ein Karneval des Todes und der Hölle tobte, dieselben Menschen, die 25 Jahre einer nationalistischen, revisionistischen Stimmungsmache ausgesetzt waren, sich nun über Nacht zu Demokraten, ja Sozialisten, gar Kommunisten gewandelt hatten?

All dies interessierte die Hauptredner des kommunistischen Parteitages von 1946 nicht. Ihr Auftrag war es, eine großkoalitionäre und volksdemokratische Tarnkappe aufzusetzen, sich im Gegensatz zu den linken Sozialdemokraten sozialistischer Schlagworte strikt zu enthalten und selbst das Wort Sozialismus nicht in den Mund zu nehmen. Damals rechnete die Führungsspitze eben noch mit einer langen Übergangszeit bis zur Vollkollektivierung der Wirtschaft und der totalen Machtergreifung.

Es kam aber ganz anders. Innerhalb von nicht einmal zwei Jahren fielen die Würfel, und die Kommunisten ergriffen – wie in den anderen Staaten der sowjetischen Einflußsphäre – auch in Ungarn die totale Macht. Anfang 1949 ließ sich Stalin das große Geheimnis entreißen: Die Volksdemokratie erfüllte bereits die Funktion der Diktatur des Proletariats. Aber schon vor dieser Demaskierung zermalmte die eiserne Faust der »Arbeiterklasse«, das heißt der Staatssicherheitsdienst und die militärische Abwehr, jede wirkliche, potentielle und je nach Bedarf erfundene Opposition, zuerst außerhalb, ab Mai 1949 sehr bald auch innerhalb der KP.

Das Benehmen der »Befreier« war übrigens – wie in allen sowjetisch besetzten Gebieten – nicht gerade dazu angetan, freundschaftliche Gefühle gegenüber der Sowjetunion zu wecken. Vergewaltigungen, Plünderungen und brutale Einmischung in die Innenpolitik führten dazu, daß der blanke Haß auf die Sowjets bei vielen noch stärker wurde als vor der Niederlage. Das ungewisse Schicksal von mehr als einer halben Million Kriegsgefangenen, die Verschleppung von Zehntausenden Zivilisten zur Zwangsarbeit und dann die von den Sowjets voll unterstützte Offensive der Kommunisten zur Untergrabung und schließlich Zerschlagung der jungen ungarischen Demokratie trugen in den folgenden Monaten und Jahren dazu bei, daß die große, später überwältigende Mehrheit der Ungarn die neue Zeit unter dem roten Stern als den Anfang einer neuen Knechtschaft empfand.

Die vier Männer, die in diesem Altweibersommer von 1946 die Hauptreferate im ehrwürdigen Parlamentssaal gehalten haben, wußten besser als die meisten Delegierten und die (nicht stimmberechtigten) 123 Gäste aus dem Staats- und Parteiapparat, der Armee, der Polizei, der Presse, der Gewerkschaften und der Großbetriebe, daß Ungarn aus den bereits skizzierten historischen und massenpsychologischen Gründen ein denkbar ungünstiger Boden für die Kommunisten war. Das gilt freilich, wenn auch in unterschiedlichem Ausmaß, auch für die anderen »Volksdemokratien« (mit Ausnahme der Tschechoslowakei, wo es bereits in der Zwischenkriegszeit eine relativ starke legale KP gab). Trotz der lückenlosen Kontrolle aus Moskau und der in großen Zügen ähnlichen Entwicklung im sowjetischen Machtbereich haben aber in Ungarn die Persönlichkeiten der vier Spitzenfunktionäre, ihr Verhältnis zueinander und zu den Herrschern im Kreml der ganzen Nachkriegsgeschichte des Landes einen besonders dramatischen, oft überraschenden, zuweilen grausamen Charakter verliehen. Gerade die politischen Turbulenzen und die verblüffenden Wendungen in den Positionen der Männer an der Spitze von Partei und Staat bestätigen die Warnung Isaiah Berlins, die Geschichte nicht »als eine Autobahn ohne Abfahrten« anzusehen:

> In entscheidenden Augenblicken … kann jeder Zufall, können Individuen mit ihren Entscheidungen und Handlungen, die ihrerseits nicht unbedingt vorhersagbar sind, die sogar selten vorhersagbar

sind, den Lauf der Geschichte bestimmen … Unser Entscheidungsspielraum ist nicht groß. Sagen wir: ein Prozent. Aber auf dieses eine Prozent kommt es an.[4]

Es ist möglich, sogar wahrscheinlich, daß Ungarn auch ohne die besondere Persönlichkeit von Mátyás Rákosi die großen Weichenstellungen auf dem Weg zur Diktatur und zur sowjetischen Kolonie (Liquidierung der anderen Parteien, Verstaatlichung der Wirtschaft, Forcierung der Schwer- und Rüstungsindustrie zu Lasten der Konsumenten, Vertreibung der Deutschen, Verhaftung der wirklichen oder vermeintlichen Gegner und so fort) mitgemacht hätte. Doch sind sich alle Historiker der Nachkriegsgeschichte darüber einig, daß er als treibende Kraft der blutigen Säuberungen und der Gleichschaltung vor und nach Stalins Tod ein entscheidender Faktor war. Wir müssen uns deshalb auch die Worte des Basler Historikers Herbert Lüthy in Erinnerung rufen: »Geschichte ist nicht anonym. Sie ist uns als wirkliches Geschehen bekannt nur in dem Maß, in dem wir die handelnden Personen ihrer Anonymität entreißen, individualisieren und identifizieren … Daten und Fakten bedeuten wirklich nichts, wenn wir uns überhaupt kein Bild vom Bewußtsein der handelnden Menschen machen können.«[5]

Als Generalsekretär der Partei hielt Rákosi das erste Referat über die »innen- und außenpolitische Lage des Landes und die Aufgaben der Partei«. Dann sprach Politbüromitglied Imre Nagy (der frühere Landwirtschafts- und Innenminister) über »blühende Landwirtschaft für eine wohlhabende Bauernschaft«. Als dritter redete Rákosis Stellvertreter im Parteiapparat, János Kádár, über die »Organisationsaufgaben der Partei«, und schließlich präsentierte Innenminister László Rajk als Vorsitzender der Nominierungskommission die Liste der Kandidaten für das neue Zentralkomitee.

Wer war nun dieser erste Mann der Partei, der von 1945 bis zum 18. Juli 1956 als »Stalins bester Schüler« ständig wachsende persönliche Macht ausübte, die Kompetenzen unter den heimlichen Rivalen verteilte und die Herausbildung von ständig veränderlichen Machtzentren im Apparat dirigierte?[6] Geboren 1892 als viertes Kind des Lebensmittel- und Obsthändlers Jozsef Rosenfeld (seit 1904 magyarisiert und in Rákosi umbenannt), wuchs der kleine Matyi (Kosename von Mátyás) in dem kleinen Dorf Ada, in der Nähe der heutigen Stadt Subotica, in ärmlichen Verhältnissen auf. Trotzdem konnte er nach dem

Abitur, das er mit Auszeichnung bestand, an der Orientalischen Akademie in Budapest studieren.

1912 ging er mit einem Stipendium nach Hamburg und 1913 nach London, wo er als Handelskorrespondent arbeitete. Bei Kriegsausbruch kehrte er nach Ungarn zurück. An der Ostfront geriet er bereits im April 1915 als Fähnrich in Gefangenschaft. Während der drei Jahre im Gefangenenlager lernte Rákosi auch Russisch und Italienisch. Als eines der Gründungsmitglieder der Kommunistischen Partei rückte er als jüngster Kommissar in das Führungsgremium der kurzlebigen Räterepublik auf. Nach kurzer Internierung mit anderen Kommunistenführern in Österreich tauchte Rákosi im Sommer 1920 in Moskau als Mitarbeiter und später als einer der Sekretäre des Exekutivkomitees der Komintern wieder auf. Dank seiner Sprachkenntnisse – er sprach auch Französisch und Türkisch – hat Rákosi in den frühen zwanziger Jahren die Kommunistischen Parteien von Prag bis Livorno, von Paris bis Berlin mit aus der Taufe gehoben beziehungsweise im Auftrag der Komintern ihre internen Fraktionskämpfe zu schlichten versucht. Nach Reisen quer durch Europa mit sechs gefälschten Pässen begab sich Rákosi wiederholt nach Budapest. Dort wurde der Komintern-Agent samt vierzig Aktivisten im September 1925 verhaftet und nach einem längeren Gerichtsverfahren zu einer Gefängnisstrafe von achteinhalb Jahren verurteilt. Weltweit bekannt wurde Rákosi 1935, als das Gericht ihn nach Ablauf seiner Kerkerstrafe nicht auf freien Fuß setzte, sondern – diesmal wegen seiner Tätigkeit im Jahre 1919 – trotz weltweiter Proteste zu einer lebenslangen Gefängnisstrafe verurteilte. Das Oberste Gericht legte dann die beiden Strafen zusammen, so daß der Kommunistenführer im Oktober 1940 im Austausch für die von den russischen Truppen 1849 erbeuteten ungarischen Fahnen in die Sowjetunion ausreisen durfte. Nach 15 Jahren und 39 Tagen wurde der inzwischen legendäre Genosse im Vaterland des Proletariats als Held empfangen und gefeiert. Er durfte sogar bei den Revolutionsfeiern am 7. November 1940 in der Nähe Stalins auf der Tribüne am Roten Platz stehen.

In Wirklichkeit verdankte Rákosi sein Leben in erster Linie dem Horthy-Regime. Hätte man ihn nämlich 1935 freigelassen, wäre auch er mit an Sicherheit grenzender Wahrscheinlichkeit ein Opfer der großen Säuberung geworden. Es hätte sogar einen aus sowjetkommunistischer Sicht stichhaltigen Grund für seine Liquidierung gegeben: Rákosi hatte 1925 bei seinem Verhör viel zu früh über Komintern-Angelegenheiten geplaudert. Nun bekam er bloß eine Rüge für die alte

Sünde; Stalin soll gesagt haben, Rákosi hätte schon genug dafür gebüßt.

Wie dem auch sei, Rákosi kehrte erst am 30. Januar 1945 mit seiner um elf Jahre jüngeren Frau, Fenya Fjodorovna Kornyilowa, einer aus Jakutien, dem Nordosten Sibiriens, stammenden Staatsanwältin, nach Ungarn zurück. Er hatte die Frau in einem Erholungsheim kennengelernt und 1942 geheiratet. Darüber wurde in Ungarn ganz anders gemunkelt. So brachte das Hamburger Nachrichtenmagazin *Der Spiegel* am 26. Juni 1948 in seiner Rubrik »Personalien« eine kurze, aufsehenerregende Meldung: Rákosi »schlägt aristokratische Bahnen ein. Er beantragte die Scheidung von seiner mongolischen Frau und will anschließend die Herzogin Odescalchi heiraten. Er beschreitet damit den Weg vieler russischen Kommunistenführer, die nach dem Sieg der Revolution Aristokratinnen heirateten.« Diese Nachricht wäre in der Tat eine Sensation gewesen, hätte sie gestimmt. Doch »Matyi« und »Fenya« lebten trotz der *Spiegel*-Meldung bis zu seinem Tod am 5. Februar 1971 glücklich zusammen …

In seiner zwölfjährigen Amtszeit erwies sich Rákosi als einer der gebildetsten, sprachkundigsten, aber auch moralisch übelsten Politiker der modernen ungarischen Geschichte. Zweifellos war er der häßlichste. Der Dramatiker Gyula Háy, der ihn schon im sowjetischen Exil kennengelernt hatte, lieferte eine treffende Beschreibung:

> Breiter, kurzer Rumpf, als hätte sein Schöpfer inmitten seiner Erschaffung mit Abscheu innegehalten; übergroßer Kopf, riesige Glatze, blasses, aufgedunsenes Gesicht, mit einem angefrorenen sauersüßen Lächeln. So gut wie kein Hals zwischen den hohen Schultern, fast dem Beobachter überlassend, ob er ihn nicht bucklig nennen wollte. Schwerfällige Bewegungen, zu einem Plattfußgang neigend; kurze, dicke Finger … [7]

Er hatte keine Leidenschaften, behaupten seine wenigen Biographen. Er sei weder ein Trinker noch ein Raucher gewesen, noch hatte er, wie »die Nummer vier«, der recht gut aussehende Chefideologe József Révai, Frauenaffären. Liebe und Haß, menschliche Gefühle spielten bei ihm keine besondere Rolle. Rákosi lebte nur für die Macht, aber die Taktik und Strategie der Machtschöpfung, die Intensität, mit der auch eine Nummer eins die Macht ausübte, hing von dem fernen Despoten Jossif Wissarionowitsch Stalin ab. Das Verhältnis der von ihm eingesetzten Vasallenhäuptlinge zum »roten Zaren« im Kreml blieb stets etwas Unbestimmtes, Unbeständiges, Fließendes.[8] Rákosi verbrachte seine Ferien immer am Schwarzen Meer, und niemand, sogar im engeren Kreis, wußte, ob überhaupt und wann er Stalin getroffen hatte. Zwischen 1945 und 1947 hielt ein verläßlicher Parteifunktionär im Dachgeschoß von Rákosis Villa eine direkte Radioverbindung mit Stalins Büro in Betrieb. Der Mann, ein Veteran des Spanischen Bürgerkrieges, sagte nicht einmal seiner Frau, welche Aufgabe er beim Parteichef eigentlich hatte, und selbst in seinen 35 Jahre später veröffentlichten Erinnerungen verlor er kein Wort über seine zweifellos spannende Tätigkeit.

Fest steht, daß Rákosi sich bei jeder politisch bedeutsamen Entscheidung mit den »sowjetischen Freunden« an Ort und Stelle (die »Berater« waren ja in allen wichtigen Institutionen ständig anwesend) besprach oder telefonisch beziehungsweise durch Briefe, die er mit Sonderboten an Stalins persönlichen Sekretär Alexander Poskrjobyschew schickte, um Zustimmung nachsuchte. Der entscheidende Schachzug, der zugleich der jungen Demokratie den Todesstoß versetzte, war im Februar 1947 die Verhaftung des Generalsekretärs der Kleinlandwirte, des Abgeordneten Béla Kovács, durch die sowjetischen Sicherheitsorgane. Der zweite Mann der weitaus stärksten Koalitionspartei, dessen Immunität von der Parlamentsmehrheit ausdrücklich bekräftigt worden war, wurde unter dem Vorwand, »bewaffnete terroristische Gruppen errichtet und aktive Spionage für einen westlichen Geheimdienst gegen die Sowjetunion getrieben zu haben«, in die UdSSR verschleppt und erst 1956 wieder freigelassen.

Die von allen demokratischen Parteien bejahte Bestrafung der rechtsextremen Politiker des Horthy-Regimes und vor allem der Pfeilkreuzler durch eigens geschaffene Sondergerichte, mit Beisitzern, die von den Parteien und Gewerkschaften delegiert wurden, hatte bereits der späteren Willkür der Kommunisten Tür und Tor geöffnet. Zwischen Kriegsende und März 1948 verurteilten die Volksgerichte 16 273 Personen, jede zweite darunter freilich nur zu einer Strafe von unter einem Jahr; von den 322 Todesurteilen wurden 146 vollstreckt. Zu den Hingerichteten gehörten Szálasi, die ehemaligen Ministerpräsidenten Bárdossy, Imrédy und Sztójay sowie die für die Judendeportationen im Innenministerium und bei der Gendarmerie direkt Verantwortlichen. Alle Parteien haben auch die ungerechte und unannehmbare, weil pauschale, oft unter unmenschlichen Bedingungen vollzogene Umsiedlung von einer Viertelmillion Ungarndeutschen gutgeheißen.

Die zu einer gewaltigen staatsfeindlichen Verschwörung hochstilisierten Zusammenkünfte rechtsgerichteter oppositioneller Abgeordneter und ihrer Freunde (»Ungarische Gemeinschaft«) wurden als Anlaß zu sieben Prozessen mit 260 Urteilen und zur Zerschlagung der Kleinlandwirte-Partei mißbraucht. Für die scheibchenweise Zermürbung beziehungsweise Vernichtung der politischen Rivalen erfand Rákosi in einer berühmten Rede nach dem »Jahr der Wende« den später zum geflügelten Wort gewordenen Begriff »Salamitaktik«.

Nachdem die bürgerlichen Politiker ausgeschaltet und in Prozessen als Verschwörer verdammt waren, wandte sich Rákosi der Kirche zu. Binnen weniger Wochen wurden 225 katholische Geistliche verhaftet. Gegen Kardinal József Mindszenty und zwei Jahre später gegen Erzbischof Grösz wurden Schauprozesse veranstaltet, die mit einer lebenslangen beziehungsweise fünfzehnjährigen Haftstrafe endeten. Sogenannte Maort- und Standard-Prozesse führten zur Verurteilung von Managern und Fachleuten. Zahlreiche andere Repressalien wurden ebenso zu wichtigen Bausteinen der sich rasch verschärfenden Schreckensherrschaft des totalitären Systems. Letztlich kamen sie alle an die Reihe: die wirklichen Gegner der Kommunisten, rechte und linke Sozialdemokraten in der Koalition und viele andere, die Rákosi nicht ins Konzept paßten.

Die offene Kampfansage an die abtrünnigen »Titoisten«, die Exkommunizierung der jugoslawischen Kommunisten aus dem im Herbst 1947 gegründeten Kominform, dem sogenannten Kommunistischen Informationsbüro, bedeutete den eigentlichen Wendepunkt *innerhalb* der herrschenden Partei, den Auftakt zu den großen blutigen Säuberungen. Die Suche nach Parteifeinden und Agenten fremder Mächte in den Reihen der »Sieger« eröffnete 1949 jene Kette von mysteriösen Ursachen und unberechenbaren Wirkungen, national und international, die sich erst Jahrzehnte später zumindest teilweise überblicken läßt. Rákosi, Nagy, Kádár und Rajk spielten jeweils unterschiedliche Rollen in einem bizarren Stück, das sich vielleicht am ehesten als eine merkwürdige Mischung aus absurdem Theater (Ionesco oder Beckett), aus Passagen von Shakespeares Königsdramen und einem Billig-Thriller beschreiben läßt. Beim ersten Teil agierte Rákosi als Regisseur und Hauptdarsteller in einer Person, im Schlußakt war es János Kádár, wobei alle vier Schlüsselfiguren im Laufe der Zeit von Treibenden zu Getriebenen, von Kerkermeistern zu Opfern geworden sind; Kádár blieb es vorbehalten, einen dreimaligen Rollenwechsel bis zur geistigen Umnachtung zu vollziehen.

Ob das immer wieder zum Vorschein kommende Böse, Grausame, ja geradezu Teuflische an der Verhaltensweise Rákosis mit seinen Gefängnisaufenthalten – im Alter von 33 bis 49 Jahren war er schließlich eingesperrt –, ob es mit seinem wohl nur tiefenpsychologisch deutbaren Minderwertigkeitskomplex und einer damit zusammenhängenden verstärkten Abneigung gegenüber glücklicheren oder besser aussehenden Genossen zu erklären war, ob die sklavische Ergebenheit, gemischt mit Angst vor Stalin seine Haltung entscheidend mitprägte, ist auch heute noch kaum zu entscheiden. Bekanntlich hatte Stalin seinerzeit erklärt, er brauche nur den kleinen Finger zu rühren, und Tito sei schon weg. Im Falle Jugoslawiens war das freilich ein folgenschwerer Trugschluß und führte letztlich zu den Umwälzungen im Jahr 1956. Bei den Vasallen ließ aber gerade Titos Widerstand gegen den absoluten sowjetischen Führungsanspruch unter der Devise, man könne Kommunist ohne zugleich Befehlsempfänger des Kremls sein, den paranoiden Argwohn des alternden Stalin ins Unerträgliche steigen.

Stalin mochte Rákosi aus mehreren Gründen nicht. Erstens war er Jude; zweitens schwatzte er bei seiner Verhaftung viel zu viel; drittens war er möglicherweise ein amerikanischer Spion. Dieser letzte Vorbehalt ging auf ein berühmtes Foto zurück, das Rákosi als Mitglied der Delegation der ungarischen Koalitionsregierung vor dem Weißen Haus in Washington mit Präsident Harry Truman zeigt. Während die anderen ungarischen Politiker steif oder verlegen lächelnd hinter und neben Truman stehen, hat sich der amerikanische Präsident offensichtlich in bester Laune mit dem ebenfalls herzlich lachenden Rákosi auf seiner linken Seite unterhalten. Ausgerechnet der Kommunist, die Verkörperung des Bösen, schien also ein besonders herzlich willkommener Gast gewesen zu sein. Die Lösung des Rätsels ist einfach: Rákosi war der einzige unter den ungarischen Politikern, die vorher Frankreich und England zur Festigung der ungarischen Verhandlungsposition bei den Pariser Friedensvertragsverhandlungen bereist hatten, der fließend Englisch sprach. Stalin fand die Szene mehr als peinlich und war so wütend, daß seine Erben noch im Juni 1953, also sieben Jahre später, das Foto als Vorwurf gegen den um sein politisches Überleben ringenden Parteichef angeführt haben.[9]

Rákosis Furcht vor Stalin war nur allzu verständlich, vor allem auch im Hinblick auf die im sowjetischen Apparat bereits angelaufenen Säuberungen. Doch Stalin schätzte die Sklaven, die ihm nicht nur grenzenlos ergeben, sondern auch klug und effizient waren. Der Zugang zu ihm wurde, selbst für die höchsten Funktionäre, rund fünfzehn Jahre lang von seinem persönlichen Sekretär, Alexander Poskrjobyschew, kontrolliert. Dieser untersetzte Mann mit geschorenem Kopf und einer dreifachen Speckfalte im Nacken war auch Rákosis wichtigster direkter Kontakt im Kreml. Vielleicht war die Häßlichkeit der beiden Männer eine zusätzliche Bindung. Jedenfalls schickte Rákosi die entscheidende Korrespondenz bei der Vorbereitung des ersten großen Schauprozesses in den Satellitenstaaten direkt an Poskrjobyschew, mit der Bitte, sein Schreiben an »Genosse Filippow« (Stalins Deckname im Briefwechsel) weiterzuleiten.[10]

Der Rajk-Prozeß war das Startsignal für die im gesamten Sowjetblock anlaufende Hexenjagd auf »Titoisten« und auf als Kommunisten verkleidete Agenten des Imperialismus, jene »Feinde mit dem Parteibuch in der Tasche«. Heute wissen wir, daß der gesamte Text der Anklage gegen den früheren Innen- und späteren Außenminister sowie die Todesurteile von Stalin bewilligt waren. Auch die Verhaftungen und Vernehmungen von vierzig sowjetischen »Spezialisten« unter der unmittelbaren Aufsicht von General Fjedor Bjelkin, Chef des damals MGB genannten sowjetischen Staatssicherheitsdienstes in Osteuropa, wurden mit seinem Wissen vorbereitet beziehungsweise durchgeführt.

Warum hatten die Drahtzieher aber ausgerechnet Rajk für die Rolle des Hauptschuldigen ausgewählt? Rajk war als Innenminister ein ebenso hundertprozentiger Stalinist, wie es seine Nachfolger waren, ein unbarmherziger Zerstörer der bürgerlichen Parteien und der eigentliche Architekt des abstoßenden Schauprozesses gegen Kardinal Mindszenty. Seine Teilnahme am Spanischen Bürgerkrieg, seine anschließende Internierung in einem französischen Lager, seine Rolle im kommunistischen Untergrund in Ungarn, seine Verhaftung und sein Überleben durch die Intervention seines Bruders, der Staatssekretär in der Pfeilkreuzler-Regierung gewesen war, boten die notwendige »Verbindung« sowohl zu seinen einstigen jugoslawischen Waffengefährten als auch zum »faschistischen Horthy-Regime« und zum »amerikanischen Geheimdienst«. Obendrein war er jung, schlank und groß – und gutaussehend. Die kommunistische Jugend jubelte ihm zu. Als einer der wenigen nichtjüdischen Spitzenfunktionäre war er zweifellos der gefährlichste potentielle Rivale für den 157 Zentimeter kleinen Rákosi, dessen Minderwertigkeitskomplexe ihn bei Politbürositzungen immer wieder Sätze von Shakespeare und Platon über die

Gefährlichkeit »hagerer« und »hochgewachsener« Menschen vorbringen ließen.

Als »Stalins bester Schüler« ging auch Rákosi den Weg bis zur äußersten Unmenschlichkeit und verlieh jeder Verhaftung eine besonders abscheuliche Note. Die Welt erfuhr erst aus den Memoiren und Interviews der Überlebenden sowie aus inzwischen veröffentlichten Geheimdokumenten, weshalb die Angeklagten gestanden hatten und wie sie mit sadistischen Foltermethoden in ihre eigenen Ankläger und in Denunzianten ihrer Genossen verwandelt worden waren. Jede politische Tat der Vergangenheit im Untergrund oder im Ausland wurde zu einem Verbrechen verfälscht, ohne daß die von der Außenwelt völlig isolierten Opfer sich dagegen hätten wehren können.[11]

Am 29. Mai war Rajk mit seiner Frau noch zum Mittagessen bei Rákosi eingeladen. Beim Abschied versprach der lächelnde Parteichef, er werde in den nächsten Tagen bei den Rajks vorbeischauen, um sich einmal den kurz zuvor geborenen Sohn anzusehen. Rajks bester Freund und Nachfolger als Innenminister, János Kádár, seit Monaten in die Vorbereitungen involviert, schlug dem Chef vor, er werde Rajk am nächsten Tag treffen und mit ihm eine Partie Schach spielen, um seine Aufmerksamkeit abzulenken. Er war ein routinierter Spieler. Nach einer guten Stunde erklärte Kádár seinem Freund: »Du bist schachmatt.« Rajk fuhr nach Hause, und eine Viertelstunde später wurde er von General Gábor Péter höchstpersönlich an der Spitze einer Gruppe von hohen Sicherheitsdienstoffizieren verhaftet.

Als Rajk trotz brutalster Behandlung mit Gummiknüppeln noch immer standhaft blieb, erschienen eines Abends Kádár und der Verteidigungsminister (zugleich Parteibeauftragter für die Geheimpolizei) Mihály Farkas, um ihn zu einem umfassenden Geständnis zu überreden. Rákosi ließ das ganze Gespräch auf Band aufnehmen. Das Transkript wurde später als gewichtiges Druckmittel gegen Kádár eingesetzt. Nachdem Kádárs und Farkas' Überredungskünste erfolglos geblieben waren, wurde Rajk mit ihrer Zustimmung und im Auftrag Rákosis so grausam gequält, daß er schließlich noch in der Nacht ein kurzes Geständnis ablegte.[12]

Die inzwischen veröffentlichten geheimen Briefe, Berufungen und Protokolle zeigen, mit welchem Haß und mit welchem Eifer im Lauf der folgenden Jahre alte Rechnungen zwischen den um ihr eigenes Überleben kämpfenden Folterknechten beglichen wurden. Trotz seiner Schlauheit war es letztlich Rákosi selbst, der sich in seiner berüchtigten Rede nach dem Prozeß vor einer johlenden Aktivistenmenge im Budapester Sportpalast einen Strick drehte: »Ich hatte viele schlaflose Nächte verbracht, bis der Plan zur Durchführung eine endgültige Gestalt angenommen hat.« Damit waren alle späteren Versuche, die Schuld auf andere abzuwälzen, von vornherein zum Scheitern verurteilt.

Was den Rajk-Prozeß selbst betrifft, so wurde Stalins klassische Methode des sogenannten »Amalgams«, der Verbindung von ganz verschiedenen Elementen, angewandt. Die einheimischen Kommunisten und die lange im Ausland lebten, vor allem Veteranen des Spanischen Bürgerkriegs, rechte und linke (»Trotzkisten«) Sozialdemokraten, »Faschisten« (zum Beispiel Vorkriegsoffiziere aus dem Widerstand) und »Zionisten« (das hieß: jüdische Kommunisten), waren potentielle Zielscheiben der Wachsamkeitskampagnen. Von den direkt im Zusammenhang mit dem Rajk-Prozeß beziehungsweise den Folgeverfahren verurteilten 93 Personen wurden fünfzehn hingerichtet; elf überlebten die Haft nicht. Doch das war nur der Beginn des sich immer schneller drehenden, menschenfressenden Karussells der Säuberungen.

Am 24. April 1950 war das Staatsoberhaupt Árpád Szakasits – der einstige Generalsekretär der mit den Kommunisten vereinigten Sozialdemokraten – mit seiner Frau beim Parteichef zum Abendessen eingeladen. Anschließend ließ Rákosi seinen Gast, immerhin nominell und protokollarisch erster Mann des Staates, mit Hinweis auf plump gefälschte Protokolle über seine angebliche Spitzeltätigkeit für die Horthy-Polizei an Ort und Stelle durch den nebenan wartenden General Péter verhaften und einige Tage im Keller seiner Villa festhalten, bevor er in das Untersuchungsgefängnis überstellt wurde. Das Urteil gegen den vom Steinmetz zum Journalisten gewordenen Szakasits lautete auf lebenslänglich; seine ganze Familie war, wie üblich, Repressalien ausgesetzt.[13] Er kam erst nach sechsjähriger Haft im März 1956 wieder frei – übrigens gleichzeitig mit seinem Vorgänger als Staatsoberhaupt, dem einstigen Parteichef der Kleinen Landwirte, Zoltán Tildy. Ihn haben die Kommunisten im Juli 1948 zum Rücktritt gezwungen und seinen Schwiegersohn, einen Diplomaten, wegen einer angeblichen Korruptionsaffäre hinrichten lassen. Tildy und seine Frau standen acht Jahre unter Hausarrest. Insgesamt wurden bei zwanzig politischen Prozessen 180 führende sozialdemokratische Politiker zu langjährigen Haftstrafen verurteilt, wobei die vielen Internierten nicht einmal mitgezählt sind. Rechte wie linke Sozialdemokraten, untereinander erbitterte Feinde, erlitten fast ausnahmslos das gleiche Schicksal.

Übrigens waren die beiden Nachfolger als Staatspräsidenten ein in sozialdemokratischer Maske auftretender Kryptokommunist beziehungsweise ein als Kleinlandwirt firmierender, trunksüchtiger Kryptokommunist (dieser amtierte sogar 15 Jahre). Unter normalen Umständen wäre das völlig belanglos geblieben, doch half der erwähnte Trunkenbold im November 1956 Kádár dabei, mittels einer rückdatierten Ernennungsurkunde der sogenannten »Revolutionären Arbeiter- und Bauernregierung« den Schein einer selbst nach kommunistischem Maßstab brüchigen Legalität zu verleihen.

Fast gleichzeitig mit den Sozialdemokraten haben Rákosi und seine engsten Komplizen, Verteidigungsminister Farkas und General Péter, der Chef der Staatssicherheit (AVH), eine blutige Säuberung in der Armeespitze durchgeführt. Beim sogenannten Generalprozeß im Frühjahr 1950 wurden zwölf Generäle, darunter der Chef des Generalstabes, und hohe Offiziere hingerichtet; dreizehn wurden zu lebenslangen Haftstrafen verurteilt. (Die Wachablösung »gelang« so gut, daß 1954 nur 15 Prozent des Offizierskorps über mehr als acht Volksschulklassen Schulbildung verfügten, immerhin gehörten aber zwei Drittel der Staatspartei an.)[14]

Die Methode war im Grunde immer die gleiche: falsche Anklage, eingeschüchterte Zeugen, Folter durch Hunger, durch Licht-, Wasser- und Schlafentzug, falls notwendig durch Stromschläge und Mißhandlung mit den traditionellen Gummiknüppeln. Der Rollenwechsel Täter-Opfer wurde oft mit Blut geschrieben: General Kálmán Révay, Direktor der Militärakademie, hatte acht Monate vor seiner Hinrichtung ein Exekutionskommando befehligt, das im Hof des Militärgefängnisses seinen Freund und Kameraden, den ehemaligen Chef der militärischen Abwehr und mutigen Widerstandskämpfer György Pálffy erschoß.

Indessen phantasierten die Propagandisten von Ungarn als dem »Land des Eisens und des Stahls«, stellten eine Verdoppelung der Industrieproduktion sowie die fünfzigprozentige Erhöhung der Reallöhne in nur vier Jahren in Aussicht. In Wirklichkeit schrumpften zwischen 1949 und 1952 die Reallöhne und Gehälter um 20 Prozent. Kleingewerbe und Kleinhandel wurden praktisch liquidiert, und im Gegenzug Anfang der fünfziger Jahre zeitweilig eine Rationierung eingeführt.

Die Loyalität der geeichten Kommunisten galt der Sowjetunion und nicht dem eigenen Land. Es ging nicht nur um die Last der Reparationszahlungen, sondern auch um die Installierung der berüchtigten gemischten Gesellschaften für die Luft- und Donauschiffahrt, für die Erdölförderung und -verarbeitung, für den Bergbau und die Bauxit- und Aluminiumproduktion. Bis 1954 konnten die Sowjets über eine Milliarde Dollar an »Gewinnen« aus Ungarn abziehen. Es genügte schon die Äußerung »verdächtiger« Ansichten eines Beamten oder Managers bezüglich dieser ungleichen Beziehungen, ein bloßes Gerücht über antisowjetische oder »nationalistische« Ressentiments, eine (wie üblich) anonyme Denunziation oder die Laune eines Funktionärs, um einen Menschen »aktenkundig« werden zu lassen; und bestand erst einmal ein Dossier bei der Geheimpolizei, war es fast unmöglich, über die Jahre ungeschoren davonzukommen. Allein zwischen 1951 und Mai 1953 wurden rund 850 000 Polizeistrafen verhängt; zwischen 1950 und dem ersten Vierteljahr 1953 standen 650 000 Personen vor Gericht, davon wurden 387 000 (überwiegend zu Geldstrafen) verurteilt. Hinzu kamen 44 000 Internierungen und im Frühjahr 1951 die Aussiedlung von rund 15 000 »bourgeoisen« und potentiell »unzuverlässigen Elementen«, in erster Linie aus der Hauptstadt in weit abgelegene Siedlungen, wo sie oft Landarbeit unter schwersten Bedingungen verrichten mußten. Der schwarze Humor hat in jener Zeit die Bevölkerung in zwei Lager geteilt: jene, die schon in Haft waren, und jene, die demnächst hinter Gitter gelangen würden. Die allgegenwärtige AVH konnte zeitweilig auf über 40 000 Informanten zurückgreifen, und es wurden angeblich über eine Million Personen, also zehn Prozent der Gesamtbevölkerung, Dossiers angelegt.[15]

Was manche Ungarn anfänglich meinten und viele ausländische Beobachter auch später über die Säuberungen gesagt haben, daß nämlich nur die verhaßten Kommunisten untereinander ihre Rechnungen beglichen, wurde von der Dynamik und der Dimension der permanenten Säuberungen überholt. Obwohl zwischen 1948 und 1951 rund 400 000 Mitglieder, überwiegend frühere Sozialdemokraten, aber auch »kleine Pfeilkreuzler« und »passive Kleinbürger« aus der Partei ausgeschlossen wurden, zählte die »Vorhut der Arbeiterklasse«, die sich nun »MDP« nannte (Abkürzung für »Partei der ungarischen Werktätigen«), noch immer 828 000 Genossen. Bereits zu Anfang der fünfziger Jahre beschäftigte die Partei zwischen 30 000 bis 40 000 Berufsfunktionäre beziehungsweise Angestellte in den diversen Komitees und Organisationen. Es gibt Schätzungen, daß zwischen 1945 und 1985 alles in allem zwei Millionen Ungarn irgendwann für kürzere oder längere Zeit der unter verschiedenen Namen firmierenden Kommunistischen Partei angehört haben müssen, also einer von drei Erwachsenen![16]

Die anfängliche Begeisterung vieler Ungarn für die Errichtung einer vermeintlich gerechten Gesellschaft, in der eine Landreform den Bauern Selbständigkeit und Wohlstand bringen sollte, in der Zehntausende in der zentralen und lokalen Verwaltung Beschäftigung und die Möglichkeit zum sozialen Aufstieg finden sollten, in der die Jugend Zugang zu Mittel- und Hochschulen und damit Chancen zur Egalisierung der früheren gewaltigen Einkommensunterschiede haben sollte, ließ im Laufe der Jahre immer mehr nach. Die von Stalin im Januar 1951 bei einem Treffen der Vasallen im Kreml angeordnete beschleunigte Aufrüstung, die Rákosi wieder mit überschäumender Begeisterung in die Tat umsetzte, führte in diesem Agrarland ohne Ressourcen zu einer schweren Wirtschaftskrise. Die auf 200 000 Mann angeschwollene Armee (mit der Grenzwache und Miliz beinahe 300 000) samt Rüstung verschlang zwischen 1950 und 1952 rund 25 Prozent des jährlichen Staatsbudgets. Allein die Löhne und Gehälter für das Armeepersonal in einem Jahr überstiegen den fünfjährigen Gesamtaufwand für das Unterrichtswesen.[17]

Selbst Stalin warnte Rákosi vor einer zügellosen Kollektivierung. Neun Prozent des Ackerbodens lagen in diesen Jahren brach, und die einstige Kornkammer Mitteleuropas mußte wiederholt Nahrungsmittel zur Deckung des Eigenbedarfs importieren. Die Bauern wurden (auch unter dem zuständigen Minister Imre Nagy) mit unerfüllbaren Ablieferungsforderungen und den bereits erwähnten Verwaltungsstrafen schikaniert. Vor allem die sogenannten Kulaken (71 000 Familien), das heißt die Bauern mit mehr als zwölf Hektar Land, wurden grausam verfolgt. Immer mehr Bauern wurden in Genossenschaften gepreßt und die Arbeiter durch das verhaßte Normensystem beispiellos ausgebeutet.

In kürzester Zeit gerieten indessen auch jene, die dieses System zunächst voll Eifer von oben in Gang gehalten oder in den Führungsgremien die Berichte über den Rajk- oder Szakasits-Prozeß als Claqueure oder wortlos bejahend zur Kenntnis genommen hatten (besser gesagt: hatten nehmen müssen), selbst unter die Räder. Mit immer neuen Säuberungswellen hat Rákosi Ende 1950/Anfang 1951 die sogenannten Heimatkommunisten bedrängt. Mit Zustimmung Stalins hat er eine wahre Hexenjagd gegen die jungen Parteifunktionäre angeordnet, die nicht in der Moskauer Emigration gewesen waren. Zu ihnen gehörte zum Beispiel auch Kádárs Nachfolger als Innenminister, Sándor Zöld, der auf dem Parteitag im März 1951, wie Kádár, ins Politbüro gewählt worden war. Im April wurde Zöld wegen seiner Fehler bei Personalbesetzungen von eben diesem Gremium scharf kritisiert. Wortlos fuhr er nach Hause und erschoß mit seiner Dienstwaffe zunächst seine Mutter, dann seine zwei kleinen Kinder und schließlich sich selbst. Zöld hatte gewußt, was ihn in der Folterkammer der Geheimpolizei erwartete. Daraufhin beschloß der Parteichef, auch die anderen führenden Heimatkommunisten, allen voran den bekanntesten Spitzenfunktionär János Kádár, verhaften zu lassen, »um ihre Flucht zu verhindern«, wie es in einer Radiobotschaft an Stalin hieß.[18]

Einige Tage vor dem 1. Mai erhielten die 13 750 Parteiorganisationen die Weisung, bei ihrem Aufmarsch keine Kádár-Bilder zu tragen. Jeder verstand den Wink. Kádár wurde beschuldigt, 1943 als Spitzel der Horthy-Polizei tätig gewesen zu sein und in ihrem Auftrag die illegale KP aufgelöst und eine »Friedenspartei« gegründet zu haben. Die Weisung dazu habe ihm Szakasits überbracht.

In den Augen der wahren Bolschewiken waren die »Liquidatoren«, wie man sie noch aus der Zeit von Lenins Kampf gegen die Menschewiken nannte, üble Abweichler und »objektiv« Werkzeuge des Klassenfeindes. Was einem heutigen Leser als lächerliche Haarspalterei erscheinen mag, war damals blutiger Ernst. Unter dem Vorwand des »Abweichlertums« konnte man einem potentiellen Gegner am leichtesten den Strick drehten. Kádár war noch auf freiem Fuß, er amtierte sogar noch als Mitglied der Führung, und doch mußte er für Rákosi jede Woche neue, ihn immer stärker kompromittierende Berichte über seine früheren Handlungsweisen schreiben. Es war eine Variation jener Technik, die Arthur Koestler in seinem Roman *Sonnenfinsternis* beschrieb und die man aus den großen Moskauer Prozessen kannte.[19]

Der 1912 in der Hafenstadt Fiume (heute Rijeka) als außereheliches Kind einer halb oder ganz slowakischen Hausgehilfin, Borbála Czermanik, später Csermanek, geborene Kádár entstammte im Gegensatz zu den meisten Moskowitern und Heimatkommunisten tatsächlich jener Klasse, in deren Namen er später agierte, nämlich der Arbeiterklasse. Seinen leiblichen Vater und drei Halbbrüder lernte er erst 1960, als er bereits Parteichef war, kennen. Kádár – er ließ seinen Namen erst 1945 offiziell ändern – wuchs unter den Ärmsten auf dem Land und später in der Hauptstadt auf. Es war für den Sohn einer Wäscherin und Hausgehilfin in der damaligen Zeit eine außergewöhnliche Leistung, daß er sogar vier Klassen der Bürgerschule besuchen konnte. Der gelernte Schreibmaschinenmechaniker, der seinen erlernten Beruf nie wirklich ausübte, fand schnell den Weg zu den Kommunisten. Was seine spätere Haltung wahrscheinlich mitgeprägt hat, war die Tatsache, daß Kádár rund fünf Jahre formell einer Budapester Bezirksorganisation der Sozialdemokraten angehört und dort auch Künstler und Intellektuelle getroffen hatte. Insgesamt soll er dann sieben Jahre in Gefängnissen verbracht haben, davon zwischen 1951 und 1954 die weitaus schlimmsten dreieinhalb Jahre in völliger Isolation. Entgegen den in den meisten Nachschlagewerken angeführten Informationen wurde er aber nicht gefoltert. Entnervt, erniedrigt und psychisch am Ende, unterschrieb Kádár die geforderten Geständnisse auch ohne physische Gewalt. Kurz vor Weihnachten 1951 wurde er bei einem Geheimprozeß »ordnungsgemäß« zu lebenslanger Haft verurteilt.[20]

Kádár blieb also das Schicksal seines Freundes Rajk erspart, den er achtzehn Monate vorher als Innenminister mit falschen Versprechungen und dann unter Folter zum »Geständnis« bewegt hatte; daß er seiner Hinrichtung durch den Strang persönlich beiwohnte, dürfte eine Erfahrung gewesen sein, die ihm bis an sein seliges Ende präsent blieb. Damals, zu Beginn der fünfziger Jahre, lautete die Devise wohl nur: »Überdauern!«

Als er im Herbst 1954 wider alle Wahrscheinlichkeit freigelassen wurde, empfing ihn derselbe Mann, der ihn seinerzeit verhaften ließ, nämlich Rákosi. Fürsorglich erkundigte er sich nach dem Gesundheitszustand des »Genossen Kádár« und freute sich, ihn wiederzusehen. Kádár wiederum, so sagte er später seinem Biographen, freute sich auch, nämlich daß er überhaupt lebte, und machte dem »Chef« keine Vorwürfe. Die beiden Männer einigten sich darauf, daß Kádár nach einem Erholungsurlaub als Parteisekretär im 13. Bezirk der Hauptstadt eingesetzt werden sollte – eine für Normalsterbliche fast unglaublich anmutende Haltung. Eine teilweise Erklärung dafür geben vielleicht die Worte, die Kádár anläßlich seines sechzigsten Geburtstages bei einem Festessen im Mai 1972 sprach: »Man kann dem einzelnen nur gewisse Dinge als Verdienst zuschreiben. Sagen wir – dies würde zumindest ich für eine Art von Verdienst halten –, wenn jemand zur richtigen Zeit erkennt, daß er weder ein Leopard noch ein Tiger ist, auch keine Feldmaus.« Vielleicht sollte man ihn, den lange Zeit erfolgreichsten Politiker der kommunistischen Welt, eher mit einem Fuchs, einem besonders schlauen, vergleichen ...[21]

Damals jedenfalls, während Kádár in einer Einzelzelle schmachtete, bei unvergleichlich schlechteren Bedingungen als unter Horthy, mußte im März 1952 das ganze Volk den sechzigsten Geburtstag von »Stalins bestem Schüler« feiern. Einer der Chefmanipulatoren beschrieb fast vier Jahrzehnte später in allen pikanten Einzelheiten die generalstabsmäßigen Vorbereitungen in einer Broschüre.[22] Den Höhepunkt bildete eine Galavorstellung zu Ehren Rákosis in der Staatsoper. Dort saß er unter seinem eigenen riesigen Konterfei, rechts von einem ähnlich großen Bild Stalins und links von dem Lenins flankiert, und nahm die zahlreichen Huldigungen und das Absingen eines eigens für diesen Anlaß komponierten Liedes »bescheiden« entgegen.

In diesem Spätherbst und Winter erreichte der Verfolgungswahn Stalins einen neuen Höhepunkt. Der berüchtigte Slánsky-Prozeß in Prag (elf von vierzehn Angeklagten waren Juden) und die Moskauer Verschwörung der »Mörder im weißen Kittel« (neun Spitzenärzte, sechs von ihnen Juden, sollten im Auftrag amerikanisch-zionistischer Spionagedienste Sowjetführer umgebracht haben) waren ein Menetekel für alle, vor allem aber für Funktionäre jüdischer Herkunft.

In dieser gespannten Situation traf Anfang Januar 1953 ein persönlicher Bote Stalins in Rákosis Büro ein: General Fjodor Bjelkin aus dem sowjetischen Innenministerium sei als britischer Spion entlarvt worden. In einem Verhör habe er enthüllt, daß Gábor Péter, mit dem er ja den ganzen Rajk-Prozeß abgewickelt hatte, ebenfalls englischer Spion und Verräter sei. Rákosi lud den Polizeichef und dessen Frau, die sein eigenes Sekretariat leitete, in bewährter Manier für den nächsten Tag zum Abendessen ein. Bei ihrem Eintreffen fesselte der Kommandant der Leibgarde des Gastgebers den beiden die Hände auf dem Rücken. Dann wurden sie vorsichtshalber in den eiskalten Keller der Villa gesperrt, bis achtzehn hohe Sicherheitsoffiziere aus der AVH entfernt waren. Erst als die Flurbereinigung vorbei war, wurde das Ehepaar Péter in das Sondergefängnis überstellt.

Gábor Péter (alias Benö Eisenberger) war schon vor dem Krieg NKWD-Agent gewesen und galt als wichtigster Vertrauensmann der Sowjets, ja Stalins persönlich.[23] Daß ein Mann wie der KP-Generalsekretär Slánsky, der die ganzen Kriegsjahre in der Sowjetunion verbracht hatte, oder ein Spitzenagent wie Péter, mit dem Stalin bei einem Kreml-Empfang 1948 als Zeichen der besonderen Wertschätzung eigens angestoßen hatte, nun dem antisemitischen Verfolgungswahn des greisen Diktators geopfert werden konnte, zeigte, daß jetzt *alle*

Parteiführer jüdischer Herkunft, also auch Rákosi, akut gefährdet waren.

Elias Canettis Reflexionen über die Macht treffen auch auf Rákosi (und natürlich auf seinen Lehrmeister im Kreml) zu: »Denn die eigentliche Absicht des wahren Machthabers ist so grotesk wie unglaublich: Er will der *einzige* sein, er will alle überleben, damit keiner *ihn* überlebt.«[24] Um seine Verläßlichkeit und Unentbehrlichkeit für Moskau unter Beweis zu stellen, ließ Rákosi keine Zeit verstreichen und ordnete die Festnahme prominenter jüdischer Kommunisten, Chefärzte und Vertreter der Israelitischen Kultusgemeinde an. Nun wollte auch er einen »Zionisten-Prozeß« vorbereiten, bei dem Zoltán Vas, einer der wenigen populären Moskowiter – ein Mann, der mit Rákosi fünfzehn Jahre im Gefängnis verbracht hatte –, der Hauptangeklagte werden sollte. Erst kürzlich wurde aus schwedischen Quellen bekannt, daß einige der damals verhafteten Ärzte und Gemeindefunktionäre bei einem Sonderprozeß der Ermordung Raoul Wallenbergs Mitte Januar 1945 in Budapest angeklagt werden sollten …[25]

Und dann, inmitten der anrollenden und total unberechenbaren letzten großen Säuberungswelle von Moskau bis Prag und Budapest, starb Stalin am 5. März 1953. Zuerst bewegte sich politisch nichts, überhaupt nichts. Die Diktatur feierte sogar einen überwältigenden Sieg der Einheitsliste bei den sogenannten Parlamentswahlen: 98 Prozent der Wahlberechtigten gaben ihre Stimme ab, 98,2 Prozent davon entfielen auf die MDP. Der »weise Führer und Lehrer unseres Volkes und unserer Partei«, seit Sommer 1952 sogar in Personalunion Parteichef und Ministerpräsident, schien auf dem Höhepunkt seiner Macht angelangt zu sein.

Doch der Schein trog. Es bewegte sich viel, sehr viel sogar, nur nicht in Budapest, sondern in Moskau. Im Juni erfolgte bereits der schicksalhafte Paukenschlag der kollektiven Führung. Wir wissen heute, daß die Erben Stalins einander wie Skorpione in einem geschlossenen Glasbehälter bekämpften, aber in einer Frage waren sie sich einig: Ungarn sei der potentiell gefährlichste Krisenherd, und Mátyás Rákosi, der Hauptverantwortliche für die höchst beunruhigende Lage, solle als Ministerpräsident sofort abtreten. Eine große ungarische Partei- und Regierungsdelegation – die Mitglieder wurden von den Gastgebern »ausgewählt«(!) – wurde nach Moskau bestellt. Termin: 13. bis 16. Juni. In Stalins Arbeitszimmer haben die Mitglieder der kollektiven Führung, allen voran Geheimdienstchef Berija und Ministerpräsident

Malenkow, aber auch Parteisekretär Chruschtschow und Außenminister Molotow, ihren bisherigen ungarischen Vertrauensmann vor seinen völlig verblüfften Begleitern mit beispielloser Schärfe und beißender Ironie angegriffen. Die kollektive Führung beschloß einhellig, daß der 57jährige Imre Nagy, stellvertretender Ministerpräsident und Politbüromitglied, Rákosis Nachfolger werden sollte.

Wenn man heute die Frage stellt, weshalb in Ungarn und nur dort im Oktober 1956 ein Volksaufstand ausbrach, dann muß man vor dem Hintergrund der allgemeinen Entwicklung im Ostblock von der Entstalinisierung zur bedingten Versöhnung mit dem Ketzer in Belgrad zwei Faktoren berücksichtigen:

- Nur in Ungarn erfolgte bereits vier Monate nach dem Tod Stalins – auf Initiative einer besorgten Sowjetführung – die offene Verurteilung des Stalinismus und die Proklamierung eines neuen Reformkurses;
- nur hier stritten zwei Fraktionen, zwei grundverschiedene Konzepte in der Partei mehr als drei Jahre lang um den künftigen Weg.

Der Volksaufstand wurde erst möglich, als sich die Partei, in erster Linie ihr Führungskader, in der Frage der Entstalinisierung so gespalten hatte, daß sie die Fähigkeit zur Selbstbehauptung verlor.

Der hoffnungsvolle Neubeginn und all das, was sich später ereignete, darf nicht losgelöst von der Persönlichkeit, vom Werdegang und vom inneren Wandel des neuen Ministerpräsidenten Imre Nagy gesehen werden. Er war und bleibt die Schlüsselfigur des wahren Geschehens. Und eine der Hauptfragen lautet: Warum hat sich die sowjetische Führung auf ihn als Regierungschef geeinigt? Ein Purist könnte einwenden, es sei unfaßbar, daß der Regierungschef eines souveränen Staates in der Hauptstadt eines fremden Staates abgesetzt beziehungsweise ernannt wurde. Das war aber die politische Realität – und in diesem einen Fall eine Wohltat. Ohne ein sowjetisches Machtwort hätte man weder Nagy einsetzen noch den »Kahlkopf« (so nannte man Rákosi in oppositionellen Kreisen) in die Verbannung schicken können.

Jedenfalls war Imre Nagy aus Moskauer Sicht eine ideale Lösung. Er war einer der ganz wenigen nichtjüdischen Moskowiter. Er hatte insgesamt zwanzig Jahre in sowjetischer Emigration verbracht, war ein Agrarexperte, hatte nach 1945 das Amt des Landwirtschaftsministers bekleidet und die populäre Bodenreform durchgeführt, sodann für kurze Zeit das Innenministerium und schließlich den Posten des Parlamentspräsidenten übernommen, bis er im September 1949 nach langen Auseinandersetzungen mit Rákosi und anderen Linientreuen wegen »rechtsopportunistischer Abweichung« in der Agrarfrage aus dem Politbüro entfernt wurde. Wegen seiner Opposition gegen die überstürzte Kollektivierung der Landwirtschaft mußte Nagy vorübergehend ins zweite Glied zurücktreten, doch wurde er nach seiner Selbstkritik wieder in die Spitzenführung, sowohl ins Politbüro wie auch in die Regierung, aufgenommen. Nagy hatte offensichtlich Rückendeckung von Moskau. Nun bestätigte die Sowjetführung ausdrücklich die Richtigkeit seiner damaligen Opposition in der Agrarfrage und verurteilte seinen Ausschluß aus dem Politbüro.

Der wie ein jovialer Professor wirkende und (im Gegensatz zu Rákosi) ein für die Menschen verständliches und schön klingendes Ungarisch sprechende Mann war bereit, sich auf das Vertrauen der sowjetischen Schirmherren stützend, einen »neuen Kurs« einzuschlagen. Bei einer geschlossenen Sitzung des Zentralkomitees der Partei hielt Imre Nagy als designierter Ministerpräsident eine epochale Rede, die aber ebensowenig nach draußen drang wie die danach gefaßte wichtige Parteiresolution. Eine Mauer des Schweigens umgab das Geschehen. Erst 33 Jahre später erfuhr man Genaueres; erst 1989 wurde die Rede veröffentlicht. Nagy machte vor allem Rákosi, aber auch die anderen drei Mitglieder des berüchtigten »Quartetts« – Mihály Farkas für die Verletzung der Gesetze, Ernö Gerö für die abenteuerliche Wirtschaftspolitik und József Révai für die Zustände im Bildungs- und Kulturwesen – für die Mißstände verantwortlich. Wörtlich sprach er von »unerträglichen und für einen Polizeistaat charakteristischen Zuständen«. Die Resolution war eine vernichtende Anklage gegen die Rákosi-Clique: »Es war falsch, daß Genosse Rákosi direkte Anweisungen an die AVH erlassen hat, wie sie Nachforschungen anstellen, wen sie verhaften soll, und es war falsch, daß er physische Mißhandlungen von Verhafteten angeordnet hat, was das Gesetz verbietet.«

Trotz der guten Absichten Imre Nagys und trotz der personellen Veränderungen blieb aber die Macht über den Apparat in den Händen Rákosis und seiner Mitarbeiter. Daß ein anderer Moskowiter, Gerö, (auf sowjetischen Wunsch) zum Innenminister bestellt wurde, war auch nicht gerade geeignet, das Vertrauen in die »sozialistische Gesetzlichkeit« zu stärken. Und trotzdem: Die Rede, die Imre Nagy als neuer Regierungschef am 4. Juli 1953 vor dem Parlament hielt, schlug wie eine Bombe ein. Die Zusage, die Polizeiwillkür zu beenden, die Internierungslager aufzulösen, eine Amnestie zu erlassen, die Deportationen auszusetzen, hat sofort Zehntausenden, auch dem Verfasser dieses Buchs, die Rückkehr ins Leben ermöglicht. Außerdem wurden die Arbeitsnormen gesenkt und die Zwangskollektivierung der Landwirtschaft eingestellt. Der Lebensstandard stieg, und wichtige Reformen haben die Atmosphäre wesentlich verbessert. Aber das war nur der Anfang. Der sofort eingeleitete hemmungslose Gegenangriff Rákosis hat den Freiraum für Nagy und seine Mitstreiter von vornherein eingeengt.

Beim Ringen zwischen Nagy und Rákosi ging es vor allem um die Überprüfung der Geheimprozesse und Säuberungen, um die Prioritäten der Wirtschaftspolitik (Leicht- versus Schwerindustrie) und um die Wiederbelebung der Volksfront, nicht als »Transmissionsriemen« für die Anweisungen der Staatspartei, sondern als Mittel zur Gewinnung des Vertrauens des Volkes.

In keinem anderen Ostblockland tobte ein solcher politischer Kampf, nicht etwa um ideologische Haarspaltereien, sondern um die Freiheit, die Gesundheit und die persönliche Zukunft von Hunderttausenden drangsalierter, entrechteter und zum Teil sogar bis zum Herbst 1956 eingesperrter Menschen. In Ungarn waren es die überlebenden Opfer der Prozesse, die Schriftsteller, Journalisten und Künstler, vor allem die einstigen Fahnenträger der Rákosi-Ära, die sich, von der herrschenden Clique betrogen und in Gewissenskonflikte gestürzt, um den in der Führung weitgehend isolierten Imre Nagy scharten und das Tempo der Reformbewegung diktierten.

Rákosi nutzte die Machtkämpfe in Moskau geschickt aus, vor allem den Sturz Berijas im Juni 1953 und Malenkows im Frühjahr 1955, die Nagy am stärksten favorisiert hatten. Damals und mehr als dreißig Jahre später verbreitete man gezielt, daß Nagy »Berijas Mann«, später auch, daß er Agent des NKWD gewesen sei. Sein Biograph János M. Rainer meint in der bisher gründlichsten Studie, daß Nagy zur Zeit der großen Säuberungen als zeitweiliger Informant, wie so viele andere, »bescheidene Dienste« für die »Organe« geleistet habe, aber keineswegs als »Agent«.[26] Wie auch immer, weder echte noch gefälschte Papiere können den Rang Imre Nagys in der ungarischen Geschichte zwischen 1953 und 1958 ändern oder beeinträchtigen.

Das Auf und Ab in den Machtkämpfen in Moskau und in den Beziehungen zu Jugoslawien war eng verbunden mit den mörderischen Positionskämpfen, Rachegefühlen und Bedrohungspsychosen der Führungskader in Ungarn. Ihre jeweiligen Einschätzungen, Warnungen und vor allem allseitigen Denunziationen füllen viele Seiten in den Berichten des sowjetischen Botschafters und späteren Parteichefs Jurij Andropow sowie seines Presseattachés, des künftigen Geheimdienstchefs Wladimir Krjuschkow; beide sprachen und verstanden nach den langen Jahren ihres Budapester Aufenthaltes Ungarisch fließend.

Imre Nagy verhielt sich in seinem Leben, vor allem in Krisensituationen, oft passiv abwartend, wobei später auch seine Herzkrankheit eine gewisse Rolle gespielt haben mag. Nach seiner Niederlage gegenüber Rákosi lehnte Nagy aber die übliche Selbstkritik ab. Im Frühjahr 1955 wurde er mit Zustimmung des Kremls aus allen Parteigremien ausgeschlossen und als Ministerpräsident abgesetzt. Ein Günstling Rákosis und Gerös, der erst 33jährige, aus einer Bauernfamilie stammende András Hegedüs, übernahm den Posten des Regierungschefs.

Nach der historischen Abrechnung Chruschtschows mit Stalin und seiner Politik auf dem 20. Kongreß der KPdSU und unter dem Druck Titos sollte die Kampagne für die Rehabilitierung Rajks und der anderen Opfer der Rákosi-Herrschaft den Apparat aus den Angeln heben. Die Gärung in Polen, vor allem die blutigen Zusammenstöße in Posen, ermunterten den bedrängten Parteichef, diese Tragödie zu einem »Befreiungsschlag« gegen die immer stärker und mutiger werdende Opposition zu nützen. Die Sowjets erkannten zu spät, daß Rákosi zu einer Belastung geworden war. Das sowjetische Präsidiumsmitglied Anastas Mikojan, ein Vertrauter Chruschtschows, hat die Ablösung Rákosis in allen Einzelheiten wochenlang in Budapest mitgestaltet und an der entscheidenden Sitzung des ZK am 18. Juli 1956 teilgenommen.

Die Nachricht von Rákosis Entmachtung wirkte wie ein politisches Erdbeben. Die Öffentlichkeit war begeistert, daß der Diktator »aus gesundheitlichen Gründen«, wie es offiziell hieß, sofort nach der ZK-Sitzung nach Moskau verschwand. Auch der Wiedereintritt des rehabilitierten Kádár ins Politbüro war willkommen. Doch der Wermutstropfen kam gleich danach: An Rákosis Stelle trat ein anderer alter Gewährsmann des Kreml, Ernö Gerö. Noch enttäuschender war das Ausbleiben einer Rückkehr des inzwischen auch aus der Partei ausgeschlossenen und aus seiner Professur an der Wirtschaftsuniversität verjagten Imre Nagy. Aber der Ruf nach ihm wurde immer lauter.

Im Rückblick meinen kenntnisreiche Beobachter, daß die letzte Chance, eine Explosion des aufgestauten Hasses gegen die unerträgliche und zynische Kränkung der Menschen und ihrer Nation zu verhindern, eine wirkliche Wachablösung gewesen wäre. Das heißt, es hätte schon der Wiedereinsetzung Imre Nagys als Regierungschef und der Wahl Kádárs statt des diskreditierten Gerö zum Ersten Sekretär der Partei bedurft, um die weitere Entwicklung zu stoppen. So aber kam es zu einer gefährlichen Zuspitzung der Situation.

Wie so oft in der ungarischen Geschichte brachte ein Begräbnis, in diesem Fall die öffentliche Beisetzung der rehabilitierten Opfer des ersten großen Schauprozesses, Rajks und seiner Kameraden, noch dazu am symbolträchtigen 6. Oktober, dem Tag der Trauer um die 1849 von den Habsburgern hingerichteten dreizehn Generäle der revolutionären Armee, die Massen in Bewegung. Schätzungen sprachen von 200 000 Menschen, die im kalten, peitschenden Regen und bei stürmischem Wind ausharrten, um den Toten die letzte Ehre zu erweisen. Es lag Trauer, aber auch bedrohliche Entschlossenheit über der Szene. Der Hoffnungsträger bereits nicht nur der Intellektuellen, sondern breiter Schichten der Bevölkerung, Imre Nagy, wurde zwar eine Woche später wieder in die Partei aufgenommen, doch dabei blieb es. Politisch passierte nichts. Das halbe Politbüro mit Gerö, Kádár und Hegedüs fuhr für eine ganze Woche zum Staatsbesuch nach Jugoslawien. Letztlich waren es die Gärung in Polen und die sowjetischen Drohgebärden gegen Gomulkas Rückkehr an die Parteispitze, die dann für die Entladung der aufgestauten Spannungen auch in Ungarn sorgten. Am 23. Oktober veranstalteten Studenten eine Sympathiekundgebung für die traditionell befreundeten Polen …

Wie im Jahre 1848 waren also auch 1956 die Intellektuellen und die Studenten die Wegbereiter der »unerwarteten Revolution«, von der Hannah Arendt mit Recht feststellt, »daß nie zuvor eine Revolution ihre Ziele so schnell, so gründlich und mit so wenig Blutvergießen erreicht hat«.[27] Inzwischen sind Tausende Bücher, Broschüren, Studien, Essays von Beteiligten und Zeitzeugen, von ausländischen und ungarischen Autoren über Ablauf und Folgen dieser Ereignisse erschienen. Alle seriösen Darstellungen sind sich einig, daß die zahlreichen Propagandaschriften des Kádár-Regimes zwischen 1957 und 1988 gerade in den Grundfragen mit der Wahrheit nichts zu tun hatten.

Der Oktober 1956 war ein politisches Naturereignis ohne Zentrum, ohne Konzept und ohne koordinierte Führung. Daß die fast 900 000 Mitglieder starke Partei nur ein Koloß auf tönernen Füßen war und abgesehen von ein paar Funktionären sozusagen von heute auf morgen verschwand, das bewiesen die Tage zwischen dem 23. Oktober und 4. November. Die Schlüsselrolle in den bewaffneten Kämpfen besetzten hauptsächlich junge Arbeiter, Studenten, Soldaten, aber auch sogenannte »Lumpenproletarier«. Die Leute von der »Pester Straße« – mit dem Titel *(Pesti utcán)* einer bewegenden Porträtsammlung von jungen Männern und Frauen, die nach der Niederschlagung des Aufstandes zu langen Haftstrafen verurteilt wurden – waren es, die mit der Waffe in der Hand von Anfang bis zum bitteren Ende gegen die Übermacht gekämpft hatten und die man als wahre Helden jener stürmischen Tage bezeichnen kann. Wie so oft in der ungarischen Geschichte, so auch diesmal spielten Held und Verräter; in der Gestalt Imre Nagys und János Kádárs, die entgegengesetzte symbolische, aber auch politisch entscheidende Rolle.

Heute wissen wir aus Originalquellen, daß nach dem Ausbruch des spontanen Aufstands die Lage in den Machtzentren in Moskau und Budapest nicht von Tag zu Tag, sondern oft von Stunde zu Stunde wechselte und daß Politbüromitglieder, auch der Hauptakteur Chruschtschow, in ihrer Meinung schwankten, ja sie sogar bei ein und derselben Sitzung mehrfach änderten, um die eigene Position nicht zu gefährden.[28] In Budapest wollten die Reformer, allen voran der sich streng an die Parteidisziplin haltende Nagy, eine Korrektur des politischen Systems, nicht dessen Abschaffung. Kaum einer in seinem engeren Kreis und unter seinen Tausenden überzeugten Anhängern vermutete, daß im Ungarn des Herbstes 1956 eine Korrektur schon mit dem Ende des Systems gleichbedeutend war.

Doch in den Abendstunden dieses 23. Oktober zeigte eine erste Begegnung Nagys mit einer unübersehbar gewordenen, auf 200 000 Menschen geschätzten Menschenmenge vor dem Parlament, daß sich hier etwas in einem kommunistischen Land bisher nie Dagewesenes anbahnte. Die Anrede »Genossen!« wurde mit Pfiffen quittiert und seine dämpfenden, nichtssagenden Ausführungen mit blanker Enttäuschung. Stunden vor den Schüssen auf Demonstranten vor dem Rundfunkhaus und vor dem Auftauchen der nach panischen Telefonaten Gerös eingesetzten sowjetischen Panzer war ein Volksaufstand im Gange. Durch diesen elementaren Wutausbruch des ungarischen Volkes gegen die Symbole der Diktatur und der Fremdherrschaft und durch die kopflose und provokative Reaktion der so lange vom Machtmonopol verblendeten Parteispitze nahmen die Ereignisse vor allem in der Hauptstadt, später im ganzen Land, einen von niemandem mehr kontrollierbaren Verlauf. Besonders unerträglich und aufreizend wirkten die vom Rundfunk verbreiteten Lügen über eine »Konterrevolution«: Sie bündelten den unbändigen Zorn der jungen Leute auf das verlogene politische Theater der Erben Rákosis und erzwangen Reaktionen. Alexander Solschenizyn formulierte in seiner Dankesrede für die Verleihung des Nobelpreises höchst treffend: »Die Gewalt kann sich nur mit der Lüge zudecken, und die Lüge kann sich nur mit der Gewalt erhalten.«

Imre Nagy galt den meisten Ungarn als Symbol des Aufbruchs. Die an diesem strahlend schönen, denkwürdigen Herbsttag unter anderem seine Ernennung zum Ministerpräsidenten forderten, erhofften sich von einer Regierung Nagy freie Wahlen, eine freie Presse, die Wiedereinführung der ungarischen Nationalfeiertage und Staatssymbole und seit den späten Abendstunden auch schon die Aufnahme von Verhandlungen über den Abzug der sowjetischen Truppen.

Tatsächlich wurde der sechzigjährige Hoffnungsträger noch in der Nacht vom 23. auf den 24. Oktober als Ministerpräsident eingesetzt, aber er blieb zunächst ein Gefangener seiner Vergangenheit und seiner Umgebung in der Parteizentrale. Isoliert von der »Pester Straße«, von den jungen Männern, die zu den Waffen gegriffen hatten, schien er in den ersten Tagen die von den Sowjets diktierte harte Linie mitzutragen; auch er sprach in einer Radioansprache von Konterrevolution.

Am 25. Oktober wurde Gerö auf Initiative Mikojans und Suslows, die sich vom 24. bis 31. Oktober in Budapest aufhielten, als Erster Sekretär durch Kádár abgelöst. Doch die Kämpfe gingen weiter, und was sich in der Scheinwelt der Parteigremien in der von sowjetischen Panzern abgeriegelten Zentrale in der Akademie-Straße abspielte, wurde immer weniger relevant. Nagy, der Zauderer, geriet in Gefahr. Erschöpft und herzleidend drohte er zwischen seiner Treue zur Partei und zu den Sowjets, seinem tiefverwurzelten Patriotismus, dem Druck der Straße und dem persönlichen Drängen seiner engsten Berater zermalmt zu werden. Seine Popularität begann zu schwinden.

Die mit dem Namen Nagy verbundene Wende zeichnete sich erst am 27. Oktober mit der Umbildung der Regierung und dem Beginn von Verhandlungen mit den nicht mehr als Konterrevolutionären beschimpften Freiheitskämpfern ab. Einige tausend junge Menschen erzwangen diesen Kurswechsel, weil sie zum Kampf bis zum Tod entschlossen waren und die moralische, vielfach auch praktische Unterstützung der Bevölkerung genossen. Die sowjetische Führung und ihre ungarischen Handlanger – diese allerdings an der Spitze einer zerfallenden Partei – mußten zähneknirschend zur Kenntnis nehmen, daß der lebenslange Kommunist und Moskowiter Imre Nagy inmitten der größten Krise des Sowjetblocks die Seite des Volkes wählte.

Die drei Kernpunkte, die Nagy für sich und für das Land entschied, waren:

- Die Ereignisse sind keine Konterrevolution, sondern ein das gesamte Volk umfassendes, nationales, demokratisches Aufbegehren (28. Oktober); daraus ergaben sich als zwingend erforderlich
- die Wiedereinführung des Mehrparteiensystems, die Auflösung der KP und die Gründung der Ungarischen Sozialistischen Arbeiterpartei; und ferner
- die Proklamierung der Neutralität und der Austritt aus dem Warschauer Pakt (1. November).

Ab dem 28. Oktober herrschte Waffenstillstand, und die Ungarn lebten 150 Stunden lang in einer allgemeinen, geradezu irrealen Aufbruchsstimmung. Schon am 31. Oktober fielen in Moskau nach anfänglichem Hin und Her die Würfel endgültig zugunsten einer massiven Intervention, also noch vor dem Austritt Ungarns aus dem Warschauer Pakt und vor der Proklamierung der Neutralität.

Als Nagy am 29. Oktober aus der Parteizentrale in das nur einige hundert Meter entfernt liegende Parlamentsgebäude umzog, signalisierte er der Partei und vielleicht der Welt: Nicht mehr die Partei sollte fortan das politische Zentrum sein, sondern die im traditionsreichen Parlament residierende Regierung. Doch die freie Welt, die so lange auf ein solches die sowjetische Einflußsphäre schwächendes Ereignis gewartet hatte, war just in diesem Augenblick auf etwas ganz anderes fixiert: den von den Ägyptern gesperrten Suez-Kanal und europäische spätkoloniale Interessen. Die Ungarn blieben, wie so oft in ihrer Geschichte, sich selbst überlassen und einer erdrückenden feindlichen Übermacht ausgeliefert.

Bei seinem Bemühen, die reformistische Elite und das Volk zu vereinen, bei dieser unendlich schwierigen, nervenaufreibenden und lebensgefährlichen Gratwanderung meinte Nagy – so schien es zumindest bis Anfang November – sich auf die tatkräftige Unterstützung des Ersten Sekretärs, János Kádár, verlassen zu können. Am Abend des 1. November lobte der Staatsminister der Nagy-Regierung in höchsten Tönen die kommunistischen Intellektuellen und Jugendlichen als »treibende Kräfte ... der ruhmreichen Erhebung« gegen »Rákosis Despotismus und politisches Gangstertum«. Zum Zeitpunkt der Ausstrahlung der auf Band gespeicherten Rede waren Kádár und der Mann, der den »Absprung« eingefädelt hatte, der Innenminister, Altkommunist, Spanienkämpfer und in allen Funktionen bewährte Sowjet-Agent Ferenc Münnich, allerdings höchstwahrscheinlich bereits unterwegs nach Moskau. Sie hatten in den frühen Nachmittagsstunden das Parlament verlassen und sich in die sowjetische Botschaft begeben.[29]

Damit traten die Vorbereitungen für die Niederschlagung des Freiheitskampfs durch die Sowjets in ihre Schlußphase. Die mit dem Suez-Abenteuer beschäftigten Westmächte England und Frankreich sowie die Vereinigten Staaten als »Zuschauer ohne direktes Interesse« (Henry Kissinger) ließen der gespaltenen sowjetischen Führung praktisch freie Hand in Ungarn. Tito verurteilte die erste sowjetische Intervention, billigte aber die zweite. Die Führer der Satellitenparteien (auch Gomulka in Polen) unterstützten das sowjetische Vorgehen.

An einem nebligen, naßkalten Sonntag, es war der 4. November um 4 Uhr, begann der Generalangriff der Sowjettruppen auf Budapest. Die vielleicht 10 000 Freiheitskämpfer hatten keine Chance gegen die erdrückende Übermacht. Die ungarische Armee blieb in den Kasernen. Viele junge Ungarn leisteten verzweifelt Widerstand.

Nicht wenige der 2700 offiziell registrierten Toten und 19 000 Verwundeten hatten den Kampf in der naiven Erwartung westlicher Hilfe aufgenommen. Ausgelöst durch mißverständliche Kommentare des amerikanischen Senders Radio Free Europe mit dem Tenor, der Westen und die Vereinten Nationen würden die Ungarn nicht im Stich lassen, hatten sich Hoffnungen breitgemacht, die einer gigantischen Fata Morgana gleichkamen. Erst allmählich wurde den Ungarn der moralische Bankrott des von Eisenhower und Dulles vertretenen »Befreiungskonzepts des Westens« klar. Details über die doppelzüngige Haltung des Tito-Regimes jedoch kamen erst nach vielen Jahren vollständig ans Licht der Öffentlichkeit.

Ministerpräsident Imre Nagy, der in den Morgenstunden des 4. November 1956 mit seinen engsten Mitarbeitern (insgesamt 43 Personen) das von der jugoslawischen Regierung angebotene »Asyl« angenommen hatte und in deren Botschaft geflohen war, wußte noch nicht, daß es sich um ein abgekartetes Spiel handelte. In den Memoiren des damaligen jugoslawischen Botschafters in Moskau, Veljko Mičunović, läßt sich nachlesen, daß der Verlauf der Intervention in allen Einzelheiten und sogar die Person des künftigen Partei- und Regierungschefs 48 Stunden vor dem sowjetischen Großangriff zwischen Chruschtschow und Tito auf der Insel Brioni abgesprochen worden waren. Nagy sollte demnach während seines Aufenthalts – vom 4. bis

22. November – in der Botschaft direkt und indirekt aus Belgrad dazu gedrängt werden, offiziell abzudanken und die – am 4. November – gleichzeitig mit dem sowjetischen Generalangriff eingesetzte »Revolutionäre Arbeiter- und Bauernregierung« unter Ministerpräsident Kádár anzuerkennen.

Die Tragödie des ungarischen Volkes von 1956/57 erinnerte in mancher Hinsicht an den Freiheitskampf von 1848/49. Auch diesmal waren es, so der Volksmund, *die* Russen, die einen Freiheitskampf brutal, mit massiver Übermacht niedergeschlagen haben.

Nach dem 4. November 1956 war János Kádár der Mann des Augenblicks. Der Schriftsteller Háy schrieb einmal über ihn: »Seine Persönlichkeit hatte einen Zauber, den Zauber des müden Kompromisses.«[30] Diese Beobachtung traf auf den Kádár der sechziger und siebziger Jahre vielleicht zu. Zunächst aber, bei seiner Ankunft im Schatten der russischen Panzer, war er *der* Verräter schlechthin, der Statthalter eines verhaßten Regimes im Dienst einer fremden Macht.

Dagegen ist Imre Nagy zu einem tragischen Helden der ungarischen Geschichte geworden. Er, der wie kein zweiter wußte, wie in Moskau und später in Budapest Zehntausende in die Mühlen der sich immer schneller drehenden Säuberungsmaschinerie gerieten und wie die Staatsanwälte und die kommunistischen Journalisten je nach Bedarf ganze Lügengebäude aufbauten, blieb standhaft bis zuletzt. Vielleicht hätte er sein Leben durch eine Demission und Selbstkritik noch retten können. In diesem historischen Augenblick wollte er mit seiner Haltung sich selbst und der Idee *seines* Oktobers treu bleiben.

Nun waren die Russen und vor allem Kádár am Zug. Er versprach Imre Nagy und seinen Freunden wiederholt freies Geleit sowie Straffreiheit für die Teilnehmer am Aufstand. Der Bruch dieses Versprechens durch die Verschleppung der gesamten Nagy-Gruppe durch die Sowjets, ihre Deportation nach Snagov in Rumänien, dann ihr geheimer Rücktransport nach Budapest im April 1957, schließlich der Geheimprozeß im Juni 1958 und die Hinrichtung von Nagy, General Maléter, dem Journalisten Miklós Gimes und anderen blieben bis zuletzt, über drei Jahrzehnte hinweg, eine unauslöschliche moralische Hypothek für das Kádár-Regime. Daß während eineinhalb Jahren kein Kommuniqué über ihren Aufenthaltsort und über ihr Schicksal erschienen ist und daß ihre engsten Verwandten, in Rumänien interniert, über die Angeklagten bis zu ihrem Geheimprozeß nichts erfahren haben, vervollständigte das Bild der grausamen Abrechnung.

Diese beschränkte sich freilich nicht nur auf die Hauptakteure. Nach der Zerschlagung der Arbeiterräte, die wochenlang Widerstand leisteten, nach den Protestaktionen der Intellektuellen und Studenten wurden 22 000 Personen verurteilt und davon 229 wegen ihrer Beteiligung an der Revolution hingerichtet; weit mehr als nach 1848/49, mehr als nach dem Sturz der kommunistischen Räterepublik von 1919 und sogar mehr als nach 1945.[31]

Man hat auch mit zweierlei Maß gemessen. Der Oberkommandierende der Folterknechte, Gábor Péter, der Parteibeauftragte für den Geheimdienst, Ex-Verteidigungsminister Mihály Farkas, samt Sohn Vladimir, der als Oberstleutnant persönlich für die Peinigung vieler unschuldiger Menschen verantwortlich gewesen war, wurden bereits 1959/60 freigelassen. Die beiden Farkas hätten laut den Memoiren des Sohnes im Gefängnis wie in einem Zweisternehotel gelebt!

Imre Nagy ging in die Geschichte ein als ein aus dem Diener des Bösen zum Märtyrer der Nation und des Freiheitskampfes gewandelter Mensch. In seinem Schlußwort zum Ende des Geheimprozesses, vor seiner Hinrichtung am 16. Juni 1958, bat er nicht um Gnade, sondern bekannte sich zu seinen Taten, über die die ungarische Nation und die internationale Arbeiterbewegung das letzte Wort sprechen würden.

1956 war ein spontaner Aufstand, der sich sehr rasch in eine Revolution zum Sturz eines dem Volk von außen aufgezwungenen Systems ausweitete und schließlich in zwei Phasen in einen aussichtslosen nationalen Freiheitskampf mündete. Es war auch im Wortsinn eine *reine* Revolution: Es gab keine Plünderungen, keine nennenswerten antisemitischen Aktionen, obwohl das »Führungsquartett« und die meisten hohen Offiziere der Geheimpolizei in der schlimmsten Zeit jüdischer Herkunft waren, und es blieb bei vereinzelten Racheakten gegen Offiziere und Soldaten der Staatssicherheit und der Polizei, der auch Unschuldige zum Opfer fielen. Regierung und Freiheitskämpfer haben die Lynchjustiz scharf verurteilt. Gerade weil diese »antitotalitäre« Revolution nicht die Wiederherstellung des feudal-kapitalistischen Vorkriegssystems zum Ziel hatte und das kommunistische Regime von denen weggefegt wurde, die es zu repräsentieren vorgab, war die welthistorische Bedeutung dieses ungarischen Herbstes so enorm.

Wie den großen Freiheitskämpfen der Vergangenheit, dem Rákóczi-Aufstand 1704 bis 1711 und dem Freiheitskrieg 1848/49, blieb auch diesem nationalen Kraftakt der Sieg auf dem Schlachtfeld, diesmal in den Straßen von Budapest, versagt. Doch der Ruf dieser mutigen kleinen Nation erschallte in der ganzen Welt. 210 000 Ungarn flohen, viele der Wortführer retteten sich nach Österreich, andere nach Jugoslawien; nur 40 000 kehrten in die Heimat zurück.

Das Trauma der russischen Unterdrückung gehört ebenso zum nationalen Selbstverständnis der Ungarn wie die Erinnerung daran, wie der Westen 1849 und nach 1945 das kleine Land seinem Schicksal überlassen hatte. Die neuerliche Niederlage von 1956 riß alte Wunden auf. Man sollte auch sehen, daß die antirussische Propaganda des Horthy-Regimes bei vielen durch das unvorstellbare Benehmen der Roten Armee gegen die Zivilbevölkerung nachträglich bestätigt wurde und daß selbst führende Kommunisten 1945 darüber verzweifelt waren. Daß die Menge noch in den späten Abendstunden des ersten Tags des Aufstands Bücher und Bilder von und über Marx, Lenin und Stalin anzündete und daß der Haß gegen den Kult Stalins und der Sowjetunion, gegen die Fremdherrschaft, die man noch dazu ständig loben mußte, überall und immer wieder explodierte, war also keineswegs überraschend. Die Ressentiments gegen die russische Großmacht, auch als Sowjetunion, waren in keinem der »Bruderländer« (von Polen abgesehen) so stark wie in Ungarn. All dies ist ohne Verständnis für die Psychose einer geschlagenen Nation kaum zu begreifen.

Nach dem Arbeiteraufstand in Berlin (1953) hat die ungarische Revolution den Drang nach nationaler und persönlicher Freiheit zu einer ungeheuren Sprengkraft gesteigert und der Sowjetunion beziehungsweise der Sache des Weltkommunismus einen enormen Prestigeverlust zugefügt. Tito hat die ursprünglich von den Jugoslawen unterstützten Reformer um Nagy zwar verraten und sich an die Seite der Kádár-Münnich-Gruppe gestellt, doch sprach er damals auch die bittere Wahrheit in einer öffentlichen Rede in Pula aus: »Der Sozialismus ist kompromittiert.« Von Budapest 1956 führte ein langer und verschlungener Weg, meistens verdeckt und verschwiegen, zum Prager Frühling (1968) und zur polnischen Solidaritätsbewegung (1980), die dann wiederum der intellektuellen und später der politischen Gärung in Kádárs Ungarn, der damals bereits »lustigsten Baracke des sozialistischen Lagers«, einen unmißverständlichen Auftrieb gegeben hat.

In der Periode des Rachefeldzugs freilich, vor allem nach dem Schock des völlig unerwarteten Nagy-Geheimprozesses, rief die allgemeine trostlose Situation den bitteren Aufschrei des großen Dichters Mihály Vörösmarty von 1849 in Erinnerung: »Keine Hoffnung! Keine Hoffnung!« Wie vor hundert Jahren sprach man dem geknebelten Land rhetorischen Trost zu, vor allem im verlogenen politischen Theater der Vereinten Nationen. Es dauerte sechs Jahre, bis der internationale Druck zumindest eine umfassende Amnestie für die politischen Gefangenen in Ungarn erwirkte. Der politisch hochgespielte und propagandistisch ausgebeutete Preis dafür war die Streichung der jährlichen Ungarn-Debatte von der UN-Tagesordnung.

Merkwürdigerweise wurde aus dem verhaßten »Gauleiter Moskaus« im Laufe der Jahre und Jahrzehnte ein auch von seinen Gegnern, sogar von manchen Opfern geschätzter »Landesvater«, aus dem weltweit verachteten Statthalter einer Supermacht ein international angesehener Staatsmann. Und noch in den sechziger Jahren hat sich Ungarn vom »kranken Mann« zum Vorzeigestaat des Ostblocks gewandelt. Ein bekannter polnischer Schriftsteller schilderte Mitte der sechziger Jahre seine Eindrücke nach seinem ersten Besuch seit 1956 in Ungarn:

> Ich verstehe nicht, daß meine ungarischen Kollegen so unzufrieden sind. Schau die reichen Auslagen an, die Preisschilder, frage, wer wie oft im Westen gewesen ist, achte auf den Ton und die Offenheit der Diskussion in der Presse! Es ist fast alles so unvergleichlich besser als bei uns, ganz zu schweigen von der erstaunlichen Popularität, die Kádár im Vergleich zu Gomulka genießt. Wir gewannen im Oktober 1956, aber auf lange Sicht haben wir doch verloren. Die Ungarn verloren damals und haben letzten Endes doch gewonnen.[32]

Schon damals hat man also die später viel öfter wiederholte Frage gestellt: Hat die durch Waffengewalt niedergeschlagene Volkserhebung »letzten Endes« doch gesiegt? Im Rückblick und in Kenntnis der heute verfügbaren Dokumente kann man diese Frage eindeutig verneinen. Kádár konnte unter den gegebenen Realitäten im Ostblock *nicht* das verwirklichen, wofür Imre Nagy stand und starb: ein demokratisches Mehrparteiensystem und echte Unabhängigkeit. Er hat das aber auch nicht angestrebt. Trotz aller Fortschritte blieb die grundlegende Tatsache bestehen, daß seine »Revolutionäre Arbeiter- und Bauern-Regierung« am 4. November 1956 nur durch eine konstitutionelle Fiktion geboren und lebensfähig wurde. Bei allen Zugeständnissen mußte das Regime genau diese Fiktion fast 33 Jahre aufrechterhalten, weil es von ihr lebte. Die Ereignisse von 1956 und der mehrfache Verrat an Imre Nagy blieben bis zum Ende der Herrschaft Kádárs ebenso verdrängte und verschwiegene Tabuthemen wie seine wahre Rolle hinter den Kulissen des Falls Rajk. Trotzdem wurde dieser Berufsfunktionär mit seiner unbewältigten Vergangenheit neben Graf István Bethlen – möglicherweise vor ihm – der erfolgreichste und jedenfalls mit Abstand am längsten regierende ungarische Politiker dieses Jahrhunderts.

Der damals 44 Jahre alte János Kádár mußte im November 1957 in der Stunde Null von vorne und ohne Illusionen mit dem Wiederaufbau der Staatspartei beginnen. Das abgrundtiefe Mißtrauen der Arbeiter und der Intellektuellen zeigte sich in den äußerst niedrigen Mitgliederzahlen der neugegründeten »Ungarischen Sozialistischen Arbeiterpartei«. Bis Ende Dezember 1956 traten nur 103 000 Personen in die neue Partei ein. Nach Abschluß der Periode, in der alte Mitglieder wieder aufgenommen werden konnten – am 1. Mai 1957 –, waren es weniger als 300 000. Ein Vize-Innenminister schätzte damals die Zahl der echten »Klassenfeinde« (ehemalige Gutsbesitzer und Großbauern, Großhändler und Priester, Offiziere und Beamte) auf 700 000.[33] Nach offiziellem Eingeständnis übertraf also die Zahl der »aktiven Feinde« noch bei weitem jene der überzeugten Anhänger des Regimes.

Jene Politik der ständigen Improvisation, der behutsamen Reformen im Rahmen des Machtmonopols, die Befriedigung des Dranges nach mehr Wohlstand und *etwas* mehr Freiheit, die unter der Devise »Wer nicht gegen uns ist, ist mit uns« geführte Bündnispolitik, all das, was man später »Kadarismus« nannte, begann eigentlich erst 1962/63. Sie hat aber relativ schnell relativ viele Früchte getragen.

Mit Hilfe eines 600-Millionen-Dollar-Darlehens der Sowjets und anderer Ostblockstaaten und einer Ankurbelung des kleinen Privatgewerbes, durch Steuererleichterungen und andere Maßnahmen wurden die Reallöhne der Arbeiter, aber auch anderer Schichten fühlbar erhöht. Bereits 1960 lag das Pro-Kopf-Einkommen um 20 bis 25 Prozent höher als 1956. Privatisierung und Entpolitisierung erwiesen sich lange Zeit als die wichtigsten Säulen des Systems. Daß der Westen damals im Oktober und November 1956 keine Hilfe leistete, ja sogar mit dem Suez-Abenteuer wahrscheinlich den entscheidenden Anstoß zum endgültigen Sieg der Interventionisten in der gespaltenen Moskauer Führung gab, sorgte für eine tiefe Enttäuschung sowohl der Elite wie auch der Durchschnittsbürger. Die aus der heilsamen Ernüchterung geborene politische Resignation hat auf lange Sicht vielleicht noch mehr als die Zerschlagung der Opposition zur Konsolidierung der wiedergewonnenen Macht beigetragen.

Das Zusammenspiel verschiedener Faktoren – die Änderung des außenpolitischen Klimas, die uneingeschränkte sowjetische Unterstützung (seit Ende März 1957) samt dem Sieg Chruschtschows im

Juni 1957 über seine stalinistischen Widersacher und nicht zuletzt die weitverbreitete Apathie des Volkes – hat den ungarischen Kommunisten Zeit, Möglichkeiten und den nötigen Spielraum verschafft, um eine »Generalüberholung« der Partei und des Staates vorzunehmen. Das Tauwetter und die Randkonzessionen (berufliches Fortkommen ohne Parteizugehörigkeit, größere Freizügigkeit im kulturellen Leben und die Verminderung der alltäglichen Schikanen) führte zu einem Konsolidierungs- und Normalisierungsprozeß, den 1956 niemand zu erwarten gewagt hätte. Der merkwürdige Burgfriede erreichte den scheinbaren Höhepunkt bereits am 18. Oktober 1964, als Kádár nach der jähen Absetzung seines »väterlichen Freundes und älteren Bruders« Chruschtschow von einem Staatsbesuch aus Warschau zurückkehrte und bei seiner Ankunft in einer berühmt gewordenen Rede dem gestürzten Kremlherrn warmen Tribut zollte und erklärte, die gemäßigte politische Linie der ungarischen KP werde sich um kein Jota ändern. Diese Stellungnahme war damals eine Sensation und stärkte Kádárs Popularität. Nichts konnte den Wandlungsprozeß wohl besser illustrieren als die Tatsache, daß die beiden 1956 meistgehaßten Männer acht Jahre später als Garanten der Entspannung angesehen wurden.

Die psychologisch ungeheuer wichtige Möglichkeit von Reisen in den Westen hat viel zur Akzeptanz und wachsenden Popularität des Regimes beigetragen. Im Jahre 1954 durften 3040 Ungarn (Funktionäre, Beamte und Sportler), aber sage und schreibe nur 95(!) Privatpersonen in den Westen reisen. 1958 waren es 15 500, 1962 bereits 65 000 und 1963 mehr als 120 000. Die Exilungarn in Wien, München und Zürich nannten es »Kádárs Rache«, daß immer mehr Freunde und Verwandte aus der Heimat bei ihnen auftauchten. Die Zahl der Westreisenden stieg 1986 auf 708 000.[34] Auch hinsichtlich der Zulassung zum Studium, des Vorrangs der Fachkenntnisse vor dem roten Parteibuch bei der Qualifizierung für diverse Posten in Wirtschaft und Verwaltung sowie bei der Schaffung eines erträglicheren innerbetrieblichen Klimas lag Ungarn an der Spitze der Ostblockstaaten.

Man sollte, auch rückblickend, die enorme Bedeutung des von Kádár geprägten Herrschafts- und Führungsstils nicht bagatellisieren. Gerade das sprach für die Leistung Kádárs als Politiker, daß er, ohne das Fundament der Einparteiendiktatur oder die absolute Gefolgschaftstreue gegenüber der sowjetischen Führungsmacht auch nur für einen Augenblick in Frage zu stellen, teils die aktive Mitarbeit, teils die wohlwollende Duldung des Regimes seitens breiter Bevölkerungsschichten zu gewinnen vermochte. Er ist populär geworden, weil er in der Partei den Grundsatz durchsetzen konnte, daß man dem Volk im allgemeinen nicht das Blaue vom Himmel versprechen, sondern die Wahrheit sagen soll, auch wenn diese oft unangenehm ist. Auch sein Stil als Redner war ein willkommener Bruch mit den Praktiken der stalinistischen Zeit. Anstelle des penetranten politischen Jargons bediente er sich der Alltagssprache, beschwor immer wieder den Bruch mit der Vergangenheit, plauderte, mahnte, spottete und erzählte Anekdoten. Er war nie ein »verkappter Demokrat«, sondern ein behutsamer Reformer, ein Taktiker mit unheimlichem politischen Fingerspitzengefühl, ein begnadeter Techniker der Macht, der verstanden hatte, daß die Partei trotz Machtmonopols und sowjetischer Rückendeckung auf die Dauer nicht in einer politischen Wüste operieren konnte.

Sein fast puritanischer Lebensstil, seine persönliche Bescheidenheit und sein Sinn für Humor brachten ihm auch eine Zeitlang die Sympathie des Nationaldichters Gyula Illyés und des herausragenden Vertreters volkstümlicher, vor dem Krieg »völkischer« Literatur, László Németh, ein. Kádár war zugleich ein introvertierter Mensch, der nicht gern über sich redete – noch weniger ertrug er plumpe Schmeicheleien. Im Gegensatz zu den meisten Ostblockführern duldete Kádár keinen Kult um seine Person. In den Amtsstuben hingen nie Bilder von ihm, noch wurden solche bei festlichen Umzügen getragen.

Man wußte und weiß über den Menschen Kádár, der die Geschicke des Landes immerhin 32 Jahre hindurch gelenkt hat, im Grunde sehr wenig. Auch die als Einleitung zu einer in englischer Sprache erschienenen Sammlung seiner Reden geplante Biographie kam erst nach einem formellen Beschluß des Politbüros zustande, nachdem sich Kádár anfänglich kategorisch geweigert hatte, das Vorhaben überhaupt in Betracht zu ziehen. Schließlich durfte der Autor nur drei Tage mit ihm reden, allerdings ohne Aufnahmegerät und Notizbuch. Viel Brisantes aus der Vergangenheit wurde freilich verschwiegen.[35]

Vielleicht ist die Zeit für ein ausgewogenes Urteil in Form einer Biographie über die Illusionen und Lügen, Versprechungen und Fallstricke, über Tragödien und Verrat, Erfolge und schließlich das Scheitern dieses ungewöhnlichen Menschen, der länger als jeder andere Politiker die moderne Geschichte Ungarns geprägt hat, noch nicht reif. Das gilt auch für das Auf und Ab in seinem Verhältnis zu Leonid Breschnew während der achtzehn Jahre des »Immobilismus« in Moskau im besonderen und zur sowjetischen Führungsmacht im allgemeinen. Noch heute ist unklar, wie weit Kádár den »Prager Frühling« und namentlich Alexander Dubček, den er zwischen Januar und August 1968 neunmal getroffen hatte, ermuntert und unterstützt beziehungsweise kritisiert und (nach neuesten russischen Publikationen) verraten hat.

Die vielversprechenden Wirtschaftsreformen wurden nach der Invasion der Tschechoslowakei am 21. August 1968, an der sich Ungarn mit zwei Divisionen beteiligte, schrittweise verwässert. Und Kádár selbst geriet zur Zielscheibe einer von sowjetischen und heimischen »Betonköpfen« dirigierten, freilich zum Teil verschleierten Kampagne. Neue Quellen deuten darauf hin, daß er sich 1972 bis 1974 nur retten konnte, weil er die sowjetische Forderung nach Entfernung der wichtigsten Reformer aus den Schlüsselpositionen erfüllte.

Es ist ihm aber 1978 bis 1980 immerhin gelungen, die ungarischen »Maulwürfe« des Kreml, die »Verteidiger der Arbeiterinteressen«, auszubooten und seine langjährige Nummer zwei, den um neun Jahre jüngeren Béla Biszku, ohne Angabe von Gründen pensionieren zu lassen. Zugleich konnte er seinen wohl wichtigsten und auch persönlich eng verbundenen Ratgeber, das Politbüromitglied György Aczél, »retten«. Dieser Altkommunist, der während der Rákosi-Herrschaft 1868 Tage im Gefängnis verbracht hatte, war als einziger Jude in der obersten Führung von den Sowjets stets als »unsicherer Kantonist« betrachtet worden. Mit seinem Namen war die subtile, oft zynische und lange Zeit erfolgreiche Taktik zur Neutralisierung und später zur Gewinnung der nichtkommunistischen oder kritischen Intellektuellen verbunden. In einem komplexen Dreieck zwischen Unterstützung, Duldung und Verbot (nach den gleichlautenden ungarischen Anfangsbuchstaben »Drei T« genannt) half er vielen Kompromißwilligen und schadete den (sehr wenigen) Unbeugsamen. Obgleich nach dem Zusammenbruch von den rechtspopulistischen Wortführern als der eigentliche Bösewicht der Kádár-Ära verteufelt, hat Aczél zur Entstehung einer Insel der dosierten und relativen Freiheiten im Kulturleben, im krassen Gegensatz zur Situation in den Nachbarländern, viel beigetragen. Allerdings galt für Kádár und Aczél sowie mit sehr wenigen Ausnahmen (Imre Pozsgay und Mátyás Szürös in den späten achtziger Jahren) für die gesamte Führungsspitze das Nationale nie als Mittel zur Gewinnung des Volkes, sondern als Faktor der Zersetzung.

Was waren nun die Gründe für den friedlichen Zusammenbruch jenes Systems, das westliche Publikationen noch einige Jahre zuvor als »kommunistisches Wunderland« lobten? Die folgenden Faktoren haben 1987/88 eine geradezu dramatische Wandlung im politischen Klima herbeigeführt und dem »Kadarismus« ein abruptes Ende gesetzt:

- Eine Wirtschaftskrise (Preissteigerungen, Investitionen auf Pump, Senkung des Lebensstandards, Verarmung und soziale Gegensätze) hat das Vertrauenskapital, die Grundlage des Ausgleichs zwischen dem Regime und dem Volk immer mehr ausgehöhlt.
- Der Gorbatschow-Kurs und Moskaus neue Optionen in der Außen- und Innenpolitik sowie der allgemeine blockweite Verfall des »real existierenden Sozialismus«, vor allem in Polen, haben den Führungsanspruch der Partei relativiert.
- Die Herausbildung und Aktivität einer neuen, alternativen politischen Elite in Gruppierungen und Parteien wie dem Ungarischen Demokratischen Forum (MDF), den Freien Demokraten (SzDSz) und Jungdemokraten (FIDESZ), später auch den wiederauferstandenen Kleinen Landwirten haben die Basis für ein Mehrparteiensystem geschaffen.
- Der Verfall der Autorität des alternden Parteiführers als vorsichtigen Routiniers und die Ausstrahlung der politischen Dynamik aus Moskau haben den Weg zur innerparteilichen Konfliktlösung durch einen Putsch gegen Kádár eröffnet. Seine Tragik bestand darin, daß er die Chance verspielt hatte, den Zeitpunkt und die Form eines würdigen Abgangs selbst zu bestimmen.

Der Mann, der hinter den Kulissen die Entmachtung des gesundheitlich schwer angeschlagenen Parteichefs und »seines« Politbüros vor und bei einer außerordentlichen Parteikonferenz am 22. Mai 1988 geschickt eingefädelt hatte, hieß Károly Grósz. Dem Berufsfunktionär, den Kádár ein Jahr zuvor zum Ministerpräsidenten befördert hatte, ging es wie den meisten anderen Apparatschiks nicht um die Zukunft der Reform, sondern um die Macht. Die aber hat Grósz in knapp einem Jahr verloren; er schied nach der Liquidierung der Staatspartei gänzlich aus der Politik aus.

Der im Westen damals am besten bekannte Staatsminister, das Politbüromitglied Imre Pozsgay, faßte als erster das heiße Eisen der Ereignisse im Herbst 1956 an, als er öffentlich, dem Schlußbericht einer ZK-Arbeitsgruppe vorgreifend, diese nicht länger als »Konterrevolution«, sondern als »Volksaufstand« bezeichnete. In der Folgezeit erwies sich Pozsgay aber als ein schlechter Taktiker, dem im entscheidenden Augenblick vielleicht auch der Mut zur Spaltung der Partei fehlte.

Nun diktierten die Radikalreformer das Tempo in Richtung eines Mehrparteiensystems und der Abhaltung freier Wahlen. Es waren der im November 1988 zum Ministerpräsidenten gewählte vierzigjährige Wirtschaftsexperte der Partei, Miklós Németh, der Schöpfer des

»neuen Wirtschaftsmechanismus« der sechziger Jahre, der später von Kádár auf Moskauer Wunsch kaltgestellte Rezsö Nyers und Außenminister Gyula Horn, die im Jahr des Übergangs zur westlichen Demokratie zwei weltpolitisch bedeutsame Weichenstellungen vornahmen: den Abbau des »Eisernen Vorhanges« entlang der Grenze zu Österreich im Mai und trotz wütender Proteste aus Ost-Berlin den Regierungsbeschluß vom 11. September 1989, alle nach Ungarn geflüchteten DDR-Bürger in die Bundesrepublik Deutschland ausreisen zu lassen. Es war eine mutige und weitblickende Entscheidung, die zugleich den Anfang vom Ende der DDR bedeutete.

Gerade weil die Radikalreformer einen unumkehrbaren Bruch mit der stalinistischen Vergangenheit aus eigener Kraft vollzogen hatten, erfolgte der Systemwechsel nicht in Form eines Kollapses, sondern (wie in Polen) mittels eines »Runden Tisches« mit der Opposition, der den Weg zu freien, gleichen und geheimen Wahlen frei machte. Eine Mitte-Rechts-Koalition unter dem Historiker József Antall gewann die Wahlen, kündigte, auf einen mit überwältigender Mehrheit gefaßten Parlamentsbeschluß gestützt, die Mitgliedschaft im Warschauer Pakt und brachte die Vereinbarung über den Abzug der sowjetischen Truppen zum Abschluß. Zehn Jahre später wurde das neue Ungarn auch NATO-Mitglied und ersuchte um die Aufnahme in die Europäische Union. Das ist aber schon eine andere Geschichte...

1956 ist auch für die Nachgeborenen eine unerschöpfliche Quelle geistiger, politischer und moralischer Kraft geblieben. Erst seit 1989 kann man also wahrhaft von einem »Sieg in der Niederlage« sprechen. Der 23. Oktober wurde zum Nationalfeiertag erklärt. Die Trauerfeier für Imre Nagy und seine vier Schicksalsgefährten am 16. Juni 1989, dem 31. Jahrestag ihrer Hinrichtung, auf dem Heldenplatz vor Hunderttausenden Menschen und ihre Beisetzung in Ehrengräbern in der Parzelle 301 auf dem gleichen Friedhof, wo sie zuvor in ungezeichneten Massengräbern verscharrt gewesen waren, markierte eine symbolische Wende in der modernen Geschichte Ungarns.

Und János Kádár? Am 12. April 1989 hielt der von Alter und Krankheit schwer gezeichnete ehrenamtliche Parteipräsident eine lange, völlig konfuse Rechtfertigungsrede vor dem Zentralkomitee. Seine oft von Abschweifungen und Worthülsen unterbrochenen Anspielungen auf seine Rolle im Rajk-Prozeß, vor allem aber bezüglich seiner Verantwortung für den Seitenwechsel im November 1956 und für die Hinrichtung Nagys, würden eine psychoanalytische Studie rechtfertigen, könnten aber auch den Stoff für ein Drama liefern. Er selbst bezeichnete inzwischen »die Tragödie Imre Nagys« als seine »eigene persönliche Tragödie«. Man weiß nicht, ob Kádár die Trauerfeier für Nagy, vom Fernsehen und Rundfunk in voller Länge übertragen, mitverfolgt hat (er besaß kein TV-Gerät) oder ob er da bereits auf dem Sterbebett lag. Jedenfalls starb Kádár an jenem 6. Juli, an dem das Oberste Gericht Imre Nagy offiziell rehabilitierte.

Und trotzdem: Über 100 000 Menschen zogen an dem in der Eingangshalle des damaligen Parteihauses aufgebahrten Sarg vorbei, um von ihm Abschied zu nehmen. Alle Umfragen seit dem Systemwechsel zeigen, daß er als jovialer Landesvater vielen als »Markenzeichen einer Goldenen Zeit« im Gedächtnis blieb und auf der Rangliste der ungarischen historischen Persönlichkeiten des 20. Jahrhunderts trotz mehrheitlicher Ablehnung deutlich vor Kaiser Franz Joseph I. oder Reichsverweser Horthy liegt. Die nachträgliche Verklärung des Kádár-Regimes, vor allem durch die junge Generation, diese Zuflucht im Vergessen mag zum Teil eine Reaktion auf die gewaltigen Probleme von heute sein – wie überall in der ehemals kommunistischen Welt.

Und Rákosi? Im Juni 1994 erschien ein schmaler Band mit dem Titel *In der Verbannung*. Auf dem Deckblatt sieht man den alten Rákosi, in jeder Hand einen Wasserkübel tragend, irgendwann in den sechziger Jahren unterwegs vom Brunnen im kirgisischen Dorf Tokmak, nahe der chinesischen Grenze. Die Autorin, Eugenia Biró, Schwägerin des 1971 verstorbenen Diktators, monierte darin die »Verleumdung« Rákosis und forderte die »historische Wahrheit« über ihn; allerdings bezweifelte sie, ob sie das noch erleben würde. Falsch! Im Gegensatz zu Rajk, Nagy und Kádár ist Rákosis Platz heute schon gesichert als eines der größten politischen Verbrecher, der die Träume der Zehntausende auf dem Heldenplatz, von denen wir am Anfang dieses Kapitels berichtet haben, grausam mißbrauchte.

Bei der denkwürdigen Trauerfeier für Nagy auf ebendiesem Platz am 16. Juni 1989 sprach auch ein 25jähriger unbekannter junger, bärtiger Mann im Namen der jungen Generation. Er hieß Viktor Orbán. In einer für damalige Verhältnisse außerordentlich scharf formulierten Rede forderte er den Ausbruch aus der »asiatischen Sackgasse«, Verhandlungen über den sofortigen Abzug der russischen Truppen sowie nationale Unabhängigkeit und politische Freiheit. Neun Jahre später übernahm Viktor Orbán (ohne Bart) 35jährig als Führer einer Mitte-Rechts-Koalition das Amt des Ministerpräsidenten und führt heute die Magyaren ins nächste Jahrtausend.

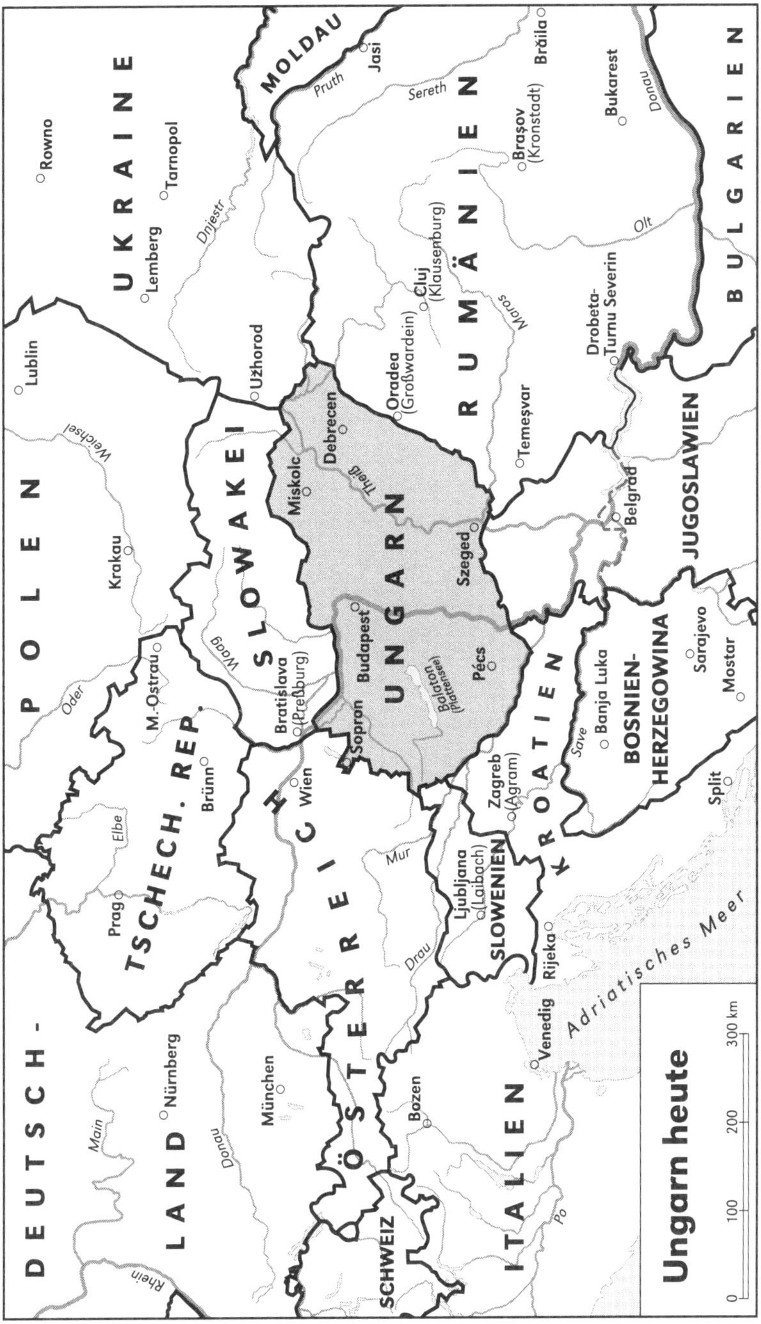

Ungarn heute
0
100
200
300 km
DEUTSCH-LAND
POLEN
UKRAINE
MOLDAU
RUMÄNIEN
BULGARIEN
TSCHECH. REP.
SLOWAKEI
ÖSTERREICH
UNGARN
SCHWEIZ
ITALIEN
SLOWENIEN
KROATIEN
BOSNIEN-HERZEGOWINA
JUGOSLAWIEN
Nürnberg
München
Bozen
Venedig
Prag
Brünn
M.-Ostrau
Wien
Bratislava (Preßburg)
Krakau
Lublin
Rowno
Tarnopol
Lemberg
Užhorod
Jasi
Brăila
Bukarest
Brașov (Kronstadt)
Cluj (Klausenburg)
Oradea (Großwardein)
Drobeta-Turnu Severin
Temeșvar
Debrecen
Miskolc
Szeged
Budapest
Sopron
Pécs
Balaton (Plattensee)
Belgrad
Sarajevo
Mostar
Banja Luka
Split
Zagreb (Agram)
Ljubljana (Laibach)
Rijeka
Adriatisches Meer
Rhein
Main
Donau
Po
Drau
Mur
Elbe
Oder
Waag
Weichsel
Dnjestr
Pruth
Sereth
Olt
Maros
Theiß
Save

XXXV »Jeder ist ein Ungar...«: Genies und Künstler

Der berühmte britisch-ungarische Humorist George (György) Mikes kam eines Tages in den frühen fünfziger Jahren aufgeregt nach Hause und teilte seiner Frau eine überraschende Neuigkeit mit: »Stell dir vor, die Mutter von Leo Amery (Churchills Kabinettsminister und stolzer Vertreter des imperialen Gedankens) war eine Ungarin! Es steht im Nachruf.« Seine Frau blickte von dem Buch, das sie eben las, auf und sagte trocken: »Na und?« – »Wieso, na und?« Mikes war sichtlich irritiert, daß seine sensationelle Mitteilung keine andere Wirkung zeitigte. »Warum soll sie denn keine Ungarin sein?« fragte seine Frau. »Jeder ist ein Ungar.« Sie las weiter. Für sie sei die Frage damit erledigt gewesen, schrieb Mikes später. Als Mann, der es gewohnt war, die Dinge auf den Punkt zu bringen, sah er die Antwort seiner Frau als eine »Grundwahrheit«. Er erzählte die Geschichte in einem für amerikanische Ungarn herausgegebenen Sammelband, angereichert mit einigen trefflichen Beispielen aus Großbritannien.

Eine ähnliche Geschichte führte der amerikanische Historiker William O. McCagg jr. in seinem 1972 veröffentlichten Buch über jüdische Adlige und Genies in Ungarn an: Ein bekannter Physiker, der gerade aus Buenos Aires von einem Kongreß zurückkam, wo er mit Kollegen aus der ganzen Welt Informationen ausgetauscht hat, soll gefragt worden sein, wie denn so viele Leute aus so verschiedenen Ländern miteinander kommuniziert hätten? Erstaunte Auskunft: »Wieso, wir haben natürlich alle ungarisch gesprochen.« Der Autor fügte hinzu, daß diese Anekdote zumindest einen wahren Kern enthalte: In der internationalen Wissenschaftlergemeinschaft spielten Ungarn in den letzten Jahrzehnten eine herausragende Rolle:

> Viele kennen die Namen von Leo Szilárd und Edward Teller, die die Atom- und Wasserstoffbombe mitentwickelt haben, oder von Albert von Szent-Györgyi, dem Biologen. Jeder Fachmann hat von Theodore von Kármán und John von Neumann, von Georg Pólya, Georg von Hevesy und Jenö [Eugene] Wigner, herausragenden Gestalten in der modernen Mathematik, Chemie und Physik, gehört. Auch wenn man

sich in andere Zweige der internationalen Intelligenz und der Wissenschaft begibt, findet man in den letzten fünfzig Jahren eine große Anzahl von Ungarn. Man könnte Karl Mannheim und Oszkár Jászi in der Soziologie, Sándor Ferenczi und Franz Alexander in Psychologie, Georg Lukács in der marxistischen Philosophie, Karl Polányi in politischer Ökonomie und seinen Bruder Michael erwähnen, der in herausragender Brillanz die Natur- und Sozialwissenschaften miteinander verbunden hat.[1]

Jedenfalls ist es keine Übertreibung festzustellen, daß die in die USA emigrierten ungarischen Naturwissenschaftler einen entscheidenden Anteil an der Entwicklung der Atombombe und zum Teil auch der Wasserstoffbombe hatten. Laura Fermi, die Witwe des großen italienischen Atomphysikers, hob in einer Studie über diese zwischen 1930 und 1941 in die Vereinigten Staaten eingewanderten Intellektuellen hervor, daß Ungarn mit seiner Zehn-Millionen-Gesamtbevölkerung ungefähr die gleiche Wirkung auf die wissenschaftliche Entwicklung in den USA gehabt habe, wie die Bundesrepublik Deutschland mit ihren (vor der Wiedervereinigung) 60 Millionen Einwohnern.[2]

In der spannenden Geschichte der Atombombe hat der 1898 in Budapest geborene Atomphysiker Leo Szilárd die Schlüsselrolle sowohl auf technischem Gebiet wie auch bei der politischen Durchsetzung gespielt.[3] Wie so viele herausragende Wissenschaftler hatte Szilárd wegen seiner jüdischen Herkunft das Studium der theoretischen Physik in Deutschland absolviert, das er nach Hitlers Machtantritt wieder verließ. Von London aus reiste er 1938 in die Vereinigten Staaten weiter, wo Szilárd mit seiner unglaublichen Überzeugungskraft zu jenen Kernphysikern gehörte, die die ungeheure Bedeutung der »Kettenreaktion« zur Gewinnung der Atomenergie früh erkannt hatten und zugleich durch Nachrichten aus Deutschland über eine geglückte Atomkernspaltung alarmiert waren. Szilárd lieh sich von einem Freund 2000 Dollar für ein Gramm Radium und wiederholte im März 1939 das Berliner Experiment. Im siebenten Stock eines Laboratoriums in der Columbia-Universität in New York beobachtete Szilárd zusammen mit seinem kanadischen Kollegen Walter Zinn gespannt, ob durch die Spaltung des Uraniums Neutronen entstehen würden. »Wir drückten auf den Knopf – wir sahen Lichtzeichen. In dieser Nacht war mir klar, daß die Welt einen Weg voller Sorgen angetreten hatte…«, schrieb Szilárd später. An diesem Abend war Teller zu Hause und entspannte sich wie so oft, indem er Mozart spielte; Teller war ein ausgezeichneter Pianist. Plötzlich klingelte das Telefon. »Megtaláltam a neutronokat!« (Ich habe die Neutronen gefunden!), rief Szilárd aufgeregt, der aus Sicherheitsgründen ungarisch sprach.

Sowohl der italienische Nobelpreisträger Enrico Fermi als auch Szilárds Landsmann Jenö Wigner, Professor der Chemie in Princeton, waren von Szilárds Experimenten und Argumenten beeindruckt. Doch Fermi, ein Einwanderer aus einem feindlichen Land, fand bei den amerikanischen Streitkräften zunächst keine Unterstützung. Wigner und Szilárd wollten daher Albert Einstein vorschlagen, sich an die belgische Königin, die er gut kannte, zu wenden, um zu erreichen, daß Deutschland kein Uran aus dem Kongo mehr bekäme. An einem schwülen Sommertag im Juli 1939 fuhren die beiden nach Long Island, um Einstein zu treffen. In einer kleinen Ortschaft irrten sie eine halbe Stunde herum, bis sie endlich sein Sommerhaus fanden. Obwohl Einstein nun zum ersten Mal überhaupt von der Möglichkeit einer Kettenreaktion hörte, hatte er die ganze nukleare Problematik laut Wigner in vierzehn Minuten begriffen. Einstein diktierte auf deutsch einen Brief nach Belgien, Wigner machte Notizen, übersetzte den Text ins Englische, gab ihn an Szilárd weiter und reiste nach Kalifornien, um dort Ferien zu machen.

Doch Szilárd hatte sich die Sache in der Zwischenzeit anders überlegt: Das Ausland sollte über eine mögliche Kettenreaktion nichts erfahren. Statt dessen kontaktierte er einen Bankier, der früher mit Präsident Roosevelt zusammengearbeitet hatte und sich bereit fand, einen Brief Einsteins dem Präsidenten zu überbringen. Nun schrieb Szilárd an Einstein mit der Bitte, seinen Briefentwurf an Roosevelt durchzusehen und dann ebenfalls zu unterzeichnen. Es gab nur ein Problem: Szilárd konnte nicht Auto fahren. So schlug er dem ebenfalls an der Columbia-Universität tätigen Edward Teller – wie er selbst ein aus Budapest stammender Absolvent der Universität Göttingen – vor, ihn nach Long Island zu fahren.

Am 2. August 1939 machten sich die beiden auf den Weg. Doch Szilárd hatte wieder vergessen, wo das Sommerquartier Einsteins war. Sie fragten herum, aber niemand wußte es genau. Schließlich sprach Szilárd ein etwa achtjähriges Mädchen an, ob sie wisse, wo Einstein wohne. Auch sie hatte keine Ahnung. Darauf Szilárd: »Weißt du, der alte Mann mit langen weißen Haaren …« – »Er ist im zweiten Haus«, antwortete die Kleine.

Einstein war freundlich, bot Tee an und bat auch den »Chauffeur« Teller, Platz zu nehmen. Der von Szilárd verfaßte zwei Seiten lange

Brief berief sich auf die Arbeit von Fermi und Szilárd und plädierte für eine schnelle und konzentrierte Aktion seitens der Regierung, um die nukleare Forschung anzukurbeln, Uran zu beschaffen und möglichst eine eigene Bombe zu entwickeln. Einstein las den Brief langsam durch und unterschrieb ihn. Am 3. Oktober hatte ihn der Präsident in Händen.

»Es war die bestmögliche Zeit, gleich nach der Besetzung und Aufteilung Polens durch Nazi-Deutschland und die Sowjetunion. Roosevelt erfaßte die große Gefahr mit einem Blick. Er diktierte sofort eine Weisung an den Chef des Standardisierungsbüros, um eine Sitzung zur Diskussion der in Einsteins Brief vorgeschlagenen Maßnahmen einzuberufen«, erzählte Teller später. Der Weg zur Entwicklung und Fertigstellung der Atombombe war lang und auch durch ungewöhnliche Probleme behindert: Fermi, Szilárd und Teller waren noch nicht einmal amerikanische Staatsbürger. Die drei Ungarn Szilárd, Wigner und Teller – man nannte sie in Chicago die »ungarische Mafia« – wurden zu Mitgliedern des sechsköpfigen, von Roosevelt eingesetzten Beirats für Uran-Fragen bestellt. Mit Mühe und Not gelang es im Februar 1940, vom Pentagon 6000 Dollar zum Ankauf von Materialien für die Experimente zu bekommen. Es dauerte dann bis zum 2. Dezember 1942, ehe in Chicago ein Reaktor eine kontrollierte Kettenreaktion möglich machte.

Fermi leitete die Experimente, Wigner war für die theoretische Forschung verantwortlich. An diesem historischen 2. Dezember waren im großen Laboratorium in Chicago 42 Personen anwesend: ein Italiener (Fermi), zwei Ungarn (Wigner und Szilárd), ein Kanadier und 38 Amerikaner. Wigner hatte eine Flasche Chianti aus Princeton mitgebracht. Alle stießen an und wünschten einander, diese erste kontrollierte Kettenreaktion würde das menschliche Leben glücklicher und die Menschen weniger voreingenommen machen. Fermi schrieb seinen Namen auf das Chianti-Etikett, die anderen folgten seinem Beispiel. Es diente, da man die Namen der Zeugen dieses historischen Ereignisses nirgends festgehalten hatte, später als Anwesenheitsliste. Nach Washington wurde in einem chiffrierten Telegramm gemeldet: »Der italienische Navigator ist soeben in der Neuen Welt gelandet. Die Eingeborenen sind freundlich.«

Das berühmte Manhattan-Projekt, der Bau der Atombomben in New Mexico bei Los Alamos, führte zum Erfolg. Im Abstand von Tagen wurden im Sommer 1945 drei Atombomben gezündet: die erste als Test, die beiden anderen über Hiroshima und Nagasaki. Für seine bahnbrechenden Forschungen in der Kernphysik erhielt Wigner 1963 den Nobelpreis. Teller wurde als »Vater der Wasserstoffbombe« weltbekannt. Da sie die Zerstörungskraft der A-Bombe um ein Vielfaches übertrifft, sah sich Teller bald harter Kritik ausgesetzt, die noch lauter wurde, als er Präsident Reagan bei der Entwicklung der »Strategischen Verteidigungsinitiative« (SDI) beriet. Der berühmt-berüchtigte »Krieg der Sterne« schien keine Utopie mehr.

Die Rolle der »ungarischen Mafia« und der vielen anderen hervorragenden Wissenschaftler aus Ungarn – wie John von Neumann, Erfinder des Computers, Theodore von Kármán, Forschungschef der US-Luftwaffe, Georg de Hevesy, Chemie-Nobelpreisträger für seine Isotopenforschung, und John G. Kemény, Mathematiker und Präsident des Dartmouth College – trug ihnen den Spitznamen *»The Martians«* (Marsmenschen) ein. In Chicago und Los Alamos kursierten Dutzende von Anekdoten. Das *Yankee Magazine* veröffentlichte folgende Version:

> Kemény, von Neumann, Szilárd, Teller und Wigner wurden im selben Bezirk von Budapest geboren. Kein Wunder, daß die Wissenschaftler in Los Alamos die Idee akzeptiert haben, daß vor über hundert Jahren ein Raumschiff vom Mars irgendwo in der Mitte Europas notgelandet war. Es gibt starke Beweise für die außerirdischen Ursprünge der Ungarn: Sie mögen das Herumwandern (wie Zigeuner von derselben Region). Sie sprechen eine außergewöhnlich einfache und logische Sprache, die überhaupt keine Verbindung mit der Sprache ihrer Nachbarn aufweist. Und sie sind um so viel gescheiter als die Irdischen. – Mit einem leichten Akzent der Marsbewohner fügte John G. Kemény noch eine Erklärung hinzu: daß es nämlich so viel einfacher sei, ungarisch schreiben und lesen zu lernen (als englisch oder französisch), daß ungarische Schüler viel mehr Zeit haben, Mathematik zu lernen.[4]

Der Mythos über die E.T.[extraterrestrischen]-Ursprünge der Ungarn könnte schon früher entstanden sein. So berichtet ein Historiker, der über *Die Fertigstellung der Atombombe* gearbeitet hat, daß es folgende Verdachtsmomente gegeben habe: »In Princeton machte eine Behauptung die Runde, daß Neumann, das jüngste Mitglied des neuen Instituts für Höhere Studien, 1933 29 Jahre alt, tatsächlich ein ›Halbgott‹ sei: Er habe aber gründliche Studien des menschlichen Wesens angestellt und könne diese perfekt imitieren.«

Als man Nobelpreisträger Wigner einmal fragte, wieso Ungarn in dieser Generation so viele Genies hervorgebracht habe, meinte er, die Frage sei ihm unverständlich. Ungarn habe in dieser Zeit nur ein Genie produziert, Johnny von Neumann. Auch der bekannte Nationalökonom und Berater der britischen Labour-Regierung in den sechziger Jahren, Lord Káldor, schrieb 1985 in seiner letzten Studie: »Johnny war fraglos die Person, die einem Genie am nächsten kam.«[5]

Die Ungarn nannten ihn »Jancsi«. Sein Vater, ein Bankier, der wie so viele andere erfolgreiche jüdische Unternehmer vor dem Ersten Weltkrieg von Kaiser Franz Joseph geadelt wurde, war trotz der offensichtlichen Genialität seines Sohnes gegen ein Mathematikstudium. »Mit Mathematik verdient man kein Geld«, argumentierte er. Schließlich einigten sich die beiden auf einen Kompromiß: Johnny studierte in Berlin Chemie und besuchte auch Einsteins Physik-Seminar. Daneben erwarb er aber in Zürich sein Doktorat als Chemieingenieur. Das Mathematikstudium absolvierte er »summa cum laude« an der Budapester Universität. Neumann war wahrscheinlich der größte Mathematiker des 20. Jahrhunderts, aber es gab keinen Nobelpreis für Mathematik. Laut von Kármán, weil Alfred Nobel es seiner Freundin nicht verziehen habe, daß sie ihn wegen eines Mathematikers verlassen hatte. Neumann hatte schon bei der Entwicklung der Atombombe eine wichtige Rolle gespielt. Doch erst in der Eisenhower-Ära wurde er Washingtons einflußreichster Wissenschaftler. Die Ausarbeitung der Theorie der nuklearen Abschreckung wie die Erfindung der »Spieltheorie« (zusammen mit dem österreichischen Ökonomen Oscar Morgenstern) blieben mit Neumanns Namen verbunden.

Als er 1946 einen exilrussischen Kollegen traf, sagte dieser: »Ich höre, Johnny, du denkst über nichts anderes nach als über die Bomben.« – »Das ist völlig falsch. Ich denke über etwas nach, das viel wichtiger ist als Bomben. Ich denke über Computer nach.« Tatsächlich hatte Neumann seine Gedanken 1945 in einem 101 Seiten langen »Ersten Entwurf« über die Verbesserung der damaligen Rechenmaschine zusammengefaßt; man hat es als das »wichtigste Dokument« bezeichnet, »das jemals über den Computer und dessen Funktionen geschrieben worden ist«. Als er beschloß, den »Von-Neumann-Computer« in Princeton zu bauen, haben die US-Armee und die Marine zwei Drittel der Kosten und das Institut selbst ein Drittel übernommen. Ein amerikanischer Kollege über dieses Projekt vier Jahrzehnte danach: »Neumann war zweifellos ein Genie. Das bedeutete unter anderem, daß er ein ganz neues Gebiet unglaublich schnell erfassen konnte. Ehe er den Computer entwarf, nahm er sich zwei Wochen frei, um Elektronik zu studieren, so daß er den Bau der Anlage kontrollieren konnte.«

Aber selbst ein Genie war vor Krebs nicht geschützt. Seit dem Sommer 1955 kämpfte er gegen die ihn zerstörende Krankheit. Anfang 1956 erhielt er in einem Rollstuhl sitzend die höchste amerikanische Auszeichnung, den Freiheitsorden, aus den Händen von Präsident Eisenhower persönlich. In der Klinik verfaßte er sein letztes Buch *Der Computer und das Gehirn.* Politiker, Generäle und Admirale suchten bis zuletzt seinen Rat. Selbst in der Nacht wurde er bewacht, um zu verhindern, daß er im Schlaf militärische Geheimnisse preisgab. Als er aber wirklich im Schlaf zu halluzinieren anfing, geschah das auf ungarisch, das der diensthabende Soldat nicht verstand... Nach der Diagnose hatte er noch achtzehn Monate zu leben. Er starb sechs Wochen nach seinem 53. Geburtstag. In dieser Zeit konvertierte Johnny von Neumann zum Katholizismus: »Wahrscheinlich gibt es einen Gott. Viele Dinge sind leichter zu erklären, wenn es einen Gott gibt, als wenn es ihn nicht gibt.«

Neben dem Genie János Neumann verzeichnete die Geschichte der ungarischen Wissenschaft allerdings noch so viele herausragende Begabungen und so viele Nobelpreisträger, daß immer wieder die Frage nach den Gründen für die außerordentlichen Leistungen dieser kleinen Nation gestellt wurde, und nicht nur dort. Dabei fällt auf, daß von Albert von Szent-Györgyi abgesehen, der 1937 als erster Ungar überhaupt für die Entdeckung des Vitamin C mit dem Nobelpreis für Medizin und Physiologie ausgezeichnet wurde, kein weiterer als ungarischer Staatsbürger geehrt wurde.

Von den ersten drei Preisträgern auf der »ungarischen Liste« gilt einer (mit Recht) als Deutscher, die beiden anderen werden als Österreicher geführt. Von den anderen »echten Ungarn« hatten vier die amerikanische Staatsbürgerschaft, einer die schwedische und einer die britische. John C. Polányi, der 1986 den Nobelpreis für Chemie entgegennahm, war zwar der Sohn des ungarischen Multitalents Professor Michael Polányi und einer Ungarin, doch ist er in Berlin geboren, hat in Manchester (wo sein Vater Universitätsprofessor war) studiert und ist seit 1962 Professor der Chemie an der Universität Toronto. Bei Elie Wiesel liegen die Dinge noch komplizierter: Sein Geburtsort (im heutigen Rumänien) gehörte nur ab 1941 drei Jahre zu Ungarn. Wiesel wurde nach Auschwitz deportiert, überlebte als einziger von seiner Familie, studierte in Paris und ist seit vielen Jahren amerikanischer Staatsbürger.

Unabhängig von derlei buchhalterischen Bemühungen, wie es eine vollständige Nobelpreisträgerliste wäre, bleibt die Tatsache unbestritten, daß die Ungarn in Amerika (nicht zuletzt auch durch Nicht-Nobelpreisträger wie Neumann, Szilárd und Teller) einen nachhaltigen Einfluß ausübten. Daß sich die meisten international bekannten oder berühmten ungarischen Wissenschaftler (keineswegs nur Naturwissenschaftler) ihren Ruf im Ausland erworben haben, hing in erster Linie mit den Umwälzungen nach dem Ersten Weltkrieg, konkret mit den Pendelschlägen zusammen zwischen »rotem« und »weißem« Terror, zwischen der von jüdischen Kommissaren dominierten Räterepublik (133 Tage) und den antisemitischen Grundtendenzen, vor allem im Bildungswesen, während der 25 Jahre des Horthy-Regimes. Die Historiker und Schriftsteller, die sich mit dem »Geheimnis des ungarischen Talents« beschäftigten, wie Laura Fermi oder William O. McCagg jr., betonen, daß die meisten der Erwähnten entweder Juden oder Konvertiten waren, die sich bedroht fühlten und deshalb bereits 1919/20 ihre Heimat verließen. Da viele nicht nur im Ausland studierten, sondern dort auch blieben, hatten sie einen zeitlichen Vorsprung vor jenen Deutschen, die erst nach Hitlers Machtergreifung in den Vereinigten Staaten oder anderswo Zuflucht fanden.

Die jüdische Herkunft allein ist aber keine zufriedenstellende Erklärung. Erstens waren Genies wie Béla Bartók oder Zoltán Kodály ebensowenig Juden wie etwa Nobelpreisträger George de Békésy oder die meisten großen Schriftsteller und Dichter, von Gyula Krudy über Zsigmond Móricz oder Endre Ady bis Attila József. Zweitens darf man das unglaublich hohe Niveau der ungarischen Mittelschulen, vor allem jener Elitegymnasien, die die meisten »Marsbewohner« besucht hatten, nicht vergessen. Auch die Qualität des intellektuellen Lebens in der vor Vitalität überschäumenden und außerordentlich schnell wachsenden Hauptstadt des Landes seit dem späten 19. Jahrhundert spielt als Hintergrund für außerordentliche Leistungen eine Rolle. Drittens muß man auch die Auswanderungswellen aus politischen und nicht ausschließlich aus rassischen Gründen beachten.

Das Jahr 1994 lieferte ein eindrucksvolles Beispiel für die Kontinuität des ungarischen »Geheimnisses«. Bei der Feier zur Verleihung der Nobelpreise in Stockholm waren unter den Amerikanern zwei Staatsbürger, die Ungarn erst 1950 beziehungsweise 1956 verlassen hatten. Der erste, Janos Harsányi, war Apotheker, Philosoph und schließlich Nationalökonom an der Universität von Kalifornien in Berkeley und erhielt die Auszeichnung für seine Leistungen auf dem Gebiet der Spieltheorie (also in den Fußstapfen von Johnny von Neumann), der zweite, György Oláh, war bereits in Budapest ein angesehener Chemiker gewesen. 1956 ging er nach Kanada und dann in die Vereinigten Staaten, wo er an der Universität von Südkalifornien als Chemieprofessor lehrte. Eine kleine Nation war also in Stockholm durch zwei Spitzenwissenschaftler, wenn auch mit amerikanischem Paß, vertreten. Eine fürwahr einzigartige Leistung!

Vielleicht hilft uns Nobelpreisträger Békésy, einen Zugang zum besseren Verständnis der »Marsbewohner« zu finden:

> Wenn eine Person im Ausland wegen ihres besonderen Akzents (den man über ein gewisses Alter hinaus unmöglich verlieren kann) als Ungar erkannt wird, kommt fast immer die Frage: »Wie ist es möglich, daß ein so kleines Land der Menschheit so viele herausragende Wissenschaftler gegeben hat?« Zwar kann ich keine Antwort geben, doch möchte ich etwas erwähnen. Als ich in der Schweiz lebte, war dort alles friedlich, ruhig und sicher. In Ungarn ist das Leben anders. Wir hatten einen fortdauernden Kampf zu führen, für alles, was wir erreichen wollten. Mal haben wir gewonnen; mal haben wir verloren, aber letztlich haben wir überlebt. Es hat unserem Leben kein Ende gesetzt, zumindest in meinem Fall. Die Menschen brauchen solche Herausforderungen, und diese haben sich im Laufe der langen Geschichte Ungarns immer wieder ergeben.[6]

Es war für einen Ungarn im Ausland geradezu eine Verpflichtung, besser, viel besser zu sein als alle anderen, sagte einmal Edward Teller. Als der Mathematiker John G. Kemény (1926–1992) vierzehnjährig mit seinen Eltern vor Hitler nach New York flüchtete, sprach er kein Wort Englisch und besuchte dann die Schule, die auch Henry Kissinger absolviert hatte. Während seiner erfolgreichen Aufnahmeprüfung in Princeton hatte der Professor seinen fremden Akzent bemerkt und fragte ihn hernach, woher er denn komme. Auf Keménys Antwort hob der Prüfer die Arme und rief: »Gott, noch ein Ungar!« Kemény wurde später Präsident von Dartmouth College, einer der ältesten amerikanischen Hochschulen, und auf dem Höhepunkt seiner Karriere wurde er von Präsident Carter im April 1979 zum Vorsitzenden einer zwölfköpfigen Sonderkommission ernannt, die Pannen rund um das Atomkraftwerk Three Mile Island untersuchen sollte.

Ein anderer ungarischer Wissenschaftler, Bálint Telegdy, Träger des begehrten Wolf-Preises für Mathematik, sagte in einem Vortrag in Budapest über seine Jugend: Für einen jungen Ungarn im Ausland könne es nützlich sein, seine Abstammung geheimzuhalten, denn ansonsten seien die Erwartungen zu hochgeschraubt. Die Leute wüßten dann, daß er einer dieser Marsbewohner mit besonders hoher Intelligenz und der unverständlichen Sprache sei.

Möglicherweise war aber eine andere Branche in den Vereinigten Staaten noch mehr vom ungarischen Talent überflutet als die Naturwissenschaften. Im Direktionszimmer eines großen Filmstudios in Hollywood soll vor vielen Jahren sogar eine Tafel aufgehängt worden sein mit der Warnung: »Es genügt nicht, Ungar zu sein.« Manche sollen leise hinzugefügt haben: »... aber es kann helfen«. Zwar hat sich kein Augenzeuge gefunden, der eine solche Tafel *wirklich* gesehen hat, aber auch als reine Erfindung wäre diese Geschichte ganz aufschlußreich. Sie gehörte zu den üppig wuchernden Sticheleien gegen die Magyaren. Ein häufig zitierter Spruch kam ebenfalls aus Hollywood: »Ein Ungar geht als letzter durch die Drehtür und kommt doch als erster wieder heraus.« Ein anderer: »Was ist der Unterschied zwischen einem Rumänen und einem Ungarn? Beide sind bereit, ihre Mutter zu verkaufen, aber nur der Ungar wird sie pünktlich liefern ...«

Die Mischung aus Bewunderung und Bosheit ist leicht zu erklären. In der Tat war Hollywood zumindest zum Teil eine ungarische Schöpfung. In gewissen Phasen haben Produzenten, Regisseure, Kameraleute, Komponisten und Schauspieler aus Ungarn der amerikanischen Filmindustrie ihren Stempel aufgedrückt.

Nichtungarn behaupten bis heute, die Ungarn hingen irgendwie alle zusammen, sie bildeten eine »magyarische Clique«. Der Grund für dieses nicht zu leugnende Zusammengehörigkeitsgefühl war und ist die besondere Mischung aus Sprache und – Aussprache. Außer verliebten jungen Fremden, beflissenen Spionen und Linguisten dürfte es kaum einen normalen Menschen geben, der sich der Mühe unterziehen würde, die Sprache eines Volkes zu erlernen, dessen engste Sprachverwandte die heute bloß noch etwa 30 000 zählenden Ostjaken und Wogulen aus der finno-ugrischen Völkerfamilie westlich des Urals sind. Das wichtigste Erkennungszeichen bleibt aber nach wie vor der unverwechselbare Akzent, jener laute oder leise »Singsang«, der von der Tonfärbung der Muttersprache herkommt. Laut Friedrich Torberg hat selbst der berühmte Dramatiker Ferenc (Franz) Molnár sein »sehr gewähltes, ein wenig altmodisches« Deutsch ungarisch intoniert. Der Akzent war, ist und bleibt das Markenzeichen der Ungarn.

Der berühmteste ungarische Mathematiker der letzten Jahrzehnte, Pál Erdös (1913–1996), der 1475 bedeutende wissenschaftliche Aufsätze veröffentlichte und mit einem kleinen Koffer ständig in der ganzen Welt unterwegs war, »der Mann, der die Zahlen liebte« (so der Titel seiner Biographie),[7] sprach in seinen Vorträgen in Amerika und Großbritannien ein solches Kauderwelsch, daß man sich gezwungen sah, in einem amerikanischen Dokumentarfilm über ihn Untertitel einzublenden. Als der spätere Nobelpreisträger George de Békésy 1947 mit seinem Einreisevisum die Einwanderungskontrolle passieren mußte, fragte ihn der Beamte, ob er gesund sei? Békésy mit fester Stimme: »Nein!« Allgemeines Erstaunen, bis man darauf kam, daß er die Frage »Are you healthy?« als »Are you wealthy?« (Sind Sie reich?) mißverstanden hat.

Besonders schwierig war es deshalb für jene Ungarn, die sich ohne Sprachkenntnisse und eigentlich ohne Bildung in der amerikanischen Filmindustrie versuchten. Dennoch waren zwei der legendären Gestalten Hollywoods ungarische Einwanderer, Adolph Zukor und William Fox. Sie gehörten zu jenen über 400 000 Ungarn, die bis 1913 in die Vereinigten Staaten kamen. Übrigens kehrte jeder vierte von ihnen in die Heimat zurück.[8] Zukor und Fox blieben und machten relativ rasch Filmgeschichte.

Beide stammten aus derselben Gegend, nahe der berühmten Tokajer-Weinregion und der Slowakei: Zukors Geburtsort war Ricse und der von Fox das Dorf Tolcsva.[9] Allerdings war Fox bereits im Säuglingsalter in die USA gekommen. Zukor zählte fünfzehn Jahre bei seiner Ankunft und arbeitete bald als Tapezierer und später als erfolgreicher Kürschner. Aber sein Interesse galt einer ganz neuen »Branche«. Sehr früh erkannte er, welche Chancen die sogenannten »Nickel-Odeon«-Automaten boten, in denen für fünf Cents bewegte Bilder – sogar in Eisenbahnwaggons – gesehen werden konnten. Zukor erhöhte den Preis der Eintrittskarten dann auf zehn Cents. Nun verdiente er richtig Geld und wurde Filmproduzent. Er beteiligte sich – neben englischen und französischen Kapitalgebern – an der Finanzierung des ersten einstündigen Filmes, eines Streifens über das Leben der englischen Königin Elisabeth mit Sarah Bernhardt in der Hauptrolle, und erwarb für die damals beträchtliche Summe von 18 000 Dollar die Rechte für die Vereinigten Staaten. Bereits mit seinem ersten Stummfilm, der im New York Lyceum Theater gezeigt wurde, gelang ihm der große Durchbruch. Zukor gründete daraufhin seine eigene Firma, die den Namen »Famous Players in Famous Plays« (Berühmte Schauspieler in berühmten Stücken) trug, engagierte die ersten Filmstars wie Mary Pickford, John Barrymore und baute schließlich die Paramount-Filmgesellschaft auf, die schon bald eintausend Kinos überall in den Vereinigten Staaten betrieb. Durch die Gründung eines eigenen Studios, die Übersiedlung des Films ins Theater und dann in die eigentlichen Kinos, vor allem aber durch eine neuartige, die Schauspieler zu Stars erhebende Werbung waren die Voraussetzungen für den schwindelerregenden Aufstieg Paramounts zur Weltgeltung geschaffen. Zukor hat die Kontakte zur alten Heimat nie ganz abreißen lassen und mehrmals das Grab seiner Eltern auf dem jüdischen Friedhof in Ricse besucht. Er starb 1976 im Alter von 104 Jahren.

Auch William Fox war bereits als junger Mann von den Entwicklungsmöglichkeiten des neuen Mediums fasziniert. Er war sechs Jahre jünger als Zukor und hatte als Handelsvertreter angefangen. Mit einem Startkapital von 1600 Dollar gründete er eine Gesellschaft für den Kauf und Verleih von Filmen. Als er mit der Qualität der angebotenen Produktion nicht zufrieden war, nahm er die Produktion selber in die Hand. Er erwarb zudem fünfzehn Kino-»Paläste« in Brooklyn. Binnen vierzehn Jahren konnte seine Fox Film Corporation ihren Marktwerkt auf das 25fache steigern. 1930 schlugen allerdings die Banken und die Rivalen zu. Fox mußte seinen Anteil verkaufen. Upton Sinclair beschrieb in einem 300 Seiten langen Buch die Geschichte dieses Raubzugs, wobei Fox als »Opfer« immerhin noch (damals!) 20 Millionen Dollar für seinen Ausstieg erhielt.[10]

Hollywood wollte nun die besten Regisseure, die besten Bühnenbildner, die besten Kameraleute und die besten Schauspieler. Zwar wurde der Einfluß der ungarischen Regisseure und Künstler bis zum heutigen Tag in offiziellen und halboffiziellen PR-Publikationen maßlos übertrieben, doch was tatsächlich passierte, war eindrucksvoll genug. Die Regisseure George Cukor (nicht zu verwechseln mit dem Paramount-Gründer Zukor), der beispielsweise den Welterfolg »My Fair Lady« drehte, Joe Pasternak und Charles Vidor waren ungarischer Herkunft – und natürlich Michael Curtiz (ursprünglich Mihály Kertész), der nach Sir Alexander Korda der erfolgreichste ungarische Regisseur wurde.

Mihály Kertész, ursprünglich Schauspieler, drehte 1912 »den ersten ungarischen dramatischen Kunstfilm mit ungarischen Schauspielern, ungarischem Schauplatz und ungarischer Handlung«[11]. Bis 1918, einem Zeitpunkt, zu dem es in Ungarn bereits fünfzehn vollberufliche Filmregisseure gab – eine im internationalen Vergleich beachtliche Zahl –, folgten weitere 38 Filme. Dann verließ Kertész, wie auch Korda, auf der Flucht vor der Willkür wechselnder Offizierskommandos seine Heimat und ging über Wien nach Hollywood. Seit 1919 nannte er sich Michael Curtiz und drehte in seinen dreißig amerikanischen Jahren noch genauso viele Filme wie einst in Ungarn, darunter den Kultfilm »Casablanca«.

Trotz oder vielleicht gerade wegen seiner Erfolge wurde auch Michael Curtiz aufgrund seiner mangelnden Englischkenntnisse hinter seinem Rücken von den Statisten und Bühnenarbeitern ständig verspottet. Der Schauspieler David Niven lieh sich sogar einen unfreiwilligen Curtiz-Kalauer als Titel für seine Memoiren aus: »Bring on the empty horses.« Dieser Satz entstand bei den Dreharbeiten für einen seiner typisch amerikanischen Filme. Mehrere hundert Reiterkomparsen waren in einer Schlacht an der Kamera vorbeigebraust. Nachdem die Massenszenen abgedreht waren, wollte Curtiz auch die Niederlage zeigen, die Pferde sollten ohne ihre gefallenen oder verletzten Reiter in fliegendem Galopp zurückkehren. In diesem Augenblick entschlüpfte dem Regisseur der in Hollywood am häufigsten zitierte Zuruf an seinen Assistenten – auf deutsch etwa: »Bring die leeren Pferde auf die Bühne!« In die Annalen der Filmindustrie ist freilich nicht diese Sprachschöpfung eingegangen, sondern der begehrte »Oscar«, den Curtiz 1943 von der amerikanischen Filmakademie erhielt.[12]

Doch als mit Abstand bedeutendster und berühmtester Ungar der Filmgeschichte gilt der 1893 im Dorf Pusztatúrpásztó im Herzen des einst von Kumanen und Jazygen (Jassen) bewohnten Gebiets geborene László Sándor Kellner, den die Welt unter dem Namen Sir Alexander Korda kennt. Diese Ausnahmeerscheinung war ursprünglich Journalist, Filmkritiker und Herausgeber von Filmzeitschriften. Seine Karriere begann in Kolozsvár in Siebenbürgen, doch bald gründete er in Budapest eine eigene Firma mit dem Namen »Corvin«. Korda war nicht nur ein guter Regisseur und Drehbuchautor, sondern auch ein erstklassiger Organisator, der erste Produzent, der mit Dramaturgen und Redakteuren gearbeitet hatte. Diese dienten als Bindeglied zwischen dem Studio und den bedeutenden Schriftstellern. Bis 1918 drehte Korda neunzehn Filme nach anspruchsvollen literarischen Vorlagen, die von herausragenden Literaten zu Drehbüchern verarbeitet wurden. Noch heute befindet sich das größte ungarische Filmstudio in Kordas einstigem Atelier.

Als Teilnehmer und Produktionsleiter des größten ungarischen Filmstudios spielte Korda während der Károlyi-Regierung wie auch in der Zeit der kommunistischen Räterepublik, zusammen mit fast allen Regisseuren und Dramaturgen, eine aktive Rolle. Nach dem Sieg der Konterrevolution flohen Korda, Curtiz und die meisten anderen Filmleute nach Wien, wo sich zeitweilig nicht weniger als 38 ungarische Filmemacher aufhielten. In seiner mehrfach aufgelegten Geschichte des ungarischen Films zog der Kulturhistoriker István Nemeskürty die folgende Bilanz:

> Die zwanziger Jahre brachten den Bankrott der ungarischen Filmproduktion und Filmkunst... Die systematische Verfolgung durch die Horthy-Faschisten hatte für Ungarn den Verlust seiner besten Regisseure zur Folge. Der weiße Terror wütete. Soldaten, die die Mützen mit den Kranichfedern trugen – das Symbol der konterrevolutionären Armee –, erhielten Kinos als Auszeichnung; Kriegerwitwen, linksgerichtete Bürger und Juden wurden aus ihren Kinos vertrieben... Kordas Weggang hinterließ eine spürbare Lücke.[13]

In den zwanziger Jahren verließen auch Kordas begabte Brüder Zoltán (selbst Regisseur) und Vince (Bühnenbildner) das Land und schlossen sich ihrem international berühmten Bruder an.

Korda pendelte zwischen Hollywood, Berlin, Wien, Paris und London, wo er schließlich mit der Gründung einer Filmproduktionsgesellschaft den Durchbruch schaffte. Zwischen 1931 und 1956 zeichnete er für rund hundert Filme als Produzent oder Regisseur verantwortlich. Aus der langen Liste der erfolgreichen Produktionen, die im Grunde die britische Filmindustrie erst schufen, könnte man »Heinrich VIII.«, »Rembrandt«, »Anna Karenina«, die »Vier Federn« oder als besonders einprägsames Beispiel für Kordas Arbeitsstil den »Scharlachroten Pimpernel« hervorheben. Das Sujet des sich einfältig gebenden, aber hochintelligenten, »typisch britischen« Helden aus der Zeit der Kriege gegen Napoleon stammte aus der Feder der ungarischen Baronin Emma Orczy und wurde von Kordas bevorzugtem Drehbuchautor Lajos Biró zu einem Drehbuch verarbeitet. Star dieses Kultfilmes war der als Prototyp des »feschen Briten« geltende Leslie Howard, der während des Zweiten Weltkriegs bei einem Flugzeugunglück ums Leben kam. Er hieß ursprünglich László Steiner, stammte aus Budapest, emigrierte als Kind mit seinen Eltern nach London und war dort vor seiner Filmkarriere als Bankangestellter tätig. Beim »Scharlachroten Pimpernel« waren übrigens auch der Kameramann, der Bühnenbildner und natürlich die auf der Besetzungsliste angeführten drei Korda-Brüder Ungarn.

Die Musik schrieb der später in Hollywood weltberühmt gewordene Filmkomponist Miklós Rózsa. Dieser im Alter von 88 Jahren 1995 verstorbene Ungar, der auch für Hitchcock, Zukor und andere Regisseure gearbeitet hat, erhielt insgesamt drei Oscars (1946, 1948 und 1959). Unter den Filmkomponisten stammte auch Joseph Kosma aus Ungarn, dessen Chanson von den »toten Blättern« weltberühmt war und von großen Diseusen gesungen wurde.

Noch ein weiterer Ungar, John Halas, machte in London Karriere: als Trickfilmzeichner. Er produzierte Orwells »Farm der Tiere«.

Der von Königin Elisabeth geadelte Sir Alexander Korda war freilich nicht nur ein Riese der Filmgeschichte, sondern nach gleichlautenden Erinnerungen und Berichten vieler Ungarn ein ungemein hilfsbereiter Mensch. Unzähligen verarmten oder in persönliche Schwierigkeiten geratenen Landsleuten in der alten Heimat soll er mit Geldüberweisungen und Paketen geholfen haben.

Diese schier endlose Liste der ungarischen Erfolge im Film und Theater wird (leider) noch immer von Zsazsa Gábor, heute weit über achtzig, angeführt, die ihren Ruf eher ihren Eskapaden mit reichen und berühmten Männern als ihren Filmrollen verdankt. Trotzdem ging sie 1995 bei einer Umfrage unter 400 jungen Geschäftsleuten in 22 Ländern als die Nummer eins auf einer aus vierzig Persönlichkeiten bestehenden Liste der berühmtesten Ungarn hervor.[14] Auf einem weiteren Spitzenplatz landete die Pornodarstellerin und zeitweilig zur italienischen Abgeordneten gewordene Cicciolina (Ilona Staller). Als im August 1998 die ungarische Filmschauspielerin Eva Bartok in einem Londoner Hotel starb, haben deutsche, österreichische und britische Zeitungen mehrspaltige Nachrufe auf die 69jährige Ex-Frau von Curd Jürgens, Freundin Frank Sinatras und des britischen Marquis Milford-Haven (Cousin und Trauzeuge Prinz Philips) gebracht. Die in Budapest geborene Eva Szöke habe zwar in vierzig Filmen gespielt, meinte die Londoner *Times*, doch sei sie »wegen ihrer Berühmtheit berühmt« gewesen. Sie sprach fünf Sprachen und spielte mit Burt Lancaster und Bernhard Wicki, doch hat sie ihren ungarischen Akzent weder im Englischen noch im Deutschen je verloren.[15]

Andere bedeutende Schauspieler und Schauspielerinnen aus Ungarn sind heute längst vergessen, wie der Stummfilmstar Vilma Bánky, Ilona Massey oder Béla Lugosi, der erste und erschreckendste Dracula der Filmgeschichte. Oder Pál Lukács, der in Hollywood als Paul Lukas, sehr gutaussehend und mit einem »leichten ungarischen Akzent«, erfolgreich war; 1943 bekam er für seine Rolle in »Wacht am Rhein« einen Oscar.

Auch der heute berühmteste amerikanische Ungar, nämlich Tony Curtis (ursprünglich: Bernie Schwartz), mußte, obwohl bereits in New York geboren, zunächst gegen seinen breiten ungarischen Akzent ankämpfen. Sein Vater, ein armer jüdischer Schneider, kam erst 1921 mit der Familie nach New York: »Meine ersten Worte waren ungarisch. Zu Hause hörte ich kaum je Englisch, nicht einmal Jiddisch; wir redeten nur Ungarisch ... Es war mir nicht bewußt, daß ich in Amerika war, bis ich mit sechs oder sieben in die Volksschule ging. Ich dachte, Mátészalka müsse irgendwo um die Ecke liegen, und ich war sicher, daß Budapest sich am Ende der Straße befand.« Fünfzig Jahre später und nach fast hundert Filmen besuchte der inzwischen weltberühmte Filmschauspieler mit seiner ältesten Tochter das Geburtshaus seines Vaters in der ungarischen Kleinstadt Mátészalka, 30 Kilometer von der ukrainischen Grenze entfernt.

Tony Curtis (inzwischen zum x-ten Male verheiratet, diesmal mit einem um 35 Jahre jüngeren Model) übernahm damals den Ehrenvorsitz in einem Verein, der Geld für die Restaurierung von Synagogen in Ungarn sammelt und zu Ehren von Curtis' Vater, Emanuel Schwartz, den Namen »Emanuel-Stiftung für ungarische Kultur« erhielt.[16]

Es gab freilich nicht nur Erfolgsgeschichten in der Filmindustrie. Der größte ungarische Komiker aller Zeiten, Gyula Kabos, mußte als über Fünfzigjähriger wegen der Judengesetze vom Filmstudio Abschied nehmen und in Amerika eine neue Karriere aufbauen. Er starb 1941 gebrochenen Herzens in der Emigration.

In der deutschsprachigen Filmwelt waren es Sängerinnen und Tänzerinnen wie Martha Eggerth (Frau von Jan Kiepura), die Operettendiva Gitta Alpár (Frau von Gustav Fröhlich) und vor allem und am längsten Marika Rökk, die Ungarns Ruf und, freilich ungewollt, auch die »Pußta, Paprika, Piroschka«-Klischees verbreiteten. Von der Riege der drei »Géza von«-Regisseure, nämlich Bolváry, Cziffra und Radványi, schrieb Géza von Radványi 1947 mit »Irgendwo in Europa« ungarische und europäische Filmgeschichte. Heute ist István Szabó der international vielleicht bekannteste Regisseur, der für »Mephisto« (mit Klaus Maria Brandauer in der Hauptrolle) 1981 einen Oscar erhielt, ebenso wie der Trickfilmzeichner Ferenc Rófusz für »Die Fliege«.

In den letzten Jahren ging Robert Halmis Stern im hartumkämpften amerikanischen TV-Filmgeschäft auf. Der Sohn eines bekannten ungarischen Porträtfotografen war nach seiner Ankunft 1950 in den Vereinigten Staaten auch zunächst Berufsfotograf, vor allem für das *Life Magazine.* Seine Produktionsfirma fand eine lukrative Nische und zog die Produktion von längeren Serien und Filmen für TV-Giganten wie ABC im großen Stil auf. In seinen rund 200 Filmen und längeren Serien (»Alice im Wunderland«, »Moby Dick«, »Farm der Tiere«, »Schuld und Sühne«) spielen Weltstars, von Peter Ustinov und Paul Newman bis Isabella Rossellini und Ben Kingsley. So schließt sich der Kreis jener phantasievollen Produzenten, von Zukor und Fox bis Halmi, die in diesem Jahrhundert, zusammen mit so vielen Regisseuren und Schauspielern, Kameraleuten und Komponisten, die amerikanische Stumm-, Ton- und TV-Filmindustrie mitgeprägt haben ...

Der weltweit bekannteste ungarische Schriftsteller und vor allem Dramatiker ist bis heute Ferenc Molnár (1878–1952), von dem viele glauben, daß er eigentlich ein Österreicher gewesen sei. Er hatte in der Tat lange Jahre in Wien gelebt, und vielleicht stehen auch nirgends seine Stücke so regelmäßig auf dem Spielplan wie bei den Wiener Bühnen. Dennoch hatte er seine 41 Theaterstücke, elf Romane, acht Erzählungs- und Reportagebände (einschließlich der bis heute interessanten Kriegsberichterstattung aus dem Ersten Weltkrieg) ausnahmslos auf ungarisch geschrieben. Er war mit seinem zauberhaften Roman aus der Welt der kleinen Schüler, *Die Jungen der Paulstraße,* und seinem großartigen Stück *Liliom,* der Tragikomödie des Hallodri und Hutschenschleuderers (Schaukelburschen) aus dem Vergnügungspark im Stadtwäldchen, dem »Prater« von Budapest, ein zutiefst moderner Schriftsteller. Wie kein zweiter fing er das psychische und geistige Klima der aus allen Nähten platzenden multikulturellen Hauptstadt ein, auch das Milieu der Pester Arbeiter und Kleinbürger.

Die »Vorstadtlegende« mit dem Dienstmädchen Julie, Liliom und den Unterweltfiguren fiel bei der Premiere 1919 in Budapest zunächst durch. Doch wurde sie im Laufe der Jahre ein absoluter Welterfolg von Wien bis New York. Das Stück wurde in vielen Varianten verfilmt und als Musical *Carousel* (Komponist: Richard Rodgers, Librettist: Oscar Hammerstein) nach 1945 890mal am Broadway aufgeführt. Zwischen

1913 und 1948 hat man mehr als ein Dutzend seiner Stücke (*Der Schwan, Spiel im Schloß, Der Leibgardist* usw.) in verschiedenen Bearbeitungen am Broadway gespielt. Insgesamt hat man fünfundzwanzig Molnár-Stücke, mit genialen Einfällen und vom Pester Humor sprühenden Dialogen, verfilmt. Er war der einzige nichtenglische Autor, dessen Werke zu seinen Lebzeiten in einer englischen Gesamtausgabe erschienen. In seiner Glanzzeit arbeitete Molnár, der Sohn eines Budapester Arztes, außerordentlich schnell: *Liliom* hatte er im noch heute existierenden Literaten- und Journalistencafe »New York« am Pester Ring in einundzwanzig Tagen verfaßt.[17]

Zugleich war Molnár ein Großmeister der Anekdote. Einige, oft zitierte Paradebeispiele in der von Friedrich Torberg aufgezeichneten Version, der ab 1945 fünf Jahre seiner New Yorker Emigration mit Molnár teilte:

> Er hat, als er einmal als Zeuge zu einer vormittäglichen Gerichtsverhandlung erscheinen mußte und als seine Freunde es unter unendlichen Mühen fertigbekamen, den Nachtvogel und Tagschläfer schon zu früher Morgenstunde auf die Straße zu lotsen – er hat da wirklich auf die vielen einherhastenden Menschen gedeutet und verblüfft gefragt: »Lauter Zeugen?!«

> Er fand, von einem nach längerer Pause erfolgten Besuch in Budapest zurückgekehrt, für die dort vorliegende Wirtschaftssituation die wirklich aufschlußreiche Formel: »In ganz Budapest sind noch 2000 Pengö, und die gibt jede Nacht jemand anderer aus.«[18]

Der Dramatiker, dessen Stücke in 28 Sprachen aufgeführt wurden, lebte von 1940 bis zu seinem Tode 1952 in Zimmer 835 im achten Stock des berühmten »Plaza«-Hotels (»Immer das billigste Zimmer im besten Hotel nehmen!«) in New York. Der Essayist und Molnár-Übersetzer Alfred Polgar bezog sich auf diesen Molnárschen Grundsatz, als er in seinem Nachruf auf den Freund schrieb: »Ich glaube, solcher Platz käme ihm auch drüben zu, in der Siedlung für jene, die bei Lebzeiten gute Theaterstücke geschrieben haben; ein kleines Zimmer, aber in dem Haus, wo die Großen wohnen ...«[19]

Wie Alexander Korda wurde auch einer der erfolgreichsten Dramatiker und Librettisten dieses Jahrhunderts, der 1880 geborene

Menyhért (Melchior) Lengyel, in einer typischen ungarischen Tiefebene in Balmazújváros, am Rande der Pußta von Hortobágy, geboren. Sein Theaterstück *Der Taifun* wurde in Wien und Berlin, Paris und New York hunderte Male aufgeführt. Lengyel hat das Libretto für Béla Bartóks »Der wunderbare Mandarin« sowie Drehbücher für Kultfilme wie »Ninotschka« (mit Greta Garbo) und »Der blaue Engel« (mit Marlene Dietrich) verfaßt.

Der berühmteste und erfolgreichste ungarische Dramatiker von heute ist George (György) Tábori, der vor allem im deutschen Sprachraum zu einer Kultfigur wurde. Der in Budapest geborene Sohn eines in Auschwitz ermordeten jüdischen Journalisten begann in London in englischer Sprache zu schreiben und war als BBC-Korrespondent und Nachrichtenoffizier während des Zweiten Weltkriegs auf dem Balkan und im Nahen Osten tätig. Tábori veröffentlichte mehrere Romane, die damals aber kein starkes Echo fanden. Sein um sechs Jahre älterer Bruder Paul lebte auch in London, schrieb zahlreiche populärwissenschaftliche Bücher und war zeitweilig auch Präsident des internationalen PEN. George verbrachte anschließend fast ein Vierteljahrhundert in den Vereinigten Staaten, vor allem in Kalifornien und New York. Zwar arbeitete er als Drehbuchautor und Regieassistent mit herausragenden Gestalten wie Alfred Hitchcock, Anatole Litvak und Joseph Losey, zwar befreundete er sich mit Chaplin und Brecht, zwar wurde sein erstes Stück *Flight into Egypt* am Broadway von Elia Kazan inszeniert, doch den wirklich großen Durchbruch schaffte Tábori erst relativ spät im Leben in Deutschland und Österreich. Sein schwarzer Humor, sein beißender Witz, seine zutiefst humane, wenn auch oft schockierende Poesie drehen sich stets um Liebe, Haß und Tod. In seinem bisher vielleicht erfolgreichsten Stück *Mein Kampf* (Uraufführung Mai 1987 im Wiener Akademietheater) tritt ein schockierendes, groteskes Paar auf: der jüdische Hausierer Schlomo Herzl und Adolf Hitler als Insassen eines Wiener Obdachlosenasyls. Haß und Lachen, Liebe und Witz in der jüdisch-ungarischen Tradition nach Auschwitz verbinden in Táboris Stücken die eigene und die jüdische mit der deutschen (und österreichischen) Geschichte. Anläßlich der Georg-Büchner-Preisverleihung an Tábori 1992 sprach Wolf Biermann von »Geschichten, die ängstliche Kinder lieber gar nicht hören wollen und von denen sie doch den Hals nicht vollkriegen können«.[20]

Zu diesen gehören zum Beispiel die zuerst New York und dann in Berlin aufgeführte »Horrorfarce«[21] (Peter von Becker) über Auschwitz,

Die Kannibalen, und das Stück *Mutters Courage,* das er dem Überleben seiner Mutter gewidmet hat. Daß sich Tábori in die Tradition der in mehreren Sprachen lebenden, wirkenden und schreibenden ungarischen Juden wie des Schriftstellers Arthur Koestler, des Soziologen Karl Mannheim, des genialen Künstlers László Moholy-Nagy, des Fotojournalisten Stephan Lorant oder der beschriebenen »Marsmenschen« der Naturwissenschaft einfügt, wäre an sich für Kenner der ungarischen Geschichte nicht so verblüffend. George Tábori ist aber einzigartig im deutschsprachigen Theater, weil er gleichzeitig Stückeschreiber und Regisseur, bisweilen auch Schauspieler und Theaterdirektor gewesen ist und diese Rollen zum Teil noch immer in seiner Person vereinigt. Er ist vielleicht die letzte Brücke zwischen ungarischer Geschichte und britisch-amerikanischem Exil, mitteleuropäischer Kulturtradition und der Postmoderne. Obwohl Tábori noch immer, vor allem in Gesellschaft, fehlerlos, wenn auch anfänglich etwas langsam Ungarisch spricht, und obwohl seine Kindheit und frühe Jugend der alten Heimat angehören, ist sein internationaler Ruhm nicht an Ungarn gebunden, und umgekehrt sind seine Stücke wohl auch wegen des Traumas von 1944/1945 in seiner Geburtsstadt viel weniger bekannt als in Deutschland oder Österreich.

Ein anderer Schriftsteller von Weltruhm ist der um acht Jahre ältere Arthur Koestler, dessen Leben Budapest und Wien, Berlin und Moskau, Madrid und London umspannte. 1905 in Budapest geboren, studierte Koestler in Wien und wuchs zweisprachig auf. Ein glänzender Journalist bei den Zeitungen des Berliner Ullstein-Verlags, trat Koestler 1931 der Kommunistischen Partei Deutschlands (KPD) bei. Zwar verlernte er nie sein Ungarisch und besuchte immer wieder kurz seine Heimatstadt, in der er auch mit Attila József befreundet gewesen war, doch wurde er in erster Linie von der geistigen und politischen Atmosphäre der Weimarer Republik geprägt.

Zum ersten Mal hatte er im Spanischen Bürgerkrieg internationales Renommee erlangt. Mutig und unbekümmert reiste er als Korrespondent des Londoner *News Chronicle* in das von General Franco kontrollierte Gebiet, um Daten über die deutsche und italienische Intervention zu sammeln. Das gefährliche Abenteuer endete mit Koestlers Verhaftung und dem Todesurteil. Nach einer internationalen Pressekampagne und viermonatiger Haft wird er freigelassen.

Im Frühjahr 1938 verläßt Koestler die KPD und wird ab 1940 – oft bekämpft, verleumdet und anfänglich kaum Glauben findend – zum ersten Schriftsteller, der sein verhängnisvolles kommunistisches Experiment bis ans bittere Ende analysiert hat. Nach dem *Spanischen Testament (Dialog mit dem Tod)* verfaßte Koestler den Schlüsselroman *Sonnenfinsternis* über die Moskauer Schauprozesse und eine Aufsatzsammlung *Der Yogi und der Kommissar,* die nicht nur hohe Auflagen erzielten, sondern in Ländern wie Frankreich mit einer starken Kommunistischen Partei als Sprengstoff wirkten. Koestler ging lange vor Solschenizyn in die Geschichte als Mythenzerstörer ein, nur haben damals weitaus weniger seine Botschaft gehört. Blanker Haß schlug ihm entgegen.

In London, nach der Annahme der britischen Staatsbürgerschaft, wurde er nie wieder schwankend in seiner Ablehnung und Entlarvung des Totalitarismus. Seine zwei autobiographischen Bände liefern eine unvergleichliche, spannende Einführung in das von brauner und roter Expansion bedrohte Europa der dreißiger und vierziger Jahre. Später schrieb er ein Dutzend Sachbücher über verschiedene wissenschaftliche Themen. Er identifizierte sich mit Ungarn im Krisenjahr 1956. In der ersten Empörung wollte er sogar das Gebäude der ungarischen Gesandtschaft mit gleichgesinnten Intellektuellen stürmen. Nachdem seine Freunde ihn von diesem Vorhaben zurückgehalten hatten, ließ er es sich aber nicht nehmen, mit Steinwürfen einige Fenster einzuschlagen. Zumindest wurde diese Version von seinem Freund George Mikes in Wort und Schrift verbreitet und noch von der neuesten Koestler-Biographie übernommen.[22] Er organisierte auch eine internationale Protestversammlung nach der Niederschlagung der Revolution. Vor der Reise des damaligen Labour-Führers Hugh Gaitskell zu einem Treffen mit Chruschtschow in Moskau hatte Koestler ihn um Mitternacht telefonisch angefleht, die Freilassung Tibor Dérys und anderer verhafteter Schriftsteller zu fordern.

Koestler sprach durch seine Mutter und die Wiener Schulen akzentfrei Deutsch, aber er träumte nach eigenem Eingeständnis (in einer ungarischen Exilzeitschrift) auf ungarisch und litt unter seinem starken, unauslöschbaren ungarisch-deutschen Akzent, wenn er Englisch sprach. Doch schrieb er alle Bücher in seiner Londoner Zeit in dieser Sprache. Er war ein geistig ungemein anregender, menschlich oft unerträglicher Intellektueller, der manchmal zu viel trank, ein Liebling der Frauen. Unheilbar krank, gab er sich 1983 zusammen mit seiner wesentlich jüngeren Frau Cynthia den Freitod.

Und die dem Ausland bis heute unbekannten Großen der ungarischen Literatur? Nach 1956 wurden durch ihre Verhaftung einige ex-kommunistische Schriftsteller, wie Tibor Déry und Gyula Háy, international bekannt, obschon vor allem Háys Theaterstücke im deutschen Sprachraum bereits aufgeführt worden waren. Auch Dérys Kurzgeschichten, die die Unmenschlichkeit der Stalin-Ära demaskierten, hatten Interessenten bei Zeitschriften und Verlagen gefunden. Doch Gyula Illyés, dem damals größten lebenden Dichter, blieb es verwehrt, in den Kreis der ernsthaften Kandidaten für den Literaturnobelpreis aufgenommen zu werden.

Die bittere Wahrheit war, daß man im Ausland nach 1945 weniger ungarische Schriftsteller kannte als zwischen den beiden Weltkriegen. Trotzdem hatten die diversen Verbände in der Zeit des »Spätkadarismus« noch 3000 bildende Künstler, 600 Schriftsteller und 70 Filmregisseure auf ihren Listen. Verglichen mit den Tschechen und den Polen gerieten aber die Ungarn international in den siebziger und achtziger Jahren hoffnungslos ins Hintertreffen.

Die einzige Ausnahme war der Humorist Ephraim Kishon aus Israel. Er hieß in Wirklichkeit Hoffmann, aber in Ungarn nannte er sich als junger Mitarbeiter bei *Ludas Matyi,* dem Witzblatt des Regimes, noch Ferenc Kishont. 1949 wanderte er nach Israel aus und lernte so gut Neuhebräisch, daß er seine Humoresken für Zeitungen und später auch in Buchform in dieser für einen Ungarn außerordentlich schwierigen Sprache verfassen konnte. Daß Kishon im deutschen Sprachraum ein Bestseller-Autor wurde, verdankte er vor allem (wie er selbst in seinen *Erinnerungen* zugibt), seinem begnadeten Übersetzer aus dem Englischen, dem Schriftsteller Friedrich Torberg.

In den letzten Jahren haben einige ungarische Schriftsteller im deutschen Sprachraum Achtungserfolge erzielt. Die zweifellos größere Aufmerksamkeit der Verleger und der Feuilletons hängt in erster Linie damit zusammen, daß es so viele herausragende Übersetzer gibt. Der Schriftsteller des Holocausts Imre Kertész erreichte mit der Neuauflage seines erschütternden Auschwitz-Berichts deshalb einen großen Erfolg, weil er diesmal von einer begnadeten Übersetzerin ins Deutsche übertragen wurde und nicht nur weil das Buch zeitlich mit der neuen Phase der Vergangenheitsdiskussion zusammenfiel. Aber auch György Konrád, Péter Esterházy, Péter Nádas, György Dalos, István Eörsi, László Krasznahorkai und manche andere haben ihre treue Lesergemeinden. Daß man aber einige der bedeutendsten Romanciers des 20. Jahrhunderts wie Gyula Krúdy, Zsigmond Móricz oder Dezsö

Kosztolányi entweder überhaupt nicht oder erst Jahrzehnte später sporadisch übersetzte, ist kaum mehr wiedergutzumachen. Eine besondere Tragik besteht darin, daß es pro Kopf der Bevölkerung wahrscheinlich nirgends so viele und so gute Dichter gibt wie in Ungarn. Selbst die ganz Großen dieses Jahrhunderts wie Endre Ady, Attila József, Gyula Illyés sind aber wenn, dann sehr schwach übersetzt worden. Die Eigenart der Sprache, die politischen Turbulenzen, die fehlenden literarischen Lobbys bilden wahrscheinlich den komplexen Hintergrund zum mangelnden Interesse an der ungarischen Literatur.

Im Gegensatz zur Literatur waren und sind die Ungarn in der Welt der Musik eine wahre Großmacht. Die beiden ungarischen Genies in der Musik Béla Bartók (1881–1945) und Zoltán Kodály (1882–1967) hatten bereits am Anfang des Jahrhunderts in entlegenen, von Ungarn, Rumänen und Slowaken bewohnten Landesteilen mit Hilfe eines Phonographen Volkslieder zu sammeln begonnen. Sie überzeugten sich, daß die von den bis heute so beliebten Zigeunerkapellen gespielten populären Lieder mit der alten ungarischen Volksmusik kaum etwas zu tun hatten. Die zwei herausragenden ungarischen Komponisten waren Retter des nationalen Musikerbes, zugleich aber entschiedene Gegner des zügellosen Nationalismus der Zwischenkriegszeit. Im Unterschied zu Kodály war Bartók auch ein ausgezeichneter Pianist. Von seinen »Improvisationen über ungarische Bauernlieder« und den Sonaten für Violine und Klavier bis zur avantgardistischen Oper »Herzog Blaubarts Burg« (1911, Librettist war der spätere große Filmtheoretiker Béla Balázs) und zur expressionistischen einaktigen Pantomime »Der wunderbare Mandarin« (1924), von den Streichquartetten bis zur »Cantata Profana« war Bartók ein weltweit bewunderter Bahnbrecher der Moderne. Er war aber auch (wie Kodály) ein Mensch in einer Zeit der Unmenschlichkeit. In einem britischen Musiklexikon hieß es lakonisch über Bartók: »ungarischer Komponist; war ansässig seit 1940 in den Vereinigten Staaten, starb dort als ein armer Mensch«.

All das trifft auf Bartók zu; nur der Grund für seine Auswanderung im Alter von fast 60 Jahren fehlt. Er selbst schrieb nach dem Anschluß in einem Brief an Freunde: »Es besteht die Gefahr, daß Ungarn vor diesem mörderischen und räuberischen Regime kapitulieren wird. Man kann sich kaum vorstellen, in einem solchen Land weiterzuleben und zu arbeiten.« Dann später: »Leider huldigen fast alle gebildeten Christen dem Nazi-System, ich schäme mich wirklich, daß ich aus dieser Schicht stamme.« 1940, knapp vor seiner Auswanderung nach Amerika, verbot er in einem noch in Budapest verfaßten Testament, daß nach seinem Tod Straßen nach ihm benannt oder Gedenktafeln zu seinen Ehren angebracht werden, solange Plätze oder Straßen in Ungarn die Namen »dieser beiden Männer« (gemeint waren Hitler und Mussolini) tragen.[23]

Bartók ging freiwillig fort; seine Emigration war eine große, weithin sichtbare moralische Tat. Kodály blieb bis zu seinem Lebensende in Ungarn, aber er nützte seine Stellung als »eine nationale Institution«, um Menschen unter beiden Diktaturen zu helfen. Sein »Psalmus Hungaricus«, die Oper »Háry János«, die »Tänze aus Galánta« und die »Maroszéker Tänze« beschwören verlorene ungarische Traditionen aus Ungarn und Siebenbürgen herauf. Bartók würdigte ihn als Meister einer ungarischen Klassik: »Wenn man mich fragt, in wessen Werken der ungarische Geist seine vollkommene Verkörperung fand, muß ich stets antworten: in Kodálys Werken.«[24] Der dritte berühmte, aber weniger nationale und moderne Komponist aus dieser Generation war Ernö (Ernst) von Dohnányi* (1877–1960), der ab 1948 in den Vereinigten Staaten lebte und mit seinen Orchesterwerken, Klavierkonzerten und Opern eher in der deutschen Musiktradition verankert war.

Die zwei zeitgenössischen Komponisten, die eine ähnlich herausragende Position in der Musikwelt unserer Zeit einnehmen, sind György Ligeti (*1923) und György Kurtág (*1926). Der in einer kleinen Provinzstadt in Siebenbürgen geborene Ligeti verbrachte die Schulzeit in Cluj/Kolozsvár. Nach dem Ende des Zweiten Weltkriegs studierte er an der Musikakademie in Budapest und wirkte dort anschließend als Dozent für Musiktheorie. Bartók wurde sein kompositorisches Leitbild. Seine ersten Kompositionen wurden als formalistisch-dekadent in der kommunistischen Ära verboten. Erst nach seiner Flucht 1956 erfuhr Ligeti, daß Kodály ihn in den schwierigen 50er Jahren vor der Entlassung aus der Akademie, deren Präsident der greise Komponist war, persönlich gerettet hatte.

Ligeti floh nach Wien und ging dann nach Köln, später nach Hamburg. Dort unterrichtete er bis 1989 als Professor an der Musikhochschule. Seine Kompositionen sorgten zuerst für heftige Kontroversen. Mit der begeistert aufgenommenen Uraufführung der »Atmosphères« bei den Donaueschinger Musiktagen 1961 schaffte der Komponist

* Vater des Dirigenten Christoph von Dohnányi und des deutschen Politikers Klaus von Dohnanyi.

den endgültigen Durchbruch. Und als Stanley Kubrick Teile daraus und aus den Chorstücken »Lux aeterna« und »Requiem« für seinen Film »2001: Odyssee im Weltraum« verwendete, gewann Ligeti – eine Seltenheit für einen jungen zeitgenössischen Komponisten – den Zugang zu einem breiten Publikum. Daß für die Filmmusik seine Einwilligung nicht eingeholt und erst nach der Einschaltung von Anwälten etwas bezahlt wurde, sei nur am Rande erwähnt. Einer seiner größten Erfolge war die in den 70er Jahren komponierte Oper des absurden Theaters »Le Grand Macabre«, eine Hymne auf den Sieg der Liebe über den Tod, eine Absage an die Ideologien und die Schlagworte drechselnden populistischen Gurus.

Kritiker rühmen Ligetis Originalität in allen seinen Schaffensphasen. Ein schweizerischer Musikwissenschaftler faßte Ligetis Bedeutung so zusammen:

> Zuerst als schriller Neutöner und Bürgerschreck, dann immer mehr als umworbener Komponist und in jüngerer Zeit sogar als Aushängeschild auch konservativer Konzertveranstalter, stellt Ligeti seit bald vierzig Jahren eine zentrale Gestalt des zeitgenössischen Musiklebens dar. Man nennt ihn heute in einem Atemzug mit Stockhausen, Boulez, Nono oder Berio, den anderen Größen seiner Generation. Er genießt weltweit Anerkennung und ist mit den höchsten Preisen geehrt worden, welche die westliche Kulturwelt zu vergeben hat.[25]

Kann man aber sagen, daß seine Musik eine ungarische ist, fragte die Zeitung *HVG* Ligeti anläßlich seines 75. Geburtstages: »Ich bin österreichischer Staatsbürger, und lebe in Hamburg und Wien; als Kind war ich rumänischer Bürger, als junger Mann ungarischer. Wo immer ich lebe, bin ich ein ungarischer Jude siebenbürgischer Herkunft. Am meisten habe ich von Ferenc Farkas fürs Komponieren gelernt. Mein Vorbild war Bartók. Der Rhythmus meiner Musik stammt vom Rhythmus der ungarischen Sprache; da ich in dieser Sprache nachdenke, bestimmt dies indirekt auch mein musikalisches Denken.«[26]

Ligeti ist ein enger Freund des anderen großen ungarischen Komponisten, György Kurtág, der im Juni 1998 für sein Lebenswerk eine der höchsten Kulturauszeichnungen Deutschlands, den mit 250 000 Mark dotierten Ernst-von-Siemens-Musikpreis, erhielt. Der medienscheue Komponist betonte einmal, daß Ligeti nicht nur sein Freund, sondern auch sein Lehrer gewesen sei und Bartók lebenslanges Leitbild.[27] Kurtág ist für viele ein »sperriger« Komponist der neuen Musik.

Zu seinen subtilen »Spielen« (»Játékok«) für Klavier – improvisierte Kurz- und Kürzest-Stücke, die inzwischen eine mehrbändige Sammlung bilden – hieß es in der Laudatio, seine Töne und Rhythmen verlören sich nie an ein System. Für seine vielsprachigen und vielstimmigen Gesangszyklen verarbeitete er nicht nur alte wie moderne ungarische Texte, sondern auch russische, deutsche, englische und französische. Geboren in Lugoj im serbischen Banat, waren ihm schon von Jugend an die Sprachen der hier lebenden Rumänen und Serben, der Deutschen und anderer Volksgruppen neben seiner ungarischen Muttersprache vertraut gewesen. Diese Vielfalt, allen voran auch die Sonderstellung der russischen Sprache, zeigt die ungewöhnliche Bandbreite dieses großen Musikers, der auch Gedichte von Hölderlin und Paul Celan sowie Samuel Beckett und »Kafka-Fragmente« vertont hat.

Doch es waren in erster Linie die großen Dirigenten und Solisten aus Ungarn, die weltweit und durch ihre Musikaufnahmen bis in unsere Tage berühmt geblieben sind. Sir Georg Solti, der als Direktor von Covent Garden in London, dann als Chefdirigent der Chicago Symphoniker (als Nachfolger eines anderen Ungarn: Fritz Reiner) und als gefeierter Star bei den Salzburger Festspielen bis zu seinem 86sten Lebensjahr Musikgeschichte geschrieben hatte, wurde 1998 nach seinem plötzlichen Tod dem testamentarischen Wunsch entsprechend in Budapest begraben. Die Nachrufe auf Sir Georg (ursprünglich György Stern) begannen auf dem Titelblatt aller großen Blätter und füllten ganze Zeitungsseiten. Am Ende seiner Memoiren, die er buchstäblich am Vorabend seines Todes am 5. September 1997 beendet hatte, beschrieb Solti seinen Besuch im Heimatdorf seines Vaters am Plattensee und im alten jüdischen Friedhof, wo seine Vorfahren begraben lagen. Umgeben von den Gräbern und auf einem Hügel stehend, habe er, mit dem Blick über den Plattensee schweifend, zum ersten Mal in sechzig Jahren ein Gefühl der Zugehörigkeit empfunden.[28] So führte der Weg dieses aus seiner Heimat verjagten großen Dirigenten über München und Frankfurt, London und Chicago, Wien und Salzburg doch noch zurück in seine Heimatstadt Budapest.

Es ist hier nicht möglich, alle anderen großen Dirigenten angemessen zu würdigen: George Szell in Cleveland, Antal Doráti in Dallas und Eugene Ormandy (Jenö Blau) in Philadelphia. Sie alle haben den späteren Ruf dieser großen Orchester begründet. Wer könnte so herausragende Solisten wie die seinerzeit weltberühmten Violinisten Jenö

Hubay, Joseph Szigeti oder den zur Salzburger Institution gewordenen Sandor Végh vergessen? Die Tradition der international gefeierten Pianisten Ilonka Kabos und Annie Fischer, Lajos Kentner, Andor Földes und Géza Anda wird duch den genialen András Schiff oder Zoltán Kocsis fortgesetzt.

Das Goldene Zeitalter der Budapester Operette, die freilich auch wegen der kulturellen Mehrfachloyalität von Künstlern jüdischer Herkunft von der Wiener Moderne nicht getrennt werden kann, ist zwar längst vorbei, doch erfreuen sich Franz Lehár und Imre (Emmerich) Kálmán bis heute großer Beliebtheit. Andere begabte Komponisten, ein Paul Ábrahám, Viktor Jakoby oder Albert Szirmay, konnten sich nach ihrer Emigration auf dem Broadway nicht wirklich durchsetzen. Daß selbst die berühmte Kálmán-Operette »Gräfin Mariza« (1924), deren Handlung in Siebenbürgen angesiedelt ist, vom ungarischen Revisionismus der Zwischenkriegszeit in der Kampagne gegen den Friedensvertrag instrumentalisiert wurde, zeigte die ungarische Fassung des berühmten Duetts der deutschen Version: »Komm mit nach Varasdin… Dort ist die Welt noch rot-weiß-grün.« Die Ungarn sangen statt dessen: »Klausenburg, du schöne Stadt« (Szép város Kolozsvár).[29] Damit wurde statt Varasdin die an Rumänien verlorene Hauptstadt Siebenbürgens, Kolozsvár, in den Mittelpunkt gerückt als ein willkommener Anlaß für eine quasipolitische Kundgebung. Das Duett mußte nämlich in einzelnen Aufführungen bis zu zwanzigmal wiederholt werden.

Die Wiener Moderne wurde freilich auch in anderen Bereichen von Ungarn mit kultureller Mehrfachloyalität wie Ludwig Hevesi, Fahnenträger der Wiener Sezession, dem Filmtheoretiker Béla Balázs, dem Ökonomen Karl Polányi und von dem Philosophen Georg (György) Lukács beeinflußt.

Es gehört zu den merkwürdigen Zügen der ungarischen Geistes- und Wissenschaftsgeschichte, daß der bekannteste und umstrittenste marxistische Philosoph des 20. Jahrhunderts, Georg Lukács (1885–1971), Sohn eines geadelten jüdischen Bankiers, weltweiten Einfluß, vor allem in Deutschland, aber auch in amerikanischen und britischen, französischen und italienischen linken Intellektuellenkreisen, ausgeübt hat. Nicht jedoch so in seiner Heimat, was allerdings weniger mit seiner schillernden Vergangenheit in der kommunistischen Bewegung als mit seinem ungenießbar schlechten Ungarisch zu tun hatte.[30]

Nach seinen Studien in Florenz, Berlin und Heidelberg, nach den von Max Weber und Thomas Mann hochgelobten ersten Werken wie *Die Seele und die Formen* (1910) und der *Theorie des Romans* (1920) wäre Lukács in seinen eigenen Worten unter normalen Umständen »ein interessant-exzentrischer Privatdozent« geworden. Der Privatgelehrte aus reichem Haus wurde 1918 über Nacht Kommunist, trat der Partei bei und amtierte als Volkskommissar für kulturelle Angelegenheiten ab 21. März 1919 während des Kun-Regimes. Als der Krieg gegen die Tschechoslowakei und Rumänien ausbrach, war er sogar politischer Kommissar der 5. Division. Knapp vor seinem Tod erzählte der noble Streiter für »die Menschwerdung des Menschen als Inhalt des Geschichtsprozesses«, daß er acht geflüchtete Soldaten der Roten Armee vor ein Standgericht stellen und dann erschießen ließ.

Nach dem Zusammenbruch der Räterepublik lebte Lukács fast zehn Jahre in Wien, dann zwischen 1931 und 1933 in Berlin und anschließend in Moskau. Wegen seiner eigenwilligen philosophischen und politischen Ansichten (*Geschichte und Klassenbewußtsein* beeinflußte seit seinem Erscheinen 1923 Generationen von Abweichlern), die von Lenin und später von der Rákosi-Clique kritisiert wurden, mußte er immer wieder in erniedrigender Form Selbstkritik üben. »Sonst wäre ich heute rehabilitiert und läge in einem Ehrengrab«, bemerkte er 1962. Er hatte zum Gärungsprozeß innerhalb der KP im Revolutionsjahr 1956 beigetragen und stand auf der Seite Imre Nagys in der Regierung und der neuformierten Parteiführung. Gemeinsam mit Nagy nach Rumänien verschleppt, wurde Lukács aber nicht vor Gericht gestellt und 1967 sogar wieder in die Partei aufgenommen. Er hatte stets die modernen Richtungen in Literatur und Kunst, auch Kafka und Joyce, als »spätbürgerliche Dekadenz« bekämpft. In den letzten Jahren seines Lebens hat er viele Ungarn durch seine absurde Feststellung empört: »Meiner Meinung nach ist auch der schlechteste Sozialismus besser als der beste Kapitalismus.«

In Ungarn selbst von nur geringer Wirkung, beeinflußte Lukács doch direkt und indirekt eine ganze Reihe von herausragenden ungarischen Intellektuellen, die sich während des Ersten Weltkriegs im sogenannten »Sonntagskreis« zu philosophischen und kulturhistorischen Diskussionen trafen. Aus diesem Kreis traten später herausragende Wissenschaftler wie der Soziologe Karl Mannheim, die berühmten und schon erwähnten Polányi-Brüder, der Kunsthistoriker Arnold Hauser (Autor der *Sozialgeschichte der Kunst und Literatur*), bekannte Künstler, Schriftsteller und Psychoanalytiker hervor.

Es sind interessanterweise vorwiegend amerikanische Wissenschaftler, die sich als erste mit dem lange übersehenen Einfluß ungarischer Emigranten auf die moderne Kunst in Wien und vor allem auf das Deutschland der Weimarer Zeit beschäftigt haben. Erst in letzter Zeit werden durch Ausstellungen und Studien die bahnbrechende Rolle der ungarischen Avantgarde in Wien, die Tätigkeit der um die Zeitschrift *MA** (»Heute«) versammelten Künstler mit ihren vielfältigen Querverbindungen zum Weimarer Bauhaus der interessierten Öffentlichkeit auch im deutschen Sprachraum nähergebracht.[31] Die emigrierten oder zeitweilig im Ausland lebenden ungarischen Intellektuellen und Künstler hätten die Weimarer Kultur entscheidend mitgeprägt, konstatierte die amerikanische Kunsthistorikerin Lee Congdon.[32]

In unserer gerafften Übersicht seien nur zwei Größen, László Moholy-Nagy (zweiter Cousin von Soltis Mutter) und Marcel Breuer, aus dieser phantastischen Gruppe herausgehoben, deren Werke auch heute noch weltweit ausgestellt, geschätzt, ja bewundert werden. Moholy-Nagy (1895–1946) emigrierte nach dem Zusammenbruch der Räterepublik über Wien nach Berlin. Walter Gropius holte ihn 1923 an das Bauhaus in Weimar, wo er die Metallwerkstatt übernimmt. In Dessau wurde er Mitherausgeber und typographischer Gestalter der Bauhausbücher. In Berlin und Amsterdam arbeitete er als Typograph und Werbegraphiker, stellte Bühnenentwürfe für Otto Klemperers avantgardistische Kroll-Oper und für die Piscator-Bühne her. 1937 leitete er unter wechselnden Namen das »Institute of Design« in Chicago. Sein Bekanntheitsgrad und sein Werk haben nach Ansicht von Kunsthistorikern bis heute unter der extremen Vielfalt der Interessen und Talente dieses ungewöhnlichen Künstlers gelitten. Neben seinem vielfältigen pädagogischen Wirken, von Weimar bis Chicago, beschäftigte er sich in radikal experimenteller Weise mit Malerei, Fotografie, Plastik, Grafik, Lichtspielen, Werbe- und Industriedesign, Bühnenbild und Film.

Er verwendete damals ungewohnte Materialien, wie beispielsweise Aluminium, Zelluloidplatten usw. Am stärksten faszinierte ihn die Auseinandersetzung mit Licht und Bewegung. Seine Fotos sind heute so rar, daß 1995 Sotheby's »Der Blick vom Berliner TV-Turm« statt des Ausrufungspreises von 25 000 Dollar für 44 500 Dollar verkaufen

* Herausgegeben von dem einstigen Metallarbeiter und Autodidakten Lajos Kassák (1887–1967).

konnte. Im Wissen um seine Leukämie sagte er einem seiner engsten Mitarbeiter am Institut in Chicago: »I don't know yet about my paintings, but I'm proud of my life.« (Über meine Bilder bin ich noch nicht sicher, aber auf mein Leben ich bin stolz.)[33]

Auch der große Architekt und Designer Marcel Breuer (1902–1981) war am Bauhaus in Dessau tätig, unter anderem als Leiter der Möbelabteilung. Er entwickelte die ersten Stahlrohrsessel und arbeitete als selbständiger Architekt in Berlin. In den dreißiger Jahren verweigerte ihm die Budapester Ingenieurkammer die Mitgliedschaft, woraufhin Breuer über England in die Vereinigten Staaten ging. Dort gründete er mit Gropius ein Architektenbüro, war Professor der Architektur in Harvard und eröffnete danach Architektenbüros in New York und Paris. Seine Bauten in New York mit einem Wandgemälde von Jackson Pollock werden heute als Denkmäler der modernen Architektur seiner Zeit bewundert.

Es ist unerläßlich, neben Moholy-Nagy wenigstens einen kleinen Einblick in das Werk der größten ungarischen und zugleich weltweit bewunderten und ausgestellten Fotografen zu geben.[34] André Kertész (1894–1985) emigrierte 1925 nach Paris und ging 1936 nach New York. Seine einfühlsame und zugleich eigenwillige Art, Menschen und menschliche Situationen im ländlichen Ungarn, aber auch in Paris und New York abzulichten, hat ihn, den Autodidakten, bereits früh in eine absolute Spitzenposition der internationalen Fotografie katapultiert. Auszeichnungen, Preise und große Retrospektiven in der ganzen Welt zeigten, daß er über Auftragsarbeiten der großen Zeitungen hinaus als ein großer Fotokünstler angesehen wurde.

Der andere, fast gleichzeitig in Paris wirkende herausragende ungarische Fotograf hieß mit bürgerlichem Namen Gyula Halász, aber er nannte sich Brassaï, nach seinem Geburtsort Brassó in Siebenbürgen. Er hatte ursprünglich als Journalist gearbeitet und deshalb für die Fotos ein Pseudonym benützt. Brassaï (1899–1984) lebte seit 1924 in Paris, wurde von Kertész zum Fotografieren angeregt, interessierte sich aber im Gegensatz zu ihm für Szenen aus dem Pariser Nachtleben, für Graffiti an Pariser Mauern und die Arbeit der Schriftsteller und Künstler des Surrealismus. Er lebte von der weltweiten Auftragsarbeit für *Harper's Bazaar*, aber sein ganzes Können zeigte er in Fotobüchern wie *Gespräche mit Picasso*, *Auf den Spuren von Proust* oder *Die Welt Henry Millers.* Ausstellungen und Bücher über das »nächtliche Paris« machten ihn weltberühmt. Er erhielt die Goldmedaille anläßlich der Biennale der Fotografie in Venedig. »Die Beweglichkeit eines Gesichts ist ein Zufall. Ich suche aber das, was permanent ist«, hieß sein Credo.[35]

Der dritte Fotograf, von dem die wenigsten wissen, daß er in Budapest geboren wurde, 1913 als Endre Friedmann, ist Robert Capa, den seine Reportagefotos aus dem Spanischen Bürgerkrieg sofort bekannt machten. Er verließ seine Heimatstadt, nachdem er an einer linken Demonstration teilgenommen hatte und in der Folge bei einem Polizeiverhör zusammengeschlagen wurde. Erst in Spanien legte er sich den Künstlernamen zu. Als Robert Capa berichtete er aus fünf Kriegen: Mit Aufnahmen von der Belagerung Madrids, dem berühmten Foto von dem tödlich getroffenen republikanischen Soldaten und seinen letzten Bildern aus dem Indochina-Krieg wurde der Ungar zu einer Legende unter den Kriegsfotografen. In Indochina wurde er von einer Mine zerfetzt. Er lebte nur vierzig Jahre; aber es reichte für 70 000 Negative und für den Weltruhm.[36]

Stephan Lorant, ein anderer Fotopionier aus Budapest, geboren 1901, starb erst 96jährig. Alle Weltblätter brachten einen Nachruf auf den »Gründer des modernen Fotojournalismus« *(The Times)*.[37] Zunächst arbeitete er als Fotograf und Kameramann in der Emigration. Lorant ging in die Pressegeschichte erstmals in München ein. Dort entwickelte er in der *Münchner Illustrierten* eine neue Form der Fotoreportage, die ihr bald zu einer Auflage von 700 000 Exemplaren verhalf. Bilder, sagte er, seien wie Noten, die er zu Symphonien zusammenfüge. Er erfand eine neue Montagetechnik mit über mehrere Doppelseiten parallel zum Text ausgebreiteten Bildern. Nach Hitlers Machtergreifung wurde er ein halbes Jahr lang in »Schutzhaft« genommen. Nach Protesten aus Ungarn freigelassen, ging er über Budapest nach London und veröffentlichte dort mit dem Band *Ich war Hitlers Gefangener* seinen ersten Bestseller – Englisch hatte er erst im Gefängnis mit einem Wörterbuch halbwegs gelernt –: Die Taschenbuchauflage erreichte eine halbe Million.

In London gründete Lorant die satirische Zeitung *Lilliput* und nach drei Jahren die erste moderne Illustrierte in England, die *Picture Post,* für die er sogar Churchill als Mitarbeiter gewinnen konnte. In einem seiner zahlreichen Bücher ist ein Foto abgedruckt, wie er mit Churchill im Garten von Chartwell 1941 spaziert. *Picture Post* erreichte durch das geniale Layout in kurzer Zeit die sensationelle Auflage von 1,5 Millionen Exemplaren wöchentlich. Erzürnt darüber, daß er als feindlicher Ausländer behandelt wurde, übersiedelte Lorant in die Vereinigten Staaten, wo er eine dritte Erfolgskarriere startete. Er entwickelte wieder eine neue Gattung: den Foto-Bildband zu zeitgeschichtlichen Themen. Lincoln- und Roosevelt-Bücher, ein Standardwerk über Pittsburgh, Fotogeschichten über Amerika und Deutschland trugen ihm Geld, Ruhm und zahlreiche Preise ein. Ob Kafka ihm wirklich nach seiner Emigration in Tetschen eine Stelle als Stehgeiger in einem Kino besorgte, ob er wirklich nach Probeaufnahmen Greta Garbo in Berlin verführt hatte, ob diese und andere Geschichten aus seiner »Erinnerung« stimmten, weiß heute niemand mehr. Fest steht, daß die Londoner *Times* den Fotojournalisten Stephan Lorant aus Budapest zu den tausend Prominenten gezählt hat, »die Kerben ins zwanzigste Jahrhundert geschnitten haben«.

Für herausragende journalistische sowie literarische und dichterische Leistungen werden seit 1917 jährlich die berühmten »Pulitzer-Preise« in den Vereinigten Staaten verliehen. Der begehrte Preis ist zu einem Markenzeichen für verantwortungsvollen und originellen Journalismus geworden. Die Namen der ausgezeichneten Zeitungsmacher oder Blätter werden auch in den europäischen Medien erwähnt. Wer weiß aber, außer den wenigen Eingeweihten, daß der Gründer des angesehensten Journalismus-Preises, ein gewisser József Pulitzer, aus der kleinen südungarischen Agrarstadt Makó, an der heutigen ungarisch-jugoslawischen Grenze stammte und erst siebzehnjährig in die Vereinigten Staaten einwanderte? Pulitzer, dessen Vater ein bankrotter Getreidehändler gewesen war, rückte als Freiwilliger beim ersten New Yorker Kavallerieregiment ein. Er hatte ursprünglich immer Soldat werden wollen; doch lehnten der Reihe nach die Österreicher, die Franzosen und schließlich die Engländer den Antrag des schmächtigen Jungen mit den schwachen Augen ab.[38]

Nach dem raschen Ende des Amerikanischen Bürgerkriegs (1865) rieten Freunde dem zweisprachig aufgewachsenen Pulitzer, in der Stadt St. Louis im Mittelwesten, damals noch mit vielen deutschstämmigen Einwohnern, ein neues Leben anzufangen. Pulitzer wird Reporter bei der lokalen deutschen Zeitung *Westliche Post.*

Wenige Jahre später ist der junge Mann, der ohne größere Bildung und mit einem miserablen Englisch die Journalistenlaufbahn begonnen hatte, bereits Teilhaber des Blattes. Er war ein leidenschaftlicher Kämpfer gegen Kriminalität und Korruption. Trotz Schüchternheit und gebrochenem Englisch wurde Pulitzer kaum 22jährig für die Republikaner in die lokale gesetzgebende Körperschaft des Staates Missouri gewählt. Seine Bestimmung ist aber nicht die Politik, sondern der

Journalismus. Pulitzer verkauft seinen Anteil an der deutschen Zeitung für eine runde Summe von 30 000 Dollar. Er erwirbt den bankrotten *St. Louis Dispatch* und fusioniert ihn mit der *Post.* Mit ungeheurer Energie und bemerkenswertem journalistischem und organisatorischem Talent verwandelt Pulitzer das Blatt *St. Louis Post Dispatch* in eine der großen unabhängigen Zeitungen Amerikas. »Korrektheit, Kürze, Korrektheit«, war seine Devise für die Nachrichtenpolitik. Improvisierte Tafeln mit diesem Schlagwort wurden in allen Redaktionszimmern verteilt. Er hat auch die aussagekräftige Schlagzeile eingeführt, so daß der Leser im ersten Absatz das Wesentliche erfaßt. Die populäre Zeitung hatte natürlich ihre Feinde. 1883 war der Wendepunkt: Pulitzer erwarb nun die große Zeitung *The New York World* und gründete später auch eine Abendausgabe. Als ersten Schritt senkte er den Preis auf zwei Cents, während die anderen Zeitungen drei bis vier Cents verlangten. Die Auflage schoß in die Höhe. Die Zeitung forderte die Einführung einer bundesweiten Einkommensteuer auf hohe Einkünfte sowie Maßnahmen gegen Monopole und hohe Schutzzölle. Als Besitzer, Verleger, Herausgeber und eine Art Super-Chefredakteur machte er mit seinem Auftreten für Grundsätze und Ideen, aber nie für Vorurteile und Interessen einzelner Gruppen, Zeitungsgeschichte. Er war auch ein Philanthrop großen Stils, vor allem was die Zukunft des Journalismus betrifft. So stiftete Pulitzer testamentarisch zwei Millionen Dollar für die Columbia-Universität zur Gründung einer Journalismus-Schule und für die Pulitzer-Preise. Das Ende der Pulitzer-Story war tragisch: Nicht einmal 41jährig war er nahezu blind. Auf seiner Yacht »Liberty« (Freiheit) fuhr er ruhelos in der Welt umher. 1911 starb er auf seinem Schiff im Hafen von Charleston, South Carolina.

Die von Pulitzer öfters beklagten physisch-psychischen Probleme, die von politischen Kämpfen, von der unermüdlichen Arbeit und nicht zuletzt durch die rasche Schwächung der Sehkraft ausgelösten Depressionszustände und zerrütteten Nerven hätten freilich einige Jahre später seine ehemaligen Landsleute am wirksamsten behandeln können. Die ungarischen Psychiater hatten nämlich weltweit Ansehen erlangt. Bereits während der langen Periode des rechtsautoritären Horthy-Regimes waren viele ins Ausland gegangen, andere folgten in der Schlußphase des Zweiten Weltkriegs und der darauffolgenden kommunistischen Diktatur.

Die einzige Ausnahme war der eigentliche Begründer der »Ungarischen Schule«, nämlich Sándor Ferenczi, Freuds engster Weggefährte.[39] Der ungarische Arzt und Neuropsychiater bewunderte den 17 Jahre älteren Begründer der Psychoanalyse zutiefst. Die enge Verbundenheit der beiden Männer spiegeln die 1234 Briefe, die sie bis zum Tode Ferenczis 1933 miteinander gewechselt haben. Ferenczi war ein ausgezeichneter Redner und Gesprächspartner, dessen Ruhm auch viele Ausländer nach Budapest zog.

Von den international angesehenen Vertretern der ungarischen Psychoanalyse muß Lipót (Leopold) Szondi (1893–1986) hervorgehoben werden. Seine Theorie und Therapie der sogenannten Schicksalsanalyse und der in der klinischen Praxis auch heute noch verwendete Szondi-Test errangen internationalen Ruf. Aus dem Lager Bergen-Belsen gelangte er durch glückliche Umstände in die Schweiz. Er war bis zu seinem Tod in der Stiftung Szondi-Institut der schicksalsanalytischen Therapie in Zürich tätig.

Ebenfalls in der Emigration wurde der Ferenczi-Schüler Mihály Bálint durch seine Psychoanalyse des »Thrills«, der Angst-Lust der Erfahrungen in extremen Situationen, bekannt. Bálint (1896–1970) emigrierte 1939 nach England. Sein Name lebt in den sogenannten Bálint-Gruppen fort, einer von ihm eingeführten Form der psychoanalytischen und psychotherapeutischen Ärzteausbildung.

Von den zahlreichen in den Vereinigten Staaten wirkenden ungarischen Wissenschaftlern muß man zumindest den Ethnologen Géza Róheim erwähnen, der Methoden und Begriffe der Psychoanalyse in der ethnologischen Feldforschung, unter anderem auch in Somalia und Zentralaustralien, angewandt hat. Róheim beschäftigte sich zwischen 1911 und 1928 mit der ungarischen und später mit der allgemeinen Völkerkunde. Rund 250 Studien und Bücher hat er auf ungarisch und englisch verfaßt. Er interessierte sich für die ungarische Mythologie, für die Schamanen (»Táltos«) und für magische Handlungen. Roheim wies darauf hin, daß die ungarische Folklore zahlreichen kroatischen, serbischen, tschechischen, rumänischen und deutschen Einflüssen ausgesetzt war. Als er, dem manche »mangelnden Patriotismus« vorgeworfen hatten, 1953 in Amerika starb, brachte er seine Zuneigung zur Heimat in ungewöhnlicher Art zum Ausdruck. Sein Leichnam sollte in eine ungarische Fahne eingehüllt begraben werden. Die Grabrede hielt der Hebraist Raffael Patai auf ungarisch.

Als bekanntester ungarischer Wissenschaftler in den Vereinigten Staaten gilt Thomas S. Szasz, Professor für Psychiatrie an der State University of New York in Syracuse. Der Autor von mehreren wissenschaftlichen Werken im Bereich der Psychiatrie ist zugleich als radikaler Kritiker der Psychiatrie und Psychoanalyse bekannt. Er habe unzählige Verehrer und Feinde, hieß es in Paul Harmats Standardwerk über die ungarische Psychologie.

Daß in Ungarn selbst die Psychoanalyse einen anderen Stellenwert besitzt als etwa in den Vereinigten Staaten, zeigt die folgende Episode: Als Bernard Malamud, der amerikanische Schriftsteller, in Budapest weilte, hat man ihm die Frage gestellt, worin er den Unterschied sehe zwischen einem Einwohner New Yorks und Budapests. Malamud: Wenn in New York zwei Intellektuelle einander kennenlernten, dann fragten sie einander: Wie viele Jahre hast du in Analyse verbracht? In Budapest hingegen lautet die Frage: Wie viele Jahre hast du im Gefängnis oder im Lager verbracht?

Über die sogenannte ungarische Hegemonie in Los Alamos oder Hollywood darf man nicht die ungarische »Blütezeit« in Großbritannien vergessen. Nie zuvor haben ungarische Wissenschaftler auf die Wirtschaftspolitik eines Landes so großen Einfluß gehabt wie die zwei Nationalökonomen Thomas (Tamás) Balogh und Nicholas (Miklós) Káldor in den sechziger Jahren während der Labour-Regierung in Großbritannien. Beide kamen Anfang der dreißiger Jahre nach England. Káldor forschte und lehrte in Cambridge, Balogh tat das gleiche in Oxford. Beide standen links von der Mitte. Balogh war einer der engsten Berater Harold Wilsons, eine Zeitlang sogar als Minister für Energie. Man nannte sie spöttisch »Buda« und »Pest«. Beide wurden geadelt und rückten als Lords auf Lebenszeit in das Oberhaus ein. Als das erste ungarische Mitglied des »House of Lords« begann Balogh seine Jungfernrede mit der Bemerkung: »My Lords, diese Kammer hat im Laufe der Jahrhunderte viele Stimmen gehört, aber ich nehme an, noch nie jemanden, der mit einem authentischen ungarischen Akzent sprach.« Er hat intrigiert, war mißtrauisch gegenüber den Kollegen, aber er blieb bis zuletzt einer der engsten Vertrauten des Premierministers.[40]

Anders lagen die Dinge mit Káldor, der einige Jahre später auch geadelt wurde. Er war der Steuerexperte der Wilson-Regierung und führte einen Spitzensatz von 98 Prozent im marginalen Bereich auf Einkünfte aus Kapitalanlagen ein. Auf ihn geht auch die umstrittene Beschäftigungssteuer zurück, um eine Umschichtung der Arbeitskräfte aus dem Dienstleistungsbereich in den Produktionssektor zu erreichen. Er war ein geistreicher und offenherziger Mann, der die exkolonialen Regierungen überzeugen wollte, daß Wirtschaftsplanung und der Gleichheitsgrundsatz den Weg zur Prosperität weisen. Der Sozialist wollte das Beste, doch seine Ratschläge verursachten große Schwierigkeiten. Sogar Nkrumah, der Herrscher von Ghana, hatte zeitweise zwei ungarische Berater, Káldor und den Ökonomieprofessor József Bognár, die jedoch ungewollt den Tendenzen, die zum Sturz Nkrumahs führten, mächtigen Auftrieb geben sollten.

Der berühmteste, mächtigste und umstrittenste Ungar unserer Zeit ist weder ein Wissenschaftler noch ein Künstler, weder ein Politiker noch ein Erfinder. Er ist der erfolgreichste Spekulant und zugleich der großzügigste Philanthrop der Welt: George (György) Soros.[41] Sein Privatvermögen wird auf fünf Milliarden Dollar geschätzt. Die von ihm gegründeten Fonds privater Anleger sollen heute 17 bis 18 Milliarden schwer sein. Ein Beispiel mag genügen, um seinen phänomenalen Erfolg als »König der Spekulanten« zu beweisen: Hatte ein Investor 1969 dem Soros Quantum Fund 1000 Dollar zur Verfügung gestellt, so waren bei Wiederveranlagung der Dividende dreißig Jahre später weit über zwei Millionen Dollar daraus geworden! Trotz gelegentlicher Fehlspekulation bei Yen- und DM-Kursen wies sein Fond einen unglaublich hohen Wertzuwachs seit seiner Gründung auf: jährlich 35 Prozent.

Der 1930 in Budapest geborene Sohn eines jüdischen Anwalts, der die deutsche Besatzung und die Nazi-Zeit 1944 mit gefälschten Papieren unter dem Namen Sándor Kiss überlebt hatte, war bis 1992 nur den internationalen Börsianern ein Begriff. Zu negativer Berühmtheit, vor allem in Großbritannien, gelangte Soros im Herbst 1992, als »der Mann, der die Bank von England in die Knie zwang«, der über Nacht »eine Milliarde Dollar« (genau gesagt 958 Millionen) verdiente, nachdem er richtig eingeschätzt hatte, daß letztlich die britische Regierung das Pfund Sterling abwerten würde. Daß Soros 1947 bettelarm nach London kam und sein Studium an der London School of Economics als Hilfsarbeiter der britischen Eisenbahn und später als Vertreter für Modeschmuck finanzierte, verlieh seinem Angriff gegen das Pfund bei britischen Kommentatoren und Steuerzahlern eine besondere Brisanz. 1956 wanderte er nach New York aus und wurde Börsenhändler an der Wall Street. Mit vier Millionen Dollar, geliehen von reichen Privatinvestoren, gründete er 1969 den Quantum Fund in einer karibischen Steueroase, also außerhalb des Aufsichtsbereichs der US-Finanzbehörde. Durch gewagte Spekulationen hat er steuerfrei und unreguliert ein phantastisches Vermögen angesammelt. Als Manager des Fonds verdiente Soros fünfzehn Prozent der Gewinne.

Seit dem Triumph gegen das Pfund hat sich das Image von George Soros dramatisch gewandelt. Er wird nicht nur in den internationalen Medien ständig zitiert, sondern auch von Staats- und Regierungschefs jener Länder, deren Währung in den Abwertungsstrudel geriet, so von Regierungsmitgliedern in Thailand 1996 und ein Jahr später von Mahathir bin Mohamad, Premier von Malaysia, der ihn als »Räuber und Bandit« heftigst angriff.

Der inzwischen zum amerikanischen Staatsbürger gewordene, weltweit berühmteste Investor ist aber weit mehr als »König der Spekulanten«. Überhaupt zog sich Soros nach der großen Zeitenwende 1989 aus dem Tagesgeschäft zurück und überließ die Verwaltung der Fonds einem engen Vertrauten. Soros ist seitdem zum größten Philanthrop der Welt geworden. Seine Stiftung für die »offene Gesellschaft« im Sinne seines einstigen Lehrers am Londoner LSE, des Philosophen Sir Karl Popper, hat er 1979 gegründet. Den Anfang machte er in seiner Heimat Ungarn mit einer bahnbrechenden Initiative. Noch zur Zeit des Kádár-Regimes wurde eine Soros-Stiftung unter Mitwirkung der Akademie der Wissenschaften gegründet. Unter der Aufsicht seines persönlichen Beauftragten, des letzten überlebenden Angeklagten des Nagy-Prozesses, des Publizisten und späteren liberalen Abgeordneten Miklós Vásárhelyi, hat Soros jährlich drei Millionen, später sogar zehn Millionen Dollar für Sprachkurse, die Unterstützung von Zeitschriften und Literatur, für Auslandsstipendien von Studenten und Forschern, aber immer nur nach ordentlichem Ausschreiben, zur Verfügung gestellt. Auch der spätere Ministerpräsident Viktor Orbán hatte auf diese Weise durch ein Soros-Stipendium ein Jahr in Oxford verbringen können.

Soros-Stiftungen entstanden noch vor dem Zusammenbruch in der Sowjetunion und Polen, nach der Wende dann in fast allen mittel- und osteuropäischen Staaten, auch in der Ukraine und in den baltischen Staaten. Hunderte Millionen Dollar (nach offizieller Statistik waren es 1994 300 Millionen Dollar, 1995 350, 1996 362 und 1997 428) fließen jährlich in 31 Länder Europas, Asiens, des südlichen Afrika und Südamerika sowie in mehrere soziale Institutionen in den USA. Soros stellte mehr Geld für die Förderung einer »offenen Gesellschaft« zur Verfügung als die amerikanische Regierung und offizielle Institutionen.

Durch seinen Einfluß hat er freilich nicht nur Freunde gewonnen.

In Rumänien beschimpfte man ihn als »Agenten des revanchistischen Ungarn« und in Ungarn als »Agenten des internationalen jüdischen Kapitals«, als »judäo-kommunistischen Plutokraten«, der mit seinen Stiftungen die moralische Unterminierung des Ungartums betreibe. In Serbien und Kroatien, Weißrußland und zeitweilig auch in Tschechien war Soros ein rotes Tuch für die Regierungen, die mit dem selbstbewußten und antiautoritären Milliardär nicht nach Belieben umspringen konnten. Mazedonien verdankt fast das wirtschaftliche Überleben und jedenfalls die Stabilisierung seiner Lage der massiven Unterstützung durch die Soros-Stiftung. Selbst diese Aktivitäten des Mannes, der heute noch mit ungarischem Akzent Englisch spricht, sind nicht unumstritten. Seine Gegner sagen, er investiere in Osteuropa, um sein Image aufzupolieren und sich feiern zu lassen. Nun ist Soros Ehrungen und weltweiter Publizität nicht abgeneigt. Der *New Yorker* bezeichnete ihn gar als einen »Milliardär mit Messias-Komplex«.

In seinen Vorträgen und Büchern vertritt er Thesen, die seinen eigenen Zwiespalt ausdrücken, sehr zum Spott seiner zahlreichen Kritiker: »Als Marktteilnehmer versuche ich, auf der Gewinnerseite zu stehen, als Bürger und Mensch versuche ich, dem Gemeinwohl zu dienen«, heißt es in seinem letzen Buch. Jedenfalls steht Soros nicht zuletzt deshalb im Mittelpunkt von Kontroversen, weil er immer häufiger Politikern öffentlich Ratschläge über die Rußland- und Balkanpolitik oder über eine liberalisierte Drogen- und Einwanderungspolitik erteilt. Kurz, er benimmt sich als ein »Staatsmann ohne Staat«, aber mit viel Geld und mit der persönlichen Macht, die Millionen Dollar nach Belieben, freilich immer für positive Zwecke, zu verteilen.

Einen anderen aus Ungarn stammenden Amerikaner, Andy Grove, hat das amerikanische *Time Magazine* zum »Mann des Jahres« 1997 gekürt und damit mit einem Schlag weltweit und vor allem in seiner Heimat berühmt gemacht.[42] Grove habe die Welt und die Wirtschaft durch die von seiner Firma Intel produzierten Computerchips verändert, hieß es auf der Titelseite. Es handelt sich wieder um eine amerikanische Traumkarriere, fast nach dem Muster »vom Tellerwäscher zum Millionär«. Intel liefert neunzig Prozent der Mikroprozessoren für PCs, und bei einem Jahresumsatz von 25 Milliarden Dollar blieben 1997 6,8 Milliarden Dollar als Gewinn.

Wenige aber wußten, daß der Mann, der dieses marktdominierende Unternehmen ab 1987 als Vorstandsvorsitzender führte, erst zwanzigjährig ohne Englischkenntnisse als Ungarnflüchtling nach New York kam. Bereits 1960 berichtete die *New York Times* von einem jungen Ungarn, der bei der Ankunft nicht einmal die Worte »horizontal« und »vertikal« in Englisch unterscheiden konnte, aber doch als sensationeller Klassenbester das Studium als Chemieingenieur am City College absolviert hatte. Mit unglaublichem Ehrgeiz, Fleiß und Talent machte András Gróf, wie er in Budapest hieß, eine selbst im amerikanischen Maßstab schwindelerregende Karriere. Er hatte auch das Handicap der partiellen Taubheit überwinden müssen; erst nach fünf Operationen in 20 Jahren war sein Gehör wiederhergestellt. Grove, der 1998 in den Aufsichtsrat wechselte, kassierte als Gehalt- und Bonuszahlung 1997 über 100 Millionen Dollar, und *Time* schätzte sein Privatvermögen auf 300 Millionen. Im Gegensatz zu dem auch in Ungarn umtriebigen Soros ist Grove seit seiner Flucht nicht nach Budapest zurückgekehrt.

Das Bild der Ungarn in der Welt der Finanz wäre freilich ein Torso ohne einen kurzen Hinweis auf André Kosztolany (seine Freunde nennen ihn »Kosto«), den bekanntesten Börsenkommentator im deutschen Sprachraum, und auf Alexandre de Lamfalussy (Sándor Lámfalussy), den angesehensten Bankier ungarischer Herkunft in Europa. Der unbestechliche Querdenker Kosztolany, 1906 in Budapest geboren, wohnhaft in Paris und München, in Deutschland Bestseller-Autor und zugleich Inhaber eines amerikanischen Passes, ist die Verkörperung eines ungarischen Kosmopoliten. Im Gespräch mit Johannes Gross, »Weisheit eines Spekulanten« betitelt (das Buch basiert auf einem ZDF-Interview), sagte Kosztolany, er sei in zehn Städten zu Hause. Obwohl er in München und Paris viel mehr Zeit als in Budapest verbringe, sei der Finanzschriftsteller »immer noch engagierter ungarischer Patriot«.

Ein Vierteljahrhundert schrieb Kosztolany eine ständige Kolumne für *Capital*. Von seinen Büchern über Geld und Börse, in acht Sprachen übersetzt, sind bisher über eine Million Exemplare verkauft worden. An Kosztolanys neunzigstem Geburtstag konnte der Verfasser bei einem Treffen bekannter Auslandsungarn in Budapest aus der Nähe bewundern, wie phantastisch sein Ungarisch geblieben ist, obwohl der »weise Spekulant« seit über siebzig Jahren nicht mehr in Ungarn lebt. Bei dieser Veranstaltung sprach übrigens auch Otto von Habsburg druckreif blendend Ungarisch, obwohl er ja bekanntlich nie im Lande lebte. Doch der Sohn des letzten Kaisers und Königs hatte einen ungarischen Benediktiner als Hauslehrer, bei dem er die Sprache perfekt gelernt hatte.

Den Benediktinern hatte auch der Bankier Lamfalussy nach seiner Flucht aus Ungarn 1949 die wichtige Starthilfe in Belgien zu danken. Nachdem er in Sopron das Abitur bei den Benediktinern hinter sich hatte, studierte er nur kurz an der Budapester Universität, bevor er mit zwei Pfadfinderfreunden über die grüne Grenze in den Westen flüchtete. Während seines Studiums an der katholischen Universität Louvain in Belgien hat er als Fremdenführer, sogar als Straßenkehrer gearbeitet, um für den Unterhalt zu sorgen. Nach einem Studium auch in Oxford absolvierte der inzwischen zum belgischen Staatsbürger gewordene Ungarnflüchtling eine erfolgreiche Karriere in der Banque de Bruxelles, um dann 1976 eine führende Position bei der BIS (der Bank der Internationalen Zahlungen) in Basel zu übernehmen. Ab 1985 amtierte der vom belgischen König zum Baron geadelte Lamfalussy als Generaldirektor dieser wichtigen internationalen Institution. 1994 übernahm er den Präsidentenposten beim Europäischen Währungsinstitut in Berlin, dem Vorgänger der inzwischen gegründeten Europäischen Zentralbank. Der Finanzexperte hat ein Haus am Plattensee und ist Mitglied eines informellen internationalen Beirats für Wirtschaftsfragen, den Ministerpräsident Orbán von Zeit zu Zeit konsultiert.

Man könnte mit den Namen der toten und lebenden Talente aus Ungarn im 20. Jahrhundert fast das Telefonbuch einer Kleinstadt füllen. In unserer kurzen Übersicht konnten wir Victor Vasarely (Győző Vásárhelyi), den »Erfinder der Op-art« (1908–1997), oder den 90jährigen Historiker Mitteleuropas François (Ferenc) Fejtő aus Frankreich, den Mythenforscher und Religionswissenschaftler Karl (Károly) Kerényi (1897–1973) aus der Schweiz oder Mihály Csikszentmihályi, den Psychologen und Buchautor aus Chicago, den berühmten Medienmanager Josef von Ferenczy in Deutschland oder den Erfinder des weltweit imitierten »Rubik-Würfels«, Ernő Rubik aus Ungarn, nicht mehr berücksichtigen. Wir mußten auch auf die Aufzählung der großen ungarischen Erfolge im Sport und die Würdigung der Weltmeisterin Judith Polgár im Schachspielen verzichten.

Aber trotz all dieser Superlative taucht nach 1100 Jahren bewegter Geschichte die tiefverwurzelte Angst vor einem langsamen Tod der Nation wieder auf. Im Jahr 2000 könnte die Einwohnerzahl bereits auf das Niveau des Jahres 1960 sinken, das heißt auf genau zehn Millionen, besagen demographische Erhebungen. Überdies weiß heute niemand wirklich, ob die oft zitierte Zahl von fünfzehn Millionen Ungarn in der

Welt überhaupt noch stimmt. Oder ob angesichts des Generationswechsels und der gelockerten Bindung an die Muttersprache in der zweiten und dritten Generation die Gesamtzahl der Ungarn doch wesentlich kleiner geworden ist.

Die künftige Stabilität in Mittel- und Osteuropa hängt in erster Linie von der Behandlung der durch den Vertrag von Trianon abgetrennten Minderheiten in Rumänien, Rumpf-Jugoslawien, in der Slowakei und der Ukraine ab. Es geht insgesamt um drei bis dreieinhalb Millionen Menschen. Andererseits wird die Entwicklung innerhalb dieser Staaten auch von der Gestaltung der Beziehungen mit Ungarn beziehungsweise der jeweiligen Regierung in Budapest mitgeprägt.

Der Weg zu einer Europäisierung der Minderheitenfrage – maximale Gleichberechtigung ohne Grenzänderungen – ist lang und dornenvoll. Man muß bei den Schul- und Geschichtsbüchern anfangen, um die über Jahrhunderte hinweg verbreiteten Feindbilder und Stereotypen auf allen Seiten wirksam zu bekämpfen.

In Ungarn selbst geht es nicht nur – wie es im Westen oft angenommen wird – um Wirtschaftsreformen oder Verschuldungsprobleme, sondern auch um die ungelöste Frage der Verbindung zwischen Patriotismus und Liberalismus, von nationalem Gedanken und gesellschaftlichem Fortschritt. Die größten Dichter des Landes von Sándor Petöfi und Endre Ady bis Attila József waren zugleich durch und durch *Patrioten und Europäer*. Die Überwindung dieses Bruchs zwischen den beiden Tendenzen in der politischen Kultur des Landes ist die Schicksalsfrage für die Zukunft der »Sieger in Niederlagen« und für den Platz Ungarns in einem sich wandelnden Europa.

Danksagung

Dieses Buch wäre ohne die Ermunterung und ohne den ideellen und stilistischen Beistand von Dr. Anneliese Schumacher kaum zeitgerecht zustande gekommen. Ihr gebührt mein aufrichtiger Dank.

Bei der Einschätzung kontroverser Persönlichkeiten und der Präzisierung der großen Linien konnte ich mehrmals und mit großer Dankbarkeit um die Ratschläge des Doyens der ungarischen Historiker und früheren Präsidenten der Ungarischen Akademie der Wissenschaften, Univ.-Prof. Domokos Kosáry, ersuchen.

Unschätzbare Hilfe erhielt ich von der Direktorin des Österreichischen Kulturinstituts in Budapest, Dr. Elisabeth Mach, und von den Mitarbeitern des Ungarischen Kulturinstituts in Wien, vor allem von Frau Katalin Kékesi bei der Beschaffung wichtiger Bücher.

Dr. Attila Pók vom Historischen Institut der Ungarischen Akademie der Wissenschaften und Gábor Papp, Chefredakteur der *Európai Szemle*, waren unermüdlich und erfindungsreich bei ihren Nachforschungen nach alten Publikationen.

Mein Dank geht auch an Frau Dr. Martina Leitsch von der Universitätsbibliothek Wien, die mir großzügigen Zugang zu einigen wichtigen alten Werken der Geschichtsschreibung ermöglicht hat.

Meinem Freund Dr. Horst Friedrich Mayer bin ich für die Überlassung von seltenen Büchern zur österreichisch-ungarischen Geschichte dankbar. Für das schnelle Abschreiben beziehungsweise die Weiterleitung von oft unlesbaren Manuskripten war Frau Astrid Schwaiger verantwortlich.

Zuletzt und vor allen anderen bin ich aber meiner Frau unendlich dankbar, die trotz zeitweiliger gesundheitlicher Probleme mit bewundernswerter Geduld und nie versiegender Hilfsbereitschaft die optimalen Rahmenbedingungen für meine Arbeit ermöglicht hat.

Eckdaten der ungarischen Geschichte

ca. 3000–2000 v.Chr.	Auflösung der finnisch-ugrischen Sprachgemeinschaft.
um 1500 v.Chr.	Auflösung der ugrischen Sprachgemeinschaft.
1000–500 v.Chr.	Ur-ungarische Periode.
500–900 n.Chr.	Ausbildung des altungarischen Volkes im Machtbereich der Westtürken und Chasaren.
um 830	Gründung des altungarischen Fürstentums zwischen Don und unterer Donau. Lostrennung vom Chasarenreich.
892	Magyaren nehmen an Strafexpedition des Frankenkönigs Arnulf gegen Fürst Swatopluk von Mähren teil (Legende des weißen Pferdes).
894	Simeon d.Gr. von Bulgarien greift Byzanz an, das die Magyaren zu Hilfe ruft, während sich Bulgaren mit Petschenegen verbünden.
895/96	Unter Führung *Árpáds* lassen sich Magyaren nach Niederlagen gegen Petschenegen in Siebenbürgen, im Alföld und in Pannonien nieder.
899	(bis 968) Raubzüge durch Mittel- und Westeuropa (bis Italien und Spanien).
906	Vernichtung Mährens durch die Magyaren: Raum für eigenen Staat.
924	Magyaren fallen in Sachsen ein; Abzug gegen Tribut.
933	Niederlage gegen Heinrich I. an der Unstrut; Ende der Tributzahlungen.
943	Magyarischer Beutezug bis vor Konstantinopel.
955	Entscheidende Niederlage gegen Otto d.Gr. auf dem Lechfeld bei Augsburg. Seßhaftwerdung unter Árpáds Enkel *Taksony (955–972)*, der die Beutezüge endgültig einstellt. Knüpft erste Kontakte zu Rom: Papst entsendet einige Missionare. Planmäßige Christianisierung aber erst unter
975	Großfürst *Géza (972–997)*, der bayerische Mönche ins Land holt. Bruno aus St.Gallen wird erster ungarischer Bischof.
995	Gézas Sohn Wajk, auf den Namen Stephan (István) getauft, heiratet Gisela, Tochter des bayerischen Herzogs Heinrich der Zänker. Wachsender deutscher Einfluß.

1000 Krönung *Stephans I. (997–1038)* d.Hl. zum König. Entscheidung für den römischen Katholizismus (Westwendung). Gründung des Erzbistums Gran. Organisation des Landes in Burgkomitaten.

1025 Kaiser Konrad II. tritt Gebiet zwischen Fischa und Leitha an Ungarn ab.

ab 1038 Verfall der Zentralgewalt unter Stephans Neffen *Peter I. Orseolo (1038–41, 1044–46)*. Röm.-dt. Lehnshoheit. Kumanen- und Petschenegeneinfälle.

1058 *András I. (1046–60)* erklärt Unabhängigkeit vom Röm.-Dt. Reich. Nach Heidenaufstand und Thronwirren erneut Stärkung der königlichen Macht unter *Béla I. (1060–63)* und *Géza I. (1074–77)*.

1091 Unter *László (1077–95)* d.Hl. Angliederung eines Teils von Slawonien und Kroatien. Gefördert von Papst Gregor VII. Reformen in Kirche und Staat.

1102 Dalmatinische Küste (nach Bedrohung durch Venedig) und Kroatien z.T. freiwillig unter »Schutz« Ungarns: *Kálmán I. (1095–1116)* erster König beider Länder. Konsequenz: Byzanz versucht in Ungarn Einfluß zu gewinnen, es zumindest von der Adria zurückzudrängen. Dagegen Anlehnung Ungarns an Böhmen und Österreich: westliche Kultur. Ansiedlung von »Sachsen« in Siebenbürgen (Hermannstadt) und der Zips. Herausbildung von niederem Dienstadel.

1162 Nach Tod *Gézas II. (1141–62)* erneut Kämpfe der Thronprätendenten.

Byzanz unterstützt *Béla III. (1172–96)*, Schwiegersohn von Kaiser Manuel I. Komnenos. Schafft Grundlage für späteren Feudalismus.

1182 Rückgewinnung der Südprovinzen. Schutz byzantinischer Interessen am Balkan durch Ungarn. Förderung von Städten und Fernhandel. Kulturell Orientierung an italienischen und französischen Vorbildern (Troubadoure am ungarischen Hof), Blütezeit der Baukunst.

Bélas Sohn *András II. (1205–35)*, Vater der hl. Elisabeth von Thüringen, erläßt gezwungenermaßen (nach aussichtslosem Krieg gegen Galizien)

1222 Goldene Bulle: Recht des Adels auf bewaffneten Widerstand gegen die Herrscher bei Vertragsverletzung; Steuerfreiheit; Begrenzung der Heerfolgepflicht.

1224 Selbstverwaltungsrecht (*Andreaneum*) für Siebenbürger Sachsen.

1225 Vertreibung des Deutschen Ordens, als dieser versucht, ein selbständiges Staatswesen zu errichten. Fortan Prämonstratenser und Zisterzienser im Land: französischer Einfluß, aber auch durch Kreuzzüge.

1241 Niederlage *Bélas IV. (1235–70)* gegen mongolisches Reiterheer. Entvölkerung und Verwüstung Ungarns. Schwächung der Zentralgewalt, aber aufstrebende Städte, die zur Stütze des Thrones werden. Neuansiedlung von hospites aus französischen, wallonischen und rheinländischen Gebieten.

1246 Der letzte Babenberger, Friedrich der Streitbare, fällt im Kampf gegen Ungarn. Österreich wird als Reichslehen eingezogen.

1251 Steiermark vorübergehend von ungarischen Truppen besetzt.

1270 *Stephan V. (1270–72)* kann zwar die Macht übernehmen, doch entgleitet ihm die Kontrolle, v.a. bei der Eingliederung der kumanischen Reiter. Als Stephan stirbt,

1272 Regentschaft seiner Frau, der Kumanen-Prinzessin Elisabeth, bis zur Volljährigkeit des gemeinsamen Sohnes *László IV. (1272–90),* genannt der Kumane. Er ist ein Psychopath, der Ungarn ins Chaos stürzt.

1278 Sieg Rudolfs auf dem Marchfeld unter Beteiligung ungarischer Truppen. Tod König Ottokars von Böhmen.

1301 Mit *András III. (1290–1301)* erlischt die Dynastie der Arpaden im Mannesstamm. Nachfolgekämpfe zwischen Böhmen, Wittelsbachern und Frankreich (Haus Anjou).

1308 Auf Drängen der Kurie Krönung Karl Roberts von Anjou zum ungarischen König.

Als *Karl I. (1308–42)* erreicht er innenpolitische Befriedung und Stärkung der kgl. Macht. Fördert Städte und Handel. Dadurch Interessenkonflikt mit Venedig. Karl heiratet Elisabeth, Tochter des Polenkönigs Wladyslaw I. Lokietek, was ihrem Sohn Anspruch auf den polnischen Thron sichert.

ab 1350 Absicherung Dalmatiens durch *Lajos d.Gr. (1342–82)*. Aber wachsende Türkengefahr. Kulturelle und wissenschaftliche Blütezeit (Universitäten in Fünfkirchen und Buda). Förderung des niederen Adels gegen Magnaten. Nichtmagyarische Gebiete werden selbständige Fürstentümer, die Tribut zahlen (Moldau, Walachei). Diverse Feldzüge zur Erlangung des Throns in Neapel. Schwarzer Tod in Europa (in Ungarn bis 1360 und 1380/81).

1370 Lajos zum König von Polen gewählt. Seine Tochter Hedwig polnische, *Maria* ungarische Königin: Regiert – unterbrochen von einem Zwischenspiel 1385/86 durch *Karl II. von Anjou* –, bis ihr Gemahl *Sigismund von Luxemburg (1387–1437*; als röm.-dt. Kaiser 1433–37) den Thron besteigt.

1396	Magnaten verursachen Niederlage von Nikopolis gegen die Türken – Bulgarien wird türkische Provinz, Athen besetzt – und erzwingen zusätzliche Rechte.
1403	Versuch der Kurie, Ladislaus von Durazzo (seit 1386 König von Neapel) in Ungarn zu etablieren. Daraus folgende Wirren verhindern, daß Niederlage der Türken (durch Timur Lenk) bei Angara (Ankara) ausgenützt werden kann.
1410	Nach Wahl Sigismunds zum deutschen König Regentschaft seiner 2. Gemahlin *Barbara von Cilli*. Hussitische Mission.
1421	Heirat von Sigismunds Tochter Elisabeth mit Herzog Albrecht von Österreich: Habsburg Erbe der ungarischen Krone.
1430	Verlust Dalmatiens an Venedig.
1433 und 1436	Hussitenaufstand in Ungarn. Osmanen dringen weiter vor.
1437	Erfolgloser Bauernaufstand in Siebenbürgen. Antideutsche Ausbrüche, Bürgerkrieg. Albrecht von Österreich (seit 1438 als A. II. deutscher König) fordert ungarischen Thron für Habsburg, stirbt aber bald danach.
1439	Sein Sohn *Ladislaus Postumus* oder *László V. (1440/44–1457)* zunächst von Polenkönig Wladislaw verdrängt.
1444	Als dieser in der Türkenschlacht bei Varna fällt, wird János Hunyadi Reichsverweser.
1453	Türken erobern Konstantinopel. Vordringen auf den Balkan (Serbien 1457, Bosnien 1463, Herzegowina 1483).
1456	Sieg über Mehmed II. vor Belgrad. Neben Türkenkriegen ständiger Kampf mit Kaiser Friedrich III., der die westlichen Provinzen Ungarns besetzt hält.
1463	Sieg von Hunyadis Sohn *Matthias I. Corvinus (1458–90)* über die Türken.
	Ausweitung der Herrschaft auf Böhmen (Krönung) und Mähren, Schlesien und Lausitz: gegen Polen und Habsburg. Verwaltungsreform, stehendes Heer, kulturelle Blütezeit.
1485	Im Erbfolgestreit mit Kaiser Friedrich III. um Böhmen und Ungarn Eroberung Wiens. Ungarn kurze Zeit mächtigstes Reich in Mitteleuropa.
1490	Nach Matthias' Tod Krieg der Jagiellonen um ungarische Krone. Der Böhme *Wladislaw II. (1490–1516)* von ungarischem Reichstag zum König gewählt und gekrönt.
1491	Kompromiß mit Böhmen, Polen und dem Haus Habsburg (Maximilian I., dt. König ab 1493, Kaiser 1508–19), dem Nachfolgerecht bei Aussterben im Mannesstamm zugesichert wird: Vertrag von Preßburg.
	Kämpfe zwischen Adelsfamilien (Feudalanarchie) und

Städten. Bauernaufstände unter György Dózsa (niedergeschlagen von János Zápolyai).

1514 Kodifizierung des Gewohnheitsrechts *(Opus Tripartitum)* durch István Verböczy hat eine nachhaltige Spaltung der Gesellschaft zur Folge: Nur Adlige gelten als Glieder der Stephanskrone, Bauern und Bürger zählen nicht. Obwohl vom König nie unterschrieben, bleibt das »dreiteilige Gesetzbuch« Grundlage der Rechtsordnung bis 1848.

1515 König Wladislaw und Kaiser Maximilian bekräftigen Vertrag von Preßburg:

Lajos II. (1516–26), in Personalunion König von Böhmen, heiratet die Habsburgerin Maria; Erzherzog Ferdinand heiratet Anna von Böhmen-Ungarn.

1517 Martin Luthers Thesen leiten die Reformation ein; Ausbreitung mit Hilfe der Landesfürsten, in Ungarn v.a. auch durch Einwanderer.

1526 König Lajos verliert in der Schlacht von Mohács Land und Leben. Buda und Pest von Türken erobert. Sie installieren dort ein »nationales Königtum« unter *János Zápolyai (1526–40)*, mit Buda als Hauptstadt, gegen Ferdinand von Österreich.

Damit *Dreiteilung* Ungarns:

- Königliches Ungarn im Westen,
- türkischer Vasallenstaat (Mitte),
- Siebenbürgen, das sich als Träger des »wahren Ungartums« und Keimzelle eines neuen Staates sieht.

1529 Türken belagern Wien und setzen ab 1532 zu weiteren Versuchen an.

1538 Streit um Stephanskrone zwischen János Zápolyai und König *Ferdinand I. (1526–64*; als Kaiser 1556–64, der seit 1521 für seinen Bruder Kaiser Karl V. die deutschen Länder regiert) endet mit Vertrag von Großwardein, der Habsburg das Erbe sichert. Dennoch wird

1540 neugeborener Sohn Zápolyais, János Zsigmond, zum König ausgerufen und sofort gekrönt. Regentin: Isabella Jagiello.

1541 Nach Zápolyais Tod und fünf Ungarnfeldzügen gliedert Suleiman Zentralungarn seinem Reich ein.

1559 *János Zsigmond (1540/59–71)* übernimmt als Fürst von Siebenbürgen die Regierung. Verzichtet im Vertrag von Speyer (1570) auf die Stephanskrone zugunsten des ungarischen Königs *Maximilian I. (1563–76*; als Kaiser M. II.1564–76). Evangelisches, reformiertes und unitarisches Bekenntnis gleichgestellt. Tribut an Pforte.

1571 (Wahl von *István Báthory (1571–76)* zum Fürsten von Siebenbürgen, ab 1576 auch König von Polen. Stellvertreter in Siebenbürgen wird sein Bruder *Christoph (1576–81)*. Verstärkt Armee (Székler entgehen als Soldaten der »ewigen Leibeigenschaft«).

Christophs Sohn und Nachfolger *Zsigmond Báthory (1581–98; 1601/02 und 1607/08)* will mehrfach zurücktreten und paktiert abwechselnd mit Habsburg, der Walachei und den Türken. Läßt Leibeigenschaft wieder zu.

1598 übergibt er Siebenbürgen an Kaiser Rudolf I., regiert 1601/02 aber selbst wieder als Fürst. Beginnender Religionsstreit. Fehden unter den Magnaten.

ab 1591 Erneut Kämpfe zwischen Habsburg und Türken: sog. Langer Krieg (bis 1606), in dem alle Landesteile verwüstet werden. Für Ungarn geht es um nationale *und* religiöse Freiheit; taktisches Lavieren und häufiger Lagerwechsel.

1604 Haiduckenaufstand. Anführer *István Bocskai* 1605 zum Fürsten Siebenbürgens und Ungarns gewählt. Erzwingt Frieden mit Wien.

1606 vermittelt Bocskai Frieden zwischen Wien und der Pforte. (Kurz danach wahrscheinlich ermordet.) Da *Rudolf I. (1576–1608*; als Kaiser R. II. bis 1612) die »Rebellen« nicht anerkennt,

1608 Ausrufung seines Bruders, Erzherzog Matthias, zum König: als *Matthias II. (1608–19*; Kaiser ab 1612).

Gábor Báthory (1608–13), Fürst von Siebenbürgen, fördert dagegen (mit Unterstützung der Türken) aktives Ungartum und Reformation.

1618 *Ferdinand II.* von Habsburg wird König von Ungarn (Kaiser 1619–37). Streit um Schließung einer evangelischen Kirche in Böhmen führt zu Demonstrationen und zum »Fenstersturz« zweier Prager Räte. Ausbruch des Dreißigjährigen Krieges.

1619 *Gábor Bethlen (1613–29)* unterstützt Böhmen und beginnt Freiheitskampf gegen Habsburg. Erobert das Königliche Ungarn und wird

1620 zum König gewählt, aber nicht gekrönt. Sichert ständische Selbstverwaltung und Glaubensfreiheit. Pakt mit protestantischen Mächten in Mittel- und Nordeuropa. Neue Prosperität; internationales Ansehen.

1625 Wahl *Ferdinands III.* zum König Ungarns (*1625–57*; Kaiser ab 1637). Konzentriert sich aber ganz auf Krieg im Reich.

1630 *György I. Rákóczi (1630–48)* mit Hilfe der Haiducken als Fürst von Siebenbürgen zum Nachfolger Bethlens gekürt. Unruhen in Oberungarn. Erneut Kämpfe mit Türken.

1644 Bündnis mit Schweden. Gebietsgewinne für Ungarn, aber

auf Drängen der Türken Frieden (u.a. Religionsfreiheit). Beginn der Friedensverhandlungen in Münster und Osnabrück zur Beendigung des europäischen Krieges.

1647 *Ferdinand IV.* (gest. 1654) zum ungarischen König gekrönt.

1648 Nach Abschluß des Westfälischen Friedens wendet sich Wien wieder Ungarn zu: Zeit der Freiheitskämpfer Pál Pálffy und Miklós Zrinyi. Ihr Plan, *György II. Rákóczi (1648–60)* zum ungarischen König zu machen, scheitert. Rákóczi erobert Teile der Walachei und will

1657 König von Polen werden. Aber die Türken lassen ihn fallen; Tataren setzen seine Armee gefangen. Rákóczi stirbt im Kampf gegen die Türken. Fürstentum Siebenbürgen praktisch unter türkischer Kontrolle: verwaltet von Mihály I. Apafi.

1664 Zrinyi stirbt.

1666 Verschwörung von Ferenc Wesselényi gegen den mit Hilfe der Kurie gewählten König *Leopold I. (1655/57–1705*; Kaiser ab 1658). Trotz finanzieller Unterstützung aus Frankreich und Beteiligung des Hochadels Fehlschlag.

1671 Péter Zrínyi, Ferenc Frangepán u.a. enthauptet; nur Ferenc I. Rákóczi begnadigt.

1673 Wien setzt ungarische Verfassung außer Kraft und bestellt Reichsverweser: brutale Protestantenverfolgung.

1678 Kuruzzenaufstand. Imre Thököly (verheiratet mit Witwe von Ferenc I. Rákóczi) vertreibt die Kaiserlichen aus Oberungarn; paktiert auch mit Osmanischem Reich, um unabhängigen Nationalstaat zu verwirklichen. Nach

1683 Niederlage der Türken vor Wien (Schlacht am Kahlenberg) gehen die Kuruzzen zu den Kaiserlichen über. Thököly flieht mit den Türken.

1684 Beginn der Rückeroberung. Bündnis Wiens mit Polen und Venedig gegen Osmanisches Reich. Finanzielle Unterstützung durch den Vatikan.

1686 Einnahme von Buda.

1687 Anschluß Siebenbürgens an Ungarn, Proklamation des habsburgischen Erbkönigtums. *Joseph I. (1687–1711*; ab 1690 dt. König, ab 1705 Kaiser) zum ungarischen König gekrönt.

1697 Sieg Prinz Eugens bei Zenta.

1699 Friede von Karlowitz. Zu Österreich gehören jetzt: Ungarn, Siebenbürgen, der größte Teil von Slawonien und Kroatien. Habsburg orientiert sich nach Südosten und Osten. Während Habsburgs Kräfte im Spanischen Erbfolgekrieg gebunden sind,

1703 neue Rebellion der Kuruzzen (mit Hilfe Frankreichs) unter

	Ferenc II. Rákóczi, Wahlfürst von Siebenbürgen und regierender Fürst von Ungarn: »Absetzung« des Hauses Habsburg.
1711	Friede von Szatmár: Wiederherstellung des alten Erbfolgerechts und Restitution der Adelsprivilegien. *Karl III. (1711–40*; als Kaiser K.VI.).
1716	Siege Prinz Eugens bei Peterwardein und Belgrad. Österreich beherrschende Macht in Südosteuropa.
1722	Annahme der Pragmatischen Sanktion: neues habsburgisches Erbfolgerecht, das Frauen zuläßt. Garantie verfassungsrechtlicher Autonomie für Ungarn.
1723	Einrichtung eines Statthaltereirats.
1731	*Carolina Resolutio:* zum Staatsdienst nur noch Katholiken zugelassen.
1735	Tod Ferenc II. Rákóczis in der Türkei.
1740	Fast gleichzeitig treten Maria Theresia und Friedrich II. von Preußen ihre Herrschaft an. Preußen überfällt Schlesien. Österreichische Erbfolgekriege (bis 1748).
1741	Krönung *Maria Theresias (1740–80)* zum »König von Ungarn«. 11.9.: Rede vor dem Reichstag in Preßburg. 60 000 Mann eilen ihr zu Hilfe und retten das Habsburgerreich. Wiederaufbau des Landes. Neuansiedlungen (v.a. aus Deutschland). Reformen (aber Scheitern der Bemühungen um Religionsfreiheit; rabiate Gegenreformation). Nach Gebietsrückgaben (z.B. Zipser Städte, Hafen Fiume und Temescher Banat): Ungarn mehr als die Hälfte des Habsburgerreiches. Militärische Erfolge ungarischer Regimenter (z.B. Kolin und Vorstoß bis Berlin, 1757).
1761	»Militärgrenze« in Siebenbürgen.
1765	Großfürstentum Siebenbürgen.
1767	Urbarialregelung: wachsender Zentralismus, vor allem unter *Joseph II. (1780–90*; Kaiser ab 1765). Toleranzedikt, Verwaltungsreform mit Deutsch als Amtssprache. 1785 Abschaffung der Leibeigenschaft. Dagegen Widerstand des Adels, der Rücknahme wesentlicher Reformen erzwingt.
1790	Rückgabe der Stephanskrone durch *König Leopold II. (1790–92)*, Bruder Josephs. Sichert Reichstag Souveränität zu. Plant konstitutionelle Monarchie, was aber am frühen Tod dieses aufgeklärten Herrschers scheitert.
1794/95	*Franz I. (1792–1835*; als röm.-dt. Kaiser F. II.; als österr. Kaiser F. I.) zerschlägt angebliche »Jakobinerverschwörung« (Ignác Martinovics u.a.). Hohe Steuern für Krieg gegen Napoleon. Widerstand der Komitate.
ab 1799	Obwohl Ungarn nicht Kriegsgebiet wird, schwere finanzielle Verluste durch schleichende Abwertung der Banknoten.

1805	Dritter Koalitionskrieg (England, Österreich und Rußland) bis an die Grenzen Ungarns. Franzosen besetzen Wien.
1806	Ende des Heiligen Römischen Reiches Deutscher Nation.
ab 1807	Kontinentalsperre.
1809	Napoleon bietet Ungarn Loslösung von Österreich an: ohne Erfolg. (Adel fürchtet um Privilegien.)
1812	Adel bestreitet dem Herrscher das Recht der Banknotenausgabe ohne Zustimmung des Landtags. Seither nicht mehr einberufen.
1814/15	Wiener Kongreß. Neuordnung Europas. System Metternich.
1822/23	Wien geht militärisch gegen Komitate vor.
ab 1825	»Reformära«: István Széchenyi hält auf wieder einberufenem Reichstag erste Rede in ungarischer Sprache.
ab 1830	Wirtschaftsreformen: Széchenyi kämpft gegen Avitizität. Beginnende Technisierung und Modernisierung.
1831	»Lange Ständeversammlung« (bis 1836): Magnatentafel widersetzt sich weiteren Reformen.
1835	*Ferdinand V. (1835–48*; als Kaiser F. I.) nimmt auf Entwicklung keinen Einfluß; überläßt Regierung seinem Kronrat.
1836	Verhaftung von Miklós Wesselényi, Lajos Kossuth u.a.
1840	Freilassung. Kossuth gründet Oppositionsblatt *Pesti Hírlap*.
1844	Ungarisch Amtssprache (statt Latein). Liberale Aristokraten (Lajos Batthyány, István Széchenyi, die Károlyi und Andrássy) unterstützen wachsendes Nationalbewußtsein und stärken die nationale Bewegung.
1848	*Revolution*. Februar: in Frankreich (Louis Napoleon Präsident, ab 1852 Kaiser). März: in Deutschland (Nationalversammlung in der Paulskirche), Wien (Metternich flieht nach England) und Ungarn (15.3.); Juni: Prag (Slawenkongreß). Lajos Graf Batthyány Min.-Präs. Gegenwehr von Kroaten, Serben und Slowaken. *Franz Joseph I. (1848–1916)* löst seinen Onkel auf dem Thron ab.
1849	Auf Oktroyverfassung Wiens erfolgt Unabhängigkeitserklärung (Lajos Kossuth Reichsverweser). Intervention russischer Truppen. Brutales Vorgehen Österreichs (Verwirkungstheorie). Hinrichtung Batthyánys und der 13 Generäle (in Arad). Deutscher Beamtenzentralismus.
1853	Krimkrieg (bis 1856): u.a. wegen Bestreben Rußlands, den Balkanvölkern bei ihrer Loslösung von der Hohen Pforte zu helfen. Intervention der westlichen Großmächte. Balkanfrage wird zum Dauerthema.
1859	Italienischer Einigungskrieg (bis 1861). Österreich verliert die Lombardei.

1860	Selbstmord Széchenyis in Döbling.
1866	Krieg Preußens gegen Habsburg. Niederlage von Königgrätz und der Verlust von Venetien schwächen Österreich auf Dauer. Folge: Österr.-Ungarischer Ausgleich, Doppelmonarchie. Teilweise Autonomie für Transleithanien (= Reich der St.Stephanskrone); deutsch-österreichische Gebiete: Cisleithanien.
1867	Min.-Präs. Graf Gyula Andrássy. Krönung Franz Josephs. Tolerantes Nationalitätengesetz, aber wachsende Spannungen mit Minoritäten (im Königreich samt Siebenbürgen, Kroatien und Slawonien sind die Ungarn in der Minderheit). Innenpolitische Gegensätze mit Slawen bewirken außenpolitische Probleme mit Rußland. Auswanderungswelle nach Übersee.
1873	Börsenkrach. Dreikaiserabkommen Österreich-Ungarn, Rußland und Deutsches Reich.
1875	Kálmán Tisza Min.-Präs. Setzt Magyarisierungspolitik in Gang. Vereinigung der Liberalen.
1878	Nach weiterem Russisch-Türkischen Krieg (1877) kommt es auf Initiative Bismarcks zum Berliner Kongreß: Montenegro, Serbien und Rumänien unabhängig; u.a. Bessarabien an Rußland; Bosnien und Herzegowina von Österreich-Ungarn besetzt. (Serbien proklamiert 1882 Königreich.)
1894	Tod Kossuths in Turin.
1896	Millennium: Tausendjahrfeier der Landnahme.
ab 1900	Spannungen mit der Krone schwächen Zusammenhalt der Reichshälften. Regierungskrisen und Reformstau.
1905	Mährischer Ausgleich: Regelung der Sprachen- und Nationalitätenfrage. Nach russischer Niederlage gegen Japan Revolution in St.Petersburg: blutig niedergeschlagen. Unruhen in Budapest, Regierungskrise. Androhung militärischer Besetzung durch loyale Truppen. Zusage von Verbesserungen im Wahlrecht. Plan für Sozialreformen.
1906	Handelskrieg gegen Serbien.
1908	(Revolution der Jungtürken.) Österreich-Ungarn annektiert Bosnien und Herzegowina. Bulgarien Königreich. Albanien selbständig. Spannungen mit Rußland.
1910	Industriearbeiter demonstrieren für allgemeines Wahlrecht.
1912	Generalstreik.
1912/13	Balkankriege: serbischer Gebietsgewinn.
1914	Ermordung des österreichischen Thronfolgerpaars in Sarajewo im Auftrag eines großserbischen Geheimbundes (»Schwarze Hand«; 28.6.): Franz Ferdinand strebte Trialismus (mit Slawen) an. Ungarn lehnt Krieg mit Serbien

zunächst ab, da Regierung um innere Stabilität fürchtet, wird aber vom Kronrat zu Kriegserklärung gezwungen.

1916 *König Karl IV. (1916–18/21*; als österr. Kaiser K. I.) folgt Franz Joseph auf den Thron.

1917 Seine Friedensinitiative scheitert (Sixtusbriefe). Kriegseintritt der USA.

Russische Revolution: Zar Nikolaus II. dankt ab (März), bolschewistischer Putsch (Oktober).

14-Punkte-Programm US-Präs. Wilsons von Nationalitäten begrüßt.

1918 4.10.: Österr.-Ungarn schließt sich Waffenstillstandsgesuch Deutschlands an.

17.10.: »Völkermanifest« Kaiser Karls hat Unabhängigkeitserklärung Ungarns zur Folge.

(Nach Matrosenaufstand und Revolution Thronentsagung Kaiser Wilhelms II.)

11.11.: Kaiser Karl »verzichtet auf jeden Anteil an den Regierungsgeschäften«.

16.11.: Nach Abdankung Karls Ausrufung der Republik durch Nationalrat.

1919 Räterepublik unter Béla Kun. Einzug der Weißen Armee unter Admiral Miklós Horthy.

1920 Horthy zum Reichsverweser gewählt: Proklamiert Ungarn als Monarchie mit vakantem Thron. – Friede von Trianon reduziert Ungarn auf ein Drittel des St.Stephansreiches: Verliert Kroatien, Siebenbürgen und Slowakei.

1921 Restaurationsversuch Karls IV. scheitert. Absetzung des Hauses Habsburg-Lothringen. Graf István Bethlen Min.-Präs. Konsolidierung.

1922 König Karl auf Madeira gestorben. Aufnahme Ungarns in Völkerbund. Dennoch Sympathien für »Marsch auf Rom« und Mussolinis Machtergreifung in Italien.

1926 Einrichtung eines Oberhauses.

1929 Weltwirtschaftskrise: Schwarzer Freitag. Massenarbeitslosigkeit.

1931 Bankencrash in Ungarn. Regierung Graf Gyula Károlyis.

1932 Min.-Präs. Gyula Gömbös sucht enge Beziehungen zu Deutschland und Italien. Aggressive Außenpolitik: noch intensiviert, als

1933 Adolf Hitler deutscher Reichskanzler wird. (F.D. Roosevelt US-Präsident.)

1934 Trotz Bürgerkrieg und Ermordung von Bundeskanzler Dollfuß durch Nationalsozialisten enge wirtschaftliche Zusammenarbeit mit Österreich.

1938 Einmarsch deutscher Truppen in Österreich. Béla Imrédy

Min.-Präs., Chef einer extrem rechten Gruppierung. Sudetenkrise. Münchner Abkommen.

Nach »Wiener Schiedsspruch« durch die Außenminister der Achsenmächte: Rückgliederung der Südslowakei und der südlichen Karpato-Ukraine. Judengesetze (Mitverfasser Teleki).

1939 Nach Rücktritt von Imrédy bildet Graf Pál Teleki neue Regierung.

Unterzeichnung des Antikominternpaktes mit Deutschland, Italien und Japan. Einmarsch ungarischer Truppen in restliche Karpato-Ukraine. Austritt aus dem Völkerbund. Bei Neuwahlen Zugewinne der Pfeilkreuzler. Verschärfung der Judengesetze. Ungarn bei Kriegsbeginn neutral: verweigert deutschen Militärzügen die Durchfahrt und öffnet Grenzen für 100 000 Polenflüchtlinge.

1940 Dänemark, Norwegen, die Niederlande und Belgien von deutschen Truppen besetzt. Kriegseintritt Italiens. Kapitulation Frankreichs (Regime von Vichy). Revisionswünsche Ungarns gegenüber Rumänien. Sowjetisches Ultimatum an Rumänien wegen Bessarabien. Angesichts drohender Kämpfe »Zweiter Wiener Schiedsspruch«: Rückgliederung Nordsiebenbürgens und des Széklerlands an Ungarn (30.8.). Triumphaler Einzug Horthys in Kolozsvár (Klausenburg). Als Gegenleistung: Sonderrechte für Deutsche in Ungarn. Beitritt Ungarns zum Dreimächtepakt.

Freundschaftsvertrag mit Jugoslawien. Als auch die jugoslawische Regierung dem Dreierpakt beitritt, Militärputsch in Belgrad. Peter II. König.

1941 Aus Protest gegen drohenden Krieg mit Jugoslawien begeht Min.-Präs. Pál Teleki Selbstmord (April). Nachfolger Außenminister László Bárdossy.

8.4.: Deutscher Einmarsch in Jugoslawien, ab

11.4. besetzen ungarische Truppen ehemals magyarische Gebiete in Jugoslawien.

27.4.: Kriegserklärung Ungarns an UdSSR.

Drittes Judengesetz (August).

Großbritannien erklärt Ungarn (6.12.), Ungarn den USA (12.12.) den Krieg.

1942 Bárdossy von Miklós Kállay als Min.-Präs. abgelöst. Sucht im Auftrag Horthys Kontakte zu Westalliierten. Zunehmende Verluste an der Ostfront.

1943 Vernichtung der Zweiten Armee am Don (Januar). Geheimverhandlungen mit Westalliierten über Frontwechsel. (Fall von Stalingrad; deutsche Kapitulation in Nordafrika; Allierte landen in Italien.)

1944 Deutsche Truppen besetzen Ungarn (Unternehmen »Margarete«, 19.3.). Horthy wird bei Unterredung mit Hitler gezwungen, Dome Sztójay zum (Marionetten-)Min.-Präs. zu bestellen. Statt eines deutschen Gesandten jetzt »Bevollmächtigter des Großdeutschen Reiches«. Deportation von 437 000 Juden nach Auschwitz. (Invasion in der Normandie.) Als Rumänien Bündnis mit Deutschland aufkündigt (23.8.), bildet General Géza Lakatos neue Regierung und versucht ebenfalls Absprung. Horthy erklärt über Radio, daß er UdSSR um Waffenstillstand ersucht habe (15.10.). Widerruf unter deutschem Druck (16.10.) und »Schutzhaft«. Ferenc Szálasi »Führer der Nation«, Schreckensherrschaft der Pfeilkreuzler. In Debrecen Provisorische Nationalversammlung und Provisorische Nationalregierung unter Generaloberst Béla Dálnoki Miklós ruft Gegenregierung aus (22.12.).

1945 Rote Armee besetzt Budapest (13.2.). Ende der Kampfhandlungen in Ungarn am 4.4. Zwölf ungarische Divisionen kämpfen bis zuletzt auf deutscher Seite.

»Bodenreform«. Kleinlandwirte-Partei gewinnt Parlamentswahlen.

1946 Ungarn, nominell noch immer Königreich, wird Republik.

1947 Unterzeichnung des Friedensvertrags in Paris: Wiederherstellung der Grenzen von Trianon (von 1920). Ablehnung des Marshallplans.

1948 »Jahr der Wende«: Machtübernahme der Kommunisten (»Salamitaktik«). Gleichschaltung der Sozialdemokraten. Freundschaftspakt mit UdSSR.

1949 Gründung des RGW (Comecon) in Moskau (sowie der NATO in Washington).

Mátyás Rákosi, Chef der MDP, entwickelt sich zum Diktator. Prozeß gegen Kardinal Mindszenty. Ungarn wird Volksrepublik. Außenminister László Rajk des »Titoismus« angeklagt und hingerichtet.

1952 Rákosi übernimmt (bis Juli 1953) auch das Amt des Min.-Präs.

1953 Stalins Tod. Volksaufstand in der DDR.

Nach Wahlen proklamiert Imre Nagy als Min.-Präs. (bis April 1955) »Neuen Kurs«. Internierungslager aufgelöst. Amnestie. Wirtschaftsreformen.

1955 Nagy als »Abweichler« abgesetzt und aus Partei ausgeschlossen. Neuer Min.-Präs. András Hegedüs. Gründung des Warschauer Pakts. Österreich erlangt Souveränität. Kurze »Tauwetter«-Periode. Aufnahme Ungarns in die UNO.

1956	XX. Parteitag der KPdSU. Verurteilung des Stalinismus. Nach Chruschtschow-Rede Rajk rehabilitiert. Aufstand in Polen. Gomulka wieder Gen.-Sekr. (wie bis 1948).
	Rákosi als Erster Sekretär des ZK durch Ernö Gerö abgelöst.
	23.10.: Volksaufstand. Nagy erneut Min.-Präs., János Kádár Erster Sekr. der MDP.
	24.–29.10.: Eingreifen und Rückzug sowjetischer Truppen.
	1.11.: Nagy erklärt Austritt aus Warschauer Pakt und Neutralität. Hilfsappell an UNO. (Zeitgleich: Suez-Krise.) Ungarische Sozialistische Arbeiterpartei (USAP) gegründet. Kardinal Mindszenty in US-Botschaft.
	4.–11.12.: Sowjetarmee walzt sog. Konterrevolution nieder.
1957	Stationierungsvertrag über Sowjet-Truppen.
1958	Nagy und engste Mitstreiter nach Geheimprozeß hingerichtet (Juni). UdSSR: Nikita S. Chruschtschow Gen.-Sekr. und Vorsitzender des Min.-Rats.
1960	»Sozialistische Umgestaltung« der Landwirtschaft (Kollektivierung). Konsolidierung der Macht Kádárs.
1963	Amnestie für politische Häftlinge. Handelsabkommen mit BRD.
1964	Abkommen mit Vatikan. Nach Chruschtschows Sturz Leonid S. Breschnew Gen.-Sekr. des ZK der KPdSU.
1965	Breschnew in Budapest. USAP für Reformen der Wirtschaftslenkung.
1966	Neues Wahlgesetz: Kandidaten- statt Listenwahl.
1968	Liberalisierung der Märkte und Preise (»Gulaschkommunismus«).
	Beteiligung an Militärintervention in ČSSR zur Beendigung des »Prager Frühlings«.
1971	Amnestie und Exil für Kardinal Mindszenty.
1972	Annahme der neuen Verfassung: Aufwertung des Parlaments, passives Wahlrecht für alle.
1973	Ungarn Vollmitglied des GATT. Diplomatische Beziehungen zur BRD.
1974	Papst Paul VI. enthebt Kardinal Mindszenty seiner Ämter.
1975	Offensive der Reformgegner mit sowjetischer Unterstützung, Ablösung von mehreren Spitzenreformern. KSZE-Abkommen in Helsinki unterzeichnet.
1976	Kardinal L. Lékai zum Erzbischof von Esztergom und Primas der katholischen Kirche Ungarns ernannt.
1977	Kádár im Vatikan empfangen.
1978	Rückgabe der Stephanskrone und Kroninsignien durch USA. Minderheitssprachen im Amtsverkehr erlaubt.
	Karol Wojtyla wird Papst: Johannes Paul II.

1979	Sowjetische Truppen in Afghanistan (Dezember).
1979/80	Preiserhöhungen bewirken scharfe Diskussionen über Wirtschaftspolitik und Rolle der Gewerkschaften.
1980	Verbannung des Regimekritikers Andrej Sacharow auch in Ungarn kritisiert. Streiks in Danzig. Solidarność erzwingt Rücktritt Giereks.
1981	Wojciech Jaruzelski ruft Kriegsrecht in Polen aus.
1982	Aufnahme Ungarns in IWF. Weitere Liberalisierung. Freie Westreisen. Nach Tod Breschnews Jurij Andropow Gen.-Sekr. des ZK der KPdSU.
1984	Konstantin Tschernenko Gen.-Sekr.
1985	Michail Gorbatschow Gen.-Sekr., Gromyko Staatsoberhaupt, Edward Schewardnadse Außenmininister. Kádár Gen.-Sekr. der USAP. Parlaments- und Kommunalwahlen.
1987	Károly Grosz wird Min.-Präs.
1988	Absage an Hegemonieansprüche in der UdSSR führt zu Auflösungserscheinungen an den Rändern (baltische Staaten erlangen Selbständigkeit); Minderheitenkonflikte (Armenien/Aserbaidschan 1988, Moldawien 89) verschärfen sich. Rückzug aus Afghanistan. Wiederzulassung der Solidarność in Polen, »Runder Tisch« endet mit Auflösung der KP. Kádár und Politbüro auf einer außerordentlichen Landeskonferenz der Partei abgewählt. Grosz wird auch Gen.-Sekr. Demonstrationen gegen rumänische Minderheitenpolitik. Miklós Németh wird Min.-Präs. (25.11.).
1989	Einführung des Zivildienstes. USAP verzichtet auf Führungsrolle. Imre Nagy rehabilitiert und feierlich beigesetzt. Demonstrations-, Versammlungs- und Pressefreiheit. Grenzöffnung für DDR-Bürger. Abbau des Eisernen Vorhangs als Auftakt zum Zusammenbruch der DDR. (40. Jahrestag der DDR, Gorbatschow-Rede, 7.10.: »Wer zu spät kommt« als Aufbruchssignal für Deutschland; Maueröffnung 9.11.) Verfassungsänderung: Mehrparteiensystem, Gewaltenteilung, Amt des Staatspräs. (Parteiloser Bruno Straub). Min.-Präs. Miklós Németh, Außenminister Gyula Horn. Aus VR wird Republik Ungarn.
1990	Vereinbarung über Abzug sowjetischer Truppen. MDF bei ersten freien Wahlen stärkste Partei (J. Antall Min.-Präs.). Mitglied des Europarats.
1991	Assoziierungs-Abkommen mit EG.
1992	Deutsch-ungarischer Partnerschaftsvertrag.

1993	Freihandelsabkommen mit Polen, Tschechien und Slowakei.
1994	Aufnahmeantrag in EU. Vertrag mit NATO (Partnerschaft für Frieden).
	Absolute Mehrheit für Sozialisten. Gyula Horn Min.-Präs.
1996	Autonomieforderungen ungarischer Minderheiten in Nachbarländern.
1997	Ungarisch-rumänischer Grundlagenvertrag über Rechte der Ungarn in Rumänien.
	Kooperationsabkommen mit Italien und Slowenien am Balkan. Referendum über NATO-Beitritt.
1998	Aufnahme von EU-Beitrittsverhandlungen.
	Wahlsieg des Bunds Junger Demokraten. Min.-Präs. Viktor Orbán.
1999	Ungarn NATO-Mitglied.

Anmerkungen

KAPITEL I

1 Johannes Duft, Die Ungarn in Sankt Gallen, Zürich 1957; J. Duft – A. Gössi – W. Vogler, Die Geschichte des Klosters St. Gallen, 1986; Werner Vogler (Hrsg.), Die Kultur der Abtei Sankt Gallen, Zürich 1993.
2 Bálint Hóman-Gyula Szekfü, Magyar Történet, Bde. 1–5 (Ungarische Geschichte), Budapest 1936 Bd.1, S. 92.
Karl Szabó, in: Die Österreichisch-Ungarische Monarchie in Wort und Bild, Bde. 1–24, Ungarn Bd. 1, Geschichte Ungarns, S. 43–55.
3 Vgl. Das Bild vom Anderen (Hrsg. V. Heuberger – A. Suppan – E. Vyslonzil), Frankfurt 1998, S. 18, 28 f.
4 Fernand Braudel (Hrsg.), Europa – Bausteine seiner Geschichte, Frankfurt 1989, S. 51.
5 Georges Duby, Europa im Mittelalter, Stuttgart 1986, S. 9, 23.

KAPITEL II

1 Vgl. Hóman-Szekfü, ebd., Bd. 1, S. 1–131; György Györffy, István király és müve (König Stephan und sein Werk), Budapest 1977, S. 15–54; György Székely-Anthal Barta, Magyarország története Bde. 1–10, Bd. 1, S. 265–575; Péter Hanák (Hrsg.), Die Geschichte Ungarns, Essen 1988, S. 1–29; C. A. Macartney, Geschichte Ungarns, Stuttgart 1971, S. 1–11; Pál Engel, Magyarok Európában, A kezdettöl 1440-ig (Ungarn in Europa, Von den Anfängen bis 1440), Budapest 1990.
2 Egon Friedell, Kulturgeschichte der Neuzeit, München 1996, S. 13.
3 Vgl. György Dalos, Mythen der Nationen, Berlin 1998, S. 531.
4 Herwig Wolfram, Die Geburt Mitteleuropas, Geschichte Österreichs vor seiner Entstehung 378–907, Berlin 1987, insbesondere S. 311–375.
5 Vgl. György Györffy, A magyarok elödeiröl és a honfoglalásról, Kortársak és krónikások hiradásai (Über die Vorfahren der Ungarn und die Landnahme – Berichte von Zeitgenossen und Chroniken), Budapest 1986; Thomas von Bogyay, Grundzüge der ungarischen Geschichte, Darmstadt 1990, S. 3–13; siehe auch Diskussion in »História«, Sonderheft über die Landnahme (auf ung.), 1966/2.
6 Georg Stadtmüller, Geschichtliche Ostkunde, Bd. 2, Wien–München–Zürich 1963, S. 31.

7 Zitiert in: Die ungarische Landnahme in der ausländischen Geschichtsschreibung, in: Magyar Tudomány, Budapest 95/12, S. 1407 f.
8 Hóman-Szekfü, ebd., Bd. 1, S. 123 f.; Bogyay, ebd., 33–36; Kurze Geschichte Siebenbürgens (Hrsg. Béla Köpeczi), Budapest 1990, insbesondere S. 107–240.
9 Vgl. u. a. R. W. Seton-Watson, A history of the Roumanians, London 1934, Reprint 1963, S. 1–16.
10 Die Székler in: Magyarok a Kárpátmedencében (Ungarn im Karpatenbecken), Hrsg. Ferenc Glatz, Budapest 1988, S. 47; Öst.-Ung. Monarchie, ebd., Ungarn, Kurze Geschichte, S. 241–267. Vgl. für Jókai Bd. 1, Wien 1888, S. 318–326.
11 Sándor Eckhardt, Das Ungarnbild in Europa, in: Ungarische Jahrbücher 1942. Die deutsche Übersetzung des Essays aus dem Sammelband: Mi a Magyar? (Was ist der Ungarn?), Budapest 1938, ist manipuliert, das heißt von nicht in die NS-Zeit passenden kritischen Bemerkungen »bereinigt«.
12 Eckhardt, ebd.

KAPITEL III

1 Jenö Szücs, König Stephan in der Sicht der modernen ungarischen Geschichtsforschung, in: Südostforschungen, München, Bd. XXXI, 1972, S. 17–35.
2 Macartney, ebd., S. 15.
3 In: *Népszabadság*, Budapest, 19. 8. 1997.
4 Kálmán Benda – Erik Fügedi, Tausend Jahre Stephanskrone, Budapest 1989.
5 Bogyay, ebd., S. 22.
6 Zitiert nach: Ungarns Geschichte und Kultur in Dokumenten (Hrsg. Julius von Farkas), Wiesbaden 1955, S. 11–12.
7 Katalin Sinkó, Árpád versus Saint István, Competing heroes and competing interests in the figurative representation of Hungarian history, in: Ethnologia Europaea XIX, 1989, S. 67–83.

KAPITEL IV

1 Siehe Bayern und Ungarn, Tausend Jahre enge Beziehungen (Hrsg. Ekkehard Völkl), Regensburg 1988, S. 9–21.
2 Gyula Pauler, Geschichte der ungarischen Nation unter den Königen aus dem Hause Árpáds, Bd. 1, Budapest 1899, S. 137 f. (auf ung.).
3 Julius von Farkas, Das Ungarbild in Deutschland, Ungarn-Jahrbuch, Berlin 1942, S. 402–404.
4 Ungarns Geschichte und Kultur in Dokumenten, ebd., S. 15–17.
5 Paul Hunfalvy, Sprachhistoriker, zitiert und ergänzt durch Béla v. Pukánszky, in: Geschichte des deutschen Schrifttums in Ungarn, Münster 1931, Bd. 1, S. 27.

6 Die Begriffe stammen von dem Schriftsteller und Essayisten Lászlo Németh aus seinem einflußreichen antisemitischen, zum Teil auch antideutschen und anti»assimilatorischen« Werk *A minöseg forradalama* (Die Revolution der Qualität), für die »dünnen« Magyaren, siehe insbesondere Bd. 2, Reprint Budapest 1992, S. 849–852, 934–935.
7 Denis Silagi, Ungarn, Hannover 1972, 2. erw. Aufl., S. 12.
8 Mihály Babits in: »Mi a magyar?« (Was ist der Ungar?), Budapest 1939, S. 37.
9 Siehe György M. Vajda, Wien und die Literaturen in der Donaumonarchie, Wien–Köln–Weimar 1994, S. 15–17; E. J. Görlich, Grillparzer und Kartona, in: Ungarn-Jahrbuch, 1973, Bd. 3, S. 123–134.
10 Eckhardt, ebd.
11 Zitiert in Hanák, ebd., S. 29.
12 Eckhardt, ebd.

KAPITEL V

1 Der Mongolensturm, Berichte von Augenzeugen und Zeitgenossen 1235/1250 (Hrsg. Thomas von Bogyay), Graz 1985.
2 Bogyay, ebd., S. 43–48; Hanák, ebd., S. 31–34; siehe auch Jenö Szücs, Nemzet és történelem (Nation und Geschichte), Budapest 1984.
3 Bogyay, S. 42, Ferenc Glatz, A magyarok krónikája (Die Chronik der Ungarn), Budapest 1996, S. 98f., gibt die Verluste nur mit 300 000 bis 400 000 an.
4 Der Mongolensturm, ebd., S. 168–170.
5 Günther Stökl, Osteuropa und die Deutschen, Oldenburg/Hamburg 1967, S. 86. Für Hóman, siehe Bd. 2, S. 147f.; für Hantsch, Die Geschichte Österreichs, Bd. 1, S. 90.
6 Szücs, ebd.
7 Ladislaus Rosdy, Sieben Versuche über Ungarn, Wien–München 1966, S. 31.
8 Zitiert nach Rosdy, ebd., S. 28.

KAPITEL VI

1 Duby, ebd., S. 87.
2 Macartney, ebd., S. 37.
3 Macartney, ebd., S. 41.

KAPITEL VII

1 Zitiert bei Eckhardt, ebd. Hier auch das folgende Zitat von Hebbel.
2 Macartney, ebd., S. 47.
3 Zitiert in: Ungarns Geschichte und Kultur, ebd., S. 35–40.
4 Zitiert bei Hanák, ebd., S. 43.

KAPITEL VIII

1 Ungarische Dichtung aus fünf Jahrhunderten, Budapest 1970. Für Petőfi siehe S. 94. Im Namen des Volkes, Übersetzung von Martin Renamé, für Ady, György Dózsas Enkel, S. 170, Übersetzung von Heinz Kahlau.
2 Jenö Szücs, Die drei historischen Regionen Europas, Frankfurt 1990, S. 53.
3 Pukánszky, ebd., S. 38–39.
4 Rosdy, ebd., S. 46; Szekfü-Hóman, ebd., Bd. 1, S. 12–13.
5 Géza Ottlik, Iskola a határon (Schule an der Grenze), Budapest 1959, S. 388.

KAPITEL IX

1 Vgl. Hóman-Szekfü, ebd.; Szekfü, Bd. 3, S. 48–59; Gábor Barta, Az erdélyi fejedelemség születése (Die Geburt des Fürstentum Siebenbürgen), Budapest 1984; Kurze Geschichte, Bd., S. 243–255.
2 Bogyay, ebd., S. 89f. Vgl. auch Szekfü, ebd.; I. Szabó, Ungarisches Volk – Geschichte und Wandlungen, Budapest–Leipzig 1944, zitiert bei Bogyay, S. 84 und 90.
3 Zitiert bei Rosdy, ebd., S. 11.
4 Szekfü, ebd., S. 497–499.
5 Vgl. Franz Pesendorfer, Ungarn und Österreich, Tausend Jahre Partner oder Gegner, Wien 1998, S. 99.
6 Für Zitate siehe Eckhardt, ebd.

KAPITEL X

1 Vgl. Kurze Geschichte, ebd.
2 Vgl. Szücs, Die drei historischen […], ebd.; Bogyay, ebd., S. 80, 84.
3 Szekfü, ebd., S. 3.
4 Vgl. Kurze Geschichte, ebd., S. 310–327, 329–341.
5 Kurze Geschichte, ebd., S. 186–189, 292–298; Szekfü, ebd., S. 329–333.
6 Text in: Ungarns Geschichte und Kultur, ebd., S. 72–75.
7 Zitiert in: Eduard Winter, Barock, Absolutismus und Aufklärung in der Donaumonarchie, Wien 1971, S. 57.

KAPITEL XI

1 Golo Mann, Wallenstein, Frankfurt 1971. Vgl. S. 150–153, 170, 195, 225f.
2 Ágnes Hankiss, Gábor Bethlen, in: Kötéltánc (Seiltanz), S. 328–365; C. V. Wegwood, Der 30jährige Krieg, München 1976, S. 156, 168.
3 Hankiss, ebd.
4 Zitiert in Gyula Szekfü, Bethlen Gábor, Budapest 1929, S. 219.
5 Siehe Gábor Bethlen, Emlékezete (Zur Erinnerung an Gábor Bethlen), Briefe (auf ung.), Budapest 1980.

6 Text in: Ungarns Geschichte und Kultur, ebd., S. 75–79.
7 Vgl. Interview über Nation und Geschichte, in: Europai utas (Europäischer Reisende), Budapest 98/1; über »Irrglauben sind auch historische Fakten«, in: *Magyar Hirlap*, Budapest, 31. 5. 1997. Siehe auch sein Buch: Wiederaufbau und Verbürgerlichung 1711–1867, Budapest 1990, und Die Gefahren der Geschichte, Budapest 1987 (beide auf ung.).

KAPITEL XII

1 Vgl. Antal Szerb, Magyar Irodalomtörténet (Ungarische Literaturgeschichte), Budapest 1934, reprint 1978, S. 163.
2 Bogyay, ebd., S. 84f.
3 V.-L. Tapié, Graz–Wien–Köln 1975, S. 154.
4 Text in: Ungarns Geschichte und Kultur, ebd., S. 60–69.
5 Krones Handbuch der österreichischen Geschichte, S. 591.

KAPITEL XIII

1 Jenö Szücs, Die drei historischen […], ebd., S. 85.
2 Macartney, ebd., S. 67.
3 Tapié, ebd., S. 145.
4 Kara Mustafa vor Wien (Hrsg. Richard F. Kreutel), Graz–Wien–Köln 1955, S. 83f.
5 Béla Köpeczi, Magyarorszag a kereszténység ellensége – A Thököly felkelés az európai közvéleményben (Ungarn der Feind des Christentums – Der Thököly-Aufstand in der öffentlichen Meinung Europas), Budapest 1976.

KAPITEL XIV

1 E. Zöllner, Geschichte Österreichs, S. 256.
2 Bogyay, ebd., S. 87.
3 Macartney, ebd., S. 68.
4 Hóman-Szekfü, ebd., Bd. 4; Szekfü, S. 263.
5 Jacob Burckhardt, Weltgeschichtliche Betrachtungen (Hrsg. Peter Ganz), S. 392–396.
6 Text in: Ungarns Geschichte und Kultur, ebd., S. 78–84.
7 Ebd., siehe auch II. Rákóczki Ferenc Emlékiratai (Memoiren von Ferenc II. Rákóctki), Budapest 1979.

KAPITEL XV

1 Domokos Kosáry, Ujjáépités és polgárosodás 1711–1867 (Wiederaufbau und Verbürgerlichung 1711–1867), Budapest 1990, S. 29f.
2 Macartney, ebd., S. 71.

3 Saint-Simon, Memoires (Hrsg. Alfred de Boislisl), Bd. 23, Paris 1971, S. 259–261.
4 Kelemen Mikes, Briefe aus der Türkei, Graz–Wien–Köln 1978, S. 265–267.
5 Vgl. Einleitung und Biographie von Ferenc Glatz zur Neuauflage von Szekfüs umstrittenem Werk Három nemzedék (Drei Generationen), Budapest (1920) 1989, S. I–XXXVIII. Siehe auch Einleitung und Bibliographie von Ferenc Glatz zur Reprintausgabe (Budapest 1983) des 1947 erschienenen Szekfü-Buches Forradalom után (Nach der Revolution).
6 Szekfü, Forradalom után, Budapest 1947, S. 156.

KAPITEL XVI

1 Kosáry, ebd.
2 Moritz Csáky, Von der Aufklärung zum Liberalismus, Wien 1981, S. 13.
3 Macartney, S. 99 (der englischen Ausgabe, Edinburgh 1962) – die deutsche Ausgabe ist eine gekürzte Version. Vgl. auch Kosáry, ebd.
4 John Paget, Ungarn und Siebenbürgen, Bd. I, Leipzig 1842, S. 34–36.
5 Szekfü, Ung. Gesch., ebd., Bd. 4, S. 432, 460, 477.
6 Kálmán Benda über den »Verräter« Sándor Károlyi in História (ung.). Vgl. auch Kosóry, ebd.
7 Kosáry, ebd.
8 Robert A. Kann, Geschichte des Habsburgerreiches, Wien–Köln–Graz 1977, S. 80 und 217–219.
9 Julia Pardoe, The City of the Magyar... Bd. 1–3, London 1840. Deutsche Ausgabe 1842, S. 217–219.
10 Paget, ebd., S. 260.
11 Stephan Vajda, Felix Austria, Wien 1988, S. 375.
12 Henry Vallotton, Maria Theresia, München 1978, S. 48.
13 Text zitiert in: Ebd., S. 53.
14 Vajda, ebd., S. 378, Macartney, S. 97. Vgl. auch Béla Grünwald, A régi Magyarország (Das alte Ungarn), Budapest 1910.
15 Szekfü, ebd., Bd. 4, S. 494.
16 Julius Miskolczy, Ungarn in der Habsburger Monarchie, Wien 1959, S. 9.
17 Vallotton, ebd., S. 300.
18 Adam Wandruszka, Das Haus Habsburg, Wien–Freiburg 1978, S. 159.
19 Vallotton, ebd., S. 305.
20 Vgl. Sinkó, ebd., S. 70f.; Bogyay, Grundzüge, S. 95; Szekfü, Bd. 4, S. 573f.
21 Vgl. Grünwald, ebd.
22 Der Begriff von Paul Ignotus, Hungary, London 1972, S. 44.
23 Szerb, ebd., S. 206.
24 Paget, ebd., S. 146.
25 Gyula Farkas, A magyar irodalom története (Die Geschichte der ungarischen Literatur), Budapest 1936, S. 104.
26 Vgl. Kosáry, ebd.; Bogyay, ebd., S. 98–100; Stökl, ebd., S. 77.
27 Vgl. Kosáry, ebd.; Macartney, ebd.

28 Zitiert bei Grünwald, ebd.
29 Kosáry, ebd.

KAPITEL XVII

1 Tapié, ebd., S. 214.
2 Wandruszka, ebd., S. 172f. Vgl. François Fejtö, Joseph II., Kaiser und Revolutionär, Stuttgart 1956.
3 Zitiert nach Ludwig Némedì, Deutsche aus ungarischer Sicht, Ungarische Jahrbücher, Berlin 1940, S. 46.
4 Benda-Fügedi, ebd., S. 166–173.
5 Kosáry, ebd., Macartney, S. 105.
6 Kosáry, S. 155–156.
7 Grünwald, ebd., S. 124.
8 Miskolczy, ebd., S. 14.
9 Farkas, ebd., S. 407.
10 Zitiert bei Eckhardt, ebd.
11 Némedi, ebd., S. 58.
12 Farkas, ebd., S. 104.
13 Ideen zur Philosophie der Geschichte der Menschheit, 16. Buch, Suphan-Ausgabe, Bd. XIV, Berlin 1909, S. 269.
14 Wandruszka, ebd., S. 174.

KAPITEL XVIII

1 Vgl. Ágnes Hankiss, ebd., S. 253–285; Szekfü, ebd., S. 90–94, Kálmán Benda, A magyar Jakobinusok, Budapest 1957.
2 Vgl. Szekfü, ebd.; Benda.
3 Szekfü, ebd., S. 94–97; Bogyay, S. 101f.; Denis Silagi, Ungarn und der geheime Mitarbeiterkreis Kaiser Leopolds II., München 1961.
4 Vgl. Szekfü, ebd., und Vilmos Fraknói, Martinovics élete (Das Leben von Martinovics), Budapest 1921.
5 Hankiss, ebd., insbesondere S. 274–282.

KAPITEL XIX

1 Burckhardt, ebd., S. 218, 392f.
2 Szekfü, Der Staat Ungarn, Stuttgart 1918, S. 150.
3 Denis Sinor, Hungary, London 1959, S. 251.
4 György M. Vajda, ebd., S. 31.
5 Harold Steinacker, Astro-Hungarica, München 1963, S. 27, 277–280.
6 Kosáry, ebd.
7 Szerb, ebd., S. 259f.
8 Grünwald, ebd., S. 45.
9 Pardoe, ebd., S. 174f.

10 Georg Barany, Stephen Szechenyi and the awakening of Hungarian nationalism 1791–1841. Princeton NJ 1968; Denis Silagi, Der größte Ungar, Graf Stephan Széchenyi, Wien– München 1967. Vgl. Kosárys Essay in »A törtenelem veszedelmei« (Gefahren der Geschichte), Budapest 1987, und Széchenyis Tagebuch (auf ung.), Budapest 1978.
11 Siehe seine Tagebücher, z. B. S. 315–320.
12 Silagi, ebd., S. 10.
13 Szekfü, Der ungarische Staat, S. 151
14 Zitiert nach Rosdy, ebd., S. 78f.
15 Silagi, ebd., S. 24.
16 Silagi, ebd., S. 8.
17 Franz Grillparzer, Werke, Bd. 5, S. 404.
18 27. 8. 1843, zitiert bei Rosdy, ebd.
19 Zitiert nach Friedrich Kainz, Grillparzer als Denker, Wien 1975, S. 614.
20 Ernst Joseph Görlich, Grillparzer und Katona. Ungarn-Jahrbuch, 1971, Bd. 3, S. 123–134. Für den Fall Pyrker siehe auch Szerb, ebd., S. 308–310.
21 Szerb, ebd.
22 Steinacker, ebd., S. 277–280.
23 Zitiert nach Silagi, S. 40.
24 Vgl. Rosdy, ebd.
25 Silagi, S. 45.
26 Zitat bei György M. Vajda, ebd., S. 125.
27 István Deák, Die rechtmäßige Revolution, Lajos Kossuth und die Ungarn 1848–1849, Wien–Köln–Graz 1989.
28 Széchenyis Tagebücher (ung.), Anhang mit Lebenslauf, S. 1407–1408.

KAPITEL XX

1 *Népszabadság*, Budapest, 21. 4. 1992.
2 Deák, ebd., S. 100.
3 Golo Mann, Deutsche Geschichte im 19. und 20. Jahrhundert, Frankfurt/Main 1958, S. 214.
4 A. J. P. Taylor, The Habsburg Monarchy, London 1947, S. 52.
5 Edward Crankshaw, The Fall of the House Habsburg, London 1963, S. 31.
6 Franz Herre, Kaiser Franz Joseph von Österreich, Köln 1978,
7 Siehe insbesondere Domokos Kosáry, Kossuth Lajos a reformkorban (Lajos Kossuth in der Reformzeit), Budapest 1946; Deák, ebd., Kossuth Hagyaték (Kossuths Erbschaft), insbesondere Robert Hermann über Kossuths Lebenslauf, Budapest 1994, S. 7–154 (ung.). Siehe auch Gedenkbuch zum 150. Jahrestag von Kossuths Geburt, Bd. 1–2, 1952.
8 Siehe Andrew Janos, The Politics of Backwardness in Hungary 1825–1945, Princeton NJ 1982.
9 Siehe A magyar sajtó története (Die Geschichte der ungarischen Presse), Bd. 1–3, Budapest 1970 (Hrsg. Miklós Szabolcsi), insbesondere für diese Periode Domokos Kosáry, in: Bd. 1, S. 665–714.

10 Zitiert bei Deák, S. 50.
11 Stephan Vajda, Felix Austria, S. 484.
12 Kosáry, ebd., S. 755.
13 Kosáry, Kossuth in der Reformzeit.
14 Deák, ebd., S. 61.
15 Grillparzers Werke, Bd. 1, S. 13, 178f. Für die Revolution siehe Kann, ebd., S. 275–291; Tapié, ebd., S. 267–271 (Ein deutscher Historiker machte in seinem Buch zum 150. Jahrestag der 48er Revolutionen aus Kossuth einen »Böhmen«!).
16 Siehe György Spiras Zusammenfassung in Magyar Történelem (Ungarische Geschichte) 1848–1890, Budapest 1978, Bd. 1, S. 59–435.
17 Für Details siehe Kosáry, 1711–1867, ebd.; Deák, ebd.; Spira, ebd.
18 Ungarische Dichtung aus fünf Jahrhunderten, ebd., S. 106, Übersetzung von Martin Remané.
19 Spira, ebd., Deák, ebd., Kosáry, ebd.
20 Texte in: Ungarns Geschichte und Kultur, ebd., S. 110–113 (kein Übersetzer angegeben).
21 Für die chauvinistischen Unterstellungen in der Wahlkampagne siehe eine gute Zusammenfassung in: *HVG*, Budapest, 30. 5. 1998.
22 Siehe György Dalos' Essay, in: Lajos Kossuth, Frankfurt 1998. Über Petöfi: Mythos, S. 86f.

KAPITEL XXI

1 Zitat nach György M. Vajda, ebd., S. 124. Vgl. auch Deák für Ankunft, S. 73.
2 Zitat nach Kosáry, 1711–1867, S. 339.
3 Vgl. Kosáry, ebd., und Deák, ebd.
4 Kosáry, ebd., S. 344.
5 Vgl. Bogyay, ebd., S. 197–208.
6 Kann, ebd., S. 289. Fast wörtlich auch bei Macartney.
7 Siehe eine ausgezeichnete Darstellung in den beiden Büchern István Deáks: »Die rechtmäßige Revolution, ebd., und: Der K(u.)K. Offizier 1848–1918, Wien–Köln–Weimar 1991.
8 Siehe Deák, Die rechtmäßige Rev., S. 15.
9 Siehe für Details außer Deák auch Tapié, Bogyay, Kosáry, Herre.
10 Für vollen Text siehe Dalos, ebd.
11 Deák, Der K. (u.) K. Offizier, S. 55.
12 Zitiert bei Dalos, S. 62.
13 Vgl. Kosáry, ebd.; Deák, Die rechtmäßige Rev., ebd.; Robert Hermann, ebd.
14 Kann, ebd., S. 275–282.
15 Kann, S. 282f.
16 Der magyarische Kampf, Neue Rheinische Zeitung vom 13. 1. 1849, in: MEW, Bd. 6, S. 165.
17 Siehe für Bewertung Kosáry, S. 369–379, Bogyay, S. 108f.; Kann, S. 287; Deák, ebd.

18 Zitiert bei Deák, S. 53.
19 Gedicht in Ernst Hanisch, Der kranke Mann an der Donau, Marx und Engels über Österreich, Wien–München–Zürich 1978, S. 156.
20 Hanisch, ebd., S. 170–172.
21 Herre, ebd., S. 88.
22 Alan Sked, Der Fall des Hauses Habsburg, Berlin 1993, S. 21.
23 Zöllner, ebd., S. 398.
24 Deák, ebd.
25 Text in: Ungarns Geschichte und Kultur, ebd., S. 119f.
26 Kosáry, ebd., und Deák, ebd.
27 Für die Rolle der Juden siehe A negyvennyolcas szabadságharc és a zsidók (der 48er Freiheitskampf und die Juden) von Dr. Béla Bernstein, mit einer Einleitung von Mór Jókai, 1896, eine zweite Auflage erschien 1939 (zur Zeit der »Judengesetze«) und eine dritte nach dem Zusammenbruch des Kommunismus. Vgl. Raphal Patai, The Jews of Hungary – History, Culture, Psychology, Detroit 1996, S. 277–282.
28 Deák, ebd., S. 272.
29 Bogyay, ebd., S. 111, Deák, S. 53. Vgl. auch Kann, ebd., Deák und Herre, ebd.
30 Kann, ebd., S. 288.

KAPITEL XXII

1 Domokos Kosáry, A Görgey-kérdes története (Die Geschichte der Görgey-Frage), Budapest 1994. Wenn nicht gesondert vermerkt, stammen die meisten Angaben zu Görgeys Person aus diesem Standardwerk.
2 Vgl. für die einzelnen Streitfragen Deák. Die rechtmäßige Rev., S. 159–162, 202f., 284f.
3 Deák, S. 270.
4 Kann, ebd., S. 288.
5 Zitat bei Kosáry.
6 Für Szemeres Angriffe vgl. Hanisch, ebd., S. 211–218; Ambrus Miskolczy, Kossuth, unser Zeitgenosse, in: Europäische Rundschau, Wien 99/4.
7 Für Details siehe Benda-Fügedi, ebd., S. 188–197.
8 Für die Vergeltungskampagne siehe Deák, ebd., S. 188–197.
9 Lajos Hatvany in seiner Einleitung zur Publikation »Agg Kossuth levelei egy fiatal leányhoz« (Briefe des greisen Kossuth an ein junges Mädchen), Budapest 1919, S. 8.
10 Siehe Robert Hermann, ebd., Gedenkbuch 1952; Szekfü Az öreg Kossuth (Der alte Kossuth), 1867–1894; Deák, ebd., S. 284–292; Kosáry, ebd.
11 Alexander Herzen, Erinnerungen, Berlin 1907, S. 238, deutsche Übersetzung aus: Die gescheiterte Revolution (Hrsg. Hans Magnus Enzensberger), Frankfurt 1977.
12 MEW, Bd. 8, S. 392.
13 MEW; Bd. 8, S. 549.

14 Franz Pulszky, Meine Zeit, mein Leben, 3 Bde, Preßburg–Leipzig 1882, S. 90, zitiert in Hanisch, ebd., S. 404.
15 Tibor Frank, Egy emigráns alakváltásai, Zerffi Gusztáv pályaképe (Die Rollenwechsel eines Emigranten, Gusztáv Zerffis Lebensbild), Budapest 1985; ders., Marx und Kossuth, Budapest 1985 (beide auf ung.). Alle Angaben aus diesen beiden Werken beziehungsweise Ergänzungen aus Hanisch, ebd., S. 221 f.
16 Siehe Szekfü und Kosáry im Gedenkbuch, ebd.; Robert Hermann; ebd., Hóman-Szekfü, Ungarische Geschichte, Bd. 5, S. 452–456 (auf ung.).
17 Alle Zitate aus den Originalbriefen Kossuths, siehe Anm. 9.
18 Zitiert von Tamás Katona, in: Kossuth Lajos Irások és beszédek (Lajos Kossuth, Schriften und Reden), Budapest 1994, S. 7.
19 John Lukacs, Budapest um 1900, Berlin 1990, S. 155; Deák, ebd., S. 290, Ferenc Glatz, A magyarok, ebd., Budapest 1996, S. 490.
20 Zitiert nach Robert Hermann, ebd.

KAPITEL XXIII

1 Béla Fogarasi – Béla Illés, Magyar-szovjet történelmi kapcsolatok (Ungarisch-russische historische Beziehungen), Budapest 1945.
2 Illés, ebd., S. 31–34.
3 *Népszabadság*, 28. 1. 1995.
4 Lehel Szeberényi, Der Dichter und sein Schutzengel, Budapest 1965 (auf ung.); Miklós Jovánovics, *Népszabadság*, 25. 3. 1995.
5 Szeberényi, ebd.
6 Háy, ebd.
7 Tamás Aczél – Tibor Méray, Tisztitó Vihar, London 1959, S. 24–29 (auf ung.).

KAPITEL XXIV

1 Für die Beschreibung der Feierlichkeiten vgl. Mór (Maurus) Jókai in: Österreichisch-ungarische Monarchie in Wort und Schrift, Ungarn, Bd. 3, S. 163–168; Brigitte Hamann, Elisabeth, Kaiserin wider Willen, München 1982, S. 267–280, insbesondere auch für die Zitaten aus *Pester Lloyd* und von Zeitzeugen.
2 Heinrich Benedikt, Die Casa D'Austria, das Reich und Europa, in: Spectrum Austriae (Hrsg. Otto Schulmeister), Wien 1980, S. 85.
3 Harold Steinacker, ebd., S. 281.
4 Tibor Simányi, Julius Graf Andrássy, Wien o. J.
5 Kann, ebd., S. 303.
6 Hamann, S. 267–272.
7 Ebd., S. 274f.
8 István Lázár, Kleine Geschichte Ungarns, Wien 1990, S. 152.
9 Hamann, ebd., S. 241 und 248.

10 Für seine journalistischen Leistungen siehe A magyar sajtó története (Die Geschichte der ungarischen Presse), Bde. II. 1–2.
11 Für die Umbenennungen der Falkstraße siehe Helyek (Orte), Budapest 1998, S. 95–98.
12 Katalin Sinkó, Zur Entstehung der staatlichen und nationalen Feiertage in Ungarn (1850–1991), in: Brix – Stekl, Der Kampf um das Gedächtnis, Wien–Köln–Weimar 1997, S. 251–271.
13 *HVG*, 25. 7. 1998. Für Gödöllö vgl. Brigitte Hamann – Elisabeth Hassmann, Elisabeth, Stationen ihres Lebens, Wien–München 1998, S. 104–109.
14 Hamann, S. 274.
15 Hamann, Rudolf, Kronprinz und Rebell, Wien–München 1978, S. 303.
16 Simányi, S. 103.
17 Elisabeth von Österreich, Tagebuchblätter von Constantin Christomanos, S. 196, 205–207.

KAPITEL XXV

1 Béla Király, Ferenc Deák, Budapest 1993, S. 16f. (auf ung.).
2 Stadtmüller, ebd., S. 140.
3 Herre, ebd., S. 228–236.
4 Hamann, S. 261.
5 Robert Musil, Mann ohne Eigenschaften, Reinbek 1978, S. 170, 450f.
6 Kann in: Spectrum Austrae, ebd., S. 123.
7 Tapié, ebd., S. 301.
8 Friedrich Engel – Janosi – Helmut Rumpler (Hrsg.), Probleme der franzisko-josephinischen Zeit 1848–1916, München 1967. Siehe auch Péter Hanák, Die Stellung Ungarns in der Monarchie, S. 84.
9 Zitiert in: B. Sutter, Die Ausgleichsverhandlungen zwischen Österreich und Ungarn, 1867–1918, S. 71–111, 1968; ebd., S. 230.
10 Adam Wandruszka – Peter Urbanitsch (Hrsg.), Die Habsburgermonarchie, Bd. III, Teil 1–2. Die Völker des Reiches, Wien 1980. Siehe für die zitierten Zahlen László Katus, Die Magyaren, S. 410–488.
11 Macartney, ebd. (englische Ausgabe), S. 173.
12 Zitiert in Sked, S. 234.
13 Hamann, S. 227.
14 Engel-Janosi–Rumpler, ebd., S. 76.
15 Hanák, ebd.
16 Deák, Der K. (u.) K. Offizier, ebd., S. 216–223. Für Ministeriumspersonal siehe Katus, S. 477.
17 Ignác Romsics, Magyarország története a XX. században (Ungarns Geschichte im XX. Jahrhundert), Budapest 1999, S. 20 (auf ung.).
18 Zitiert bei Simányi, S. 261.
19 Musil, ebd., S. 34f.
20 Zitiert bei Jörg K. Hoensch. Geschichte Ungarns 1867–1983, Stuttgart 1984, S. 28.

21 Kann in: Spectrum Austrae, ebd., S. 126.
22 Johann Weber, Eötvös und die ungarische Nationalitätenfrage, München 1966, S. 101.
23 Weber, ebd., S. 141 f. Vgl. auch Katus, ebd., S. 410.
24 Zitiert bei Ludwig Gogolák, Ungarns Nationalitätengesetze und das Problem des magyarischen National- und Zentralstaates, in: Die Habsburgermonarchie, S. 1263 f.
25 Gusztáv Gratz, A dualizmus kora, Budapest 1934, Reprint 1992, Bde. 1–2, Bd. 2, S. 65.

KAPITEL XXVI

1 Zitiert bei John Lukacs, ebd., S. 161.
2 Gogolák, ebd., S. 1263 f.
3 Gogolák, ebd., S. 1288–1299.
4 Lukacs, ebd., S. 162.
5 Katus, ebd., S. 483 f. Vgl. auch Oszkár Jászi, The Dissolution of the Habsburg Monarchy, Chicago 1929, S. 279–281.
6 Gogolák, ebd., S. 1292 f.
7 Zitiert bei Hamann, Rudolf, S. 277 f.
8 Ebd., S. 403.
9 Géza Jeszensky, Az elveszett presztizs (Das verlorene Prestige), Budapest 1986, S. 196 und 221.
10 Gogolák, ebd.
11 Vgl. Lajos Gogolák, Mocsári Lajos és a nemzetiségi kérdés (Lajos Mocsári und die Nationalitätenfrage), Budapest 1943, zitiert bei Gogolák, Monarchie, ebd., 1283 f. Siehe für Mocsáris vergeblicher Kampf auch Gusztáv Gratz, ebd., und Jászi, ebd.
12 Szerb, ebd., S. 353.
13 Zitiert bei György M. Vajda, ebd., S. 95 f.
14 Szerb, ebd., 313–315; Weber, ebd., S. 15 und 75.
15 Werke, Bd. 7a, Frankfurt 1995, S. 173.
16 Steinacker, ebd., S. 2.
17 Zitiert bei János M. Bak – Anna Gara-Bak, The Ideology of a »Millennial Constitution in Hungary«, East Europe Quarterly, XV/3, Sept. 1981.
18 Steinacker, S. 2 f., 95.
19 Gratz, Bd. 2, S. 370–372.
20 Szerb, ebd., S. 473–477.
21 Gratz, ebd.

KAPITEL XXVII

1 Für Details vgl. László Tarr (Hrsg.), Az ezredév (Das Millennium), Budapest 1979; Ilona Sármány-Parson, Ungarns Millenniumsjahr, in. Brix-Stekl. Der Kampf um das Gedächtnis, S. 273–291.

2 Ezredév, »Sie war nur eine Lehrerin«, S. 231–234.
3 Ebd., S. 93f.
4 Iván Berend-György Ránki, Hungary: A Century of the Economic Development, New York 1974; Berend-Ránki, The Development of the Manufacturing Industry in Hungary (1900–1944), Budapest 1960; László Katus, ebd.; Péter Hanák, ebd.
5 Berend-Ránki, ebd., und Katus, ebd.
6 Jászi, ebd.
7 Mihály Károlyi, Memoirs, Faith without Illusions, London 1956.
8 Ebd.; Katus, ebd. Vgl. auch Artikel über die Esterházy-Ausstellung von H. C. Kosler, »Immer treu zu Habsburg«, in: FAZ, 22. 7. 1995.
9 Károlyi, ebd.
10 Politisches Archiv des Auswärtigen Amtes, Bonn, Österreich Nr. 92 – 1. Bd., Below-Hohenlohe von 20. 6. 1900, zitiert nach Péter Hanák, Der Garten und die Werkstatt, Ein kulturgeschichtlicher Vergleich Wien und Budapest um 1900, Wien–Köln–Weimar 1992, S. 86.
11 Hanák, ebd.
12 Ebd.
13 Katus, ebd.
14 Vgl. Gyözö Concha, A gentry, in: Budapesti Szemle, 1910, Bd. 400–401, S. 1–34, 173–199, aus Katus, ebd. Vgl. auch John Lukacs, ebd., und Andrew Janos, ebd.
15 Vgl. Concha, ebd. Lukacs, ebd., und Ignotus, ebd., S. 80–88.
16 Siehe Jókai in: Öst.-Ung. Monarchie, ebd., und John Lukacs, ebd., S. 127.
17 Patai, ebd., S. 379f., Ignotus, ebd., Romsics, ebd.
18 Siehe die bahnbrechende Untersuchung von William O. McCagg, Jr., Jewish Nobles and Geniuses in Modern Hungary, 1972, hier zitiert nach 2. Aufl. 1986, Boulder, Col.-New York. In der Einleitung zur 2. Auflage betont der Autor, daß er weder Ungar noch Jude sei; er hat als erster diese Frage nach einem Forschungsaufenthalt in Ungarn 1966–67 und 1969 thematisiert. Im Grunde stützen sich alle Historiker dieser Periode im allgemeinen und der ungarisch-jüdischen Beziehungen im besonderen auf seine Arbeit.
19 Zitiert nach György M. Vajda, ebd., S. 212–216.
20 Otto Friedländer, Letzter Glanz der Märchenstadt, Wien 1977, S. 130–135.
21 Vgl. Katus, ebd., Lukacs, ebd.
22 Katus, ebd.
23 Gyula Illyés, Die Puszta, Nachricht von einer verschwundenen Welt (Übersetzung von Tibor Podmaniczky), Nördlingen 1985, S. 6f. Die ungarische Originalausgabe erschien 1936.
24 Iván T. Berend, Budapest anno, Metropole im Osten, *Népszabadság*, Budapest, 4. 6. 1997. Vgl. auch Katus, ebd., und Lukacs, ebd.
25 Aus dem Parlamentsbulletin, zitiert nach Ezredév, S. 206–208.
26 Katus, ebd., S. 432. Vgl. auch Hanák, Ungarn in der Donaumonarchie, Wien–München–Budapest 1984, S. 284–291.
27 Sebastian Haffner, Anmerkungen zu Hitler, München 1978, S. 128.

1 Robert A. Kann, Jewish Social Studies 1945, zitiert nach George Barany, »Magyar Jew or Jewish Magyar?«, Canadian-American Slavic Studies, Spring 1974.

2 Zitiert nach Wolfgang Fleischer, Das verleugnete Leben, Die Biographie des Heimito von Doderer, Wien 1996, S. 37.

3 Rolf Fischer, Entwicklungsstufen des Antisemitismus in Ungarn 1867–1939, München 1988, S. 9.

4 Katus, ebd.; Péter Hanák, Zsidókérdés, assimiláció, antiszemitizmus (Judenfrage, Assimilation, Antisemitismus), Budapest 1984, S. 355–375.

5 Fischer, ebd., S. 32–35; Hamann, Rudolf, S. 266f.

6 Viktor Karády, Assimilation und gesellschaftliche Krise (auf ung.), in: Világosság, Budapet 1993/3.

7 Fischer, ebd., S. 36–38; László Gonda, A zsidóság Magyarországon (Das Judentum in Ungarn) 1526–1956, Budapest 1992, S. 162–169; Hanák, ebd., S. 297–304; Tibor Erényi, A zsidók története Magyarországon (Die Geschichte der Juden in Ungarn), Budapest 1996, S. 49–55.

8 Andrew Janos, ebd., S. 114–118.

9 Hoensch, ebd., S. 40–41.

10 Fischer, ebd., S. 40.

11 Vgl. den Originaltext von Eckhardt »Mi a magyar?« mit der deutschen zensierten Version in: Ungarische Jahrbücher, Berlin 1942. Siehe auch die antisemitischen Ausfällen von Farkas in: Das Ungarnbild des Deutschtums. Für Komlós siehe seinen Aufsatz (ung.) in: Magyar-zsidó szellemtörténet a reformkortól a Holocaustig (Ungarisch-jüdische Geistesgeschichte von der Reformzeit bis zum Holocaust), 2 Bde., 1994, Bd. 2, S. 291–311.

12 Vgl. Paul Lendvai, Antisemitismus ohne Juden, Wien 1972, S. 270–272, für persönliche Erlebnisse vgl. ders., Auf schwarzen Listen, Hamburg 1996, S. 34–49.

13 Andrew Janos, ebd., S. 117 und 170–180.

14 Vgl. Deák, Der K. (u.) K. Offizier, S. 207–215.

15 Ebd., S. 236.

16 Komlós, ebd.

17 Zitiert bei János, ebd., S. 115.

18 Patai, ebd., S. 344f.

19 Hanák, Der Garten, ebd.

20 Siehe McCagg, ebd.; Janos, ebd., S. 112–118, S. 178; Patali, ebd., S. 368–371.

21 McCagg und Patai, ebd.

22 McCagg, S. 32, weist darauf hin, daß alle Angaben aus den Werken des Nationalsozialisten Klaus Schickert, Die Judenfrage in Ungarn, Essen 1937, und des antisemitischen Statistikers Alajos Kovács, A zsidóság térforglalása Magyar országon (Die Raumeroberung durch die Juden in Ungarn), Budapest 1922, stammen.

23 Siehe das wichtige, leider in deutscher Sprache nicht zugängliche Buch von

Randolf Braham. The Politics of Genocide: The Holocaust in Hungary, rev. and enlarged ed., New York 1994, Bde 1–2, Bd. 1, S. 556–571; für den Fall Kastner, Bd. 2, S. 1104–1113. Vgl, auch *HVG*, Budapest, 10. 2. 1996, S. 67–69.

24 Für Vámbéry vgl. seine Memoiren Küzdelmeim (Meine Kämpfe), ung. Ausgabe. Siehe auch Patai, ebd., S. 392–398, für Vámbéry, Goldzieher und Munkácsy. Vgl. auch Goldziehers Tagebuch (ung.), Budapest 1984 (Hrsg. Sándor Schreiber).

25 Siehe für haarsträubende und abstruse Ideen, die noch verbreitet werden, seine Broschüre: Fragen unserer Urgeschichte, Falsche Sprachenvergleiche (ung.), Budapest 1998.

KAPITEL XXIX

1 Franz von Löher, Die Magyaren und andere Ungarn, Leipzig 1874. Für Zitate siehe S. 32, 170, 179, 188.

2 Ebd., S. 328.

3 Vgl. Farkas, Das Ungarnbild des Deutschtums, ebd., S. 408f. Siehe auch den zensierten Eckhardt in: Ungarische Jahrbücher, ebd.

4 Walter Weiss, Nikolaus Lenau in: Tausend Jahre Österreich (Hrsg. Walter Pollak), Wien 1973, Bd. 1, S. 63–66.

5 Antal Mádl, Auf Lenaus Spuren, Budapest–Wien 1982.

6 Farkas und Eckhardt, ebd.

7 Pardoe, ebd., Bd. 2, S. 237–246 (deutsche Ausgabe).

8 Siehe J. C. Hausschild – M. Werner, Der Zweck des Lebens ist das Leben selbst, Heinrich Heine, Köln 1997, S. 527.

9 Details aus Edouard Ritter von Liszt, Franz Liszt, Abstammung, Familie, Begebenheiten, Wien–Leipzig [2]1937, S. 6–9.

10 Für einen grundlegenden Aufsatz siehe Friedrich Gottas, Die Deutschen in Ungarn, in: Die Habsburgermonarchie, ebd., S. 340–410.

11 Stökl, ebd., S. 77.

12 Gottas, ebd., S. 382.

13 Ebd., S. 393.

14 Ebd., S. 394.

15 Zöllner, ebd., S. 420; Steinacker, ebd., S. 348. Für Bismarck und Deutschlands Ungarnpolitik in der zweiten Hälfte des 19. Jahrhunderts siehe István Diószegi, Bismarck und Andrássy, Budapest 1998 (auf ung.).

16 Rudolf Kiszling, Erzherzog Franz Ferdinand von Österreich-Este, Graz–Köln 1953. Zitate auf S. 148f.

17 Hanák, Der Garten, ebd., S. 85.

18 Janos, ebd., S. 112.

19 Liste aus Károly Manherz, Die Ungardeutschen, Budapest 1998.

20 Steinacker, ebd., S. 348.

21 Für Volkslied siehe Manherz, ebd. Für Zahlen und Volkslied vgl. ebd. Siehe auch Holger Fischer (Hrsg.), Das Ungarnbild in Deutschland und das

Deutschlandbild in Ungarn, München 1996, insbesondere der Beitrag von Gerhard Seewann, S. 63–74. Ferner Gerhard Seewann, Das Ungarndeutschtum 1918–1988, in: Aspekte ethnischer Identität, München 1991, S. 299–323; Kathrin Sitzler, Das aktuelle Deutschlandbild der Ungarn, in: Deutschlandbilder in Polen und Rußland, in der Tschechoslowakei und Ungarn, Baden-Baden 1993, S. 271–285.

KAPITEL XXX

1 Joseph Roth, Radetzkymarsch, Hamburg 1957, S. 220.
2 Hugo von Hofmannsthal, Ottavia Gräfin Degenfeld, Briefwechsel, Frankfurt 1974, S. 304.
3 Maria Ormos, Magyarország a két világháboru között (Ungarn zwischen den beiden Weltkriegen 1914–1945), Budapest 1998, S. 8–12; Romsics, ebd., S. 102; Manfried Rauchensteiner, Der Tod des Doppeladlers, Österreich-Ungarn und der Erste Weltkrieg, Graz–Wien–Köln 1993, S. 68–74.
4 Kann, S. 381.
5 Kann, S. 443. Andere Quellen behaupteten, Tisza habe mit der Faust auf die Tischplatte geschlagen. Vgl. Ignotus, ebd., S. 142. Siehe auch Jászi, ebd.
6 Romsics, ebd., S. 104f.
7 Siehe Sked für »positive Wertungen«, ebd., S. 308–330.
8 Austria-Hungary, in: The Latest Age, The Cambridge Modern History (1910), Bd. 12, S. 174–212.
9 Romsics, ebd., S. 101.
10 Kann, ebd., S. 464.
11 Károlyi, Memoiren (ung.), S. 136.
12 Paul Valéry, Werke, Bd. 7a, Frankfurt 1995, S. 280.
13 Zitat von Tibor Hajdu, Károlyi-Biographie (ung.), Budapest 1982.
14 Zitiert bei Rauchensteiner, ebd., S. 471.
15 Zitat nach Lukacs, ebd., S. 274.
16 Gratz, ebd., S. 138–155.
17 Péter Hanák, Über die ungarische Gesellschaft am Anfang des Jahrhunderts (ung.), in: Történelmi Szemle, Budapest 1962, S. 210–245.
18 Siehe Hajdu, ebd. Siehe auch Világosság, Sondernummer 1995/5; Jászi in: Magyariens Schuld – Ungarns Sühne, Revolution und Gegenrevolution in Ungarn, München 1923; für Károlyi-Porträt siehe S. 107–115.
19 Jászi, Magyariens […], ebd., S. 56–59.
20 Hoensch, ebd., S. 91f.
21 Vgl. Rudolf L. Tökés, Béla Kun and the Hungarian Soviet Republic, Washington–London 1967, S. 49. György Borsányi, Béla Kun, Politikai Életrajz (Politische Biographie), Budapest 1974.
22 Jászi, Magyariens […], ebd., S. 59.
23 Zitat bei Dan Diner, Das Jahrhundert verstehen, München 1999, S. 98.
24 Vgl. Jászi, ebd., S. 107–115.
25 Jászi, ebd.

26 Vgl. Thomas Sakmyster, Hungary's Admiral on Horseback, Miklós Horthy 1918–1944, Boulder–New York 1994. Siehe auch Károlyis Memoiren, ebd.
27 Vgl. Diner, ebd.
28 Romsics, ebd., S. 128f.; Bogyay, ebd., S. 127f.
29 Romsics, ebd.: Tökés, ebd.
30 Tökés, ebd. Siehe für den Verlust der Unterlagen Borsányi, ebd. Für die Repressalien gegen die Familie siehe die Erinnerungen seiner Frau, die 1966 in Budapest erschienen, S. 418–420. Sie verbrachte neun Jahre im Lager. Im Juni 1937 rief Stalin in der Kun-Wohnung an; er bat den bereits aus allen Funktionen entfernten Kun, einen französischen Journalisten zu empfangen, da Auslandszeitungen über seine Verhaftung berichtet hätten. Einige Tage später sei Kun dann verhaftet worden.

KAPITEL XXXI

1 Siehe Ernest Gellner, Nationalismus und Moderne, Berlin 1991.
2 Romsics, S. 152–155. Zur Wirtschaft nach Trianon siehe *HVG*, Budapest, 7, 15, 22. 7. 1989.
3 Gusztáv Gratz, A forradalmak kora (Zeitalter der Revolutionen) 1918–1920, Budadpest 1935, S. 238f.; Bogyay, ebd., S. 131.
4 Gratz, ebd.; Romsics, S. 145.
5 Romsics, ebd., S. 139–141. Siehe Sondernummer *História*, Was geschah in Trianon?, Budapest 1995, S. 5f.
6 Für Schätzungen siehe Janos, ebd., S. 197; Tökes, ebd., und Hajdu, ebd., S. 128–134, und in *Népszabadság*, 20. 3. 1999.
7 Bogyay, ebd., S. 129; Hoensch, S. 87–106; Borsányi und Erényi über die Rolle der Juden in der Arbeiterbewegung in: Világosság, Budapest 92/2. Für die Reformgeneration ist das beste Werk: Zoltán Horváth, Die Jahrhundertwende in Ungarn, Neuwied 1966. Für die Lynchjustiz des »Weißen Terrors« siehe Jásti, Magyariens [...], ebd., S. 167–179.
8 *Neue Post*, Budapest, 22. 1. 1920, zitiert bei Rolf Fischer, ebd., S. 14.
9 *Pester Lloyd*, 17. 11. 1919, Budapest, zitiert in Fischer, ebd., S. 131. Vgl. auch Peter Gosztony, Miklós von Horthy, Göttingen 1973, S. 27.
10 Miklós Horthy, Memoiren (auf ung.), Budapest, S. 80.
11 Die ausgewogenste Version bei Sakmyster, ebd., S. 91–122. Für Horthys schönfärberische Darstellung siehe Memoiren, S. 147–162. Für eine gehässige, diametral entgegengesetzte Version siehe Kaiserin Zita. Legende und Wahrheit (Hrsg. Erich Feigl), Wien 1978, S. 456–496.
12 Sakmyster, ebd., S. 1–29, Horthy, ebd., S. 9–114.
13 Vgl. Anton Lehár, Erinnerungen, Gegenrevolution und Restaurationsversuche in Ungarn, 1918–1921, München 1973, und Pál Prónay, Auszüge (auf ung.) aus seinen postum herausgegebenen Tagebüchern, Budapest 1963.
14 Ignotus, ebd., S. 149–160; István Deák, Nikolaus von Horthy, Admiral und Reichsverweser, in: Europäische Rundschau, Wien 94/2, S. 71–85. Siehe auch Sakmyster, ebd.

15 Fischer, ebd., S. 134. Hoensch, ebd., S. 99–111. Romsics spricht von mehr als 1000 »möglicherweise« von 2000 Opfern, ebd., S. 132.
16 Sakmyster, ebd., S. 52–56.
17 Fischer, ebd., S. 134, 146f. Siehe auch Janos, ebd.
18 Skymaster, ebd., S. 136f.
19 Siehe für eine umfassende Analyse Braham, ebd., Bd. 1, S. 16–32; Fischer, ebd.; Ignotus, ebd.; Hoensch, ebd.; Romsics, ebd., S. 194f. Siehe auch Gyula Juhász, Uralkodó eszmék Magyarországon (Herrschende Ideen in Ungarn), Budapest 1983.
20 Zitate bei Sakmyster, in der Reihenfolge, S. 147f., 152, 422.
21 Fischer, ebd., S. 146. Siehe auch Kosárys Interview in: Europai utas, Budapest (Januar) 1998, über »turanische« Ideen: »Wir dürfen nicht geisteskrank werden – solche Visionen sind sichere Zeichen der von historischen Schockwirkungen verursachten Wunden.«
22 Lukács, ebd., S. 139–141.
23 *Nemzeti Ujság*, 26. 10. 1920, Öffentliche Rede, zitiert von Fischer, ebd., S. 111.
24 Deák (Rundschau), ebd. Vgl. auch seine Besprechung des Sakmyster-Buches in: New York Review of Books, 8. 4. 1999.
25 Für die Einschätzung der Ära Bethien siehe Sakmyster, ebd., S. 123–166; Ignotus, ebd., S. 157–163; Hoensch, ebd., S. 106–122. Für eine umfassende Analyse siehe Romsics: Bethlen Istvan, Budapest 1991 (ung.).
26 Romsics, Magyarország története, S. 190–200.
27 Zitiert bei Gosztony, ebd., S. 96.
28 Zitiert von Sakmyster, ebd., S. 320f. Es gibt zahlreiche stets nach Bedarf ausgeschmückte Versionen in Ungarn selbst!

KAPITEL XXXII

1 Siehe für die »Weiße Interntionale« Skymaster, ebd., S. 64–68; Bernard Wasserstein, The secret lives of Trebitsch Lincoln, London 1988, S. 159–174; Endre Gömöri, Die Wahrheit über Trebitsch, Berlin 1985, S. 146–163. Siehe für den deutschen Hintergrund Hagen Schulze, Weimar, Deutschland 1917–1933, Berlin 1982, S. 213–226.
2 Bernard Wasserstein, ebd. Die folgenden Einzelheiten wurden dieser mit Abstand besten Trebitsch-Biographie entnommen.
3 Vgl. für die ungarischen Einzelheiten Gömöri, ebd., S. 5f., 218–220.
4 Für den Hintergrund und Einzelheiten vgl. Bethlen István titkos paprjai (István Bethlens geheime Akten) (Hrsg. Miklós Szinai-Lászlo Szücs), Budapest 1972, S. 34f., 60f., 222–233, 237f.; Gyula Juhász Magyarország külpolitikája (Ungarns Außenpolitik) 1919–1945, Budapest 1988, S. 102f.; L. Nagy Zsuzsa Bethlens liberális ellenzéke (Bethlens liberale Opposition), Budapest 1980, S. 155–165; Romsics, Bethlen, ebd., S. 194–198; Ignotus, ebd., S. 161f.
5 Viscount Rothermere, My Campaign for Hungary, London 1939; Pál Ná-

dori, Lord Rothermere akció (ung.), in: ELTE Actai 1968/10, S. 91–118; Miklós Zeidler, A Magyar Reviziós Liga Trianontól Rothermereig (Die Ungarische Revisionsliga von Trianon bis Rothermere), Századok, Budapest 1990, S. 5f.

6 Siehe für sämtliche Artikel und Erklärungen über und von Rothermere 1927/1928 das Buch von Lajos Léderer, dem Korrespondenten von *Pesti Hirlap* (ung.), Budapest 1928.

7 Abgedruckt in Franz Hohenlohe, Stephanie, Das Leben meiner Mutter, Wien 1991, S. 50, und Rudolf Stoiber – Boris Celovsky, Stephanie von Hohenlohe, Sie liebte die Mächtigen der Welt, München–Berlin 1988, S. 76. Siehe die beiden Bücher, vor allem das zweite, auch für das Leben der Prinzessin und ihre Beziehung zu Rothermere.

8 Zitiert bei Stoiber-Celovsky, S. 173. Für Kopien von Rothermeres Briefen, Grußtelegramme und Botschaften an Hitler und dessen Antworten, siehe Hohenlohe, ebd., S. 156f. 164–170, 172–174.

9 Für Harmworth Ungarnreise siehe Stoiber-Celovsky, S. 75; Miklós Vásárhelyi, A Lord és a korona (Der Lord und die Krone), Budapest o. J.; András D. Bán, König Radomir (ung.), in: *2000*, Budapest, Oktober 1990.

10 Für die Umtriebe um die Krone, vgl. Rothermere, ebd., S. 93–97, 133–145; Stoiber-Celovsky, ebd., S. 78f. Für die Berichte der ungarischen Botschafter aus London und Rom Nádori, ebd., S. 106–109; Bethlen-Geheimakten, ebd., S. 314f., 335–349. Für Rothermeres Kontakte siehe sein Buch, S. 175–190. Vgl. auch Magda Ádám, Richtung Selbstvernichtung, Die Kleine Entente 1920–1938, Budapest–Wien 1988, S. 76–79; Zeidler, ebd., S. 110–115, L. Zsuzsa Nagy, ebd., S. 182–187. Siehe auch *HV*, 6. 9. 1997, S. 89–91.

11 William M. Johnston, Österreichische Kultur- und Geistesgeschichte, Gesellschaft und Ideen im Donauraum 1848 bis 1938, Wien–Köln–Weimar [3]1992, S. 348f.

KAPITEL XXXIII

1 Vgl. Lorant Tilkovszky, Teleki Pál titokzatos halála (Pál Telekis geheimnisvoller Tod), Budapest 1989. Für Persönlichkeit und Politik Telekis siehe Anton Czettler, Pál Graf Teleki und die Außenpolitik Ungrans 1939–1941, München 1996.

2 Datiert vom 3. 3. 1941, in: Allianz Hitler – Horthy – Mussolini, Dokumente zur ungarischen Außenpolitik (1933–1944) (Hrsg. Lajos Kerekes), Budapest, S. 289.

3 Zitiert bei Czettler, ebd., S. 33, und Tilkovszky, ebd., S. 106f.

4 Sakmyster ,ebd., S. 261.

5 Zitiert in: Manfred Nebelin, Deutsche Ungarpolitik 1939–1941, Opladen 1989, S. 149.

6 Ebd., S. 142.

7 Vgl. Gyula Juhász in: *História*, Budapest 92/1, S. 8–10, und Romsics, S. 246f.

8 Ebd., S. 256; auch Hoensch, S. 148. Siehe auch Iván T. Berend – György Ránki, Ungarn im »Lebensraum« des faschistischen Deutschlands 1933–1939, Resümee; S. 215–219 in der 2. Aufl. der ungarischen Ausgabe gleichen Titels, Budapest 1961.

9 Juhász, ebd.; Romsics, S. 249f.

10 Siehe Raoul Hilberg, Die Vernichtung des europäischen Judentums, Frankfurt [6]1994, Bd. 2, S. 859–927; vgl. Randolph Braham, ebd.

11 Zitiert bei György Ránki, A harmadik birodalom árnyékában (Im Schatten des Dritten Reiches), Budapest 1988, S. 211 (ung.).

12 In: Tiszatáj, Dezember 1998, S. 78f., vgl. auch sein Buch »Mi magyarok« (Wir Ungarn), Budapest 1989, S. 16–19 und 465–467.

13 Memoiren István Bethlens (ung.), (Red.) Ignác Romsics, Budapest 1988, S. 132–136.

14 Zitiert bei Ignotus, ebd., S. 186.

15 Horthy, ebd., S. 231.

16 Janos, ebd., S. 253.

17 Horthy, ebd., S. 231, und Margit Szöllösi-Janze, Die Pfeilkreuzlerbewegung in Ungarn, München 1989, S. 103. Der Abgeordnete hieß Dezsö Sulyok, vgl. seine Memoiren: Zwei Nächte ohne Tag, Zürich 1948.

18 Vgl. István Bibó, Zur Judenfrage, Frankfurt 1990, S. 32f. Dieser 1848 veröffentlichte lange Aufsatz ist bis heute wahrscheinlich der beste Beitrag zum Thema, nicht zuletzt deshalb, weil er weder von einem Juden, noch von einem Kommunisten oder Sozialisten, sondern von einem fortschrittlichen bürgerlichen Denker verfaßt wurde.

19 Vgl. Szöllösi-Janze, ebd., S. 133.

20 Hoensch, S. 147; siehe auch Juhász, ebd.

21 Vgl. Juhász, Uralkodó […], ebd., S. 10.

22 Horthy, ebd., S. 262–264.

23 Romsics, S. 263.

24 Goebbels Tagebücher, 8. 5. 1943; Braham, ebd., S. 248f.; Horthy, ebd., S. 373–386. Siehe Peter Longerich, Ungarn – Das letzte Kapitel, in: Eine Gesamtdarstellung der nationalsozialistischen Judenverfolgung, München–Zürich 1998, S. 565–570.

25 Vgl. György Ránki, 1944 Március 19, Magyarország német megszállása (19. März, Die deutsche Besetzung Ungarns), Budapest 1978.

26 Ranki, ebd., S. 129. Siehe auch Loránt Tilkovszky, Bajcsy-Zsilinszky, Budapest 1986 (ung.).

27 Braham, ebd., Bd. 2, S. 1271–1385.

28 Deák, Rundschau, S. 82, 85.

29 Romsics, S. 267f.

30 Braham, Bd. 2, S. 1296–1299; Lászlo Varga, Ungarn, in: Wolfgang Benz (Hrsg.), Dimensionen des Völkermordes, München 1991, S. 331–343.

31 Romsics, S. 265.

32 Deák, ebd., S. 84f.

1 Pártkongressusok és pártkonferenciák (Parteikongresse und Parteikonferenzen) 1918–1980 (Hrsg. Sándor Vida), Budapest 1985, S. 41–48.
2 László Gyurkó, Arcképvázlat türténelmi hàttérrel (Porträtssketch mit historischem Hintergrund), Budapest 192, S. 68–70 und 118f. Miklós Molnár, De Béla Kun A János Kádár, Paris 1987, S. 105, 115.
3 *Szabad Nép* (Freies Volk), »Offenes Wort in der Judenfrage«, 25. 3. 1945, Budapest. Vgl. für die politische Manipulation des Antisemitismus János Pelle, Az utolsó vérvádak (Die letzten Ritualmordanschuldigungen), Budapest 1995.
4 Isaiah Berlin – Ramin Jahanbegloo, Den Ideen die Stimme zurückgeben, Frankfurt 1994, S. 52f.
5 »Wozu Geschichte?«, in: *Der Monat*, Dezember 1967.
6 Alle Angaben, wenn nicht gesondert vermerkt, aus den beiden Rákosi-Biographien von Árpád Pünkösti, Budapest 1992 und 1996.
7 Julius Hay, Geboren 1900, Hamburg 1971, S. 249.
8 Vgl. Pünkösti, ebd.
9 Vgl. János Nemes, Rákosi Mátyás születésnapja (Der Geburttag von Mátyás Rákosi), Budapest 1988, S. 109–110.
10 Vgl. Arkadi Waksberg, Gnadenlos, Andrei Wyschinski – der Handlanger Stalins, Bergisch Gladbach 1991, S. 231f., 388f. Siehe auch Jahrbuch 1998, 1956 Institut, János M. Rainer, Telegramm an Genosse »Filippov«. Die Botschaften von Rákosi an das Sekretariat Stalins, S. 103–119 (auf ung.).
11 Vgl. Georg Hermann Hodos, Schauprozesse, Stalinistische Säuberungen in Osteuropa 1948–1954, Frankfurt 1988; Paul Lendvai, Auf schwarzen Listen, Hamburg 1996, insbesondere S. 98–182.
12 Vladimir Farkas, Nincs mentség, Az ÁHV alezredese voltam (Kein Pardon; Ich war Oberstleutnant der ÁVH), Budapest 1990.
13 Vgl. Klára Szakasits, Fent és lent 1945–1950 (Oben und unten 1945–1950), Budapest 1985.
14 Romsics, ebd., S. 344.
15 Romsics, ebd., S. 341.
16 Molnár, ebd., S. 290.
17 Romsics, ebd., S. 344. Vgl. János M. Rainer, Stalin und Rákosi, in: Jahrbuch 1998, 1949–1953, S. 98–100 (auf ung.).
18 Vgl. Farkas, ebd., Jahrbuch, S. 116f.
19 Vgl. über die Dilemmas eines Kádár-Buches A. Pünkösti im Gespräch mit Tibor Huszár über seine Arbeit an einer Kádár-Biographie, in: Mozgó Világ, 97/11, Budapest (auf ung.).
20 Ebd. Vgl. auch Farkas, ebd.
21 Zitiert nach Paul Lendvai, Das eigenwillige Ungarn, 2. erw. Aufl., Zürich-Osnabrück 1988, S. 61.
22 Nemes, ebd.
23 Farkag, ebd.; Pünkösti, ebd. Vgl. C. Andrew und Oleg Gordievsky, KGB,

London 1990, S. 292f.., 338f., 346. Hay behauptete in seinen Memoiren, daß Péter auch in der Anwerbung Kim Philbys, des berühmten britischen Spions, für den KGB in Wien involviert gewesen sei.

24 Elias Canetti, Das Gewissen der Worte, Frankfurt/Main 1981, S. 35.

25 Vgl. Mária Ember, Der schwedische Botschafter meldet aus Wien an Stockholm, in: Jahrbuch 1998, S. 193–213 (auf ung.).

26 János M. Rainer, Imre Nagy, Politische Biographie (auf ung.), Bd. I, 1896–1953, Budapest 1996, siehe insbesondere S. 199–213.

27 V. Szereda – J. M. Rainer, Döntés a Kremlben 1956 (Entscheidung im Kreml 1956, Die Diskussionen des sowjetischen Präsidiums über Ungarn), Budapest 1996. V. Szereda – A. Sztikalin, Hiányzó lapok 1956 történetéből (Fehlende Blätter aus der Geschichte von 1956. Dokumente aus dem Archiv des ehemaligen Zentralkomitees der KPdSU), Budapest 1993.

28 László Gyurkó, 1956, Budapest 1996, S. 388–397 (auf ung.). Vgl. Géza Alföldy, Ungarn 1956, Heidelberg 1997, S. 113–115.

29 Hay, ebd., S. 331f.

30 Top secret (Hrsg. J. Kiss – Z. Ripp – I. Vida), Dokumente zur Geschichte der ungarisch-jugoslawischen Beziehungen (auf ung.), Budapest 1995, S. 209.

31 Vgl. Paul Lendvai, Zehn Jahre danach, in: Der Monat, Oktober 1966, auch abgedruckt in Paul Lendvai, Grenzen des Wandels, Wien 1977, S. 63.

32 Ebd., S. 69.

33 Lendvai, Auf schwarzen Listen, S. 251f. Vgl. Romsics, ebd., für Reisen in die sog. sozialistischen Länder (1960: 300 000, 1980 5,2 Millionen!), S. 422.

34 Vgl. Gyurkó, Arcképvázlat (Porträtsketch), ebd.

35 Christoph Reinprecht, Nostalgie und Amnesie, Wien 1996, S. 162f., 184f. Vgl. *Nészabadság*, 26. 6. 1999, S. 24.

KAPITEL XXXV

1 McCagg, ebd., S. 15f.

2 Laura Fermi, Illustrious Immigrants, Chicago–London 1968, S. 57.

3 György Marx, The Voice of Martians, Budapest 1994, S. 17–42, 79–95.

4 Ebd., S. 58.

5 Norman Macrae, John von Neumann, New York 1992, S. 250; Marx, ebd., S. 120–128.

6 György Marx, Die Spuren ungarischer Wissenschaftler im 20. Jahrhundert (ung.), in: História, Budapest 99/4. Für ungarische Nobelpreisträger siehe Mihály Beck, ebd., 97/2.

7 Vgl. Paul Hoffmann, Der Mann, der die Zahlen liebte, Berlin 1999.

8 Katus, ebd.,

9 Emil Lengyel, Americans from Hungary, New York 1948. Siehe für Details auch Nemeskürty d Georg Kövary, Ein Ungar kommt selten allein, Wien 1984, S. 162.

10 Lengyel, ebd., S. 214.

11 István Nemeskürty, Wort und Bild, Die Geschichte des ungarischen Films, Budapest–Frankfurt 1980, S. 33–46.

12 Köváry, ebd., S. 164.

13 Nemeskürty, Wort und Bild, S. 65. Für Korda vgl. S. 34f.

14 *Népszabadság*, Budapest, 20. 12. 1995.

15 *The Times*, London, 4. 8. 1998, *FAZ*, 5. 8. 1998; *Süddeutsche Zeitung*, 5. 8. 1998.

16 Für Details zur Familie vgl. Die Autobiographie, Tony Curtis, ich mag's heiß, Berlin 1997.

17 Georg Köváry, Der Dramatiker Franz Molnár, Innsbruck 1984, S. 42f.; vgl. auch Emil Lengyel, ebd., Ladislas Farago, Strictly from Hungary, New York 1962, S. 11–37. Friedrich Torberg, Tante Jolesch, München 1977, S. 168–183.

18 Torberg, ebd.

19 Zitiert bei Köváry, ebd., S. 129f.

20 Zitiert nach George Tabori, Theaterstücke I., Frankfurt 1994.

21 Vgl. Peter von Becker, Diese Stücke – ein Leben, Über George Tabori, ebd., S. VII–XXI.

22 David Cesarani, Arthur Koestler, London 1998, S. 446.

23 Die Briefe zitiert von Vilmos Juhász, in: Magyar Album (Ungarisches Album), Hrsg. Sándor Incze, American Hungarian Studies Foundation, Elmhurst College, Elmhurst, Ill., 1956, S. 8–21.

24 Zitiert von Ferenc Bónis, in: *Neue Zürcher Zeitung*, 3. 1. 1998, Internat. Ausgabe, S. 54.

25 Thomas Schacher in: *Neue Zürcher Zeitung*, 18. 10. 1997, Internat. Ausgabe, S. 53.

26 *HVG*, Budapest, 16. 5. 1998, S. 101f.

27 Interview in: *Neue Zürcher Zeitung*, 13. 6. 1998, Internat. Ausgabe, S. 49f., und *Süddeutsche Zeitung*, 20. 6. 1998.

28 Siehe Solti on Solti, A memoir, London 1998, S. 2451f.

29 Zitiert im anregenden Buch des Kulturhistorikers Moritz Csáky, Ideologie der Operette und Wiener Moderne, Ein kulturhistorischer Essay, Wien–Köln–Weimar ²1998, S. 215f., für Varasdin-Fälschung siehe S. 293f.

30 Über und von Lukács erschienen zahlreiche Bücher. Zur Person vgl. Éva Fekete und Éva Karádi, Georg Lukács, Sein Leben in Bildern, Selbstzeugnissen und Dokumenten, Stuttgart 1981; Frank Benseler (Hrsg.), Revolutionäres Denken, Georg Lukács, Eine Einführung in Leben und Werk, Darmstadt 1984. Für eine kritische Auseinandersetzung von nationaler Warte siehe Gyula Hellenbart, König Midas in Budapest, Georg Lukács und die Ungarn, Wien 1997.

31 Vgl. Peter Weibel (Hrsg.), Jenseits von Kunst, Wien 1997, S. 12–15, 67–81; Eva Bajkay, Die Ungarn am Bauhaus, S. 82–86.

32 Lee Congdon, Exile and Social Thought, Hungarian Intellectuals in Germany and Austria, Princeton 1991. Siehe auch Mary Gluck, Georg Lukács and his Generation, 1900–1918, Cambridge Mass. 1985.

33 Zitiert bei Catherine David, Moholy-Nagys experimenteller Einsatz, in: Weibel, ebd., S. 87–92. Siehe auch den Sammelband: László Moholy-Nagy, 100 Foto, Budapest 1995 (ung.).

34 Vgl. Ungarische Avantgarde im 20. Jahrhundert, Ausstellungskatalog Linz 1998, S. 186–231.

35 *Le Monde des Livres*, Paris, 21. 11. 1987, Jean-François Chevrier: Brassaï à l'écrit.

36 *HVG*, Budapest, 6. 6. 1998, S. 95–97, *FAZ*, 4. 1. 1997.

37 *The Times*, London, 18. 11. 1997; *FAZ*, 20. 1. 1997, *Süddeutsche Zeitung*, 22. 2. 1996; *Der Spiegel* 48/1997.

38 Emil Lengyel, ebd., S. 84–92. *Népszabadság*, 12. 4. 1997, 22. 4. 1997, 2. 5. 1997; *Die Furche*, Wien, 14. 5. 1998. *Illustrierte Neue Welt*, Wien, April 1997, S. 19.

39 Vgl. Paul Harmat, Freud, Ferenczy und die ungarische Psychoanalyse, Tübingen 1988; *Neue Zürcher Zeitung*, Internat. Ausgabe, 15.–16. 3. 1997; ebd., 3. 12. 1996, S. 33–52. Ferenc Erös, Über die Geschichte der Psychoanalyse in Ungarn, in: Weibel, Jenseits von Kunst, S. 627–630. Vgl. auch Patrizia Giamperi-Deutsch über Freud-Ferenczi-Briefwechsel, ebd., S. 621–626. Malamud-Zitat in: *História*, Budapest, S. 29.

40 Richard Crossman, The Diaries of a Cabinet Minister, Vol. 1, London 1975; Roy Jenkins, A Life at the Centre, London 1991, S. 41; George Weidenfeld, Remembering Good Friends, London 1994, S. 331.

41 Vgl. George Soros im Gespräch mit Krisztina Koenen, Frankfurt 1994; Connie Bruck, The World According to Soros, *The New Yorker*, Februar 1995, S. 54–78, *Time*, 10. Juli 1995, George Soros, Die Krise des globalen Kapitalismus, Berlin 1998; Interview mit dem *Spiegel*, 51/1998; Robert Slater, Die 24 Geheimnisse des George Soros, Wien–Frankfurt 1998; *Time*, 28. 4. 1997; *The Economist*, London, 25. 10. 1997; *News*, Wien, 21/1999. Für Aktivitäten in Ungarn vgl. *Népszabadság*, 3. 4. 1996, S. 29.

42 Vgl. *Time Magazine*, 29. 12. 1997–5. 1. 1998; Interview mit der *Zeit*, 15. 8. 1997; Andrew Grove, »Nur die Paranoiden überleben«, Hamburg 1997.

Auswahlbibliographie

Das vorliegende Werk stützt sich in erster Linie auf Bücher, Aufsätze und Dokumente in ungarischer Sprache, die in den Anmerkungen detailliert angeführt werden. In dieser Bibliographie werden überwiegend deutsch-, aber auch englisch- und französischsprachige Bücher berücksichtigt, die direkt oder indirekt mit den von mir behandelten Themen zusammenhängen.

Einige wichtige ungarische Sammelwerke müssen gesondert erwähnt werden: Bálint Hóman und Gyula Szekfü, Magyar történet (Ungarische Geschichte), Bde. 1–5, Budapest 1936 (Reprint 1990); Magyarország története (Die Geschichte Ungarns), Bde. 1–10, Budapest 1978–1985; Magyarok Európában (Ungarn in Europa): Pál Engel, Von den Anfängen bis 1440; Ferenc Szakály, Blütezeit und Niedergang 1440–1711; Domokos Kosáry, Wiederaufbau und Verbürgerlichung 1711–1867, alle Budapest 1990.

Aczél Tamás und Tibor Méray, The Revolt of the Mind, New York 1960.
Adám, Magda, Richtung Selbstvernichtung, Die Kleine Entente 1920–1938, Budapest–Wien 1988.
Alföldi, Géza, Ungarn 1956, Heidelberg 1997.

Barany, George, Stephen Sezechenyi and the Awakening of Hungarian Nationalism 1791–1841, Princeton NJ 1968.
Benda, Kálmán, Historische Chronologie Ungarns, Bde. 1–4 (ungarisch), Budapest 1983.
Benda, Kálmán – Fügedi, Erik, Tausend Jahre Stephanskrone, Budapest 1989.
Benz, Wolfgang (Hrsg.), Dimension des Völkermordes, München 1991.
Berend, Iván – Ránki, György, Hungary: A Century of the Economic Development, New York 1974.
Bibó, Istvan, Zur Judenfrage, Frankfurt 1989.
Bogyay, Thomas von, Grundzüge der Geschichte Ungarns, Darmstadt 1990.
Bogyay, Thomas von (Hrsg.), Der Mongolensturm, Berichte von Augenzeugen und Zeitgenossen, Graz–Wien–Köln 1985.
Braham, Randolph L., The Politics of Genocide: The Holocaust in Hungary, 2 Bde., New York 1994, revised and enlarged edition.
Braudel, Fernand, Europa – Bausteine seiner Geschichte, Frankfurt 1989.

Brix, Emil – Stekl, Hannes, Der Kampf um das Gedächtnis, Wien–Köln–Weimar 1997.
Burckhardt, Jacob, Über das Studium der Geschichte, »Weltgeschichtliche Betrachtungen« (Hrsg. Peter Ganz), München 1982.

Crankshaw, Edward, The Fall of the House of Habsburg, London 1963.
Csáky, Moritz, Von der Aufklärung zum Liberalismus, Wien 1981.
Czettler, Anton, Pál Graf Teleki und die Außenpolitik Ungarns 1939–1941, München 1996.

Dalos, György, Essay in: Lajos Kossuth, Frankfurt 1998.
Dalos, György, Mythen der Nationen, Berlin 1998.
Deák, István, Die rechtmäßige Revolution, Lajos Kossuth und die Ungarn, 1848–1849, Wien 1889.
Deák, Istvan, Der K.(u)K. Offizier 1848–1918, Wien 1991.
Die Österreichisch-Ungarische Monarchie in Wort und Bild, Bde. 1–24, Ungarn Bd. I, 1884.
Diner, Dan, Das Jahrhundert verstehen, München 1999.
Duby, Georges, Europa im Mittelalter, Stuttgart 1986.
Duft, Johannes, Die Ungarn in Sankt Gallen, Zürich 1957.
Duft, J. – Gössi, A. – Vogler, W., Die Geschichte des Klosters St. Gallen. In: Helvetia Sacra III/I 1986.

Elisabeth von Österreich, Tagebuchblätter von Constantin Cristomanos, Hrsg. Verena von der Heyden-Rynsch, München 1983.
Engel-Janosi, Friedrich – Rumpler, Helmut (Hrsg.), Probleme der franzisko-josephinischen Zeit 1848–1916, München 1967.

Farkas, Julius von (Hrsg.), Ungarns Geschichte und Kultur in Dokumenten, Wiesbaden 1955.
Fejtö, François, Joseph II., Kaiser und Revolutionär, Stuttgart 1956.
Fejtö, François, Die Geschichte der Volksdemokratien, 2 Bde., Graz 1972.
Fischer, Holger (Hrsg.), Das Ungarnbild in Deutschland und das Deutschlandbild in Ungarn, München 1996.
Fischer, Rolf, Entwicklungsstufen des Antisemitismus in Ungarn 1867–1939, München 1988.
Friedell, Egon, Kulturgeschichte der Neuzeit, München 1996.
Friedländer, Otto, Letzter Glanz der Märchenstadt, Wien 1977.
Furet, François, Das Ende der Illusion, Der Kommunismus im 20. Jahrhundert, München 1996.
Futaky, István (Hrsg.), Ungarn – ein kommunistisches Wunderland?, Reinbek 1983.

Gati, Charles, Hungary and the Soviet Block, Durham 1986.
Gellner, Ernest, Nationalismus und Moderne, Berlin 1991.

Gosztony, Peter, Miklós von Horthy, Göttingen 1973.
Gottschalk, Herbert, Ungarn, Landschaft, Geschichte und Kultur, Stuttgart 1970.
Grothusen, K. D. (Hrsg.), Südosteuropa-Handbuch, Bd. V: Ungarn, Göttingen 1987.

Hamann, Brigitte, Elisabeth, Kaiserin wider Willen, München 1982.
Hamann, Brigitte, Rudolf, Kronprinz und Rebell, Wien–München 1978.
Hamann, Brigitte – Hassmann, Elisabeth, Elisabeth, Stationen ihres Lebens, Wien–München 1998.
Hanák, Peter, Ungarn in der Donaumonarschie, Wien 1984.
Hanák, Peter, Der Garten und die Werkstatt, Wien–Köln–Weimar 1992.
Hanák, Peter (Hrsg.), Die Geschichte Ungarns, Essen 1988.
Hanisch, Ernst, Der kranke Mann an der Donau, Marx und Engels über Österreich, Wien 1978.
Haraszti, Eva, Kossuth as an English Journalist, Budapest 1990.
Harmat, Paul, Freud, Ferenczi und die ungarische Psychoanalyse, Tübingen 1988.
Háy, Éva, Auf beiden Seiten der Barrikade, Erinnerungen, Leipzig 1994.
Háy, Julius, geboren 1900, Aufzeichnungen eines Revolutionärs, München–Wien 1977.
Hegedüs, András, Im Schatten einer Idee, Zürich 1986.
Herre, Franz, Kaiser Franz Joseph von Österreich, sein Leben und seine Zeit, Köln 1978.
Heuberger, V. – Suppan, A. – Vysonzil, E. (Hrsg.), Das Bild vom Anderen, Frankfurt 1998.
Hobsbawm, Eric, Das Zeitalter der Extreme, Weltgeschichte des Zwanzigsten Jahrhunderts, München 1994.
Hodos, Georg Hermann, Schauprozesse, Stalinistische Säuberungen in Osteuropa 1948–1954, Frankfurt 1988.
Hoensch, Jörg K., Geschichte Ungarns 1867–1983, Stuttgart 1984.
Hoensch, Jörg K., Ungarn-Geschichte, Politik, Wirtschaft, Hannover 1991.
Hoensch, Jörg K., Matthias Corvinus, Diplomat, Feldherr, Mäzen, Graz–Köln 1998.
Hohenlohe, Franz, Stephanie, Das Leben meiner Mutter, Wien 1991.
Horthy, Nikolaus von, Ein Leben für Ungarn, Bonn 1953.
Horváth, Zoltán, Die Jahrhundertwende in Ungarn, Neuwied 1966.

Ignotus, Paul, Hungary, London 1972.
Illyés, Gyula, Die Puszta, Nachricht von einer verschwundenen Welt, Nördlingen 1985.

Janos, Andrew, The Politics of Backwardness in Hungary 1825–1945, Princeton NJ 1982.

Jászi, Oscar, Magyariens Schuld – Ungarns Sühne, Revolution und Gegenrevolution in Ungarn, München 1923.
Jászi, Oscar, The Dissolution of the Habsburg Monarchy, Chicago 1929.
Johnston, William M., Österreichische Kultur- und Geistesgeschichte, Gesellschaft und Ideen im Donauraum 1848–1938, Wien ³1992.

Kainz, Friedrich, Grillparzer als Denker, Wien 1975.
Kann, Robert A., Geschichte des Habsburgerreiches, Wien–Köln–Graz 1977.
Károlyi, Mihály, Memoirs, Faith without Illusions, London 1956.
Kertesz, Stephen D., Between Russia and the West, London 1984.
Kiszling, Rudolf, Erzherzog Franz Ferdinand von Österreich-Este, Graz 1953.
Köpeczi, Béla (Hrsg.), Kurze Geschichte Siebenbürgens, Budapest 1990.
Kräutel, Richard F. (Hrsg.), Kara Mustafa vor Wien, Graz–Wien–Köln 1955.
Kovrig, Bennett, Communism in Hungary, From Kun to Kádár, Stanford, Cal., 1979.

Lasky, Melvin J., Die Ungarische Revolution, Ein Weißbuch, Berlin 1958.
Lázár, István, Kleine Geschichte Ungarns, Wien 1990.
Litván, György – Bak, János M., Die Ungarische Revolution 1956, Wien 1994.
Lomax, Bill, Hungary 1956, London 1976.
Löher, Franz von, Die Magyaren und andere Ungarn, Leipzig 1874.
Lukacs, John, Budapest um 1900, Berlin 1990.

Macartney, C. A., Geschichte Ungarns, Stuttgart 1971.
Macartney, C. A., The Magyars in the Ninth Century, Cambridge 1930.
Mádl, Antal, Auf Lenaus Spuren, Budapest–Wien 1982.
Mann, Golo, Wallenstein, Frankfurt 1971.
McCagg Jr., William O., Jewish Nobles and Geniuses in Modern Hungary, Boulder/Col. – New York 1972.
Mikes, Kelemen, Briefe aus der Türkei, Graz–Wien–Köln 1978.
Miskolczy, Julius, Ungarn in der Habsburgermonarchie, Wien 1959.
Molnár, Miklós, Budapest 1956, London 1971.
Musil, Robert, Der Mann ohne Eigenschaften, Hamburg 1952.

Nebelin, Manfred, Deutsche Ungarn-Politik 1939–1941, Opladen 1989.

Paetzke, Hans-Henning, Andersdenkende in Ungarn, Frankfurt 1986.
Paget, John, Ungarn und Siebenbürgen, Bd. I–II, Leipzig 1842.
Pardoe, Julie, Ungarn, Leipzig 1841.
Patai, Raphael, The Jews of Hungary-History, Culture, Psychology, Detroit 1996.
Pesendorfer, Franz, Ungarn und Österreich, Tausend Jahre Partner oder Gegner, Wien 1998.
Pukánszky, Bela von, Geschichte des deutschen Schrifttums in Ungarn, Bd. I, Münster 1931.

Rauchensteiner, Manfried, Der Tod des Doppeladlers, Österreich-Ungarn und der Erste Weltkrieg, Graz–Wien–Köln 1993.
Rosdy, Ladislaus, Sieben Versuche über Ungarn, Wien–München 1966.
Roth, Joseph, Radetzkymarsch, Hamburg 1957.
Rothermere, Viscount, My Campaign for Hungary, London 1939.

Sakmyster, Thomas, Hungary's Admiral on Horseback, Miklos Horthy 1918–1944, Boulder-New York 1994.
Savarius, Vincent (Pseud. für Béla Szász), Freiwillige für den Galgen: Die Geschichte eines Schauprozesses, Köln 1963.
Schulmeister, Otto (Hrsg.), Spectrum Austriae, Wien 1980.
Schulze, Hagen, Weimar, Deutschland 1917–1933, Berlin 1982.
Seton Watson, R. W., Corruption and Reform in Hungary, London 1911.
Silagi, Denis, Der größte Ungar, Graf Stephan Széchenyi, Wien–München 1967.
Silagi, Denis, Ungarn, Hannover 1972.
Simányi, Tibor, Die Österreicher in Berlin, der Husarenstreich des Grafen Hadik anno 1757, Wien 1987.
Simányi, Tibor, Julius Graf Andrassy, Wien o. J.
Sinor, Denis, Hungary, London 1959.
Sked, Alan, Der Fall des Hauses Habsburg, Der unzeitige Tod eines Kaiserreichs, Berlin 1993.
Stadtmüller, Georg, Geschichtliche Ostkunde, Bde. I–II, Wien–München–Zürich 1963.
Steinacker, Harold, Austro-Hungarica, München 1963.
Stoiber, Rudolf – Celovsky, Boris, Stefanie von Hohenlohe, München–Berlin 1988.
Stökl, Günther, Osteuropa und die Deutschen, Oldenburg–Hamburg 1967.
Szekfü, Julius, Der Staat Ungarn, Eine Geschichtsstudie, Stuttgart–Berlin 1918.
Szöllösi-Janze, Margit, Die Pfeilkreuzlerbewegung in Ungarn, Historischer Kontext, Entwicklung und Herrschaft, München 1989.
Szücs, Jenö, Die drei historischen Regionen Europas, Frankfurt 1990.

Tapié, V.-L., Die Völker unter dem Doppeladler, Graz 1975.
Taylor, A. J. P., The Habsburg Monarchy, London 1947.
The Truth about the Nagy Affair (Preface by Albert Camus), London 1959.
Tökés, Rudolf L., Béla Kun and the Hungarian Soviet Republic, Washington–London 1967.

Váli, Ferenc, Rift and Revolt in Hungary, Nationalism versus Communism, Cambridge, Mass., 1961.
Vajay, Szabolcs de, Der Eintritt des ungarischen Stämmebundes in die europäische Geschichte 1862–1933, Mainz 1968.
Vajda, György M., Wien und die Literaturen in der Donaumonarchie, Wien 1994.

Vajda, Stephan, Felix Austria, Wien 1988.
Valloton, Henry, Maria Theresia, München 1978.
Vermes, Gabor, István Tisza, New York 1985.
Völkl, Ekkehard (Hrsg.), Bayern und Ungarn, Tausend Jahre enge Beziehungen, Regensburg 1988.

Wandruszka, Adam, Das Haus Habsburg, Wien–Freiburg 1978.
Wandruszka, Adam – Urbanitsch, Peter (Hrsg.), Die Habsburgermonarchie, Bd. III, Teil 1–2, Die Völker des Reiches, Wien 1980.
Wasserstein, Bernard, The Secret Lives of Trebitsch Lincoln, London 1988.
Weber, Johann, Eötvos und die ungarische Nationalitätenfrage, München 1966.
Winter, Eduard, Barock, Absolutismus und Aufklärung in der Donaumonarchie, Wien 1971.
Wolfram, Herwig, Die Geburt Mitteleuropas, Geschichte Österreichs vor seiner Entstehung 378–907, Berlin 1987.
Wolfram, Herwig (Hrsg.), Österreichische Geschichte 907–1156, Herzogtümer und Marken vom Ungarnsturm bis ins 12. Jahrhundert, Wien 1994.

Zöllner, Ernst, Geschichte Österreichs, München 1961.

Personenregister

Halbfett gesetzte Ziffern verweisen auf den Abbildungsteil.

C

F

G

K

L

M

N

S

T

U

V

W

Y

Z

Sachregister

Halbfett gesetzte Ziffern verweisen auf den Abbildungsteil.

C

D

E

F

G

K

N

O

P

R

S

T

U

V

Abbildungsnachweis

Archiv für Kunst und Geschichte, Berlin: 1
Bildarchiv, ÖNB Wien: 21 f.
Hadtörténeti Múzeum, Budapest: 25, 29
Hulton Getty: 41–43
Keystone Pressedienst: 52
Magyar Nemzeti Galéria, Budapest: 11
Magyar Nemzeti Múzeum Történeti Fényképtár, Budapest: 3, 5–10, 12–20, 23 f., 26–28, 30–39, 48–51, 54
Magyar Távirati Iroda: 55
Museé McCord Museum, Montreal/Notman Photographic Archives: 40
Süddeutscher Verlag, Bilderdienst: 47
Szépmüvészeti Múzeum, Budapest: 4
Ullstein: 44, 53

Die Rechteinhaber der Fotos 2 und 45 f. konnten bis Redaktionsschluß leider nicht ermittelt werden. Wir bitten Personen oder Institutionen, welche die Rechte an den entsprechenden Fotos haben, sich zwecks angemessener Vergütung zu melden.

Felipe Fernández-Armesto

Millennium

Die Weltgeschichte unseres Jahrtausends

Erst im Laufe unseres Jahrtausends hat sich die Vorherrschaft des Westens, der atlantischen Zivilisation, herausgebildet, die sich aber bereits wieder ihrem Ende nähert.
Danach wird der Pazifik, wie schon zuvor, den Ton angeben. So Felipe Fernández-Armesto, der mit seiner Geschichte aller Weltkulturen von 1000 bis 2000 n. Chr. eine brillante historische Gesamtschau vorgelegt hat.
Die Entwicklungen des ausgehenden Millenniums erläutert der Autor nicht anhand von Kaisern und Königen, von Kriegen und Wirtschaftsdaten. Er erzählt Geschichte als Geschichten. Als Alltags-, Körper- und Liebesgeschichten. So kristallieren sich aus dieser faszinierenden Sammlung von Zeugnissen, Geschichten und Gesichtern allmählich die Grundzüge unseres Jahrtausends heraus. »Millennium« ist ein vor Witz und Phantasie sprühendes Geschichtswerk – ein Handbuch für das dritte Jahrtausend und ein intellektuelles Vergnügen par excellence.

C. Bertelsmann

Guido Knopp

Unser Jahr100

Deutsche Schicksalstage

Einschneidende, ergreifende, freudige und katastrophale Ereignisse haben dieses Jahrhundert geprägt. »Unser Jahr100« erinnert an die bewegenden Schicksalsmomente der deutschen Geschichte im 20. Jahrhundert: Tage, die symbolisch für ganze Epochen stehen, Tage, die den Lauf der Geschichte verändert haben, Tage, die zu Wendepunkten wurden.
An zwanzig geschichtsträchtigen Daten werden die Zusammenhänge und Entwicklungslinien beschrieben und analysiert, in die diese dramatischen Wendepunkte eingebettet sind. Aus der Perspektive von Augenzeugen und maßgeblichen Akteuren und mittels zum Teil unbekannten Archivmaterials erschließen sich Zeitkolorit und historische Bedeutung dieser symbolischen Einschnitte.
Mit dieser Darstellung von sich als Wendepunkte in der deutschen Geschichte erweisenden Tagen knüpft Guido Knopp an den Erfolg seiner preisgekrönten Dokumentationen an.

C. Bertelsmann

Peter Milger

Gegen Land und Leute

Der Dreißigjährige Krieg

Dreißig Jahre Krieg, dreißig Jahre Plünderer, Verhungerte, Erschlagene; das Land verwüstet, die Menschen verroht und ohne Zukunft – ein einziges Trauma von Gewalt und Gegengewalt. Vor 350 Jahren ging das Inferno zu Ende. Geblieben sind Namen – Wallenstein, Tilly, Gustav Adolf –, Gedenkstätten, Historienspiele, zeitgenössische Holzschnitte. Über die Ursachen des Krieges und seine unübersichtlichen Bündnisse ist heute den meisten nur wenig bekannt.
Der Wissenschaftsjournalist Peter Milger hat sich vier Jahre mit den Quellen und Hintergründen befaßt und die historischen Schauplätze besucht. Seine reich illustrierte Darstellung läßt anhand von Auszügen aus zeitgenössischen Tagebüchern, Briefen, Akten und Kriegsberichten und in wechselnder Perspektive den Krieg »gegen Land und Leute« unmittelbar gegenwärtig werden. Und er zeigt, wie am Ende ein Friede geschlossen wird, der bereits die Ursache für weitere Kriege in sich birgt.

C. Bertelsmann

Michael Stürmer

Das Jahrhundert der Deutschen

Michael Stürmer, Historiker mit großem Renommee im In- und Ausland, hält sich in seiner Darstellung des 20. Jahrhunderts der Deutschen nicht mit der Aneinanderreihung von historischen Daten auf. Auf der Basis seiner jahrzehntelangen Beschäftigung mit deutscher Geschichte wagt er die Zusammenschau; er legt die großen Ströme der Veränderung frei, die das Gesicht Deutschlands und der Welt innerhalb von nur 100 Jahren so intensiv neugezeichnet haben wie in keiner Epoche vorher.
Der Leser wird mitten hineingerissen in den Strudel politischer Ereignisse, beginnend mit dem Rücktritt des »Eisernen Kanzlers«. Das Leben gewinnt an Tempo, die Wirtschaft wächst wild und ungebärdig, Wissenschaft und Kultur betreten wagemutig Neuland. Die Politik hat Mühe, nachzukommen.
Die Menschen werden freier, aber auch einsamer. Ihre Innenwelt kann mit der Schnelligkeit um sie herum nicht Schritt halten. Die Suche nach alten Werten und neuen Führern stürzt das Jahrhundert in zwei Vernichtungskriege nie gekannten Ausmaßes und in millionenfachen Mord. So wird das Jahrhundert des neuen Menschen auch zum Jahrhundert der Unmenschlichkeit.
Erst die in langen Jahrzehnten erstrittene Stabilisierung der Demokratie in der Bundesrepublik sowie die politische wie kulturelle Integration in Europa bieten Anlaß zum Optimismus, daß das kommende Jahrhundert friedlicher verlaufen werde.

C. Bertelsmann